한울공간환경시리즈 15

공간이론의 사상가들

국토연구원 엮음

서문

인류의 역사가 시작된 이래 삶의 장소인 공간을 이해하고 활용하기 위한 노력은 계속되어왔다. 우리가 통상적으로 이해하고 있는 공간이란 선조들이 살아왔고 현세대인 우리가 살고 있으며 또한 우리의 후세들이 살아가야 할 삶의 장소이다. 그러나 공간은 단순히 자연적인 조건이 아니라 삶의 흔적이 배어 있는 사회적 조건과 환경을 의미한다. 따라서 더 나은 삶의 조건으로서 공간을 만들기 위해서는 공간을 이해하려는 체계적이고 심층적인 노력이 전제되어야 한다. 공간이론은 흔히 근대사회 이후 서구의 학문적 연구와 논리체계를 지칭하는 것으로 인식되나, 우리나라의 지리서에 나타난 전통적인 공간과 자연에 관한 인식 역시 서구의 학문적 관점으로 보아도 훌륭한 공간이론의 속성을 지니고 있는 것으로 평가되고 있다.

이 책은 국토연구원이 발간하는 월간지 ≪국토≫에 1997년 3월호부터 52회에 걸쳐 기획 연재된 '공간이론의 산책'을 묶은 것으로, 우리나라와 서구의 대표적인 공간이론가들의 사상과 학문적 업적을 관련 학자와 전문가들이 분석·소개하고 있다. 공간이론을 개척한 학자에서부터 이를 발전시켜 정착시킨 학자들, 그리고 지금 현재 공간이론을 주도하고 있는 학자들까지 고루 포함되어 있어, 공간이론과 관련된 학자, 연구자, 실무자, 학생 모두에게 유익한 정보를 제공해줄 수 있을 것으로 생각한다. 특히 이 책에서 공간이론가의 사상과 이론을 소개하는 필자 중에는 해당 이론가와 사적으로는 스승과 학생의 신분으로, 또는 이들의 학문을 전공하는 등 직접 또는 간접적으로 연결되어 있어 깊이 있는 분석과 정확한 내용전달을 할 수 있었던 것으로 판단된다. 아무쪼록 공간이론에 관한 이해를 높일 수 있는 계기가 되었으면 하는 바람이다. 공간이론을 7대 주제로 분류하는 과정에서 편집 의도에 부합되지 않은 일부 글들이 함께 소개되지 못한 점을 아쉽게 생각하며 필자들의 깊은 이해를 바란다.

이 책을 발간하기 위하여 여러분들께서 수고를 해주셨다. 먼저 귀중한 원고를 써주신 필자들께 감사를 드린다. 또한 편집과 원고검토 등을 맡아주신 편집위원장 김용웅 국토연구원 부원장, 편집위원 경희대 주성재 교수, 서울시립대 남기범 교수, 서울시정개발연구원 변창흠 박사, 국토연구원 이원섭 박사, 사공호상 박사, 박순업 책임전문원 등 그동안 노고를 아끼지 않으신 모든 분들께 감사드린다. 아울러 이 책을 흔쾌히 발간하여 주신 도서출판 한울 김종수 사장께도 감사드린다.

2001년 12월
국토연구원
원장 이정식

CONTENTS

차례

지역발전이론

공간인식과 계획이론

한국의 전통 공간이론

Introduction
서론

인간의 모든 활동은 영토적 공간 위에 투영되게 마련이다. 정보화에 따라 가상공간이 정보와 통신의 장으로서 의미가 커지고는 있으나 종합적인 삶의 터전으로서 영토적 공간의 의미와 역할은 여전할 것이다. 이와 같은 영토적 공간은 다양한 측면에서 학문적인 관심의 대상이 되어왔다. 처음에는 특정지역의 토지이용 차원에서, 그리고 점차 공간과 관련된 인간의 경제 또는 사회적 행태와 양자간의 관계성을 밝히는 데로 확대되어왔다. 영토적 공간이란 인간의 삶과 사회-경제적 활동에 어떤 의미를 지니는가? 공간적인 차별화와 기능의 분화가 이루어지는 원인과 내재된 법칙은 무엇인가? 공간의 사회-경제, 문화적 구성요인과 상호작용은 어떻게 이루어지는가? 이와 같은 본질적인 물음에 대하여 다양한 학문적 관점에서 탐구의 대상이 되어왔다.

이 책에서는 43편의 공간이론에 관련된 글을 6개의 주제로 묶고 마지막으로 우리나라의 전통적 공간이론과 사상을 별도로 소개하였다.

첫 장에서는 공간이론 중에서도 도시구조와 도시체계 분야를 대표하는 7명의 이론가들이 발전시킨 공간이론과 그들의 학문적 배경을 다루고 있다. 요한 하인리히 폰 뒤넨의 고립국이론과 발터 크리스탈러의 중심지이론은 공간관련 학문에서 가장 먼저 접하게 되는 고전적 공간이론들이다. 튀넨과 크리스탈러는 고립국이론과 중심지이론을 통해 공간현상에 내재된 질서와 법칙을 찾으려고 했으며, 최초로 공간이론을 과학화한 학자로 인정받고 있다.

모리가와 히로시, 장 고트망, 존 보처트는 도시의 변화를 설명하기 위해 실증적인 방법과 이론을 개발한 학자들이다. 일본의 대표적인 도시지리학자인 모리가와는 도시시스템의 구조와 발전과정에 관한 이론을 정립하였다. 고트망과 보처트는 미국의 대도시를 연구한 학자이다. 고트망은 미국 동부의 거대도시 연담지역을 메갈로폴리스라 명명하였으며, 거대도시의 구조를 설명하고 이것의 인간 생활에 대한 영향을 분석하는 데 주력하였다. 이에 비해 보처트는 대도시 지역의 공간발달 및 변화과정을 설명하는 대도시 변천론을 발전시켰다.

피터 테일러와 사스키아 사센은 세계적 관점에서 도시체계를 이론화시킨 학자이다. 테일러는 세계를 하나의 통합된 사회로 설명하는 세계체계이론을 공간현상에 접목하여 세계 자본주의 발전 메커니즘의 구조분석 차원에서 도시체계의 현상과 변화를 설명하고 있으며, 사센은 세계경제의 구조개편이 초래하는 도시체계의 구조적 변화과정을 세계도시론으로 설명하고 있다.

2장에는 도시사회공간이론에 관한 8편의 글이 실려 있다. 도시사회학 분야에도 공간이론과 관련하여 중요한 연구의 흐름이 있는데, 20세기 초 도시생태학적 관점을 강조하여 등장한 시카고학파와 이에 대한 대안적 시각으로서 등장한 구조주의적 접근 또는 정치경제적 접근으로 대표된다.

이 분야의 사상적 흐름은 막스 베버와 존 롤스로부터 시작된다. 도시의 정치적, 경제적 조직의 측면을 강조한 베버의 도시이상형 개념은 사회학에서 도시 또는 공간에 대한 관심을 불러일으켰고, 이후 생산, 소비, 주거 등 도시에서 일어나는 모든 활동에 대한 연구의 기틀을 제공하는 역할을 하였다. 롤스의 사회정의론은 도시정책 또는 주택정책에 있어 분배적 정의를 어떻게 고려해야 하는지에 대한 학문적 바탕이 된다. 로버트 파크는 시카고학파의 중심인물이다. 그는 생태학적 관점을 바탕으로 도시의 성장과 이에 수반한 문제점이 규칙적이고 반복적인 유형을 나타낸다는 가정에 근거하여 도시성장의 공간적 외형을 설명하고자 하였다. 루이스 워스는 이 사상을 발전시켜 도시의 독특한 생활양식과 조직을 '도시성'이라 개념화하고, 이것이 실현되는 양태로서 도시문화의 구성요소들에 주목하였다. 이 전통은 존 렉스와 로버트 무어에 의한 주거계층론으로 이어진다. 도시생태학적 접근에 대한 대안적 시각은 여러 측면에서 제기되고 있다.

마뉴엘 카스텔은 보다 구조주의적 관점에 입각하여 도시를 집합적 소비의 단위로 보고 소비과정을 통해 노동력의 재생산이 원활히 이루어진다고 주장하고 있다. 같은 맥락에서 피터 손더스는 도시를 자본주의체제나 사회의 일정한 기능과 역할을 포괄하는 사회적 단위로 보고 도시의 공간적 특성보다는 사회계층, 행태, 정책과 같은 사회적인 측면을 강조한다. 존 로간과 하비 몰로치는 상품으로서의 장소라는 개념을 제시하고, 시장의 모든 상품과 마찬가지로 도시의 장소도 사용가치와 교환가치의 측면으로 나누어서 분석해야 한다고 주장하고 있다.

3장에는 도시설계이론에 관한 4편의 글이 실려 있다. 도시설계 또는 건축사상은 다른 주제들에 비해 보다 미시적인 관점을 강조하고 있으나 넓게 보면 공간이론의 한 축으로 분류할 수 있다. 여기서는 구체적으로 도시가 어떤 모습을 지향하는가를 제시하며, 도시의 기능적, 미적, 경관적 측면을 고려한 설계의 기본방향을 제시한다. 이런 점에서 이 이론들은 현실을 설명하는 실증적 이론이라기보다는 현실에 대한 개선방안을 제시하는 규범적 이론이라고 할 수 있다.

이 분야의 태두로는 누구보다도 에베네저 하워드가 손꼽힌다. 그가 제창한 도시의 이상적 모습으로서 전원도시는 중심도시의 확산에 대처할 수 있는 자족도시로서 녹지대로 둘러싸인 주거지들의 연결이다. 그의 구상은 구상에서 머물지 않고 현실에 적용하여 설계를 시도한 실천적 성격을 갖는다는 데에 큰 의미가 있다. 르 코르뷔제는 기본적으로 기능적인 측면을 강조한 도시설계의 방향을 제시하였지만 도시의 미적인 측면과 쾌적한 주거환경의 창출 역시 중요한 과제로 간주하였다.

도시·건축사상 역시 같은 맥락에서 이해할 수 있다. 콘스탄티노스 독시아디스는 인간의 기본적인 욕구가 어떤 방향성을 갖고 공간상에 일정한 힘으로 작용하느냐에 따라 도시의 구조와 형태가 원형, 선형, 기하학적, 비기하학적 형태 등으로 나타난다고 주장하고 있다. 그는 이상적인 정주체계에서 새로운 형태의 도시로서 에큐메노폴리스의 개념을 제시하였다. 보다 구체적으로 존 하브라켄은 도시주택 설계의 측면에서 획일적인 공간구성에서 벗어나 거주자의 정체성을 살리는 도시공간구성의 모습을 제안하고 있다.

4장은 산업입지이론 분야의 9편의 글을 담고 있다. 산업입지이론은 1909년 알프레드 베버의 공업입지이론이 발표된 이래 비용을 중시하는 최소비용이론과 오거스트 뢰쉬를 중심으로 한 시장지역을 중시하는 최대수요이론이 양대 산맥을 이루며 발전하였다. 이후 데이비드 스미스 등은 비용과 수요를 동시에 고려하는 신고전적 통합을 시도하였다. 이와 같은 고전이론은 개념적인 타당성은 있을지라도, 입지결정자인 인간을 기계적인 합리성만을 추구하는 경제인으로 전제하였기 때문에 현실세계를 설명하는 데는 무리가 따랐다.

이후 경영학자 레이몽 버논은 상품수명주기에 따른 산업입지의 동태적 변화과정을 고찰하였으며, 도린 매시는 거시경제, 사회조직, 공간구조가 교호하는 장소관점에서 본 노동의 공간분업에 대한 연구를 통하여 산업입지의 사회, 정치과정의 변화에 미치는 영향을 분석하였다. 현대의 산업입지이론은 창의적이고 혁신적인 중소기업의 집적과 군집, 지역간 교역에 따른 지역혁신체제의 형성과 확산, 기업, 지역과 국가의 경쟁력 등의 개념이 도입되면서 연구의 폭과 깊이가 더해지고 있다.

경제학자 폴 크루그먼은 경제지리의 '공간'개념을 도입하면서 신고전경제학의 한계를 극복하자는 '신경제지리학'을 주장하였고, 마이클 포터는 산업의 군집에 의한 지역경쟁력의 진흥정책에 많은 기여를 하였다. 지리학자 알랜 스콧은 거래비용, 외부경제, 수직적 분산, 유연적 축적체계 등의 개념을 통해 첨단산업단지의 집적과 성장원리를 규명하여 산업입지론의 새로운 장을 열었으며, 필립 쿠크는 제품·공정·지식의 상업화를 촉진하는 기업과 제도들의 네트워크인 지역혁신체제의 연구를 통해 그동안 산업입지론 발전과정에서 약점으로 지적되어온 정책적 함의의 부족과 구체적인 실천전략의 부족 등의 문제에 대한 해결을 도모하였다.

5장에서는 지역발전이론의 대표적인 학자 6명의 공간이론을 소개하고 있다. 먼저 고전적 불균형 지역개발이론의 쌍벽을 이루는 구너 미르달과 앨버트 허쉬만의 지역발전 이론을 소개하고 있다. 미르달은 분산효과와 역류효과로 요약되는 순환 및 누적적 인과법칙에 의한 불균형발전이론을, 허쉬만은 누적효과와 성극효과의 상호작용에 의한 불균형성장이론을 개발하였다.

미야모토 겐이치는 지역의 자원과 잠재력을 기초로 자생적이고 주민자치에 입각한 지역개발 전략을 내발적 발전이론으로 체계화시킨 학자이다. 토르스텐 헤거스트란트는 지리적 현상의 변화과정을 설명하기 위해 시간적 요소를 포함시켜 공간과 시간을 하나의 틀에 넣어 분석하였다. 그의 공간확산이론은 공간 위주의 전통적인 이론에 시간요소를 추가하여 새로운 공간분석 패러다임으로 발전되었다.

영국의 정치학자인 게리 스토커의 로컬거버넌스 이론은 복잡성과 불확실성으로 대변되는 현대사회에서 중앙정부 주도의 개발정책이 지방정부와 지역주민 위주로 전환되어가는 최근의 지역정책 패러다임을 설명하고 있다. 하버드 대학의 공공정책학 교수인 로버트 푸트남은 사회 및 공간현상을 설명하는 논리로서 산업화에 근거한 전통적인 자본이 지닌 한계를 극복하기 위해 사회적 자본이란 개념을 사용하였다.

제6장의 공간인식과 계획이론 분야에서는 인간과 공간 간의 관계에 대한 인식과 연구방법론을 다루는 9편의 글을 싣고 있다. 공간이론의 발전은 일찍이 거대하고 경외로운 자연에 대한 기술과 분석에 치중하였던 지리학이 점차 그 속에서 살아가고 있는 인간에 대해 관심을 갖게 되는 과정으로 이해할 수 있다. 즉, 지리학이 '땅'에 대한 관심을 넘어서서 '사람'에 대해 관심을 기울이면서 공간과 사회의 문제가 사회과학의 중심적인 주제로 등장하게 된 것이다.

지역지리학 중심이었던 지리학 연구에서 인간과 사회에 대한 관심이 체계화되기 시작한 것은 프랑스의 비달 드 라 블라슈, 독일의 한스 보벡 이후라고 할 수 있다. 비달은 당시의 지배적인 지리학 사조였던 라첼의 환경결정론을 극복하고 인간이 자연을 선택적으로 사용하는 주체로 이해한 환경가능론을 주장하여 자연지리학과 인문지리학을 통합시킨 프랑스의 대표적인 인문지리학자이다. 보벡도 전통 지리학의 지역분석에서 부족한 사회적 요소에 관심을 기울인 독일의 대표적인 지리학자이다. 그의 사회공간론에서는 자연경관 그 자체가 아니라 경관의 형성자인 인간과 집단, 사회구조를 중시함으로써 인간사회와 그 활동을 공간과 결부시켜 이해하고자 노력하였다. 공간의 해석에서 인간과 인간의 삶을 중시하기로는 이-푸 투안의 이론도 큰 역할을 하고 있다. 그는 우리시대의 대표적 공간사상가로서 실증주의적 객관화된 공간이론을 부정하고 문화적, 인간주의적 공간이론을 주창하고 있다. 그는 현상학적 관점을 도입해 인간의 주관성과 현실인식을 강조하고 철학적, 문학적, 인류학적 관점을 도입한 지관념론적 지리학을 구축해내고 있다.

점차 자연에 대한 인간의 개입이 증대되면서 자연파괴와 공간의 왜곡은 지리학자뿐만 아니라 다른 분야 지식인들에게도 큰 우려를 낳게 되었다. 알도 레오폴드는 생태학자로서 『모래 군의 열두 달』에 수록한 '토지윤리'를 통해 인간에 의한 자연파괴를 고발하고 그 대안으로 토지윤리를 주장하고 있다. 그는 이 짧은 수필을 통해 근대환경윤리의 아버지로, 1970년대 신보전운동의 모세로서 추앙받고 있다.

공간에 대한 인간의 개입이 본격화된 것은 자본주의 등장 이후라 할 수 있다. 자본에 의한 공간의 생산과 이용, 자본주의 체제하에서 공간과 사회와의 관계는 그 후 공간연구의 중요한 주제가 되었다. 이 분야의 선도적인 연구자 중의 하나는 앙리 르페브르라 할 수 있다. 그는 공간생산의 변증법을 통해 근대화 이후 자본주의 사회의 일상생활을 둘러싼 공간의 성격을 설명해내고 있으며, 그의 공간이론은 데이비드 하비, 에드워드 소자, 마크 갓디너, 롭 쉴즈와 같은 후세의 정치경제학적, 사회구조적 공간해석에 막대한 영향을 미치고 있다.

하비는 정치경제학적 공간이론을 가장 체계화한 학자로서 일찍이 프랑스 구조주의 마르크스주의를 받아들여 정치경제학적 제 개념들을 통해 공간이론을 재구성해냈으며, 1980년대 이후에는 포스트모더니즘, 생태이론, 환경문제 등까지 연구의 영역을 넓혀가고 있다. 갓디너는 하비의 영향을 받은 공간이론가로 사회구조적 접근법을 통해 현대 도시의 공간문제를 해석하고 있다.

급속한 정보기술의 발달에 따라 등장하게 될 공간의 양태에 대해서는 사회이론이나 공간이론가들에게 새로운 도전의 영역이 되고 있다. 윌리엄 미첼은 e-토피아론에서 정보통신기술의 발달로 인해 초래된 현재와 미래의 도시의 성격을 의사소통과 참석의 경제개념을 통해 해석함으로써 미래학자의 낙관론과 구조주의자들의 비관론의 양극단을 극복해내고 있다. 존 프리드만은 앞서 살펴본 공간이론가들과는 달리 공간문제 자체보다는 의사결정과정에 더 관심을 가진 계획이론가이다. 그는 계획이론을 일반이론으로 정립시키고 교환거래계획, 급진계획과 같은 새로운 계획개념을 발굴해낸 이 시대의 가장 탁월한 계획이론가이자 실천가 중의 한 명이라 할 수 있다.

마지막 7장에서는 풍수론을 비롯해 한국의 전통 공간이론을 소개하고 있다. 풍수지리론은 과거 우리 선인들의 자연에 대한 인식이 체계화된 이론으로서 우리의 국토에 거의 절대적인 영향을 끼쳐왔던 사고의 패러다임이다. 환경친화적 공간개발의 필요성을 절실히 느끼고 있는 이 시점에서 풍수지리론은 현대적 의미의 생태적 적지분석론과 함께 환경친화적 공간이론으로서 보다 구체적으로 연구되어야 할 주제이다.

도선은 신라 말의 사회적 전환기에 활동한 선승이자 한국의 전통적 공간이론인 풍수지리설의 시조이다. 국토를 인체와 같은 유기체적인 구조로 보는 그의 국토사상 및 공간이론은 비보설로 요약된다. 『택리지』를 쓴 이중환의 복거론은 서구의 입지론과 비견해 말한다면 촌락의 입지이론이라 할 수 있으며 여기서 생활과 밀착된 이중환의 국토관을 읽을 수 있다.

조선시대의 자연, 지리의 중요성을 학문적으로 정리하고 체계화하고자 하는 노력은 조선 후기에 들어 본격적으로 진행되었다. 조선 후기 사회의 역동적인 변화가 지역 내지 국토의 공간구조 변화와 밀접한 관련을 맺고 있음을 인식한 실학적 지리학자들이 이를 주도하였다. 이러한 작업은 지리학의 다양화, 계통지리학적인 전문화의 추구가 이루어지고 있음을 보여주는 것으로, 신경준이 대표적인 인물로 자리한다. 정상기와 김정호는 탁월한 지도제작자로서 각기 《동국지도》와 《대동여지도》라는 역작을 남겼다. 이들에 대한 재조명은 굴절된 조선지도사를 바로잡는 과정이기도 하며, 더 나아가 선조들의 국토에 대한 관심과 애착의 한

편린을 읽는 작업이기도 한다.

정약용의 지리관을 분류하면 방위의 상대성 사상, 백산대간에 대한 장용관, 지국 관계관, 지농 관계관, 반풍수사상, 그리고 반지역차별사상 등으로, 이는 서구에서 일어난 근대지리학 이후의 지리연구에서 만들어 진 지리적인 관계관, 개념, 그리고 견해 내지 사상들과도 잘 들어맞는 다. 최남선은 일본의 식민지배라는 시대적 상황을 극복하기 위해 계몽 운동의 맥락에서, 근대적 세계관의 토대를 형성하는 것이 지문학적 지 식이며, 이에 기초하여 세계지리에 관한 사실적 지식을 논리적으로 이 해할 수 있다고 생각했던 인물이다.

이 책의 특징은 인물 중심으로 공간이론을 소개하고 있다는 점이다. 이 방식은 이론의 형성이 유사한 사상과 인과론적 관계성에 관련된 학 문적 총합으로 이루어진다는 점을 고려하면, 종합적이고 체계적인 이론 소개에는 다소간의 제약이 있을 수밖에 없다. 그러나 특정이론이 등장 하게 된 배경을 학자의 성장과정과 학문적 교류관계, 시대적 상황과 결 부하여 파악할 수 있다는 장점이 있다. 아울러 추상적이고 관념화된 지 식체계에 불과한 이론을 학자들의 삶과 연계하여 이해함으로써 이론에 대한 친숙도를 더할 수 있다는 이점이 있다.

이 책의 발간을 계기로 급변하는 사회경제적 여건에 따라 새롭게 해 석되고 이해되어야 할 공간이론에 대한 관심이 더욱 증대되기를 바란다. 아울러 공간이론과 공간사상가들에 대한 보다 종합적이고 체계적인 후 속 연구서가 발간되기를 기대해본다.

2001년 12월
편집위원장
김용웅

도시구조 및 도시체계 이론

공간이론 중에서도 도시구조 및 도시체계 분야를 대표하는 7명의 이론가들이 발전시킨 공간이론과 그들의 학문적 배경을 다룬다. 튀넨과 크리스탈러는 고립국이론과 중심지이론을 통해 공간현상에 내재된 질서와 법칙을 찾으려고 했다는 점에서 공간이론을 과학화한 최초의 학자로 인정받고 있다. 그 다음에 소개하는 모리가와, 고트망, 보처트는 도시의 변화를 설명하기 위해 실증적인 방법과 이론을 개발한 학자들이다. 일본의 대표적인 도시지리학자인 모리가와는 도시시스템의 구조와 발전과정에 관한 이론을 정립하였다. 고트망은 미국 동부의 거대도시 연담지역을 메갈로폴리스라 명명하였으며, 거대도시의 구조를 설명하고 이것이 인간 생활에 미치는 영향을 분석하는 데 주력하였다. 이에 비해 보처트는 대도시 지역의 공간발달 및 변화과정을 설명하는 대도시 변천론을 발전시켰다. 테일러와 사센은 세계적 관점에서 도시체계를 이론화시킨 학자이다. 테일러는 세계를 하나의 통합된 사회로 설명하는 세계체계이론을 공간현상에 접목하여 세계 자본주의 발전 메커니즘의 구조분석 차원에서 도시체계의 현상과 변화를 설명하고 있으며, 사센은 세계경제의 구조개편이 초래하는 도시체계의 현상과 변화를 설명하고 있으며, 사센은 세계경제의 구조개편이 초래하는 도시체계의 구조적 변화과정을 세계도시론으로 설명하고 있다.

J. H. von Thünen

튀넨의 고립국이론

임석회(대구대학교 사회교육학부 교수)

 우리가 언뜻 보는 토지이용은 매우 복잡하고 무질서하다. 그러나 그
것을 자세히 들여다보면 작은 촌락에서부터 도시에 이르기까지 지역의
크기에 관계없이 일정한 토지이용구조가 있음을 발견하게 된다. 이러한
토지이용의 구조, 특히 한 도시와 그 주변지역과의 관계를 토지이용패
턴과 연결시키고자 최초로 노력한 사람이 고립국이론으로 유명한 요한
하인리히 폰 튀넨(Johanne Heinrich von Thünen, 1783-1850)이다. 그의
고전적 저작, *Der Isolierte Staat in Beziehung auf Landwirtschaft*에 농업적
토지이용에 관한 세련된 분석이 있는 것은 아니지만, 그가 알프레드 베
버(Alfred Weber), 오거스트 뢰쉬(August Lösch) 등으로 이어지는 현대
입지론의 토대를 세웠음은 분명하다. 고립국이론에 관한 초판 저작이
출간된 지 150년의 세월이 흘렀음에도 불구하고 그의 이론은 오늘날에
도 여전히 현실세계의 많은 사례에 적용되고 있으며, 이론 자체도 계속
수정되어 발전하고 있다.

생애와 사상

 튀넨이라 불리지 않고 폰 튀넨이고 불리는 것에서 알 수 있듯이 폰

튀넨은 독일의 귀족가문 출신이다. 그러나 그는 위대한 업적과 명성에서 흔히 연상할 수 있듯이 대학에서 연구한 학자나 교수는 아니다. 학위가 없는 것은 물론 대학에서 시간강사조차 한 적이 없다. 그는 단지 대농장을 경영하는 지주였으며, 어떤 면에서는 농사꾼이었다. 대학에서 그가 받은 학문수업은 매우 짧았다. 1783년 오이덴부르크(Oidenburg Grand Duchy)에 있는 아버지 소유 대농장에서 태어난 폰 튀넨은 실제 농사일에 종사하면서 학문적 수업을 한 것으로 알려져 있다. 대학은 함부르크 인근 그로스-플로트베크(Gross-Flottbeck)에 있는 농업대학을 다녔고, 괴팅겐 대학에서 2년간 수학한 것이 전부이다.

1810년 약관 27세의 나이에 폰 튀넨은 독일 발트해 연안 메클렌부르크(Mecklenburg)의 텔로(Tellow)에 있는 농장을 구입하고 직접 농장경영을 시작하였다. 이후 죽을 때까지 40년 동안 그는 텔로 농장을 경영하면서 그의 독창적 개념인 고립국(Der Isolierte Staat)의 경험적 기초가 된 자료들을 체계적으로 수집하고 광범위한 실험을 행하였다.

폰 튀넨은 농장을 경영하면서 고립국의 토지이용에 관한 이론만을 정립한 것은 아니다. 그는 오히려 자신을 사회철학자로 인식하였다. 당시로서는 파격적일 만큼 그는 농장에 고용된 일꾼들의 입장을 이해하고 그들의 임금과 복지에 신경을 썼다. 그렇다고 해서 그가 노동자의 입장을 일방적으로 지지한 것은 아니지만 객관적 근거에 기초하여 합리적으로 임금을 결정하려 했고 정치적으로는 자유주의적인 입장을 취하였다. 그의 텔로 농장에는 의사와 간호사가 있는 조그만 병원도 있었다. 모든 고용인과 그의 가족들은 인간적 대접을 받았으며 질병수당과 퇴직연금을 지급받았다. 대부분의 고용주들이 그들의 일꾼을 마치 마소처럼 다루었던 당시 상황에서 보면 상당히 이례적인 것이었다. 물론 이러한 복지가 임금을 공제하여 충당되고 그에 상응한 꼼꼼한 임금계산과 의무수행이 요구되었지만, 중요한 사실은 폰 튀넨이 피고용인과의 관계에서 노동자의 가치와 존엄을 인정하였다는 것이다.

이와 같은 자유주의적 경향과 함께 경제이론가로서 폰 튀넨은 그가 활동하던 19세기 후반 독일을 지배하던 역사학파와는 다른 학문적 입장을 취하였다. 당시 독일의 역사학파는 일반경제이론의 가능성을 부정하고 아예 그런 연구를 배격하는 분위기였으나, 오히려 폰 튀넨은 애덤 스미스의 정치경제학과 같은 일반이론을 추구하였으며 복잡한 현실을 단순화하고 그를 통해 현실 속에 내재된 질서를 이론화하는 데 주력하였다. 폰 튀넨이 당시 그의 모국에서 별로 주목받지 못하였던 것은 이러한 그의 자유주의적 성향과 학문적 경향도 한몫 하였다고 할 수 있다.

고립국 모형

방대하고도 위대한 폰 튀넨의 학문적 업적이 농업적 토지이용의 패턴을 밝히는 데 그친 것은 아니다. 그는 오늘날 수리경제학과 계량경제학의 창시자로서, 또 체계론적 경험연구와 일반화를 위한 추상적 추론을 결합한 경제학자로서, 근대적 의미에서의 한계생산성에 대한 정의를 처음으로 정확하게 내리고 그 원리를 생산과 분배이론에 적용한 사람으로 평가를 받는다. 이러한 그의 경제사상과 이론들은 거의 대부분 고립국 모형 속에 담겨져 있다.

3부로 구성된 『고립국』은 제1부가 1826년에 출판되었고, 제3부는 그로부터 약 40년 뒤인 1863년에 출판되었다. 이 저서에서 폰 튀넨은 농업적 토지이용과 입지의 이론화를 목적으로 비옥도가 균등한 평원과 그 한 가운데에 한 개의 도시가 있는, 고립국이라는 경제모델을 만들었다. 그의 농업적 토지이용과 입지에 관한 이론을 간단히 고립국이론이라고 하는 것도 여기에 기인한다.

폰 튀넨은 그의 이론 전개를 위하여 몇 가지 전제조건을 갖는 가상공간을 설정하였다. 첫째, 황무지에 의해 격리된 하나의 고립국이 존재하며, 이 고립국 중앙에 위치한 단 하나의 도시는 고립국 전체에 대한 시

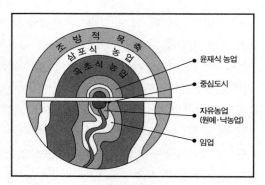

〈그림 1〉 튀넨의 고립국 모형(1826)
위 모형은 특정한 교통로가 없는 경우의 동심원구조이고, 아래
모형은 가항하천이 있는 경우이다.

장의 기능을 수행한다. 즉, 도시의 생산품과 주변의 농산품은 이 시장에
서만 교환된다. 둘째, 고립국은 지형이 평탄하고 토지의 비옥도가 동일
하다. 따라서 농업생산비나 운송비의 조건도 균일하고, 농민의 기술수
준이나 노동생산성도 균일하다고 본다. 셋째, 농산물은 농민 자신이 직
접 운반하며 운송비는 거리에 비례한다. 이때 운송수단은 마차가 유일
하며 시장의 접근은 어떤 방향에서도 가능하다. 넷째, 농민은 모두 최대
이윤을 추구하며 개별영농을 하고 생산비나 시장가격 등에 대한 완전한
정보를 입수할 수 있다. 다섯째, 시장가격은 고정불변이며 경기변동은
없다.

　이러한 전제조건은 현재는 물론 1800년대 초에도 현실적으로 가능한
것이 아니었다. 그러나 폰 튀넨은 이러한 가정을 통해 농촌토지의 가치
가 중심도시로부터 멀어질수록 점차 낮아진다는 사실을 명료화하였다.
도시적 토지이용과 마찬가지로 농업적 토지이용도 입찰가격곡선의 특
성을 갖고 도시로부터의 거리에 따라 배열되는 것이다. 그는 지대와 거
리, 생산비의 관계를 다음과 같이 설명한다. 첫째, 지대와 운송비는 반
비례 관계에 있다. 둘째, 동질적인 공간에 단일시장이 존재할 때 상업적

농업에는 공간적 한계가 있다. 셋째, 토지이용의 집약도는 시장으로부터의 거리에 따라 감소하며, 동심원 모양의 동질적인 농업활동지대가 형성된다. 넷째, 농업은 상호의존성이 있어서 한 가지 농업활동의 변화는 전체 토지의 이용구조에 영향을 미친다는 것이다.

폰 튀넨은 그의 결론을 종합하여 중심도시로부터의 거리에 따라 원예농업지대, 임업지대, 집약적인 윤재식 농업지대, 낙농업지대, 삼포식 농업지대, 조방적인 목축업지대가 동심원으로 배열되는 고립국의 토지이용패턴을 제시하였다. 튀넨의 고립국 모형과 같은 토지이용패턴은 실제로 발견되기는 하지만 일반적으로 적용되지는 않는다. 그러나 중요한 것은 튀넨의 고립국 모형이 토지이용변화를 규범적으로 설명하는 기초로서 적실성이 크다는 점이다.

집약도이론

이와 같이 토지이용변화를 규범적으로 설명하는 데 있어서 토지이용의 집약도와 거리와의 관계는 튀넨의 고립국 모형에서 가장 핵심적인 부분이라고 할 수 있다. 튀넨의 집약도이론은 농부가 한계비용과 한계수입이 동일한 수준에서 단일작물과 그 작물을 생산한다고 가정하는 데서 출발한다. 이런 가정을 하게 되면 집약도는 도시로부터의 거리가 증가함에 따라 낮아져야 한다. 왜냐하면 도시로부터의 거리가 증가함에 따라 시장가격의 상승요인이 발생하게 되는데, 그것을 상쇄하는 비용의 감소가 있어야만 생산이 지속될 수 있기 때문이다. 즉, 비옥도 등 다른 조건이 동일하다고 했을 때 거리에 따라 변동하는 생산비와 시장가격을 맞추기 위해서 농부는 집약도를 낮출 수밖에 없다는 것이다. 따라서 도시로부터의 거리가 증가함에 따라 토지이용의 집약도는 점차 낮아지게 되고 어느 지점에 이르게 되면 작물재배가 중단된다.

농산물의 시장가격(p)이 생산비(c)와 이윤(r)으로 구성된다고 하였을

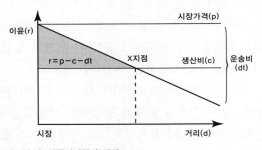

〈그림 2〉작물지배권의 결정
시장으로부터 X 지점을 지나면 과중한 운송비 부담 때문에 작물은
더 이상 재배될 수 없다.

때, 이윤은 시장가격에서 생산비를 감한 것이 되지만(r=p‒c) 산지와
시장이 한 지점에 겹쳐 있을 수 없기 때문에 운송비(dt)가 추가되어 r=
p‒c‒dt의 관계가 성립된다(d는 시장으로부터의 거리, t는 단위거리당
운송비). 따라서 시장으로부터 일정한 거리가 지나면 과중한 운송비 부
담으로 이윤이 '0' 이하로 떨어져 더 이상 해당 농작물을 경작할 수 없
는 상황이 전개되는 것이다. 이때 부피나 중량이 크고 운송이 불편한
농산물이거나 높은 집약도가 요구되는 농산물은 접근도가 높은 곳에서
생산하려 할 것이고, 집약도가 낮아도 무방하거나 운송비의 부담이 적
은 농산물은 접근도가 낮은 곳에 입지하게 될 것이다.

지대이론

지대는 원래 생산요소인 토지가 희소하기 때문에 토지이용에 대한 대
가로 토지소유자에게 지불하는 것이다. 그러나 서로 다른 토지는 비옥
도나 자연조건이 달라서 토지의 생산성이 다를 수 있다. 리카도는 생산
성의 차이에서 오는 지대의 차이를 차액지대라 하고, 그에 관한 이론을
정립하였다. 고립국 모형을 설명하는 데 있어서 지대에 관한 폰 튀넨의

이론은 근본적으로 리카도의 지대론과 같은 원리에 기초한다. 그러나 폰 튀넨의 지대이론은 지대개념을 보다 확장해서 입지의 차별적 이점에 의해 발생하는 지대를 포함시켰다는 데 중대한 의의가 있다. 그는 비옥도가 절대적으로 균등한 토지에서조차 운송비의 변화에 따라 차액지대가 발생할 수 있음을 보여준 것이다.

폰 튀넨이 제기한 지대이론의 핵심은 농산물의 생산에서 이윤, 즉 경제지대가 지역에 따라 다른 것은 비옥도와 같은 자연조건에서 비롯되기도 하지만 농산물을 판매하는 중심시장과의 거리에 의해서도 기인할 수 있다는 것이다. 고립국 모형에서 말하는 튀넨의 가정대로라면 농산물의 생산비가 모든 지역에서 일정하기 때문에 농부의 순이윤에 영향을 미치는 유일한 변수는 운송비가 된다. 이윤은 운송비의 부담 때문에 시장으로부터의 거리에 따라 점점 감소하게 된다. 따라서 고립국에서 각 단위 토지의 지대는 시장까지 단위농산물의 운송비와 지대가 발생하지 않는 가장 원거리의 토지이용으로부터 그 작물이 재배되는 곳까지의 운송비 차이가 되고(입지지대), 작물의 생산범위는 중심도시에서 입지지대가 '0'이 되는 지점까지의 반경을 원으로 하는 지역에 해당한다.

이러한 조건하에서 시장에 가까이 있을수록 높은 이윤을 얻을 수 있으므로 시장에 근접한 토지는 농부들이 서로 이용하려고 경쟁을 하게 될 것이다. 따라서 토지는 경쟁에 의해 할당될 것이고, 이 때문에 입지지대 곡선은 곧 입찰지대 곡선으로 간주될 수 있다. 지대에 관한 맬서스나 리카도의 이론은 매우 단순하다. 그들이 고려한 유일한 변수는 토양의 비옥도이며, 단 한 가지의 생산물, 즉 옥수수 생산만을 가정하였다. 그러나 튀넨은 경쟁적인 다양한 생산물을 도입하고 운송비를 고려함으로써 리카도의 이론을 더욱 일반화하였다.

폰 튀넨이 토지의 동일한 비옥도를 가정함으로써 모델을 단순화한 것은 사실이다. 원래 토지의 우수한 위치와 토질 때문에 발생하는 초과이윤을 차액지대라고 하는데, 폰 튀넨의 모델에서는 비옥도의 차이가 없는 것으로 전제하였으므로 접근도만이 지대와 관계가 있다. 그러나 그의 모델은 비옥도의 등급을 도입하더라도 모델의 일반적 특성을 훼손하지 않고 수정될 수 있다. 반면에 리카도의 모델은 튀넨의 변수들을 도입할 경우 수정이라기보다는 변형이 되어버린다.

농산물 생산의 입지이론

지금까지는 단일작물을 재배할 경우 지대가 어떻게 결정되고, 거리와 집약도는 어떤 관계를 갖는가에 대한 이론들을 소개하였다. 그러나 여러 가지 농작물의 재배가 가능할 때는 문제가 좀 달라진다. 우선, 여러 종류의 작물재배가 가능할 때는 시장에 가까울수록 반드시 토지이용의 집약도가 증가하는 것은 아니다. 시장에 가까운 곳에 토지를 가지고 있는 농부는 단위토지당 투입은 적지만 산출은 많은 작물을 재배할 수도 있기 때문이다. 예를 들어 19세기 도시주변의 수림이 그런 것에 해당한다.

그러나 여러 가지의 농작물 재배가 가능하다고 하더라도 근본적으로 시장에 가까운 토지를 얻기 위해서는 단위토지당 수입이 많아야 하고 높은 지대를 지불해야 한다는 것에는 변함이 없다. 따라서 작물재배에 관해 폰 튀넨이 주장한 입지이론의 기초는 어떤 작물재배가 더 많은 이윤을 남기며, 더 많은 지대를 지불할 수 있는가 하는 경쟁개념이 된다. 농산물에 따라 운송비의 특성이 다르기 때문에 여러 종류의 농작물이 재배될 경우 기울기가 다른 여러 개의 입지지대 곡선이 교차하게 되고, 이러한 교차에 따라 농산물 생산의 입지가 결정된다.

시장에 근접하여 재배할 경우 다른 작물에 비해 더 많은 이윤을 얻을 수 있는 작물들이 있는 것은 분명하다. 폰 튀넨은 이런 작물의 예로 신선한 채소와 우유를 든다. 튀넨에 의하면 이런 농산물은 수요탄력성의 범위 내에서 다른 농산물에 비해 더 많은 지대를 지불할 수 있다. 따라서 우유가격은 우유를 생산하는 데 필요한 토지를 이용해서 다른 농산물을 생산하는 것이 더 많은 이윤을 남길 수 있는 지점까지 상승하게 된다.

운송비의 특성이 다른 i와 j라고 하는 두 작물을 재배하는 경우를 보자. 단위면적당 생산량을 Y라고 했을 때 단위면적당 입지지대는 $LR = Y(p-c) - Ydt$ 로 표현될 수 있다. i가 채소와 같은 단위거리당 운송비가 많이 드는 작물이고 j는 곡물과 같이 단위거리당 운송비가 적게 드는 작물이라고 하면, i는 기울기가 급한 입지지대 곡선을, j는 기울기가 완만한 입지지대 곡선을 가지게 될 것이다. 따라서 두 개의 입지지대 곡선이 교차하는 안쪽은 i, 바깥쪽은 j작물의 수익이 높게 나타나 각각의 작물재배지가 결정된다. 이러한 두 가지 작물의 경우를 확대하여 여러 가

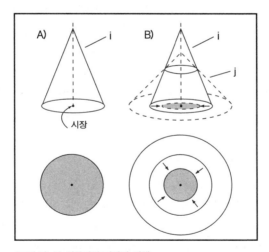

⟨그림 3⟩ 두 작물간의 지배권 경쟁

작물의 이윤공식 $LR = Y(P-C) - Ydt$에서 $1 < Y(p-c)i / Y(p-c)j < LRi/LRj$일 때 i와 j작물의 농업지대가 형성되며 j작물은 단독재배시에 비해 재배권의 범위가 축소된다.

출처: 장재훈·허우긍·김주환(1977), 『공간구조: 지리학 입문서』.

지 작물 또는 다수의 영농방식간 경쟁을 생각하면 농업지대가 어떻게 형성될 수 있는가를 살필 수 있다.

튀넨 이론의 현실성

튀넨의 이론은 고립국이라는 가상공간을 상정한다. 따라서 튀넨의 이론을 비판하는 입장들은 고립국이라는 가상공간이 실세계와 상당한 차이가 있다는 점에 대부분의 초점이 모아진다. 또 접근성만이 토지이용을 결정하는 것은 아니다. 작물의 생태도 농업활동에 큰 영향을 미친다. 뿐만 아니라 튀넨이 살던 당시와는 달리 오늘날은 운송수단이 크게 발달하여 운송이 중요한 문제가 되지 않는 경우도 있다. 그렇다면 튀넨 이론은 현실성이 있는 것인가? 물론 고립국 모형은 엄격한 가정하에서만 성립할 수 있다. 따라서 튀넨 자신도 현실과 유사한 농업체계를 나타내기 위해서는 엄격한 가정을 완화할 필요성이 있음을 인정하였다. 튀넨 스스로 동심원 구조의 모형을 발표한 후 특정 교통로가 없다는 조건을 완화하여 가항하천과 같은 탁월한 교통로가 있다면 토지이용구조가 어떻게 전개될 것인가를 검토하여 모형을 수정하기도 하였다.

그러나 튀넨의 고립국 모형이 현실 속에 존재하느냐, 하지 않느냐는 중요한 문제가 아니다. 그의 이론은 정태적인 일반균형론에 기초하기 때문에 구체적인 현실에 부합하지 않을 수 있다. 즉, 그의 고립국 모형은 규범적 모형의 특성을 가지고 있다. 중요한 것은 그의 분석방법이다. 특정한 가정에 기초한 단순모형을 설정하고 실생활을 명료하게 하는 구성요소들간의 관계를 연역하는 기술이 그것이다. 사람들은 그가 중앙에 있는 시장을 둘러싼 토지이용의 동심원 구조에만 관심을 가졌다고 생각할 수도 있다. 그러나 튀넨의 원저작을 보면 일반적으로 인식하는 것보다 그의 관심영역은 훨씬 포괄적이다. '거리' 요인을 중심에 두고는 있지만 토지비옥도, 장기적인 작물순환재배, 기술의 발달과 한계생산성과 같은 내용도 분석됐다. 그러나 분명한 사실은 폰 튀넨을 뒤이은 후대 저자들이 그러하지 못하였다는 것이다.

따라서 문제는 그의 이론이 엄격한 가정에 기반하고 있어 현실성이 없다느니, 거리가 유일한 변수가 될 수 없다느니 하는 것이 아니다. 오히려 튀넨 이론의 근본적인 한계는 토지라고 하는 희소자원을 배분하는 데 있어서 생산 혹은 공급의 측면만 강조되고 있다는 점이다. 사실, 시장은 튀넨의 전통적 견해에서는 고려되지 않는다. 튀넨의 모형은 오직 생산지향적인 모형이다. 결과적으로 그의 전통적 모형은 예측도구로서 심각한 결함을 가질 수밖에 없는 것이다.

참고문헌

김용웅. 1999, 『지역개발론』, 법문사.

박삼옥. 1999, 『현대경제지리학』, 아르케.

Dickinson, H. O. 1969, "Von Thünen's Economics," *Economic Journal* 79, pp.894-902.

Kellerman, A. "Economic and Spatial Aspect of von Thünen's Factor Intensity Theory," *Environment and Planning A*, Vol.15, 1983, pp.1521-1530.

Lee, S. Y. and Mulligan, G. F. 1996, "Behavior in Agricultural Markets under Environment Uncertainty: a Theoretical Approach Based on von Thünen's Framework," *Journal of the Korean Geographical Society*, 31(4), pp.648-661.

Peet, R. J. 1969, "The Spatial Expansion of Commercial Agriculture in the Nineteenth Century: a von Thünen Interpretation," *Economic Geography*, 45(4), pp.283-301.

Samuelson, P. L. 1983, "Thünen at Two Hundred," *Journal of Economic Literature*, 21, pp.1468-1488.

Sills, D. L.(ed.) 1980, *International Encyclopedia of the Social Science*, Vol.16, Macmillan and Free Press, pp.17-20.

Walter Christaller

크리스탈러의 중심지이론

임석회(대구대학교 사회교육학부 교수)

　수많은 공간이론 가운데 아마도 크리스탈러의 중심지이론만큼 유명한 이론은 없을 것이다. 공간이나 지역을 연구하는 사람이라면 누구나 한번쯤은 크리스탈러란 이름을 들었을 것이다. 크리스탈러의 전생애에 걸친 연구가 중심지이론에만 그치는 것은 아니지만, 그의 거의 모든 연구가 이와 관련된다. 그의 이론은 심지어 고등학교 교과서에도 나오는 만큼 새삼 여기서 다시 소개하는 것이 어떤 의미가 있을까 하면서도 공간조직에 관한 연구에서 중심지이론이 차지하는 비중을 볼 때 생애와 함께 그의 이론을 다시 한번 살피는 것이 전혀 의미 없는 일은 아니라고 생각된다.

크리스탈러의 생애와 학문적 배경

　중심지이론의 창시자 발터 크리스탈러(Walter Christaller)는 1893년 2월 21일 독일 남부의 흑림지대 베르네크(Berneck)에서 태어났다. 그의 어머니 헬렌(Helene)은 다름슈타트의 중산층 출신으로 성공한 소설가였으며, 그의 부계는 대대로 성직자 집안으로 아버지 역시 목사였다. 지리학과의 인연에 대해 아주 어렸을 때 지도를 가지고 놀기를 좋아했다고 크리스탈러는 회상한다. 「나는 어떻게 중심지이론을 발견하였는가」라는 자신의 학문을 회고하는 글에서도 초년에 다닌 다름슈타트의 학교에서 훌륭한 지리선생님을 만났으며, 지리에 흥미를 가졌다고 했다. 특히 지도에 대한 그의 관심은 남달랐다. 제1차세계대전중 부상을 당해서 병원에 있을 때조차 친구에게 지도를 보내달라고 해서 그것을 보는 것을 낙으로 삼을 정도였다고 한다.

하지만 그가 대학에서 지리학을 공부한 것은 아니다. 1913년 대학에 입학한 그는 하이델베르크와 뮌헨에서 철학과 정치경제학을 공부하였다. 그가 다시 지리학과 인연을 맺은 것은 그로부터 16년이 지난 1929년, 36세의 늦은 나이에 에를랑겐(Erlangen) 대학에 들어가 본격적인 학문 수업을 시작하면서부터이다. 그러나 1914년 제1차세계대전부터 1929년까지는 어떤 면에서 크리스탈러에게 중요한 인생의 실험기였다.

제1차세계대전이 발발하자 군에 입대한 그는 여러 차례 부상을 당한 끝에 전쟁에 참여한 당시의 많은 사람들이 그러했던 것처럼 전쟁에 환멸을 느끼고 전장에서 돌아왔다. 그의 내면에 사회주의 사상이 싹트기 시작한 것은 이때부터이다. 잠시 나치 당원이 되기도 하였지만 사회주의 사상은 그에게 깊은 영향을 미쳤다. 전쟁터에서 돌아온 그는 단 한 학기만 대학에 있었을 뿐 광부 혹은 건설노동자, 회사원 등으로 일했으며, 신문에 글을 쓰기도 했다.

크리스탈러가 이런 생활들을 끝내고 1929년 30대 중반을 넘은 나이에 왜 학문을 다시 시작하려 했는지 그 이유를 자세히 알 수는 없다. 다만 1928년 그는 어떤 이유에서인지 다니던 회사에서 해고되었고, 1921년에 결혼한 부인과도 이혼하였다. 1929년 에를랑겐 대학 대학원과정에 입학한 그는 1930년 석사학위를 받고, 1932년 자신을 유명하게 만든 박사학위논문, 「남북 독일의 중심지: 도시기능과 관련된 취락의 분포와 발달에 관한 경제지리학적 연구」로 정치경제학 박사학위를 받았다. 최초에는 크리스탈러가 자신의 박사학위논문을 지리학이 아닌 경제학의

한 주제로 생각했던 것은 분명하다. 그러나 지리학자 그라드만(R. Grad-mann)의 지도를 받게 된 것은 경제학자들로부터 그의 연구가 이렇다 할 반응을 얻지 못하였기 때문이다.

크리스탈러의 부탁을 받은 그라드만은 크리스탈러의 연구가 갖는 가치를 인정하여 자신의 관심영역이나 연구방법론이 크리스탈러와는 전혀 다름에도 불구하고 크리스탈러의 박사학위 지도교수가 되었다. 크리스탈러의 중심지이론에 관한 박사학위논문이 철저하게 연역적 방법으로 공간조직을 설명해나간다면, 그라드만은 경관학파의 한 사람으로 귀납적 연구방법론의 입장에 서 있었다.

크리스탈러는 에를랑겐에서 박사학위를 받은 후 프라이부르크대학으로 옮겨 1937년 교수자격취득논문, 「독일 농촌취락과 지방정부조직과의 관계」를 완성하였다. 이 논문에서 크리스탈러는 그의 기존 연구방법론을 수정하여 귀납적인 접근을 시도하였는데, 같은 해 독일의 한 유명한 출판사에서 출판되었지만 박사학위논문에 비하면 거의 알려지지 않았다.

크리스탈러는 교수자격취득 후 1938년 프라이부르크 대학에서 강사를 하면서 2년간 지방정부연구소를 세우는 일에 참여하였다. 그러나 1940년 이후 연구관련업무를 맡지 못하였으며, 독일의 어떤 대학으로부터도 초빙을 받지 못하였다. 그가 대학교수가 되는 데 실패한 것은 첫째, 당시 독일의 대학에서 지리학과 교수가 되기에는 연구영역이 지나치게 좁았고, 둘째, 교수자격을 취득하였을 때는 이미 45세로 나이가 너무 많았으며 셋째, 그가 사회주의 사상에 경도되어 있었다는 이유를 들수 있다. 1930년대 초 그는 실제로 추적받고 있음을 염려하여 몇 달 동안 프랑스로 도망한 적도 있었다.

그럼에도 불구하고 크리스탈러는 1940년 이후에 나치당에 가입하여 그들을 위해 봉사하였다. 중심지이론을 실제로 적용하여 보고자 하는 욕심이 그의 눈을 멀게 하였다고 할 수 있다. 1940~1945년 사이 그는 주로 베를린에 머물면서 나치가 점령지에서 수행한 취락정비계획에 참여하였다. 이러한 그의 활동은 1941년 발표한 논문 「공간이론과 공간질서」와 「동부지방의 중심지와 문화 및 시장영역」에 잘 나타난다.

이와 같은 활동에도 불구하고 크리스탈러의 중심지이론은 독일 지리학계에서 여전히 인정을 받지 못하였다. 오히려 독일이 아닌 다른 나라에서 점차 크리스탈러 중심지이론의 가치가 인정받기 시작하였다. 먼저 디킨슨(R. Dickinson)과 해리스(C. Harris) 등이 간략히 언급한 다음, 1941년 울만(E. Ullman)이 미국 사회학잡지에 기고한 논문에서 크리스탈러의 중심지이론을 소개하였으며, 1945년에는 스웨덴에서 칸트(E. Kant)가 중심지이론을 발표하였다. 이때부터 크리스탈러의 중심지이론은 전세계적으로 확산되었으며, 1966년에는 바스킨(Baskin)에 의해 영어로, 1969년에는 일본어로, 1980년에는 이탈리아어로 번역되었다.

이와 같이 중심지이론이 각광을 받아감에도 불구하고 크리스탈러 개인적으로는 불운의 연속이었다. 그는 일정한 직업이 없었으며, 수입도 불규칙하였다. 더욱이 그는 공산당에 가입했는데, 1951~1952년에는 동독의 지령을 받는 전독일 농림노동자 서클에 간여한 일 때문에 스파이 혐의로 기소되어 수년간 재판을 받기도 했다. 결국 무혐의 판결을

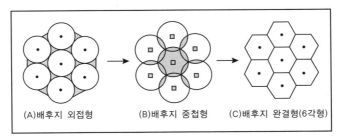

(A)배후지 외접형   (B)배후지 중첩형   (C)배후지 완결형(6각형)

〈그림 1〉 정육각형 보완구역의 형성
중심지가 불균등 분포하면 보완구역에 포함되지 않는 공간이 생기지만(A, B의 경우), 균일하게 분포하면 중심지간의 경쟁에 의하여 보완구역은 정육각형으로 형성된다(C의 경우).

받기는 하였으나 나중에도 미국 방문이 허락되지 않았다.

시간이 지남에 따라 점차 그의 중심지이론은 독일의 지리학계에서도 인정을 받게 되었으며, 독일정부의 재정적 지원까지 받게 되었다. 그리고 1964년에는 미국지리학회로부터, 1968년에는 영국왕립지리학회로부터 상과 메달을 수상하고 스웨덴 룬드(Lund) 대학과 독일 루르(Ruhr) 대학에서 명예박사학위를 받았다. 이와 같이 뒤늦게나마 그의 중심지이론이 본국에서 인정도 받고 세계적 명성을 얻게 되었지만, 그는 곧 1969년 암으로 사망하였다.

크리스탈러의 중심지이론

크리스탈러가 서거한 지 30년이 지난 오늘날에도 우리가 그를 기억하는 것은 그가 중심지이론을 창안하였기 때문이다. 크리스탈러 이후 많은 사람들이 중심지이론을 발전시켜왔지만 크리스탈러의 기본사고를 크게 벗어나지는 않는다.

크리스탈러 중심지이론에서의 중심지는 주변지역에 재화와 서비스를 제공하는 넓은 의미에서 도시와 동의어이다. 그가 박사학위논문에서 설정한 문제의 틀은 도시의 규모와 수, 분포에 대한 일반적 설명과 그것들간에 어떤 법칙이 내재되어 있느냐는 것이다. 그는 이것에 대해 연역적으로 먼저 "도시의 규모와 분포를 결정하는 법칙의 존재가 가능한가"라는 질문부터 시작해 취락지리학에도 법칙이 있어야 한다는 논리를 이끌어낸다. 도시의 기원과 성장, 쇠퇴는 주민이 그 도시에서 생활에 필요한 재화와 서비스를 얻을 수 있는지의 여부와, 도시가 그것을 공급할 수 있는지의 여부에 따른다. 즉 경제적 현상이 도시의 존재에 있어서 결정적이기 때문에 취락지리학은 경제지리학의 한 부분이며, 경제현상에 어떤 법칙이 있듯이 취락지리학에도 법칙이 존재한다는 것이다. 이 법칙이 도시의 규모와 수, 분포를 결정하는 데도 기본적으로 작동한다

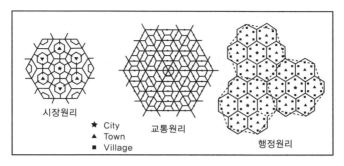

〈그림 2〉 중심지의 포섭원리

시장원리와 교통원리는 경제적 효율성에 기반한 원리로 차하위 중심지의 보완구역을 분할 포섭할 수 있기 때문에 상호간에 결합이 가능하지만 행정원리에 의한 공간조직은 정치적 통제를 위한 완전포섭을 전제하기 때문에 시장원리와 결합될 수 없다. 이에 따라 크리스탈러는 행정원리의 역할을 시장원리와 동등한 차원이 아닌 하나의 고려해야 할 요인으로 간주하는 방향에서 중심지이론을 재구축하게 된다.

는 논리이다. 즉, 경제생활을 지배하는 근본법칙, 도시와 주민 간의 관계에서 재화와 서비스를 가장 경제적으로 공급받고 공급하는 법칙이다.

따라서 크리스탈러의 두번째 문제는 주민이 재화와 서비스를 가장 경제적으로 공급받고 도시가 그것을 가장 경제적으로 공급한다고 하였을 때 공간조직은 어떻게 짜여지겠느냐는 것이다. 모든 면에서 등질적이고 어떤 방향으로도 이동에 장애가 없는 공간이라면, 그리고 각각의 중심지가 동일한 중심재화, 즉 그 기능의 존립에 필요한 최소요구치(threshold)와 도달범위가 같은 재화를 공급한다면, 그 공간조직은 각각의 중심지가 정삼각형의 꼭지점을 이루는 삼각격자형을 이룬 상태에서 서로 경쟁적인 각각의 중심지로부터 재화를 공급받는, 흔히 보완구역이라고 하는 공간이 육각형으로 분할되는 모습을 가지게 된다. 그래야만 최소한의 적은 수의 중심지가 빈틈없이 모든 공간에 재화가 공급될 수 있기 때문이다. 이러한 공간조직에서는 생산가격의 차이는 고려되지 않고, 오로지 거리가 공간조직의 단일 변수가 되며, 정상이윤만 존재하고 초과이윤은 없다.

세번째 문제는 동일한 재화가 아닌 최소요구치와 도달범위가 다른 재화들을 공급하는, 즉 중심성에 차이가 나는 중심지들이 같은 공간에 존재한다면, 그때의 공간조직은 어떤 모습이겠느냐는 것이다. 크리스탈러는 중심성이 큰 고차의 중심지들이 중심성이 작은 저차의 중심지들의 보완구역을 분할·포섭하는 데는 세 가지 원리가 작동할 수 있다고 보았다. 첫째는 각 계층의 중심지 보완구역의 크기가 최소가 되어 가장 짧은 거리에서 재화를 공급하는 시장원리로 고차중심지의 보완구역은 저차중심지의 그것보다 3배수가 넓어지게 된다(K=3 system). 둘째는 고차 중심지들을 연결하는 교통로상에 가능한 한 중요한 중심지들이 많이 배열되도록 하는 교통원리로 이 원리에 따를 경우 보완구역의 크기는 4배수로 증가하게 되지만(K=4 system), 가장 효율적인 교통망이 건설된다. 셋째는 행정원리로 행정 통제상 고차의 행정중심지가 저차 행정중심지의 관할구역을 완전포섭하게 되어 보완구역의 크기보다 7배수 증가하게 된다(K=7 system). 행정원리에 따른 공간조직은 각 중심지의 보완구역이 커지기 때문에 행정통제에는 유리하지만 재화와 서비스의 공급 측면에서는 비효율적이다.

이러한 크리스탈러의 중심지이론은 도시의 분포와 체계에 관한 공간적 질서를 일반화시켰다는 점에서 높은 평가를 받는다. 크리스탈러 자신에 의해 남부 독일이 사례로 검증되었지만, 베리(L. J. Berry)를 비롯한 많은 학자들의 연구에 의해서도 적지 않게 실증되는 등 1960년대 이후 많은 연구의 진전을 보았다. 그러나 도시기능이 재화와 서비스를 공급하는 3차산업활동에만 국한되는 것이 아닌 만큼, 도시를 중심으로 한 지역구조를 육각형구조만으로 설명하기에는 문제가 많다. 또한 정태적인 균형모델이기 때문에 어느 한 시점에서 중심지체계에 따른 공간조직을 설명할 수는 있으나 시간이 흐름에 따른 변화는 설명하지 못한다. 특히 크리스탈러는 재화의 공급단위를 개별적으로 인식하여 집적의 이익을 고려하지 않았다는 문제점이 있다. 이런 점에서 같은 독일인 뢰쉬

(A. Lösch)의 중심지이론은 크리스탈러에 비해 훨씬 현실에 적합하고 유연하다.

그러나 이러한 문제점들이 크리스탈러의 중심지이론이 갖는 공간질서에 대한 탁월한 인식과 설명을 근본적으로 부정하지는 못한다. 크리스탈러 중심지모형의 가장 큰 특징은 공급자의 입장에서도 가장 효율적인 서비스 공급의 공간질서이고 소비자의 입장에서도 가장 효율적인 서비스를 공급받을 수 있는 공간질서라는 점이다. 다시 말하면 이윤효율성과 분배정의의 실현이라는 두 가지 측면을 동시에 갖는다. 따라서 계획적으로 취락을 정비할 때 유용하게 쓰일 수 있는 공간조직의 모형이며, 그래서 실제로 그의 모형은 많은 공간계획에서 응용된다.

크리스탈러 중심지이론의 보완과 응용

우리가 크리스탈러를 기억하는 이유는 주로 그의 박사학위논문과 거기에 담긴 중심지이론 때문이지만, 1932년 박사학위논문을 완성한 이후 1933년부터 1969년 타계할 때까지 그는 적어도 50여 편이 넘는 논문과 4편의 단행본 논문을 포함한 많은 글들을 규칙적으로 발표였다. 1933년 이후 그의 연구주제를 보면 지속적으로 중심지이론을 발전시키고자 하였으며, 대체로 행정구역의 재편, 관광활동의 공간조직에 관한 연구로 이어진다. 특히 그는 행정구역의 재편이 그의 중심지이론을 현실에 적용할 수 있는 중요한 연구주제라고 여겼다.

행정구역에 관한 연구는 제2차세계대전을 전후로 크리스탈러가 발간한 연구물의 대부분을 차지한다. 그가 중심지이론에서 포섭원리의 하나로 행정원리를 들고 있듯이 행정구역의 본질은 그의 박사학위논문과 교수자격취득논문의 한 주제였으며, 그의 일생을 통해 지속적인 관심의 대상이었다. 그는 박사학위논문의 서문에서 자신이 본래 정치경제학 분야에서 연구하려 했던 것이 합리적 행정조직의 경제이론 기초를 찾는 것이었다고 적고 있다.

크리스탈러는 국가의 행정조직은 두 가지 목표를 가져야 한다고 주장하였다. 하나는 공간조직의 차원에서 최고의 합리성(효율성)을 갖는 것이며, 다른 하나는 국가의 행정구조를 강화하는 것이다. 이는 매우 복잡한 문제이기는 하지만 국가의 가장 중요한 역할이 공공재를 공급하는 일이기 때문에 이 두 개의 목표는 중심도시와 구역의 통합에 기초한 공간적으로 효율적인 행정체계에 의해 달성될 수 있으며, 그의 중심지이론이 그러한 체계의 발전에 기여할 수 있을 것으로 보았다.

크리스탈러는 공공재의 공급비용에 중요성을 부여하였기 때문에 시장원리를 만족시키는 것을 행정구역 조직의 전제조건으로 보았다. 따라서 행정중심도시의 보완구역이 되는 행정구역의 조직은 구역의 크기가 공공재 공급기능의 최소요구치를 만족하는 수준에서 작게 설정되는 것이다. 그러나 이는 행정구역의 조직에 있어 또 하나의 전제조건, 즉 보완구역이 분할되지 않는 행정원리와 결합할 수 있어야 한다. 따라서 중심지이론을 계획지역과 같은 행정구역 조직에 현실적으로 적용하기 위해서는 시장원리와 행정원리를 결합하는 새로운 모형을 요구한다. 그러나 시장원리와 교통원리는 경제적 효율성에 기반한 원리로 차하위 중심지의 보완구역을 분할 포섭할 수 있기 때문에 상호간에 결합이 가능하지만 행정원리에 의한 공간조직은 정치적 통제를 위한 완전포섭을 전제하기 때문에 시장원리와 결합될 수 있는 성질이 아니다.

이에 따라 크리스탈러는 공공재의 효율적 배분이 가장 중요한 과제라는 인식하에 행정원리의 역할을 시장원리와 동등한 차원이 아닌 하나의 고려해야 할 요인으로 간주하는 방향에서 그의 중심지이론을 재구축하게 되었다. 다시 말하면 시장원리에 의한 지역단위를 행정구역의 기본단위로 한다는 것이다. 그는 이것을 기존에 제시한 3개의 원리에 이은 제4의 원리에 의한 시장-행정모형이라 하고, 지역계획과 행정구역의 재조직 등에 있어 이론적 토대로 삼았다. 이러한 혼합된 계층적 포섭원리는 전후에 그가 신독일의 행정구역을 제시하는 데도 이용되었다.

참고문헌

Christaller, W, 1933, Die Zentralen Orte in Süddeutschland: Ein ökonomische geographische Untersuchung über die Gesetzmäßigkeit der Verbreitung und Entwicklung ser Siedlungen mit städtischen Funktionen, Verlag von Gustav Fisher: Jena(*Central Places in Southern Germany*, translated by Baskin, C. W., 1966, Englewood, N.J.: Prentice-Hall)

_____. 1970, "How I Discovered the Theory of Central Places: a Report about the Origin of Central Places," in English, P. W. and Mayfield, R. C.(eds.), *Man, Space, and Environment: Concepts in Contemporary Human Geography*, New York: Oxford Univ. Press, pp.601-610.

권용우 외. 1998, 『도시의 이해: 도시지리학적 접근』, 법문사.

김 인. 1999, 『현대인문지리학: 인간과 공간조직』, 법문사.

박삼옥. 1999, 『현대경제지리학』, 아르케.

森川 洋. 1980, 『中心地論(Ⅰ)』, 大明堂.

Herbert. D. T. and Thomas, C. J., 1990, *Cities in Space City as Place*, London: David Fulton Publishers.

Preston, R. E., "Chrsitaller's Research on the Geography of Administrative Areas," *Progress in Human Geography*, 14(4), pp.523-539, 임석회 역, 1994, 「크리스탈러의 행정구역 지리학에 관한 연구」, ≪공간환경≫, 1994년 봄호, 239-255쪽.

森川 洋

모리가와의 도시시스템 이론

머리말

　도시시스템은 도시를 골격으로 하는 국토의 지역구조를 상징적으로 나타낸 것이다. 도시시스템은 그 공간구조가 지역구조에 강한 영향을 주고 지역 격차를 형성하는 요인이 되기 때문에 세계 각국에서는 도시시스템을 개선하여 균형 있는 국가 발전을 도모하고 이상적인 형태에 가까워지기 위해 노력하고 있다.

　국가적인 관점에서의 도시시스템은 국제·국내적인 사회, 경제, 정치 등의 변화에 큰 영향을 받게 되는데 이는 도시시스템을 추상적·동태적으로 파악하려는 도시화 연구의 과제이기도 하다. 따라서 도시화와 도시시스템의 연구는 상호보완적인 관계에 있다고 볼 수 있다. 종래 많은 문제가 도시화 연구 과정에서 분석되어왔으나 오늘날에는 도시시스템 연구에 대한 관심이 크게 증가하고 있다. 일본의 대표적인 도시지리학자 모리가와 히로시(森川 洋)는 이러한 도시시스템을 분석하고, 그것과 관련하여 도시화의 문제를 제기한 저명한 학자다.

　그는 수십 편의 저작을 통하여 많은 연구를 해왔기 때문에 그의 연구를 일목 요연하게 정리한다는 것은 매우 어려운 일이다. 다만 최근 발표한 대표적인 이론만을 정리한다면 지역적 도시시스템 이론, 도시시스템의 발전과정론, 역도시화이론 비판 등을 들 수 있다. 이 글에서는 앞서 언급한 이론의 내용을 개관하고, 평소 모리가와가 가지고 있는 도시시스템 연구과제에 대한 관점을 기술하고자 한다.

모리가와의 이론 형성 배경

일본의 여러 지리학적 연구를 보면, 주로 실증적인 면에 중점을 두고 통계자료 및 견실한 지역 조사의 바탕 위에서 지역 실태를 파악한 경우가 많으며 대부분 귀납적인 연구방법을 택하고 있다. 그러한 면에서 보면 일본의 지리학 연구는 이론적이라기보다는 경험적·현실적인 연구가 주를 이루고 있다는 것을 하나의 특색으로 들 수 있을 것이다. 이 같은 경향은 1960년대 중반까지 매우 활발하게 이루어진 역사·촌락지리학의 연구방법 및 전통에 크게 영향을 받은 것으로 생각된다.

일본의 근대 지리학은 미국이 아닌 유럽, 그중에서도 독일, 영국, 프랑스 등의 지리학에 영향을 받았기 때문에 제2차세계대전 전후의 연구는 서유럽 지리학의 전통을 이어받은 연구가 널리 행해졌다. 이러한 경험적·귀납적 연구의 전통은 1960년대 중반 이후 주로 경제지리학, 도시지리학 등의 분야를 중심으로 이론과학적, 법칙과학적인 지리학을 추구하면서 변모하기 시작하였다. 그 결과 현재 일본의 지리학은 계량접근적이고 이론적인 연구·분석이 병행하여 발전하고 있다고 할 수 있다. 물론 인간주의·행태주의 지리학적 접근방법에 의한 연구도 많이 이뤄지고 있지만 아직은 계량적·이론적 연구가 보다 널리 행해지고 있는 상황이다.

모리가와는 1960년대 이후부터 약 30여 년에 걸친 일본 지리학의 변환기를 직접 경험하면서 이를 주도해온 학자다. 그는 우리나라의 석사과정에 해당하는 수사(修士)과정 및 박사과정을 모두 히로시마 대학에서 수료하였으며, 이때부터 도시화 내지 도시시스템에 관한 연구를 시작하였다.

그는 오오이타(大分) 대학 조수(助手)를 거쳐 1972년 10월 히로시마 대학의 전임강사가 되기 전이었던 1969년 9월부터 1년 동안 커다란 전환점을 맞는다. 그 시기 일본 문부성 재외연구원으로 독일의 보쿰 대학에서 근무하게 된 것을 계기로 크리스탈러 모델에 대해 깊이 연구하고 이 모델을 일본에 적용하는 문제에 대해 깊은 관심을 가지게 되었다. 일본으로 돌아온 이후에도 모리가와는 수차례에 걸쳐 독일을 방문하였고, 독일의 도시시스템과 일본의 도시시스템을 비교·연구하였다. 그는 주로 물자와 정보의 유통 및 인구 이동 등의 분석을 통해 도시시스템의 구조 파악에 노력을 기울였는데 이에 관한 연구 결과는 1982년, 1985년, 1988년에 연달아 발표되었다.

모리가와는 히로시마 대학의 교수로 승진한 1982년부터 지금까지 끊임없는 연구를 거듭함으로써 히로시마 대학의 지리학교실이 일본의 유수한 지리학교실로 부각되는 데 큰 원동력이 되었다. 현재 일본의 여러 대학에는 모리가와의 지도를 받은 신진 지리학자가 포진하여 있으며, 그들은 모리가와의 영향을 받아 이론적이고 계량적인 도시지리학의 전통이 강하다.

모리가와의 이론

지역적 도시시스템 이론

일본의 지역적 도시시스템의 형성과 발전에 관하여 고찰하고자 한다면 지방 행정구획인 도도부현(都道府縣)을 무시할 수 없다. 이는 지방 공공 단체로서 부동의 위치를 유지해온 각 부현(府縣) 내 도시들이 강한 일체성을 나타내기 때문이다. 부현을 단위로 하는 일본의 지역적 도시시스템은 연방국가인 미국이나 독일보다 지방 행정구역의 정합성이 더욱 발달해 있는 것으로 생각된다.

한편, 일본의 각 도도부현은 특색 있는 지역적 도시시스템을 형성하고 있기 때문에 이에 대한 연구는 일본 도시시스템의 특징과 발전방향을 새로운 시각에서 이해할 수 있다는 데 의의가 있다. 또한 부현 내 도시시스템의 고찰을 통하여 계획 지역이나 사회자본 정비 등 연구 분야를 개척할 수도 있다.

각 부현 내 인구이동을 분석하여 도시간 연결관계를 도출해보면 대부분 지역에서 현이 소재되어 있는 도시 또는 현 내 주요도시를 정점으로 한 계층적인 연결구조를 가지고 있으며 인접하고 있는 현의 도시를 지향하는 예는 매우 드물다. 이들을 그 특징에 의해 유형화하면 단극형(單極型), 이극형(二極型), 분극형(分極型) 등 대도시 종속형과 광역 지배형으로 구분될 수 있겠다. 크리스탈러 모델에서 보여지는 것과 같은 계층구조를 가지는 것이 단극형, 현청도시를 정점으로 하여 다른 도시들과도 강한 연결관계를 가지는 것이 광역 지배형으로서 도쿄(東京), 오사카(大阪) 등 거대도시를 가지고 있는 지역, 북해도 내에 광대한 관계권을 가지고 있는 삿포로(札幌)가 이에 포함된다.

광역 지배형과는 반대로 대도시 종속형은 현 내의 도시가 다른 부현의 대도시에 종속되고 있는 형태다. 대도시의 영향은 현청도시로부터 멀리 떨어져 그 영향력이 미치지 않는 도시에 처음으로 나타나고 있으나 현청도시 자체의 경우에도 상위도시인 대도시로부터 강한 영향을 받는 경우가 많다.

한편 이극형은 현청도시 이외의 부차적인 중심을 갖는다. 현의 면적이 비교적 넓은 경우에 발생하기 쉬우나, 현청도시와 제2의 도시가 근거리에 있다고 해도 그 힘의 관계에 의하여 생기는 경우도 있다. 분극형은 현청도시를 포함하는 몇 개의 중심도시에 의하여 부현이 분할·지배되는 유형으로, 현청도시와 타 중심도시가 거의 대등한 관계에 있는 경우다. 이 경우에는 도시간의 연결관계가 약하고, 지역적 도시시스템의 발달이 미숙한 경우도 포함된다.

이 같은 대도시 종속형은 초기, 중기, 말기의 3단계를 생각할 수 있다. 초기는 부현 내 몇 개의 도시로부터 대도시로의 인구이동률이 10% 이상이면서도 현 내 도시가 전체적인 도시시스템을 형성하고 있는 단계이며, 중기는 현청도시를 중심으로 현 내의 일부에 지역적 도시시스템이 존속하고 있지만 부분적으로는 도시시스템이 붕괴되고 있는 단계다. 말기는 현 내 도시간의 연결관계가 매우 약해지고 지역적 도시시스템이 붕괴되는 단계를 말한다.

이와 마찬가지로 광역 지배형에서도 3기를 구분하여 생각할 수가 있다. 인접하는 현의 도시들만을 지배하는 것은 초기이고, 도쿄와 같이 광역에 걸쳐서 강한 연결관계를 갖는 것은 중기 또는 말기로 보여진다.

일반적으로 대도시에 가까운 부현일수록 대도시로부터 받는 영향은 강하지만 실제로는 단순한 거리만의 문제가 아니라 현청도시가 갖는 중심성과도 관계가 있다. 그리고 탁월한 현청도시를 정점으로 하는 단극형의 경우에는 대도시의 영향을 받기 어려우나 분극형이나 이극형의 경우에는 지역적 도시시스템의 일체성이 약하기 때문에 대도시의 영향에 의하여 붕괴되기 쉽다.

물론 도시 중에는 이같이 분류될 수 없는 형태도 많다. 크리스탈러 모델과 같이 규칙적인 분포를 찾을 수 없는 경우이거나, 대·소도시간의 도시권이 복잡한 형태로 접촉하고 있는 것도 많다. 경우에 따라서는 도시권의 단계적인 구조도 보여진다. 그러나 도시권 분포의 진화과정을 유형화하면, 다음과 같은 발전단계를 생각할 수가 있다.

단계 I: 현 내에 높은 중심성을 가진 대도시는 아직 출현하지 않았으며 현청도시를 포함한 중소도시로 구성된 도시권이 현 권역의 일부에 존재한다. 특히 홋카이도(北海島)와 같이 광역을 가진 권역에서는 현청도시를 중심으로 한 도시권이 도상(島狀)으로 분포한다.

단계 II : 각 도시권이 상호 접촉하여 현의 권역 전체를 커버하는 방향으로 발전하는 한편, 현청도시가 대도시로 성장하여 넓은 도시권을 갖게 된다. 그러나 실제로는 이 두 방향이 항상 평행하게 진행되는 것은 아니며 도시권 외 지역을 제외한 대도시의 도시권 인구 구성비율이 증가하게 된다.

단계 III : 현청도시가 현저히 발달하여 주변 중심도시의 도시권을 압도하는 상태에서 단계적인 도시권 구조가 보여지는 경우다. 예를 들어 단계적인 통근권이 발생하는 것은 통근거리의 제약이 따르더라도 취업자들은 보다 높은 수입, 보다 폭넓은 직종을 구하려 하기 때문이다. 따라서 통근권은 대도시로부터 통근 불능지역을 향하여 급한 경사를 보이게 되고, 이를 통해 크리스탈러 모델이 아니라 수지상(樹枝狀) 패턴에 의한 도시분포가 타당하게 된다. 또한 대도시의 넓은 도시권 중에는 통근권을 전혀 가지지 않은 위성도시도 많이 보여진다.

단계 IV : 부현 전역이 거대도시권에 포함되는 단계로서 하나의 중심도시에 위성도시 및 대도시 권역 내의 중소도시가 영향을 받는 상태다. 이때 거대도시권 내 도시간에도 계층성이 나타나게 된다.

일본 도시시스템의 발전과정론

도시시스템의 발전과정에 관한 연구는 주로 역사지리학적인 기술적 설명이 중심이지만 도시시스템의 동태적 구조를 파악하기 위해서는 매우 중요한 분야다. 그중에서도 도시시스템 발전과정의 고찰에 있어서 권력의 공간조직이 어떻게 작용하여 왔는가를 밝히는 것은 특히 중요하다.

일본의 고대 도시시스템이 처음 형성된 것은 고대 율령제(律令制) 국가 체제하에서 행정 중심도시인 국부(國府)가 전국적으로 건설된 8세기경이다. 이때의 도시시스템은 지배 행정시스템으로서 상부에서부터 설정되었기 때문에 지역에서 할 수 있는 역할은 매우 빈약한 것으로 보여지며 지역 주민이 가지고 있는 욕구에 대응하는 중심지 역할을 해내지 못했다.

제2차세계대전, 특히 고도 경제성장기 이후 일본 도시시스템에는 새로운 변화가 나타나는데 6대도시 돌출형에서 광역중심도시의 성장에 의한 순위규모 법칙형으로의 접근, 대도시권 성장에 의한 거대한 위성 도시군의 출현, 탄광도시의 쇠퇴와 키타큐슈(北九州) 공업지대를 중심으로 하는 원연료형(原燃料型) 공업도시의 쇠퇴 등이 그것이다. 광역중심도시가 급속히 성장한 것은 고도 경제성장기를 맞아 일본의 도시시스템이 현대적으로 발전한 것이라고 볼 수 있다.

역도시화 이론 비판

1960년대 이후 미국에서는 비도시권 지역으로의 공업진출, 레크리에이션 지역의 개발, 퇴직자의 급증, 하천 개발 및 댐 건설 등 토목공사가 본격적으로 발전하면서 임금수준은 낮지만 훌륭한 경관과 저렴한 지가를 갖춘 비도시권 지역으로의 인구유입현상이 나타났었다. 이러한 인구 반전현상에 대해서 빌(Beale, 1974), 베리(Berry, 1976) 등 여러 학자들이 연구해왔다.

미국의 도시화 반전현상은 적어도 두 가지 측면에서 파악될 수 있다. 첫째는, 도시권 지역과 비도시권 지역을 비교할 때 도시권 지역보다도 비도시권 지역(농촌부)의 인구 증가율이 높고 중심도시로부터 교외 또는 농촌으로 향하는 인구이동이 발생하였거나 둘째, 시계열적으로 보아서 종래의 인구집적과정이 단절되고, 지금까지와는 다른 경향을 보였다는 것이다. 이 두 가지 고찰은 동일 현상을 별도의 각도에서 파악한 것이라고 생각되지만 항상 그런 것은 아니다. 지금까지 인구집적과정의 단절이 반드시 농촌으로의 인구분산을 의미한다고는 볼 수 없다. 따라서 인구역전현상이 애매하게 발생하는 서유럽이나 일본 등에 관해 고찰하는 경우에는 두 가지 분석 중 어떤 것을 따를지 주의할 필요가 있다.

또 전자의 도시권 지역과 비도시권 지역의 공간변화에 따른 인구 증가율에 있어서도 의문이 제기된다. 즉 비도시권 지역 중에서도 특히 인구 증가율이 높게 나타나는 곳은 도시권에 인접한 농촌이었고 원격 농촌의 인구 증가율은 도시권보다는 높지만 도시권 인접 농촌보다는 낮다. 인구 밀도가 낮은 농촌 지역에서는 인구 증가율이 현저하게 높아졌고, 세대 수입이 낮은 곳은 높은 곳과 비교하여 인구 증가율이 낮은 상태이기는 하지만 증가율 자체는 크게 개선되었다고 할 수 있다. 이것은 농촌의 인구 증가율이 개선되어왔다는 것을 의미하고 있기는 하지만 지금까지 격심한 인구 유출을 경험했던 지역일수록 인구유입이 증대하여 인구재생이 이루어졌다는 것을 의미하는 것은 아니다.

이처럼 인접 농촌의 인구가 특히 증가한 것은 교통 조건의 개선에 의하여 교외지역이 확대된 것이므로, 도시화 진행과정이 변화한 것이라고 보기는 어렵다. 즉 인접 농촌의 인구증가는 교외화 및 인구의 이심현상에 의한 것이며, 농촌지역으로의 인구분산현상이 아니라고 보는 것은 타당하다.

베리(1976)는 인구분산과정을 '역도시화(counter-urbanization)'라 부르고 있으며 롱과 디어(Long and Deare)는 지금까지의 대도시 지역에서 진행된 인구성장과는 반대과정에 있다고 하여 '탈대도시화(脫大都市化, demetropolitanization)'란 용어를 사용하고 있다. 모리가와는 대도시권 인구의 감소과정이라는 인상을 주는 '탈대도시화'보다는 인구분산과정을 명시한 '역도시화' 현상이 더 적절한 표현이라고 주장한다.

일본에 있어서 역도시화 현상이 도래하는 것에 대해서 홀과 헤이(Hall and Hay)는 일본의 1950~1960년대의 도시화가 미국의 1920년대, 1930년대의 양상과 유사하고, 역도시화 현상의 제1단계에 있다고 기술하고 있다. 글리크만(Glickman)도 1960~1970년 사이에는 제조업을 제외한 많은 업무가 중심 도시로 집적하였으나 머지 않아 집적에서 분산으로 진행될 것으로 생각하고 있다. 필딩(Fielding) 또한 일본의 도시화 과정이 1950, 1960년대에는 현저하게 진행되어왔으나, 1970년대부터 유턴(U-turn) 현상을 보이고 있어 더 이상 도시화가 진행되지 않고 있다고 보았다. 로버트와 랜돌프(Robert and Randolph)는 이와 다른 견해를 가지고 있다. 일본 또한 캐나다 및 오스트레일리아와 함께 미국의 뒤를 따르는 것처럼 보이나, 미국처럼 인구분산이 진행된다는 확실한 증거가 없다는 주장이다.

그러나 인구 이동 및 공업 입지 등을 분석한 결과 일본의 도시에서는 새로운 공간적 분업으로의 구조적 변화가 진행되지 않는 것으로 나타나 역도시화 현상이 진행되고 있다고 볼 수는 없다. 일본의 대도시권에 대하여 고찰한 후쿠다(副田, 1988)도 초기 이심형(교외화)의 단계에 있다고 분석하고 있다.

그렇다면 앞으로 일본은 미국이 경험해온 길을 걸어갈 것인가? 미국, 독일, 일본의 도시화 내지 도시시스템에 영향을 주는 기본적인 조건들 즉, 인구의 변화, 거주생활, 도시 지역구조의 변화, 사회·경제적 변화, 정책적 특색 등에 관하여 비교·분석을 행한 결과 각 국가간에는 현저한 차이가 있음을 발견하였다. 특히 거주생활, 도시 지역구조의 변화에 있어서 질적 차이가 큰 것으로 나타났다. 그중에는 발전단계의 차이를 떠난 본질적인 것도 포함되어 있기 때문에 일본 대도시권의 교외화 현상이 미국이나 서유럽 국가들과 동일한 길을 걷고 있다고는 볼 수 없다. 일본 대도시의 이심현상은 교통의 발달과 지가의 앙등 때문에 대도시 지역에서 밀려나는 현상이며, 직장의 교외 이전이 매우 적고 대도시로의 장거리 통근자가 많은 것이 특징이다. 그 점에서는 대도시의 환경 악화를 피하여 적극적으로 교외 지역이나 농촌으로 이주하는 미국이나, 서유럽 국가와는 사정이 다르다. 분명히 여성의 사회진출 등 일본의 사회 구조적 변화는 진행되고 있으나 교통과 통신의 현저한 발전에도 불구하고 대도시권 밖으로의 취업지 분산은 비교적 적으며, 이대로 인구 분산의 단계에 돌입한다고는 생각할 수 없다. 즉 대도시권이 인구 유출원으로서의 기능을 담당할 가능성은 있으나 중소도시 또는 촌락으로 인구가 역류될 확률은 매우 낮다.

도시화나 도시시스템의 구조적 특색에 관해서는 각각이 가지는 사회적 특질이 강하게 반영된다고 본다. 금일 저개발국의 도시화가 과거 공업선진국이 경험했던 것과는 다른 것처럼, 일본 도시화의 장래에 관해서도 미국이나 서유럽과 똑같은 경험을 하리라고는 말할 수 없다.

도시시스템 연구의 과제

모리가와는 『도시화와 도시시스템』(1990)이라는 그의 저서에서 도시시스템의 연구과제로서 다음과 같은 것들을 들고 있는데, 이것은 그의 연구중심을 살피는 데 중요한 대목이라고 생각된다.

우선 국가적 도시시스템, 지역적 도시시스템 및 일상적 도시시스템이 어떠한 구조를 가지며 어떤 방향으로 발전 및 변화하고 있는가를 밝히는 것은 도시시스템 연구의 열쇠라고 할 수 있고, 그 경우 우선 국가적 도시시스템이 어떠한 하위 시스템으로 구성되는가를 살펴야 한다고 한다. 그리고 도시의 성장은 이러한 도시간의 결합 루트를 통하여 행해지기 때문에 도시시스템의 구조를 규명하기 위해서는 무엇보다도 도시간 기능의 연계성을 밝힐 필요가 있다고 주장한다.

또한 현재 선진 공업국의 사회·경제를 주도하고 도시의 성장 요인으로서 중시되고 있는 것은 기업조직과 공권력의 공간조직이기 때문에 이 두 조직이 어떠한 구조를 가지고 발전·변화하고 있는가를 밝히는 것이 문제이며, 특히 선진 자본주의 국가의 도시시스템 연구에서 강조되는 것은 기업조직, 그중에서도 특히 중추관리기능이라고 지적하고 있다.

종래의 도시시스템 연구는 시스템이 외부로부터 받는 영향에는 주의를 기울이지 않고 고립된 시스템으로 연구한 경우가 많았으나, 다국적 기업의 입지나 국제화의 영향 등 개방화에 따라 외국으로부터의 여러 영향도 고려해야 한다고 지적한다.

이외에도 그는 도시화나 도시시스템의 국제적인 비교·연구가 필요하고 도시에 대한 분석은 도시시스템의 종합적 특색이나 개개의 도시특색을 파악하는 데 유효한 방법으로서 앞으로 도시 차원의 분석이 도시시

스템의 구성요소가 되고, 도시시스템의 종합적 특색이나 개개의 도시
특색을 파악하는 데 유효한 분석방법이 될 것이라고 하였다. 그리고 도
시시스템의 발전과정을 생각할 경우 도시시스템의 형성요인과 함께 공
권력을 중심으로 하는 공간조직의 근대화 과정이나 산업혁명이 도시시
스템에 미친 영향 등을 검토하는 것이 중요하다고 주장하고 있다.

모리가와 이론의 지리학사적 의의 및 한국 지리학계에의 영향

모리가와는 도시시스템의 형성과 발전에 대하여, 특히 일본과 구미제
국과의 비교 연구를 통하여 그 유사점과 상이점을 밝히고자 하였다. 이
러한 그의 생각은 수많은 논저를 통하여 발표되었다. 모리가와의 연구
에 대한 지리학사적인 의의와 한국 지리학계에 미친 영향을 보면, 독일
에서는 지역적 경험연구의 길을 일관하여 걸어왔고, 다른 지리학적인
문제와 결부시켜 고찰한 연구에서는 항상 좋은 성과를 거둬 왔으며 특
히 영력의 작용을 통하여 역사지리학적 또는 문화·공간·지역연구를 지
향하여 왔다. 이에 비하여 앵글로색슨계의 중심지 연구는 이론·계량적
인 방향으로 치우친 경향이 있다. 일본의 도시시스템 연구는 다른 나라
에 비하여 경험적 연구가 많고 방대한 자료를 일목요연하게 정리·분석
하고는 있지만 이론지리학적인 연구가 빈약하였다. 1960년대까지 일본
지리학자들의 중심지 연구는 형태론적 연구단계에 그친 데다 구미의 연
구에서 얻어진 결과를 도입하는 것에 전념하는 경향이 강하였으며 일본
지역사회를 고찰하는 구조적·요인론적 연구는 결여되어 있었다. 그러나
모리가와는 한 국가가 가지는 고유한 사회·경제적인 요인을 중시하고,
도시시스템의 변화과정도 여기에서 찾으려고 노력하였다. 그리하여 그
는 실증적 연구를 행하면서 적절한 계량적 분석방법을 택하고 그 결과
로부터 이론적 모델을 찾아내고자 연구함으로써 어느 한쪽에 치우치지
않으려고 노력하고 있다. 일본에 있어서 계량적 연구와 함께 실증적 연

구가 균형을 이루게 된 것도 모리가와 등의 연구에 영향을 받고 있는 것이라고 말할 수 있다. 모리가와는 일본에서 추진되고 있는 계량적 연구의 문제에 대하여 다음과 같이 지적하고 있다.

"일본에서는 1970년대 전반부터 계량적 기법을 이용한 연구가 많아졌으며, 젊고 활동적인 학자들에 의한 연구가 활발하게 이루어져 왔다. 이러한 연구에 의해서 보다 정교한 분석이 가능하게 되었고 공간이해를 탐구할 수가 있었으나, 대부분의 계량적 기법은 입수 가능한 통계자료만을 이용하고 통계기법 그 자체에 크게 의존하고 있다는 문제를 내포하고 있다. 그러므로 사회경제의 근대화 과정에서 도시시스템의 변화나 그 사회경제적 요인을 고찰하기 위해서는 연구방법의 복수화가 필요하고, 지역구조의 이해를 위한 연구가 요구된다."

또한 모리가와는 도시시스템의 연구에서 중요한 것은 기업조직과 공간조직이라고 지적하고, 도시시스템 구조를 규명하기 위해서는 도시간의 기능적인 관계를 명확히 해야 한다고 주장하고 있다. 또 이러한 기능적인 관계는 수직적 관계뿐만 아니라 수평적 관계까지도 동시에 분석해야 한다고 주장하고 있다. 이러한 주장은 기존의 도시시스템 연구가 인구 및 거리 등의 단순한 분석에 그치고 있다는 점에서 그 의의가 매우 크다고 할 수 있다.

모리가와는 도시시스템 연구의 분석방법으로 사람, 물자, 정보 등의 흐름을 분석함으로써, 실증적인 결과로부터 이론적인 모델링을 행하는 연구 스타일을 가지고 있다. 이러한 그의 연구방법론과 그 타당성에 대해서는 그의 여러 논저들을 통하여 비교적 구체적으로 기술하고 있기 때문에 실제로 타국가의 연구자가 그의 연구방법을 원용하기가 용이하게 되어 있다.

우리나라 또한 도시시스템의 연구에 있어서 모리가와만큼 큰 영향을 미친 학자는 적으리라 생각된다. 우리나라에서는 '모리가와 히로시'라고 하는 원래의 발음보다는, '森川 洋'의 우리 발음인 '삼천 양'으로 널리 알려져 있다. 충북대학교 성준용 교수(1990)는 우리나라 도시지리학 논문을 연도별·분야별로 정리하였는데, 이 연구에 의하면 1975년 이후 중심지 연구로부터 독립하여 도시시스템 연구를 지향하는 연구들이 많이 행해지고, 그중에서도 일본 유학자에 의한 연구가 가장 많아 총 도시시스템 논문 중 60%를 차지하고 있는 것으로 나타나고 있다.

우리나라에서 모리가와에게 가장 큰 영향을 받은 사람은 그에게 직접 박사학위 논문지도를 받은 성준용 교수일 것이다. 그는 '한국의 도시시스템'이라는 제목하에 모리가와가 즐겨 쓰는 인적·물적 유동의 분석방법을 이용하여 우리나라 도시시스템의 연결구조 및 변화, 정기시장과의 관계에 대하여 고찰하였다. 그는 이러한 연구에서 도시시스템 전체의 차원적 특징과 개개 도시의 종합적인 특징에 대하여 고찰하면서, 한국의 지방 소도시군에 전통적 요소가 잔존하므로 베리(1969)가 말한 점이적 사회에 가깝다고 주장하고 있다. 또한 도시인구 및 교통거리의 분석을 통하여 도시간의 잠재적 연결도를 구하고 장거리 전화 자료의 분석에 의하여 실제 연결도를 비교 연구하였으며, 도시간의 정보확산 과정과 그 요인에 대해서도 고찰하고 있다.

이외에도 1970년대 중반 이후 우리나라에서 행해진 도시시스템의 연구는 특히 석사학위 논문 및 일본 유학 경험자들에 의하여, 그의 실증적이고 이론적인 연구를 참고로 한 논문이 많이 나오고 있다.

다만, 모리가와의 연구를 참고로 하여 행해진 많은 연구들이 그의 이론적인 틀보다는 방법론적인 면을 참고로 하고 있고, 모리가와 자신이 구미의 도시시스템 이론을 도입·수정하는 단계를 지나 독자적인 이론체계의 확립에 힘쓰고 있기는 하지만, 아직 구미의 크리스탈러, 베리 및 프레드 등과 같은 독자적인 이론체계를 확립하지는 못하고 있다고 판단된다. 이러한 것은 향후 그의 정력적인 연구결과에 의해 해결될 수 있을 것으로 기대된다.

맺음말

모리가와는 1950년대 후반부터 현재에 이르기까지 도시시스템의 연구를 가장 왕성하게 수행해오고 있는 학자로서 그의 연구지역은 주로 일본이지만 유럽, 중국 및 한국 등 여러 나라의 도시시스템에 대해서도 비교·연구를 행하고 있다.

그는 주로 물자와 정보의 유통 및 인구 이동 등의 분석을 통하여 도시시스템의 구조 파악에 노력을 기울여 왔다. 도시화나 도시시스템의 구조적 특색이라는 것은, 각각의 국가가 가지는 사회적 특질이 강하게 반영되는 것이기 때문에, 오늘날 저개발국의 도시화가 과거 공업선진국이 경험했던 것과는 다른 것처럼, 일본이나 개발도상국의 도시화의 장래에 관해서도 미국이나 서유럽과 똑같은 경험을 하리라고는 말할 수 없다는 것이 그의 주장이다. 또한 도시시스템의 연구에서 중요한 것은 기업조직과 공간조직이라고 지적하고, 도시시스템 구조를 규명하기 위해서는 도시간의 기능적인 관계를 명확히 해야 한다고 주장하고 있다.

그의 연구방법은 비교적 구체적으로 기술되고 있어서 타국가에서도 그 연구방법을 원용하기 쉽게 되어 있고, 때문에 우리나라 도시시스템의 연구에도 그의 영향이 매우 크다.

참고문헌

森川 洋. 1980, 『中心地論』, 東京: 大明堂.
_____. 1985, 人口移動からみたわが國の都市システム, ≪人文地理≫ 37, 20-38.
_____. 1987, わが國における中心地研究の動向と問題點, ≪地理學評論≫ 60, 739-756.
_____. 1990, 『都市化と都市システム』, 東京: 大明堂.

성준용. 1990, 『한국의 도시시스템』, 교학연구사.
富田和曉. 1988, わが國大都市圈の構造變容の現段階と諸課題, ≪人文地理≫ 40, 40-63.

Jean Gottmann

고트망의 메갈로폴리스

권용우(성신여자대학교 지리학과 교수)

대도시문제를 거론하는 과정에서 흔히 메갈로폴리스(Megalopolis)란 용어가 등장한다. 메갈로폴리스는 1961년 프랑스 지리학자 장 고트망(Jean Gottmann)에 의해 표면화된 개념이다. 그는 보스턴 북부에 위치한 뉴햄프셔주 남부로부터 버지니아주의 노펙에 이르기까지 960km에 걸쳐 전개되고 있는 연담도시형의 거대도시 연속지대를 메갈로폴리스라 명명하였다.

메갈로폴리스와 함께한 고트망의 삶

고트망의 주된 관심사는 일생에 걸쳐 도시화연구 특히 대도시성장에 대한 지리학적 연구에 있었다. 그가 추구했던 도시화연구는 도시화의 의미와 범위, 도시의 성장과 팽창, 도시간의 흐름과 유통, 도시 내의 중심성과 연계성 등에 이르기까지 문제의식의 폭이 넓고 연구내용의 심도가 깊다.

고트망은 1915년 러시아의 카르코프에서 출생하였다. 러시아혁명의 와중에 부모를 잃고 파리로 이주한 고트망은 1932년 소르본 대학에 입학해서 법학을 공부하나 큰 흥미를 느끼지 못하여 지리학으로 전공을 바꾼다. 그는 드 망종의 연구조교로 일하면서, 파리시의 확장문제, 세계의 대도시와 프랑스 인문지리 등의 분야에 깊이 몰두한다.

나치가 프랑스를 침공하자 미국으로 이주한 고트망은 존스홉킨스 대학 교수를 역임하며, 이후 프랑스 멘데스 내각의 정책자문관, 유엔의 연구위원, 파리대 교수 등 학계, 관계, 정계 등에서 활동한다. 고트망은 메갈로폴리스 연구를 위해 1956년 파리대 교수직을 사직하고 미국으로 건너간다. 연구를 마친 고트망은 다시 파리로 돌아와 소르본느대 인문·경제지리연구소장으로 있다가 1968년에 영국 옥스퍼드 대학 지리학과장으로 자리를 옮긴다. 고트망은 1968년에 옥스퍼드 대학에서 석사학위를 받고 1970년에는 프랑스에서 문학국가박사를 취득한다. 그는 67세가 되던 해인 1983년 옥스포드대 교수직에서 물러나 명예교수로 재직하다가 1994년에 타계하였다.

1940년대에서 1960년대까지의 시기는 고트망 학문세계의 전성기다. 그는 1949년에 불어로『미국』을, 1950년에 영어로『유럽지지(地誌)』를 출판한다. 프랑스인들은 고트망의 저서를 통해 미국을 이해하고, 미국인들은 그의 저서를 바탕으로 유럽에 대한 지리적 안목을 갖게 된다. 1952년 고트망은『유럽지지』의 연구방법론에 입각해서 버지니아지지를 집필해 달라는 의뢰를 받는다. 오랜 기간에 걸쳐 자료를 수집하고, 아이디어를 정리하여 1955년에『버지니아 지역연구』를 간행하게 되는데, 동연구를 진행하면서 그는 지역 내에서 이루어지는 대도시의 역할에 큰 관심을 갖게 된다.『버지니아 지역연구』는 미국 내에서 대단한 반응을 일으키게 되고, 뉴욕소재 20세기재단은 고트망에게 미국의 대도시지역을 연구해 달라고 요청한다. 고트망은 1956년부터 치열한 문제의식을 가지고 오랜 시간에 걸쳐 자료를 수집하며 문헌연구와 현지답사를 한다. 그는 연구 결과를 정리하여 1961년 대표작인『메갈로폴리스: 미국의 도시화된 북동부 해안지대』를 출간한다.

고트망의 독창적인 메갈로폴리스론은 그의 저작물이나 학술활동에서

꾸준하게 제시된다. 그의 저서 『교역도시의 도래』(1983), 『다시 가 본 메갈로폴리스』(1987), 『메갈로폴리스 이후』(1990) 등과 독시아디아스와 전개한 에키스틱스(Ekistics) 운동에서 그의 메갈로폴리스적 통찰력이 구사된다. 300여 편이 넘는 방대한 그의 출판물은 직간접적으로 메갈로폴리스론과 연관되어 있다.

메갈로폴리스의 내용과 지역성

미국의 북동부 대서양 연안지대에는 금세기라야 볼 수 있는 아주 특징적인 도시현상이 전개되어 있다. 가장 미국적인 것에 깊숙이 뿌리를 내린 채, 이 지역에는 지난 3세기 동안 사람과 집과 공장이 빼곡히 들어서는 도시화가 전개되어 메갈로폴리스를 이룬다. 고트망은 도시화, 토지전용, 경제활동, 근린관계 등의 네 가지 내용으로 나누어 메갈로폴리스의 형성과 지역성을 분석한다.

도시화의 역동성

초기 메갈로폴리스 정착인들은 매사추세츠 회사 등에 일자리를 얻기 위해 이주해 왔으나, 정작 그들이 획득한 것은 종교적 자유와 개척정신이었다. 보스턴과 워싱턴 사이에는 고속도로와 철도를 따라 거주공동체 또는 공장들로 연속된 시가지화 지역이 전개된다. 이 지역은 도시와 교외지역의 혼합된 형태로 구조화된 메갈로폴리스에 해당된다. 1960년 메갈로폴리스의 인구는 미국 전체인구의 21%를 점유하는 3,600만 명이며, 면적은 미국전체의 1.8%에 해당하는 5만 3,000제곱마일이다. 이 인구집단의 연속된 공간분포는 주경계의 의미를 없애면서 대서양 해안가로부터 폭포선 도시까지 광범위하게 분산되어 있다. 미국은 지난 몇 세기 동안 세계교역에 대해 문호를 개방해왔다. 이 문호(hinges)의 실체가 메갈로폴리스의 항구도시다. 보스턴, 뉴욕, 필라델피아, 볼티모어 등은 세계의 항구 역할을 한다. 뉴욕의 이스트강 옆에 유엔본부가 들어선 것은 메갈로폴리스의 문호적 기능을 상징적으로 보여주는 측면이다. 제2차세계대전 이후 메갈로폴리스에서는 인구, 공업, 소비활동 등이 중심도시로부터 이집화(deconcentration)되는 교외화 현상이 전개되고 있다. 그러나 은행, 호텔, 오피스, 백화점, 병원건물 등은 도심에 수직적으로 입지하여 마천루(skyscrapers)를 이룬다.

토지이용의 혁명

메갈로폴리스 대부분의 지역은 도시와 농촌이 함께 공존하는 공생의 토지이용 구조를 이룬다. 메갈로폴리스의 농업형태는 대도시의 소비시장을 겨냥한 기호작물, 화훼 등의 근교농업이 주류다. 메갈로폴리스의 도시지역은 전체 메갈로폴리스 지역의 20%에 불과하다. 또한 메갈로폴리스의 절반 이상은 삼림으로 이루어져 있는데, 그 면적이 1,620만 에이커나 된다. 삼림지는 레크리에이션 공원, 수렵지, 야생지 등과 어우러져 메갈로폴리스의 휴식공간을 이룬다. 메갈로폴리스에서 전개되는 토지이용의 새로운 패턴은 촌락의 인구밀도를 높이며, 기계화 등에 의해 농작물 생산을 증산시키는 형태로 나타난다.

강화된 경제활동

메갈로폴리스 공업성장의 주요 배경은 접근성에 있다. 메갈로폴리스의 심장부에는 대규모의 소비시장이 있어 식료품, 의류, 전기, 출판, 건설분야 성장의 원동력이 된다. 미국의 금융시장을 좌우하는 재정활동이 맨해튼의 월가, 파크가, 메디슨가, 5번가 등 뉴욕의 중심가와 여타 메갈로폴리스 중심도시에서 전개된다. 메갈로폴리스에서는 '직업혁명'이라고 할 수 있을 정도로 블루칼라직에서 화이트칼라직으로의 직업변화가 격렬하다. 조직이 커질수록 전문화된 지식과 정보가 필요하게 된다. 전문화는 4차산업이라고도 하는 연구직, 분석직, 교육직, 의사결정직, 정부행정직 등에서 특히 요구된다. 이러한 전문화는 미국 내에서 메갈로 폴리스가 으뜸이다. 그리고 메갈로폴리스는 문화의 전달과정을 통괄한 다. 그러나 메갈로폴리스의 교통은 심각하다. 메갈로폴리스의 교통서비 스는 열악하고, 요금은 비싸며, 교통소음 또한 엄청나다. 메갈로폴리스 도시간 고속도로 교통량은 미국 내에서 가장 많고, 맨해튼으로 집결하 는 교통량은 '한곳으로 몰리는 교통량'으로는 세계 최고이며, 보스턴- 뉴욕-워싱턴 간의 항공교통량은 세계에서 제일 많다.

근린관계

뉴욕의 지하철이나 볼티모어의 대중버스는 인종, 종교, 민족, 사회적 배경 등이 다양한 사람들로 늘 붐빈다. 3,600만 명의 메갈로폴리스 주 민들은 바로 옆집에 살거나 수백마일 떨어져 살거나 간에 교통, 전기, 도로, 토지이용, 상하수도, 문화활동, 자원의 이용과 개발, 행정과 정치 등 일상생활의 모든 측면에서 서로 연결된 근린공동체를 이룬다. 메갈 로폴리스 중심도시는 토지이용 공간이 부족하기 때문에 토지를 함께 나 눠 쓴다. 행정적으로 메갈로폴리스는 10개 주 117개 카운티로 구성되어 있다.

메갈로폴리스의 재평가

고트망은 『메갈로폴리스』를 펴낸 지 26년이 흐른 1987년에 메갈로폴 리스가 미국의 사회 경제 변화를 유도한 배양기(incubator) 역할을 했다 고 전제하면서 공간적 측면과 사회적 측면에서 메갈로폴리스를 재평가 했다.

공간적 측면

고트망은 1960년 이후 25년간 메갈로폴리스에서는 견인력에 이끌려 집중화(concentration)가 계속되고 있으며, 한편으로 대도시권화 현상으로 주택, 교통, 건물이 가속도로 이집화되고 있다고 진단한다. 그는 메갈로폴리스적 기능이 미국 전체지역으로 이심화(decentralization)되고 있음을 설명한다. 1960년 이후 고급 노동력은 태양이 빛나고, 덜 혼잡하며, 산과 바다가 있는 쾌적한 환경 속에서 일하기를 원하게 된다. 콜로라도 남동부지역, 캐롤라이나에서 플로리다와 텍사스에 이르는 지역은 새로운 붐 타운을 이룬다. 특히 샌프란시스코에서 샌디에이고에 이르는 캘리포니아 지역에는 실리콘밸리로 대표되는 최첨단기술, 샌프란시스코에 입지한 아메리카 은행, 비자카드회사 등의 금융·신용기능, 의료재정, 연구기능 등의 메갈로폴리스적 기능이 집결되어 있다.

한편 메갈로폴리스의 교차로(crossroads) 기능은 오히려 강화된다. 1960년 이후 캘리포니아, 런던, 도쿄 등이 새로운 정보의 교차로 지역으로 등장한다. 하지만 이들 지역과 세계 다른 지역이 직접적으로 연결되는 측면보다 메갈로폴리스를 통하여 연계되는 측면이 더 많다.

또한 메갈로폴리스적 지역특성(megalopolitan regions)이 미국과 다른 나라에서 전개되고 있음이 논의되고 있다. 메갈로폴리스는 길게 선형(線形)으로 발달하고, 몇 개의 대도시를 포함하며, 다핵적 특성과 도시 및 촌락이 공존하는 성운(星雲)구조를 지닌다. 또한 국제교류에 동참하는 교역도시로의 변화와 4차산업이 주축이 되는 정보사회로의 변화 등 사회경제적 특성변화가 강조된다. 1964년 칸과 와이너는 보스턴-워싱턴 메갈로폴리스를 보스워시(Boswash)로, 피츠버그-시카고 메갈로폴리스를 시피츠(Chipitts)로, 샌프란시스코-샌디에이고 메갈로폴리스를 샌샌(Sansan)으로 명명한다. 독시아디아스는 오대호 메갈로폴리스를 제시한다. 일본의 토카이도 메갈로폴리스(Tokaido Megalopolis)는 도쿄-가와사키-요코하마-나고야-교토-오사카-고베로 연결되며, 이 지역에는 약 6,000만 명이 거주한다. 네덜란드의 타이스 교수는 암스테르담-브뤼셀-베네룩스-쾰른-루르-북부프랑스를 연결하는 북서유럽 메갈로폴리스를 제안한다. 고트망은 영국의 사우스햄턴-리버풀-맨체스터-런던-버밍햄에 이르는 거대도시 연속지대를 훌륭한 메갈로폴리스 성장사례로 설명한다.

사회적 측면

1960년 이후 메갈로폴리스의 인구는 매년 증가하는데, 인구증가에는 아시아와 라틴아메라카 이민자들이 크게 기여한다. 1955년을 분기점으로 미국의 노동력은 화이트칼라직이 블루칼라직을 능가한다. 자동화, 컴퓨터, 로봇, 전자기술, 정보 통신매체 등 각종 인공지능이 힘든 일을 대신해주면서 4차산업으로 일컫는 화이트칼라직이 각광을 받고 있다. 이러한 변화는 메갈로폴리스에서 가속화되고 있다. 금세기는 신용확대의 시대라고 할 수 있는데, 이것이 적용되는 곳이 메갈로폴리스이다. IBM, AT&T 등 세계적 통신기업이 집결되어 있는 뉴욕은 1960년대 이후 정보시대가 도래하면서 세계 최대의 정보센터가 되고 있다. 또한 뉴욕에서는 정보, 각종 보증, 신용도 등 추상적인 재화를 생산·공급하는 기능이 더욱 강화되고 있으며, 전세계적으로 최고의 학력과 재능을 가진 사람들이 집결하여 뉴욕의 생명력을 계속해서 재창출하고 있다.

메갈로폴리스 연구의 의미

미국 북동부 메갈로폴리스는 가장 선진적으로 진행된 인간사회 변화의 실천장이다. 여기에서는 인류가 펼쳐 보일 수 있는 공간적, 사회·경제적 변화의 최첨단의 모형을 확인할 수가 있다. 고트망의 메갈로폴리스 연구는 도시분야 연구면에서 금세기에 들어서 가장 의미있는 연구결과의 하나라고 아니할 수 없다. 그는 의심할 여지없이 금세기에 세계적으로 널리 알려진 지도적 지리학자 가운데 한 사람으로 인정된다. 고트망의 메갈로폴리스 연구가 지니는 지리학적 의미는 다음의 세 가지로 정리될 수 있다.

첫째로 고트망은 대도시연구의 신기원을 이루었다. 고트망은 금세기에 이르러 산업화된 서구에서 최고속으로 성장한 미국 북동부 대도시 지역을 가장 중요한 도시현상(le fait urbain)으로 부각시킴으로써 대도시 연구의 신기원을 이루었다. 고트망은 미국 북동부 해안지대에서 전개되는 도시화의 공간적 현상과 도시화가 인간의 생활양식에 미치는 영향을 밝혔다. 그는 도시성장과 도시지역 경영관리 문제야말로 지리학자가 풀어야 할 핵심과제 가운데 하나가 되었다고 지적하였다. 그가 이룩한 메갈로폴리스 연구는 도시연구의 새로운 기원을 이루면서 전세계적으로 영향을 미쳤다. 1961년 처음 출판된 『메갈로폴리스』는 도시연구의 새 지평을 열었다는 면에서 20세기 중엽에 이룩한 기념비적 저작물 가운데 하나로 평가받는다.

둘째로 고트망은 도시지역 연구의 모형을 제시했다. 고트망의 메갈로 폴리스 연구는 프랑스 지리학의 창건자인 비달 드 라 블라슈의 지리철학을 미국의 대도시지역에 적용하여 실증적으로 분석한 연구라고 할 수 있다. 비달 드 라 블라슈는 '지표 위의 임의지역에서 나타나는 거대한 인구집중 현상은 인문지리학에서 가장 중요하게 취급해야 할 연구주제 가운데 하나'임을 강조한 바 있다. 거대한 인구집중은 다양한 압박, 긴장, 갈등을 낳고, 환경파괴, 교통혼잡을 야기하며, 토지, 수자원, 교육기회, 부유함의 적정분배 및 소유상의 불균형 문제를 유발하면서 대도시 지역을 형성한다.

셋째로 지역연구의 측면에서 프랑스식 지역연구 방법론의 가능성을 제시했다. 그가 미국에 온 것은 결과론적이기는 하지만, 미국학자로 미국에서 활동하기 위한 것이라기보다는 프랑스의 지역연구 방법에 입각하여 미국의 지리적 현상을 연구하고 표현하기 위한 것으로 보아야 할 것 같다.

한국에의 적용 가능성

1961년 고트망은 미국 북동부 해안지대에서 전개되고 있는 연담도시형의 거대도시 연속지대를 메갈로폴리스라 명명하고, 독창적인 방법에 입각하여 그 지역성을 밝혔다. 그는 대도시지역연구에서 도시화의 역동성, 토지이용의 혁명, 강화된 경제활동, 근린관계 등 공간적 사회 경제적 측면을 강조함으로써 미국 내 다른 지역과 일본, 유럽, 남미, 아시아 등지에 적용할 수 있는 메갈로폴리스의 연구모형을 제시했다.

1990년대 이후의 한국은 메갈로폴리스 연구의 가능성을 제시해준다. 오랜 기간에 걸쳐 도시화가 진행된 서울을 포함한 인천-부천-서울-성남-수원-대전-대구-부산을 잇는 경인-경부축은 공간적으로 길게 선형(線形)구조를 이룬다. 1990년의 경우 인천(181만 8,000명), 서울(1,061만 3,000명), 대전(105만 명), 대구(222만 9,000명), 부산(379만 8,000명) 등의 5대도시의 인구규모는 100만 명 이상이며, 부천(66만 8,000명), 성남(54만 1,000명), 수원(64만 5,000명) 등의 3개 도시의 인구규모는 50만 명 이상이다. 서울 주변 도시지역과 경부축상의 인구는 2,671만 명으로 전국 인구의 61.5%에 이른다. 서울, 부산, 대구, 인천, 대전 대도시 주변에서는 농경지가 거주, 공업, 상업적 토지용도로 변화되는 급격한 토지전용 현상이 전개된다. 이러한 '메갈로폴리스적 현상'은 2000년대에 들어와 더욱 뚜렷해지고 있다. 인구규모 1000만 명이 넘는 서울 주변에는 인천광역시와 경기도의 25개 도시지역과 6개군의 촌락지역이 공존하는 성운(星雲)구조를 형성한다. 서울과 맞닿아 있는 서울 주변지역과 서울로부터 35~40km에 이르는 간선도로를 따라 방사상의 형태를 보이며 거주교외화 현상이 활발히 진행되고 있다. 경인축과 경수축 사이의 서울로부터 25~45km 사이의 서남부지역에서는 고용교외화 현상이 나타난다. 1970년대 이후 서울, 부산, 대구 대도시의 통근지역이 광역적으로 확대되고 있으며, 교외 여가활동공간이 활성화되고 있다(권용우, 2001). 서울을 위시한 주변도시 취업자의 직업구성면에서 화이트 칼라직이 증가하고 있으며, 서울과 대전의 직업구조에서는 화이트칼라직이 블루칼라직을 능가한다. 서울, 부산, 대구 대도시에는 버스, 택시 등의 대중교통수단에 이어 지하철이 운행되고 있으며, 경부고속전철이 추진되고 있다. 대도시의 생활양식은 바야흐로 모든 것을 신용카드로 결재하는 신용시대에 접어들어 있다. 경인-경부축의 대도시 연속지대는 외관상 메갈로폴리스적 형태를 나타내고 있는 것으로 인지된다.

참고문헌

Gottmann, J. 1949, *Le Amerique*, Paris: Hachette.
_____. 1950, *A Geography of Europe*, New York.
_____. 1955, *Virginia at Mid-Century*, New York.
_____. 1961, *Megalopolis: The Urbanized Northeastern Seaboard of the United States*, New York: Twentieth Century Fund.
_____. 1983, *The Coming of the Transactional City*, Univ. of Maryland, Institute for Urban Studies, College Park, Md.
_____. 1987, *Megalopolis Revisited: 25 Years Later*, Univ. of Maryland, College Park, Md.
Gottmann, J. and Harper, R. A. 1990, *Since Megalopolis*, Baltimore: Johns Hopkins Univ. Press.

권용우 외. 1993, 『현대지리학의 이론가들』, 민음사
권용우. 1993, 「메갈로폴리스 연구에 관한 상론」, 《응용지리》 16, 성신여대 한국지리연구소.
_____. 2001, 『교외지역: 수도권 교외화의 이론과 실제』, 아카넷.
Pattten, J.(ed.) 1983, *The Expanding City: Essays in Honour of Professor Jean Gottmann*, London: Academic Press.

John R. Borchert

보처트의 대도시 변천론

백영기(전북대학교 사회교육학부 교수)

    최근 우리나라 인구통계에 의하면 전체 인구의 80% 이상이 도시지역에 거주하고 있으며, 그 가운데 절반 가량이 인구 100만을 넘는 광역시에 편중되어 있다. 이러한 사실은 우리나라 도시화의 특징이 이제는 단순히 인구의 도시집중화를 넘어서 대도시지역을 중심으로 이루어지고 있음을 말하고 있다. 대도시화 현상은 세계적인 추세로 대부분의 선진국에서는 이미 20세기 초부터 출현하여 심화되고 있으며, 또한 우리나라를 비롯한 제3세계의 대부분 국가들에서도 제2차세계대전 이후 급속하게 확산되고 있다.

    우리의 도시체계 속에서 대도시들의 지배 현상은 비단 인구의 측면에서만 한정된 것은 아니다. 수많은 고층건물과 복잡하게 얽혀 있는 도로망으로 대표되는 이 지역의 물리적 경관이 주는 위압감과 함께 문화적, 경제적, 정치적 측면에서 이들 지역이 갖는 막대한 영향력에서 그들의 지배화를 느낄 수 있다. 뉴욕, 런던, 동경과 같이 세계의 경제활동을 주도하는 국제적 도시부터 한 국가의 수위도시로서 중요한 역할을 하는 국가적 도시, 지역의 중심지로서 주변지역에 상당한 영향력을 행사하는 광역도시에 이르기까지 무수히 많은 대도시들이 우리 인간생활의 중요한 터전이 되고 있다.

오늘날 이처럼 중요한 대도시들의 성장 현상을 이해하기 위해 수많은 연구들이 여러 분야에서 수행되고 있으며, 그중 하나가 이제 소개하려는 존 보처트(John R. Borchert)의 대도시 변천론이다. 보처트는 제2차세계대전 직후부터 가속화된 북미지역의 대도시화를 직접 목격하면서 지리학자로서 그 대도시화 현상에 숨겨진 메커니즘을 찾고자 하였다.

이러한 탐구의 결과로 대도시 지역의 공간적 발달 과정을 체계적으로 기술하고 설명하는 대도시 변천론이 출현하게 되었다. 그는 대도시지리의 연구를 위해 도시발달의 역사적 성격에 대한 이해가 필요함을 인식하고 북미도시체계 발달을 역사적으로 면밀히 분석하여 그것을 토대로 대도시 변천론의 이론적 기틀을 구축하였다.

학문적 생애와 이론적 배경

북미 대도시 변천론을 고찰하기 앞서 보처트의 학문적 세계를 살펴보는 것은 그 이론이 수립되는 배경을 이해하는 데 도움이 될 것이다. 보처트는 1941년 드포(De Pauw) 대학을 졸업하고 위스콘신 대학 지리학과에서 석사와 박사 학위를 취득하였다. 그는 학위 취득 후 곧바로 미네소타 대학에서 자리를 잡고 1949년부터 1989년 정년퇴임을 할 때까지 41년 동안 이 대학에서 재직하면서 그의 학문적 성숙과 수많은 연구업적을 이룩하였다. 보처트는 대학 재직시 교수로서는 가장 큰 명예인 Regent 교수로서 지명되었으며, 미국지리학회 회장을 비롯한 수많은 지리 관련 학회나 기관에서 명예로운 직을 수행하며 지리학계는 물론이고 사회를 위해 헌신적으로 봉사하였다. 그의 화려한 경력 중에서도 특기할 것은 그의 학문적 성취와 지역사회의 기여도를 기념하고자 1989년 정년퇴직 시에 미네소타 대학 중앙도서관 소속의 지도도서관이 보처트 도서관으로 불리게 되었다는 것이다. 이 도서관은 미국 내 최우수 지도도서관 가운데 15번째 이내에 드는 훌륭한 시설과 더불어 상당수의 지도 자료를 소장하고 있다.

보처트는 1949년 대학에 자리잡은 후 2001년 3월 30일 작고할 때까지 50여 년 동안 수많은 논문과 저서들을 발표하였지만 그의 학문적 세계는 대략 시대적으로 양분할 수 있다. 전기는 자연지리 분야에 관련된 연구가 주축이었으며, 후기에는 인문지리 분야 관련 연구가 대부분을 이루었다. 대학에서 지질학을 전공한 보처트는 박사학위를 전후하여 기후학 분야와 수자원과 에너지 자원에 관련된 논문들을 발표하였다. 이때의 연구들은 자연환경의 변화가 지역에 어떻게 영향을 미치고 있는지에 관한 것이 많았다. 그의 박사학위 논문을 기초로 하여 1950년에 발표된 「북미 중서부 초원지대의 기후(The Climate of the Central North American Grasslands)」 논문은 북미 중서부 초원지대의 형성에 기후가 미치는 역할을 자세히 분석하여 식물학, 생태학, 임학, 기후학, 지질학, 역사학 등의 타 학문 분야에서 광범위하게 알려지고 인용되었던 연구였다. 특히 이 연구에서는 북미 북서부를 덮고 있는 총체적 대기순환체계를 구성하는 지역순환체계들이 서로 조화되고 상충되는 과정에서 유발되는 기후변화가 이 지역 초원의 형태를 어떻게 변화시키고 있는가를 역사적 자료를 바탕으로 분석하였다. 이 연구에서 얻은 대기순환과 관련된 기후학의 기초 지식들을 후에 도시변천을 설명하는 메커니즘인 순환체계론을 정립하는 데 상당히 응용하였으리라 생각된다. 이 연구에 이어서 해박한 자연지리 지식을 바탕으로 보처트는 그가 몸담고 있었던 지역 즉 미네소타를 중심으로 북부 중서부지대의 자연환경과 농업변화와의 관계를 정립한 『미네소타의 지리적 변화(Minnesota's Changing Geography)』라는 저술을 발표하였다. 이 연구물은 향토지리를 철저하게 종합적으로 분석한 지역연구로서 학문으로 뿐만 아니라 교육적으로 널리 활용되어 당시의 미네소타 지리교육 교사들을 크게 고무시켰다고 알려져 있다. 더욱이 이 책은 1950년대 말부터 1960년대 초까지 수행되었던 고속도로 연구와 더불어 보처트가 자연지리 분야에서 인문지리 분야 특히 도시 및 경제지리 분야로 연구방향의 전환을 야기하는 중요한 계기가 되었던 연구라고 여겨진다.

미국 전역에서 종합적인 고속도로 계획사업이 시행되었던 1960년을 전후하여 미네소타 지역에서도 수행되었던 고속도로 발전 프로젝트에 참여하였던 보처트는 학문적 지식을 사회에 인식시키고 실천하는 응용지리 분야의 연구에도 크게 기여하였다. 이 프로젝트는 지리의 핵심 개념인 중심지 및 거리조락 개념을 바탕으로 과거의 공간변화를 분석하고 미래의 토지이용 변화를 예측하는 대규모 작업으로 토지이용 정책 관련 분야에서 미국 전역에 상당한 영향을 준 연구였다. 뒤이어 1970년대 초까지 계속되었던 미네소타 토지경영정보체계의 연구는 최근에 주목받고 있는 지리정보체계의 효시라고 할 수 있다. 비록 이 당시에는 이 용어가 생소하였지만 실질적으로 군사 부문을 제외한 민간연구로는 가장 큰 규모의 지리정보체계를 수립하고 응용한 작업이었다. 이 프로젝트들의 연구보고서들이 당시 유수한 전문잡지보다도 더 많은 부수가 발행되었다는 기록은 이 연구들의 영향력을 말해준다.

개인적 관심의 변화와 함께 시대적 상황이 변화하면서 보처트의 학문세계가 변화되는 계기가 되었다. 제2차세계대전 이후 베이비 붐에 따른 높은 인구증가는 북미 전역에 도시화를 가속화하였다. 이러한 상황에서 도시계획과 정책시행은 지리의 전문적 지식을 필요로 하였고 보처트의 관심을 끌기에 충분하였다. 보처트는 미국 도시체계발전의 역사성을 중요시하며 공간발전 연구에 경험적인 조사를 토대로 분석하는 방법론을 모색하였다. 이러한 의도에서 보처트 학문세계의 후기를 대표하는 연구인 「북미의 대도시 변천론(American Metropolitan Evolution)」이 1967년에 발표되었다. 이 논문은 인간취락체계의 발달과정을 탐구하기 위한 일환으로 북미의 도시체계의 발달과정을 연구한 것으로서 거대도시 변천 관련 후속 연구들의 기틀이 되었다. 이어서 1972년에 「북미 대도시지역의 변화(America's Changing Metropolitan Regions)」, 1978년에 「북미 경제지리의 주요 통제지역(Major Control Points in American Economic Geography)」, 1983년에 「북미 대도시 성장의 불안정성(Instability in American Metropolitan Growth)」 등이 연이어 발표되면서 그의 대도시 변천론의 이론적 사고가 발전하고 정립되었다.

　보처트는 북미지역의 도시화 과정을 이해하기 위해 이 지역에서 도시발달이 시작되었던 시기부터 현재까지 도시성장의 지리적 분포와 패턴을 광범위하게 조사하고 분석했다. 이 분석을 통해 도시형성과 발달을 주도하는 수많은 힘들을 찾아내었고 그 가운데 기술발달과 생산조직의 역할을 가장 중요한 요인으로 간주했다. 이 요인들의 중요성은 도시가 물자의 집합, 가공, 교환 및 분배의 중심지라는 점에서 강조되었다. 보처트는 기술과 생산조직의 기능과 성격은 끊임없이 변화한다는 점을 주시하고 이들 요인들의 변화로 야기되는 사회적, 문화적, 경제적 역동성이 공간상에서 구현되면서 도시는 끊임없이 진화한다고 주장하였다.

　그러나 도시가 진화하는 과정에서 대개의 도시는 발달하지만 그러한 발달이 모든 도시에 일률적으로 적용되는 것은 아니라는 점을 강조하였다. 북미도시체계의 발달 과정에서 대부분의 도시들은 지속적으로 성장하지만 일부의 도시는 정체되고 심지어 쇠퇴하여 소멸되기도 하는 사실을 발견하고 도시의 성장과 쇠퇴를 함축하는 도시변천의 사고를 정립하였다. 더욱이 도시의 진화가 시간적 차원에서 일반적으로 점진적이지만 때에 따라서는 아주 급격하게 진행되는 시기가 있음을 발견하였다. 특히 새로운 운송기술과 생산기술, 그에 병행되는 생산조직의 변화가 커다란 영향을 주는 혁신의 시기에는 이들 요인들에 대한 각 도시지역의 입지적 유리함이 크게 변화하게 되어 취락체계와 경제활동의 형태가 급격하게 변화된다는 점을 주시하였다. 보처트는 이와 같이 도시체계가 급격히 변화하는 시기는 일정한 시간적 간격을 두고 나타나는 주기성을 갖는다는 사실을 발견하였고, 이를 근거로 북미도시체계의 발달을 시기별로 구분하여 대도시변천의 주기적 성격을 규명하게 되었다.

공간발달의 주기성

보처트는 운송수단을 포함한 산업발달에 중요한 기술혁신과 생산방
식의 변화에 따라 공간이 과거와는 달리 새롭게 적응되는 북미 도시변
천의 다른 단계를 각 시기의 지배적인 교통통신 기술을 따서 명명된 마
차시대, 전차시대, 철도시대, 자동차시대, 정보화시대의 다섯 시기로 구
분하였다(<표>). 이 단계별 시기들이 보여지는 주기성은 콘트라티예프
(Kondratieff)의 장기 파동론과 유사한 것으로, 베리(Berry, 1997)는 북미
대도시변천의 각 시기들은 콘트라티예프가 주장한 기술변천의 파동과
주기를 반영한다고 강조하였다.

보처트는 위의 시기별로 나타나는 도시체계의 공간적 패턴을 광범위
하게 기술하면서 도시들 특히 대도시들이 이 패턴의 변화에 미치는 영
향력의 변화를 고찰하였다. 이 연구에서 각각의 도시체계에서 대도시들
이 갖는 역할의 변화는 그 도시체계를 특징짓는 순환체계의 변화 과정
을 이해함으로써 가능하다는 대도시변천의 이론적 논리를 발전시켰다.

도시체계에서 대도시들은 중심지 논리에 입각한 주요 결절지로서 주
변지역은 물론 원거리 지역 또는 타 도시들과도 연계된 상호작용의 중
심이 된다. 보처트는 이러한 도시체계를 구성하고 유지시키며 발전시키
는 데 핵심이 되는 것은 순환체계이며, 바로 대도시들이 순환체계의 구
심점이 된다고 주장하였다. 여기서 순환체계는 고정된 공간이 아니라

〈표〉 보처트의 북미 대도시 변천의 시대적 구분

시대구분	북미 대도시 변천의 시대적 구분	기간
마차시대	범선, 우마차	1790~1830
전차시대	증기기관	1830~1870
철도시대	철도	1870~1920
자동차시대	자동차, 항공기 및 여가	1920~1960
정보화시대	정보화	1960~

여러 지리적 척도에서 사고할 수 있는 공간적 실체이다. 순환체계를 구성하는 대표적인 것으로는 운송체계와 정보교환망을 들 수 있으며, 이것들을 통해서 인구는 물론이고 정보의 순환과 기업간의 거래 등 인적·물적 자원들의 이동이 이루어진다. 대도시는 이러한 순환체계 속에서 지역경제를 조직·통제하는 중심지로서 생산·소비·재정·기업서비스 등을 창출하고, 창출된 재화와 서비스를 주변지역에 공급하며, 다양한 면에서 타 결절지역과의 연계에도 주도적 역할을 하게 된다. 정보와 교역의 순환체계에서 대도시들이 갖는 중요한 역할은 다양한 공간 척도에서 포착될 수 있는 것으로, 상이한 지리적 차원에 따라 지역적, 국가적, 혹은 세계적 체계 안에서 지역중심지, 국가중심지, 세계중심지 등으로 언급되는 대도시의 계층적 성격에서 볼 수 있다.

여기서 순환체계 역시 도시변화와 더불어 진화한다는 점은 중요하다. 앞서 언급한 도시변화에 영향을 주는 기술변화와 생산조직의 변화는 순환체계에도 반영되어 그 구성의 중심인 대도시들의 진화와 복합적으로 작용하면서 도시체계를 변형시키는데 중요한 역할을 하게 된다는 점이다. 따라서 과거의 교통·통신 기술로 구축된 순환체계로 이루어진 도시체계는 새로운 순환체계가 구축되면서 새로운 도시체계로 형성 발전된다는 것이다.

이러한 주기성을 갖는 순환체계의 발전 논리는 개별 도시적 차원에서도 적용이 되어 도시 내의 토지이용 형태와 활동센터를 연결하는 순환망의 변화를 통해 도시 내부구조는 이해되고 설명이 가능한 것이다(Adams, 1970). 도시발달의 단계별 시기의 공간적 결과들은 도시구조의 순환체계에 반영되어 환상대(age ring)의 형태로 표출된다고 하였다. 한 시기에 형성된 환상대는 이전의 환상대에 중첩되면서 도시의 구조는 여러 개의 환상대가 순차적으로 병합된 모습을 띄게 된다는 점이다. 예를 들어 방사상 도로망이 발달된 자동차시대의 대도시의 중심에서 과거의 철도시대의 역이나 기차선로를 따라 발달되었던 선형 시가지의 흔적을 발견하기란 어렵지 않다는 것이다. 이처럼 시기별 환상대가 형성되는 과정은 과거의 투자형태 위에 새로운 투자가 중첩되는 방식으로 투자의 층들이 우리 경제공간을 형성하고 있다는 주장(Massey, 1984)과 일맥상통한다.

공간발달의 불확실성

보처트는 대도시 변천론을 주장하면서 도시체계란 일정한 지리적 구조를 갖고, 흐름과 불균형, 시간적 구조의 변화를 보이는 불안정한 개방체계로서 이해되어야 함을 강조하였다. 비록 도시변천 과정에서 인간의 혁신이 도시체계를 긍정적으로 발전시키고 있지만 그 성격의 불확실성으로 도시체계는 예측불허의 불안정한 특징을 보인다는 점이다. 이러한 인식하에 대도시 지리의 광범위한 연구를 통해 대도시변천의 성격 역시 불안정한 성장임을 발견하였다. 보처트는 대도시변천의 불안정성을 단기적 동요와 장기적 동요로 구분하고, 도시변화의 다양한 지표들을 조사 분석하여 이들 성격을 규명하였다. 특히 그는 장기적 동요는 바로 도시발달 단계를 구분하는 척도가 된다고 하였다.

공간발달의 불안정성의 인식하에 보처트는 사회전반에 영향을 주는 기술혁신과 생산방식의 변화와 같은 공간변형 요인들의 중요성을 강조하였지만, 이 요인들이 공간에 미치는 영향을 일반화시키는 데 주의하여야 한다는 점을 분명하게 밝혔다. 대도시변천 과정에서 개별 도시들의 발전과 번영을 지속적으로 가능하게 하는 메커니즘은 존재하지 않는다는 점이다. 어떤 시기에 가장 잘 적응한 도시는 풍부한 인적·물적 자원을 축적하게 되지만 다음 시기에도 그와 같은 결과가 지속되리라는 보장은 없다는 것이다. 과거의 기술과 생산여건에 적응하여 성장하였던 도시가 새로운 기술혁신과 생산조건의 변화에도 잘 적응할 것이라고는 결코 단정지을 수 없다는 것이다. 즉 경제발전의 어떤 단계에서 번영의 장소였던 도시가 다음 단계에서는 상대적 쇠퇴를 경험하게 될 수 있다는 것이다. 대도시변천은 뚜렷한 단계로 진행되는 과정이지만 발전이 지속되리라는 보장은 없다는 것이다. 공간발전은 끊임없이 변화하는 경제환경 속에서 지역이 새로이 적응하는 공간의 재구조화 과정이라는 점을 인식하였다. 보처트의 이러한 시각은 공간경제의 발달을 체계적으로 보지 않고 불균등 한 모자이크 구조로 기술하는 주장과도 유사한 것이다(Storper and Walker, 1989).

또한 보처트는 새로운 기술혁신으로 특징 되는 전환기에 도시발전이 대체되는 과정의 지리적 면을 강조하였다. 새로운 조건에 선호되는 공간적 입지는 자유롭게 선정되는 것이 아니라 과거 발전의 장소와는 상이한 지역에 입지하는 경향이 높으며, 그 대체과정은 점진적인 성격이 일반적이라고 하였다. 이와 같은 사고가 최근의 신산업공간(new industrial space)의 도래를 주장하는 학자들에게 선도적 역할을 하였는지도 모른다.

끝으로 보처트의 대도시 변천론을 간략히 요약하면서 그가 우리에게 주고 있는 공간을 보는 시각을 생각하여 보자. 보처트는 도시발전을 이해하기 위해서는 역사적 통찰이 요구되며 경험적인 연구가 필요하다고 믿었던 학자였다. 대도시 지리의 역동성을 설명하려고 도시변천의 단계를 주기성으로 분석하였고 그 변화과정에서 공간상의 상호작용과 상호의존성에 역점을 둔 순환체계로 설명하였다. 또한 도시변천 과정에서 대도시가 경험하는 불안정한 동요를 지적하였다. 불안정한 공간발전은 각기 다른 지리적 특성을 갖는 개별 도시들이 시대적 여건에 대처하는 상이한 행태의 결과로 장소의 성격이 중요한 변화의 요인이라는 점을 강조하였다. 보처트의 이러한 통찰력은 공간발달에서 지리적 성격은 무시되어서는 안되며, 오늘날의 도시를 이해하기 위해서는 오직 과거와 미래에 대한 구체적 연구를 통해서 가능하다는 점을 시사해준다. 더욱이 공간발전 과정에서 필연성과 우연성은 항시 작용하며 영향을 준다는 점을 인식하고 지역의 변화에 대한 경험적 지식과 공간을 분석하는 기술의 필요성을 강조하였다. 비록 보처트의 대도시 변천론은 북미지역을 대상으로 연구하여 정립되었지만, 그 이론의 적용을 이 지역에 한정시켜서는 안될 것이다.

참고문헌

Borchert, J. R. 1950, "The Climate of the Central North American Grasslands," *Annals of the AAG*, 40(1), pp.1-49.

_____. 1959, *Minnesotas Changing Geography*, Minneapolis: University of Minnesota Press.

_____. 1967, "American Metropolitan Evolution," *Geographical Review*, 57(3), pp.301-302.

_____. 1972, "Americas Changing Metropolitan Regions," *Annals of the AAG*, 62(2), pp.352-373.

_____. 1978, "Major Control Points in American Economic Geography," *Annals of the AAG*, 68(2), pp.214-232.

_____. 1983, "Instability in American Metropolitan Growth," *Geographical Review*, 73(2), pp.124-146.

_____. 1987, *Americas Northern Heartland*, Minneapolis: University of Minnesota Press.

_____. 1991, "Futures of American Cities," in Hart, J. F.(ed.), *Our Changing Cities*, Baltimore: John Hopkins University Press, pp.218-250.

권용우 외 옮김. 1997, 『변화하는 대도시』, 한울.

박삼옥. 1999, 『현대경제지리학』, 아르케.

이은숙. 1987, 「도시교통 발달과 도시성장: 서울을 중심으로」(이화지리총서), 이화여자대학교.

한국지리연구회. 1993, 『현대지리학의 이론가들』, 민음사.

Adams, J. S. 1970, "Residential structure of Midwestern cities," *Annals of the AAG*, 60, pp.37-62.

Berry, B. J. L. 1991, "Long waves in American urban evolution," Hart, J. F.(ed.), *Our Changing Cities*, Baltimore: John Hopkins University Press, pp.31-50.

Massey, D. 1984, *Spatial Division of Labor*, London: Macmillan.

Sack, R. 1986, *Human Territoriality: Its Theory and History*, Cambridge: Cambridge University Press.

Stoper, M. and Walker, R. 1989, *The Capitalist Imperative*, New York: Basil Blackwell.

Peter J. Talor

테일러의 세계체제론적 공간분석론

머리말

오늘의 세계는 지리적으로는 국경이 있지만, 기능적으로는 국경이 없는 것과 다름없는 하나의 사회적 공간으로 통합되고 있다. 이에 따라 세계를 구성하고 있는 기본적인 영역단위로서 국가의 의미와 경계는 크게 약화되고, 그 대신 국경을 초월한 세계 전체의 기능적인 통합성 또는 상호의존 관계가 크게 부각되고 있다. 최근에 나타난 이러한 세계현상을 세계화 또는 지구화라고 일컫는다. 이에 따라 사회현상을 연구하는 인문지리학을 비롯한 여러 사회과학에서 세계적 또는 지구적 관점(global perspective)에서 사회현상을 조명하려는 연구노력이 활발하다.

지리학에서도 이러한 추세와 부응하여 세계 전체적 관점 또는 글로벌 관점에서 지리적 현상의 공간분석이 시도되고 있다. 그중에서 가장 선구적이고 대표적인 것이 피터 테일러(Peter J. Taylor)의 세계체제론적 공간분석론이라고 볼 수 있다. 그는 세계화 담론에서처럼 세계를 하나의 통합된 사회로 보고 있는 사회변동이론인 이매뉴얼 월러스틴(I. Wallerstein)의 세계체제론에 기초하여 사회의 공간현상도 자본주의 세계경제체제의 산물이라는 인식하에 세계체제론적 맥락에서 공간현상을 접근·분석하고 있다.

테일러는 1944년에 영국에서 출생하여 리버풀(Liverpool) 대학교 지리학과에서 수학하고 1970년에 동대학원에서 박사학위를 취득하였다. 1971년부터 영국의 뉴캐슬 어폰 타인(Newcastle upon Tyne) 대학교에서 지리학 교수로 재직해오다가 1995년부터는 로프보로프(Loughboroug) 대학교에서 지리학을 강의하고 있다.

이 글에서는 테일러의 세계체제론적 공간분석론의 내용을 소개하고, 아울러 한국학계에서의 활발한 비판적 수용을 위해서 그의 공간분석론을 세계체제론적 정치지리 연구, 지역 연구, 세계도시 연구 등으로 세분하여 자세히 검토하고, 마지막으로 맺음말에서는 그의 공간분석론에 대한 학문적 평가와 함께하국학계에서의 과제에 대해서 간단히 언급하고자 한다.

세계체제론적 공간분석론의 내용

세계체제론적 정치지리 연구

테일러의 세계체제론적 공간분석론은 월러스틴(Wallerstein, 1974; 1980; 1988)의 세계체제론(world-system)에 기초하고 있다. 월러스틴은 종래까지의 근대 사회과학에서 사회를 이해하기 위해 기본적으로 인식하고 분석해왔던 국가 사회단위에서 벗어나 범세계적인 하나의 사회체제, 즉 세계체제 속에서 사회변동을 설명하는 것이 보다 적절하다고 주장한다. 그에 의하면 오늘날 세계는 경제적으로 개별적인 국가사회를 벗어나 자본주의 생산양식이 지배하는 하나의 세계시장 속에 통합된 분업체계, 즉 세계경제(world-economy)라는 단일의 세계체제를 이루고 있기 때문에 사회현상도 세계체제의 맥락으로 보지 않으면 안된다는 것이다. 월러스틴은 인류 사회의 변동과정을 일반화하기 위해서 역사적 사실에 기초한 역사체계(historical system)라는 개념을 사용하여 그의 이론을 전개하고 있다. 즉, 인류사회는 역사적으로 볼 때 호혜적 혈연(recip-rocal lineage) 생산양식에 기초한 소체계(mini-system)와 재분배적 공물 (redistributive tributary)생산양식에 기초한 세계제국(world-empire)역사 체계를 거쳐 1450년대 이후 유럽에서 성립되기 시작한 자본주의 생산 양식이 산업혁명을 계기로 더욱더 확산·발전돼 20세기에는 세계가 완전히 하나의 세계경제라는 역사체계를 형성하고 있다고 보고 있다.

그리고 이러한 자본주의 세계경제체제는 노동력의 통제양식과 생산품의 다양성 및 기술수준 등의 생산 프로세스에 의해 3단 구조(중심, 반주변, 주변)의 분업체계를 이루며 역사적으로 유지·변모되어왔다는 것이다. 그러나 세계경제의 3단 구조는 자본주의 경제의 기본적인 생산과 교역관계를 성립·유지시켜 주는 한편, 각 구조간의 상호의존적인 분업이 부등가 교환에 의한 지배와 착취의 종속관계로 성립되어 있기 때문에 세계체제는 불균등 발전이 해소되지 않고 오히려 심화되고 있다고 주장한다.

테일러는 이러한 세계체제론을 1978~1979년에 미국 클라크(Clark) 대학교 객원교수로서 대학원에서 정치지리학 강좌를 맡으면서 접하고, 이를 계기로 그의 주전공인 정치지리학에 세계체제론적 분석을 시도한다. 그가 1989년에 출간한 책 『정치지리학: 세계경제, 민족국가 그리고 지방(Political Geography: World-Economy, Nation-State and Locality)』은 그간의 새로운 접근에 의한 연구성과를 집대성한 것이다. 그는 이 책에서 세계체제론적 관점을 기초로 정치현상을 새롭게 설명하기 위해 세계경제체제에 내재된 공간패턴 개념(중심 지대, 반주변 지대, 주변 지대)에 유의하여 지리학의 공간분석 틀을 재구성한다. 그는 세계체제(세계경제)의 수평적인 3단 지리적 분석규모로부터 수직적 3단 지리적 분석규모(세계경제 - 국가 - 지방)를 유도하여 이른바 세계체제론적 공간분석 모델을 그림으로 제시하였다(<그림> 참조). 이 모델은 3단 지리적 규모에서 각기 다른 사회적 프로세스가 일어나는 것을 가정하지 않고,

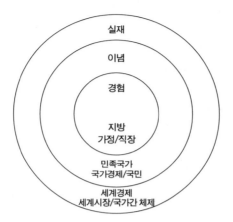

〈그림〉 세계체제론적 공간분석 모델

출처: Taylor, P. J.(1989) *Political Geography*, p.37.

단지 한 가지 프로세스(세계경제의 메커니즘)만이 세 가지 규모를 통제하고 있다는 것을 전제로 하고 있다. 다시 말해서 실재(reality) 또는 현실세계에는 세계경제라는 단 하나의 체제만이 있고, 이것의 영향을 민족국가의 이념(ideology)이 여과하여 우리의 일상생활이 영위되는 공간규모인 지방(locality)에서 가정과 직장을 통해 우리의 경험으로 나타난다는 것이다.

이러한 관점에서 정치지리학의 분석규모도 세 가지 공간규모로 재구성하고, 비록 세 가지 규모의 어느 하나에만 나타나는 정치현상 또는 활동이라도 각 규모에서 분리하여 설명하지 않고 세 가지 차원에서 설명하려고 노력하고 있다. 그는 정치지리학의 연구주제로 세계경제 규모에서의 지정학과 제국주의, 국가적 규모에서의 영토국가, 민족 및 민족주의, 선거지리학 그리고 지방적 규모에서의 지방정치 등을 선정하고 각각에 대해 세계체제론적 분석을 시도하였다.

그는 최근에 들어와 지리학과 정치학에서 부흥하고 있는 지정학을 제

2차세계대전 전의 지정학과는 판이하게 다른 세계체제론적 시각에서 다루어야 한다고 주장하고 있다. 그는 지정학을 세계경제하의 세계정치에서 주요 강대국간의 경쟁관계라고 일컫고, 이것에 의한 세계질서의 변천과정을 강대국들의 지정학적인 전략차원에서 설명하고 있다. 제국주의에 대해서도 세계경제에서의 정치현상에 대한 동적인 모델을 사용하여 제국주의 지리학의 부활을 주장하고 있다. 그는 제국주의를 중심과 주변 간의 지배관계라고 정의하였다. 제2차세계대전 전의 고전적 제국주의를 중심국 즉, 제국들의 주변국들에 대한 경제적 착취뿐만 아니라 영토의 정치적 통제까지도 포함하는 공식적 제국주의(formal imperialism)라고 규정하고 제국들의 정치 이데올로기와 결부시켜서 재해석하고 있다. 그리고 전후에 나타나는 제국주의는 중심국(북의 공업선진국)에 의한 주변국(남의 자원보유국)의 경제적 지배 및 착취관계로 나타나는데 이를 비공식적 제국주의라고 규정하였으며, 이와 같은 자본주의 세계경제의 불균등 발전을 남북간의 부등가 교환의 메커니즘에 의해 설명하고 있다.

한편, 정치지역(political region)에 해당하는 영토국가 또는 국가에 대한 종래의 공간발전 및 공간통합 모델을 발전주의와 기능주의적 접근의 산물이라고 비판하고 세계체제론적 관점에서 새로운 접근을 시도하였다. 그는 마르크스(Marx)와 같이 국가는 자본주의 세계경제 내에서 이익을 추구하기 위해 힘을 사용하려는 (민족)집단들간의 갈등에서 비롯된 집단의 기구라고 보고 있다. 따라서 국가는 현실의 세계정치 지도에서 지리적으로 표현된 국가간 체계의 한 부분으로 파악하고, 세계경제에서의 역할이라는 관점에서 국가가 이해되어야 한다면서 새로운 국가이론을 전개하고 있다.

민족과 민족주의는 본질적으로 영역적이고 세계경제의 실재로부터 지방의 경험을 분리시키는 이데올로기의 규모로 나타나기 때문에 세계체제론적 정치지리학에서는 국가와 같이 중앙적 위치에 있다고 하였다.

이런 관점에서 전통적 민족주의 이데올로기와는 달리 마르크스 시각에서의 새로운 민족주의 이론을 구성한다. 그의 이론은 크게 두 가지로 나누어볼 수 있다. 하나는 19세기부터 자본주의적 근대화의 불균등 확산으로 인해 유럽에서 나타난 것으로, 불균등 발전에 대한 반동으로서 국가의 지배계급에 의해 생겨난 '위로부터의 민족주의'이고, 다른 하나는 주변과 반주변에서 외국의 지배계급 및 내부 지배계급의 착취에 대항하여 나타난 반식민지적 민족해방투쟁과 도시 프롤레타리아 계급에 의해 나타난 반체제적 운동으로서의 민족투쟁과 같은 '밑으로부터의 민족주의' 또는 '저항으로서의 민족주의'다.

그리고 국가의 이데올로기 규모에서 중요시되는 선거지리학에 대해서는 지금까지 자유민주주의의 제도적 특성 때문에 중심국의 선거에 한정하는 연구가 많이 이루어져 왔으나, 이러한 점을 극복하고 세계의 모든 지역에 있는 선거와 정당의 운용을 설명하기 위해서는 세계체제의 논리를 채용하여 선거지리학을 재검토하여야 한다고 주장하였다. 이에 따라 모든 선거정치가 세계경제의 전반적 정치과정 내에서 발생한다는 가정에서 중심국과 주변국의 선거정치를 비교·분석하였는데, 중심국과 주변국 간에 존재하는 복지분배 정치의 차이로 인해 양자간에는 상이한 정치과정과 선거정치가 나타난다고 설명하고 있다.

마지막으로 경험의 규모 특히, 도시지역과 같은 지방에서의 정치현상을 다루면서 종래의 도시연구가 가졌던 생태학적 관점에서 탈피하여 지방의 경험과 이를 둘러싸고 있는 민족-국가, 세계경제간의 관계를 탐구하고 있다. 지방의 정치도 세계경제의 영향에 따라 변화하는 것이지만 국가의 정치문화적 이데올로기와 지방의 정치문화가 가진 차이에 따라 다르게 나타난다는 것이다. 여기서 그는 지방에 거주하는 주민들의 정치행동들을 재발견하기 위하여 신지방 정치이론의 창안을 시도하고 있다. 지방의 정치는 지방 정치인 및 주민들이 급변하는 세계경제에 어떻게 대처해왔고, 그것이 그들의 지역과 어떻게 마찰하는지에 대해 관심이 있다. 그러나 현실적으로는 세계경제의 리듬에 대응하는 지방별 투자가 상이하기 때문에 지방간에 불균등 발전이 나타나는데, 이러한 국가영토의 다양성을 관리하기 위하여 지방정부의 구성 즉, 지방자치제가 실시된다는 것이다. 이 경우 지방정부는 국가의 지배계층과는 다른 이익을 추구할 수도 있기 때문에 중앙정부에 반하는 지방정부가 나타나서 중앙과 지방정부 간에 갈등관계가 초래된다고 하였다.

세계체제론적 지역 연구

전통적인 지역연구 또는 지역지리학에서는 지역의 의미가 공간적 또는 지리적 의미로만 파악되고 정의된다. 지리학자는 그들의 의식세계에서 어떤 지리적 기준에 의해 지구표면을 구분할 수 있다고 생각하고 구분하여 왔는데, 이 경우 구분되어 나타나는 지표면의 일부분 또는 일정한 범위의 땅덩어리를 지역으로 보고 있다. 이러한 지역개념은 환경론(특히 자연환경 결정론)적 인식에 기초하여 현실세계에는 불가피하게 지역이 생성되고 나타나는 것으로 보고 있다. 그리고 이렇게 형성된 지역은 자연지리적 특성을 반영하여 지속적으로 유지된다고 보고 있다.

세계체제론적 지역지리학에서 말하는 지역(region)은 전통적인 지역지리학에서 사용하는 지역의 개념과는 근본적으로 다르다. 세계체제론의 핵심적 개념이기도 한 역사체계는 끊임없이 이행·발전하는 것(소체계→세계제국→세계경제→?)으로 보고 있기 때문에, 오늘날의 역사체계인 세계경제도 언젠가는 수명을 다한다고 가정하고 있다. 그리고 세계체제 내의 3단 경제구조 또는 공간구조도 정태적인 구조가 아니라, 시간이 지남에 따라 각 구조에 편입된 구성요소, 즉 국가와 같은 지역은 구조간에 이동이 이루어지므로, 역시 동태적인 개념이다. 요컨대 월러스틴의 세계체제는 시간과 공간개념이 복합적으로 구성된 시공간 개념이다. 따라서 세계체제론적 지역연구에서 사용하는 지역의 개념도 자연히 시공간적인 개념으로 정의될 필요가 있다는 것이다. 다시 말해서 지역은 공간-시간 현상이어서 지도상에 공간적으로 표현되지만 시간을 통해서도 움직이는 궤도를 가지고 있는 것으로 이해되어야 한다.

이러한 점에서 테일러는 세계체제(공간적으로는 지구표면 전체)의 구성요소로서 특정한 지역은 자본주의 세계경제의 사회변동 과정과 운명을 같이하는 것으로 간주하고, 세계체제 내의 지역을 역사지역(historical region)이라고 개념화하였다. 세계체제 속에서의 지역은 창조되고, 장기간에 걸쳐서 존속 및 재생산되며, 그리고 마침내 종말을 맞이하게 된다는 의미에서 역사적이라는 것이다. 지역이 형성되어 소멸에 이르는 것은 자본주의 세계경제를 중심, 주변, 그리고 반주변 지대(zones)로 끊임없이 재생산하는 일반 메커니즘의 구체적 결과로 보고 있다. 그리고 이러한 메커니즘은 지대와 지역 내에서, 세계에 걸쳐서 기능하는 국가, 정치적 활동, 가구, 사회계급, 기업, 그리고 다른 많은 조직 등과 같은 여러 가지 변화를 일으키는 동인(agents)과 제도 및 사람을 통해서 작동하는데 이 과정에서 지역을 창조하고, 재생산하고, 그리고 파괴하여 버리는 것은 사람이라고 하였다. 이와 같이 세계체제론적인 지역, 즉 역사지역 개념은 세계체제라는 광범위한 맥락 속에서 형성된 것으로 보고 있기 때문에 어떠한 지역도 자율적이지 못한 특성을 지닌다. 바꾸어 말하면 한 지역의 운명과 기능은 세계체제 내의 다른 지역과 상호관련되어 나타나므로 어떤 지역도 독립적인 존재가 아니라는 것이다.

테일러는 세계체제론에서 말하는 지구적 규모에서의 지역구분(중심, 반주변, 주변)이 세계의 지역적 다양성을 충분히 설명해주지 못할 뿐만 아니라, 세계체제 분석에서의 지역구분은 하향적으로 구성된다는 두 가지 점에 근거하여 세계체제론의 3지대 구분의 틀내에서 2차적 지역구분이 필요하다고 주장한다. 그는 이러한 2차적 지역구분에 의한 지역연구가 세계체제에 의한 세계의 공간적 불균등 발전의 형성 원인과 그것의 동태적인 지리적 변화 또는 지역화를 이해하는 데 필요하다고 주장하면서, 지역의 지리적 규모를 다시 국제적 규모(국제지역), 국가규모(국가지역), 그리고 국가 내 규모(국가내 지역과 지방)로 나누고 있다. 그는 이러한 지역구분 가운데 국제지역에 대한 경험적 연구로 카리브 대지역(Taylor, 1988)과 대서양 유럽 지역(Taylor, 1991)에 대해 각각의 지역성변화를 세계경제에서의 분업적 역할에 따라 분석·설명한 바 있다. 한편스리프트(Thrift, 1990)는 국가 내 지역에 대한 세계체제론적 지역연구로 런던을 포함한 잉글랜드 남동부 지역의 지역경제변화를 분석한 바있다.

세계체제론적 세계도시 연구

세계체제론적인 관점에서의 세계도시 연구는 테일러가 1992~1993년에 미국의 버지니아 공대(Virginia Polytechnic Institute and State University)에서 객원교수로 활동할 때 관심을 갖게 되는데, 그는 당시 녹스(P. L. Knox)교수와 함께 세계도시에 관한 학술회의를 주재하고, 발표된 논문을 묶어 『세계경제 속의 세계도시(World Cities in a World- Economy)』라는 책을 공동 편집하여 1995년에 출간하였다. 이 책에 게재한 세계도시에 관한 그의 첫 논문 「세계도시와 영토국가: 상호관계의 융성과 쇠퇴」에서는 세계도시에 관해 기존의 프리드만(J. Friedmann) 등이 역설한바 있는 노동의 신국제분업적 접근방법과는 달리 세계체제론적 관점에서 세계도시 연구를 시도하였다. 그는 세계체제 분석에서 상대적으로 소홀히 한 세계경제(world-economy) 속에서 도시의 역할에 초점을 두고, 특히 브로델(F. Braudel)이 유럽의 초기 근대사회의 변화에 대한 연구(1984)를 통해 확인한 바 있는 세계경제 속에서 작동하면서 세계경제를지배하는 일련의 도시들 즉, 브로델이 의미하는 세계도시와 역시 세계경제의 시대 속에서 존재하고 작동해온 영토국가 간의 상호관계를 밝히려고 하였다. 이를 위해서 그는 세계도시와 영토국가는 그들의 상호이익을위해서 함께 작동한다고 가정하고, 그 관계를 근대 세계체제 속에서 영토권(territoriality)의 성격변화 3단계에 따라 확인하고 있다.

제1단계 영토권의 필요성 단계 : 16~17세기에 유럽에서는 당시 자본주의(중상주의) 세계경제 속에서 주요한 역할을 한 도시 또는 세계도시들(예: 암스테르담)이 안정적으로 자본축적과 확대를 위해서 그것의 안전을 책임져주는 영토국가(예: 네덜란드)가 필요하였고, 이에 따라 당시에 다수의 영토국가가 출현하였다는 것이다.

제2단계 영토권의 민족화 단계 : 18세기 후반부터 19세기에 걸쳐 유럽에서는 특히 프랑스 혁명(1789~1794)을 계기로 문화적(또는 민족적)으로 동일하지 않았던 종래의 영토국가에서 벗어나 영토권과 민족경제가 일치하는 민족국가(nation-states)로의 이상이 확산되었다. 이에 따라 이 시기에서는 산업혁명에 의해 새로운 산업의 생산중심지이자 자본의 기지로 발전한 신흥도시들의 경제적 힘과 국가의 신흥정치 세력이 상호이익을 위해 동반자적 협력관계를 형성함으로써 이들 민족국가들의 수도(예: 런던, 베를린 등)가 세계도시로 많이 발전하였다.

제3단계 영토권의 소멸 단계 : 20세기 후반부터는 자본에 의해 세계가 통합됨에 따라 국가의 영토권과 기능이 소멸되고 약화되는 한편 세계도시는 오히려 번성하고 있다는 것이다. 1945년 이후 미국의 패권적 정치전략이 초국가 기구(예: UN)와 민족자결 원칙을 기본으로 하고 있음에도, 경제적으로는 미국의 다국적 기업이 자본과 기술 진보를 이용해 세계경제를 지배해나갔다. 뿐만 아니라 1970년대 이후에는 미국 외에 서유럽과 일본의 패권적 자본도 세계경제 지배에 가세해 세계는 더욱더 통합이 가속화되었다. 이러한 세계화 현상 속에서 국가 또는 영토권은 더 이상 정치적 경계로서의 특성을 유지할 수 없게 되었고, 대신 통합된 세계경제의 결절 역할을 하는 도시(세계도시)가 사회적 정체성의 의미에서 국가를 대체함에 따라 이러한 세계도시들이 크게 발달하고, 또한 그들의 계층구조도 나타나게 된다는 것이다.

이후 테일러는 세계체제론적 관점에서 세계도시 연구에 지속적으로 접근하면서도, 계층적이라고 생각한 세계도시의 상호관계에 관한 연구 자료의 부족에 특히 관심을 기울인다. 이 문제를 해소하기 위해서 그는

1995년에 이적해간 로프보로프 대학교 지리학과에서 동료교수와 함께 웹(Web)상의 가상조직인 '세계화와 세계도시(GaWC, Globalization and World Cities) 연구 그룹과 네트워크'를 구축하고, 영국을 포함한 세계 각지의 여러 연구기관과 협력관계를 통해 세계화의 조건하에서 세계도시간 관계파악에 많은 노력을 기울이고 있다.

이런 연구 노력 가운데 특히 우리의 주목을 끄는 것은 세계도시의 목록을 작성하기 위해 내놓은 테일러를 포함한 3인의 공동 연구논문이다 (Beaverstock, Smith and Taylor, 1999). 이 논문은 세계경제에서 특별한 역할을 하는 선도도시(leading cities)가 제한적으로 제공하는 세계적인 고차 생산자 서비스 가운데 회계, 광고, 금융, 법률 등 4부문의 발달 수준에 기초해 세계 여러 도시들의 세계적 능력을 '세계도시성 값(world cityness values: 이 값은 최소 1점~최대 12점임)'으로 측정하여 세계도시의 명부와 서열을 객관적으로 제시하고 있다. 그 결과 세계도시성 값 1 이상인 세계도시는 122개 도시로 나타났으나, 그중에서 그 값이 4 이상인 명실상부한 세계도시는 55개 도시로 확인되었다(<표> 참조). 이 55개 세계도시는 다시 알파급 세계도시 10개, 베타급 10개, 감마급 35개로 분류되는데 주로 북미, 서유럽, 아시아태평양 지역에 집중적으로 분포하고 있는 것이 특징이다.

맺음말

이상에서 살펴본 바와 같이 테일러는 오늘날 세계를 지배하고 있는 자본주의 세계경제체제 차원에서 사회현상의 다양한 지리적 문제에 대해 공간분석을 시도하고 있다. 그러한 점에서 그의 공간분석론은 거시적인 구조주의적 접근이라고 할 수 있다.

먼저, 그의 세계체제론적인 정치지리 연구는 종래의 정치지리학과는 달리 자본주의 세계경제의 힘과 영향에 의해 세계의 정치와 국가 및 지

〈표〉 세계도시의 목록

A. 알파급 세계도시

12 : London, Paris, New York, Tokyo

10 : Chicago, Frankfurt, Hong Kong, Los Angeles, Milan, Singapore

B. 베타급 세계도시

9 : San Francisco, Sydney, Toronto, Zurich

8 : Brussels, Madrid, Mexico City, Sao Paulo

7 : Moscow, Seoul

C. 감마급 세계도시

6 : Amsterdam, Boston, Caracas, Dallas, Dusseldorf, Geneva, Houston, Jakarta
    Johannesburg, Melbourne, Osaka, Prague, Santiago, Taipei, Washington

5 : Bangkok, Beijing, Montreal, Rome, Stockholm, Warsaw

4 : Atlanta, Barcelona, Berlin, Buenos Aires, Budapest, Copenhagen, Hamburg, Istanbul,
    Kuala Lumpur, Manila, Miami, Minneapolis, Munich, Shanghai

D. 미약한 세계도시 (세계도시 형성)

3 : Athens, Auckland, Dublin, Helsinki, Luxembourg, Lyon, Mumbai, New Delhi,
    Philadelphia, Rio de Janeiro, Tel Aviv, Vienna

2 : Abu Dhabi, Almaty, Birmingham, Bogota, Bratislava, Brisbane, Bucharest, Cairo,
    Clevelnad, Cologne, Detroit, Dubai, Ho Chi Minh City, Kiev, Lima, Lisbon, Manchester
    Montevideo, Oslo, Rotterdam, Riyadh, Seattle, Stuttgart, The Hague, Vancouver

1 : Adelaide, Antwerp, Arhus, Baltimore, Bangalore, Bologna, Brazilia, Calgary,
    Cape Town, Colombo, Columbus, Dresden, Edinburgh, Genoa, Glasgow,
    Gothenburg, Guangzhou, Hanoi, Kansas City, Leeds, Lille, Marseille, Richmond,
    St Petersburg, Tashkent, Tehran, Tijuana, Turin, Utrecht, Wellington

방의 정치현상을 새롭게 설명하고 있어 보다 현실적이라고 평가된다. 왜냐하면 오늘날의 정치현상은 과거 어느 때보다도 자본주의 세계시장 경제에 많은 영향을 받고 있기 때문이다. 또한 지역연구에서 지역이 자본주의 세계체제에 의해 형성된다는 인식과 세계경제의 메커니즘 속에서 지역을 이해하고 설명하려는 시도는 지역 연구에 대한 관심이 고조되고 있는 최근의 학계에 분명히 새로운 시각을 던져주고 있다. 그리고 도시 연구에서도 세계경제 속에서 세계적 능력을 수행하는 도시를 세계도시로 보고, 그러한 도시를 확인하여 도시간의 관계를 분석·파악하려는 그의 시각과 노력은 세계화된 오늘날의 시대에 적합할 뿐만 아니라 앞으로의 도시 연구에 새로운 길잡이가 되고 있다고 평가된다. 요컨대 그의 공간분석방법론은 오늘날 사회현상 또는 공간현상 연구에서 요구되는 글로벌 관점에 의한 분석에 새로운 통찰력을 제공해주고 있다.

이와 같은 긍정적인 평가와는 달리 그의 공간분석론의 경우 현실세계에는 범세계적으로 하나의 세계경제만이 작동하고 이것이 모든 지역의 공간현상도 지배하고 있다는 생각에 너무 집착한 나머지, 각 지역 또는 장소의 공간현상 설명에서 이에 작용하는 여러 미시적 수준에서의 국지적 요인(각 지역 내의 고유한 자연적·입지적·문화적 요소)을 간과하거나 경시하고 있는 것 같다. 우리는 이러한 한계점 등을 비판적으로 수용하면서 테일러의 공간분석론을 기존의 정치지리, 지역성 변화, 세계도시 등과 같은 연구주제 뿐만 아니라, 보다 다양하고 광범위한 사회현상에 확대·적용하는 노력이 필요하다.

참고문헌

Taylor, P. J. 1981, "Geographical Scales within the World-economy Approach," *Reveiw*, 1, pp.3-11.

_____. 1988, "World-System Analysis and Regional Geography," *Professional Geographer*, 40(3), pp.259-265.

_____. 1989, *Political Geography: World-Economy, Nation-State and Locality*, Harlow, Longman.

_____. 1991, "A Theory and Practice of Region: the Case of Europes," *Environment and Planning D: Society and Space*, 9, pp.183-195.

_____. 1995, "World Cities and Territorial States: the Rise and Fall of Their Mutuality," in P. L. Knox and P. J. Taylor(eds.), *World Cities in a World-System*, CUP, Cambridge, pp.48-62.

_____. 2000, "World Cities and Territorial States Under Conditions of Contemporary Globalization," *Political Geography*, 19, pp.5-32.

Taylor, P. J., Walker, D. R. F., & Beaverstock, J. V. 2000, "Introducing GaWC:

Researching World City Network Formation," *GaWC Research Bulletin* 6.

이재하. 1993, 「테일러의 세계체제론적 지리학」, 『현대지리학의 이론가들』, 민음사, 358-372쪽.

이재하. 1997, 「세계화시대에 적실한 지역연구방론 모색」, ≪한국지역지리학회지≫, 3(1), 115-134쪽.

Beaverstock, J. V., Smith, R. G. and Taylor, P. J. 1999, "A Roster of World Cities," *Cities*, 16(6), pp.445-458.

Saskia Sassen

사센의 세계도시론

유환종(명지전문대학 지적정보과 교수)

지난 몇 년간 우리나라가 경험했던 외환위기와 IMF 구제금융시대의 경제적 어려움은 우리 사회에 또 다른 차원의 충격을 주었다. 구조조정에 따른 대규모 실업사태, 홈리스(homeless)라 불리는 생소했던 노숙자 문제, 부동산가격의 급락, 중산층의 몰락과 사회경제적 양극화, 그에 따른 수도 서울에서 나타난 제반 공간적 문제점들. 이른바 '세계화'라는 장밋빛 환상이 깨어지는 순간이었다. 1980년대 이후 서구의 학자들은 세계경제의 통합과 구조재편(restructuring)에 따라 주요 대도시에서 나타난 급작스런 공간변화를 설명하느라 분주했었다. 당시 우리는 이러한 논의를 서구 선진국의 대도시에서 전개되는 아주 독특한 현상일 뿐 우리와는 전혀 상관없는, 단지 학문적 관심의 대상으로만 생각하였다.

그러나 세계화의 추세는 우리나라도 예외가 아니었고 지난 20년간 논의되었던 현상이 서울에서도 유사하게 나타났던 것이다. 우리를 더욱 놀라게 했던 것은 IMF 구제금융을 받으면서 우리나라의 국가정부가 할 수 있었던 역할이 크게 축소되어 수동적인 위치로 전락했다는 것이었다. 이는 세계화와 세계도시화에 따른 국가정부와 개별도시정부, 그리고 국제기구와 초국적기업(TNCs)의 위상을 재고해야 되는 상황임을 의미하는 것이다. 이러한 논의의 초점은 세계화(globalizaton), 세계경제의 구조재편, 그리고 세계도시(global city)에 맞춰져 있었다.

사스키아 사센(Saskia Sassen)은 이러한 논의에 있어서 가장 선도적인 학자이다. 사센은 네덜란드에서 출생하여 아르헨티나, 이탈리아, 프랑스, 미국 등지에서 수학했고, 노트르담 대학에서 사회학과 경제학 전공으로 박사학위를 취득했다. 그녀의 연구초점은 세계·지역·도시의 경제발전, 노동력과 자본의 국제적 이동, 그리고 세계경제와 국가에 관한 것이다.

사센의 초기 연구주제는 선진국 대도시로 유입되는 제3세계의 이민자들에 관한 것이었으며, 이는 1988년 출간된 『노동력과 자본의 이동(The Mobility of Labor and Capital: A Study in International Investment and Labor Flow)』에 종합되어 있다. 이어서 1991년 『세계도시(The Global City: New York, London, Tokyo)』라는 명저를 통하여 세계도시에 관한 경험적 연구와 관점을 제시하게 된다. 기존의 가설 수준에서 논의되었던 세계도시 논제를 보다 구체화하여 도시연구의 지평을 확대하는 동시에 1980년대 이후 급변하는 도시체계와 도시공간구조에 관한 새로운 접근방법을 제시하였다. 즉, 1990년대를 기점으로 그녀의 연구는 세계도시로의 노동력과 자본의 이동, 그리고 그에 따른 사회적 양극화로부터 점차 이러한 구조적 변화의 기저에서 작용하는 과정을 규명하게 되었고, 여기에 경제의 세계화와 정보화라는 주제가 결합되면서 그녀의 세계도시 논제는 가설을 검증하는 단계를 넘어선 학문적 이론으로서 정착되고 있다. 이러한 배경에는 사센의 연구결과가 단지 제3세계의 이민이 급격히 증가하고 있는 뉴욕에서만 타당성을 갖는, 아주 독특한 현상일 뿐이라는 이른바 "뉴욕에 사로잡혀 있는가?(Slaves of New York?)"라는 비판을 극복하기 위한 노력이 있었다. 사센은 국적을 초월하는 세계도시 체계와 세계 주요 도시들의 구조적 변화를 연결하는 발전적인 연구를 수행하게 되었고, 그 연구결과는 1994년 출간된 『도시와 세계경제(Cities in a World Economy)』에서 집약되었다. 이러한 맥락에 이어서 그녀의 최근 연구주제는 세계경제에서의 도시(Cities in the

The Global City: New York, London, Tokyo (1991)
1980년대 이후 경제의 세계화에 따른 뉴욕과 런던, 도쿄의 경제적·사회적 구조재편과정을 분석한 저서. 특히 현대 대도시의 구조적인 변화를 다양한 실증적 자료를 통하여 규명함으로써, 가설 수준의 세계도시 논의를 체계화하고 도시연구의 새로운 지평을 제시한 것으로 평가된다.

Global Economy)와 도시 내부의 사회·경제·인종적인 양극화, 지역사회집단, 그리고 노동력구조에서의 여성문제로 이어지고 있다. 뉴욕 콜롬비아 대학의 도시 및 지역계획학 교수로 13년간 재직했던 그녀는 이처럼 왕성한 연구활동의 결과로서 1998년 도시생태학을 태동시키고 도시연구의 요람으로 상징되는 시카고 대학의 사회학과 교수로 부임하여 세계도시론, 국가와 세계화 등의 강의를 맡고 있다.

그녀는 최근 이민자들의 불평등 문제를 다룬 『손님과 이방인(Guests and Aliens)』(1999)과 『세계화와 그에 따른 불만(Globalization and Its Discontents: Essays on the New Mobility of People and Money)』(1998)을 출간하였다. 이는 초기의 두 저서인 『세계도시』와 『노동력과 자본의 이동』을 바탕으로 세계경제의 구조에 대한 새로운 이해를 전개한 것이다. 이 책을 통하여 사센은 자신의 이론을 더욱 확장시켜, 세계경제를 보다 효율적이고 사회적 평등을 추구하는 방향으로 유도하기 위해서는 국가 및 세계적인 조절기제가 필요하다고 주장하고 있다.

우리가 필요로 하는 것은 금융에 대한 새로운 통제구조뿐만 아니라 노동과 환경적 기준에 대한 국제적인 통제구조이다. 만약 세계경제의 성장이 전혀 제어되지 않은 채 진행된다면, 빈곤층과 중산층 대부분을 황폐화시키는 결과를 낳게 될 것이다. 우리가 범세계시장과 초국적 자본이동을 효율적으로 조절하고 통제한다면, 전체적으로 보다 나은 결과를 얻을 수 있을 것이다.

사센의 세계도시와 세계도시 네트워크

20세기 말 가장 중요한 현상 중의 하나는 통합된 세계경제의 등장이다. 국지적인 각 지역의 경제는 점차 하나의 세계경제 체계로 통합되고 있다. 자본이동은 국가경계를 넘어 자유로이 이뤄진다. 거리 요소는 실시간 정보전달을 가능하게 하는 정보통신 및 컴퓨터 기술의 발달로 그 의미를 점차 상실하고 있다. 그래서 정보기술의 발달에 낙관적인 일부 학자들은 범세계적인 실시간 정보통신과 세계경제의 상호연계성이 장소의 의미를 약화시키고 도시의 해체를 초래할 것으로 예견하고 있다. 그러나 사센은 이와 다른 견해를 피력한다. 그녀의 연구는 뉴욕, 런던, 도쿄와 같은 도시가 오히려 더욱 집중되고 있다는 것을 주장한다. 그 도시들의 부와 권력은 증가하고 있으며, 결코 쇠퇴하지 않았다. 이와는 달리 전통적으로 유럽, 북미 등지에서 제조업의 중심지로 역할했던 많은 도시들은 제조업이 아시아, 중남미, 그리고 그밖의 제3세계로 이전함에 따라 경제적인 쇠퇴를 경험하고 있음을 밝혔다. 이러한 세계경제의 대규모 구조재편은 오늘날 도시의 발달과 구조적 변화에 가장 강력하게 영향을 미치는 요인이 되고 있다. 은행, 금융, 기업의 기획 및 관리부문은 강력한 세계도시에 점점 더 집중되며 제조업은 세계 도처로 분산되고 있다. 이에 따라 전세계적인 부와 권력의 분포도 변화하고 있다. 이는 범세계적인 도시체계의 구조, 도시가 수행하는 기능, 그리고 도시 내부에서 이루어지는 사회적 삶의 본성에 대해 엄청난 영향을 미치게 된다.

프리드만(J. Friedmann)의 세계도시가설에서 비롯되었던 추론적인 개념은 킹(A. D. King)의 런던에 대한 세계도시 논의에서 비교적 구체화되었다. 이러한 상황에서 사센의 세계도시 연구는 가히 도시연구의 학문적 범역을 확대시키는 계기가 되었다. 그녀는 일부 최상위 거대도시들에 대한 사례를 바탕으로 선진국과 후진국의 세계도시 연구로 영역을 확대하면서 일반화를 시도하였던 것이다. 그녀는 "공간적 분산과 세계적 통합이 결합됨으로써 주요 도시들은 새로운 전략적 역할을 담당하게 되는데 ① 세계경제구조에 있어서 고도로 집중된 통제점 ② 금융 및 전문서비스 기업들의 핵심적 입지 ③ 첨단산업의 혁신을 주도하는 생산의 장소 ④ 이러한 생산제품이나 혁신의 소비시장 등 4가지 측면의 중심지로서 새로운 기능을 수행하게 된다"고 주장하였다. 도시에는 범세계적인 자원에 대한 통제력이 집중되고, 금융과 전문서비스 산업들은 도시의 사회·경제적 질서를 재편하였다. 그 결과 새로운 유형의 도시가 출현하게 되었고, 이 도시가 바로 세계도시이다.

원래 '세계도시'라는 용어는 런던, 파리, 비엔나, 베를린 등과 같이 과거 제국주의 시대를 주도하던 대도시의 문화적 영향력을 서술하기 위해 사용되었던 '벨트슈타트(Weltstadt)'에서 비롯된다. 이를 홀(P. Hall)이 그의 저서 *The World Cities*(1966)에서 대도시의 미래지향적인 계획수립을 위해 다시 사용하였다. 그러나 최근 사센을 비롯한 여러 학자들이 언급하는 '세계도시(world city/global city)'는 세계경제의 구조재편에 따른 새로운 도시화과정과 대도시 공간구조변화를 설명하는 개념으로, 세계자본이 집중되고 축적되어 초국적 기업, 금융, 거래활동, 권력 등이 상호 결합되는 세계경제의 의사결정지인 것이다.

사센이 '세계도시'에서 논의를 전개한 주요 초점은 역사적·문화적 환경의 차이에도 불구하고 뉴욕, 런던, 도쿄는 다소 유사하게 성장하고 있으며, 오늘날 독특한 새로운 유형의 도시(세계도시)를 형성한다는 것이다. 뉴욕, 런던, 도쿄의 위상은 단순히 그들 각 국가 도시계층의 최상위에 있는 것뿐만 아니라 점차 범세계적인 도시계층의 통제점이 되고 있다. 이처럼 세계경제의 구조재편과 관련하여, 소위 범세계적인 조립라인(global assembly line)들의 성장은 관리, 통제, 그리고 기업이나 기관의 중추기능 집중에 대한 새로운 수요를 창출한다. 집중은 금융, 정보통신, 정보의 주요 중심지로서 이미 제반 환경이 갖춰진 도시들을 선호한다. 사센은 집중의 대상이 되는 뉴욕, 런던, 도쿄의 경제적 특성 변화를 검토하면서 이들 도시에서 생산자서비스(최종 소비자보다는 공공 및 민영 조직체를 위한 중간서비스)의 성장에 상당한 주의를 기울이고, 뿐만 아니라 이들 도시가 국내경제에 대립되는 것으로서 범세계적 경제통제를 점차 지향한다는 것에도 주목한다.

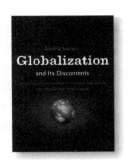

Globalization and Its Discontents: Essays on the New Mobility of People and Money (1998)
세계도시, 세계경제에 있어서 여성문제와 이민노동자, 정보기술, 그리고 새로운 불평등 등과 같은 주제를 다룬 사센의 글 모음집으로 세계화의 전개와 그 양과 음을 논의한 저서이다.

사센은 범세계경제를 대략 40개 '세계도시'들의 네트워크로 개념화한다. 이들 도시에는 세계시장을 지향하고 기업본사나 전문기업서비스, 그리고 금융기관 및 은행 등 자산관리기관들이 상당히 집중해 있다. 이들은 단지 세계도시 자체의 입지를 선택한 것이 아니고 그 도시 내 특정 장소의 입지를 선택한 것이다. 즉, 한 기업이 점차 세계적인 기업으로 성장할수록 그 기업의 중추기능은 가장 정교하고 발달한 인프라와 고급 인적자원을 확실하게 이용할 수 있는 장소로 더욱 집중하게 된다. 그리하여 최고의 기능과 인재들간의 상호작용에 의한 상승효과(Synergy)가 극대화되는 것이다. 세계도시들이 세계경제의 전략적 장소로 등장하면서 런던, 뉴욕, 도쿄, 혹은 시드니에서 이루어진 의사결정은 말레이시아의 콸라룸푸르, 칠레의 산티아고와 같이 멀리 떨어진 입지지역의 고용, 임금, 그리고 경제적 상태에 영향을 미치게 된다. 그러나 이러한 세계도시들이 모두 똑같은 역할을 수행하는 것은 아니라고 강조하고 있다. 세계도시들의 네트워크는 계층구조를 이루고 있다. 런던과 뉴욕, 프랑크푸르트 등은 최고의 전문가들과 정보인프라가 구비되어 있기 때문에 최상위 계층을 점하고 있다. 그리고 다른 대부분의 세계도시들(서울, 방콕, 샌디에이고, 뭄바이 등)은 세계도시의 네트워크에서 각 국가시스템 내의 외국자본을 관리하고, 그들 자국의 자본을 세계경제로 끌어들이는 역할을 함으로써 상호보완적인 시스템을 구성하고 있다.

세계도시의 양극화 : 중심부의 주변부화

사센이 1980년대 중반 이후 수행해온 세계도시 연구의 주요 논제는 제조업보다는 금융 및 사업서비스와 그밖의 서비스들에 의해 주도되는 특수한 산업구조로 인해 직업 및 소득구조의 '양극화(polarization)'가 진행된다는 것이다. 세계도시에서는 선진 생산자서비스가 성장하고 이에 필요한 전문관리직도 성장해왔다. 그러나 이와 함께 전통적인 제조업 기반이 쇠퇴하고 미숙련 및 저임금의 서비스직도 성장해왔다. 그 결과 중산층의 감소와 직업 및 소득분포에 있어서 최상층과 최하극빈층의 증가로 이어졌다. 이러한 양극화는 공간수요의 변화로 연결된다. 도시 내 (inner city)의 일부 지역은 최상류층을 위한 공간으로 재활성화(gentrifi-cation)되어 고급빌라나 호화주택, 고급 레스토랑, 특급호텔, 최고급 부 띠끄 등 새로운 도시경관을 장식하는 반면, 미숙련 단순 저임노동자들은 열악한 주택시장 부문으로 내몰리게 되었던 것이다. 따라서 직업적 양극화는 사회적, 주택소유·임대에 있어서의 양극화와 인종적인 격리현상(segregation)을 수반하게 된다. 이러한 양극화의 공간적 특성에 대해 사센은 후기산업사회의 도시화 과정을 통합하여 설명하고 있다. 중산층 거주자와 그들 대부분의 고용 교외화; 웅장한 업무 혹은 호텔 복합단지, 화려한 컨벤션센터, 그리고 워터프론트 재개발계획 등 중심도시의 재건설; 홈리스(무주거자)의 증가; 제3세계 국가로부터 합법 및 불법적인 이민의 증가; 그리고 '비공식화(informalization)'나 '임시직화(casualization)'로 불리는 날품이나 가내공업의 증가와 같은 노동 특성상의 다양한 변화 등을 예로 들고 있다.

범세계경제의 출현은 기업들이나 국가경제, 국제이민, 노동의 본질,

그리고 전체 사회·경제적 구조에 엄청난 영향을 미치게 된다. 도시의 일부 사람들은 새로이 등장하는 경제질서로부터 상당한 혜택을 받는다. 일부 제3세계 도시들은 제조업의 급성장을 겪고 있다. 뉴욕, 런던, 도쿄와 그밖의 세계도시들에서는 은행, 금융, 회계 및 법률전문가 그리고 다른 분야의 전문가 등과 같은 초국적 엘리트들이 더욱 부유해지고 권력을 지니게 된다. 그러나 범세계적인 경제변화는 수많은 새로운 문제들을 야기하고 있다. 19세기에 산업혁명이 그랬던 것처럼 20세기 정보통신 중심의 범세계경제가 출현함으로써 극단적인 불평등을 낳고 있다. 사센은 세계경제의 중심지역과 주변지역, 그리고 부유한 도시와 가난한 도시에 관한 논의를 확대하였다. 제3세계로부터 이민 온 극빈층의 대규모 집중이 뉴욕, 런던과 같은 세계도시에서 일어나며, 그들은 부유한 초국적 엘리트들의 사무실에서 불과 몇 블록 떨어져서 살고 있다. 브라질 상파울루에도 도시빈민들이 우글거리는 빈민가와 지척인 거리에 부유한 은행가와 법률가들이 있다. 상당한 권력을 지닌 통제와 정보기능이 성장할수록 도시의 극빈층은 축소되지 않는다고 주장한다. 새로운 세계경제는 더 많은 저임금 호텔보이나, 건물관리인, 식당서비스종업원을 요구한다. 특히 여성은 가정부, 웨이트리스, 하녀, 그리고 전자제품 단순조립공과 같은 역할에 있어서 상당수를 차지하며 세계도시의 저임 노동력으로 투입된다. 선진국 대도시로 이민 온 사람들은 대개 그들 본국의 경제와 유사한 비공식 경제부문에 종사하게 된다. 일부 도시내부의 소수인종 거주지에서는 노점상이 증가하고, 최저임금 이하의 열악한 조건에서 일하며, 직업상의 건강, 안전, 환경, 그리고 법률적인 배려가 전무하다. 19세기에 출현한 산업도시인 맨체스터시에서 빈부간의 극단적인 양극화에 대한 묘사와 오늘날 출현하고 있는 세계도시의 불평등에 대한 사센의 설명과는 상당한 유사성이 있다.

결론적으로 사센은 세계도시의 네트워크에서 모든 세계도시들이 똑같은 역할을 수행하지 않는 것처럼, 세계도시의 거주자들 역시 모두 똑

같은 역할을 수행하는 것은 아니라는 점을 강조한다. 사센 연구의 대부분은 그러한 권력과 부의 집중이 야기하는 부정적인 영향에 초점을 두고 있다. 세계도시의 화려함 그 이면에는 늘 대규모 이민노동자들이 있다. 이들은 세계경제에서 육체노동, 저임금, 고된 직종에 종사하고 있다. 범세계 네트워크에서 두 개의 완전히 다른 집단—부유하고 고등교육을 받아 범세계적인 기업에서 종사하는 집단과 가난하고 교육을 제대로 못 받아 부유한 집단에 서비스를 제공해야 하는 집단— 간의 분리는 더욱 심화되고 있다. 사센은 이를 '중심부의 주변부화(peripheralization at the core)'라는 유명한 어구를 사용하여 함축적으로 표현하였다. 이처럼 사센이 주창하는 세계도시의 양극화 논제는 매력적이다. 국가 및 국제적 사회·공간분업, 금융 및 생산자서비스의 집중, 제조업 산업 및 고용의 쇠퇴와 단순서비스 부문의 성장을 사센은 직업 및 소득분포의 변화 그리고 사회적 격리현상에 연결시키고 있다. 즉, 그녀 논제의 핵심은 세계도시의 산업 및 고용구조에 대해 변화를 반영하는 계층의 직업 및 소득, 그리고 공간적 양극화가 심화되는 특징을 가지고 있다는 것이다. 이는 내적으로 일관되게 잘 전개되고 있으며, 현재 대다수 세계도시에서 나타나는 사회·공간적 변화를 분석하고 설명하는 데 뛰어난 관점을 제시하고 있다.

사센은 아르헨티나의 부에노스아이레스에서 성장하면서, 집을 살짝 빠져나와 시내버스에 올라탄 후 도시난민들에게 음식과 옷이 가득 담긴 가방을 전달해주었을지도 모른다. 이제 세계화 연구에 관한 저명한 학자로서, 더 이상 다른 사람들을 몰래 도우려 하지 않을 것이다. 그녀는 강한 신념에 차 있다. 그녀는 세계도시 전체인구의 20% 정도인 상류층 엘리트가 세계화의 혜택을 계속 받는 반면, 중산층은 더욱 어려워지고 빈곤층이 증가하는 경제적 불평등이 가속화되는 것을 우려하며, 이에 대한 통제의 필요성을 주장하고 있는 것이다.

우리는 늘 불평등하다는 사실을 수용할 수는 있다. 그러나 거대한 부와 권력을 창출하는 시스템이 극단적인 빈곤에 직면해서 그 부를 재분배할 수 없을 때, 그리고 부유한 사람들이 비참함을 전혀 모르고 이해하려 하지도 않고 오히려 고개를 돌려버릴 때, 우리는 극도로 불공평하다는 것을 몸소 느끼게 된다.

이것이 사센이 제시하는 세계도시론의 출발점이자 귀착점인 것이다.

맺음말

사센은 1980년대 초 캘리포니아 대학 도시계획학과의 객원교수로 있던 기간에 프리드만과 당시 새로이 형성되던 캘리포니아학파의 영향을 받아 세계도시에 관심을 갖게 되었다. 이후 뉴욕을 기반으로 세계화와 세계경제의 영향, 그리고 대도시의 사회·경제적 양극화에 관한 연구를 심도있게 추진하면서 세계도시 연구의 권위자가 되었다. 이를 바탕으로 최근에는 도시문화, 페미니즘, 정치이론 등 연구의 내용과 방향이 다양화되고 있다.

도시사(都市史)적으로 도시가 위기에 처해 있을 때나 혹은 도시의 위기를 인식한 시기에 이상주의적인 도시의 형태나 발전에 관한 논의가 활발했었다. 이러한 맥락에서, 오늘날 우리 도시의 본질과 발전에 관한 다양한 논의가 진행되는 것은 당연한 추세로 보인다. 특히 1990년대 말 세계화와 세계경제의 통합과정에서 우리가 겪었던 사회·경제적 어려움은 이제 서울을 중심으로 한 대도시공간구조의 다양한 부문에 투영되어 전개될 것이다. 따라서 대도시구조재편에 대한 심층적인 분석과 대안제시가 절실히 필요한 시점이다. 사센이 뉴욕과 최고차 세계도시 연구에서 일관성있게 축적한 세계도시론은 세계화시대 우리의 대도시 공간변화를 조명하는 패러다임으로 도입되고 있으며, 다양하게 분화되어 진행되는 도시연구들의 성과를 엮을 수 있는 새로운 연결고리가 될 것이다.

참고문헌

Sassen, S. 1991, *The Global City: New York, London, Tokyo*, Princeton University Press.

_____. 1994, *Cities in a World Economy*, Pine Forge/Sage Press.

_____. 1997, "Cities in the Global Economy," *International Journal of Urban Sciences*, 1(1), pp.11-31.

Sassen, S. & Appiiah, K. A. 1998, *Globalization and Its Discontents: Essays on the New Mobility of People and Money*, New Press.

남기범. 2001, 「사스키아 사센이 본 세계화와 한국, 세계도시의 미래」, ≪국토≫, 2001년 8월호, 111-123쪽.

최재헌. 1998, 「세계화시대의 도시지리 연구를 위한 글로벌 패러다임」, ≪한국도시지리학회지≫, 제1권 1호, 31-46쪽.

Hamnett, C. 1994, "Social Polarization in Global Cities: Theory and Evidence," *Urban Studies*, 31(3), pp.401-424.

LeGates, R. T. & F. Stout(eds.). 1996, *The City Reader*, Routledge.

도시사회공간이론

도시사회학 분야의 공간이론은 20세기 초 도시생태학적 관점을 강조하여 등장한 시카고학파와 이에 대한 대안적 시각으로서 등장한 구조주의적 접근 또는 정치경제적 접근으로 대표된다. 이 분야의 사상적 흐름은 막스 베버와 존 롤스로부터 시작된다. 도시의 정치적, 경제적 조직의 측면을 강조한 베버의 도시이상형 개념은 사회학에서 도시 또는 공간에 대한 관심을 불러일으켰고, 이후 생산, 소비, 주거 등 도시에서 일어나는 모든 활동에 대한 연구의 기틀을 제공하는 역할을 하였다. 롤스의 사회정의론은 도시정책 또는 주택정책에 있어 분배적 정의를 어떻게 고려해야 하는지에 대한 학문적 바탕이 된다. 파크는 생태학적 관점을 바탕으로 도시의 성장과 이에 수반한 문제점이 규칙적이고 반복적인 유형을 나타낸다는 가정에 근거하여 도시성장의 공간적 외형을 설명하고자 하였다. 워스는 이 사상을 발전시켜 도시의 독특한 생활양식과 조직을 '도시성'이라 개념화하고, 이것이 실현되는 양태로서 도시문화의 구성요소들에 주목하였다. 이 전통은 렉스와 무어에 의한 주거계층론으로 이어진다. 카스텔은 구조주의적 관점에 입각하여 도시를 집합적 소비의 단위로 보고 소비과정을 통해 노동력의 재생산이 이루어진다고 주장한다. 같은 맥락에서 손더스는 도시를 자본주의체제나 사회의 일정한 기능과 역할을 포괄하는 사회적 단위로 보고 도시의 공간적 특성보다는 사회계층, 행태, 정책과 같은 사회적인 측면을 강조한다. 로간과 몰로치는 상품으로서의 장소라는 개념을 제시하고, 시장의 모든 상품과 마찬가지로 도시의 장소도 사용가치와 교환가치의 측면으로 나누어서 분석해야 한다고 주장한다.

Max Weber

막스 베버의 도시사회학 이론

김만재(강릉대학교 지역개발학과 교수)

막스 베버(Max Weber, 1864~1920)는 당시 신학문이었던 사회학을 사회과학의 중요분야로 확립시키는 데 결정적인 공헌을 한 사람이다. 사회학자로서의 그의 위치는 그가 마르크스, 뒤르켐과 더불어 3대 고전 사회학자로 일컬어진다는 점에서 쉽게 미루어 짐작할 수 있다. 하지만 그의 역할을 사회학자로 한정시킨다면 그가 20세기 사상에 미친 영향을 과소 평가해버리는 우를 범하게 될 것이다. 그의 사후에 계획된 32권의 전집이 말해주듯이 그의 활동은 정신과학과 사회과학의 거의 모든 영역을 포함하는 방대한 것이었다.

사회학 내에서도 베버의 관심은 권력, 관료제, 자본주의, 합리성, 법, 종교, 계급, 국가, 리더십, 비교 연구, 종교, 도시, 음악 등 일일이 열거하기에도 모자랄 만큼 다양하였다. 따라서 그의 학문적 속성은 한마디로 함축하기가 도저히 불가능할 정도의 이론적, 방법론적 다원주의와 개방성, 다차원성에 있다고 할 수 있을 것이다. 이러한 학문적 특성 덕분에 그의 사후 80년이나 지난 오늘날, 베버에 대한 관심은 사회학의 범위를 넘어서 정치학, 경제학 등 다른 인접 사회과학은 물론, 역사학, 철학, 중국학, 인도학 등 인문과학 일반에까지 확산되고 있다.

막스 베버의 생애

막스 베버는 1864년 4월 21일 독일의 튀링겐에서 태어났다. 아버지인 막스 베버 1세는 법률가이자 정치가로서 유명하였지만, 아내인 헬레네 팔렌스타인 베버의 깊은 신앙심을 이해하지 못하여 두 사람 사이에는 상당한 갈등이 있었다고 한다. 베버는 네 살 때 뇌막염을 앓는 등 병약하였으며, 운동보다는 독서에 열중하였던 가냘픈 소년이었다.

베버는 1882년에 하이델베르크에 가서 아버지의 뒤를 이어 법과 대학생이 되었다. 그는 그외에도 역사학, 경제학, 철학을 포함한 여러 가지 인문과학 계통의 학문을 공부하였고, 아버지가 가입하였던 단체에 참여하기도 하였다. 19세에는 군 복무를 위해 스트라스부르에 가게 되었다. 이때 외가 쪽 친척들과 친밀하게 되었는데, 특히 이모부인 헤르만 바움가르텐은 상당히 오랫동안 막스 베버의 정치적 사고에 영향을 끼쳤다.

베버는 1889년에 로마의 농업사에 관한 논문으로 박사학위를, 1891년에는 교수 자격 학위를 얻었고, 또 2년 뒤에는 마리안네 슈니트거와 결혼하였다. 결혼한 다음 해에는 프라이부르크에서 제안한 교수직을 받아들여 그곳으로 이주하였으며, 1896년에는 독일 역사학파의 주도적 인물이었던 크니스의 은퇴로 공석이 된 하이델베르크의 교수직을 맡게 되었다.

1897년에는 막스 베버의 아버지가 사망하였다. 베버는 아버지가 돌아가시기 직전에 어머니의 입장을 열렬히 옹호하면서 심한 논쟁을 벌였기 때문에, 심한 자책감에 시달리게 되었다. 장례식 후에 베버와 그의 아내는 스페인으로 여행을 떠났는데 돌아오는 길에 열병과 신경증에 걸리고 말았다. 그후 몇 년 동안 병이 계속 재발되는 바람에 강의조차 하지 못하였다. 1904년에 이르러서야 그의 활동력은 완전히 회복되었으며, 『프로테스탄트 윤리와 자본주의 정신』도 이때 집필하였다.

그의 학구열은 놀라웠던 것으로 알려져 있다. 예를 들면, 제1차 러시아 혁명이 일어나자 그는 매일 아침 일어나기 전에 침대에서 러시아말을 배워 러시아 일간신문에 실린 기사를 읽고, 이에 관한 논문을 쓰기도 하였다. 1906년에서 1910년까지 하이델베르크에 머무는 동안, 베버는 그의 동료들과 열띤 논의를 계속한 것으로 전해진다. 1909년에 독일 사회학회가 창립되었는데, 막스 베버는 창립자 중의 한 사람이었다.

제1차세계대전이 일어났을 때 베버의 나이는 50세였다. 그는 중대를 이끌고 전쟁에 참가하고 싶어했으나 나이와 건강 때문에 뜻을 이루지 못하자, 하이델베르크 지역 병원의 설립과 운영을 담당하였다. 전쟁 동안 상당한 정치적 좌절감을 겪은 그는 후에 군부의 행동은 군수산업가와 농업자본가들의 도박에 불과하다고 폭로하기도 하였다. 1916년에는 하이델베르크에 돌아와 히브리의 예언서들을 연구하였고, 『경제와 사회』를 쓰기 위한 다양한 작업을 하였다.

1919년에 이르러서는 뮌헨 대학의 교수직 제안을 받아들였으나 그해 여름에 병석에 눕게 되었는데, 결국 이듬해 6월 폐렴으로 숨을 거두고 말았다.

막스 베버의 도시사회학

도시에 대한 베버의 관심은 그의 저서 *The City*에 나타나 있다. 하지만 그의 도시사회학을 이해하기 위해서는 먼저 이념형(ideal type)의 개념부터 파악할 필요가 있다. 이념형에서의 '이념'이라는 말은 가장 바람직한 것이라는 뜻이 아니라, '순수 형태(pure form)'라는 의미이다. 따라서 이념형이란 가장 핵심적인 특징들을 드러내기 위해 만들어낸 추상적 묘사라고 할 수 있다. 예를 들어, 관료제의 이념형으로는 피라미드 모양의 위계라든가 성문화된 규칙 등을 열거할 수 있을 것이다.

베버는 도시연구에서도 이념형을 사용하였다. 대부분의 사람들이 도시를 규정할 때 흔히 사용하는 것이 바로 (인구) 규모이다. 하지만 그는 이에 반대하여 규모 대신 경제적, 정치적 조직이라는 두 가지의 기준을 가지고 도시의 특징을 구별하려고 하였다. 먼저 경제적 측면에서 본다면, 도시는 농업보다는 교역과 상업에 종사하는 거주자들의 정주공간으로 이해된다. 즉 도시는 하나의 시장인 것이다. 이처럼 도시의 시장성에 초점을 둘 경우, 도시는 다시 소비도시, 생산도시, 그리고 상업도시로 구분된다.

반면 정치적 측면에서 본다면, 도시는 부분적으로 자치적인 결사체, 즉 특수한 정치·행정적 제도를 지니는 공동체로 파악된다. 이 기준에 따르면, 도시는 그 도시의 실력자들에 의해 운영되는 '귀족도시(the patrician city)'와 시민의회에 의해 운영되는 '시민도시(the plebeian city)'로 재구분된다.

이러한 경제적·정치적 기준을 사용하여 베버는 도시의 이념형을 다음과 같이 수립하였다. 도시적 공동체를 구성하기 위해서는 교역과 상업이 상대적으로 우월하여야 하고, 다섯 가지 특성, 즉 성채, 시장, 자치적 법정과 자치적인 법률, 구성원간의 결사체, 시민들이 참여한 선거를 통해 결성된 의회권력의 자치와 독립성이 있어야 한다는 것이다. 이 중에서 시장이라든가 시의 규제 같은 것은 아직까지도 유효하다고 할 수 있으나, 성채와 같은 기준은 시대착오적인 면이 있다. 베버의 저작이 등장한 시기는 성벽으로 둘러싸인 도시가 이미 과거의 유물이 되어버린 때였기 때문에, 베버 자신도 이 점을 충분히 인식하였음이 틀림없다. 그럼에도 불구하고 그는 도시의 이념형을 구축할 때, 이를 전혀 고려하지 않았다. 따라서 베버의 *The City*를 영어로 번역한 마틴데일 같은 사람은 베버의 이념형에 비추어볼 때 현대도시는 외형적인 방어막을 가지고 있지 않을 뿐 아니라 정치적으로는 국가에 종속되어 있기 때문에, "도시의 시대는 마감되었다"고 주장하기도 하였다.

베버는 어느 시대에나 적용될 수 있는 도시의 이념형을 수립하고자 하였을까? 베버는 왜 이미 구시대의 유물이 되어 버린 중세도시, 그중에서도 중세 유럽 도시에 집착하였을까? 아주 박식하였던 그가 근대도시에 관해서는 왜 예측조차 하지 못하였단 말인가? 그 해답은 베버의 필생의 관심이 바로 서구 자본주의의 발전에 있었다는 점에서 찾을 수 있다. 즉 그는 '자본주의가 하필이면 왜 중세의 유럽 도시에서 발달하였는가?' 혹은 '왜 고대의 유럽 도시나 같은 중세라 하더라도 비서구 도시에서는 자본주의가 발달할 수 있는 여건이 형성되지 못하였는가?'와 같은 질문에 몰두하였던 것이다.

베버는 서유럽의 중세도시들이 어떻게 봉건체제에 도전하여 자본주의 사회로 발전해나갈 수 있었는가를 보여주고자 하였다. 베버에 의하면, 이런 도전은 새로운 형태의 개인주의의 발전으로부터, 또한 도시 길드를 통해 조직된 새로운 형태의 지배에 의해 이루어졌다고 한다. 그는 동양과 같은 중세의 다른 지역이나 고대도시에서는 각 개인이 씨족에 소속된 데 반하여, 유럽의 기독교 사회는 씨족사회가 아니라 개인들의 신앙고백적 결사체로 이루어져 있다고 파악하였다. 따라서 유럽의 중세도시에서 비로소 도시민들이 개인으로 등장하게 되었다는 것이다.

또한 그는 중세 서구사회에서는 길드라는 중요한 결사체가 등장하였다는 점에 큰 의미를 부여하였다. 물론 처음에는 길드의 역할이 특정한 수공업과 상업분야로 한정되었으나, 시간이 지나면서 도시를 정치적으로 통제하는 기능으로까지 확대되었다. 이에 따라 중세의 시민자본가들과 자본주의적 장인들은 정치적으로도 핵심적인 세력으로 부각되었으며, 이러한 변화는 마침내 봉건제를 타파하고 근대 자본주의를 이룩하는 데 결정적인 기여를 하였다는 것이다.

이런 관점을 액면 그대로 받아들인다면, 도시는 특정한 역사적 시기에만 인간 결사체의 기본이자 사회변환의 선봉이었다고 할 수 있다. 고대에는 결사체의 중심이 도시에서조차도 씨족이었고, 근대에 들어와서는 국가가 그 역할을 수행하게 되었다. 베버는 씨족에서 국가로 넘어가는 전환기적 시대에 도시가 담당한 중요한 역할을 언급하고 싶었던 듯하다. 그는 근대 자본주의 사회에서의 도시에 대해서는 관심조차 없었다. 왜냐하면 도시는 더 이상 경제적, 정치적으로 의미 있는 단위가 아니기 때문이었다.

이렇게 볼 때, 베버가 도시사회학에 미친 영향은 역설적이라고 할 수 있다. 도시의 이념형을 설정하였다는 점에서는 그의 선구자적 역할이 인정되지만, 도시의 존재 의미를 중세 유럽에 국한시킨 점에 대해서는 비판적으로 보는 시각이 많다.

베버의 이론이 도시사회학에 미친 영향

앞에서도 언급하였듯이 베버의 관심 영역이 워낙 방대하기 때문에, 그가 도시사회학 이론 형성에 미친 영향은 하찮아 보이기까지 한다. 사실 막스 베버에 관해 후세 학자들이 쓴 책을 살펴보면, *The City*에 나온 내용은 어느 구석에서 슬쩍 지나치든가, 아예 언급조차 되지 않을 때도 있다. 하지만 후대 도시사회학자들에게 도시 자체가 하나의 중요한 연구대상이 될 수 있음을 보여주었다는 점에서 베버의 영향을 무시할 수 없다. 비록 *The City*의 영향력은 상당히 제한되어 있으나, 베버 자신의 영향력은 도시사회학 도처에서 찾아볼 수 있는 것이다.

우선 렉스와 무어가 주장한 '주택 계급'은 주택분배에 따라 노동시장에서와는 다른 계급 상황이 등장한다는 개념인데, 이는 계급의 개념이 생산수단의 소유 여부에 의해서만 결정되는 것은 아니라는 베버의 계급론에 바탕을 두고 있다.

팔 또한 비슷한 맥락에서 임금 불평등이 도시 불평등을 결정하는 중요한 요소이긴 하지만, 도시가 생산과는 다른 새로운 불평등의 원인이 되고 있다고 주장하였다. 그에 의하면, 공공자원의 분배는 시장에 의해서뿐만 아니라 국가의 공공시설 분배에 의해서도 이루어지기 때문에, 의사 결정권을 가진 몇몇 도시관리자들이 어떻게 이런 자원들을 분배하기로 결정하느냐가 중요하다는 것이다. 이런 논리 또한 베버의 주장, 즉 경제력은 상품이나 노동 시장의 통제를 통해 획득되는 반면 정치적 권력은 국가의 통제를 통해 획득되고, 정치적 지배는 반드시 경제적 계급 지배에 의해 결정되는 것은 아니라는 주장을 따른 것이다.

이들과 마찬가지로 손더스는 소비의 사회학을 제시하면서, 자본주의 사회에서 생산수단의 유무에 따라 생산에서의 계급이 나누어지듯이 소비부문에서도 주요 소비수단의 소유 여부에 따라 사회계급이 양분화된 다고 주장하였다. 이는 현대사회에서의 삶의 기회가 노동과 생산뿐 아니라 국가에 의해서도 좌우된다는 점에서 다분히 베버의 관점을 수용하는 것으로 간주할 수 있다.

이처럼 베버의 시각은 중앙이나 지방정부가 분배에 적극적으로 간여하는 사회에서는 도시의 불평등 및 분배를 설명하는 데 유용한 개념으로 큰 영향력을 발휘하였다.

한국에서의 베버 연구

1930년 발간된 최초의 사회학 서적인 『근대 사회학』에서는 마르크스, 엥겔스의 유물사관은 소개하면서, 베버에 관해서는 전혀 언급하지 않았다. 한국에서는 1950년에 이르러서야 베버의 글이 일부 번역되면서 비로소 베버에 대한 소개가 이루어졌다. 1960년대에 들어와서는 본격적인 베버 연구가 시작되었으며, 1970년대부터는 베버 연구가 양적으로도 늘어나는 양상이었다. 하지만 이때까지만 해도 실질 연구면에서는 개신교윤리 명제 혹은 관료제론, 방법론면에서는 이념형 등 매우 제한된 주제에만 국한된 실정이었다.

이러한 베버 연구의 한정성은 1980년대 이후부터는 다소 극복되어, 지금까지 상대적으로 무시되었던 그의 역사적 실질 연구의 제 영역들, 특히 그의 비교문명론적인 종교사회학, 법사회학, 지배사회학 등도 체계적인 재구성의 대상이 되었다. 특히 사회학적 문제 의식은 특정한 구도에 의존하는 것이 아니라, 한 문화의 축이 이동하면 그것이 던지는 문제들도 달라지고 이에 상응하여 사회과학적 개념과 시각 역시 변할 수밖에 없다는 그의 열린 이론체계는 사회과학의 지적, 사회적 정체성의 위기라는 시대적 상황과 부응하면서 각광을 받게 되었다. 즉 사실에 기반하면 진리를 밝힐 수 있을 것이라는 실증주의의 자료 맹신에 대한 실망, 사회주의 체제의 붕괴와 함께 더욱 극심화된 교조적 총체이론에 대한 실망 속에서, 막스 베버는 사회문제를 인식함에 있어서 기존의 대립적인―가치자유적 대 참여적, 설명적 대 이해적, 역사적 대 이론적, 경험적 대 철학적, 유물론 적 대 관념주의적―구도를 벗어나 어느 한 진영에 고착할 필요 없이 오히려 이들이 창출해내는 긴장과 갈등의 현실에서 살아 움직이는 학문이 가능함을 보여주었던 것이었다.

이러한 관점을 기본적으로 수용하면서 1995년에 발간된 『막스 베버 사회학의 쟁점들』에서는 베버 사회학의 체계적 관점을 구조와 행위라는 두 가지 개념으로 대별하면서, 계급론, 가족론, 가산관료제, 지배사회학, 합리성, 이해사회학, 종교사회학, 가치와 상실에 관한 내용을 다루고 있다. 이 책에서 다루고 있는 부분은 베버의 방대한 연구 영역에 비해서는 상당히 제한적이지만, 한국사회학에서 각광을 받고 있는 베버의 연구 분야가 무엇인가를 여실히 보여주고 있다. 그런데 이 책뿐 아니라 한국에서 출판된 베버 관련 논문 및 서적들의 목록을 살펴보면, 그의 도시 공간에 대한 관심은 거의 언급되어 있지 않다. 이는 한편으로는 해외의 베버 연구자들 사이에서도 *The City*에 관한 논란이 활발하게 이루어지고 있지 않기 때문이기도 하지만, 다른 한편으로는 그가 관심을 가졌던 중세 유럽의 도시가 일반적인 도시 연구의 잣대로 적용하기에는 시대적, 상황적 한계가 있기 때문이기도 하다.

하지만 그렇다고 해서 베버의 이론적 관점이 한국 도시를 연구하는데 부적절하다는 의미는 아니다. 비록 베버에게 있어서 도시라는 공간

자체가 흥미있는 연구 대상이 되지는 못했지만, 급변하는 한국의 도시를 배경 삼아 한국사회를 인식하고자 한다면, 그의 이론은 시기적절한 안내자 노릇을 할 수 있다. 특히 국가의 독자적 역할이 상대적으로 강하게 부각되어 온 한국사회에서는 도시정책 분석시 자본과는 별개의 행위자로서 중앙정부나 지방자치단체의 역할을 분석하는 데 베버의 관점을 유용하게 적용할 수 있을 것이다.

참고문헌

Weber, Max. 1966, *The City*, New York: The Free Press.

공보경. 1998, 「막스 베버의 합리화론」, ≪사회과학연구≫, 경성대학교 사회과학연구소.
김중섭. 1980, 「한국에서의 막스 베버 연구」, ≪현상과 인식≫, 제4권 4호, 한국인문사회과학원.
배동인 외. 1995, 『막스 베버 사회학의 쟁점들』, 민음사.
베버, 마리안네. 1975, 『막스 베버의 생애』, 삼성문화재단.
스미스, A. A. 1991, 『베버와 하버마스』(김득룡 역), 서광사.
오오쯔까 히사오. 1990, 『베버와 마르크스』(임반석 역), 신서원.
이순구. 1980, 「막스 베버의 학문 세계」, ≪현상과 인식≫, 제4권 4호, 한국인문사회과학원.
이종수(편저). 1981, 『막스 베버의 학문과 사상』, 한길사.
_____. 1996, 「<베버-르네상스>의 뜻: 고전 사회학의 재발견」, ≪사회과학논평≫, 제14호, 한국사회과학연구협의회.
임영일·차명수. 1991, 『막스 베버 선집』(이상률 편역), 까치글방.
퓨겐, H. N. 1994, 『막스 베버』(박미애 역), 서광사.
Bendix, R. 1962, *Max Weber: An Intellectual Portrait*, Berkeley: University of California Press.
Saunders, Peter. 1986, *Social Theory and the Urban Question*, New York: Holmes & Meier Publishers, Inc.

John Rawls

롤스의 사회정의론

분배적 정의(distributive justice)에 대한 최초의 본격적 논의는 아리스
토텔레스의 '니코마코스 윤리학(Etica Nicomachea)'이다. 분배가 윤리학
에서 처음으로 논의되기 시작한 것은 어떠한 분배 상태가 바람직한 것
인가 하는 판단의 기준으로서 정의(justice) 개념과 연관되기 때문이다.
이후 분배적 정의는 철학뿐만 아니라 경제학, 정치학, 사회학 등 사회과
학분야에서 중요하게 논의되고 있는데, 존 롤스(John Rawls)의 『정의론
(A Theory of Justice)』은 이 분야의 고전으로 평가받고 있다.

롤스는 철학적 입장에서 정의의 문제에 접근하였으며 정의원칙을 실
현시킬 수 있는 제도적 구성으로서 정부부문과 공공정책에 관심을 두고
있다. 이러한 롤스의 논의를 사회과학 전반에 걸쳐 적용해 보려는 시도
가 이루어지고 있으며 특히 정책분야에서 그의 정의론의 핵심인 최소
극대화(maxmin principle) 원칙이 중요한 기준이 될 수 있다. 롤스의 이
론은 철학과 경제학[1]에서 가장 많이 논의되고 있으나 최근에는 재개발
정책 및 주택정책 등 도시정책 전반에 그의 이론을 적용해보려는 연구
도 나타나고 있다.[2]

어느 사회에서나 소득수준이 향상되고 경제성장이 어느 정도 이루어
지면 공평과 분배적 정의의 문제가 관심의 초점이 된다. 복지정책이 큰

비중을 차지하는 대부분의 국가들이 선진자본주의 국가임을 봐도 이 점은 명백하다.

우리 사회 역시 최근 들어 '삶의 질'에 대한 관심이 높아지고 있다. 그러나 최근 우리 사회에서 진행되고 있는 구조조정과 패러다임의 변화 속에서 분배적 정의에 대한 관심과 중요성이 희석되고 있는 것 같다. 이러한 때 롤스의 정의론을 살펴보는 것은 우리에게 시사하는 바가 클 것이라고 생각된다.

정의론 연구의 흐름

분배 및 정의와 관련된 연구분야는 분배이론의 정립, 분배적 정의, 불평등의 원인 규명, 분배모형의 정립, 불평등도 측정, 재분배정책, 성장과 분배의 관계 등 여러 분야로 나뉠 수 있다. 이 중에서 분배적 정의는 경제문제에 대한 철학적 접근이 이루어지는 부분으로서 매우 중요하다. 분배적 정의를 다루고 있는 대표적 저서로는 아서와 쇼(J. Arther and W. Shaw)의 『정의와 경제적 분배(Justice and Economic Distribution)』, 노직 (R. Nozick)의 『무정부주의, 국가와 유토피아(Anarchy, State and Utopia)』 그리고 롤스(J. Rawls)의 『정의론(A Theory of Justice)』 등이 꼽힌다. 아서와 쇼의 저서는 분배적 정의에 대한 여러 사조를 대표하는 논문을 편집한 것으로 입문서로서의 성격을 갖는 반면 노직의 책은 자유주의적 정의관을 집중적으로 서술하고 있다. 이러한 일련의 논의를 이어 정의론의 체계를 완성한 사람이 롤스이며 그의 저작 『정의론』은 이 분야의 고전으로서 현대에 가장 영향력 있는 저서로 인정받고 있고, 그가 주장한 최소 극대화의 원칙은 현실 정책수립에 많은 영향을 미치고 있다.

분배적 정의에 대한 전통적인 접근 가운데 중요한 사조로는 평등주의, 자유주의, 공리주의를 들 수 있다.[3] 평등주의는 평등의 가치관에서는 물질적 가치도 평등하게 분배되는 것이 정의롭다는 견해로 연결된다. 그러나 평등주의는 평등을 강조한 나머지 정의의 다른 중요한 요소인 개인의 정당한 권리가 경시된다는 점과 자유라는 도덕적 가치와도 상충될 가능성이 있다는 점이 문제점으로 지적된다. 그러나 이러한 지적에 대해서는 평등주의가 보다 탄력적으로 해석되어야 하며 최소한의 생활수준에 대한 동등한 권리로서, 또는 모든 사람이 동등한 기회를 가져야 한다는 것으로 해석해야 한다는 주장도 있다.

자유주의는 로크, 몽테스키외, 칸트 등에 뿌리를 두고 있는 흐름이다. 초기의 자유주의는 정치적 자유에 초점을 둔 것으로 사회계약론으로 대표된다. 루소에 이르면 정치적 자유가 아닌 전반적 자유의 문제로 확대되고 불평등의 기원과 해결에 관심이 두어지며 문제해결의 시발점으로 사회계약이 중요하게 다루어진다. 현대에 자유주의적 입장을 대변하는 학자로는 노직이 있다. 그는 사람이 수단으로 사용되어서는 안되고 목적 그 자체여야 한다는 칸트적 원칙으로부터 출발한다. 분배적 정의를 달성한다는 명목으로 정부가 개입하는 것이 정당화될 수 없으며 분배적 정의라는 용어 자체가 중립적이지 못하기 때문에 배격되어야 한다고 주장한다. 노직의 정의론은 '정당한 권리의 원칙'에서 극명하게 나타난다. 이 원칙은 '취득, 이전, 부정의의 시정'의 세 부분으로 구성되며 정당한 권리가 자유의 핵심이라고 본다. 그러나 이러한 논의의 문제점은 절차상의 정의만을 중시한 나머지 실질적 결과의 측면을 간과한다는 점이 있다. 자유주의자들이 문제삼는 것은 정당한 방법에 의해 물건을 소유하게 되었느냐 하는 것으로, 이 정당성만 보장된다면 누가 얼마나 많이 갖고 있는가 하는 것은 문제가 되지 않는다는 것이다.[4] 이런 점에서 노직의 정의개념은 롤스와 비교될 수 있다.[5]

공리주의적 정의관은 벤담의 '최대다수의 최대행복'에 집약적으로 나타난다. 즉 바람직한 분배란 사회의 총체적 후생을 극대화할 수 있는 분배여야 한다는 것이다. 공리주의에서는 어떤 일의 옳고 그름이 그것으로 인해 받는 영향에 의해서 판단된다. 공리주의자들의 이런 견해는 부의 이전이 사회전체의 후생을 증대시킨다면 그것이 정당한 방법에 의한 것이 아니더라도 사회 전체적으로는 바람직한 방향으로 개선된 것이라고 본다. 그러나 공리주의는 개인간의 효용비교가 현실적으로 불가능하다는 점 때문에 비판되고 있다. 공리주의자들이 말하는 사회전체의 후생이라는 것은 개인간의 효용비교를 전제하지 않고는 아무런 의미가 없기 때문이다.[6]

롤스의 평등의 원칙과 차등의 원칙

롤스는 1921년 미국에서 태어나 1950년 프린스턴 대학에서 철학박사 학위를 받은 후 코넬 대학과 메사추세츠 대학 공과대학을 거쳐 1962년 이후부터 하버드 대학 철학과에 재직하고 있다. 1958년 「공정으로서의 정의」라는 논문을 발표한 이후 「분배적 정의」, 「시민불복종」, 「정의감」 등의 논문을 발표하였고 20여 년에 걸친 연구의 결과로 『정의론(A Theory of Justice)』을 1971년 출간하였다.

롤스의 정의론의 핵심은 '공정성으로서의 정의(justice as fairness)'이다.[7] 롤스는 사회의 기본구조에 대해 아무 원칙도 정해져 있지 않은 상태에서 사람들이 기본원칙에 합의해가는 과정에서 이 원칙을 도출하고 있다. 그는 이 가상적 상황을 '원초적 상황(original position)'이라고 부른다. 이 상황에서는 어느 누구도 자신이 장래에 사회에서 어떤 위치를 차지하게 될지 모른다. 심지어 자신의 지능이나 능력이 어느 정도일지도 모르는, 철저히 '무지의 장막(veil of ignorance)' 뒤에 감추어진 사회적 상황을 전제한다.

롤스는 이 원초적 상황에서 사람들이 선택하리라고 기대되는 정의의 원칙으로 다음의 두 가지를 제시한다.

제1원칙: 모든 사람이 다른 사람의 자유와 양립할 수 있는 한에서 가장 광범한 자유에 대해 동등한 권리를 가져야 한다(자유의 원칙).

제2원칙: 사회적, 경제적 불평등은 다음 두 조건을 만족시키도록 배정되어야 한다.

(a) 최소수혜자에게 최대의 이득이 되고(차등의 원칙)

(b) 공정한 기회균등의 조건에서 모두에게 개방된 직위와 직책이 결부되도록 하여야 한다(기회균등의 원칙).

제1원칙은 평등한 '자유의 원칙(liberty principle)'이다. 제2원칙의 첫 부분인 차등의 원칙(difference principle)[8]은 불평등이 최소수혜자에게 최대이득이 돌아가도록 배치되어야 한다는 것이고, 두번째 부분은 공정한 기회균등원칙 아래 직책과 직위가 모든 이에게 개방되어야 한다(공정한 기회균등의 원칙)는 것이다. 차등의 원칙하에서는 불평등이 모든 이에게 이득이 될 수 있을 때만 정당화될 수 있다. 차등의 원칙의 논리적 연장이 최소극대화의 원칙(maxmin)으로서 최소수혜자에게 최대의 이득이 될 때만 불평등이 정의로운 것으로 정당화될 수 있다.

롤스는 이 세 가지 원칙 사이에 축차적 우선성이 있어서 제1원칙이 제2원칙보다 우선시되고(lexically prior) 제2원칙 안에서는 기회균등의 원칙이 우선시되어야 한다고 본다. 즉, 부와 소득의 불평등한 분배와 권력의 계층화는 반드시 시민권과 기회균등을 보장하는 기회균등의 원칙 하에서만 가능하다는 것이다. 롤스는 자연적으로 타고나는 능력이나 소질, 사회적 우연성에 의한 유리한 여건들도 개인이 차지해야 할 도덕적 이유가 없으며 따라서 사회전체의 공유(pooling)로 해야 한다고 주장한다. 롤스는 정의의 원칙이 어떤 심리적 법칙이나 확률에 의해 추측되어서는 안 된다고 본다. 또한 경험적·실증적 자료에 의해 분석될 수도 없으며 이성론적 인식에 기초하여 확립되는 것이고 가설적 원리에 의해 연역적으로 도출되는 것이라고 보았다.

롤스는 이러한 원칙의 실현을 게임이론의 틀을 가지고 설명한다. 이 원칙이 관철된다면 그 사회에서 가장 못사는 사람이라 할지라도 어느 정도의 물질적 안락이 보장될 수 있기 때문에 사람들이 위험부담을 기피하는 태도를 가지고 있다면 이에 대해 동의할 것이라는 것이다. 즉 앞으로 생활수준이 어떻게 될지를 전혀 알 수 없는 원초적 상황에서 위험기피적인 사람이라면 이 안전망을 환영할 것이라는 것이다. 위험기피적 태도가 강하고 불확실성이 강한 상황에서는 안전망이 있는 사회 쪽으로 기우는 것이 합리적 선택이라는 것이 롤스의 설명이다. 이러한 원칙이 바로 최소극대화원칙이다. 그러나 이는 계층간 불평등을 최소화할 수 있도록 배분이 이루어져야 한다는 것과는 전혀 다른 의미이다. 롤스에 의하면 정의는 불평등의 크기에 상관없이 절차적 정의가 보장되어질 수 있는 것이다. 이러한 롤스의 설명틀은 분석철학적 방법과 게임의 이론을 이용하여 사회계약론을 일반화하고 현대적으로 재구성한 것으로 평가된다.

롤스의 정의원칙을 정책규범화하기 위해서는 제2원칙인 차등의 원칙이 중요하다. 롤스 정의론이 제1주제로 다루는 것이 사회기본구조이므로 우선은 사회체제를 비교하고 다음 사회체제 안에서 어떤 정책대안이 정의원칙의 이행방향에 더 적합한지를 밝히게 된다. 최소극대화의 원칙은 진보주의의 이념적 기초가 되어 가난한 사람들을 위한 사회복지제도를 설계하는 데 많은 영향을 미쳤다.

롤스의 정의는 정의로운 사회를 규정하는 원칙이지 정의로운 사회 자체를 말하는 것은 아니다. 공정한 절차를 통해 사회는 정의로운 사회가 되지만 정의사회는 모든 사람이 추구하는 이상사회는 아니고 다만 이상사회가 갖추어야 할 필요조건일 뿐이다. 즉 자유와 평등이 양립 가능한 균형점으로서의 불평등만이 정의로운 불평등으로서 수용될 수 있다는 것이다. 분배구조의 재조정은 그것이 사회구성원들의 의견수렴과정을 통해 이루어진 것이든 체제유지를 위한 불가피한 대가이든지 간에 역사적 당위로서 인정되고 있는 것이 사실이다. 따라서 분배를 둘러싼 극단론을 벗어나 최소수혜자의 최우선 배려를 원칙으로 하고, 자유시장원리를 배제하지 않으면서 절차적 과정을 중시하는 롤스의 논의는 시사점이 크다고 하겠다.

공정한 절차로서의 자유경쟁시장

롤스는 수요-공급에 의거한 시장체제를 중심적 경제제도로 상정하고 있다. 자유롭고 경쟁적인 시장이 자원을 배분하고 자격을 형성하며[9] 수요와 소비의 수준을 조정하고 임금수준과 투자를 조정하는 기본체제로 작동한다. 부와 소득의 분배에 있어서 자유경쟁시장체제는 매우 유력한 방안이 될 수 있다. 그러나 문제는 현실적으로 존재하는 어떤 시장도 그러한 조건을 완벽하게 만족시키지 못한다는 것이다. 따라서 자유경쟁시장체제는 두 가지 문제점을 갖고 있는데, 하나는 자유경쟁시장 자체에 내재하는 것이고 또 하나는 정의의 관점에서 본 시장결과의 난점이다. 따라서 이러한 문제점을 시정하기 위해 몇 가지 대책들이 도입되게 된다.

현실적으로 시장이 완전 경쟁적이지 못하기 때문에 제도적으로 기회균등의 조건을 제공하는 것이 중요해진다. 또한 시장체제는 불안정성이 내재되어 있기 때문에 이러한 불안정을 조정할 필요성이 있다. 이 점이 롤스가 자유시장체제를 규제해야 한다고 보는 이유이다. 이에 대한 롤스의 해결책은 시장을 경제제도의 기반으로 삼고 시장과 연합될 수 있는 배경적 제도(background institution)를 만드는 것이다. 이러한 제도로는 완전고용, 복지수당, 임대주택제도, 독과점 금지 규제, 누진적 조세제도 등이 포함된다.

최소극대화 선택전략과 도시정책적 의미

　합당한 계량적 척도가 없거나 또는 자료가 불충분하여 문제의 본질을 파악하기 어려울 때 정책입안자나 계획가는 주관적 판단에 따라 결정을 하게 된다. 각 집단에 얼마나 이익이 돌아가는지 측정할 수 없을 경우에는 최소수혜집단에 많은 이익을 주는 것이 가장 위험부담이 적은 방법이 될 수 있다.

　그러나 계량적으로 결과를 정확히 예측할 수 있는 경우에도 도시정책 분야에서 차등의 원칙을 적용할 수 있다. 예를 들어 개인이 향유할 도덕적 이유가 없는 자산은 사회전체의 것으로 공유해야 한다는 롤스의 주장이 그 근거이다. 어떤 정책으로 인해 이익을 누리고 있는 경우 이런 자산은 개인에게 속한 것이 아니라 공동의 자산으로 파악되며 따라서 최소수혜자에게 이익을 줄 수 있도록 정책을 수립하는 것이 정당하다. 도시정책에서 재분배기능은 자원의 불공평한 분배에 의한 부정적 여건을 완화시켜 공평성을 찾자는 것이다.[10] 도시에서 임금과 부의 불평등은 없어지지 않고 계속되기 때문에 이러한 불평등이 있는 한 재분배정책도 계속 필요하다.

　롤스의 이론을 도시재개발정책에 적용하여 분석을 시도한 논의에서는 롤스의 원칙 중 차등의 원칙을 특히 중요하게 고려하고 있다(윤혜정, 1994). 재개발사업의 진행과정에서 가옥주에게 개발이익이 귀속되고 영세가옥주와 세입자는 이익분배과정에서 배제되고 강요된 비자발적 이주를 함으로써 피해를 입게 되는데, 이것은 롤스의 제2원칙 중 공정한 기회균등의 원칙에 어긋나는 것이고 따라서 현재의 도시재개발사업이 사회적으로 부정의한 정책임을 밝히고 있다. 이러한 분석을 통해 구체적으로 어떻게 정의를 실현할 것인가 하는 점에 대해서는 재개발사업에 민간자본의 이용을 차단하고 공공이 직접 투자하는 방식을 통해 재개발사업의 최소수혜자인 영세가옥주 및 세입자에게 개발이익을 분배해주는 방식으로 정책적 전환을 모색해야 한다고 결론내리고 있다.

공공정책에 있어서는 공정한 경쟁이 이루어질 수 있는 조건이 무엇이며 그것을 어떻게 마련할 것인가가 가장 중요하다. 이러한 제도적 장치에 대한 검토가 선행된 후에 정책이 추진되어야 한다. 최저수준의 생활을 영위하지 못하는 사람들을 배제하고는 복지국가의 이념은 허구에 불과한 것이 될 수 있다. 롤스의 논의를 도시계획적 측면에서 받아들인다는 것은 최소수혜자에게 이익이 돌아갈 수 있는 제도적 장치의 마련이 공공에 의해 제도적으로 지원되어야 한다는 것이다.

주택정책에 있어서 불공평성을 지적하면서 정책에 있어서의 시각적 전환을 모색할 것을 주장하는 또 다른 논의는 그러한 논의의 출발점으로 다음의 두 가지로 들고 있다. 첫째, 지금까지의 공공주택정책의 계층적 편향성을 지적하고 형평성 있는 분배로의 시각전환이 필요하고 둘째, 보편적 가치가 되는 자아실현의 수단으로서 또 사회적 기본가치로서의 주택에 대한 새로운 인식이 필요하다는 것이다(변영진, 1994). 롤스의 정의론에 입각하여 이 연구에서는 '주택시장의 효율성, 소득 분배의 적정성, 정책의 계층편향성'의 관점에서 접근을 시도하고 있다. 연구 결과 우리나라 주택정책은 직접적인 가격통제 방법으로 시장경제의 효율성을 저해하고, 장기적으로는 저소득층의 주거빈곤을 더욱 심화시킴으로써 롤스의 제1원칙을 위반하고 간접적으로는 제2원칙을 위반하고 있다고 지적하면서 대안으로서 토지자원의 사회적 관리강화와 주택금융제도의 대폭 정비를 제안하고 있다.

주거는 삶의 기본적 수단이며 자아실현의 장이기 때문에 개인의 자유로운 선택과 소유만이 중요한 것이 아니라 모든 사람들이 최저한의 주거수준을 영위할 수 있는 사회적 안전장치가 필요하다는 인식으로의 전환이 필요하다. 건전하고 보편적인 사고와 행동양식을 가질 수 있기 위해서는 바람직한 주거상황이 매우 중요하며 이런 점들이 주택에 있어서 분배적 규범이 정당성을 갖는 이유이다. 따라서 정당한 불평등은 사회의 최소수혜층에 이익이 되는 한도에서 그친다는 롤스의 차등원칙이 우리나라 주택정책의 불공평성을 치유할 수 있는 준거가 될 수 있음을 밝히고 있다.

사회적 주거권의 보장이 중요한 것은 공정한 기회균등의 보장과 자존심의 기반을 유지하기에 필요한 최소한의 주거복지를 최소수혜계층에게 보장하는 것이 호혜로운 사회에서의 협동을 구하는 것이기 때문이다 (권태준, 1988).

롤스의 정의론의 의의와 한계

롤스의 이론은 불평등이 정당화될 수 있는 조건으로서 차등의 원칙을 들고 있는데, 이것은 권리의 평등이 아니라 실질적인 평등을 지향하는 것이다. 그러나 이러한 원칙은 평등이 자유를 제한하거나 규정함으로써 자유의 영역을 축소시킬 수 있다는 점이 지적되고 있다. 또한 차등의 원칙은 불평등을 전적으로 부정하지 않고 조건부적으로 인정하고 있으며, 이는 인간이 평등해야 한다는 시민적 자각을 위축시킬 수 있다는 점이 문제점으로 지적되기도 한다. 근대 이후의 가치에서는 인간이 평등해야 할 근거와는 상관없이 '인간은 평등하다'는 가치가 보편적이고 가치로운 것으로 인정되고 있기 때문이다.

롤스의 이론에 대해서 개인의 자유와 권리의 신성함을 주장하는 자유주의자들은 이러한 원칙들이 사람들의 정당한 권리를 침해하는 결과를 가져올 수 있다는 점을 비판하기도 한다. 또 분배적 정의가 사회의 유일한 가치가 아니고 많은 도덕적 가치 중의 하나이기 때문에 정의라는 가치가 다른 종류의 도덕적 가치와 상충하는 상황이 발생할 때 모든 도덕적 가치 중에서 유독 정의에만 절대적 가치를 부여하는 것은 정당화될 수 없다는 점이 문제점으로 지적하기도 한다. 그러나 어떠한 정책과 제도하에서도 불평등이 존재하는 현실적 상황에서 그러한 불평등한 현

실을 인정하면서 이를 최소한으로 축소할 수 있는 정책적 원칙을 제시
했다는 점에 롤스 논의의 의의가 있다고 할 수 있다. 현대의 분배적 정
의는 롤스에서 시작해서 롤스에서 끝난다고 해도 과언이 아닐 정도로
큰 영향력을 발휘하고 있다.

참고문헌

존 롤스. 1977, 『사회정의론』(황경식 역), 서울: 서광사.
_____. 1988, 『공정으로서의 정의』(이인탁 외 역), 서울: 서광사.

권태준. 1988, 「주택정책과정의 불공정성 비판」, ≪환경논총≫ 23, 서울대학교.
김상은. 1987, 『현대사회정의론』, 대구: 이문출판사.
변영진. 1994, 「존 롤스 사회정의론의 정책규범화에 관한 연구」, 서울대학교 환경대
　　학원 박사학위 논문.
이준구. 1992, 『소득분배의 이론과 현실』, 서울: 다산출판사.
윤혜정. 1994, 「J. Rawls의 정의개념에 관한 시론: 도시계획에 대한 의미를 중심으로」,
　　≪서울시정연구≫, 제2권 제2호.

Robert E. Park

파크의 인간생태학 이론과 도시연구

황희연(충북대학교 도시공학과 교수)

로버트 파크는(Robert Ezra Park)는 미국의 사회학자로서 시카고학파의 중심적 인물이며 인간생태학과 도시사회학 창시자이다. 그는 펜실베이니아의 하비빌에서 태어났으나 미네소타의 햄린 갈랜드에서 성장했다. 미네소타 대학에서 일 년 수학한 후 미시간 대학으로 옮겨가 1887년 철학박사학위를 받았다. 미시간 대학의 지도교수인 듀이(John Dewey)는 그에게 포드(Franklin Ford)를 소개하게 되는데, 이는 파크의 지적인 삶에 결정적인 역할을 하게 된다. 이때 포드와 파크는 *The Thought News*라는 신문을 계획하여 계량적 방법으로 여론동향의 조사·기록을 시도함으로써 1940년대 조사분석분야에 큰 영향을 미친다.

1894년에 파크는 카힐(Clara Cahill)과 결혼하며, 1887년부터 1898년까지 미네소타, 디트로이트, 덴버, 뉴욕 및 시카고의 일간지 기자로 활동하는 동안 뉴스와 특집기사를 위해 이곳 저곳을 방문할 기회를 갖는다. 당시 그에게 도시는 인간성(human nature)을 발견하는 산실이 되었던 것으로 보인다.

그후 그는 신문사를 떠나 하버드 대학에 입학해 심리학과 철학을 공부하여 1899년 석사학위를 취득했다. 이어 그는 독일로 건너가서 짐멜(Simmel)에게 사회학을 수학하였으며, 1904년에 'Mass und Rablikum'

이란 논문으로 하이델베르크 대학에서 박사학위를 취득했다.

이후 미국 흑인지도자 워싱턴(Booker T. Washington)의 도움으로 파크는 남부지역 흑인들의 상황에 관심을 갖게 되었고 흑인들의 생활을 조사하기 시작했다. 그 결과 그는 행동(action)만으로 인종문제를 풀 수 없고 노예해방도 이룰 수 없으며, 생활에 대한 깊은 이해가 선결되어야 한다고 생각하게 되었다. 그때부터 남부지역의 백인과 흑인들의 삶을, 인간본성과 인간공동체가 갈등 속에서 형태를 이루어가는 보편적인 역사발전과정의 하나로 보기 시작했다.

50세가 되는 1914년에 파크는 학문적인 성향을 한번 더 바꾼다. 그때 그는 스몰(Albon W. Small)과 토마스(W. I. Thomas)를 시카고 대학의 사회학부에서 만났으며 1929년 은퇴할 때까지 그곳에 재직했다.

1929년부터 1932년까지 파크는 하와이 대학과 북경의 옌칭대학에서 객원교수로 재직했으며, 1936년부터 사망할 때까지 테네시의 내시빌에 있는 흑인재단인 피스크 대학에서 강의를 하며 지냈다.

사상적 배경

사상적인 측면에서 볼 때 인간생태학은 인간의 본성에 대한 관심으로부터 시작하였다. 인간의 본성은 여러 측면을 가지고 있으며 또한 많은 잠재력을 가지고 있다. 사회가 점점 복잡해짐에 따라 개인들은 더 많은 자기표현 방법을 갖게 되고 이 과정에서 본성은 행태의 원동력이 된다. 사회 속에 나타나는 인간의 행태는 인간의 근본속성을 표현하는 것으로, 이것은 개인과 집단의 다양한 상호작용과 외부환경에의 적응을 통하여 나타난다.

파크의 인간생태학은 이러한 점을 사상적 배경으로 하며, 인간생태학자들이 본성과 이성의 구분을 강조하게 된 동기이기도 하다. 또한 여기에 자연적인 것과 계획된 것, 공동체와 사회, 개인(individual)과 사회인

(person)을 구별하여주는 근거가 내재되어 있다.

이러한 의미에서 그의 생태학 이론은 홉스(Hobbes)를 비롯한 17~18세기 철학자들의 사회계약설과 깊은 관계가 있다. 그는 홉스가 말하는 자연인(natural man)의 개념을 받아들여 생태학적 자연인을 비사회적 창조물로 간주했다. 그래서 인간은 사회의 통제에서 벗어나 인간의 속성에 따라 생활할 수 있다고 말한다. 여기서 사회적 통제는 인간의 근본적 속성과 반대로 작용하는 외연적인 힘이며, 생태학에서 쓰이는 '자연'이란 홉스가 말한 사회적 환경으로 해석된다.

그러나 파크는 홉스 이상으로 자연질서와 사회의 차이점을 강조한다. 홉스는 개인을 국가에 거의 귀속된 존재로 본 반면에, 그는 인간의 모든 속성이 사회의 이성적이고 도덕적 통제에 의하여 형성될 수 없다고 가정하였다. 또한 생태학자들은 율법과 자유는 상호 대립적 개념이라는 점에서 홉스에 동의하고 있지만, 홉스에게 있어 율법은 '대중적 양심(public consciousness)'인 반면 파크에게 있어 율법은 '개인의 통제수단(control of individual)'을 의미한다.

한편 파크는 유물론적 사고에도 크게 영향을 받았다. 그에 따르면, 개인 속성의 표출은 집단생활의 물리적·경제적·기술적 측면과 상호 연관되어 있으며, 대부분의 문명화된 인자들 역시 자연적 인자들이라는 점에서 물리적이고 구체적이며 시각적인 현상들이 강조된다. 다시 말해 그는 물리적 이동과 위치라는 측면에서 사회조직체에 대한 해석을 시도함으로써 물리적이고 기술적인 인자들을 연구의 중심인자로 간주하고 있다.

이러한 의미에서 파크는 복잡하고 어려운 사회현상들에 직면하여 사회조직체 속에 포함된 복잡성을 물리적 언어로 해결하려 하였으며, 이런 물리적 인자들의 중요성을 강조함으로써 사회적 특성을 부각시켰다. 또한 공간상에서의 이동성·위치·거리 등과 같은 것이 외연적 관계들의 원인과 지표가 된다는 가정하에서 복잡하고 물질적인 사회현상들을 양적으로 측정할 수 있는 방법을 제안하기도 하였다. 이러한 일련의 접근 형태는 그가 유물론에 영향을 받았기 때문인 것으로 보인다.

파크는 또한 관습과 제도 속에서 형성된 인간관계의 체계는 경제적 우위지역을 따르는 경향이 있음을 강조하였으며, 경제적 인자가 공동체의 사회·문화적 특성을 결정한다고 보았다. 이런 점에서 인간생태학 연구는 그 출발부터 자본주의의 시대적인 경제체제에 대한 관심과 불가분의 관계를 갖고 시작하였다고 할 수 있다.

인간생태학의 등장

파크가 『도시(The City: Suggestions for the Investigation of Human Behavior in an Urban Environment』(1916)에서 인간공동체를 생태학적으로 연구한 것이 사회학에서 이루어진 최초의 생태학적 접근이라고 할 수 있다.

이 논문은 그후 20년간 도시생태학 연구의 토대가 되었으며 사회학 분야에 생태학파를 탄생시켰다. 여기에서, 파크는 도시공동체를 생물적 수준과 문화적 수준으로 구분하고, 다윈의 '생활의 망(web of life)' 개념에 기초한 생물적 수준의 공동체를 연구하는 것을 인간생태학이라 불렀다. 그는 두 수준은 별개의 독립변수가 아닌 분석 수준상의 구분이며 생물적 공동체를 기초로 문화적 공동체가 형성되는 층위를 갖는 것으로 보았다.

그런데 사회학 분야에서 인간생태학이라는 용어가 처음 등장한 것은 파크와 버제스(E. W. Burgess)가 함께 저술한 『사회학서설(An Introduction to the Science of Sociology)』(1921)에서이다. 실제로 이들은 인간생태학을 도시연구에 적용한 최초의 학자들로서 이들의 연구는 일반적으로 고전생태학이라 규정된다. 이들의 사회조직과 공간조직에 관한 연구는 도시연구에 실질적인 영향을 미쳤으며, 이 때문에 그들은 1920년대와 1930년대 미국 사회학의 주요 이론가로 등장하였다.

이 논문에서 버제스와 함께 파크는 사회과정을 경쟁(competition)·투쟁(struggle)·적응(accommodation)·동화(assimilation) 네 가지로 나누어 파악했다. 그들은 경쟁과정에서는 공동체(community), 투쟁·적응·동화의 과정에서는 사회(society)가 각각 형성된다고 생각했다. 이 공동체를 대상으로 연구하는 과학을 인간생태학이라 하고, 이것이 도시의 연구에 가장 잘 적용될 수 있다고 본 것이다.

경쟁은 사회적 접촉이 없는 무의식적·무자각적인 상호작용의 과정이므로, 파크는 이 상호작용을 제2차적 접촉이라고 부르고 그것이 도시의 기초를 이루고 있다고 말했다. 그에게 도시는 이 같은 사회과정을 가장 유효하게 연구할 수 있는 '실험실'이었다.

파크의 인간생태학과 도시사회학은 많은 제자들의 실증적인 연구에 의해 보강·계승되어 시카고학파가 화려하게 꽃을 피우는 계기가 되었다. 그것은 동시에 미국 사회학의 새로운 전통의 시발점이 되었다.

파크가 일련의 논문에서 시사한 인간생태학은 단순히 사회학의 한 분야가 아니라 사회생활의 과학적 연구에 필요불가결한 지식의 총체이며, 사회과학 전반에 대한 일반적인 원리였다고 할 수 있다.

인간사회와 인간생태학의 개념

파크에 의하면 인간사회의 속성에는 두 가지 측면이 있다. 하나는 인간본성에 대한 표현이다. 인간은 생존경쟁을 하면서 살아가야만 하며, 따라서 경쟁 속에서의 인간과 인간의 관계는 전적으로 공리적인 것이 된다. 둘째는 합의와 공동목적의 표현이다. 개인의 자유는 최고의 가치이지만 다른 측면에서 개인은 사회의 집합적 이성에 종속된다. 파크는 전자를 공동체(community)라 하고 후자를 사회(society)라 불렀다.

여기에서 파크가 말한 인간공동체는 동식물의 공동체와는 다르다. 식물과 동물 공동체의 구조는 생물학적으로 결정되고 노동분화가 전제하는 범위 내에서 생리학적·본능적 기초를 갖는다. 그러나 인간사회에서 이 공동체의 구조는 관습에 의해 강화되고, 제도적인 특징으로 나타난다. 동물사회에 비해 인간사회에서의 경쟁과 개체의 자유는 관습과 여론에 의해 모든 면에서 생물적 수준 이상으로 제한된다.

인간사회는 경쟁에 기초한 공생적 사회와 상호교류와 여론에 기초한 문화적 사회가 있다. 그에 따르면 문화적 상부구조(cultural superstructure)는 공생적 하부구조(symbiotic substructure)에 의존하며, 이동이라는 생물적 수준에서 나타나는 에너지와 활동은 좀더 민감하고 승화된 형태에서 더 높은 사회적 수준을 나타낸다.

동시에 파크는 인간의 상호관계는 단순히 공생적인 것과 문화적인 것보다 더 다양하고 복잡하다는 점을 지적했으며, 그 이유를 인간사회는 생태학적일 뿐만 아니라 경제적·정치적·도덕적 규범까지도 가지고 있다는 점에서 찾고 있다. 그리고 그는 이런 다양한 사회규범들은 생태학적 규범이 기초를 구성하고 정점에 도덕적 규범이 있는 피라미드 형태의 위계적 질서를 갖는다고 했다. 따라서 파크에 있어서 인간사회는 통제조직이다. 사회의 기능은 사회를 구성하는 개체들의 에너지를 모으고 조직하고 지휘하는 것이다. 이런 의미에서 사회적 기능은 경쟁을 제한함으로써 사회를 구성하는 유기적 단위들간의 좀더 효과적인 협동을 유도하기도 한다.

한편 파크는 인간사회를 동식물사회와 구분할 뿐만 아니라 정치·경제·문화 및 도덕적 질서에 따라 공동체와 사회로 구분한다.

그에 의하면 인간사회는 동식물사회와는 달라서 생물적인 것과 함께 문화적인 것으로 조직되어 가는데, 생물적 사회는 경쟁에 기초를 두고 문화적 사회는 의사소통과 공감대에 기초를 둔다. 또한 그는 인간공동체는 어떤 지역에 대한 개인들의 분배인 반면 사회는 공동생활을 하기 위한 사회인의 조직체이다. 경쟁의 자연적 결과인 공동체를 연구하는 것은 인간생태학 분야의 주된 관심사이며 문화적 진행과정의 결과인 사회를 연구하는 것은 사회심리학 분야라고 했다.

그러나 파크가 말한 공동체의 의미는 다양하고 복잡하여 그 개념을 정의하는 것이 매우 난해하다. 그는 공동체란 그것을 구성하고 있는 사람 및 시설물의 지리학적 배분이라는 견지에서 이루어진 사회 또는 사회집단이라고 말하고, 사회와 구별되는 공동체의 가치를 지역적인 배분에 두고 있다.

그리고 그는 생물적 균형과 사회적 평형을 동시에 유지하는 인간공동체의 인자를 인공산물, 관습과 믿음 및 문화로 크게 나누었다. 그에 따르면 인간생태학은 근본적으로 이러한 생물적 균형과 사회적 평형이 유지되는 과정들을 연구하려는 시도이며 생물적 균형과 사회적 평형이 깨어지는 과정, 즉 하나의 안정된 질서에서 다른 질서로 전이되는 과정을 연구하는 학문분야이다. 여기서 그는 인간사회를 하나의 유기체로 간주하였으며 나아가 도시공간의 성장과 변화도 여기에 근거하여 해석을 시도하였던 것이다.

물리적 이동과 경쟁의 개념

파크가 인간생태이론에서 강조하고 있는 또 하나의 주요한 개념은 물리적 이동 개념이다. 그에 따르면 공동체는 다소 한정된 지역을 차지한 인간들의 모임이지만 그 속에는 단순한 인간들의 모임뿐만 아니라 물리적 인자들의 집합이 포함된다. 그에 의하면 바로 이 물리적 인자의 포함이 다른 사회집단과 공동체를 구별하는 데 결정적인 작용을 한다. 도시와 같은 공동체 내에서, 물리적 인자들은 인구 및 시설물들을 끌어들이기도 하고 쫓아내기도 하며, 요소들의 이동을 돕기도 하고 방해도 하면서 요소들간의 관계에 영향을 준다. 이러한 방법으로 물리적 인자들은 공동체 내의 물리적 행태와 물리적 분배를 결정하고 사회변화 및 사회구조를 결정하는 데 지대한 영향을 미침으로써 결국 도시의 형태가 결정되는 데 주요한 위치를 점한다는 것이다.

여기에서 파크는 물리적 인자의 역할을 이동(mobility)의 개념과 연계하여 생각했다. 파크에 있어서 이동의 개념은 모든 유형의 물리적 이동을 포함하며, 동시에 생존하기에 좋은 조건을 찾기 위한 변화를 뜻한다.

따라서 이동의 자유는 경쟁의 자유와 관련이 있다. 그에 따르면, 개인적인 관점에서 볼 때 경쟁은 실용적인 변화와 경험적인 변화를 의미하며, 생태학적 개념에서 자유는 근본적으로 이동의 자유를 의미하기 때문에 자유는 이동의 핵심이 되고, 독립적 이동(locomotion)의 능력은 다른 모든 독립적 형태의 상징이기도 하다. 즉, 그 물리적 이동은 경쟁과 함께 발견된다. 물리적 위치는 생존을 위한 위치와 관련되어 있기 때문에, 물리적 이동성과 공간적 위치는 경쟁을 동반하게 된다.

그러나 구체적인 경쟁과정에 대한 해석은 생태학자들 간에 동일하지 않다. 예를 들어서 파크는 경쟁의 생물학적 중요성을 강조한 반면, 맥켄지는 경쟁을 경제학적으로 해석하였다. 파크는 경제적 경쟁보다 더욱 포괄적인 의미로 경쟁이란 단어를 사용했다. 그의 '삶의 경쟁'이란 말은 다윈의 생존경쟁이란 말과 거의 같은 뜻이다. 그는 자연적 실체로서 경쟁과 공생, 이동과 자유, 배분과 공간관계 및 자연과 인공적인 물리현상 등을 모두 자연현상으로 받아들였으며, 이들은 인간의 이성과 목적이 개입되기 이전에 자연법칙의 지배를 받는다고 보았다.

또한 파크는 생물학적 수준에서 유기체의 상호관계를 조절하고 규칙화하기 위해 작용하는 경쟁이 사회적 수준에서는 갈등의 형태로 나타난다고 생각했다. 다시 말해 개체의 압력은 지역적·환경적 조건상의 변화에 따라 경쟁을 강화시켜 생물적 균형과 사회적 평형을 흔들리게 하여 갈등을 유발하게 되며, 그렇게 함으로써 간접적으로 새롭고 좀더 세밀한, 동시에 영역적으로 광대한 노동분화를 야기하는 기능을 한다는 것이다.

어떤 면에서, 다윈이 진화이론을 정형화하는 과정에서 경쟁적 협동의 원리라는 사회적 원리를 유기체에 적용하여 생물학적 범주 내에서 사회적 개념의 유용성을 입증하였다면, 파크는 이를 상호관계된 이해관계의 갈등 속에서 구체화했다. 따라서 그에게 있어서 경쟁적 유기체들 사이의 영구질서라는 사회적 개념은 사회적 규범과 문화에 기초한다기보다는 개개 종들의 의지를 능가하는 생물학적 기초에 근거한다.

　즉 그는 인간사회에서 개체군들의 이동과 수를 조절하고 영향을 미치는 조건들은 동식물 공동체보다 훨씬 복잡하다는 점을 지적하면서도 기본적인 요소는 인간사회와 동식물 공동체에서 매우 유사하다고 판단했다. 그에 따르면 동식물사회에서와 마찬가지로 인간공동체에서도 경쟁은 정상적인 생활사가 아닌 어떤 다른 침입인자에 의해 평형이 흔들릴 때 공동의 평형을 이루기 위해 나타난다. 그리고 경쟁이 심화되는 동안 급속한 변화를 일으키는 고비를 겪은 다음 얼마간의 안정기를 거쳐 결국 새로운 노동분화가 일어난다. 이 과정에서 경쟁은 다시 협동으로 대체된다. 요컨대 생태학적 관점에서 사회는 생물적인 경쟁이 쇠퇴하고 생존경쟁이 좀더 높게 승화된 형태로 나타난 영역이다.

　파크는 버제스와 함께, 도시의 성장과 그 여파로 나타나는 문제와 인구·시설들이 규칙적이고 반복적인 유형을 나타낸다는 가정에 근거를 두고, 도시성장의 기본적 유형을 발견하고 도시가 왜 특징적인 공간적 외형을 나타내게 되는지 설명하는 것을 인간생태학 연구의 기본과제로 삼았다. 파크는 그의 정열적인 노력에도 불구하고 1933년에 시카고 대학을 떠나게 되었으며, 그에 따라 시카고학파의 인간생태학은 사회학계에서 막을 내리게 되었다.

Louis Wirth

워스의 도시사회학

이종열(경일대학교 행정학과 교수)

워스의 학문적 배경과 업적

루이스 워스(Louis Wirth)는 1887년 독일에서 출생하여 미국으로 이민가 시카고 대학에서 공부를 하고 학문적 활동을 하였다. 그는 당시 사회학의 실증적 이론과 경험적 연구를 결합하여 사회학 발전에 큰 기여를 하였다. 그는 1947년 미국사회학회(American Sociology Association) 회장, 그리고 1950년 국제사회학연합 초대 회장을 역임하였다.

워스는 시카고 대학에서 파크(Robert E. Park), 버제스(E. Burgess), 토마스(William I. Thomas) 등으로부터 사회학을, 미드(G. H. Mead)로부터는 사회심리학을 배웠다. 따라서 그는 시카고학파의 19세기 생물학적 사고, 진화적·유기체적 사고를 답습하여 도시의 단위적 성격과 부분들의 상호의존성을 강조하였다. 그는 특히 짐멜(Georg Simmel)과 파크(Park)의 영향을 많이 받았는데 파크는 짐멜의 제자였다. 워스의 대도시에 관한 연구에서 농촌-도시 이분법, 도시생활에 대한 주관적 경험, 도시에서의 인간군집에 관한 관심, 분업으로부터의 이질성, 규모 등의 관점과 개념은 짐멜로부터 영향받은 결과이다. 그리고 파크로부터의 영향은 무엇보다 그의 도시생활분석에서의 인간생태학적 관점이다. 이 관점은 자연 생태계에서 다양한 생태 종들간에 벌이는 정주체계에서의 지배를 위한 경쟁적 속성의 원리를 인간 생활에 적용한 것이다. 즉 도시민들이 생활 환경에 적응하는 방식에 관한 이론적 문제를 생물학적 환원주의 관점에서 다룬다. 따라서 여기서는 진화론적 관점의 적자생존에 입각하여 인간정주체계의 계승(succession) 과정을 경쟁(competition), 지배(dominance), 승계(succession), 침입(invasion) 주기로 파악한다.

이러한 배경에 의하여 워스도 시카고학파의 일원으로 분류되고 있다. 시카고학파는 도시사회학을 설립하는 데 중추적인 역할을 담당하였는데, 그들이 다룬 주제 중 워스에게 영향을 미쳤고 오늘날에도 여전히 적실한 것으로 여겨지는 것을 세 가지로 요약하면 사회화(sociation), 근대성에서의 사회화 변화양식(sociation's changing modes within modernity), 사회개혁(social reform)이다.

먼저 사회화는 사회적 과정과 사회적 결속과정의 속성과 유형에 관한 것이다. 그리고 근대성으로 인한 사회화 변화 양식은 20세기에 들어와서 사회화 과정이 어떻게 변화하였는가에 관한 것이다. 여기서는 현대산업주의의 발흥과 이로 인한 인간행동의 공식적·구조적 기초의 붕괴와 비공식 사회생활의 발전을 다루며 노동분업과 사회결속의 해체를 중요시 여긴다. 마지막으로 사회개혁은 진보적 정치이념에 관한 것으로 이를 실천하는 것을 중요시 여긴다(Savage & Warde, 1993: 11~14).

워스의 저작으로는 1927년 『유태인의 거주지구(The Ghetto)』, 1938년 『생활양식으로서의 도시성(Urbanism As A Way of Life)』, 1945년 『인간생태학(Human Ecology)』 등을 들 수 있으며, 그외 다수의 논문이 1956년 『지역사회생활과 사회정책(Community Life and Social Policy)』, 1964년 『도시와 사회생활에 관한 루이스 워스의 글들(Louis Wirth on Cities and Social Life)』 등의 책으로 나왔다.

워스는 문화연구의 복원자로서 도시문화에 지대한 관심을 가졌다. 도시문화에 대한 그의 접근은, 각 도시의 개별적 문화특성을 밝혀내는 것이 아니라 모든 도시에 일반적으로 적용 가능한 공통의 속성을 밝혀내는 것이다. 그리고 짐멜과는 달리 시간적 관점에서가 아니라, 도시와 농촌이라는 공간적 관점에서 도시문화를 규명하려 하였다.

워스의 글 중에서 1938년에 발표된 「생활양식으로서의 도시성」이란 논문은 도시사회학에서 가장 영향력 있는 이론적 저술 중의 하나가 되었다. 여기서 그는 어떻게 하여 도시가 농촌의 정주체계와 다른 사회적 상호작용 형태를 형성하고, 그리하여 어떻게 도시와 농촌의 생활양식이 상이하게 되는지 탐구하였다.

이 연구에서 그가 사용한 접근방법은 크게 세 가지로 분류해볼 수 있다. 첫째, 물질적인 연구대상(공동체)보다는 특수한 이론적 문제(인간의 환경적응)를 주요한 분석대상으로 삼는 인간생태학적 관점, 둘째, 사회관계의 형태와 관련된 조직적 관점, 셋째, 개인의 개성과 관련된 사회심리학적 관점이다.

이러한 관점에서 구성된 도시성 이론은 하나의 이념형으로서 논리적 구조물인 것이다. 이 논문은 후속 연구에 하나의 준거틀을 제공하였으며, 이후 경험적 연구에 의해 워스의 주장 중 일부는 반박을 받았지만, 그의 이론은 도시사회학의 핵심적인 범위를 규정하고 도시사회학의 패러다임으로 볼 수 있기 때문에 아직도 연구할 만한 가치를 지니고 있다. 이하에서는 워스의 「생활양식으로서의 도시성」이라는 논문을 중심으로 그의 이론을 조명해 보고자 한다.

워스의 도시성(urbanism)의 기본개념

워스는 '도시성(urbanism)'을 '도시의 독특한 생활양식을 구성하는 집합적인 속성들'(1938: 7)로 규정하였다. 워스는 짐멜(1964)의 이론을 토대로 삼았는데, 특히 수가 사회관계에 미치는 영향에 특별한 관심을 갖고 있었다. 그는 도시의 특정 양상들(빠른 생활 속도, 과잉 접촉)은 사회관계, 행태, 인성(人性)에 영향을 미친다고 주장했다. 과잉접촉과 자극에 반응하여 도시 내 개인은 적응해나가는데, 이로 인해 개인의 특수한 퍼스낼리티가 형성된다. 즉 개인간의 관계가 감성적 반응으로부터 이성적 반응 양태로 전환되고, 나아가 특정한 행위에 대한 비용과 보상을 계산하는 (이해 타산적) 양태를 보이게 된다.

이러한 바탕에 입각하여 워스는 도시를 생태학적으로 규정했으며, 규정한 특성들은 독특한 사회조직상의 결과와 사회심리학적 결과를 산출한다고 주장하였다. 워스에 의하면 사회학적 목적을 위해 도시는 '사회적으로 이질적인 개체들이 비교적 많이, 조밀하게, 그리고 영속적으로 거주하는 정주지'로 정의될 수 있다.

워스의 정의에 있어 핵심적인 항목, 즉 큰 규모, 높은 밀도, 사회적 이질성 등은 지역사회의 인구와 관련되는 것이다(실제로 면적과 인구의 비율인 밀도는 또한 환경을 구체화한다). 워스의 정의는 인간생태학의 두 요소인 인구와 환경의 속성에 바탕을 두고 있기 때문에 생태학적으로 간주되어야만 한다.

워스는 도시와 현대문명을 언급하면서, 서구문명의 시작은 이전 지중해 연안 유목민이 항구적인 정착을 이룩했던 것을 특징으로 하며, 현대문명의 시작은 대도시의 성장으로 가장 잘 표현된다고 주장하였다. 원시사회(primitive society)에서는 인류가 광대한 영역에 흩어져 사는 형태였지만 현대사회는 중심지로 모여 거대한 집적적 집중을 형성한다.

도시문화를 결정짓는 세 가지 변수

인구규모(size)

수가 많아지면 개체적 변이와 잠재적 분화가 일어나게 되는데, 도시 지역사회 구성원의 개인적 기질, 직업, 문화생활, 아이디어는 농촌주민의 그것들보다 더 넓은 범위를 가질 것으로 예상할 수 있다. 또한 인구가 많아지면 분절적인 역할관계와 이차적인 관계를 형성한다. 한 개인이 다수의 사람들과 일차적인 관계를 맺기가 불가능하기 때문에 개인간의 접촉은 대부분 비인간적, 피상적, 일시적, 분절적으로 될 수밖에 없다.

이 이론에 따르면, 도시에서는 다수의 사람들이 모여 살게 되므로 도시인은 타인과의 관계를 맺음에 있어 타산적이고 합리적이 된다는 것이다. 이러한 이차적인 역할관계의 성행은 가장 자주 인용되는 워스의 아이디어 중 하나다. 그의 이론 가운데 이 부분은 생태학적 변수(많은 수)가 사회심리학적 결과(합리적으로 관리되는 이차적인 역할관계)를 야기하는 것이다.

워스의 논리는 언제나 암시적으로 소규모 전통적인 지역사회의 사회생활을 배경이나 기준으로 삼거나 또는 대비한다. 시카고 학파의 다른 학자들처럼 그는 민속·도시 대비의 논리를 원용했다. 도시에는 이차적이고 분절적인 역할관계가 있다는 생각은 역으로 소규모 지역사회에서는 사람들이 일차적인 관계를 풍성하게 누리고 있음을 암시하는 것이다.

워스의 도시성에는 도시의 생태학적 속성들에 의해 산출되는 사회조직의 특성도 내포한다. 인구가 많아지면 사람들은 간접적인 매체를 통해 의사소통을 해야 하며 권위와 체면의식을 버리고 자신을 관리해야만 한다. 이는 소규모의 공동체에서는 대면적인 의사소통이 가능하다는 것을 또한 암시하는 것이다.

도시는 시민이 직접 참여하는 회합을 갖기에는 사람 수가 너무나 많다. 따라서 민주사회의 대규모 지역사회는 선거와 대의원이 필요하게 된다. 대규모 인구는 대표 위임과정을 통하여 개인적 이익을 규합하게 되거나 간접적 통로를 통하여 의사소통을 할 수밖에 없다. 따라서 도시에서는 대표를 통하여 이익이 효력을 발휘한다. 개인적 목소리는 공허한 것이 되고 대표를 통한 목소리는 구성원 수와 비례해서 영향력을 가지게 된다.

간접적이며 이차적인 관계는 단편적인 인간관계를 만든다. 즉 도시사람은 농촌사람보다 접촉하는 사람은 더 많을지 모르지만 개인을 집중적으로는 알지 못하는 매우 단편화된 역할로서 만난다. 이들은 자신의 생활상의 욕구를 충족시키기 위해 농촌사람보다 더욱 많은 사람들에게 의존한다. 그리하여 더욱 많은 수의 조직과 연합하지만 특정 개인에게는 훨씬 덜 의존적이다.

이와 같이 도시민의 생활은 일차적 접촉이 아니라 이차적 접촉으로 특징지워지는 것이다. 도시에서의 만남은 비록 대면적이지만 그럼에도 불구하고 비인격적(impersonal)이고, 추상적이고, 전이적(transitional)이며, 단편적이다. 무관심과 타인의 불평에 면역성을 나타낸다. 이러한 도시사회관계의 피상성(superficiality), 익명성(anonymity), 그리고 전이적 속성은 도시민을 지적이고 정치(精緻)하고 합리적이도록 만든다. 도시인의 면식관계는 효용성의 관계(자신의 목적을 달성하는 수단관계)이다. 그리하여 개인은 일차적 근친집단이 가져오는 개인적 감정적 통제에서 해방되지만 다른 한편 통합사회에서 향유하게 되는 참여감, 사기, 자발적 자기표현 등을 상실한다. 그리고 도시 내 개인간의 관계에서 단편적 속성과 효용성의 강조는 전문화된 업무의 번창을 가져온다. 이는 또한 노동분업을 가져오게 된다.

밀도(density)

도시의 높은 인구밀도는 도시의 각종 환경 속에서 수많은 '타인'이 존재한다는 것을 의미하는데, 물리적 접촉은 긴밀하지만 사회적 접촉은 소원해진다. 이는 여러 가지 사회심리학적 결과를 초래한다.

도시인들은 개체로서 타인에 대해서가 아니라 의상스타일, 개성적인 몸치장과 같은 타인의 외면적 단서에 민감하게 반응한다. 이러한 주장은 워스의 이론에서 가장 널리 인용되는 두 가지 명제 중의 하나이다(앞에 논의된 이차적인 역할 관계와 합리성이 다른 하나의 명제이다).

높은 인구밀도에 의해 감정적·정서적 연대를 갖지 못하는 시민들의 사회생활은 경쟁, 세력다툼, 상호착취의 정신을 조장하고, 상당한 사회적 거리를 지니면서 긴밀하고 잦은 물리적 접촉과 연대 없는 개인들 상호간의 침묵을 야기하고 고독을 만들어낸다. 혼잡한 곳에서 많은 수의 사람들의 잦은 이동의 필요성은 마찰과 불화를 낳게 한다.

밀도와 규모는 서로 결합하여 도시 사회조직에 영향을 끼친다. 대규모 인구는 전문화된 업무의 증가를 가져오고 높은 밀도는 분화를 산출한다. 이 이론은 다윈(Darwin)과 뒤르켐(Durkheim)에 입각해 있는데, 다윈은 밀도가 높은 서식지의 공존 가능한 생태적 적지에는 여러 상이한 종들이 있음을 보여주었고, 뒤르켐은 노동분업이 부분적으로 밀도의 함수임을 보여주었다. 워스는 한 지역사회는 분화를 통해서만 대규모 인구를 부양할 수 있다고 주장하였다. 워스의 도시이론에서 경쟁은 각 지역에 활동들을 효과적으로 할당하는 효과를 갖는 또 다른 하나의 과정이다.

도시에서는 장소에 대한 경쟁성이 매우 높아진다. 따라서 모든 장소는 경제적으로 가장 큰 이익을 가져오는 일에 사용된다. 따라서 일터와 거주지가 멀어지는 경향을 보인다. 왜냐 하면 산업과 상업설비의 근접성(proximity)은 거주 목적으로서는 경제·사회적으로 바람직하지 않다. 밀도, 지가, 지대, 근접성, 보건, 위신, 미적 고려, 무공해 등이 도시지역의 선호를 결정짓는 요소가 된다. 도시민의 거주지 선택은 소득, 학력 등 제 측면에서 점차 분리(segregation)된다. 정서적, 감정적 유대감이 결여된 상황에서 가까이 일하며 함께 사는 것은 경쟁심, 과장심, 상호 착취심을 조장한다.

이질성(heterogeneity)

도시에는 여러 다양한 사람들이 살기 때문에 상대주의적 관점과 차별성을 용인하는 태도가 나타난다(이것은 사회심리적 결과이다). 소규모 지역사회의 주민들은 같은 조상과 인생관을 공유하면서 살 수 있지만 도시인들은 다양하게 살아간다. 그들은 소규모 공동체 주민들처럼 민족 중심적 세계관으로 뒷받침되어 있지 않다. 워스는 상대주의적 관점과 차별성을 용인하는 태도가 도시인의 합리성과 현실성의 전제 조건임을 내세운다.

워스의 이론에 의하면 이질성은 또한 엄격한 신분제도와 계층 간의 경계를 허물어뜨린다(이것은 사회심리적 결과이다). 도시의 모든 개인은 수많은 집단에 관여하고 충성을 나누어 바친다. 광범위한 노동분업이 이루어지므로 각 사람들을 각종 직업에 합리적으로 할당된다. 그러므로 사회적 이동이 있게 마련이다. 또한 밀도와 결부되어 이질성은 인구를 공간적으로 동질적인 소규모 지역으로 분류한다(그러나 각 개인들을 특정한 지역에 붙박게 하지 않는다. 그렇다면 사회적 이동은 사라질 것이다).

도시에서는 통합된 사회보다 훨씬 이질적 계층이 혼재한다. 계층간·지역간 심한 이동성은 불안정성과 불안감을 낳는다. 집단성원의 이탈은 매우 빠르게 나타난다.

워스 이론에 대한 비판

워스의 이론에서 제시된 인과관계는 명확한 것이다. 즉 어떤 도시에 특정의 인구적, 환경적 속성이 부여되면 그 도시는 도시성으로 알려진 특정 형태의 사회조직과 사회심리적 성향을 드러낸다는 것이다. 다시 말하면 인간생태는 사회심리와 사회조직에 영향을 미친다(생태, 조직, 심리는 그의 세 가지 연구방법론적 관점이다). 이러한 의미에서 워스의 이론은 결정론적인데, 적어도 '생활양식으로서의 도시성'은 대도시에서 잔존할 수 없는 형태의 사회생활도 있고, 대도시에서 나타나기 쉬운 형태의 생활양식도 있음을 말해주고 있다.

워스의 이론에 대한 비판을 공간적 결정주의(spatial determinism), 도시-농촌 이분법(urban-rural typology), 하위문화의 번성(proliferation of subcultures) 등 세 가지 요소를 중심으로 살펴보기로 한다. 간스(Herbert Gans, 1962)에 의하면 대도시 내에는 사회적 해체와 이질성만 존재하지 않고 비교적 동질적인 집단도 존재한다. 그리고 도시 내에서 볼 수 있는 전이적, 부유적(rootless), 익명적 특성도 반드시 도시생활 그 자체나 워스에 의한 세 가지 변수에 의해서 나타나는 것이 아니라 사람의 유형, 정책의 유형, 기존 시설의 유형 등에 의해 형성되기도 하는 것이다.

기드온 소버그(Gideon Sjoberg, 1960)는 워스가 현대 도시성에 미친 주요 변수로서 산업주의를 무시했다고 주장했다. 그는 워스가 말하는 도시성이 없어도 규모가 크고, 밀도가 높고, 이질적인 정주지가 존재할 수 있다는 결론을 내렸다. 그리고 그는 도시입지에서 사회체제적 요소가 중요하다고 하면서, 한 지역사회의 사회생활은 인구적 요소뿐만 아니라 사회·정치적 맥락에 의해서도 영향을 받는다고 주장하였다. 그는 워스가 도시성이 세속적이라 말한 반면 극히 종교적인 도시를 제시하고 있음을 확인했다. 또한 워스는 이질성과 노동분업이 사회적 이동을 가져온다고 주장했지만 소버그는 강력한 엘리트와 엄격한 신분질서, 계층체계가 존재하는 도시도 확인했다.

간스(1962)는 도시근린지역을 연구하면서, 워스의 이론은 대도시가 단 한 가지 생활양식을 고수하는 것으로 전제했다고 말하면서, 대도시는 여러 가지 유형의 하부지역 사회와 상이한 생활양식을 가진 여러 유형의 개체가 있다고 주장하였다. 간스는 워스가 과거지향적이며 그의 이론에는 현대 대도시에서 중요한 위치를 차지하고 있는 근교가 빠져 있음을 지적했다. 간스에 의하면 근교 역시 도시이지만 일차적인 것도 이차적인 것도 아닌 새로운 '유사(類似) 일차적' 관계를 촉진한다. 근교의 이웃들은 밀접한 관계를 가질 수가 있으면서도 완벽한 일차적 유대를 가지는 것은 아니다.

간스(1962)는 워스의 도시분석에 대한 비판을 다음과 같이 세 가지로 요약하였다. 첫째, 도시 내부에 대한 연구결과를 전체 도시지역에 일반화할 수 없다. 둘째, 규모, 밀도, 이질성으로부터의 사회적 결과를 증명할 충분한 증거가 없다. 끝으로 상당수 도시거주민들에게는 과거나 현재에도 도시성으로 특징지워지는 그러한 생활양식을 보이지 않는다. 간스에게는 특히 마지막 비판이 중요한데, 도시외곽과 교외지역에서의 생활양식이 사회관계라는 측면에서 특별히 친밀한 일차적인 관계는 아니라 할지라도 매우 익명적이거나 비인간적인 것도 아니라는 것(유사 일차적)을 보여주는 증거를 제시하였다. 그리고 도시 내부에서도 매우 강한 지역연대감을 보이는 집단(urban villagers)도 많이 존재한다. 그리하여 워스가 도시 내부에서의 생활양식을 잘못 일반화하였다고 비판하였다.

현대사회에서는 지리적 이동성, 즉 사람들이 일하기 위하여 먼 거리를 이동하고, 빈번하게 이주하며, 대중매체가 먼 지역까지 침투하고, 상품과 재화가 다양한 지역으로 수송되는 양상이 매우 높게 나타나므로 도시나 농촌에서만 독자적으로 일어나는 사회적 활동은 거의 없다. 따라서 도시와 농촌을 이분법적으로 상호 단절된 자폐적인(self-contained) 사회질서로 파악하기는 어렵다고 하겠다.

한편 워스의 이론은 도시성의 '하위문화' 관점에서도 비판을 받는다(Fischer, 1975, 1982; Gans, 1962). 도시는 워스의 주장대로 대규모성과 고밀도 그리고 이질성이라는 특성으로 인하여 오히려 그 자체 특이한 특성이나 선호를 가지는 변이성(예를 들면 샌프란시스코의 동성연애 하위문화)을 보이며 그로 인해 '한계대중'이 나타난다는 것이다. 이들은 소규모 지역사회로부터 동일한 변이성을 가지고 있는 자들의 이주에 의하여 더욱 한계대중을 창조·형성한다. 그리고 이들은 하위문화를 창조·발전시키고 '비인습적 행태'를 수용하거나 조장하게 된다는 것이다.

끝으로 워스의 도시성 이론은 구조주의적 관점에서도 비판을 받는데, 이들은 도시성의 근본적 결정인자가 워스의 설명인자에 의해서가 아니라 사회구조 특히 경제구조나 정치구조 등에 의해 영향을 받는다고 주장한다. 경제구조에서 가장 중요한 요소는 생산양식과 자본축적 그리고 사회계급이다. 그들은 이러한 요소들의 중요성을 강조한다(Castells, 1977; Harvey, 1988).

참고문헌

Wirth, Louis. 1927, "The Ghetto," *American Journal of Sociology*, Vol.33, pp.57-71.

_____. 1938, "Urbanism as a Way of Life," *American Journal of Sociology*, Vol.44, pp.1-24.

_____. 1945, "Human Ecology," *American Journal of Sociology*, Vol.50, pp.483-488.

_____. 1964, "Rural-urban Differences," in A. Reiss(ed.), *Louis Wirth on Cities and Social Life*, London: University of Chicago Press.

_____. 1967, "A Bibliography of the Urban Community," in R. Park and E. Burgess(eds.), *The City*, London: University of Chicago Press.

피터 손더스. 1998, 『도시와 사회이론』(김찬호·이경춘·이소영 역), 서울: 한울.

Harvey M. Choldin. 1989, 『도시와 교외: 도시사회학 개론』(안태환 역), 홍익출판사.

Castells, M. 1977, *The Urban Question*, London: Edward Arnold.

Fischer, Claude S. 1975, "Toward a Subcultural Theory of Urbanism," *American Journal of Sociology*, 80, pp.1319-1341.

_____. 1982, *To Dwell Among Friends: Personal Networks in Town and City*, Chicago: University of Chicago Press.

Gans, Herbert. 1962, "Urbanism and Suburbanism as Ways of Life," in Arnold M. Rose(ed.), *Human Behavior and Social Processes*, Boston: Houghton Mifflin, pp.625-648.

_____. 1968, "Urbanism and Suburbanism as Ways of Life," in R. Pahl(ed.), *Readings in Urban Sociology*, Oxford: Pergamon.

Harvey, D. 1988, *Social Justice and the City*, Oxford: Blackwell.

Park, R. E. et al.(eds.) 1967, *The City*, Chicago: University of Chicago Press.

Saunders, Peter. 1986(2nd ed.), *Social Theory and the Urban Question*, London: Hutchinson & Co. Ltd.

Savage, Mike and alan Warde. 1993, *Urban Sociology, Capitalism and Modernity*, London: The MaCmillan Press LTD.

Simmel, G. 1964, "The Metropolis and Mental Life," in K. Wolff(ed.), *The Sociology of Georg Simmel*, New York: Free Press, pp.409-24.

Sjoberg, Gideon. 1960, *The Preindustry City*, Glencoe, Ill.: Free Press.

Manuel Castells
카스텔의 '새로운 도시사회학'
장세훈(국회도서관 입법정보연구관)

마뉴엘 카스텔(Manuel Castells)은 자타가 공인하는 1970년대 '새로운 도시사회학'의 선봉장이다. 그는 생태학적 접근으로 특징지을 수 있는 미국 중심의 주류 도시사회학에 정면으로 맞서서 유럽의 학문 전통, 특히 마르크스주의적인 인식론에 입각해서 도시사회학의 새로운 학문적 지평을 개척하는 데 크게 기여했다. 이러한 까닭에 그의 초기 저서인 『도시문제(La Question urbaine)』는 1972년 초판이 출간된 후 1975년 증보판이 발간되고, 이탈리아, 스페인, 덴마크, 독일, 영국, 포르투갈, 그리스, 폴란드, 일본 등 세계 10여 개 국가에서 번역되는 등, 현대 도시사회학의 고전으로 손꼽히고 있다.

1942년 스페인에서 출생한 카스텔은 1967년 프랑스 파리 대학에서 파리 지역의 산업입지에 관한 논문으로 박사학위를 받았다. 이후 12년 간 파리 대학 교수를 역임하면서, 파리 사회과학 고등과학원에서 도시사회학 세미나를 지도해왔으며, 최근에는 캘리포니아 버클리 대학의 도시·지역계획학과 교수로 재직하고 있다. 또한 그 동안 몬트리올, 위스콘신, 코펜하겐, 보스턴, 멕시코, 홍콩, 마드리드 등 세계 각지의 유수한 대학에서 객원교수로 활동하면서 학문적 관심의 폭을 사회과학 전 분야로 넓혀왔다. 따라서 도시구조론, 도시사회운동론, 사회변동론, 정보사회론 등의 여러 분야에 걸쳐 현재까지 발간한 연구 저서만도 17권에 달할 정도로 왕성한 저작 활동을 펼쳐 보이고 있다.

그러나 1983년 그에게 밀즈(C. W. Mills)상을 수상하는 영광을 안겨주었던 『도시와 민중(The City and the Grassroots)』의 발간 이후 그의 연구 영역은 도시사회학의 범주에서 벗어났으며, 대안적 도시사회학의 이론적 토대로 삼은 구조주의적 마르크스주의(Structural Marxism)의 입장을 포기하는 등 이론적 지향마저 크게 바뀌었다. 따라서 그의 공간 이론을 살피기 위해서는 초기 저작들, 그 가운데 특히 『도시문제』에 주목할 필요가 있다.

카스텔의 도시사회학은 크게 두 가지의 문제의식에서 출발하고 있다. 하나는 도시 문제에 대한 현실 적합성을 상실한 채 비과학적인 이데올로기로 전락해버린 주류 도시사회학의 한계를 극복하고, 진정한 과학성을 담아낼 수 있는 새로운 도시사회학을 정립한다는 이론적 과제이다. 다른 하나는 선진자본주의 도시의 새로운 문제 상황에서 출현한 도시사회운동의 위상을 점검하고 운동의 올바른 실천 전략을 모색한다는 실천적 과제이다.

주류 도시사회학의 비판

미국의 시카고학파로 대변되는 주류 도시사회학 연구는 자본주의적 산업화 과정에서 나타나는 각종 도시 현상, 예컨대 도심 슬럼(slum)의 형성, 교외화(suburbanization), 그리고 '도시문화', '도시형 인간' 등과 같이 농촌과 뚜렷이 구별되는 도시의 특수성을 설명하려는 이론적 관심에서 출발하고 있다. 이들 연구는 특히 다윈(C. Darwin)의 진화론과 같은 자연과학의 연구 성과를 적극적으로 수용해서 자연생태계에서 일어나는 생존경쟁의 논리로 도시 공간의 변천 과정을 설명하려 했다는 점에서, 흔히 생태학적 접근(ecological approach)으로 불린다.

그런데 생태학적 접근은 '새로운 도시사회학'을 주창하는 카스텔에 의해 두 가지 측면에서 비판의 대상이 되고 있다. 하나는 (도시)공간과 사회의 관계에 관한 논점이다. 사회학 내에서 도시사회학의 위상과 관련지워 볼 때, 도시사회학이 (도시)공간과 사회의 관계를 다루는 학문이라는 점에서, 이들의 관계를 어떻게 파악할 것인가 하는 문제가 늘상 초미의 관심사이다. 그런데 생태학적 접근은 도시 공간의 변동에 초점을 맞추면서 도시 공간의 생태학적 변화가 사회적 관계를 어떻게 변모시키는가에 주목하고 있다. 이는 도시 공간을 일종의 독립변수로 간주한다는 점에서, 공간 물신론(fetishism of space)의 입장에 가깝다고 할 수 있다.

이와 달리 카스텔을 위시한 새로운 도시사회학 연구자들은 공간과 사회의 관계를 역전시켜 봄으로써, 주류 도시사회학과의 결별을 선언했다. 즉 이들은 도시 내의 계급갈등이나 사회적 불평등이 도시 공간의 배치에 어떠한 변화를 가져오는지를 문제삼기 시작했다. 또 도시의 공간적 구성을 분석하더라도 단순히 공간적 배치를 문제삼기보다는 그 사회경제적 함의를 밝히는 데 주력했다. 이는 결국 도시사회학의 관점이 '공간지리학적 관심'에서 '사회학적 관심'으로 이동되어야 한다는 주장에 다름 아니다.

또 다른 비판의 논점은 도시사회학의 연구 대상에 관한 문제이다. 생태학적 접근은 도시사회학의 과학적 토대를 다지기 위해 워스(L. Wirth)의 '도시성(urbanism)' 개념 등에서 보듯이, 도시사회학의 독자적 연구 대상을 설정하고 나섰다. 그러나 카스텔의 시각에서 볼 때, 이러한 일련의 시도는 엄밀한 '과학'이 아닌 과학 이전 단계의 '이데올로기'에 지나지 않는다. 왜냐 하면 주류 도시사회학은 근대 자본주의 사회의 일상적인 경험을 '있는 그대로' 서술하는 개념 설정에 그쳤을 뿐, 현대 자본주의 사회에서 도시의 독자적인 위상과 성격을 과학적으로 해명하는 데까지 이르지 못했기 때문이다. 이는 도시의 생태학적 공간구조 분석이 도시사회학의 고유한 이론적 대상을 밝혀내지 못한 채 사회구조 전반에 관한 일반 이론으로 나아갔고, 워스의 도시성 개념도 현대 대중사회 문화 일반의 속성을 가리키는 데 그친 사실에서 여실히 확인할 수 있다. 따라서 이데올로기로서의 도시사회학이 과학으로 거듭 나도록 하기 위해서는 연구 대상을 새롭게 설정하고 대안적인 연구방법론을 개발해서 '새로운 도시사회학'을 정립할 것이 요구된다.

'새로운 도시사회학'의 정립

'과학적인' 도시사회학을 구성하기 위해서는 기존 도시사회학의 인식의 한계를 뛰어넘는 발상의 전환이 요구된다. 이에 카스텔은 프랑스의 사회철학자인 알튀세르(L. Althusser)가 주창한 구조주의적 마르크스주의를 그 이론적 도구로서 적극 수용하고 나섰다.

알튀세르는 먼저 방법론적 차원에서 이데올로기 개념을 재정의해서 이데올로기와 과학을 대비시킴으로써, 새로운 과학관을 제창하고 있다. 그는 이데올로기를 '현실에 대한 왜곡된 인식'으로 파악하는 기존의 이데올로기론과는 달리, 우리가 일상생활 속에서 현실을 파악하는 가상적인 인식, 즉 과학 이전 단계의 인식으로 파악한다. 이에 비해 과학은 일련의 이론적 실천 과정을 거쳐 이러한 이데올로기 개념을 새롭게 재구성해낸 산물이다. 또 그는 마르크스의 사적 유물론을 재구성하는 이론적 작업을 통해 경제 결정론적 사고방식에 사로잡힌 기존의 마르크스 해석에서 벗어나고자 했다. 즉 최종적으로는 경제적 차원에 의해 규정받지만, 경제적, 정치적, 이데올로기적 차원이 서로 상대적인 자율성을 가지면서 상호 모순적인 관계를 맺고 있는 사회체계 개념을 제안했다.

카스텔은 이러한 알튀세르의 이론을 바탕으로 '과학적인' 도시사회학을 새롭게 정립하고자 했다. 이때 관건은 도시사회학의 독자적인 연구 대상으로서 도시가 국민국가, 지역, 농촌 등의 유사 개념들과 뚜렷이 구분되는 독특한 속성을 규명하고, 현대 자본주의 사회에서 도시가 차지하는 사회적 위상을 밝히는 데 있다.

카스텔은 먼저 기존 도시사회학 및 마르크스주의의 각종 개념들을 이론적 자원으로 삼아 다음과 같은 일련의 이론적 실천을 거쳐 현대 도시의 성격을 '집합적 소비의 공간적 단위'로 규정하고 있다. 그는 도시체계가 사회와 마찬가지로 경제적, 정치적, 이데올로기적(문화적) 수준으로 구성된다고 본다. 그러나 워스에서 보듯이 현대 도시에는 자본주의 문화가 있을 뿐, 독자적인 '도시문화'란 존재하지 않는다. 또 도시가 정치 질서의 기초 단위였던 중세 시대와 달리 국민국가가 기초 단위를 이루고 있는 현대 사회에서는 도시의 정치적 구획은 대단히 임의적이며, 사회·경제적 관계를 제대로 반영하지도 못한다. 따라서 문화적, 정치적으로 도시의 특수성을 규명하기란 불가능하기 때문에, 경제적 차원에서 도시의 특수성을 찾을 수밖에 없다. 그러나 경제적 차원을 보더라도, 최근 생산의 국제화 추세에서 보듯이 자본주의적 생산은 도시가 아니라 국민국가나 세계체제를 공간적 단위로 삼아 이루어지며, 각종 유통 및 교환 활동도 도시 공간을 단위로 이루어지지는 않는다. 이와 달리 소비는 도시라는 특정 지역을 공간적 단위로 삼아 이루어지는 사회적 활동이다. 특히 지방자치의 전통이 강한 서유럽 국가들에서 도로, 공공교통수단, 공공주택 등과 같은 각종 도시 기반시설을 지방정부가 주도적으로 공급하고 관리해온 사실을 감안할 때, 도시는 집합적 소비의 공간적 단위로 파악할 수 있다.

그렇다면 다음으로 집합적 소비의 공간으로서 도시는 전체 사회체계와 관련지어 볼 때, 어떠한 기능을 수행하며, 그 사회적 위상은 무엇인가 하는 문제가 제기될 수 있다. 이에 대해 카스텔은 도시가 사회 체계의 기초 자원의 하나인 노동력을 재생산하는 기능을 수행한다고 주장한다. 사회체계의 수준에서 소비 활동은 생산물의 단순한 소진으로 끝나는 것이 아니다. 이는 의식주 및 여가 활동과 관련된 각종 상품 및 서비스를 사용함으로써 이전의 생산 단계에서 소모된 노동력을 재충전해서 앞으로의 생산 활동에 대비하도록 하는 일련의 과정이다. 그런데 바로 도시가 소비 과정을 통해 이와 같은 노동력의 재생산이 원활히 이루어지도록 하는 역할을 수행한다는 것이다.

이렇게 볼 때, 도시는 정치·경제·이데올로기 등 사회체계의 구성요소를 모두 갖춘 채 집합적 소비가 이루어지는 하나의 '소우주'인 동시에, 노동력의 재생산 기능을 통해 현대 사회가 원활히 운용되도록 하는 사회체계의 필수적인 구성요소라고 할 수 있다. 이처럼 도시사회학의 연구 대상으로서 도시의 성격과 위상을 명확히 함으로써 주류 도시사회학에 대한 단순한 비판을 넘어서서 새로운 이론적 대안을 마련할 수 있게 되자, 카스텔은 이를 바탕으로 '도시 문제'에 본격적으로 접근하기 시작했다.

도시 문제: 도시의 위기와 도시사회운동

실상 카스텔의 도시사회학이 단순히 도시사회학의 과학적 기반을 다지고 도시 현상에 대한 설명력을 증진시킨다는 학문적 관심에서 출발한 것은 아니었다. 오히려 그는 1960년대 후반 서유럽의 정치적 지형 위에서 새롭게 대두된 도시사회운동을 전체 사회운동의 맥락에 어떻게 자리매김해서 도시 위기, 더 나아가 선진자본주의 국가들의 정치·경제적 위기를 타개하는 전략과 연관지을 것인가 하는 보다 실천적인 관심에서 도시 문제에 주목했던 것이다.

1960년대 서구의 선진자본주의 국가들에서는 전후의 장기 호황을 바탕으로 복지정책이 시행되면서 계급갈등의 제도화가 이루어지자, 계급투쟁을 통한 사회변혁의 가능성이 점차 좁아졌다. 그 반면에 그 동안 노동운동의 그늘에 가려져 있던 흑인 민권운동, 여성운동, 학생운동, 지역주민운동 등과 같은 각종 사회운동이 도시 공간을 단위로 활발하게 전개되어 새로운 사회적 긴장 상황을 불러일으켰다. 주류 도시사회학이 이러한 사회 변동을 도시사회학의 영역을 넘어선 것으로 간주하고 이론적 무관심으로 일관한 반면에, 카스텔은 이를 현대 도시의 속성이나 기능과 밀접히 관련된 '도시 문제'로 파악하고 이에 대한 과학적 접근을 시도했다.

그에 따르면, 자본주의의 발전 과정에서 자본의 집적과 집중이 연쇄적으로 일어나게 되는데, 이에 따라 자본이 몰린 도시 지역으로 노동력도 모이게 된다. 그 결과 노동력을 재생산하기 위한 각종 소비 관련 기능들도 도시로 집중된다. 그런데 노동력의 재생산 기능은 자본주의적 체제가 원활히 운영되기 위해서는 필수적이지만, 개별 자본가의 입장에서는 불필요한 낭비 요소이거나 수익이 낮은 투자 기피 대상이다. 따라서 이들을 대신해서 누군가가 그 역할을 담당해야 하는데, 결국 국가가 이에 개입하게 된다.

이처럼 노동력 재생산 과정에 대한 국가의 개입이 확대되고 이를 위한 각종 소비수단이 도시 지역에 공간적으로 집중됨에 따라, 과거에는 개별적으로 이루어지던 노동력 재생산을 위한 각종 소비 활동이 집합적으로 이루어지게 되고, 도시 문제는 점차 정치적 갈등의 쟁점으로 새롭게 제기된다. 즉 국가의 개입으로 노동력 재생산의 위기를 일시적으로 모면할 수는 있지만, 장기적으로는 새로운 위기 상황이 빚어진다. 노동력 재생산에 필요한 비용은 국가 재정을 통해 사회적으로 부담되는 반면, 이에 따른 각종 수익은 개별 자본가들이 각자 챙기는 '비용의 사회화와 수익의 사유화(socialization of costs and privatization of profits)' 현상이 바로 그것이다. 이는 결국 막대한 노동력 재생산 비용을 더 이상 부담할 수 없게 된 국가나 도시정부의 재정 파탄으로 귀결되거나, 또는 집합적 소비재의 공급을 대폭 축소하고 노동자들이 시장 상황에서 노동력의 재생산을 개별적으로 해결하도록 하는 결과를 초래하기 십상이다. 1970년대 뉴욕시의 재정 위기 상황이나 1980년대 이후 신보수주의의 물결에 떠밀린 서구 복지정책의 후퇴는 바로 그 실례라고 할 수 있다. 따라서 국가의 노동력 재생산 기능을 둘러싼 정치적 갈등이 광범위하게 확산된다.

카스텔은 이처럼 도시 공간에서 일어나는 노동력 재생산의 위기와 이러한 위기를 문제삼아 생산 현장 외곽에서 전개되는 지역주민운동을 현대 '도시 문제'의 관건으로 삼았던 것이다. 이제 그에게 남은 과제는 도시사회운동을 통해 어떻게 현대의 '도시 문제'를 해결할 것인가 하는 실천의 문제이다. 그는 국가 개입의 축소로 노동력 재생산의 위기가 초래되고 집합적 소비의 문제가 정치적 쟁점으로 대두되더라도, 이것이 곧바로 도시사회운동을 촉발시키고 투쟁을 강화시키지 않는다는 점을 인정한다. 즉 구조적 차원의 위기로부터 직접 행위 차원의 갈등을 도출할 수 없다는 것이다. 따라서 지역 단위의 도시사회운동이 도시 문제로 표출된 자본주의 체제의 모순을 해소할 수 있는지 여부는 운동세력의 역량을 결집할 수 있는 정치적 조직화의 정도, 즉 사회운동세력의 조직 역량에 달려 있다고 주장한다. 결국 카스텔은 지역 단위의 각종 도시사회운동간의 연대뿐 아니라 노동운동을 포함한 전체 사회운동과의 연대를 통해 운동 역량을 결집해서 자본주의 사회를 전면적으로 변혁하는 것만이 현재의 도시 문제를 근본적으로 해결할 수 있다고 주장한다.

이러한 점에서 도시사회운동의 전략에 대한 카스텔의 입장은 도시사회운동의 새로운 가능성에 함께 주목했던 르페브르(H. Lefebvre)의 입장과 뚜렷이 구분된다. 현대 사회를 '도시혁명(urban revolution)'을 거친 자본주의의 새로운 발전 단계로 인식한 르페브르는 당 조직이 선도하고 노동자계급이 주축이 되는 기존의 '산업사회적인' 사회변혁 노선에 반기를 들면서, 노동 현장 외곽에서 일어나는 새로운 정치투쟁으로서 도시사회운동의 독자성을 강조하고 민중의 자주관리적인 운동 노선을 역설했다. 카스텔도 교조적인 마르크스주의에 반발하고 선진자본주의 사회의 변화된 현실, 특히 도시사회운동의 중요성을 인정한다는 점에서는 르페브르의 논의와 궤를 같이한다. 그러나 노동운동이 주도하는 사회운동의 기본 전략을 고수하고 운동의 조직화를 강조한다는 점에서는 르페브르의 입장과 확연히 대비된다.

구조주의적 도시 연구의 가능성과 한계

카스텔의 구조주의적인 도시 연구는 '새로운 도시사회학'으로서 그 참신한 문제 제기만큼이나 무수히 많은 논쟁을 불러일으켰다. 그리고 이러한 논란의 와중에서 카스텔 스스로 구조주의적 마르크스주의 문제틀의 수정을 거듭하지 않을 수 없었다.

우선 알튀세르의 과학/이데올로기론에 입각해서 카스텔은 생태학적 접근으로 대표되는 기존의 도시 연구를 과학 이전 단계에 머무는 이데올로기라고 폄하하고, 자신의 도시 연구만을 과학으로 규정했다. 그러나 알튀세르나 카스텔을 포함해서 그 누구도 이처럼 과학과 이데올로기를 준별해낼 '인식론적 특권'을 소유할 수 없으며, 또 이에 대한 사회적 합의를 도출해낼 수도 없다. 그런데도 도시사회학의 과학성 여부를 자의적이고 독단적으로 판정하는 그의 연구 자세는 기존 도시 연구에 대해 '이론적 테러리즘'을 자행하는 '인식론적 제국주의'로 불릴 만하다.

또한 복잡하고 구체적인 도시 현실을 구조주의적 마르크스주의의 추상적인 이론틀에 억지로 꿰어 맞추려 했다는 점에서, 그의 도시사회학은 도시에 대한 '프로크루스테스의 침대'에 다름 아니었다. 따라서 뒷날 그 스스로 이러한 연구 자세를 '이론적 형식주의'에 얽매인 '이론의 과잉' 상태였다고 자기비판하고, 구조주의적 마르크스주의를 교조적인 이론틀로 떠받들기보다는 구체적인 도시 문제를 분석하는 색출적 도구(heuristic tools)의 하나로 활용할 것을 다짐했다. 그러나 이처럼 수정된 입장 역시 알튀세르류의 '이론적 외투'를 걸쳤을 뿐, 그 속에는 이념형(ideal type)을 통해 구체적인 현실에 접근하려는 베버적인 인식론을 담고 있었다. 따라서 그 이론적 외형과 달리 현실에 대한 총체적 인식을 통해 실천적 대안을 모색하려는 마르크스주의로부터 멀어지는 자기모순을 드러냈다.

이에 더해 카스텔은 노동력 재생산 위기의 공간적 표현과 다름없는 도시 문제에서 비롯된 도시사회운동의 현황을 점검하고 그 방향을 모색하겠다는 실천적 의도로 출발했지만, 구조주의적 마르크스주의의 덫에 걸려 도시사회운동의 구체적인 실천 전략을 제시하는 데 실패하고 말았다. 물론 그도 도시 문제로 드러난 사회 구조적 모순이 도시사회운동의 형태 및 방향을 전적으로 결정한다는 결정론적 사고를 수용하지는 않았다. 그러나 인간을 실천의 주체가 아니라 사회 구조의 요구에 일방적으로 끌려 다니는 꼭두각시로 보는 구조주의적 시각을 견지한 까닭에, 구체적으로 다양한 사회세력들이 정치적 역량을 결집해서 도시 문제에 대응하고 그 해결 방안을 찾아나가는 도시사회운동의 전개과정을 제대로 분석할 수 없었다.

이상과 같은 안팎의 날카로운 비판으로 그의 도시 연구는 애초의 문제의식이 희석되고 논리적 일관성을 유지하기 어려운 위기 상황에 직면했다. 그러자 카스텔은 구조주의적 마르크스주의의 이론틀을 벗어 던졌을 뿐 아니라, 한 걸음 더 나아가 연구 대상도 도시 공간에서 벗어나 현대 정보사회 전반으로 확장시켜 나갔다.

이렇게 볼 때, 카스텔의 구조주의적 도시 연구는 '흘러간 옛노래'라고 할 수도 있다. 그러나 카스텔의 도시사회학은 상아탑의 울타리에 갇혀 현실의 변화에 눈감고 있던 주류 도시사회학의 고답적인 도시 연구에 엄청난 충격을 안겨주어, 이후 도시 연구자들이 다시금 현실에 눈뜨게 하는 계기가 되었다. 더 나아가 현대 도시의 성격과 위상을 밝히려는 그의 학문적 시도는 급속한 도시화로 인해 역설적이게도 독자적인 연구 대상 및 연구방법론을 찾지 못해 학문적 정체성의 위기를 맞고 있는 도시사회학에 새로운 도약의 가능성을 열어주었다. 이러한 점에서 우리는 구조주의적 도시 연구의 이론적 한계에 대해 엄정한 비판을 아끼지 않으면서도, 카스텔의 치열한 문제의식과 참신한 문제제기에 대해서는 눈을 떼서는 안될 것이다.

참고문헌

마뉴엘 카스텔. 1977, 「도시정치 연구를 위한 이론적 도구」, 『자본주의 도시화와 도시계획』(최병두·한지연 편역, 1989), 한울.

마뉴엘 카스텔 외. 1986, 『도시지역운동연구』(조성윤·이준식 편역), 도서출판 세계.

Castells, M. 1977, *The Urban Question: A Marxist Approach*, translated by Alan Sheridan, London: Edward Arnold.

_____. 1978, *City, Class and Power*, translated by Elizabeth Lebas, New York: St. Matin's Press.

_____. 1983, *The City and the Grassroots: A Cross-cultural Theory of Urban Social Movements*, Berkeley: Univ. of California Press.

피터 손더스. 1998, 『도시와 사회이론』(김찬호 외 옮김), 한울.

김병훈. 1993, 「정치경제학적 도시사회이론에 관한 고찰: 카스텔(M. Castells)의 집합적 소비이론을 중심으로」, ≪한국행정사학지≫ 제2집.

윤일성. 1989, 「자본주의 도시연구 방법론」, ≪사회비평≫, 제2권 제1호, 나남.

Lowe, S. 1986, *Urban Social Movements: The City After Castells*, London: Macmillan.

J. Rex & R. Moore
렉스와 무어의 주거계층론
천현숙(국토연구원 책임연구원)

　　흔히 계층간의 불평등(inequality)은 직업, 교육정도 및 소득의 차이에
서 기인하는 것으로 인식되고 있다. 그러나 현상적으로 볼 때 계층의 차
이는 소비측면에서 더 가시적으로 나타나고 있다. 예를 들어 주택의 소
유여부 및 주택의 규모, 주거지 등은 계층의 차이를 가장 분명하게 나타
내주는 지표가 되고 있다. 따라서 주택의 소유와 주거지 분화를 통해 주
거계층문제를 살펴보는 것은 매우 의미있는 작업이라고 할 수 있다.

　　존 렉스(John Rex)와 로버트 무어(Robert Moore)는 이러한 관점에서
1960년대 영국도시에서 계층에 따른 주거지분화현상을 실증적으로 분
석하면서 주거계층개념을 도시사회학의 주요한 주제로 부각시키고 있
다. 일반적으로 주거입지를 설명하는 이론은 도시생태학적 접근, 신고
전경제학적 접근 및 관리론적 접근 등이 있으며 렉스와 무어는 생태학
적 접근을 이어받아 도시공간 속에서의 주거지의 분화를 주거계층의 형
성으로 연결시키고 있다

이론의 배경

　　1967년에 출간된 렉스와 무어의 『인종, 공동체 그리고 갈등(Race,

Community and Conflict)』은 인종관련 사회학연구와 도시에 대한 사회학적 분석의 새로운 접근방법을 보여주는 역작이다. 이 책은 버밍엄 지역의 스파크브룩(Sparkbrook)이라는 시가구역의 주택과 인종관계를 연구한 것이다. 스파크브룩이 조사지역으로 선택된 것은 아일랜드계 이민을 포함하여 파키스탄과 서인도 등으로부터 온 이민자의 비중이 매우 높은 지역으로서 인종문제가 도시공간 속에서 어떻게 나타나는지를 살펴볼 수 있는 좋은 사례가 되었기 때문이다. 또 당시 영국사회에서 인종문제가 정치적인 이슈가 되고 있어서 이에 대한 해결책을 마련하여야 할 실질적인 필요가 있었기 때문이었다. 이 연구에 대한 연구비지원을 인종문제연구소(Institute of Race Relations in Britain)가 한 것도 이러한 사회적 배경하에서였다. 당시 워릭(Warwick) 대학에 재직중이었던 렉스가 연구를 주도하였으며 애버딘(Aberdeen) 대학에 재직중이었던 무어가 나중에 연구팀에 합류하여 스파크브룩 지역에 대한 서술적 기술과 그 지역의 종교에 대한 연구를 담당하였다. 1963년부터 5년 동안 연구가 이루어졌으며 1967년 처음 출간된 이후 1969, 1971, 1974, 1979, 1981년 등 수차례에 걸쳐 수정판이 출간되었다.

인간생태학과 베버의 영향

1920년대 시카고학파의 도시생태학이 출현한 이후 생태학적 접근은 도시사회학 연구에 있어서 유일한 접근방법이었다. 파크와 버제스를 중심으로 한 시카고학파의 생태학적 도시연구는 1920년대와 1930년대 도시사회학의 주류를 형성해왔고 이들의 영향은 1950년대까지도 계속되었다. 그러나 인간생태학과 도시이론을 연관시키는 것은 매우 어려운 작업이었고 따라서 생태학적 접근의 도시이론으로서의 적합성에 대해서는 의문이 제기되고 있었다. 이후 생태학적 접근을 도시를 설명하는 중요한 패러다임으로 발전시키는 논의가 렉스와 무어에 의해 이루어졌다.

렉스와 무어의 연구는 시카고학파와 베버의 이론적 영향을 강하게 받고 있으며 이 양자의 관심을 도시공간 속에서 접목시키고자 하였다. 시카고학파는 도시발전의 과정에서 공간적으로 다수의 지역으로 분할된 독특한 소공동체로 세분되며, 각각의 소공동체는 특징있는 집단적 문화양태를 보이는 주거집단과 연관되어 있다고 인식한다. 도시의 발전과정은 중심부로부터 외곽지역으로의 인구이동을 수반하며 주거지역의 분화가 특정 계층의 집합과 분리를 초래한다는 것이다. 즉 전문가와 기업가 등의 집단이 교외로 이주하고 동시에 중하위계층이 그보다 더 외곽에 위치한 지역으로 이주하게 되며 백인노동자계층도 교외공공주택지로 이주하게 되는 것이다. 이러한 과정은 도시의 확장을 초래하게 되고 도시 내의 주택들은 도시 내로 새로 유입하는 이민자들의 거주지로 변화하게 된다. 한편 이러한 도시의 지역적 분화는 동시에 독특한 공동체적 생활방식을 가지는 집단의 구분을 초래한다.

　렉스와 무어 이론의 또 하나의 중요한 축은 베버의 이론적 영향이었다. 렉스와 무어는 희소한 주택자원의 분배가 생활기회의 불평등을 초래하는 것으로 보고 주거계층을 구분하는데 이러한 계층개념은 베버의 개념을 받아들이고 있는 것으로서 마르크스의 계급분석과 구별되는 특징을 보인다. 베버는 마르크스의 계급개념을 이어받으면서도 지위집단이라 할 수 있는 신분과 정파를 포함한 광범한 이론을 펴고 있다. 렉스와 무어는 베버의 계층개념을 원용하여 소비의 차원에서 현상적으로 나타나는 불평등의 문제를 연구에 접목시키려는 입장의 기원을 이룬다.

스파크브룩의 주거계층구성

　버밍엄 지역 스파크브룩의 주거지 분화는 인종 및 계층관계와 밀접한 연관이 있었다. 즉 백인 중간계층은 교외주택을 확보할 수 있고 백인 노동계층은 관료적 주택분배정책을 통해 공영주택에 입주할 수 있었다.

그러나 이민을 포함한 하위계층은 이러한 기회를 얻지 못하고 도심의 쇠퇴지역(twilight zone)에 주거를 마련할 수밖에 없었다. 이들이 주거를 마련하는 방법은 사적으로 공급된 민간주택을 임대하거나 또는 융자 (mortgage)를 이용하여 주택을 구입하는 것이었다. 신용대출을 통제하는 기관(Building Societies)에서는 수입의 규모와 안정성을 기준으로 하여 신용을 평가하기 때문에 하위계층은 낮은 신용등급을 받아 고리의 단기융자를 받을 수밖에 없었기 때문이다. 신용대출을 통제하는 기관의 신용평가는 중간계층 이상에게 유리하게 만들어진 것이기 때문에 이민자들을 포함한 하위계층은 이러한 혜택을 받을 수 없었던 것이다.

따라서 하위계층이 주택을 구입하려면 고리의 단기대출을 받을 수 밖에 없었고, 또 고리의 단기대출은 주택의 분할을 통한 다세대 거주를 불가피하게 하였다. 이러한 주택이 늘어가는 특정 지역에서는 주택의 다세대점유가 일반화되었고, 이로 인해 주거환경은 더욱 나빠지게 되어 급속히 빈민가가 형성되었다. 또 이처럼 이민의 유입으로 다세대거주가 보편화되는 지역에서는 그 지역 토착민들은 외부로 이주하는 비율이 커지게 되었다.

스파크브룩 지역에 대한 사례연구에서 렉스와 무어는 몇 개의 주거계층을 구분하고 있다. 이 책의 1장에 해당하는 '도시에서의 인종관계'에서는 주택소유자, 공영주택 임차인, 개인주택 임차인, 하숙집(lodging house) 소유자, 하숙집 임차인 등 주거계층을 다섯 가지로 구분하고 있다. 그러나 이 책의 마지막 장인 '쇠퇴지역'에서는 여기에 몇 개의 주거계층을 추가하고 있다. 주택소유자집단에서 저당권이 설정된 주택의 소유자를 구분하고 공영주택 임차인을 장기거주자와 슬럼지역 공영주택 임차인으로 세분하였다.

이러한 주거집단의 구분은 하나의 위계를 형성하고 있는 것으로 볼 수 있다. 이 중에서도 소유자와 공영주택 임차인은 사회적으로 위세가 있고 정당성을 확보하고 있는 집단으로서 다른 주거계층과 질적으로 구분되는 집단이다. 하위계층의 사람들은 자신들이 낮은 위세와 위법상태(low status illegitimate situation)에 있다고 규정하고 상위계층으로 이동하려는 성향을 갖고 있다고 본다.

일반적으로 자가소유집단은 사유재산제에 토대한 민주주의(property-owning democracy) 가치에 의해, 또 공영주택 임차인들은 복지국가(welfare state) 가치에 의해 정당화된다. 그러나 개인주택의 임차인들과 하숙집의 임차인들은 양자의 가치 어느 것에 의해서도 정당화되지 못한 상태에 놓여있다. 당시 주택정책은 모든 집단의 주거문제를 해결할 수 없었으므로 도심에 소수인종이 집중되어 빈민화하는 것을 막을 수 없었다. 주택은 생활기회의 가장 중요한 자원이기 때문에 주택공급을 둘러싼 갈등이 각 집단으로 하여금 독립적인 계층으로서의 의식을 형성하게 하고 각 계층간 갈등을 유발하였고 렉스와 무어는 이런 점을 들어 주택의 소유와 이용이 계층의 범주가 될 수 있다고 보았다.

선호도가 높은 희소자원의 취득이라는 문제를 분석하면서 렉스와 무어는 두 가지 기준을 다루고 있다. 첫째는 수입의 규모와 안정성인데, 주택구입 시 신용대출을 통제하는 기관이 이런 기준을 근거로 개인의 주택소유 및 점유능력을 판정하였기 때문이다. 수입의 기준이 중간계층 이상에게 유리하게 만들어질 수밖에 없었다. 둘째 기준은 주택의 필요성 및 거주기간에 관한 것으로, 이는 주택의 필요성과 거주자격이 공영주택을 취득할 수 있는 조건으로 각 지방의회에서 입안되었기 때문이다.[1]

이들 주장의 핵심은 첫째, 주택을 자원으로 인식한다는 점이다. 즉 교외주택이 보편적으로 선호되면서 동시에 부족한 희소자원이기 때문에 다양한 계층에 그것을 배분하는 수단이 도시생활의 양상을 이해하는 데 중요한 준거틀이라는 것이다. 둘째 주택배분유형은 여러 집단간에 갈등을 유발한다는 점이다. 이러한 자원의 획득과 갈등이라는 과정에 주목하여 도시과정(urban process)이라는 주제를 도시사회학에 도입하였다.

주택의 공급과 소비를 둘러싼 갈등을 도시에서의 생활기회(life chance)를 둘러싼 계층투쟁의 한 형태로 이해하는 것이다. 도시 내에서 공영주택의 공급도 백인중간계층에게만 한정된 것이었고 이민자를 포함한 하위계층에게는 해당되지 않는 것이었음을 입증하여 주택의 배분체계가 계층 및 인종과 밀접한 관계를 맺고 있음을 밝히고 있는 것이다.

렉스와 무어 이론의 중요성과 한계

이들의 이론이 갖는 중요성은 두 가지로 정리될 수 있다. 첫째는 주택을 개인의 생활수준을 규정하는 중요한 요소로 보고 이를 분석대상으로 삼았다는 점이다. 주택의 공급과 배분체계가 계층중립적인 것이 아니고, 특정 유형의 주택은 특정 계층의 거주로 특화되는 사회적 현상을 자원의 획득과 배분과정으로 설명하고 있다. 즉, 백인 중간계층은 시장 배분체계를 통해 교외주택을 확보할 수 있고 백인 노동계층은 관료적 분배정책을 통해 교외 공영주택에 입주할 수 있지만, 이 두 가지 기회 모두에서 소외된 집단(이민자 대부분이 여기에 포함됨)도 있음을 밝히고 있다. 흔히 계급의 규정요소가 노동시장에서 생산수단의 소유여부라고 보는 관점에 대해 렉스와 무어는 주택의 배분과 소비가 노동시장과는 다른 차원에서 계층화의 기원이 되고 있다는 점을 밝히고 있다. 즉 주택의 소유와 이용에 있어서도 갈등과 투쟁이 존재하며 이러한 투쟁이 도시의 중심 과정이라고 파악하고 있다.

둘째는 주택분배체계를 사회조직과 공간구조가 교차하는 지점으로 보았다는 점이다. 계층에 따른 거주지의 분화현상을 파악함으로써 직업집단에 따라 거주지선택이 제한되는 현상을 도시 공간적 맥락에서 살펴보고 있다. 전문가와 기업가 등의 집단은 교외의 쾌적한 주거지에 거주하고 중하위계층도 그보다 외곽지역으로 이주하고, 백인노동자계층은 교외공공주택지로 이주하게 된다. 도시내 쇠락한 주택들은 이민자집단이나 도시빈민층에 의해 점유됨으로써 주거지 분화와 주택유형의 분화가 동시에 진행되어 주거계층의 분화를 초래하였던 것이다.

그러나 렉스와 무어의 이론은 몇 가지 한계를 갖는다. 첫째는 개념에 관한 것으로 이들이 채택하고 있는 계층개념은 분석적이라기보다는 기술적 개념이라고 할 수 있다. 따라서 다양한 주거계층의 유형이 구분되는 근거가 무엇인지가 분명하지 않다. 공영주택의 임차인이 하나의 집단으로 구분될 수 있다면 이밖에도 수십 개의 다양한 집단이 주거계층으로 분류될 수 있는 것이다. 이러한 개념의 다의성은 해든이 지적하고 있듯이 계급의 개념화와 주거계층에 대한 경험적 구분의 혼동 때문이라고 할 수 있다. 다양한 주택유형에 거주하는 집단을 주택의 동일성에 의해 하나의 집단으로 구획짓는 것은 과학성이 결여된 방식이라고 할 수 있다. 주택보유의 다양한 유형은 주택소비양식에 불과하며 이는 시장권력의 차이라기보다는 생활양태의 차이일 뿐이라는 것이다(Haddon, 1970).

손더스도 사람들이 생산의 장에서의 계급적 위치에서만이 아니라 소비부문에서도 정치적·경제적 갈등을 경험할 수 있다는 점을 인정한다. 그러나 그는 주택을 통한 사회적 균열을 주거계층(housing class)으로 개념화하는 것에 대해서는 회의적 입장을 보인다. 손더스는 주거계층보다는 수평적 구분 개념인 부문(sector)의 개념을 사용하고 있다. 즉 주거지 분화와 주택소비의 차이는 그 자체로 주거계층이라고 보기보다는 주택점유집단으로 보아야 한다는 것이다(Saunders,1984). 정통 마르크스주의자들은 주택소비형태의 구분이 노동계급이라는 기본적 틀 안에서 이데올로기측면에서만 중요성을 갖는 것이며 임금노동과 자본 사이의 기본적인 계급분화에 영향을 미치는 것이 아니라고 본다. 이런 시각에서 보면 주택을 계층분화의 척도로 보는 것은 분석적 개념이 아닌 것이다.

렉스와 무어의 이론의 또 하나의 문제점은 가치체계의 가정과 관련된 문제이다. 소유가 임대보다 유리하고 공영주택임차가 개인주택임차보다 유리하며 교외거주가 도시거주보다 유리하다는 가정이 과연 현실성이 있는가 하는 것이다. 이들 연구의 핵심가정은 교외지역을 선호하기 때문에 자원의 희소성이 생겨 갈등이 발생한다는 것이므로 교외지역선호는 이들의 연구에서 매우 기본적이고 중요한 가정이다. 그러나 교외지역선호라는 기본 가정이 과연 현실성 있는 가정인가이 대해서 많은 연구들이 의문을 제기하고 있다. 쿠퍼와 브린들리(Couper & Brindley)의 배스(Bath) 시에 대한 연구는 렉스와 무어의 가정과는 반대로 도심선호가 더 높은 결과를 보여주고 있다(Couper & Brindley, 1975). 또 데이비스와 테일러의 뉴캐슬지역 연구는 아시아계 이주민들에게 하숙집을 소유하는 것이 사회적 신분상승의 상징으로 받아들여지고 있고, 도시 내 철거지역에서 공영주택으로 이주시키려는 지방정부의 정책에 반발할 정도로 공영주택에 임차를 희망하지 않는 이민자들도 있음을 보여주고 있다(Davis & Taylor, 1970).

한편 손더스는 렉스와 무어의 계층개념이 베버의 개념에 대한 그릇된 이해에서 출발하고 있으며 주거계층개념은 주택의 소유와 비소유의 문제로 대치되어야 한다고 한다. 주거계층을 주택의 소유권에 따른 경제적 이익으로 살아가는 지주와 개발업자, 주택소비과정에서 자본이득을 전유하는 주택소유자, 순전히 소비의 수단으로 주택을 이용하는 계층 등으로 구분하는 것이 타당하다는 것이다(Saunders, 1979).

오늘날 한국사회에서 주택이 계층간 불평등의 가시적 지표가 되고 있는 상황에서 볼 때 렉스와 무어의 주거계층연구는 하나의 유용한 참고 자료가 될 수 있다. 그러나 주택의 유형이나 소유·임대 여부는 그러한 현상을 초래하게 한 소득이나 직업 등의 변수에 의해 설명될 수 있기 때문에 주거계층을 하나의 독립변수로서 파악하는 것은 분석적 적합성이 떨어진다는 지적도 여전히 설득력이 있다.

주거계층 개념은 엄격한 적합성 이전에 현실적 설명력이 매우 높은 개념이라는 점에서 받아들일 필요가 있다. 물가상승보다 높은 주택가격

상승으로 인해 주택의 소유가 자산가치의 보전수단이 되어온 한국사회에서 주택의 소유, 특히 아파트의 소유는 중산층으로의 안정된 삶을 보장해주는 중요한 상징이 되어왔다. 특히 IMF 구조조정 이후 주택가격 회복국면에서는 지역에 따른 주택가격의 차별화가 더욱 가속화되고 있어서, 주거지의 계층적 성격이 더욱 강화되고 있다고 할 수 있다. 이처럼 한국사회에서 주택유형과 주거지의 분화가 계층과 밀접한 관련을 갖고 특정 계층의 집합화를 초래하고 있다는 점에 비추어볼 때 렉스와 무어가 제시한 주거계층이라는 개념은 한국사회에서 유의성이 있는 개념으로 보여진다.

주)

1) 이 연구가 진행되는 동안 버밍엄 지역에서는 공영주택 입주자격을 5년 이상 거주자로 제한하는 규정이 시행되었으며 따라서 당시 서인도제도나 인도 등에서 유입된 이민들은 공영주택에 입주할 수 없었다.

참고문헌

Rex, J. and Moore, R. 1967, *Race, Community and Conflict*, Oxford University Press.

Couper, M & Brindley, T. 1975, "Housing Classes and Housing Values," *Sociological Review*, Vol.23, pp.563-576.

Davis J. & Taylor, J. 1970, "Race, Community and no Conflict," *New Society*, Vol.9.

Saunders, P. 1979, *Urban Politics: A Sociological Interpretation*, London: Hutchinson.

_____. 1984, *Social Theory and Urban Question*, London: Hutchinson.

Peter Saunders
손더스의 도시사회학

조명래(단국대학교 사회과학부 교수)

피터 손더스(Peter Saunders)는 영국 서섹스(Sussex) 대학교에서 박사학위를 취득한 후 그곳에서 줄곧 도시사회학 분야의 강의와 연구를 수행해오고 있는 '서섹스학파'의 중심 인물이다. 사회학도로서 최초로 도시에 관심을 갖게 된 것은 학부 마지막 학년(1970년)에 도시사회학 과목을 수강하면서부터라고 그는 고백하고 있다. 도시사회학 과목을 들으면서 그는 도시문제란 인간사회 전체와 관련되어 있으며, 또한 현실에서 다양한 현상과 모습으로 나타나고 있음을 인식하게 되었다고 밝힌 바 있다. 도시에 관한 그의 학문적 관심은 박사논문으로까지 이어졌다. 런던근교의 커뮤니티 권력구조를 사례 분석한 그의 박사학위논문은 1979년에 『도시정치학(Urban Politics: A Sociological Interpretation)』이란 제목으로 출판되었다.

박사논문을 쓰는 과정에서 그는 도시에 관한 사회학적 이론의 쟁점을 많이 접하게 되면서 이를 책으로 정리해낼 필요성을 강하게 느꼈다. 이렇게 해서 나온 책이 바로 1981년 초판된 『사회이론과 도시문제(Social Theory and the Urban Question)』이다. 이 책을 내면서 그는 도시사회학 분야의 대표적인 신세대 학자로 등단하게 되었다. 그 당시 영국을 포함한 서구의 사회학 분야에는 도시문제에 관한 다양한 관심이 나타나고 있었다. 즉, 당시 서구사회가 겪던 구조적인 변화는 대부분 도시적 양상으로 나타나면서 그에 대한 사회(과)학적 설명들이 다양하게 시도되고 있었다. 도시사회학 분야에서 새로 등장한 이론으로는 구조주의 마르크시즘의 영향을 받았던 카스텔(Castells)이나 하비(Harvey) 등이 전개한 '정치경제학적 도시론'과 베버주의 전통을 살려 렉스(Rex), 무어(Moore), 팔(Pahl) 등이 체계화한 '도시관리주의론(urban managerialism)'을 대표적으로 꼽을 수 있다. 손더스는 이 중 베버주의 전통을 따른 도시관리주의를 더욱 발전시키는 학자에 속한다.

1970년대 유럽을 중심으로 나타났던 새로운 경향의 도시사회학을 신도시사회학이라 불렀는데, 그것의 가장 중요한 특징은 근대사회 전체의 관점에서 도시사회 현상을 이해하는 접근방법에 있다. 그때까지 주류를 이루었던 '생태주의 도시사회학'은 사회학적 시각에 의거하면서도 사회학의 고유한 쟁점, 이를테면 불평등, 계급, 계층, 갈등 등의 문제를 제대로 다루지 못하였다. 신도시 사회학은 이런 점에서 도시를 지리적 단위나 공간적 실체로 파악하는 대신 사회적 실체, 즉 자본주의체제나 사회의 일정한 기능과 역할을 담지하는 사회적 단위(social unit)로 이해하고자 하였다. 이 때문에 당시 도시사회학자 사이에 사회이론적 관점에서 도시가 함축하고 있는 사회(학)적 의미를 설명하려는 접근이 유행을 했다.

근대도시사회학의 패러다임 분석

1995년까지 손더스는 일곱 권의 책을 출판하였는데, 그중 도시사회학과 관련해서는 『사회이론과 도시문제』란 책이 대표적이다. 이 책은 그 동안 세 번의 개정판이 나올 정도로 도시사회학 분야에서 가장 널리 읽혀지는 교과서의 하나이다.

1980년대 초반까지만 해도 도시사회학 관련 책들은 대개 미국에서 출판되었던 만큼 도시생태학 패러다임 내에서 도시의 현상적인 문제를 분석·설명하는 내용으로 구성되어 있었다. 이에 반해, 손더스의 책은 전통사회이론의 검토를 바탕으로 도시현상을 사회이론적으로 규명하는 시도를 하고 있어, 도시사회학의 이론적 논의수준을 한 단계 높이는 데 크게 공헌하였다.

손더스는 '베버주의 사회학자(Weberian sociologist)'이다. 그래서 그는 1981년에 초판을 낸 후 개정판을 내기까지 베버주의적 관점을 발전시키기 위해 더 많은 노력을 기울였다. 초판과 비교할 때, 개정판에서는 두 가지 측면의 이론적 세련화가 이루어졌다. 하나는 도시사회학의 이론적 차별화를 위해 '비공간적 도시사회학'을 강조한 점이고, 다른 하나는 '소비'를 도시문제의 핵심으로 간주하면서 도시사회학을 '소비의 사회학'으로 자리매김하고자 했던 점이었다. 이러한 지적 변화는 도시공간에 관한 그의 입장을 보여주는 가장 중요한 대목이면서, 이는 점차 손더스 도시사회학의 진수가 되었다. 이를 좀더 상세히 논하기 전에 그의 『사회이론과 도시문제』란 책의 내용을 간략히 살펴볼 필요가 있다.

도시의 사회학적 이해를 위해 그가 출발점으로 삼고 있는 것은 고전 사회이론가들의 도시관이다. 즉, 마르크스(Marx), 베버(Weber), 뒤르켐(Durkheim)의 도시관을 이해하기 위해 그는 그들 이론의 방법론적 세계로 돌아가, 각 입론이 가지고 있는 독특한 인식론적, 실천적 전망으로부터 도출되는 도시관을 분석하고 있다. 주지하다시피, 이 세 고전이론가들의 이론세계는 사회과학 전반의 패러다임을 유형화하는 범주적 차별성을 가지고 있다. 구조주의적이고 비판주의적 인식에 바탕을 둔 마르크스는 도시를 농촌의 봉건적 생산양식에 대비되는 자본주의적 생산양식이 형성되고 구축되는 '사회체제적 공간'으로 보았다. 이에 대해, 방법론적 개체주의와 해석학적 인식을 추구하는 베버는 도시를 인간의 합리적 의지나 관계가 조직되는 장으로 규정하였다. 이 양자의 이론을 통합하는 절충적 인식론과 세계관을 가지고 있는 뒤르켐은 도시를 '무기적 연대(mechanical solidarity)'로부터 '유기적 연대(organic solidarity)'로 사회적 관계가 재구성되는 장으로 이해하였다.

고전이론가들은 그들이 전개하는 사회이론의 핵심적 현상이 구현되는 장으로 도시의 특성을 이해하였다. 그런 만큼 도시의 진정한 사회성은 봉건체제로부터 근대체제로 이행해 가는 데 따른 사회적 변동성(예: 사회적 연대의 변화)을 반영하는 것으로 설명되었다. 이런 점을 지적하면서, 손더스는 고전이론가들의 도시론이 근대 도시사회학자들로 하여금 '도시의 사회학적 깊이(the sociological depth of city)'에 주목하도록 영향을 주었다고 주장한다. 한편 그는 도시에 고유한 사회학적 현상은 중세로부터 근세로 이행해 가는 시점에서만 나타났다는 고전이론가의 입장에 따라, 도시의 '공간적 차원'에 국한하는 기존 도시사회학(특히 도시생태학)의 한계를 넘어설 것을 주장한다.

고전이론가들의 도시관은 그후 전개하는 근대 도시사회학의 분화발전에 그대로 반영되었다. 도시생태학은 파크(Park)가 체계화한 '생물학적 도시이론'과 파크의 제자인 워스(Wirth)가 전개한 '생활양식론으로서 도시주의론(urbanism as a way of life)'으로 나누어 발전되었다. 하지만 양자 공히 생물학적 변수(예: 경쟁, 밀도, 이질성)를 가지고 뒤르켐의 인간유대, 즉 분업관계가 생태공간적으로 나타나는 현상을 설명하는 방식을 취하였다. 1970년대 등장한 신도시사회학은 신베버주의 도시사회학과 마르크스주의 도시사회학으로 분화·발전되었다. 전자의 이론은 베버의 방법론적 입장에 따라 도시를 '국지화된 사회체제(local social system)'로 보면서 도시관리자에 의한 희소자원의 배분과 이를 둘러싼 갈등을 도시의 본질로 설명하였다. 마르크스주의 이론은 도시를 자본주의체제의 특정 기능과 활동이 전개되는 장으로 간주하는 입장을 취하고 있는데, 여기에는 '집합적 소비(collective consumption)' 개념으로 접근하는 카스텔의 이론과 잉여자본을 저장하는 '건조환경(built environment)'의 개념으로 접근하는 하비의 이론으로 크게 나뉘어 있다.

이렇듯, 근대사회학은 고전사회이론가들의 방법론을 현대적으로 재구성하여 근대도시의 '생태공간적 측면' '사회조직적 측면' '자본주의체제의 구조적 측면'으로 나누어 설명하는 세 가지 패러다임으로 발전해왔다고 설명하는 것이 손더스 도시사회학의 핵심이다. 그는 이런 논점을 여러 장으로 나누어 설명하면서 각 장의 말미에 이르러 각 이론의 한계를 공히 지적하고 있다. 도시사회학의 모든 이론은 도시의 사회성을 충실히 설명하려는 과정에서 도시에 관한 이론으로부터 도시에 담기는 사회에 관한 이론을 거쳐, 사회이론 일반으로 회귀함으로써, 결국 도시에 관한 그 어떠한 자율적인 이론도 남겨주지 않고 있다고 한다. 도시의 어떠한 현상과 문제가 있다면, 그것은 궁극적으로 도시공간에 담기는, 혹은 도시공간을 구조화하는 사회체제나 구조 일반으로부터 규정되는 것이지 도시 공간자체에 의한 것이 아니라는 주장이다. 그러기에 그의 도시사회학에서 도시란 공간은 자율적인 설명력을 가지고 있지 못하는 것으로 간주되고 있다. 다시 말해 도시라고 일컬어지는 공간의 실체는 그 자체로서 현상을 발현시키거나 규정하는 기제를 갖고 있지 않다는 것이다. 도시공간에 담기는 '사회적인 것(예: 계층, 행태, 정책 등)'이 도시란 공간의 현상을 궁극적으로 만들어내기 때문에 도시사회학은 근본적으로 비공간적 도시사회학(non-spatial urban sociology)이 되어야 한다는 주장이다.

비공간적 도시사회학 논쟁

비공간적 도시사회학에 관한 손더스의 관점은 서섹스 대학교 대학원 도시 및 지역학과(urban and regional studies)에서 발간하는 ≪도시 및 지역학 논문집≫에서 최초로 제시되었다. 이 글이 출판된 후, 그는 같은 학과에 있는 사회지리학자이면서 정치경제학자인 세이어(Andrew Sayer)와 공간에 관한 일련의 논쟁을 벌였다. 도시에 담기는 내용은 결국 일상적으로 꾸려지는 사회적 관계 혹은 그것의 체제적인 규정력에 의해

결정되기 때문에, 공간이 자율적인 메커니즘을 가질 수 없다는 것이 손더스의 기본입장이었다. 이런 주장의 논거로서 그는 도시생태학의 과도한 공간결정주의 문제를 지적하였다. 즉 도시생태학으로 대표되는 전통 도시이론은 도시공간과 관련된 변수(예: 입지, 위치, 토지이용 유형 등)를 도시현상의 설명변수로 간주함으로써 그러한 현상 너머에 있는 사회구조적 요인을 제대로 주목하지 못하였다고 한다. 공간에 대한 이해가 거기에 담기는 사회적 과정에 관한 이해로 돌아간다면 이는 궁극적으로 비공간적 사유로 회귀하는 것이라고 그는 주장하였던 것이다.

하지만 그의 비공간적 입장은 공간에 관한 일반론을 추구하는 지리학자들의 커다란 반발을 샀다. 도시사회의 현상은 도시의 사회적 체제나 구조(예: 소비방식, 계층관계 등)에 의해 규정되는 것이 사실이지만, 이러한 사회적 특징은 역으로 공간적 변수(예: 위치, 밀도, 지형 등)에 의해 제약되는 것 또한 사실이다. 그래서 농촌이란 공간에서 영위되는 가족관계와 밀도 높은 대도시란 공간에서 영위되는 가족관계는 다른 것이다. 인간의 존재가 시간과 더불어 공간의 조건에 의해 규정된다면 도시란 공간은 그 속에 담기는 사회적 내용을 독특하게 틀지우는 자율적 힘을 담지하고 있다고 할 수 있다. 그것은 사회체제를 보더라도 그러하여, 이를테면 동일한 자본주의체제를 가지고 있는 국가라 하더라도 일본이란 지정학적 공간 내에 있는 자본주의와 한국이란 지정학적 공간에 있는 자본주의는 다른 것이다. 공간론자들은 공간의 '사회 차별화'를 '공간의 자율성'이라 부른다. 손더스와 세이어의 논쟁에서 세이어의 주장이 지적으로 보다 강한 설득력을 가진 것으로 판명되었지만, 손더스의 비공간적 도시사회학에 관한 주장도 도시의 사회적 실체를 주목해야 한다는 인식론적 주장으로서는 충분한 의의를 가지고 있었다.

소비의 사회학 제창

손더스는 그의 주장을 강화하기 위해 두번째 개정판을 내기 전에 도시에 관한 광범위한 경험연구를 수행하였다. 그의 연구는 도시의 일상과정을 현상적으로 가장 의미있게 규정하는 집합적 소비생활부문, 특히 주택소비관계를 규명하는 것을 중심주제로 설정하였다. 이 연구를 위해 그는 사회학자, 지리학자, 정치학자들과 함께 서섹스 대학 내에 '도시연구소(Urban Research Center)'를 설립한 후, 이를 거점으로 하여 스웨덴, 서독, 영국 등의 도시주택문제에 관한 광범위한 국제비교연구를 실시하였다. 이와 더불어 영국 내 도시간 주택의 사회적 소유관계와 소비관계 등을 비교 연구하는 프로젝트도 여러 개 조직하였다. 이러한 일련의 연구를 통해 도시의 사회적 생활을 규정하는 것은 생산부분의 조건(예: 고용, 국가산업정책 등)이 아니라 소비활동과 관련된 것이라는 결론을 얻었다. 이를 기초로 손더스는 '소비의 사회학(sociology of consumption)'이란 독특한 이론을 제창하였다. 마르크스주의 도시사회학에서 도시공간을 규정하는 궁극적인 기제는 자본주의적 생산관계에 바탕을 둔 계급관계로 설명된다. 이에 대응하여, 손더스는 소비활동을 중심으로 계층적 관계가 도시사회를 보다 의미 있게 특성화한다고 주장한다. 그러면서 나아가 도시사회의 정치는, 중앙정부 수준에서 나타나는 '생산의 정치(politics of production)'와 달리, 지방정부가 통제하는 소비관계를 중심으로 하는 정치, 즉 '소비의 정치(politics of comsumptoin)'를 핵심으로 한다고 주장한다. 그의 이런 주장은 후에 중앙정부와 지방정부 간의 정치의 분업론인 '이중국가테제'로 발전되었다. 여하튼 그는 도시사회의 특성을 규정하는 핵심은 '소비문제'에 있다고 보면서, 도시사회학은 앞으로 소비의 사회학으로 발전되어야 한다는 주장을 개정판의 핵심으로 제시하였다.

공간의 자율성에 대한 인식 결여

소비사회에 대한 그의 독특한 사회학적 설명은 생산관계 위주로 계급구조나 국가정치를 설명하는 전통 사회학(그 당시 풍미하던 마르크스주의 사회학)의 근본적인 수정이 불가피하다는 주장으로 확대되어갔다. ≪환경과 계획 A(Environment and Planning A)≫란 국제학술지의 기고논문을 통해 이러한 입장을 천명하면서, 그는 베버주의학자로서 그의 사회철학적 입장뿐 아니라 대처정권의 신보수주의 정치이념까지도 지지하는 입장을 표명하였다. 하지만 그의 보수주의적인 주장은 비판적인 좌파 지식인으로부터 많은 반론을 불러일으키면서 그를 전형적인 우파 학자로 규정토록 하였다. 그후 그는 '계층론', '자본주의'와 같은 일련의 책을 내면서 베버주의적 방법론을 보다 가다듬어가는 가운데 보수주의적 입장을 더욱 강하게 전개시켜갔다. 그러나 마르크스주의 이론을 비판하는 대목에서, 그는 사회현상이 함축하고 있는 구조나 추상세계의 논리와 법칙을 제대로 평가하지 못하는 면모를 보이고 있다. 다시 말해 마르크스주의 이론이 맞다 틀리다 하는 평가방식의 문제에 더해, 그는 근본적으로 마르크스주의적 인식론의 특이성을 제대로 평가하지 못하는 한계를 드러내고 있다. 그것은 공간에 관한 그의 설명에서도 드러난다. 즉 비공간적 도시사회학을 주창하는 그는, 그 주장의 옳고 그름을 떠나 공간이 가지고 있는 추상적 성질, 그것도 사회적 삶을 조건지우고 구조화하는 공간의 '자율성'에 대한 상상력을 결여하고 있다. 그럼에도 불구하고 손더스는 도시사회학 분야에서 그 동안 경시되어왔던 사회이론세계의 복원에 지대한 기여를 했다. 그런 점에서 도시사회학의 이론적 논의가 일천한 한국에서 손더스의 이론은 그 어느 도시사회학자의 이론보다 더 많이 주목받고 연구되어야 할 대상이다.

참고문헌

Saunders, p. 1979, *Urban Politics: A Sociological Interpretation*, London: Hutchinson.
_____. 1981, *Social Theory and the Urban Question*, Holmes & Meier Publishers Inc, 김찬호·이경춘·이소영 역, 1998, 『도시와 사회이론』, 한울.

강현수. 2000, 「도시관리주의와 소비도시 사회학」, 한국공간환경학회편, 『공간의 정치경제학』, 서울: 한울.
조명래. 근간, 『도시사회이론』, 서울: 한울.

J. Logan & H. Molotch

로간과 몰로치의 도시공간이론

장원호(서울시립대학교 도시사회학과 교수)

존 로간(John Logan)과 하비 몰로치(Haryey Molotch)가 도시사회학계에 화려하게 등장하게 된 것은 *AJS*(American Journal of Sociology)의 편집진이 두 사람의 논문을 특집으로 다룬 후 상대방의 글을 평가하고 비판하는 글을 게재한 다음부터라고 할 수 있다.

당시 *AJS*에 실린 두 사람의 연구를 보면 이론적인 경향에서나 방법론의 적용에서도 많은 차이를 보이고 있다. 즉, 몰로치의 연구는 '성장기제(growth machine)로서의 도시'라는 새로운 개념을 제시한 이론적인 것이었다면, 로간의 글은 도시의 교외화 과정에서의 나타나는 불평등 발달에 관한 경험적인 연구라 할 수 있다.

실제로 로간과 몰로치는 서로 다른 사회학적 배경을 갖고 있었다. 시카고 대학에서 도시사회학을 공부한 몰로치는 당시 시카고 대학을 중심으로 일세를 풍미했던 버제스(Burgess)나 맥켄지(McKenzie)의 '인간생태학적 도시모델(human ecology)'[1]에 매우 익숙해 있었으며, 연구의 주제도 그 모델의 한계를 극복하는 것이었다. 즉, 인간생태학이 주장하는 자유주의적 시장 경쟁체계에서 환경에 적응해나가는 인간공생 서식지(habitat)로서의 도시가 아니라, 도시 내 각 행위자의 자발적인 의지, 특정 커뮤니티의 문화, 그들의 사회적 연대에 의해 구조화되는 도시의 모습을 보이고자 하였던 것이다. 이러한 몰로치의 연구 분야는 당시 시카고 대학에서 도시사회학을 가르쳤던 서틀즈(Suttles, 1972)의 영향을 크게 받은 것으로 보인다.

한편, 로간은 도시사회학보다는 정치사회학 또는 역사사회학적인 배경을 갖고 있었다. 콜롬비아 대학에서는 세계체제론으로 유명한 월러스틴(Immanuel Wallerstein)의 지도하에 국가 발전과정에서 나타나는 인구이동의 정치적 효과에 대해서 석사논문을 썼고, 박사논문은 버클리의 스틴치콤(Arthur Stinchcombe)의 지도하에 스페인의 산업화 과정에서 나타나는 국가의 억압과 노동자들의 저항에 관하여 썼다. 앞서 설명했던 로간의 *AJS* 논문을 살펴보면 월러스틴의 영향이 그대로 남아 있는 것을 알 수 있는데, 도시가 교외화되어가는 과정에서 기존의 부유층 교외지역, 새롭게 등장하는 부유한 교외지역, 부유한 교외지역 주변에 나타나는 고밀도의 빈곤층 거주지역이라는 구분은 세계체제를 중심부, 반주변부, 주변부로 나누어 설명하는 월러스틴의 세계체제론 구도와 매우 유사한 것을 발견할 수 있다.

당시 *AJS*에 실린 두 사람의 서로에 대한 비판을 살펴보면, 먼저 로간은 몰로치의 주장이 너무 단선적 이론화를 꾀하고 있다고 비판하고 있다. 즉, 모든 도시정치의 장에서 성장이 가장 중요한 이슈라는 몰로치의 주장은 서로 다른 역사적, 문화적 특성을 가진 도시들이 보여주는 도시정치의 다양한 모습을 무시하고 있다는 것이다. 로간은 또한 몰로치의 성장기제라는 개념이 너무 추상적이라는 점을 지적한다. 즉, 성장기제가 구성된다면 언제 어떻게 구성되고 어떠한 구체적 역할을 하고 있으며 그것이 해체될 때는 무슨 이유로 어떤 과정을 겪어 해체되는지에 대한 경험적 연구가 부족하다는 것이다.

한편, 몰로치는 로간의 교외지역 계층화에 관한 연구가 매우 타당한 것임을 지적하면서도, 도시를 도시지역 - 교외지역으로 분류하여 분석하는 구체적이고 경험적인 연구보다는 이를 포괄하는 전체로서의 도시를 설명하는 이론이 필요함을 주장한다.

도시공간의 정치경제학 : 사용가치와 교환가치의 대립

아무튼 이렇게 배경이 다른 두 학자의 연구가 *AJS*의 기획으로 묶이게 되면서 그들은 서로에게 공통적인 것을 발견하게 되는데, 그것은 도시의 장소를 바로 교환가치를 가진 상품으로 간주한다는 점이다. 이러한 공통점이 그들로 하여금 공동연구를 수행하게 하였고, 그 결과물이 1990년 미국 사회학회 우수 저작상 수상에 이어 현재까지도 도시사회학과 도시지리학의 명저로 평가되고 있는 *Urban Fortunes: the Political Economy of Space*(이하 Urban Fortunes로만 표기)인 것이다.

*Urban Fortunes*는 도시공간과 도시정치의 연구에서 몇 가지 중요한 이정표 역할을 하고 있다. 먼저, *Urban Fortunes*의 가장 중요한 공헌은 도시공간이 어떤 동력에 의해 구조화되어가는가에 대한 새로운 이론적 접근을 제시하고 있다는 것이다. 이를 위해 로간과 몰로치는 상품으로서의 장소라는 개념을 제시하고, 시장의 모든 상품과 마찬가지로 도시의 장소도 사용가치와 교환가치의 측면으로 나누어서 분석해야 한다고 주장한다. 예를 들어 어떤 아파트 빌딩은 입주자에게 사용가치를 제공하는 집이 되는 반면, 그 빌딩을 소유하고 있는 사람에게는 임대(rent)라는 교환가치를 제공하고 있는 상품인 것이다. 즉, 도시의 장소는 어떤 사람에게는 생산과 거주를 위한 사용가치의 공간인 반면, 또 다른 사람에게는 사거나 팔거나 남에게 세를 주기 위한 사용가치의 상품인 것이다.

더 나아가, 로간과 몰로치는 도시에서 특정장소에 대한 교환가치를 극대화하는 것이 반드시 그 장소의 사용가치를 증가시키지 않는다는 것, 오히려 이용가치와 교환가치를 동시에 추구하는 것은 매우 모순이라는 점을 상기시키고 있다. 만약 교환가치를 높이기 위해 보다 많은 주거지와 상가 등을 개발한다면, 그 지역에 사는 주민들은 공기나 물의 오염, 교통의 혼잡 등 주거환경 면에서 그 쾌적도가 떨어지게 되고 사용가치는 하락하게 된다는 것이다.

이와 같이 기존 도시공간이론이 사용가치의 측면만을 강조했던 것을 비판하면서, 로간과 몰로치는 도시를 교환가치를 추구하는 도시지대 추구집단(urban rentier group)과 사용가치를 추구하는 주민과의 갈등의 장소로 파악하고 있다.

그들은 책 전체를 통해 교환가치 추구집단과 사용가치 추구집단 간의 갈등이 어떠한 형태로 나타나고 또한 유지되며, 그러한 갈등을 통해 도시전체의 모습이 어떻게 변화하는지를 보여주고 있다. 더 나아가서 로간과 몰로치는 이러한 교환가치 추구집단과 사용가치 추구집단 간의 갈등이 기존의 각 집단간 계층적 상황에서 비롯되었다는 사실과 갈등을 통해 새로운 계층적 상황이 전개되는 과정을 보여주고 있다.

상품으로서의 장소라는 개념과 그 장소를 둘러싼 사용가치와 교환가치의 갈등으로 구조화되는 도시 공간이라는 새로운 이론적 시각을 제시하면서, 로간과 몰로치는 *Urban Fortunes*의 첫 장에서 기존의 도시공간에 관한 양대 이론이었던 시카고학파의 인간생태학적 접근과 마르크스주의적 접근의 문제점들을 지적하고 있다. 우선 그들은 도시의 장소 구성을 결정하는 요인으로서 중립적인 자유시장을 가정하는 인간생태학적 접근의 전제가 비현실적이라고 비판한다. 즉, 시장은 인간생태학적 접근이 주장하는 것처럼 중립적인 것이 아니라 부와 권력을 추구하는 인간집단의 이익추구 과정을 통해 작동한다는 것이다. 더 나아가서, 이러한 인간 집단의 힘이 오히려 시장의 작동방법, 가격의 결정수준, 결정가격에 대한 반응방법 등을 결정한다는 것이다.

인간생태학적 접근의 비판과 함께 로간과 몰로치는 도시공간의 구조를 자본축적과 계급 재생산의 결과로만 설명하는 마르크스주의적 접근도 비판하고 있다. 즉, 마르크스주의적 시각 역시 도시의 각 행위자와 제도의 전략과 기획 등에 의한 도시공간의 변화를 간과하고 있다는 것이다. 하지만 *Urban Fortunes*의 '공간의 정치경제학'이라는 부제가 암시하는 바와 같이 로간과 몰로치는 마르크스주의적 접근에 보다 가깝다 할 수 있다. 즉, 이들은 마르크스주의적 시각에서 주장한 자본가-노동자의 계급갈등을, 교환가치를 추구하는 성장추구집단과 삶의 질과 같은 사용가치를 추구하는 주민들간의 갈등으로 대치하고 있는 것이다.

성장기제의 형성과 전개

*Urban Fortunes*의 또 다른 공헌은 몰로치가 1976년 *AJS*에서 제시한 '성장기제로서의 도시'라는 개념이 이론적·경험적으로 정교화됐다는 점이다. 사실 몰로치가 처음 성장기제라는 개념을 제시하였을 때는 그 논의가 전반적으로 이론적인 수준에 머물러 있었다. 그러나 *Urban Fortunes*에서는 성장기제의 조직과 그 활동을 보다 경험적이고 구체적인 자료를 통해 제시함으로써, 성장기제라는 개념을 도시공간 및 도시정치 연구의 주요 개념으로 확립한 것이다. '성장기제(growth machine)'는 한마디로 도시의 개발에 밀접한 이해관계가 있는 지역 엘리트의 연합이다. 그런데 그 성장기제가 도시의 다른 영역에서 동의와 지지를 받게 되면서 '성장'은 도시 정치의 가장 중요한 이슈가 되고 결국 도시 자체가 하나의 커다란 성장기제로서 끊임없이 개발지향적 정책을 취한다는 것이 '성장기제로서의 도시' 개념이다.

이 개념의 이해를 위해서는 성장기제의 형성 및 역할과 관련된 구체적인 과정을 살펴보는 것이 필요하다. 먼저, 로간과 몰로치는 도시 정치의 가장 중요한 이슈는 도시 부동산의 사용과 관련된 정책이라고 주장한다. 따라서 도시 정치의 장에 가장 적극적으로 참여하는 집단은 도시의 부동산 사용정책 결과가 자신의 이익과 밀접한 관련이 있는 사람들인데 그들은 주로 도시의 부동산에 투자하고 있거나, 또는 부동산을 개발하고 있거나, 부동산 관련 파이낸스를 하고 있는 은행 등 그 지역의

경제 엘리트들이라는 것이다. 그들은 자신들을 지원하는 변호사, 부동
산 브로커 등과 연합하여 하나의 연합세력을 구성하게 되는데 이것이
최초의 성장기제이다.

　이렇게 일단 조직된 성장기제는 자신들의 이익이 얽혀 있는 지역개발
을 실제로 결정하게 될 정치가들을 세력 안으로 규합하기 시작한다. 이
것은 선출된 정치가를 대상으로 지역개발에 관련된 로비를 하는 등 소
극적 방법을 통해서도 이루어지지만, 대다수의 경우 자신들의 이익을
대변할 정치가들을 당선 또는 재선하도록 지원하는 방법을 취하게 된
다. 그렇게 당선된 정치가는 성장기제의 대변인으로서, 또한 성장정책
의 집행자로서의 역할을 하게 되는 것이다. 로간과 몰로치에 따르면 성
장이 도시의 정치·경제분야의 최대 이슈로 자리잡고 있는 한, 정치가의
성공여부는 그의 환경정책 또는 대 서민정책에 의해 결정되는 것이 아
니라, 그가 얼마나 성장연합에 적극적으로 참여했는가에 의해 결정된다
는 것이다.

　각 도시에 기반을 두고 있는 지역신문 등 지방 매스미디어도 성장기
제의 중요한 동조 집단이다. 미국과 같이 한 도시에 하나의 지역 신문
이 있을 때 신문사의 재정적 상황은 그 지역 인구 규모와 밀접한 관련
을 갖게 되는 것이다. 이것은 TV나 라디오와 같은 방송 매체에도 마찬
가지로 적용된다. 즉, 지방 방송국 프로그램의 광고 수입은 프로그램의
시청률 못지 않게 그 지역의 인구규모와 비례하기 때문이다. 도시의 성
장과 자신들의 이익이 밀접히 연결되어 있는 지방 매스 미디어는 결국
성장기제의 이데올로기 조성자 역할을 하게 되는 것이다. 성장기제의
또 다른 중요한 동조 집단으로서는 수도, 가스, 전기회사와 같은 공공설
비를 제공하는 업체이다. 그러한 공공설비업체의 이익 또한 그 사용자
의 수에 따라 달려 있기 때문에, 그들이 성장기제의 동조집단이 되는
것은 어쩌면 당연한 일이기도 하다.

　로간과 몰로치는 위와 같은 성장기제의 주된 동조집단 외에도, 부수

적이지만 어쩌면 더 중요한 역할을 하고 있는 집단들에 대해서도 설명하고 있다. 예를 들어 대학은 설립 자체가 성장기제의 산물이지만, 설립된 대학은 시설의 확장, 그리고 보다 우수한 학생들을 다수 유치하기 위해서 보다 큰 규모의 인구를 필요로 한다. 여기에 더 나아가서 대학의 재정을 위해 중대한 기여를 하고 있는 집단이 성장기제라는 사실은, 대학이 성장기제의 대변인 역할을 벗어날 수 없는 주된 이유인 것이다.

프로스포츠 팀의 역할 또한 매우 중요하다. 프로스포츠 팀은 상대 도시와의 경쟁을 통한 '우리' 의식을 불어넣을 뿐만 아니라, 보다 큰 도시를 향한 요구를 자연스럽게 형성시키는 역할을 한다. 예를 들어, 클리블랜드의 스타디움에 모여 승리를 외치고 있는 시민들은 더 크고 위대한 클리블랜드를 자연스럽게 외치게 되고 이러한 과정을 통해 성장은 자연스럽게 모두의 이데올로기로 자리잡게 되는 것이다. 일반 주민들은 또한 도시의 각 문화기관이 주최하는 박람회, 퍼레이드, 이벤트 등을 통해 '우리' 의식을 키워나가며, 도시의 규모가 커진다는 것은 도시의 발달을 의미한다고 인식하게 되고, 결국 도시 전체가 성장지향적 정책에 동의하는 하나의 큰 성장기제가 되는 것이다.

로간과 몰로치는 성장에 대한 동의가 전 도시적인 것인 반면, 성장의 결과는 도시 전체의 모두에게 미치지 않는다는 것을 보여주고 있다. 예를 들어, 일반 주민이 성장을 동의하게 되는 가장 중요한 이유는 새로운 일거리의 창출인데 이 부분만 보더라도, 그 도시의 주민이 꼭 고용된다기보다는 외부에서 새롭게 유입된 인력이 그 일자리를 차지하게 되는 경우가 허다한 것이다. 이런 경우 성장은 오히려 공기·물의 오염, 교통의 증가, 외부인의 증가로 인한 갈등을 초래하게 되고, 일반 주민에게는 자기소유의 부동산 사용가치를 떨어뜨리는 역할만을 하게 되는 것이다. 결국 성장의 혜택은 애초에 결성되었던 초기 성장기제에게 대부분 돌아가고 일반 시민은 성장이 주는 부담을 주로 감수하게 되는 것이다. 이에 대해 로간과 몰로치는 도시의 성장과 관련된 부동산 이익의 차별화는 그 도시의 개인별 계층적 차이에 기인하는 것이 크고, 그것이 다시 개인의 계층적 차이를 재구성한다고 설명하고 있다.

성장기제론과 도시정치이론

마지막으로, *Urban Fortunes*의 중대한 학문적 공헌으로서 당시 로간과 몰로치 본인들은 크게 의미를 부여하지 않았지만 도시정치의 정책결정에 관한 이론의 발달과정에서 중요한 이정표 역할을 하고 있다는 것이다. 도시정치와 관련된 주요 이론으로는 애틀란타 시의 권력구조를 연구한 헌터(Floyd Hunter)의 경제 엘리트주의와 뉴헤이븐 시의 정책결정과정을 분석한 달(Robert Dahl)의 다원적 모델을 들 수 있다. 헌터의 경우 도시의 정책결정은 소수의 경제엘리트에 의해서만 이루어진다고 본 반면, 달은 다양한 특성의 시민으로 구성된 이익집단이 이슈별로 정책결정과정에 참여하면서 이루어진다고 주장한다. 그후 양이론을 지지하는 여러 경험적 연구가 제시되면서 이들 연구는 도시정치의 양대 이론으로 자리잡게 되었다.

그러나 1980년대 이후의 도시정치 이론은 '누가 지배하는가'보다 '어떻게 지배하는가'의 문제로 논쟁이 옮겨지게 되는데, 그 시발점이 피터슨(Paul Peterson)의 *City Limit*라고 할 수 있다. 이 책에서 피터슨은 노동과 자본의 확보를 위하여 여타 도시와 경쟁적 관계에 있는 도시정부로서는 일관되게 외부의 자금을 도입하는 성장 지향적 정책을 취한다고 주장한다. 즉, 도시 정치에서는 소수 엘리트의 지배냐 혹은 다원주의적 지배냐가 중요한 것이 아니라, 타 도시와의 경쟁에서 성장을 어떻게 확보하느냐가 중요한 이슈라는 것이다.

로간과 몰로치는 피터슨의 주장과 많은 부분 일치하고 있으면서도, 이론적으로 피터슨의 주장을 한 단계 발전시키고 있다. 즉, 성장에 대해서 피터슨은 도시전체가 일치되어 추진한다고 보는 반면, 로간과 몰로치는 도시 내의 각 엘리트들이 갈등하면서 자신들의 이익에 맞는 지역의 성장을 추진하고 또 더 나아가서 반성장운동과 같은 사용가치를 추구하는 집단과의 갈등 속에서 도시의 성장 정책이 결정된다고 본다는 점이다. 이러한 로간과 몰로치의 연구는, 피터슨의 이론을 스톤(Clarence Stone)에 의해서 제기된 레짐이론으로 연결시키는 중개자의 역할을 하고 있다. 즉 로간과 몰로치는, 일치된 성장주의를 주장하는 피터슨의 연구에 대해 도시 정치에서의 성장기제와 반성장기제의 갈등을 제시함으로써, 도시의 정치적 연합을 개발레짐, 현상유지레짐 등으로 나누어 설명하는 레짐이론의 발달을 가져오게 했던 것이다.

결론적으로, 로간과 몰로치의 성장기제론은 도시사회학의 주요 화두인 도시성장과 도시정치학의 주요 주제인 도시 가버넌스의 양 측면에서 중요한 학문적 이정표라 할 수 있다.

주)

1) 인간 생태학적 도시모델에 관한 고전으로는 파크, 버제스, 맥켄지가 1925년 공동으로 편집하고 시카고 대학 출판사에서 출간한 *The City*를 들 수 있다.

참고문헌

Molotch, Harvey. 1976, "City as a Growth Machine: Toward a Political Economy of Place," *American Journal of Sociology* 82(2), pp.309-332.

Logan, John R. 1976, "Industrialization and the Stratification of Cities in Suburban Regions," *American Journal of Sociology* 82(2), pp.333-348.

Logan, John R. and Harvey L. Molotch. 1987, *Urban Fortunes: The Political Economy of Place*, Berkeley: University of California Press.

Dahl, Robert A. 1961, *Who Governs?* New Haven: Yale University Press.

Hunter, Floyd. 1953, *Community Power Structure*, Chapel Hill: University of North Carolina Press.

Peterson, Paul E. 19??, *City Limits*, Chicago: The University of Chicago Press.

Stone, Clarence N. 1989, *Regime Politics: Governing Atlanta 1946-1988*, Lawrence: University Press of Kansas.

도시설계이론

미시적인 관점을 강조하는 도시설계 또는 건축사상을 또 다른 공간이론의 축으로 분류할 수 있다. 여기서는 구체적으로 도시가 어떤 모습을 지향하는가를 제시하며, 도시의 기능적, 미적, 경관적 측면을 고려한 설계의 기본 방향을 제시한다. 이 분야의 태두로는 누구보다도 하워드가 손꼽힌다. 그가 제창한 도시의 이상적 모습으로서 전원도시는 중심도시의 확산에 대처할 수 있는 자족도시로서 녹지대로 둘러싸인 주거지들의 연결이다. 그의 구상은 구상에서 머물지 않고 현실에 적용하여 설계를 시도한 실천적 성격을 갖는다는 데에 큰 의미가 있다. 코르뷔제는 기본적으로 기능적인 측면을 강조한 도시설계의 방향을 제시하였지만 도시의 미적인 측면과 쾌적한 주거환경의 창출 역시 중요한 과제로 간주하였다. 도시 건축사상 역시 같은 맥락에서 이해된다. 독시아디스는 인간의 기본적인 욕구가 어떤 방향성을 갖고 공간상에 일정한 힘으로 작용하느냐에 따라 도시의 구조와 형태가 원형, 선형, 기하학적, 비기하학적 형태 등으로 나타난다고 주장한다. 그는 이상적인 정주체계에서 새로운 형태의 도시로서 에큐메노폴리스의 개념을 제시한다. 보다 구체적으로 하브라켄은 도시주택 설계의 측면에서 획일적인 공간구성에서 벗어나 거주자의 정체성을 살리는 도시공간구성의 모습을 제안한다.

Ebenezer Howard

하워드의 전원도시 구상

배경

영국과 미국에서 활발했던 전원도시운동은 열악한 도시생활에 대한 반감으로부터 나온 회귀적 이상주의에 기초한 급진적 발상이라 하겠다. 도시설계나 계획과는 거리가 먼 런던법원의 속기사였던 에베네저 하워드(Ebenezer Howard)가 주창한 전원도시(garden city) 개념은 중심도시의 확산에 대처할 수 있는 자족도시(self-contained city)로서 녹지대로 둘러싸인 주거군(cluster)들의 연결이다.

하워드는 이상적이며 현실적인 가능성을 제시함으로써 1903년에 전원도시의 전형인 레치워스(Letchworth)의 개발을 주도할 수 있었다. 레치워스는 레이먼드 언윈(Raymond Unwin)과 배리 파커(Barry Parker)가 설계하였는데, 컴퍼니 타운(Company Town)과 노동자계층을 위한 주거단지를 적절히 혼합한 전원형 교외주거단지의 전형을 만들어냄으로써 하워드 계획의 이상을 구현할 수 있었다. 그후 언윈과 파커는 곡선형 도로를 이용하여 좀 더 건축적으로 잘 정리된 쿨데삭(cul-de-sac)과 공공공간을 첨가한 전원형 교외주거단지를 설계하여 이 개념을 한층 발전시켰다. 그후 뉴욕시의 포레스트 힐스 가든(Forest Hills Gardens)을 비롯한 여러 전원형 교외주거설계와 뉴저지주의 래드번(Radburn) 계획주거단지 설계에서 근린주구의 개념과 쿨데삭 기법이 좀더 체계화되었으며, 단지 내 차도와 보도의 분리가 설계의 주안점으로 등장하는데 이는 계획적 단위지구개발(planned unit development)의 기본요소가 되었다.[1]

한편 전원도시의 자족적 계획지구개념은 제2차세계대전 후 대도시들의 팽창을 조절하는 정부의 정책수단으로 널리 도입되었는데, 스웨덴과 핀란드에서는 계획신도시들이 건설되어지고 영국에서는 주요지역계획의 수단으로 사용하게 되었다. 또한 미국에서는 컬럼비아와 레스턴(Reston) 등이 대표적 계획지구로 건설되었으며 지금은 폐지된 중앙정부의 1970Act[2]에 의해 하워드의 자족도시(self-sufficient city)로서의 전원도시를 표방한 많은 신도시들이 건설되기 시작하였다. 그러나 대부분의 이러한 모험적 개발사업은 부지매입과 도로 등의 기반시설비용을 충당하기에는 너무나 긴 건설기간으로 인하여 실패를 거듭하게 된다.

미국사례의 실패는 프랑스, 영국, 북유럽국가들처럼 계획신도시의 성장을 보조할 수 있는 정부정책의 부재로 귀결된다. 1970년 관련법규가 존재하였으나 신도시건설을 보조하도록 공식화되지 못한 것이 사실이다. 하지만 1980년 중반 이후 휴스턴 비행장 근처 우드랜즈(Woodlands)에 하워드식 계획지구가 성공적으로 끝을 맺었고 휴양지 근처의 개발사례에서도 만족할 만한 결과들이 보여지고 있다.

이념의 생성

하워드는 1850년 1월 29일 런던에서 중하층 계급의 가정에서 태어났다(1850년은 오스만에 의한 파리 개조가 착수된 해이다). 그의 부모는 조그만 구멍가게를 운영했는데 하워드는 5살이 채 되기 전에 한두 살 위인 누나들(Lizzie, Tamar)과 함께 서퍽(Suffolk)의 작은마을 서드베리(Sudbury)에 위치한 여인네가 가정집에서 가르치는 기숙 초등학교(dame school)에 보내지며 그곳에서 포스터(Foster) 여사에게 9살이 될 때까지 교육을 받았다. 하워드는 어린 시절을 회상할 때 그다지 총명하지는 못하였지만 유달리 속기에는 능하여 인생의 큰 경력으로 자리한 속기사의 자질을 일찍이 터득하게 되었다. 그후 15살 학교를 그만둘 때까지 2번의 전학을 경험했지만 학교생활을 통한 뚜렷한 흔적은 없고 부끄러움이 지나치게 많고 몸이 허약한데다 특별히 시력이 나빠서 학교를 그만두는 시기에 안경을 착용하게 되었다. 하지만 왜 일찍이 그의 부모들이 학교를 그만두게 했는지에 대해서는 알려진 바가 없고 하워드 또한 언급한 적이 없다.

하워드는 일찌감치 사무소와 관청의 서기로 근무하였으나 21살이 될 때까지 2~3년 간격으로 직장을 옮겨 다녔고, 갑자기 21살이 되던 1871년 미국으로 건너가 네브래스카 주에서 2명의 동료와 160에이커의 땅에 감자와 옥수수 농사를 시작하였으나 실패하고, 일 년도 안되어 시카고로 가서 1876년 영국으로 돌아갈 때까지 일리(Ely), 버넘(Burnham) 그리고 바틀릿(Bartlett) 등이 일하고 있는 재판소 속기사로 근무하게 된다. 4년여의 시카고 생활 동안 하워드에 대하여 알려진 것은 거의 없지만 그에게는 매우 중요한 시기였음이 분명하다. 개척 농부로서 1862년 제정된 홈스테드법[3]을 체험하면서 광활한 토지를 무상으로 개간하여 번창한 농장과 소읍으로 구성된 경제 및 사회를 경험하고 농업과 기계의 기술적 개선을 이끌어내는 교육적 체계를 이해하게 되었다. 한편 그가 시카고에 거주할 때인 1871년 대화재 후의 대규모 도시재건을 목격하게 되었고, 그로 인한 부동산 시장의 활성화와 엄청난 지가의 앙등을 체험하고 미시간 호수 뒤편으로 펼쳐진 레이크 파크(Lake Park) 등의 공공공원으로 구성된 시카고를 보면서 그의 전원도시 이념의 기원을 이루었으리라 추측된다. 특히 사회개혁 운동가인 리처드슨 박사(Benjamin Ward Richardson)가 1876년 발간한 팸플릿[4] 'Hygeia' 혹은 'the City of Health'를 통하여 처음으로 계획도시를 착안하게 되었음이 틀림없다.

이념의 발전

26세가 되던 1876년에 영국으로 돌아와 영국 의회의 속기사로 일하면서 영국의 도시개조운동에 관심을 갖게 되는데 사회저명인사와 교류하면서 사회개혁에 앞장서게 된다. 나중에 그는 1898년 전원도시 구상을 서술한 유명한 책『내일: 진정한 개혁에 이르는 평화로운 길(Tomorrow: A Peaceful Path to Real Reform)』의 중심적인 사상은 자신이 생각하였지만 세부적인 사항은 다른 저자들의 영향을 받았다고 밝히고 있다.

50년 앞선 웨이크필드(Edward Gibbon Wakefield)의 빈곤층을 위한 계획된 이주지 'Art of Colonization'이나 라이트(Colonel W. Light)가 계획한 오스트레일리아 남부의 애들레이드(Adelaide)계획에서 영향을 받았다. 라이트는 애들레이드의 도시 주변부 전체를 띠 모양의 공원으로 계획하고 도시지역을 교외지역으로부터 분리시켜놓았다. 하워드는 애들레이드의 사례에 착안하여 하나의 도시가 일정규모로 성장하면 이 도시와 그린벨트로 분리된 곳에 두번째 도시가 형성되어야 한다는 아이디어로 발전시켰다.

하워드의 사상에 영향을 미친 것은 이뿐만이 아니었다. 토지소유권제도를 스펜서(Herbert Spencer)로부터 빌려왔고 중심지, 방사형가로, 주변부의 산업지대 등과 같은 전원도시 도식의 주요한 특징을 버킹엄(James Silk Buckingham)의 모델도시 등을 통하여 장점을 살리고 단점을 없앤 계획안을 제시한 것이다.

사상의 원천

전원도시라는 개념의 배경에서 그는 '공동사회에 봉사하는 것을 기초로 하는 새로운 문명의 거창한 가능성'을 발견하였다. 대도시의 성장은 자멸적인 것이니, 인구가 새로이 증가함에 따라 교통은 더욱 혼잡하게 되고, 그 중심기관은 더욱 접근 곤란하게 되며, 인구의 대부분은 마치 그들이 전적으로 도시궤도 밖에 있는 것과 마찬가지로 고차원적인 문화궤도의 혜택을 거의 볼 수 없게 되기 때문이라고 생각했다. 또한 지속적인 도시팽창을 옹호하는 대신에 그는 교외지역을 견딜 만한 타협안으로 생각하길 거부하였다. 하워드는 도시혼잡을 구제하려면 도시의 침대지역을 확장해서는 안되고 도시의 모든 기능을 분산시켜야 한다고 생각하였다. 교외지역의 일시적, 과도기적 형태를 거부하고서 그는 주말의 만남이 아닌 도시와 농촌 사이의 고정적인 결합을 추구하였다.

하워드는 중세시대 런던의 대략 1.5배인 1,000에이커의 토지에 32,000명의 사람들이 거주할 것을 제안했고 전원도시는 확장된 경계를 가질 것이었다. 전원도시는 훨씬 넓은 약 5,000에이커의 영구 그린벨트에 의해 둘러싸이게 되고 여기에는 단순히 농장뿐만 아니라 소년원 및 요양소처럼 농촌에 입지할 경우 보다 효과적인 모든 종류의 도시시설이 포함된다. 한편 점점 더 많은 사람들이 외곽으로 이주함에 따라 전원도시는 계획된 한계에 이르게 될 것이며, 이 경우 다른 전원도시가 근접한 위치에 건설될 것이다. 점차 시간이 지남에 따라 거의 무제한적으로 확장되어 결국 계획된 대로 광대한 집적체로 발전할 것이다. 이 집적체 내에서 개개 전원도시는 다양한 종류의 일자리와 서비스를 제공할 것이며, 또한 개개 도시는 고속철도체계에 연결되어 거대도시의 모든 경제·사회적 기회를 제공하게 될 것이다. 이러한 다핵도시의 비전은 3개의 자석에 비유한 하워드의 다이어그램을 통하여 개별적인 전원도시가 아니라 도시-농촌을 물리적으로 구현하려 했던 그의 제안을 이해할 수 있다.

하워드가 제시하는 전원도시의 조건은 다음과 같다.

- 도시의 계획인구를 제한할 것
- 도시 주위에 넓은 농업지대를 영구히 보유하며, 이 공지를 도시의 물리적 확

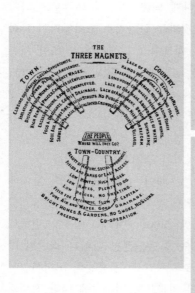

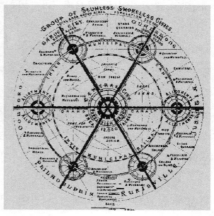

〈그림〉 내일의 전원도시
하워드의 *To-Morrow* 초판(1898)에 실린 핵심 도안들.

장을 제한하기 위하여 사용하며 시중에도 충분한 공지를 보유할 것
- 시민경제 유지에 만족할 만한 산업을 확보할 것
- 상하수도, 가스, 전기, 철도는 그 도시 전속의 것을 사용하며 도시의 성장과 번영에 의하여 생기는 개발이익의 일부를 지역사회를 위하여 보유할 것
- 토지는 경영주체 자신에 의한 공유로 하여 사유를 인정하지 않으며 차지(借地)의 이용에 관해서는 규제를 가할 것
- 주민의 자유결합의 권리를 최대한으로 향유할 수 있을 것

전원도시의 실현

하워드는 위대한 꿈을 꾸는 몽상가로 치부될 것이 아니라 진정한 행동가였음을 그의 저서를 통해 알 수 있다. 그의 책 내용을 자세히 살펴보면 많은 부분이 빅토리아 시대의 사업가들도 수긍할 수 있도록 투자비 회수를 위한 재정부분에 할애되어 있음을 알 수 있다. 책이 출판된 지 8개월 후 하워드는 실제적 계획안을 만들기 위해 다양한 계층 사람들의 관심 속에 전원도시협회(Garden City Association)의 창립을 주도하였으며, 1년 후인 1900년에는 재력가들의 지원을 받아 제1기 전원도시 유한회사(First Garden City, Limited)를 설립하기에 이르렀고, 그로부터 2년 후에는 2만 파운드의 자본금으로 전원도시개척회사(Garden City Pioneer Company)를 등록함으로써 본격적인 전원도시 개발에 착수하게 되었다.

1903년에 런던에서 54km 북쪽에 위치한 레치워스(Letchworth)에 첫 번째 전원도시를 만들기 시작했는데, 지가가 저렴한 레치워스는 양호한 철도 연결노선, 만족스러운 용수공급 및 양호한 배수로 등의 기준을 만족하는 곳이긴 하였으나 시작부터 투자가 별로 신통치 않았고 하워드가 생각했던 것과는 더디게 성장해나갔다. 레치워스 전원도시에는 1905년 하워드가 현지로 이사하여 직접 계획과 경영에 참여하였는데, 인구는 최대 3만 5,000명, 7,000호의 주택, 도로 광장, 공원, 녹지, 상하수도, 가스, 전기 등을 포함하는 종합계획으로, 기대했던 것보다는 매우 느리게 성장하였지만 1938년에는 계획목표의 절반에 못미치는 인구 1만 5,000명, 150개 상점, 60개 공장이 건립되었다. 제2차세계대전 이후 정부가 보조하는 분산화 계획에 힘입어 도시는 원래 계획했던 것보다는 다소 작은 규모로 마침내 완성되었다.

하워드가 69세 되던 1919년 런던에서 30km 떨어진 웰윈(Welwyn)에 전원도시·도시계획협회(The Garden Cities and Town Planning Association)

라고 개명한 협회와의 상의나 지불할 자금도 없이 부지를 구입했기 때문에 재정이 어려웠지만 협회는 하워드를 도와 두번째 전원도시를 건설하기 시작했다. 레치워스의 경험을 살려 웰윈 전원도시는 설계와 건축제한, 상업건물의 재정문제 등에 있어서 괄목할 만한 진전을 이루었다.

건축가 루이 드 수아송(Louis de Soissons)이 계획한 웰윈 전원도시는 당시까지의 언윈과 파커의 신토착양식을 밀어내고 신조지양식(New Georgian styling)으로 웰윈을 설계하였는데 레치워스와 비교하여 중산층 통근자들의 인기를 끌 수 있을 만큼 매력적이며 성공적이었는데 오늘날 영국 필름 공장의 중심지가 되었다. 웰윈은 정부차원의 확산운동, 신도시 정책, 1946년 신도시법(New Town Act)의 통과에 결정적인 영향을 미쳤다. 1920년 하워드는 현지로 이사를 하여 전원도시 건설에 직접 참여하였는데, 1928년 세상을 떠날 때까지 이곳에서 거주하였으며 전원도시·도시계획협회의 초대 회장을 지냈다. 하워드는 눈을 감기 한 해 전인 1927년 정부로부터 그의 공로를 인정받아 나이트작위를 받았으며 레치워스의 하워드 공원(Howard Park)과 웰윈의 하워즈게이트(Howardsgate)에 그의 기념비가 남아 있다.

하워드의 영향과 그에 대한 평가

하워드의 가장 위대한 공헌은 도시의 형태를 재조명한 데 있다기보다는 이런 형태의 밑바탕을 이루는 유기적 개념을 발전시킨 데 있었다. 하워드와 동시대인이었던 패트릭 게데스(Patrick Geddes)가 도시계획에 이론적이고 철학적인 공헌을 했다면 하워드는 도시계획에 비전과 행동을 동시에 보여주면서 사상을 몸소 실천한 행동가였다. 또한 도시에 동태적 균형과 유기체적이라는 생물학적 기준을 적용하였다. 이 균형은 생태적이며, 무엇보다도 성장을 적극적으로 통제하여 얻어지는 균형이다.

하워드의 전원도시개념은 그가 이룩한 두 개의 전원도시가 성공이냐

실패냐 관계없이 충분한 논의의 가치가 있고 각국의 도시정책에 실제적인 대안을 제시했다. 특히 제2차세계대전 후 영국정부는 도시성장이 제어수단으로서 일련의 신도시계획을 추진하면서 그린벨트, 전원도시 등의 개념을 활용해왔다. 한편 하워드의 전원도시 사상이 영향을 미친 것은 널리 알려진 대로 페리(Clarence Perry)의 근린주구단위 개념, 2차 대전후 미국도시의 건물블록, 경제대공황 중 미국정부에 의해서 건설되었던 그린벨트타운 등이었다. 3개의 그린벨트타운(Greenbelt, Green hills, Greendale)은 하워드의 전원도시와 아주 유사한 것이었는데. 단지 미국의 것은 영국과 달리 자족도 아니고 토지이용의 균형도 이루지 못한 교외주거지(dormitory suburbs)에 불과했다. 또한 '균형된 공동사회(Cooperative Quadrangle)'라는 하워드의 사상은 샤를 푸리에(C. Fourier)로부터르 코르뷔제(Le Corbusier)에 이르기까지 다양한 도시형태 및 이론에 나타났고, 그가 비판받을 때마다 그가 주장한 균형과 기능적 완벽성의 원리가 재조명되고 재창조되었다.

대부분의 사람들이 하워드를 그릇되게 평가하는 것은 그가 저밀도 초원계획을 옹호했다고 주장하는 것이지만 사실 그의 전원도시는 런던 도심부 정도의 밀도를 가졌을 것이고 수많은 유사한 곳에서 발견되는 전원교외(garden suburb)를 하워드의 전원도시와 혼돈했고 이 점에 대해서는 하워드의 핵심 참모 중 한 사람인 언윈(Raymond Unwin)이 비난을 받아야 할 것이다. 하워드는 이상적 사회개혁가로서 수십 혹은 수백만의 인구가 공존하는 지역사회를 꿈꾸었음에도 불구하고 농촌 깊이 고립된 소도시를 제안하는 물적 계획가로 평가절하한다는 것이다. 하지만 하워드는 '모범실험도시'를 건설함으로써 기존에 비해 훨씬 나은 실천 가능한 도시형태를 만들어낼 수 있다는 것을 보여주었고, 이를 위해 '집적' 대신 '계획된 확산'을, '집중' 대신에 '분산'을, '분해' 대신에 '통합'을 추구하였다.

하워드의 전원도시는 최초의 도시공간구조의 개념이라 할 수 있고 기존도시의 팽창압력을 다핵 외연적 확산으로 유도하려는 시도였으며 최근 친환경적인 도시공간구조에서 언급되고 있는 압축적인(compacted) 토지이용의 형태가 이 개념에서 이미 주장되었으며 하워드는 전원도시 내의 모든 공간적 이동을 도보로 이룰 수 있도록 높은 주거밀도를 주장하였다(15주택/Morgen, 80~90명/Morgen, 1 Morgen＝0.4 ha).

주)

1) 계획적 단위지구개발(P.U.D.)수법은 단지방식지역제(Cluster Zoning)로도 알려진 것이며, 초기에 집중적으로 개발되는 도시근교나 원교전원지대에 적용된다. 이는 일정범위 내의 토지를 개발할 경우 지역규제에 의한 전체밀도 이내에서, 부분적으로 고밀도의 주택군을 가능케 하고 가능한 많은 자연보존상태의 토지를 유지시킬 수 있게 한다. 이 계획이 승인되면 그때는 그 계획 자체가 P.U.D.구역 내 토지에 관한 개발규제법이 된다.
2) Title Ⅶ of the 1970 Urban Growth and New Communities Act.
3) 홈스테드법(Homestead Act)에 의하면, 등록비만 내면 가구당 최고 160에이커의 토지가 제공되고, 5년간 거주하고 경작할 수 있으며, 이 재산에 대해서는 빚을 져도 압류나 강제 매각의 대상이 되지 않았다. 이러한 홈스테드법에 의해 만들어진 자작농장을 홈스테드라 불렀다.
4) 1875년 10월 브라이턴(Brighton)에서 개최된 Social Science Association회의에서 리처드슨 박사는 건강한 도시가 되기 위해서는 낮은 인구밀도, 좋은 주거환경, 넓은 통행로, 지하철도와 충분한 오픈스페이스를 구현해야 된다고 역설하였다.

참고문헌

김선범. 2000, 「역사 속의 계획가」 중 일부(http://134.75.140.3/~sbkim/planner/howard.html).
류중석. 2000, 「전원도시의 원류를 찾아서」(http://urban.cau.ac.kr/jryu/essay/전원도시.htm).
주종원 외. 1999, 『도시구조론』, 동명사.
Andres Duany & Elizabeth Plater-Zyberk. 1992, *Towns and Town —Making Principles*, Second Edition, Harvard University Graduate School of Design.
Beevers, R. 1988, The Garden City Utopia: A Critical Biography of Ebenezer Howard, London: Macmillan.
Christensen, C. A. 1986, *The American Garden City and the New Town Movement*, Ann Arbor: UMI Research Press.

Congress for the New Urbanism(edited by Micheal Leccese and Kathleen McCormick). 2000, *Charter of the New Urbanism*, McGraw-Hill.

Fishman, R. 1988, *Urban Utopias in the Twentieth Century*, Cambridge. MA.: MIT press.

Getzels, J. 1988, *The Practice of Local Government Planning*(2nd Edition), Washington D.C.: International City Management Association.

Hall, P. 1988, *Cities of Tomorrow*, Oxford: Blackwell, 임창호 역, 2000, 『내일의 도시』, 한울.

Hayden, D. 1984, *Redesigning the American Dream: the Future of Housing, Work and Family Life*, New York: Norton.

Jacobs, J. 1961, *The Death and Life of Great American Cities*, New York: Vintage Books.

Mumford, L. 1961, *The City in History*, New York: Harcourt Brace Jovanovich.

Plunz, R. 1990, *A History of Housing in New York City*, New York: Columbia University Press.

Ward, S. 1992, *The Garden City: Past, present and future*, London: Chapman&Hall.

Ward, S. V. 1990, "The Garden City Tradition Re-Examined," *Planning Perspectives*, V.5 n.3(90.09), pp.249-256.

Le Corbusier

코르뷔제의 빛나는 도시의 신화

은민균(우석대학교 건축토목조경학부 교수)

출생과 배경

르 코르뷔제(Le Corbusier, 본명 Charles-Édouard Jeanneret)는 1887년 시계의 도시 스위스의 라쇼드퐁(La Chaux-de-Fonds)에서 태어났다. 스위스와 프랑스의 경계를 이루고 있는 쥐라(Jura) 산맥의 산자락에 자리하고 있는 이 산골도시는 코르뷔제에게 자연의 중요성과 저 멀리 산 너머 지중해를 동경하는 그의 시심에 영향을 주었다. 후일 그의 건축언어에서 나타나는 흰색의 벽면과 난간, 기둥 등은 코르뷔제가 어릴 적 동경하던 푸른 대서양의 하얀 증기기선을 형상화한 것이다.

코르뷔제는 정식으로 건축 교육을 받지 않았다. 그러나 고향의 장식미술학교에서 받은 미술수업과 시계세공업 훈련, 그곳에서 만난 좋은 스승을 통해 기본소양을 착실히 쌓았다. 수시로 쥐라 산맥의 산줄기를 찾아 자연의 모습을 스케치하였던 미술학교의 교육은 코르뷔제에게 자연의 이해와 아울러 그의 아이디어를 표현하는 아주 강력한 도구를 습득하게 하였고, 정교한 그의 세공업 솜씨는 공예대회에서 수상할 정도였다. 그러나 스승인 에플라테니에(Charles L'Eplattenier)는 코르뷔제에게 건축을 권했다. 이후 1907년, 가르니에(Garnier)와의 만남과 에마

(Ema)의 수도원 방문은 코르뷔제의 공간개념에 있어서 아주 중대한 전기가 되었다. 가르니에와의 만남은 공상적 사회주의 경향을 띠었던 코르뷔제에게 건축에 대한 유형학적 접근방법을 열어주었다. 가르니에의 공업도시는 질서가 부여된 곳이라면 어디에서건 훌륭한 삶이 시작된다는 코르뷔제의 생각과 부합하는 것이었다. 도시 전체가 실제로 거대한 공원처럼 이용되는 가르니에의 계획이 코르뷔제에게 영감을 제공하였다. 또한 에마의 수도원은 그가 평생 동안 추구했던 공동생활에 대한 이상적인 모습을 체험하게 해주었다. 이곳에서 코르뷔제는 스승인 레프라테니에르와 가르니에로부터 물려받았던 공상적 사회주의 사상에 대한 자신의 재해석을 풀어놓기 위한 사회로 코뮌(commune)을 처음 체험하였다. 이곳에서 코르뷔제는 개인의 일상과 공동체 생활의 조화, 즉 다른 사람과의 일상적 접촉과 침묵·고독 등 인간적 열망을 동시에 만족시키는 생활상이 성취되었다고 믿었고, 이것을 토대로 무수히 재해석한 이미지로서 공동체건축을 계획하였다.

1907년과 함께 코르뷔제에게 있어 아주 중요한 시기가 1911년이다. 후일 자신의 여행담을 『동방여행(Le Voyage d'Orient)』이라는 책으로 발간하였는데 코르뷔제는 이 시기에 독일, 헝가리 등을 거쳐 터키, 그리스, 이탈리아 등 이른바 동방을 여행하며 그의 건축적 사고의 기틀을 다졌다. 그중 아테네의 아크로폴리스는 이 여행의 정점이었다. '순수한 정신의 창조'로 파르테논을 정의한 코르뷔제는 이곳에서 엄격한 질서, 기하학적 정신을 발견한다. 그의 저서 『건축을 향하여(Verse une architecture)』를 통해 파르테논에 대한 많은 부분을 언급한 코르뷔제는 무엇보다도 건축가가 추구할 가장 기본적인 것은 건물의 전체윤곽, 외형이라고 판단했고, 건축은 빛을 다루는 것이며, 명확한 진술, 작품에 살아 있는 통일감을 주는 것, 작품에 기본적인 자세와 특징을 부여하는 것 모두가 정신의 순수한 창조라고 여겼다. 이러한 그의 생각은 이후 여러 작업에 근간을 이루며 표현되었다.

코르뷔제의 『건축을 향하여』

고향을 떠나 파리로 이주한 코르뷔제는 1920~1921년 사이 ≪에스프리누보(L'Esprit Nouveau)≫지를 통해 발표한 글들을 『건축을 향하여』라는 책으로 발간하면서 이름이 세상에 널리 알려지게 되었다. 이 책은 건축사상 가장 유명한 책 가운데 하나가 되었는데, 코르뷔제는 그의 미학적 기초를 명쾌한 문장으로 설명하였다. 여행중에 얻은 경험, 건축가로서의 경험, 오장팡(Ozenfant)과 같은 예술가들과의 대화 등을 통해 코르뷔제가 제시한 주장은 명쾌하고 혁신적이었다. 여기에 표현된 유명한 선언—주택은 살기 위한 기계(machine for living)—을 문자 그대로 이해하려고 하면 코르뷔제가 전형적 근대주의자로 비추어진다. 그러나 이러한 주장은 당시의 보수적인 상황에 대한 도전적 선언이었다. 제1차세계대전 이후 유럽은 낭만주의적 기계주의, 즉 현대기술에 기초를 둔 건축의 혁신이라는 관념에 사로잡혀 있었다. 이들 중에서도 코르뷔제의 새로운 건축언어는 그 시대의 구체적인 필요성에 답하는 기술자의 방법을 직접 응용하여 정식화되었다.[1]

코르뷔제는 자동차, 선박, 비행기 등에서 보여지는 완벽한 기계적 작동에 감동했다. 데카르트주의자였던 코르뷔제에게 있어 기계의 아름다움과 그 논리, 그 작동의 완전성은 동일한 것이었다. 이러한 관점에서 코르뷔제는 건축을 통해 계획되지 않은 우연성, 시대에 걸쳐 내려오는 장식을 버릴 것을 표현했다. 이러한 정신을 표현하는 데 있어 철근콘크리트는 아주 적격이었고, 표준화와 대량생산개념이 그의 아이디어에 있어서 많은 부분을 차지하였다.

이러한 면에서 코르뷔제는 아주 유명한 근대주의자다. 그러나 역사를 부정하고 단절하려던 전형적인 근대주의자와는 달리 코르뷔제는 역사와의 연속성을 결코 부인하지 않았다. 코르뷔제에게 있어 기능주의라는 것은 결코 목적이 아니라 순화의 과정이었다. 그는 '주택은 살기 위한 기계'라는 표현을 사용함으로써 건축을 단순한 기계로 전락시키지 않았다. 아르헨티나에 대한 회고담[2]을 통해 코르뷔제는 건축가의 건축이 아니라 정말 인간이 사는 집을 그곳에서 보았다고 했다.

사람이 생명의 근본적인 진실에 도달하는 것은 비즈니스 거리의 호화로운 건축물 속에서가 아니라 부에노스아이레스의 날품팔이 빈민가라면서……

코르뷔제의 도시론

코르뷔제의 포괄적 공간개념인 도시계획은 대표적으로 알려진 '300만을 위한 현대도시(Ville Contemporaine Trois Millions D'habitants)' (1922), 'Voisin Plan'(1922), '빛나는 도시(La Ville Radieuse)'(1933) 등의 프로젝트와 그의 저서 『어바니즘(Urbanisme)』(1925), 『3가지 인간기구(Trois Etablisements Humains)』(1959) 등을 통해 제시되고 있다. 코르뷔제는 고향을 떠나 1917년 파리로 이주한 이후 직접 체험했던 대도시 파리의 문제들과 가능성에 대해 거의 배타적인 관심을 가지고 자신의 아이디어를 계속적으로 전개하였다.

이러한 코르뷔제의 계획개념은 네 가지의 주요 모드(mode)를 조합하는 것으로 설명될 수 있다. 첫째는 미학(aesthetics)으로, 조화와 균형의 원칙을 적용함으로써 시각적·감정적으로 만족을 주는 물리적 환경을 창조하려는 그의 야심에 근거한다. 이러한 동기는 초기의 예술과 건축에 관한 훈련에서 나타나고 있다.

둘째는 주거로, 제1차세계대전 초기부터 보인 대량생산에 대한 코르뷔제의 관심이다. 단순히 안락한 주택을 설계하는 것만으로는 충분하지 않고, 접근성(access), 주변환경(surroundings), 쾌적성(amenity), 위치(location) 등도 만족할 만한 주거환경의 창조에 결정적이라는 것을 코르뷔제는 인식했다.

셋째는 효율성(efficiency)인데 이것은 더 좋은 도시환경이 도시의 경제적 번영에 의존한다는 코르뷔제의 인식에 근거한다. 이러한 그의 인식은 초기, 즉 1920년대 초에는 완전히 나타나지 않았다. 그러나 이후 코르뷔제는 교통, 산업입지, 상업지역의 설계, 도시효율성의 다른 측면들에 대해서 많은 관심을 가지게 된다.

넷째는 사회개혁(social reform)으로, 가장 이해하기 힘든 부분이지만 가장 중요한 부분이기도 하다. 왜냐하면, 이것이 다른 세 가지의 토대가 되고 끊임없는 자신의 주장을 위한 중요한 영감을 제공하기 때문이다. 이러한 네 가지 모드가 이후의 전개에 중요한 토대가 된다 하더라도, 코르뷔제의 1920년대 계획의 실질적 접근은 대도시의 전적인 수용에 의존한다. 대도시는 코르뷔제에게 있어 가장 위대한 기술적 효율성의 장으로, 도시 거주자에 대한 근본적인 사회적·문화적 이익의 공급자였다.[3]

코르뷔제의 도시론은 기본적으로 기능주의에 바탕을 두고 있는데, 이런 기능주의 도시론은 1933년 CIAM회의에서 선언된 아테네 헌장에서 분명히 드러났다. 당시 세계의 33개의 대도시를 분석한 당시 회의의 결론으로 정립된 이 헌장은 도시분석에서 추출한 보편적 결론을 밝힌 선언으로 미래의 도시계획에 대한 방향을 제시하였다. 이 선언에서 주장하는 것은 도시의 기능분리이다. 즉 기능이 분리되어 있는 도시를 '기능적'이라고 정의하며 도시계획의 열쇠는 주거, 노동, 레크리에이션, 교통의 4가지 기능에 있다고 하였다.

코르뷔제의 이러한 기능주의 도시계획은 이미 1922년 '300만 명의 현대도시'로 발표되었고, 그후 수십 년에 걸친 코르뷔제의 도시계획원리로 제안되었다. 자동차의 잠재적 힘과 마천루와 전원적 교외가 당시 코르뷔제에게 영감을 제공하였고, 코르뷔제는 이런 점을 효율, 편리, 질서라는 개념을 가지고 전개하였다. 또한 여기에서 두드러지는 것은 축의 엄격성이다. 축이 사방으로 전개되고 있고 도시를 지배하고 있는데 코르뷔제에 있어서 이러한 엄격한 축은 미적인 기본 원칙이었다. 이를 기초로 그는 자동차의 속도를 수용하는 직선의 길을 새로운 도시의 강력한 계획요소로 주장하고 중세의 꼬불꼬불한 도로를 '나귀의 길'이라 부르며 카밀로 지테(Camillo Sitte)의 미학을 거부하였다. 이처럼 현대도시에서는 속도에 대한 개념이 도시계획의 중심을 차지하고 있다.

이와 함께 현대도시에 두드러지는 것은 아파트나 사무실의 아래 펼쳐진 넓은 공원이다. 실제로 중심지구에서는 지면의 95%가, 주거지구에서는 85%가 공원면적이다. 즉 현대도시계획안에서 강력히 주장하고 있는 것은 자연의 상태를 회복하는 것이다. 즉 중심부의 이용밀도를 높이고 동시에 거리에 녹지를 도입하여 도시의 지면 전체를 거대한 레크리에이션 지구로 만들고자 하였다.

이처럼 대도시를 계획하는 데 있어 코르뷔제는 기계시대의 기술적 가능성과 자연의 조건을 계획의 기본 바탕으로 하였다. 이러한 생각들이 결집된 '빛나는 도시'의 가장 큰 특징은 도시 자체가 유토피아라는 것이다. '주택은 살기 위한 기계'라는 표어와 함께 코르뷔제를 전형적 모더니스트로 평가하게끔 하는 것이 바로 이것이다. 코르뷔제가 제안한 환경의 질 즉 빛, 녹지, 공기 등 몇 가지 요소로 도시를 해석한다는 이론은 수용해야 하는 수많은 기준들이 없기 때문에 이론가들의 공격대상이 되었다. 환경의 질은 주민이 녹음이나 빛의 양을 통해 제공받는 공간만으로는 계측할 수 없다. 그러나 이렇게 간단한 요소로 도시를 해석한 것은 당시의 열악한 도시환경을 건축적으로 해결하기 위한 최소의 조건이었기 때문이다.

따라서 그의 도시계획은 건축의 가능성을 열기 위한 텍스트로서의 도시였지, 도시 그 자체를 물리적으로 해결하기 위한 작업은 결코 아니었다. 이 계획은 현실적으로 불가능한 이상도시일 뿐이다. 코르뷔제가 태양, 녹지, 교통의 순환체계를 가지고 말하려는 것은 눈앞의 현실도시가 아니다. 이것은 그의 머리 속에서만 가능한 유토피아인 것이다.

코르뷔제가 이러한 유토피아를 구체적으로 어떻게 전개하였는가에 대한 해답의 하나로 '유니테 다비다시옹(Unite D'habitation)'을 들 수 있다. 고밀화 사회, 넓은 초원 위에 펼쳐진 고밀주거, 그리고 공동체 생활……, 코르뷔제의 최초 도시계획 규모의 건축은 마르세유를 대상으로 한 유니테 다비다시옹이다. 그러나 이 계획에 포함되어 있는 공간개념들을 알지 못한 채 박스형의 모조품 주거들이 세계도처에 건설되면서 이에 따른 비난도 역시 코르뷔제의 몫으로 돌아왔다. 이 프로젝트를 통해 코르뷔제는 중산층을 위한 현대주택에 대해 그가 가진 구상을 표현할 수 있었다. 전권을 부여받은 코르뷔제는 다양하게 구성된 가족을 전제로 주택의 유형을 산정하였고, 주택요소의 프리패브, 골조, 채광, 공동시설 등에 관한 그의 아이디어, 즉 20여 년간 끊임없이 연구해 이론적으로 적립된 것을 실천할 수 있었다.

여기에서 염두에 두어야 할 것은 공동체생활로서의 집합주거다. 자신의 집합적 운명에 의해 결정된, 관리가 용이한 규모의 19세기 공동사회, 푸리에(Fourier)의 팔랑스테르로부터 자율적인 거주단위의 개념을 도입하였다. 관리가 불가능한 거대도시로부터 커뮤니티를 분리해내며 자율적인 주거단위를 제안하였다. 이것은 페리(C. A. Perry)가 1929년에 미국에서 제안했던 근린주구단위를 빛나는 도시라는 형태로 실현한 것으로 볼 수 있다. 코르뷔제의 원래 의도는 유니테를 프랑스 전역에 늘어놓음으로써 전쟁으로 집을 잃은 400만 명의 이재민들에게 집을 제공하려는 것이었고, 보다 주요한 것은 도시 교외로의 무분별한 도시 확산을 막아 자연경관을 지키려고 한 것이었다.

코르뷔제의 실현된 도시계획안으로는 인도의 펀잡 주정부의 수도 찬디가르(Chandigarh)를 들 수 있다. 30여 년간에 걸친 연구와 활동 끝에 코르뷔제는 처음으로 자신의 주장을 전적으로 자신의 관리 아래 주장할 수 있게 되었다. 아테네 헌장으로 정식화된 기능적 도시 즉 주거, 노동, 교통, 레크리에이션을 통한 자기개발 등의 요소가 분리된 도시를 강력히 추진하였다.

여기의 마스터플랜에서 코르뷔제는 직선의 도로와 1,200m × 800m의 모듈을 가진 근린주구 섹터를 기본으로 계획하였다. 도시기능의 분리라는 점이 가장 엄밀하게 나타나는 것이 바로 이 교통계획에서였다. 코르뷔제는 도로를 V1에서 V8까지로 분류하고 교통의 효율적 분배를 시도하였다. 도시의 중심은 사방으로 펼쳐지는 아주 대규모의 넓은 보도로 구획되어 거대한 개방공간을 형성하고 있으며, 여가를 위한 공간에는 경치 좋은 산책로가 계획되었다. 그러나 찬디가르의 문제는 오히려 이러한 도시기능의 엄격한 분리에서 나타났다. 즉 도로는 인도의 현실을 반영하지 못하였고, 도시의 중심에는 아무런 실질적 도움을 주지 못하는 거대한 녹지공간이 따로 놓여 있으며, 아주 좋은 산책로도 주거지로부터 너무 떨어져 있어 멀 뿐 아니라 밤에는 아무도 있지 않게 되었다. 이런 문제는 기능주의 도시론의 실패한 예로서 언급이 되곤 한다.

코르뷔제의 도시론은 근대 도시 재개발 등에 영향을 미쳐왔고 이에 대한 비판도 많이 제시되었다. 그 대표적인 예로 제이콥스(Jacobs)는 1945년 이후 재조직된 도시경관을 연구하며 가장 강력히 반모더니스트 입장에서 그의 유명한 저서인 『미국 대도시의 삶과 소멸(The Death and Life of Great American Cities)』(1961)을 통해 코르뷔제에게 통렬한 비판을 가한다. 그녀는 미국의 도시재개발을 도시재건이 아니라 약탈로 규정하였다. 그러나 이러한 모더니스트의 도시에 대한 비판, 즉 전후 도시개발 및 재개발의 딜레마에 대한 근대적 해결책들을 순전히 실패작이라고 몰아붙이는 것은 올바르지도, 정당하지도 않다고 하면서 하비(Harvey)는 "해결책 가운데 좋은 것과 나쁜 것이 나누어지기는 하지만 도시구조의 재편성을 통한 완전고용유지, 물질적인 사회적 설비개선, 복지목표에의 공헌, 당시 자본주의 사회질서의 유지 등 전반적인 효과는 대성공이었다"[4]고 말한다.

이처럼 코르뷔제의 도시이론은 건축과 마찬가지로 기능주의 한 면만으로 볼 수 없는 많은 내용들이 내포되었다. 코르뷔제가 제안한 많은 건축과 도시 프로젝트 속의 다양한 내용처럼, 20세기 최고의 건축가인 코르뷔제에 대한 평가는 관점에 따라 너무 대조적이다. 한쪽에서는 근대건축과 공간창조의 거장으로 평가하는 반면, 다른 한쪽에서는 현대의 메마른 도시와 건축을 만들어낸 장본인으로 비판하기도 한다. 이처럼 분분한 평가에도 불구하고 분명한 것은 코르뷔제는 최고의 근대건축가요, 지금도 여전히 현대건축과 도시공간창조에 커다란 영향을 미치고 있다는 사실이다.

주)

1) Moos, 『르 코르뷔제의 생애』(최창길 역), 기문당, p.70.
2) Ibid, p.67
3) Sutcliffe, "A Vision of Utopia," in *Open Hand*, pp.217-219.
4) David Harvey, *The Condition of Postmodernity*, p.71.

참고문헌

르 코르뷔제. 『새로운 건축을 향하여』(장성수 역), 서울: 기문당.

William Curtis. 1986, *Le Corbusier: Ideas & Forms*, Oxford: Phaidon.
Willy Boessiger. 1991, 『르 코르뷔제 전집』(르 코르뷔제 작품연구회 역), 서울: 집문사.
파리의 코르뷔제 재단 사이트 주소 http://www.fondationlecorbusier.asso.fr

C. A. Doxiadis

독시아디스의 도시·건축사상

김선범(울산대학교 건축학부 교수)

   콘스탄티노스 독시아디스(Constantinos Apostolos Doxiadis) 하면 맨먼저 '에키스틱스(Ekistics)'와 '에큐메노폴리스(Ecumenopolis)'가 떠오른다. 그는 '인간(man)', '방(room)'이라는 최소 공간단위로 시작하여 '에큐메노폴리스'에 이르기까지, 도시 속에 인간 척도의 개념을 도입하여 그것을 15개 정주단위(settlement units)로 구분하였다. 그리고 대작 『에키스틱스(Ekistics)』를 위시하여 『전환기의 건축(Architecture in Transition)』, 『안트로포폴리스(Anthropopolis)』 등의 저술로 더욱 유명하다.

   그는 24세에 베를린에서 첫 저서를 출판한 이래, 세상을 떠나기 전해인 1974년 『에큐메노폴리스(Ecumenopolis: the Inevitable City of the Future)』(Papaioannou와 공저)를 마지막으로 15권 이상의 단행본과 40편 이상의 왕성한 저술활동을 폈던 실무적 도시계획가, 도시설계가이자 교육자였다. 동시에 저술 활동 이외에도 각종 연구 발표, 강연, 강의를 통하여 계획가나 건축가의 역할과 변화하는 도시의 문제를 동적 관점에서 관찰하고 연구했던 실천적 도시이론가이기도 했다.

   이미 33세 때(1946)부터 'Ekistic analysis'나 'Ekistic policy' 등의 용어를 그의 논술에 사용했는데 이를 집대성한 것이 55세 때(1968) 출판한 대작 『에키스틱스』였다. 그가 독창적으로 고안해낸 용어는 여러 가지가 있지만 대표적인 것이 1961년 『에큐메노폴리스』에서 주장한 미래의 정주도시 '에큐메노폴리스'이다. 그리고 이에 대한 이론적 완결편은 후에 『에키스틱스』에 정리된 '에키스틱스 이론(Ekistics theory)'이다.

성장 – 연구 – 실무

독시아디스는 1913년 그리스에서 태어나 1975년 아테네에서 세상을 떠날 때까지 62년의 길지 않은 삶이었지만 전후 그리스의 가장 훌륭한 건축가·도시계획가·교육자로서 평가받고 있다.

그는 1935년 아테네 공대 건축학과를 졸업한 후, 1937년 베를린 샤를로텐부르크(Charlottenburg) 공대에서 박사학위를 받았다. 그의 박사학위 논문 '고대 그리스 건축군의 시각적 구조'는 그의 저서 『전환기의 건축』에 일부 소개되고 있는데, 고대 그리스 건축이 관찰자의 움직임에 따라서 동적으로 파악되고 있었던 점을 분명히 한 독창적 연구로 평가되면서 MIT에서 영어로 번역 출판(1972)되어 주목을 끌기도 하였다.

박사학위를 마치고 건설부 도시·광역계획국장, 아테네 공대 교수 등을 역임했고, 제2차세계대전 후 주택 관련 공직과 국무장관 등을 두루 거쳤다.

1951년 정치적 이유로 장관직을 사임한 후 오스트리아에서 칩거하면서 대작 『에키스틱스』의 구상에 착수하게 된다. 그의 건축·도시관이 인간주의적 사고에 중심을 두게 된 것은, 그가 스스로 피난민 경험을 하였고, 소아과 의사였던 부친이 제1차세계대전 후 후생장관으로 피난민 구제사업과 서민주택건설에 진력했던 환경 때문에, 도시나 건축은 특정 인이나 자체만을 위한 것이 아니라 '사람이 모여 산다는 점'을 강조하면서 자연스레 형성되었다고 볼 수 있다. 또한 죽어가는 도시와 집 없는 사람들에 초점을 두는 인간주의적 사고가 중심을 이루면서, 그의 도시 정주단위의 기본도 '인간'이고, 정주의 1차 요소도 '인간'이었다.

귀국 후 1956년 'Doxiadis Associates'를 창립, 소장직을 역임하면서, 주로 중동지역 여러 나라의 도시관련 프로젝트를 수행하였고, 한때 700여 명이나 되는 직원을 거느린 회사로 성장, 30여 나라의 대형 프로젝트를 수행하는 등 국제적 명성을 얻게 되었다. 1963년에는 제네바에서 개최된 국제연합회의에서 도시문제의 의장직을 맡으면서 세계 각지에 강연 활동을 벌임은 물론 매년 여름 델로스에서 회의를 개최하여 여러 나라 여러 방면의 인재들과 교류하였다.

그가 세상을 떠난 후 지금까지도 아테네를 중심으로 'The Athens Centers of Ekistics, World Society for Ekistics'라는 이름의 세계적 활동은 지속되고 있으며 도시의 계획과 설계에 큰 공헌을 하고 있다.

그는 현대사회가 기능 위주의 비인간적 도시환경으로 변화하는 것을 크게 우려하여 아테네 헌장을 마련하는 데 주도적인 역할을 하기도 하였다. 특히 파키스탄의 신수도 이슬라마바드의 계획과 건설을 담당하였으며 미국의 디트로이트 재개발계획에도 참여하였다. 대표적 저서 『에키스틱스』와 같은 이름의 인간정주 환경전문 월간지도 창간하여 지금에 이른다.

도시이념─에큐메노폴리스

그의 사상은 물론 『에키스틱스』에 분명히 나타나 있다. 도시란 유토피아(Utopia)가 아니라 꼭 실현해야 할 도시 즉, '엔토피아(Entopia)'로 생각하였다. 엔토피아는 '존재할 수 있는 장소'를 뜻하는 그리스어 en(in)과 topos(place)의 합성어로, 1966년 미국의 한 대학 강의에서 독시아디스가 처음으로 사용하였고, 후에 그의 저서 *Between Dystopia and Utopia*에서도 사용하였다.

'에큐메노폴리스'라는 미래도시 패러다임을 주창한 독시아디스는 도시가 내용은 보편적, 표현은 지방적인 것이라고 생각했는데, 이러한 그의 미래도시 개념은 영국의 석학 아놀드 토인비에게 큰 영향을 주기도 하였다. '에큐메노폴리스'라는 개념은 세계를 하나의 정주단위로 형성할 지속적인 체계로서 전 지구를 덮어버릴 미래의 도시 개념이다. 이 개념은 전문 저널 『에키스틱스』가 발간된 1961년 10월에 독시아디스가 처음으로 사용하였다.

그는 기본적인 정주 단위로 '한 사람의 방'이 계속 확장, 발전하여 마침내 국경을 초월하여 세계가 하나의 도시국가 형태로 발전하는 '에큐메노폴리스'가 될 것이라고 진단하였다. 그리고 21세기 초에 들어서 도시는 단위 국가 내의 성장에 머무르지 않고 더욱 확대 발전될 것이기 때문에 공간·기능(시민활동)면에서 전 세계가 하나의 도시(urbanized world) 안에서 생활하는 세계적 도시사회가 될 것으로 예측하였다.

최근 컴퓨터 기술에 의한 인터넷, 위성과 광통신의 발달로 시간 거리가 급속도로 단축되고 있고, 지역간의 접근성이 높아가고 있으며 공간 활동도 일일생활권을 향하여 변화하고 있는 추세로 볼 때 그의 예측이 시사하는 바가 적지 않다. 그는 21세기 말에는 세계 인구가 200억 내지 250억이 되며, 이 가운데 180억이 '에큐메노폴리스'에 살게 될 것이라고 전망하기도 하였다.

전통적인 세 가지의 도시계획·설계 이념 즉, 전원도시 같은 비실용적 이상주의, 영국식 르네상스 양식인 심미주의, 그리고 사회적 이상과 물리적 이상을 결합하는 통합주의 등과는 별개로 독시아디스가 제안한 새로운 개념은 저서 『에키스틱스』에서 언급한 '생활도시', '세계도시', '연담도시'라고 번역되는 '에큐메노폴리스'라는 개념이다. 이 '에큐메노폴리스'는 도시와 주위의 농업지역으로 구성된 연속적인 취락 형태로, 독시아디스는 이 취락 형태가 지구 전체에 걸쳐 성장·진화할 것으로 판단한 것이다. 그는 인간이 개발과 녹지 사이에 균형을 유지할 계층적인 도시 조직을 창출하고 있다고 보고, 도시화의 마지막 산물이 바로 '에큐메노폴리스'일 것으로 보았다.

이 체계의 핵심 요소는 인간에 초점을 맞춘 것이었고, 이 체계 안의 도시는 인간적으로 관리가 가능한 차원으로 제한된다. 말하자면 최대 10분 정도 편안히 걸어갈 수 있는 거리로 제한하여 이를 위해 보도와 차도는 교차시키지 않는다. 물리적·정신적·사회적 복지의 관점에서 지역사회의 최대 인구 규모는 5만여 명으로 보았고, 하나의 도시 세포 (cells) 면적은 7,000평방 피트(약 200평)로 몇 개의 도시 세포들이 통신과 교통 체계에 의해 연계되어 하나의 통합된 전체가 된다. 오늘날 도심부와 교외 번화가에서 전개되는 복합용도개발(mixed-use development) 과 통근거리의 최소화가 강조되는 경향은 이러한 접근방식과 완전히 부합되는 것으로 볼 수 있다.

그는 계획가의 제한된 건축·엔지니어링·계획 지식만으로는 광범위한 도시 문제에 대처하기 어렵다고 생각하고, 경제·사회·지리학자, 나아가서는 행정가·법률가·수학자 등 많은 전문 직종의 사람들로 구성된 팀이 협동 작업을 통하여 인간 정주의 복합적인 문제들을 취급해야 한다고 역설하였다. 여기에는 모든 분야를 종합하여 하나의 전체적인 체계를 세우는 '에키스티션(Ekistician)'이 있어야 한다고 하였다.

이러한 생각을 기반으로 제2차세계대전이 끝난 후 'Doxiadis Associates'를 창설하였고 30여 개국에 걸쳐 많은 형태의 프로젝트들을 다루게 된다. 또한 이러한 노력을 지원할 연구·교육기관으로 1958년 아테네 기술 기구가 설립되었고, 1963년에 'Athens Center of Ekistics'를 탄생시켜 인간 정주의 개발과 관련된 모든 분야에서 국제적 협동작업을 수행하기도 하였다. 이곳에서 수행한 신도시 건설 프로젝트로는 파키스탄의 신수도 Islamabad, 잠비아의 산업도시 Kafue, 가나의 항구산업도시 Tema, 리비아의 행정중심지 Beida 등이 있고, 구도시의 개조계획으로는 Athens, Baghdad, Homs, Khartoum, Lusaka, Rio de Janeiro, Riyadh, Skoplje, Tobruk 등이 있다. 또 도시재개발 계획으로는 미국의 Eastwick (Philadelphia), Hampton(Virginia), Louisville(Kentucky), Malden(Massachusetts), Miami(Florida), Washington, D.C. 등이 있고, 지역계획으로는 the urban Detroit area, the Great Lakes megalopolis, the Rio de la Plata Basin 등이 있다.

에키스틱스 이론

산업혁명 이후 도시의 무질서에 대한 비판이 일어나면서, 바로크적 질서가 도시구조를 이루다가 전원도시, 신도시가 출현하였고, 도시의 개성과 장소성이 강조되었는데, 독시아디스는 1960년대부터 도시와 건축의 환경인자 분석에 새로운 방법론을 주장한 여러 사람들(C. Alexander, K. Lynch, N. J. Habraken 등) 중의 한 사람이었다.

'에키스틱스'는 '집(home)'과 '정주(settling down)'를 의미하는 그리스어로 독시아디스가 1942년 아테네 공대의 강의에서 처음으로 사용하였고, 그 뒤 1968년 그의 저서 『에키스틱스』에서 공식적으로 사용하였는데 그는 에키스틱스를 '인간 정주의 과학(science of human settlement)'으로 정의하였다.

이에 앞서 독시아디스는 1963년 델로스 선언에서 에키스틱스를 주장했는데 그는 같은 이름의 저서에서도 다양한 전문가로 팀을 구성하여 협동할 필요가 있음을 강조하였다. 그래서 '에키스티션(Ekistician)'들의 master co-ordinator로서의 역할을 강조하였고, 에키스티션의 자질 요건으로 지식, 신념, 경험, 창조적 의지의 네 가지를 꼽았다.

'에키스티션'은 사실에 대한 지식과 그 지식을 수집할 능력, 그리고 인간 정주의 진보, 변혁의 이해가 필요한 동시에, 개념에 대한 확신, 법칙과 이론에 대한 신념이 필요하다고 보았다. 또 넓은 경험은 현상을 분석하거나 판단의 기준을 세우는 데에 도움을 주고, 감성(feeling) 아닌 의지(willing)와, 사고(thinking man) 아닌 완성(complete man)이어야 한다면서 창조적 의지만이 적시에 결정을 할 수 있다고 하였다. 어떤 의

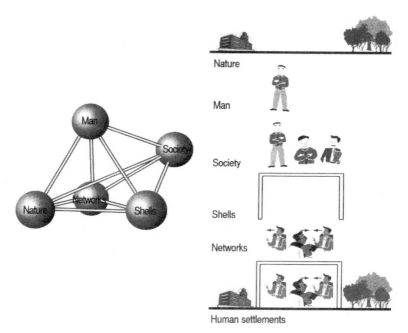

〈그림 1〉 에키스틱스 이론은 인간 정주의 다섯 가지 구성요소의 정의로부터 출발하는데, 1차적 요소로 Man, 2차적 요소로 Society와 Nature를, 다시 3차적 요소로 Networks와 Shells를 들었다.
Man은 사회와는 구별되는 개별적인 것을, Nature는 개발이나 경작을 통해서 형질변경되기 이전에 존재하는 '자연적인 환경'을, Networks는 도로나, 상수도, 전기 등의 정주 기능을 지탱해주는 인위적인 체계를, Shells는 사람이 들어가 거주하거나 동물·기계·물품 등을 수납하는 구조체를, Society는 생각이 다른 집합으로 집합체마다 고유의 특성과 욕구·문제를 갖고 있는 인간사회를 나타내는 요소이다.
출처: Doxiadis, C. A.(1968) *Ekistics*, p.274, p.22.

미에서 창조적 의지는 인간 정주에 나타나는 피상적인 혼돈 상태에서 어떤 의미를 찾게 해주는 내적 질서(inner order)라는 것이다.

독시아디스의 기본적인 에키스틱스 이론은 인간 정주의 다섯 가지 구성요소의 정의로부터 출발하는데, 즉 1차적 요소로 '인간(man)', 2차적 요소로 '사회(society)'와 '자연(nature)'을, 다시 3차적 요소로 '네트워크(network)'와 '셸(shell)'을 들었다.

ELS documentation grid	
Ⅰ	Man
Ⅱ	room
Ⅲ	dwelling
Ⅳ	dwelling group
Ⅴ	small
Ⅵ	neighbourhood
Ⅶ	small town
Ⅷ	town
Ⅸ	large city
Ⅹ	metropolis
Ⅺ	conurbation
Ⅻ	megalopolis
ⅩⅢ	urban region
ⅩⅣ	urbanized continent
ⅩⅤ	Ecumenopolis

〈그림 2〉 인간정주의 15단계 구성

독시아디스는 인간정주에 의해서 창출되는 공간 단위를 인간(man)에서 에큐메노폴리스까지 열다섯 가지로 나누었다. 그는 특히 정주의 발전과 존속, 그리고 4차원적 통합을 위해서 시간(time)의 개념의 도입이 필요함을 강조하였다.

출처: Doxiadis, C. A.(1968) *Ekistics*, p.30.

'인간'은 사회와는 구별되는 개별적인 것을, '자연'은 개발이나 경작을 통해서 형질 변경되기 이전에 존재하는 '자연적인 환경'을 나타내기 위해 사용된다. '네트워크'는 도로나, 상수도, 전기 등의 정주 기능을 지탱해주는 인위적인 체계를, '셀'은 사람이 들어가 거주하거나 동물·기계·물품 등을 수납하는 구조체를, '사회'는 생각이 다른 집합으로 집합체마다 고유의 특성과 욕구·문제를 갖고 있는 인간사회를 나타내는 요소이다.

독시아디스는 이러한 인간 정주에 의해서 창출되는 공간 단위를 15가지로 나누었다(<그림 2>). 정주 단위인 '에키스틱 단위(Ekistic unit)'는 인간 정주 체계의 전체 혹은 부분을 15개 단위로 분류한 것인데, 여기서 최초의 공간 단위는 '인간'이고, 최후의 공간 단위는 '에큐메노폴리스'가 된다. 그는 특히 정주의 발전과 존속 그리고 4차원적 통합을 위해서 시간(time) 개념의 도입이 필요함을 강조하였다.

한편 독시아디스는 인간 정주의 생성·발전·소멸과 내적 평형 및 물리적 특성(입지·규모·기능·구조·형태)에 관한 54개의 법칙(Ekistic law)을 소개하고 있다. 정주의 목표는 가능한 목표보다는 바람직한 목표를 우선해야 한다고 했다. 인간의 욕구(needs)에 따라서 힘(force)이 형성되고 이 힘은 방향과 강도로 표시되면서 기동성을 가짐으로써 도시의 공간 구조와 형태가 결정된다고 보았다. 또 이러한 힘이 방향성을 갖는 공간적인 힘(spatial forces)으로 작용하여 중심이 되기도 하고 질감으로 표출되기도 한다는 것이다. 따라서 이러한 인간의 기본적인 욕구가 어떤 방향성을 갖고 공간상에 일정한 힘으로 작용하느냐에 따라 도시의 구조와 형태를 만든다고 보았는데, 이 결과로 나타나는 것이 원형, 선형, 기하학적, 비기하학적 형태 등의 도시 구조이다.

또 독시아디스는 인간 섹터(human sector)를 주장했는데, 이것은 전체를 하나로 느끼게 해주는 도시 영역의 기본 요소로서 건축이 기계의 도움 없이 인간과 직접적인 관계를 유지할 수 있는 최대 단위로 보았다. 그래서 새로운 도시개발 방식은 블록 아닌 인간 섹터라고 주장하였다.

다이나폴리스의 개념

독시아디스는 과거의 도시나 대도시 개념과는 다른 도시 개념을 주장했는데, 그중의 하나가 '다이나폴리스(Dynapolis)' 개념이다.

다이나폴리스는 동적 도시(dynamic city)로, 1963년 『전환기의 건축(Architecture in Transition)』 저술 후 교육이나 저술에 지속적으로 사용하였다. 이는 도시 성장의 활력성을 나타내는데, 근대 도시의 성장은 새로운 교통·통신 수단과 생활 기기의 발달로 성장 속도나 도시 기능이 정적(static)이 아닌 동적인 도시, 즉 중세기까지의 소비 기능에서 산업사회 이후 나타난 생산 기능 위주의 도시를 뜻한다.

또 다이나폴리스처럼 지속적으로 성장하는 메트로폴리스를 그는 '다이나 메트로폴리스(Dynametropolis)'로 불렀는데, 이것은 다이나폴리스가 갖는 모든 특성을 그대로 갖고 있으면서 단지 규모나 복합성 면에서 강도가 높은 개념이다. 그리고 어떤 점에서는 도시 지역뿐만 아니라 농목업을 포함하는 모든 유형의 정주 형태를 포함한다. 이것은 새로운 중심으로 부상할 성장 가능한 미래 도시의 모델로 제시한 것인데, 한 방향

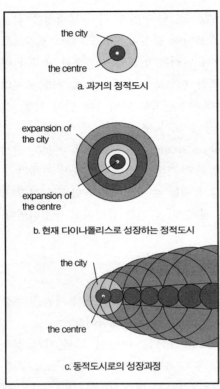

a. 과거의 정적도시

b. 현재 다이나폴리스로 성장하는 정적도시

the city

the centre

expansion of
the city

expansion of
the centre

the city

the centre

c. 동적도시로의 성장과정

〈그림 3〉 다이나폴리스는 도시성장의 활력성을 나타내는데, 새로운 교통·통신 수단과 생활기기의 발달로 성장속도나 도시기능이 정태적(static)이 아닌 동적인 도시, 즉 중세까지의 소비기능에서 산업사회 이후 나타난 생산기능 위주의 도시를 뜻한다.
출처: Doxiadis, C. A.(1968) Ekistics, p.365.

으로 확장·성장이 가능하여 새로운 중심을 만들어 갈 수 있는 도시, 즉 동적 성장 도시 개념인 셈이다. 동적 성장도시는 2차원 공동체 도시에서 4차원의 동적 도시로의 변화를 암시한 것인데, 한 방향으로 개발하고 단일 주축을 형성하여 주축에 직각인 축 체계를 갖는 것이 특징이다.

독시아디스는 저서 『전환기의 건축』에서 인간 정주 환경의 당면 문제에 대한 새로운 해결을 제시하였다. 그의 제안은 에키스틱스의 접근 방법으로 인간적인 주구(住區) 단위를 가진, 성장하는 다이나폴리스의 형태로서 많은 공감을 받았지만, 건축의 역할에 대해서는 적지 않은 저항도 있었는데 영웅주의 시대가 채 가시지 않은 당시로서는 어쩌면 당연한 것이었다. 그는 사고 과정을 기술할 때, 독특한 도표 사용을 즐겼는데 복잡한 현상을 쉽게 설명하기 위한 것이었다.

도시의 동태적 정주 체계가 지속적으로 발전하면 그 이후는 'polis-metropolis-megalopolis'가 반복되는데 이상적인 정주 체계를 위해서는 새로운 형태의 도시가 출현할 것으로 보았다. 이것이 '에큐메노폴리스'로서 이상적인 '에큐메노폴리스'는 당연히 이상적인 다이나폴리스, 이상적인 다이나 메트로폴리스(dyna-metropolis), 또 이상적인 다이나 메갈로폴리스(dyna-megalopolis)와 일치한다고 보았다.

독시아디스는 기존의 대도시 문제는 그 스케일만 다를 뿐 모두 같다고 하였는데, 대도시 문제의 근본적인 해결은 분산 아닌 새로운 집중에 의해서 가능하며, 이를 위한 대안이 다이나폴리스라고 하였다. 사실 대도시의 이상적 개념은 새 중심의 옛 중심에 대한 압력을 흡수하고 신·구 중심의 성격이 동일해지면서 이것이 반복되는 것인데, 이것을 실현시켜 줄 도시개념이 다이나폴리스라고 하였다. 이 개념을 적용한 도시계획이 수단의 카르토움과 파키스탄의 이슬라마바드였다.

인간주의적 접근으로 복귀

여러 가지 도시 이론들은 각기 그 나름대로 특성을 갖고 있지만 이러한 이론의 적용과 한계는 분명히 존재한다. 즉 멈포드(Mumford)의 'megamachine이론'은 기술적(記述的) 이론으로 도시를 '설명'하는 도구로, 하브라켄(Habraken), 알렉산더(Alexander)의 건축·단지 스케일과 독시아디스, 린치 등의 지역·도시 스케일의 분석적 이론은 도시를 '분석'하는 도구로서 의미가 있다.

따라서 이러한 이론의 실용적 접근을 위해서는 정량·정성적 이론의 통합이 필요하다. 또한 서구 이론의 성립 배경이나 역사적·지리적 차이와 문화·전통 등 사회적·공간적 특성의 차이를 극복할 수 있는 대안이 필요한 것이다. 아울러 한국적 이론의 구성을 위한 가능성과 한계를 생각해볼 필요도 있다.

특히 이론의 응용 조건이 다른 데다 적용된 몇몇 재개발 계획의 경우 엄정한 검증 및 평가가 별로 없었고, 사회적 조건, 제도의 차이, 주거 의식의 차이, 전통적 가치관의 차이로 말미암아 도시의 생태적 분석과 기술에 장애가 된 탓이기도 하다. 그럼에도 불구하고 이러한 독시아디스의 도시 공간 이론은 한국적인 적용을 확신하지는 못하더라도 가능한 실마리를 제공한다는 점에서 의의가 있다 하겠다.

독시아디스의 도시와 건축에 대한 이론이나 사상은 지나치게 단순 명쾌하고 도식적이라는 지적과 함께 지속적인 주목을 받지는 못했지만, 그가 우리에게 주는 가장 중요한 메시지는 아마도 도시에 대한 보다 인간주의적인 접근으로의 복귀가 아닐까 한다.

참고문헌

Doxiadis, C. A. 1937, *Raumordnung im Griechischen Stadtebau*, Berlin: Vowinckel.

_____. 1946, *Ekistic Analysis*, Athens: Dept. of Reconstruction Series.

_____. 1946, *Economic Policy for the Reconstruction of the Settlements of Greece*, Athens: Dept. of Reconstruction Series.

_____. 1947, *Ekistic Policies for the Reconstruction of the Country with a 20-year Program*, Athens: Dept. of Reconstruction Series.

_____. 1948, *The Administrative Reorganization of the Country*, Athens: Dept. of Reconstruction Series.

_____. 1960, "Our Capital and its Future," Athens, Printed in English by Doxiadis Associates, R-GA 202, August, 1961.

_____. 1961, "Ecumenopolis: The Settlement of the Future," Doxiadis Associates, R-ERES-18 Athens Center of Ekistics, Athens.

_____. 1963, *Architecture in Transition*, London: Hutchinson, 조창한 역, 1992, 『전환기의 건축』, 기문당.

_____. 1965, *The New World of Urban Man*, Boston: United Church Press (co-author/Dr. Truman B. Douglass).

_____. 1966, *Urban Renewal and the Future of the American City*, Chicago: Public Administration Service.

_____. 1966, *Between Dystopia and Utopia*, Hartford, Conn.: the Trinity College Press.

_____. 1966, "Emergence and Growth of an Urban Region," *The Developing Urban Detroit Area*, vol.1 & 2, the Detroit Edison Co., Wayne State Univ. & Doxiadis Associates.

_____. 1968, *Ekistics: An Introduction to the Science of Human Settlements*, New York:

Oxford Univ. Press.

_____. 1974, *Anthropopolis: City for Human Development*, New York: W. W. Norton & Company.

_____. 1974, *Ecumenopolis: The Inevitable City of the Future*, New York: Norton (co-author/J. G. Papaioannou).

황용주. 1985, 『도시학사전』, 녹원출판사.

Branch, M. C.(ed.) 1975, *Urban Planning Theory*, Dowden, Hutchinson & Ross, Inc.

Whittick, A.(ed.) 1974, *Encyclopedia of Urban Planning*, McGraw Hill.

N. J. Habraken

하브라켄의 도시공간설계이론

류중석(중앙대학교 도시공학과 교수)

    도시공간을 물리적인 환경(physical environment)의 관점에서 바라본다면 매우 다양한 설계방법이 존재한다. 개개인의 공간설계 방법은 전통적으로 예술분야에서의 교육과 마찬가지로 도제식 실습교육을 통해서 전수되었으며, 대부분 블랙박스 속에 감춰진 신비한 노하우로 여겨져 과학적 탐구의 대상이 되지 못하였다.[1]

    이러한 공간설계의 특수성 때문에 공간설계분야에서는 체계화된 이론보다는 거장을 중심으로 한 설계전통이 지배하였다. 그러나 과학적 연구방법론의 대두와 함께 공간설계분야에서도 설계방법론에 대한 과학적 탐구가 시작되었고 그 결과 지금까지 신성불가침의 영역이라고 여겨지던 창조적 설계방법을 체계화하려는 시도가 나타나게 되었다.

    건축, 조경, 도시설계, 도시계획 등 공간의 계획 및 설계와 관련한 분야에서 존 하브라켄(N. John Habraken)은 현실문제의 해결을 전제로 하여 과학적인 공간설계이론을 제창한 몇 안되는 사람 중 하나다. 주택의 대량생산 및 공급에 따른 여러 가지 문제점들을 해결하기 위하여 제창된 하브라켄의 공간설계이론은 주택을 대량생산하기 위한 목적으로 네덜란드에서 개발되었지만 이후 도시공간으로 확대 적용되어 세계 각국의 단지계획이나 신도시 설계에 널리 활용되는 공간설계이론으로 자리잡게 되었다.

SAR의 창립과 방법론의 모색

1964년 9월, 아홉 명의 네덜란드 건축가들이 모여서 주택의 대량생산에 관한 다양한 방법의 연구를 위해 SAR(Stichting Architecten Research)[2]이라는 건축연구소를 만들고, 하브라켄을 소장으로 추대하였다. 이듬해인 1965년 12월 이들은 고정요소(supports)와 가변요소(detachable units)를 조합하여 변형이 가능한 주택의 설계방법론을 제안하는 등 주택의 대량생산으로 인한 획일성과 몰개성적 환경을 개선하기 위한 시도를 하게 된다. 이러한 이들의 노력을 이해하기 위해서는 당시의 네덜란드 주택시장 상황을 살펴볼 필요가 있다.

네덜란드 정부는 일반 주택시장에서 주택을 구매할 능력이 없는 저소득층을 위하여 오래 전부터 주택가격의 70% 정도를 보조하는 정책을 시행하고 있었다. 그 결과 네덜란드에서는 중앙정부가 주도하는 매우 안정된 규모의 주택시장이 형성되었고, 건축가들은 주택건설을 주도하는 비영리기관인 주택공사를 고객으로 하여 주택을 설계하는 관행이 있었다. 특이한 것은 네덜란드 건축가들의 공공주택에 대한 태도였다. 많은 이윤이 보장되지 않는 공공주택의 설계에 그들은 일종의 직업적인 의무감을 가지고 있었으며, 이러한 직업전통이 수세기 동안 내려오면서 건축가들은 주택을 포함하는 도시환경에 대해 많은 관심과 책임의식을 가지게 되었다.

제2차세계대전 이후 네덜란드에서는 급속한 인구증가로 인해 심각한 주택부족 현상을 겪었다. 이 문제를 해결하기 위하여 네덜란드 정부는 단조롭고 획일적인 주택을 양산하게 되었고, 이러한 환경에 대해 건축가들은 무기력과 동시에 책임감을 느꼈다. 하브라켄이 주도하는 건축연구소(SAR)는 이러한 시대적 배경에서 대량주택생산과 관련한 문제를 해

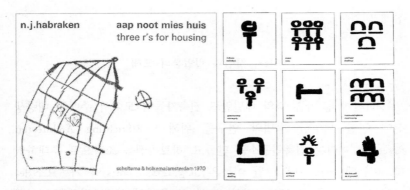

〈그림 1〉 공업화 주택의 문제점과 그 해결방안을 제시한 하브라켄의 저서
하브라켄은 이 저서(왼쪽)에서 기호화된 심벌(오른쪽)을 이용하여 주택의 대량생산 및 보급으로 인한 문제점을 지적하고 그 에 대한 해결책으로서 고정요소와 가변요소에 의한 공간설계방법을 제안하였다.

결하려는 노력으로 태동하였다.

공업화주택에 대한 하브라켄의 사고는 그의 저서『주택을 위한 세 가지 R(Three R's for Housing)』(1970)이라는 저서에 잘 나타나 있다. 역사적으로 거주자가 직접 자신의 주택을 건설하였던 원시사회에서는 거주자들이 원하는 사항을 직접 주택건설에 반영할 수 있기 때문에 아무 문제가 없었다. 그러나 직업의 분화로 인하여 남을 위한 주택을 건설하게 되고 주택이 하나의 상품으로 거래됨에 따라 거주자들의 요구를 반영해야 할 필요성이 생겼으며, 이러한 요구에 부응하는 방법으로서 고정요소와 가변요소라는 개념을 제안하였다.

아인트호벤 교외의 주거지역에 대한 관찰

하브라켄의 도시공간설계이론은 현실에 바탕을 둔 문제인식에서부터 비롯되었다. 네덜란드 아인트호벤(Eindhoven) 교외에 있는 32세대 규모의 연립주택단지는 똑같은 평면을 가진 획일적인 주거단지의 전형적인 모습을 보여주고 있었다. 하브라켄을 포함한 SAR 소속의 연구진들은 이 주택단지가 건설된 지 10년 후의 시점에서 원래 평면과 많은 변화가 생겨난 것을 발견하였다. 내부의 벽난로 위치가 바뀐 경우도 있었고 증축 또는 내부 벽을 이동하여 공간변화를 시도한 경우도 있었다. 똑같은 모양의 출입문은 다른 색의 페인트를 칠하거나 다른 종류의 재질로 교체하여 모두 다른 형태를 띠고 있었으며, 심한 경우에는 주택의 용도 자체가 상점, 창고, 술집 등으로 바뀐 경우도 관찰되었다.

그들은 이러한 변화의 중요한 원인으로 세 가지 항목을 들었다. 첫째는 획일적인 환경에 사는 주민들이 자신들만의 고유한 정체성(identity)을 표현하려는 욕구가 매우 강하다는 점이다. 둘째는 10년이라는 오랜 기간에 걸쳐서 라이프 스타일의 변화가 생겨났는데 평면이 획일화된 주택은 이러한 변화에 적절하게 대응하지 못하였다는 점이다. 셋째 원인은 신기술이 도입됨에 따라 공간활용 방법의 변화를 가져왔다는 점이다. 중앙난방장치의 도입으로 인한 개방형 공간설계의 요구, TV보급 확대에 따른 제2의 거실에 대한 요구 등이 그 예다. 진단 결과 그들은 고정요소와 가변요소라는 개념을 도입한 대량주택 생산방법을 제안하게 된다.

고정요소와 가변요소의 개념

하브라켄의 도시공간설계이론에서 가장 중심이 되는 개념은 바로 고정요소(supports)와 가변요소(detachable units)다. 사회적으로 널리 통용되는 일반적인 용어정의를 따르자면 고정요소는 쉽게 변경할 수 없는 요소이고 가변요소는 변경이 비교적 용이한 요소라고 이해된다. 그러므로 건물에 있어서 뼈대에 해당하는 벽체나 기둥 같은 요소가 고정요소에 해당하고 구조적인 요소와 관계없이 하중을 감당하지 않는 창문, 내부마감재, 그리고 장식재에 해당하는 요소들이 가변요소에 해당한다.

그러나 하브라켄은 이러한 일반적인 통념과는 달리 고정요소는 해당

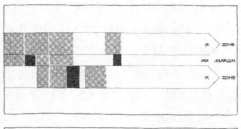

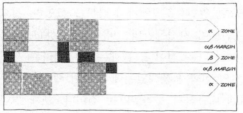

〈그림 2〉 기준대와 한계대의 개념
다양한 용도의 공간들은 기준대를
중심으로 한계대에 걸치는 방법으
로 배치되며 각각의 기준대는 다른
치수로 설계된다. 폭이 좁은 공간은
두 개의 알파기준대로 구성되며(위),
폭이 넓은 공간은 두 개의 알파기준
대 사이에 베타기준대가 들어가는
형태로 설계될 수 있다(아래).
출처: Habraken, N. J. et al.(1976)
Variations, p.124

지역사회에서 통제할 수 있는 요소이고 가변요소는 개인이 통제할 수 있는 요소라고 정의한다. 따라서 극단적으로 이야기하자면 벽돌로 된 단단한 벽체라고 하더라도 입주자가 변경할 수 있다면 가변요소에 해당하고 경량의 칸막이 벽이라도 변경이 허용되지 않는다면 고정요소에 해당한다는 것이다. 이러한 두 가지 요소의 구분을 바탕으로 하브라켄은 대량생산되는 공업화주택에서도 거주자들이 스스로 원하는 형태의 공간으로 변경이 가능하도록 하는 공간구성이론을 발전시켰다.

기준대와 한계대를 이용한 공간구성이론

주택의 공간구성에 있어서 외부와의 관계는 도시공간을 구성하는 데 매우 중요한 역할을 한다. 하브라켄이 제안한 공간구성이론의 출발점은 주택의 내부공간을 외부와의 관계에 따라서 구분하는 것이었다. 공간의 공공성 여부와 외벽에 면하느냐의 여부에 따라서 주택 내부는 알파(α), 베타(β), 감마(γ), 델타(δ)의 네 가지 기준대(zone)로 구분된다. 알파기

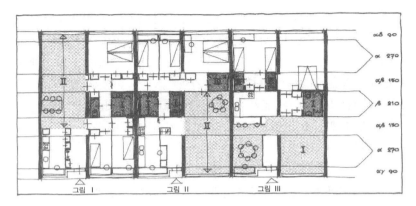

〈그림 3〉 기준대와 한계대를 적용한 건축공간 설계의 예

두 개의 기준대와 두 개의 한계대를 적용할 경우 매우 다양한 크기의 공간배치가 가능하다. 그림의 Ⅰ, Ⅱ, Ⅲ은 동일한 용도(식당)의 공간으로서 폭은 같으면서 깊이가 다른 공간의 설계가 가능함을 보여준다.

출처: Habraken, N. J. et al.(1976) *Variations*, p.63.

준대는 사적공간이면서 외벽과 면해 있는 공간이며, 베타기준대는 사적공간이면서 외벽과 면하지 않는 공간이다. 감마기준대는 주택의 외부공간이면서 공공공간이며, 델타기준대는 외부공간이면서 사적공간에 해당한다.

기준대는 한계대(margin)를 사이에 두고 배치된다. 예를 들면 알파기준대와 베타기준대의 사이에 위치하게 되는 공간은 알파-베타 한계대(α β margin)가 된다. 이러한 기준대와 한계대를 이용할 경우 매우 다양한 치수의 공간배치가 가능해 대량생산을 위한 공업화주택이 지금까지 제공하지 못했던 다양한 크기의 공간을 제공할 수 있게 된다.

이러한 공간구성이론은 소위 시스템적 접근방법(systems approach)에 기반을 두고 있다. 건축물은 공간을 구성하는 많은 요소들이 특정 법칙에 따라서 연결된 일종의 시스템으로 이해된다. 이러한 시스템적 접근방법은 두 가지의 문제가 대두된다. 첫째는 입주자(또는 사용자)가 결정되지 않은 상태에서 어떻게 다양한 요구에 부응하는 공간을 제공하느냐의 문제다. 기존의 공업화주택에서는 획일화된 규격의 공간만을 제공하는 데 반하여 SAR방법론에서는 기준대와 한계대의 조합을 통하여 고정요소도 다양하게 설계할 수 있도록 하여 이 문제를 해결하였다. 둘째는 이렇게 다양한 고정요소에 대응하는 가변요소들을 어떻게 조화시킬 것인지에 대한 문제다. 이 문제 역시 타탄격자(tartan grid)에 모든 가변요소들을 맞추게 하고 고정요소와 가변요소 간의 접합에 관한 몇 가지 규약을 정하여 해결하였다.

도시공간의 물리적 환경설계를 위한 SAR방법론의 활용

이와 같이 공업화주택의 문제점을 해결하기 위해서 개발된 SAR방법론을 도시공간의 물리적 환경설계에 적용하려는 시도가 1970년대 후반에 이루어졌다.[3] 건축공간에서의 타탄격자와 기준대 및 한계대의 이론이 도시공간에서도 그대로 적용되어 건물과 오픈스페이스, 그리고 도로가 도시조직(urban tissue)[4]을 구성하는 기본요소가 된다. 도시조직에 있어서도 고정요소와 가변요소의 구분이 가능하다. 그렇기 때문에 도시의 기반시설(infrastructure)에 해당하는 고정요소와 건축물 및 외부공간이라는 가변요소와의 조합을 통하여 단지 및 도시공간을 설계할 수 있다. 그러나 도시공간에서의 SAR방법론은 주제(theme)와 변형(variations)이라는 개념으로 대변된다. 건축공간에서의 '고정요소'는 도시공간의 '주제'에 해당하며, '가변요소'는 '변형'에 해당한다. '주제'는 도시공간을 이용하거나 관찰하는 사람들이 인식하는 일종의 체계적인 법칙이며, '변형'은 이러한 주제를 변화시키면서도 전체와 일관성을 가지는 행위로서 건축가나 도시설계가의 행위가 이에 속한다.

건축공간에서 적용된 SAR방법론이 거주자들의 참여가 없는 공업화주택의 획일성을 극복하기 위한 일종의 주민참여 방법이었다면 도시공간에서는 건축, 도시설계, 조경설계 등의 분야에서 다루는 요소들간의 조정이 중요한 이슈가 된다. 그들이 다루는 조정의 기본 요소들은 바로 건물의 형태와 외부공간이다. 조정의 결과는 협약(agreement)으로 나타나는데 이러한 협약은 도시공간에서의 요소들을 배치하는 일종의 법칙이며 몇 가지 수준(level)별로 다른 내용을 담게 된다.

도시공간의 설계를 위한 협약의 수준은 실제 상황에서 최소한 세 가지 다른 형태로 나타난다. 우선 대상부지 차원에서 주변의 맥락(context)을 고려한 설계가 실현될 수 있는 수준의 협약이 이루어져야 한다. 다음으로 이러한 협약 하에서 변형이 가능한 수준의 협약이 뒤따라야 하며, 마지막으로 변형이 적용될 경우 일어나는 세부공간 수준의 협약이 필요하다. 협약에서 가장 중요한 사항은 공간의 배치를 위한 상대적인 위치를 결정하는 방법이다. 여기에는 SAR방법론의 그리드를 활용한 기준대와 한계대의 배치방법이 그대로 적용된다. 다만 건물을 건축할 수 있는 기준대와 건축할 수 없는 기준대를 구분한다는 점에서 건물의 내부공간에 적용하던 SAR방법론과 구별된다. 결국 도시공간의 설계에 있어서 SAR방법론은 협약을 통하여 도시조직을 형성하는 최소한의 법칙을 규정하고 상황에 따른 가변성을 허용하되, 수준별로 다른 내용의 협약이 가능하도록 함으로써 단지나 도시설계에서 협동작업을 할 수 있도록 하였다.

도시공간설계에 SAR방법론을 적용하는 구체적인 과정은 다음과 같다. 우선 초기단계에서 '주제'가 주어진다. 이 주제를 바탕으로 도시설계가는 초기단계의 협약을 만들어낸다. 예를 들면 1:2 비율의 타탄격자를 설계대상부지에 그어놓았을 때 좁은 간격의 격자에는 도로를 배치하고 넓은 간격의 격자에는 건물을 배치한다는 협약을 만들 수 있을 것이다. 다음 단계로 이러한 협약을 준수하면서 수퍼블록(superblock)에 건물과 도로를 배치하는 대안을 만들어본다. 같은 방법으로 입면에 있어서 주거와 상업기능을 배치하는 대안을 만들면서 도시기능의 배치에 관한 협약을 만든다. 예를 들면, 1층의 높이와 보도의 높이가 다르다면 1층에 주거를 배치할 수 있지만, 1층의 높이와 보도의 높이가 같다면 1층에 상점을 배치할 수 있다는 협약을 만든다. 이러한 협약들을 준수하면서 건물과 도로의 배치에 관한 변형들을 만들고, 역시 같은 방법으로 입면에 있어서 주거 및 상업기능을 배치하는 변형들을 만든다. 마지막으로 주어진 주제를 벗어나지 않으면서 도시조직 단위로 독자성을 가지는 변형들을 적용하면서 건물과 도시공간을 배치한다.

도시계획 및 도시설계 분야의 실무와 관련하여 이러한 SAR방법론의 활용은 시간의 제약을 극복하기 위하여 여러 사람들이 팀 작업으로 도시공간을 설계할 경우 일관된 주제를 유지하면서도 도시기능의 배치와 도시공간의 배분에 있어서 심도 깊은 검토가 가능하다는 점에서 매우 유용한 방법론으로 인정되고 있다.

SAR방법론이 미친 영향

하브라켄의 방법론은 여러 권에 걸친 그의 저서(Habraken, 1970, 1976, 1981, 1983, 1998)와 ≪오픈 하우스 인터내셔널(Open House International)≫[5]이라는 학술지를 통하여 전세계에 널리 알려지게 되었다. 특히 그의 방법론은 주택보급률이 낮은 개발도상국가들을 중심으로 공업화주택의 보급에 따른 여러 가지 문제점을 해결하기 위한 방법론으로 각광받았으며, 많은 적용사례가 최근까지도 도시계획 및 도시설계 분야의 학술지에 소개되고 있다.

SAR방법론이 도시계획 및 도시설계분야에 미친 영향은 크게 다음의 두 가지를 들 수 있을 것이다. 첫째로 '고정요소'와 '가변요소'의 개념을 도시주택 분야에 도입하여 획일적인 공간구성에서 벗어나 거주자의 정체성(identity)을 살리면서도 도시주택의 대량공급을 가능하게 하였다는 점이다. 도시공간의 질적 향상보다는 양적 확보가 주요관심사였던 과거와 달리 급속한 도시화로 인한 도시주택의 양적 부족과 함께 국민들의 도시공간에 대한 질적 향상도 함께 추구해야 하는 오늘날의 개발도상국가들에게 SAR방법론은 많은 활용가능성을 제시해주고 있다.

둘째로 도시주택 분야에서 출발한 SAR방법론이 도시공간구성에 대한 방법론으로 확장되어 도시조직의 구성을 이해하는 이론적 틀을 제공하였다는 점이다. 지금까지 도시조직을 이해하는 방법론은 건축물과 도시공간의 물리적 배치형태를 유형학적인 측면에서 분류하는 형태론적인 접근방법이 주를 이루어왔으나 SAR방법론은 주제와 변형이라는 개념을 통하여 일관성이 있으면서도 다양한 도시조직을 이해하는 패턴언어(pettern language)를 제공하고 있다. 어떻게 보면 SAR방법론의 패턴언어는 크리스토퍼 알렉산더(Christopher Alexander)가 제시한 패턴언어(pattern language)와 매우 비슷해 보이지만 근본적으로 다른 점은 제시된 패턴이 어떠한 경우에도 절대적으로 옳은 진리가 아니라 건축 및 도시설계를 담당하는 전문가, 거주자, 개발자 등 관련 당사자들간에 이루어지는 일종의 협약이며, 이러한 협약은 일종의 원칙이지만 상황에 따라서 변형되어 적용될 수 있다는 점이다. 오늘날의 도시설계 제도도 따지고 보면 이러한 협약에 기반을 둔 제도라는 점에서 하브라켄의 도시공간설계이론이 전세계의 도시공간 관련제도에 주는 의미와 시사점은 매우 크다고 할 것이다.

주)

1) 1968년 런던에서 개최되었던 설계방법에 관한 국제회의에서 존스(J. Christopher Jones)는 이러한 설계분야의 문제해결 방법을 블랙박스(black box)라고 명명하였다.
2) 영어로는 Foundation for Architectural Research로 번역할 수 있다. 원래 SAR이라는 약칭은 이 연구재단 및 연구소의 이름이지만 한국에서는 하브라켄이 제안한 방법론을 통상적으로 SAR방법론이라고 부른다.
3) 하브라켄 교수가 SAR의 소장직을 떠나 미국 MIT대학으로 부임한 이후 주로 MIT에서 건축 및 도시계획을 전공하는 대학원생 및 연구자들을 중심으로 이루어졌으며 그러한 시도의 결과는 *The Grunsfeld Variations*라는 책으로 발간되었다.

4) 하브라켄은 도시조직(urban tissue)을 도시전체의 구조보다는 작고 개별건물보다는 큰 정도의 물리적 환경으로 정의하고 있다.
5) 이 저널은 초기에는 *Open House*라는 이름으로 네덜란드의 SAR연구소에서 발간되다가 1983년부터 *Open House International*이라는 이름으로 바뀌어 발행되었고, SAR 방법론을 세계 각국에서 적용한 사례에 관한 논문들이 주로 발표되었다.

참고문헌

Habraken, N. J. 1970, *Three R's for Housing*, Amsterdam: Scheltema & Holkema.
_____. 1972, *Supports: An Alternative to Mass Housing*, London: The Architectural Press.
_____. et al., *Variations: The Systematic Design of Supports*, MIT Labaratory of Architecture and Planning, 1976.
_____. et al., *Grunsfeld Variations: A Report on the Thematic Development of an Urban Tissu*e, The Department of Architecture, Massachusetts Institute of Technology, 1981.
_____. *Thematic Design*, Class Notes, Fall 1982, MIT.
_____. 1983, *Transformation of the Site*, Cambridge, Mass.: Awater Press.
_____. 1985, *The Appearance of the Form*, Cambridge, Mass.: Awater Press.
_____. 1998, *The Structure of the Ordinary: Form and Control in the Built Environment*, Cambridge, Mass.: The MIT Press.

이경숙. 1980, 「기준대와 한계대 방법론을 적용한 아파트 단위평면 구성」, 서울대학교 대학원 석사학위논문.
정세화. 1982, 「SAR방법론을 적용한 도시저층집합주거계획에 관한 연구」, 서울대학교 대학원 석사학위논문.

산업입지이론

산업입지이론은 1909년 알프레드 베버가 공업입지이론을 발표한 이래 비용을 중시하는 최소비용이론과 뢰쉬를 중심으로 한 시장지역을 중시하는 최대수요이론이 양대 산맥을 이루며 발전하였다. 이후 스미스 등은 비용과 수요를 동시에 고려하는 신고전적 통합을 시도하였다. 경영학자 버논은 상품수명주기에 따른 산업입지의 동태적 변화과정을 고찰했으며, 매시는 거시경제, 사회조직, 공간구조가 교호하는 장소 관점에서 본 노동의 공간분업에 대한 연구를 통하여 산업입지의 사회, 정치과정의 변화에 미치는 영향을 분석하였다. 경제학자 크루그먼은 경제지리의 '공간' 개념을 도입하면서 신고전경제학의 한계를 극복하자는 '신경제지리학'을 주장하였고, 포터는 산업의 군집에 의한 지역경쟁력의 진흥정책에 많은 기여를 하였다. 지리학자 스콧은 거래비용, 외부경제, 수직적 분산, 유연적 축적체계 등의 개념을 통해 첨단산업단지의 집적과 성장원리를 규명하여 산업입지이론의 새로운 장을 열었으며, 쿠크는 제품·공정·지식의 상업화를 촉진하는 기업과 제도들의 네트워크인 지역혁신체제의 연구를 통해 그동안 산업입지론 발전과정에서 약점으로 지적되어온 정책적 함의의 부족과 구체적인 실천전략의 부족 등의 문제에 대한 해결을 도모한다.

Alfred Weber

알프레드 베버의 공업입지론과 문화사회학

형기주(동국대학교 지리교육과 명예교수)

알프레드 베버(Alfred Weber)는 막스 베버(Max Weber)의 동생으로서 1868년 독일의 에르푸르트(Erfurt)에서 태어났다. 명성을 가지고 논한다면 형인 막스 베버가 더 유명하지만 형은 일찍이 요절한 반면 동생 알프레드는 90세까지, 그러니까 1958년까지 장수하면서 학문에 열중하였다.

그는 베를린 대학에서 법학과 경제학을 수학했는데 여기에서 '강단사회주의'의 영향을 크게 받았다. 베를린 대학의 경제학 강사로 출발, 프라그 대학을 거쳐서 1908년에는 하이델베르크 대학의 정교수로 취임하였고, 만년에는 명예교수로서 이 대학의 '사회·경제학연구소'를 주재하였다. 하이델베르크 대학에서 입지론과 사회학을 강의하였으나 1933년 나치의 압박으로 한때 교직을 물러난 바 있다. 이때 베버는 칼 야스퍼스 등과 함께 나치 저항운동에 가담했고 전쟁이 끝나자 다시 복직하여 고령임에도 불구하고 전쟁 전부터 관심이 있었던 '문화사회학'의 구상에 열중하였다.

알프레드 베버가 학계에 입문한 것은 1909년 『산업입지론에 대하여(Über den Standort der Industrien)』를 발표하면서부터다. 제1부 순수이론(Reine Theorie)이라고 부제가 붙어 있는 이 책의 서문에는 제2부 실제론(Realistische Theorie)이 출간될 예정이라고 적고 있으나 이는 실현되지 못하였다. 그 대신 1914년 발간한 『사회경제학 대강(Grundriß der Sozialökonomik)』에 공업입지이론(Industrielle Standortslehre)이란 제목으로 제1부 일반이론, 제2부가 곧 1909년에 실현하지 못한 부분의 '실제론'에 해당한다.

당대의 경제학은 대체로 경제발달단계, 경제성장 등 국민경제의 시간적인 문제에만 집착한 나머지 경제의 공간적인 문제는 거의 거론되지 않던 때, 즉 경제학의 앵글로색슨적 편견이 심한 때라 베버의 이론이 발표된 것은 매우 이례적인 일이었다.

베버는 튀넨(von Thünen), 로셔(W. Roscher), 샤플레(F. Schaffle), 라운하우트(W. Launhardt) 등 주로 역사학파 내지 한계효용학파 경제학자들의 업적을 계승하고 있지만, 입지론을 처음으로 체계화한 사람은 물론 베버다. 당대에도 좀바르트(W. Sombart)를 비롯해서 엥글렌더(O. Engländer), 프레뒐(A. Predöhl), 팔란더(T. Palander) 등이 베버 입지론에 대한 비판·수정론을 전개했으나 이를 출발로 해서 경제지리학과 지역경제학의 비약적인 발전을 보게 되었고, 이른바 20세기의 개발경제시대에는 지역개발의 이론적 틀을 제공하는 기초로서 학자뿐 아니라 기업인이나 정책실무자들에게까지도 큰 관심을 갖게 되었다.

입지인자의 추출

베버의 공업입지론은 무엇보다도 입지 인자의 개념정립과 그 분류에서 시작된다. 그에 따르면 입지 인자란 "일정장소에서 경제활동이 영위될 때 발생하는 비용의 절약"이라고 정의하고 있는데 비용의 절약이 큰 항목일수록 중요한 인자에 속한다.

이때, 그가 분류하는 입지 인자로는 ①일반적 인자와 특수적 인자 ②국지적 인자와 집적 인자 ③자연적·기술적 인자와 문화적·사회적 인자가 있다. 일반적 인자는 모든 종류의 공업에 공통적으로 적용되는 인자요, 특수적 인자는 특정 공업에만 적용되는 인자로서 가령, 운송비나 노동비는 모든 종류의 공업에 적용되지만 습도나 수질 등은 특정 공업에만 적용된다.

국지적 인자란 공업을 일정한 지리적 공간에 분포하게 하는 인자요, 집적 인자란 일정공간 내에서 공업을 한 지점으로 지향케 하는 인자를 말한다. 가령, 어떤 종류의 공업이 수도권에 특히 많이 집중해 있다면 수도권이 그 공업을 유인한 우월한 국지적 입지 인자를 갖고 있기 때문이요, 그중에서도 수도권의 일정지점에 공장이 특히 많이 집중하더라도 그것이 장소의 이점보다는 '공장상호간의 접촉'을 통해서 발생하는 이익 때문이라면 이를 국지적 인자와 구별해서 집적 인자라고 베버는 정의했다. 이밖에 입지인자의 작용성향에 따라 자연조건이나 기술 조건과 관계되는 자연적·기술적 인자와 사회제도나 문화수준 등에 관계되는 문화적·사회적 인자가 분류되어 있다.

베버는 그의 입지론에서 이들 입지 인자를 모두 취급한 것이 아니고 모든 공업에 보편적으로 적용할 수 있는 일반적 인자와 장소에 따라 지향성이 큰 국지적 인자, 그리고 집적·분산 인자만이 주목하고 있다. 이것은 이론을 간결하고 명쾌하게 정립하기 위한 그의 과학정신에서 비롯한 것이다.

입지 인자를 추출하기 위해 공업생산에 투입되는 제비용의 항목을 열거하면, 토지·건물·기계설비 등 고정자산, 원료와 동력, 감가상각, 노동비, 자본에 대한 이자, 기타 일반간접비 등이 있을 것이다. 이 중에 모든 종류의 공업에 관계되고 장소에 따라 크게 변하는 비용만을 골라보면 고정자산, 동력과 원료비, 노동비를 들 수 있는데 고정자산은 생산활동을 시작하기 이전 단계에 필요한 것이며 생산과정에서 투입되는 것이 아니므로 제외한다. 그리고 동력과 원료비는 생산지 가격이 같다고 볼 경우 공장까지의 운반비로 바꾸어 생각할 수 있으므로 결국, 운송비와 노동비가 가장 보편적으로 거론되는 일반적 인자로 남는다. 그래서 베버의 이론은 운송비의 메커니즘을 분석한 '운송지향론', 운송비와 노동비의 비교우위를 취급한 '노동지향론', 집적과 분산의 원리를 취급한 '집적론'으로 구성되어 있다.

운송지향론

공장이 입지할 수 있는 장소는 원료공급지 아니면 소비자(시장), 그리고 양자 중에 아무곳에도 구속력이 없는 경우로 나누어 생각할 수 있다. 베버 이후 적환지(積換地), 즉 항구를 대안적 입지로 설정한 연구가 있는데, 이를 '중간적 입지'라고 일컫는다. 공장이 어디를 지향하는지를 몇 가지 공리로 정립하자면 현실의 복잡한 사상을 생략하고 다음과 같은 몇 가지 가정이 전제되어야 한다.

첫째, 원료공급지의 지리적 분포는 이미 결정되어 있는 어떤 지점이며 그 공급력도 무한하다. 둘째, 소비지의 위치도 일정한 지점으로 가상되며 수요도 무한하다. 셋째, 노동의 공급도 일정한 지점에서 이루어지며 공급력도 무한하다. 넷째, 교통로는 사통팔달로서 접근이 용이하며 교통수단도 일정할 뿐 아니라 운송비는 거리와 중량만으로 산출된다.

이밖에 베버는, 공장을 운영하는 사람은 최소비용으로 최대수익을 노리는 합리적인 경제인이고, 다른 공장과의 관계는 고려하지 않았으며, 원료나 제품의 가격을 이미 주어진 것으로 가정했다. 결국 그의 이론은 비용을 최대로 절약할 수 있는 장소를 찾는 이론이라 볼 수 있다. 베버를 비롯한 일련의 학파의 주장을 '최소비용입지론'이라 일컫는 이유도 바로 여기에 있다.

운송지향의 공리를 정립하기 위해서 공장에서 소비하는 원료의 성격을 구별한다. 우선, 원료의 생산지에 따라 아무 곳에서나 취득이 가능한 '보편원료'와 일정장소에 편재하는 '국지원료'로 나눌 수 있는데, 예를 들면 물이나 공기는 보편원료에 속하고 석탄이나 석유는 국지원료에 속할 것이다. 또한 원료의 중량이 가공과정에서 손실되는지 여부에 따라 '순수원료'와 '중량감소원료'가 있는데, 이를테면 가공과정에서 원료의 중량이 그대로 제품의 무게에 부과될 경우, 이것은 순수원료이며 철광석처럼 원료의 중량이 상당부분 소실되고 그 일부만이 제품의 무게로 부가될 경우, 이것은 중량감소원료라 이름할 수 있을 것이다.

결국, 베버의 운송지향론은 이들 원료 중 어떤 것을 투입했으며, 어떤 원료들을 얼마나 배합했느냐에 따라 공장이 원료공급지로 지향하느냐 소비지(시장)로 지향하느냐가 결정된다. 가령, 보편원료만으로 제품을 만들었다면 응당 공장은 소비지에 두어야지 원료공급지에 두어서 제품의 운반비를 낭비할 필요가 없다. 이와는 반대로 중량감소원료를 많이 투입하여 어떤 제품을 만든다면 중량이 감손되어 없어지는 원료까지 소비지로 운반하여 비용을 낭비할 필요가 없다. 원료생산지에 공장이 입지하면 그 자리에서 쓸데없는 중량은 소실되고 소비시장까지 제품의 운반비만 부담하면 되기 때문이다.

어떤 원료를 얼마만큼 투입하느냐에 따라 공장은 소비지 아니면 원료공급지를 지향하는데 운송지향의 가능성을 알아보기 위해서 베버는 원료지수(material index)란 개념을 정립한다. 원료지수는 제품 1톤을 생산하는데 투입되는 국지원료의 중량을 뜻하며, 가령 원료지수가 1.0을 상회하면 상회하는 분량만큼 중량감소원료를 투입한 것이 되므로 공장은 원료공급지를 지향한다. 반대로 1.0톤 미만이라면 1.0톤의 무게를 채우기 위해서 아무 곳에서나 구할 수 있는 보편원료를 쓰게 되므로 공장은 소비지향이 된다.

이와 같이 원료지수는 원료공급지 지향이냐 소비지 지향이냐를 가름하는 지표가 되는데, 여러 가지 원료를 조합하는 양식은 대체로, ①보편원료만 쓰는 경우 ②보편원료와 순수원료를 쓰는 경우 ③보편원료와 중량감소원료를 쓰는 경우 ④보편원료, 순수원료, 중량감소원료를 모두 쓰는 경우로 나눌 수 있고, 여기에다가 이들 원료를 한 종류만 투입하는 경우와 한 종류 이상 투입하는 경우를 고려하고 있다.

노동지향론

노동지향론은 만약에 노동절약이 큰 노동공급지가 따로 존재한다고 볼 때, 운송지향론에서 결정된 최소운송비지점이냐 노동공급지점이냐를 택일하는 문제를 취급한 내용이다. 다시 말하면 최소운송비지점과 노동공급지점의 비교우위에 관한 문제를 베버는 그의 두번째 이론으로 다루고 있다.

최소운송비지점이란 운송비가 가장 적게 투입되는 장소이므로 만약 공장이 이곳을 벗어나면 벗어날수록 운송비는 상승한다. 때문에 노동공급지에 공장이 입지하려면 노동공급지에서 운송비 상승액 이상의 노동절약이 있어야 한다. 이때 베버는 이 문제 해결의 열쇠로서 등비용선(isodapane)이란 개념을 정립한다. 등비용선이란 최소운송비지점에서 일정거리마다 상승하는 총운송비(원료와 제품의 운송비)의 동일지점을 연결한 선을 말한다.

이 선은 최소운송비지점을 중심으로 동심원으로 나타나는데, 어느 한 방향으로 운송비가 적게 투입된다면 마치 등고선처럼 그 방향으로 완만한 곡선을 이룬다. 만약에 최소운송비지점에서 5km 떨어진 곳에 노동공급지점이 있다고 가정하고 그곳에서 절약되는 노동비가 6만 원이라고 하자. 운송비가 1km에 1만 원이 투입된다고 하면, 최소운송비지점에서 노동공급지점까지의 운송비 부담은 5만 원(5km × 1만 원)이다. 결국, 노동공급지에서 절약되는 노동비가 6만 원이므로 이 경우는 공장이 노동공급지점을 지향한다. 만약에 노동절약액이 5만 원에 미치지 않았다면 노동공급지점보다는 최소운송비지점이 더 유리하므로 운송지향으로 남는다. 이때, 베버는 최소운송비지점과 노동공급지점의 비교우위를 가

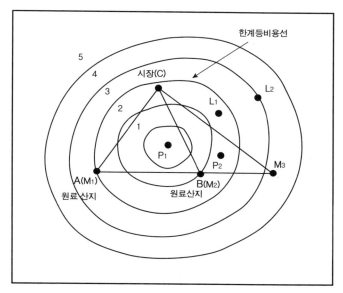

〈그림〉 삼각입지도형과 등비용선
베버는 등비용선의 개념을 통해 최소운송비지점과 노동공급지점의 비교우위에 관
한 문제를 설명하였다.
출처: Smith, D. M.(1971) *Industrial Location*.

늘하는 척도로서 결정등비용선(die Kritische Isodapane: critical isodapane)
의 개념을 제시한다. 이는 노동공급지점에서 절약되는 노동비와 최소운
송비지점에서 그곳까지 이동하는데 투입되는 운송비상승액의 동일한
지점을 연결한 선을 말하는데, 앞에서 제시한 보기에서는 최소운송비지
점에서 6km 떨어진 곳에 그려진 등비용선을 말한다. 왜냐하면 노동공
급지점에서의 노동절약액이 6만 원이고 운송비 상승액도 6만 원(6km ×
1만 원)이기 때문이다. 그러므로 가령, 노동공급지점이 결정등비용선의
내측에 존재하면 노동지향의 가능성이 있지만 외측에 존재한다면 공장
은 최소운송비지점에 그대로 입지하는 쪽이 유리하다.
　　그러면, 어떤 종류의 공업이 노동지향의 가능성이 있을까? 베버는 이

를 판단하기 위해서 노동비지수(Arbeitskostenindex)란 개념을 정립하는데, 이는 제품 1톤을 생산하는 데 투입되는 노동비를 말한다. 이 지수가크면 클수록 노동공급지에 공장이 입지할 가능성이 크다고 판단한 것이다. 그런데 어디까지나 최소운송비지점과 노동공급지점 간의 비교우위의 문제가 중요하기 때문에 노동비지수는 운송비의 부담과 비교가 되어야 한다. 앞에서 정립한 원료지수, 즉 제품 1톤 생산에 투입되는 국지원료의 중량은 어디까지나 원료운송비 부분에 불과하다. 한 공장이 소비하는 운송비는 원료운송 부분과 제품운송 부분으로 구성되므로 원료지수에 제품운송비 부분, 즉 1.0 이상을 가산해야 이것이 총운송비를 가늠하는 척도가 된다. 베버는 이를 원료지수와 구별하여 입지중량(Standortsgewicht)이라고 하였다. 따라서 어떤 공장의 원료지수가 2.0이라면입지중량은 2.0 + 1.0 = 3.0으로 표시될 것이다.

결국 운송지향이냐 노동지향이냐를 가늠할 수 있는 척도는 노동비지수를 입지중량으로 나누어서 그 수치가 클수록 노동지향의 가능성이 크다고 보았는데 베버는 이를 노동비지수와 구별하여 노동계수(Arbeitskoeffizient)라고 하였다.

집적론

집적 인자란 생산이 일정 장소에서 어느 수준 이상 집중함으로써 향수되는 생산 내지 판매상의 이익을 뜻한다. 이때의 집적은 우리가 흔히취급하는 바, "석탄산지라서 생산이 집중된다," "항구라서 공장이 모여있다" 등등의 사례와 다르다. 공장이 서로 모여서 접촉함으로써 비용을줄이고 이익을 얻을 수 있는 경우이기 때문에 베버는 이를 '집적이익'또는 '접촉이익'이라 불렀다. 이러한 집적(集積)을 '기술집적' 또는 '순집적'이라 하는데 앞에서 예시한 "석탄산지라서 생산이 집중된다"는 이른바 '우연집적'과 구별된다.

기술집적의 형태는 경영의 규모가 확대되어 이익을 얻는 '규모집적'
이 있고, 경영단위수가 많이 모여서 이익을 얻는 '사회적 집적'이 있다.
현대경제학에서 흔히 정의되는 이른바 규모경제(scale economy)는 전자
에 해당하고 국지경제(localization economy)는 후자에 해당된다. 사회적
집적을 가져오는 요인으로는 ①기술개량 ②노동조직의 개선 ③경제적
전조직에의 적응 ④일반간접비의 절감을 들 수 있다. 기술이 향상되면
부분공정이 전문·특화되어 모공장 주변에 집적될 수 있고, 노동조직이
개선되면 가령 광고대행업이나 디자인부분 등이 모공장 주변에 집적될
수 있다. 또한 일정 장소에 공장이 집적되면 원료의 구입이나 창고의
이용, 시장개척 등을 생산업자의 노력 없이도 해결할 수 있고 각종 인
프라를 공동으로 해결할 수 있어서 비용이 절약된다.

베버는 노동지향론을 전개할 때와 마찬가지로 운송지향과 집적 인자,
노동지향과 집적 인자와의 관계를 정리한다. 이때, 전자는 집적에서 발
생하는 이익의 크기와 최소운송비지점에서 집적장소로 이동하는 운송
비투입액과의 관계에 따라 운송지향이냐 집적지향이냐를 결정했다. 노
동지향과 집적 인자와의 관계는 공장이 최소운송비지점에서 떨어져 나
와 노동공급지로 지향하는 경우와 최소운송비지점에서 떨어져 나와 집
적지로 지향하는 경우 중에 어느쪽이 유리하느냐는 양자택일의 문제로
다루고 있다. 이밖에 운송지향론이나 노동지향론에서와 같이 집적의 가
능성 척도를 알아볼 수 있도록 가공가치(Formwert) 및 가공계수(Form-
koeffizient)란 개념을 정리하고 있다.

경제지리학에 공간이론을 접목

대부분의 사람들은 영어권의 소개서를 통해서 알프레드 베버의 이론
을 접하는 경우가 많기 때문에 개중에는 그 참뜻을 곡해하기 쉽다. 독
일어 원전을 구하기가 쉽지 않은 데다가 내용 자체가 난해하기 때문에

더욱 그러하다.

베버의 의도는 간명한 이론을 통해서 복잡한 현실을 쉽게 이해할 수 있도록 꾀한 것이기 때문에 그의 이론이 추상성이 강하다든지, 현실과 맞지 않는다든지 하는 것은 올바른 비판이 아니다. 그의 이론은 부분균형(部分均衡)의 현실과 합리적 경제인을 가상하고 설정된 것이기 때문에 그의 이론이 현실에 보다 접근하려면 폐쇄적인 그의 가설이 하나하나 유연하게 적용되어야 한다. 베버는 이러한 점을 충분히 예상하고 운송지향론, 노동지향론, 집적론 각각과 당대의 현실을 비교함과 동시에 과학기술이 발달하고 인구가 많아지면 이들이 어떻게 변할 것인지를 전망하고 있다.

20세기 초의 경제지리학계는 아직도 환경결정론 위주의 경제지리학 내지 상품정보 위주의 경제지리학을 탈피하지 못한 때였다. 이러한 환경에서 출현한 베버는 선대의 농업경제학자 튀넨과 함께 경제지리학에 공간이론을 접목시키는 역할을 했으며, 동시에 지리학과 경제학의 상호관심을 높이는 데 공헌하였다. 그의 이론 중에 오늘날까지도 금자탑처럼 남는 대목은 ①원료지수의 개념 ②등비용선의 개념 ③집적론의 전개 등이다. 원료지수의 개념은 오늘날 원단위(原單位) 개념의 원조라 볼 수 있고, 집적론은 공업의 연관효과를 밝힌 최초의 업적으로 생각할 수 있기 때문이다.

그럼에도 불구하고 오늘의 공업입지에서는 운송비의 중요성이 상대적으로 낮아졌고, 과학기술의 수준이나 소비자의 기호가 크게 변하고 있을 뿐 아니라 독점기업의 복잡한 조직이나 의사결정문제, 그리고 개방경제시대와 정보혁명 등으로 인해 베버의 경직논리로는 복잡한 현실의 설명에 한계가 있다. 더구나 생산물·원료·노동가격을 일정한 것으로 상정한 완전경쟁의 현실, 입지상호간의 관계를 무시한 부분균형의 현실, 그리고 시장이나 노동공급지를 일정한 점으로 상정한 허구 등은 베버이론의 한계에 속한다.

베버와 문화사회학

베버는 젊은 나이에 '공업입지론'에 심취하여 강단에서도 '공업경제학' 강의로 이름이 있었으나 1908년 하이델베르크 대학으로 옮긴 중년이후 노년에 이르기까지는 대체로 사회학 강의를 주로 했고 특히 '문화사회학'에 심취하였다. 실지로 베버는 문화사회학의 창시자이기도 하다. 그러나 베버는 지리학이나 지역경제학계에 알려진 만큼 문화사회학이 무엇인지 아는 사람은 많지 않다.

문화사회학이 출현한 것은 당시 유럽사회에 혜성처럼 떠올랐던 오스발트 슈펭글러의 대저 『서양의 몰락』에서 받은 자극 때문이었다. 이른바 슈펭글러의 대저에 함의된 '세계사의 문화형태학'이 없었다면, 그렇지 않아도 동생 막스 베버에 비해서 대기 만성이었던 그의 학문이 부화하지 못하고 말았을지도 모른다. 알프레드 베버의 문화사회학이란 그 요지가 '사회과정·문명과정·문화운동'에 관한 그의 독특한 사회학적 해석이다.

베버는 문화사회학의 고유한 연구대상은 '역사체'이며 이는 사회·문화적 통일체를 뜻한다고 주장한다. 그는 사회학이란 사회형태·사회구조만을 취급하는 것이 아니고 '사회과정'을 포함하는 총체적 사회학이어야 한다고 주장하면서 사회형태란 "서로 다른 운명공동체 속에 작용하고 있는 자연적·인간적 충동력과 의지력이 일정의 자연적 제약 속에서 만들어진 독특한 형태의 한 총괄체"라고 정의한다. 그리고 이 형태가 변화하여가는 과정을 '사회과정'이라고 언급하고 있다.

이밖에 사회에는 '문화운동'과 '문명과정'이 작용하는데, 예술이나 종교 등 형이상학적 영역을 세계상과 자아상의 개명, 과학기술 등과 구별한다. 결국, 사회과정·문화운동·문명과정의 3자가 이른바 역사체를 구성하는 것으로 지금까지의 사회학은 문화운동이나 문명과정을 취급하지 않은 것은 아니나 매우 소홀히 연구되었으며, 특히 이들간의 상관관계를 깊게 규명해야 된다고 주장한다.

그는 여기에서 18~19세기의 문명론은 문화운동을 문명과정에 흡수하고 있고, 반대로 슈펭글러는 문명과정의 독자성을 도외시한 채 이를 문화운동 속에 흡수하고 있음을 비판하고 있다. 또한, 유물사관은 문화를 상부구조로 보고 '사회과정'의 부수물도 취급하고 있다고 비판하고 있다.

베버의 문화사회학은 종국적으로 '역사체'를 다루는 것이기 때문에 흔히 '역사사회학」 또는 '세계사의 사회학'이라고 불리고 있다. 그는 사회나 역사가 각각 고유하기 때문에 어느 사회, 어느 역사에나 똑같은 잣대와 안경을 적용할 일이 아니라면서 19세기적인 서양중심의 사관, 또는 단선발전론(單線發展論)은 포기되어야 한다는 것이다. 이에 관해서는 당시의 베버뿐 아니라 슈펭글러, 토인비, 소로킨, 그리고 문화인류학의 크로버 등 문명론의 새로운 주창자들은 거의 동일한 시각을 갖고 있었다. 세계사는 가지가지의 '역사체'를 포괄하여 하나의 통일적 진화의 계열에 있다는 편견을 경계한 것이다.

결국, 이러한 보편타당한 법칙문제를 해결하는 것이 바로 베버가 주장하는 '문명과정'이다. 사회발전이나 문화발전은 각 '역사체' 내에 고유하게 내재되지만 이른바 과학기술로 대표되는 문명과정은 범인류적으로 전파·축적·계승되며, 문명과정의 발전이야 말로 보편적 발전사관의 현실적 근거가 된다고 보고 있다.

19세기나 20세기의 비극은 '문화'와 '문명'의 혼돈에서 야기된 것으로 개별성이 존중되어야 할 문화세계를 보편성이 강조되는 '문명과정'으로 동일시하려는 데에서 온 것이다. 문화와 문명이 '사회과정'에 어떻게 작용하며, 작용되느냐를 추구하는 것이 문화사회학의 본질적인 과제이다.

참고문헌

Weber, A. 1909, *Über den Standort der Industrien*, I. Teil; Tübigen: reine Theorie des Standorts.

_____. 1929, *Theory of the Location of Industries*, translated by Friedrich Carl J., Chicago: University of Chicago Press.

江澤讓爾·伊藤久秋. 1959, 『經濟立地論 槪說』, 時潮社.

江澤讓爾(감수). 1965, 『工業立地論』 東京: 大明堂.

伊藤久秋. 1966, 『工業立地論 入門』, 東京: 大明堂.

川西正鑑. 1939, 『工業立地の研究』, 東京: 日本評論社.

春日茂男. 1982, 『立地の理論』, 東京: 大明堂.

全田昌司. 1976, 『經濟立地と土地利用』, 東京: 新評論社.

Greenhut, M. L. 1956, *Plant Location*, Chapel Hill: The University of North Carolina Press.

Isard, W. 1956, *Location and Space-Economy*, MIT Press.

Smith, D. M. 1971, *Industrial Location*, New York: John Wiley & Sons, Inc..

August Lösch
뢰쉬의 경제의 공간적 질서
형기주(동국대학교 지리교육과 명예교수)

사랑하는 고향 슈바벤을 위하여

오거스트 뢰쉬(August Lösch)는 1906년에 태어나서 1945년 5월 30일, 불과 39세의 짧은 일생을 살았다. 짧은 일생이지만 그가 남긴 저서는 마치 막스 베버가 그러했던 것처럼, 후세에 아무도 추종을 불허할 만큼 수준 높은 금자탑으로서 세인의 찬사를 받고 있다.

그는 보기 드물게 강인한 성격이면서 다른 한편으로는 예리한 지성과 온후한 인품의 소유자였다. 그가 필생의 과업으로 정성을 들였던 저서 『경제의 공간적 질서』 제1판(1940)이 나올 때는 마침 독일이 히틀러의 나치체제하에 있었기로 많은 학자들이 어용에 참여하거나 히틀러 개인에게 충성을 맹세하는 그러한 분위기이었다. 나치에 항거하였던 뢰쉬는 용기와 고독 속에서 이 연구에 몰두했고, 여기에서 얻은 병약한 몸으로 킬(Kiel)의 '세계경제연구소'에 근무하면서 그의 저서 제2판(1943)을 냈다. 개정판을 낸 기쁨도 잠시, 그로부터 2년 후에 아직도 젊은 나이에 이 세상을 떠나고 말았다.

그의 저서 군데군데에 고독과 싸우면서 고향 슈바벤에 대한 뜨거운 애정을 그는 이렇게 표현하고 있다.

나는 다행히도 비교적 이해가 쉬운 미국의 사정을 통해서 나의 견해를 전개하고 검증할 수 있었다. 이러한 작업을 나치하의 독일에서 적용할 수 없고, 검증할 수 없는 사정에 답답하고 괴로울 뿐이다. 외국의 연구나 그 결과에서 얻은 사고가 넓은 통용성을 갖지 못하는 대신에 내 어릴 적에 슈바벤의 작은 도시에서 경험한 가지가지의 추억들이 바로 이 저서의 진실한 배경이 되고 있다.

뢰쉬가 록펠러재단의 후원으로 두 차례에 걸친 미국 전토의 조사연구 여행이 가능하였기로 특히 크리스탈러의 '도시분포와 계층'에 관한 검증은 미국의 아이오와주를 대상으로 삼았으나 정작 독일 본토에서는 나치의 압정 때문에 이를 실현하지 못한 안타까움을 피력한 것이다. 그리고 자기 저서에 깔려 있는 고향에 대한 애정을 이렇게 계속하고 있다.

자기가 살아온 토지만큼 그 사정을 철저히 알 수 있는 토지란 없다는 것이 나의 신념이다. 우리는 이와 같은 작고, 전망이 가능하며, 친밀한 세계에 관해서만 무조건 신뢰할 수 있는 판단을 내릴 수 있는 것이요, 우리가 나중에 이 발견을 보다 큰 문제에 적용할 수 있는 것이다. 만약에 경관(landschaft)이란 실체가 존재한다면, 내 고향 슈바벤이야말로 이러한 세계의 축소판일 것이다. 여기에서 얻은 여러 가지 경험이 나의 최종적인 사고를 확인시키고, 나에게 크나큰 확신을 주었다. 따라서 나는 이 노작(勞作)을 나의 고향, 나의 사랑하는 토지, 슈바벤에 바치려 한다.

인구경제학에의 공헌

뢰쉬의 최초 간행물은 트랜스퍼(transfer)에 관한 작은 책자로서 인구 감소의 경제적 귀결에 관한 내용이다. 뢰쉬 자신은 『경제의 공간적 질서』의 초판 서문에서 "나는 지금까지 인구와 경제와의 관계를 주로 취급하였으나 지금 이 책에서는 공간과 경제와의 관계를 취급한다"고 피력하면서 전자의 연구는 인구를 통해서 경제의 시간적 발전문제를 다루었지만 이 책에서의 연구대상은 경제의 공간적 배분에 관한 것이라고 서술하고 있다.

그의 저서『인구변동과 경제순환』은 당시 현상논문에 당선된 것으로서 여기에서 받은 상금으로 자비출판한 소책자이다. 인구증가와 경제순환의 관계는 그 당시 케인스(Keynes)→ 한젠(Hansen)→ 터보어(Terborgh) 논쟁을 통해서 새로운 관심을 불러일으키고 있었다. 경제의 장기정체론과 그 비판, 즉 1940년대와 1950년대가 번영기이고 이시기에 미국의 인구는 역사상 가장 많은 증가를 보였다는 사실과의 논쟁에 세인의 관심이 주목될 때였다.

인구의 순환이 경제순환을 불러일으키는지 여부의 문제에 관해서 뢰쉬는 전 자본주의 시대와 자본주의 시대는 서로 다른 해답을 필요로 한다고 주장한다. 그에 따르면 독일의 경우, 일반적으로 공업생산이 인구증가에 빨리 종행(從行)한다는 사실을 확인했다. 성장하고 있는 국민의 경제발전은 주로 증가한 인구에 대한 주거와 자본설비의 증가, 소비재의 증가하는 모습을 갖기 때문에 인구운동의 리듬과 경제순환의 리듬이 대체로 일치한다는 사실은 거의 기대되는 논리이다. 증가하는 인구에 필요한 물자를 공급하기 위한 경제성장은 기술 진보나 신시장의 창출에 의해서 야기된 변화에 적응하기보다는 한결 위험이 덜하다. 그래서 뢰쉬는 "인구증가가 경제순환을 창출함이 아니고 그 코스를 결정한다"고 논한다.

대작 경제입지론의 내용 구성

뢰쉬의 대저『경제의 공간적 질서(Die räumliche Ordnung der Wirtschaft)』가 1940년 처음 간행되었을 때는 비상시국이라 돈과 물자가 부족하여 본인이 계획한 대로 내용을 전부 갖추지 못했었다. 그래서 1943년의 제2판에서는 가격의 지리적 차이, 지역계획문제 등을 더 첨가하고 사례연구나 통계적 검증 등을 더욱 보강하였는데 워낙 이 책의 내용이 방대하고 난해하기 때문에 저자는 기업가·은행가·화폐전문가·지리학자·통계학자·사회학자·교통학자·지역계획 담당자들이 단시간에 이해할 수 있는 쪽수를 제2판의 서문에 친절히 지시하고 있다.

이 책은 전체가 4개편으로 조직되어 있다. 제1편은 입지론(立地論)의 과거를 정리·비판하고 자기이론을 새롭게 전개한 부분이다. 과거의 선학자 중에 공업입지론의 '알프레드 베버'와 농업입지론의 '폰 뛰넨'의 업적을 큰 공헌으로 찬양하면서 이들 업적은 어디까지나 복잡한 현실을 간단한 현실로 고립화시킨 부분균형론(部分均衡論)에 불과하다고 주장하고, 부분균형론에서 만족스러운 해답을 얻자면 한걸음 더 나아가 일반균형론(一般均衡論)의 전개가 요구된다고 하였다. 즉, 고립적 가설로부터 보다 현실에 가까운 가설에의 전환을 주장한다. 알프레드 베버의 이론은 어디까지나 원료공급지, 소비지가 한 지점으로 고정되어 있고 타의 경쟁적 공장이 주변에 존재하지 않는 상태에서 전개된 이론이기 때문에 법칙이나 이론을 명쾌하게 정립하기는 쉬우나 그것이 현실과는 너무나도 동떨어진 하나의 픽션이 되기 쉽다. 따라서 만약에 경쟁적인 타의 생산자가 존재한다면 그와의 균형문제를 고려하지 않을 수 없고, 더구나 생산자와 소비자가 다수 분포하여 있는 현실을 생각하면 부분균형론으로는 설명이 불가능하다. 입지의 동태적 이론, 즉 일반균형론은 그래서 원용된다.

뢰쉬는 무역론의 선학자 올린(B. Ohlin)과 입지론의 팔란더(T. Palander)로부터 크게 영향을 받고, 19세기 말 로잔느학파의 선구적 경제학자 왈라스(L. Walras)의 일반균형론을 이어받아 이것을 공간이론으로 발전시킨 최초의 학자였다. 그가 이 책의 제목에서 '……의 질서'란 말을 사용한 것은 우리들의 지식을, 우리에게는 중요한 여러 관점에 따라 질서

(Ordnung)지운다는 뜻으로 해석되며, 똑같은 사실을 여러 각도에서 보아 반복적으로 취급할 때 바른 질서, 즉 이상적 체계를 얻을 수 있다는 뜻이다. 결국, 질서란 유일한 법칙을 말하며 이것은 어디까지나 하나의 이상적 체계 또는 유토피아를 말한다.

뢰쉬는 자기의 이론을 전개하면서 이른바 '입지문제'의 의미를 분명히 하고 있다. 즉, 현실의 입지문제와 합리적인 입지문제는 반드시 일치하지 않는다고 하면서 "경제학자의 진정한 의무는 참담한 현실을 설명하는 일이 아니고 이것을 개선하는 일이다"라고 주장한다.

이 책의 제2편은 '경제지역'에 관한 부분인데 그가 전개하고자 하는 일반균형의 현실 아래에서 시장권에 관한 문제이다. 흔히, 뢰쉬의 입지론을 '시장지역론'이라 일컫는 것은 알프레드 베버의 이론이 공급측면을 강조한 이론인 데 반해서 뢰쉬의 이론이 수요의 측면, 즉 시장에 관한 측면을 강조했기 때문이다. 대체로 지리학자, 지역경제학자, 또는 지역계획 전문가들이 많이 관심을 가져야 할 내용이 바로 이 부분이다. 여기에서 크리스탈러의 중심지이론이 검증되면서 수정되고 확대된다. 다시 말하면 크리스탈러의 이론보다도 훨씬 개방적이고 현실에 접근한 이론으로 확대된다는 뜻이다.

제3편은 무역론의 선각자 올린의 이론을 섭취·확대한 내용으로서 무역·분업에 의한 입지문제를 취급하고 있다.

제4편은 1, 2, 3편에서 정립한 이론을 사례연구를 통해서 검증한 내용이다. 결국, 우리에게 흔히 알려져왔던 이른바 경제입지론이란 바로 제2·3편의 내용을 가리키는 것으로 여기에 뢰쉬의 독자적 연구성과가 구체적으로 담겨져 있다.

시장지역이론의 개요

뢰쉬의 대저서 제2편 「경제지역」은 다음과 같은 가설에서 출발한다.

첫째, 경제적 가치, 즉 자원이 넓은 평야에 고르게 분포하고 소비자도 고르게 분포한다. 그리고 자원의 공급량이 무한하고, 수요 또한 무한하다. 둘째, 자급적인 농장이 규칙적으로 분포해 있고 이들 생산자들은 서로간에 기호가 같고 생산기회도 모두에 개방되어 있다. 셋째, 이밖에 경제외적 계기는 존재하지 않고 운송비는 거리와 중량의 함수이다. 여기에서 생산자(농가)는 자급용 맥주를 양조하는 경우라고 가정한다. 이러한 출발점에서 과연 '지역의 차이'는 어떻게 하여 만들어지는가?

이것이 뢰쉬 이론의 첫째 물음이다. 가령, 농장 중에 한 집이 맥주를 자급 이상으로 생산할 의지를 갖고 있을 때 그는 자급 이상의 맥주를 어떻게 판매할까? 이때 제일 먼저 성립될 수 있는 조건이 수요가 충분히 많아야 할 것이다. 대량생산의 이익을 도모할 수 있으나 수송비의 저항이 만만치 않다. 과연 그가 지배하는 시장은 어떤 모양, 어떤 범위의 것일까?

<그림 1>은 소비자 한사람 한사람의 수요곡선이다. 농장에서 생산하는 맥주의 공장도 가격은 OP의 간격으로 표현되는 p이고, 생산자와 소비지간의 운송비를 t로 표현한다면 개별수요곡선 d는 p+t의 함수로서 다음과 같다.

$$d = f(p + t) \cdots 1.1$$

<그림 1>에서 보듯이, 공장 가까이에 거주하는 소비자의 수요량은 PQ이다. 공장에서 떨어져서 거주하는 소비자에 대한 가격은 공장에서 거리가 멀어질수록 비싸기 때문에 수요량은 점점 줄어서 F에서는 수요가 제로에 이른다. 따라서 <그림 1>의 PR에 해당하는 가격을 지불할 수 있는 위치에 있는 소비자 한 사람의 수요량은 RS이다. <그림 1>에서 y축은(가격은) 생산지로부터의 거리로 볼 수도 있기 때문에 F점은 시장의 한계라고 생각할 수 있다. 그렇다면, <그림 1>의 삼각형 PFQ에서 PQ를 축으로 회전을 시켜보면 <그림 2>와 같은 원추가 만들어지

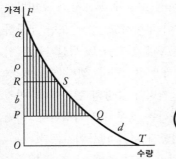

〈그림 1〉 개별수요곡선
OP는 공장도 가격
출처: A. Lösch(W. H. Woglam 영역, 1954)

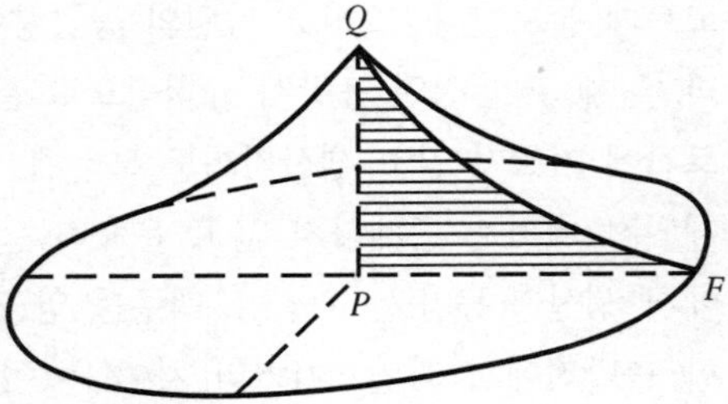

〈그림 2〉 수요원추
PQ를 축으로 하여 회전시켜 만든 원추
출처: 〈그림 1〉과 같음.

는데 원으로 나타나는 원추의 밑바닥이 이 맥주공장(농가)의 시장권이
고 F는 시장의 경계선이 된다. 또한 PQ를 축으로 해서 만들어진 원추의
체적을 맥주의 수요량이라고 볼 수 있을 것이다. <그림 2>와 같은 원
추의 체적을 구하는 공식을 활용하면 맥주의 수요량(D)은,

$$D = b \cdot \chi \int_0^R f(p+t) \cdot t \cdot dt \ \cdots\cdots 1.2$$

단, b: 인구밀도에 의해서 부여된 상수
p: 공장도 가격
t: 생산지에서 소비지까지 생산물 단위당 수송비
R: 수송비의 최대한도 (R=PF에 해당하는 수송비)

중심좌표를 yo라 하고, PFQ 삼각형의 면적을 F라고 하면,

$$2yox \cdot F = 2\pi \int_0^R \cdot f(p+d) \cdot t \cdot dt \ \cdots\cdots 1.3$$

이 삼각형 PFQ 회전체의 체적이 된다. 여기에 인구밀도($\frac{b}{2}$)를 곱하면
1.2식이 구하여진다. <그림 1>에서 공장도가격 PO가 크면 그만큼 수

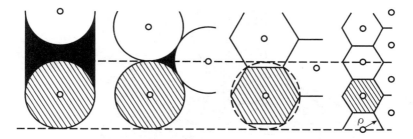

〈그림 3〉 생산자간의 시장권 경쟁
틈새시장을 나누어 갖는 과정으로서 나중에는 작은 육각형 시장권이 완전경쟁상태로 배열된다.
출처: 〈그림 1〉과 같음.

요량이 적고, 시장지역도 좁으며, 반대로 공장도가격이 낮으면 그만큼 수요량도 많고 시장지역도 넓다.

뢰쉬의 모델에서는 맥주를 만들어 판매하는 농장이 많고, 이들이 서로 경쟁하고 있다. 각 농장은 자기들 시장지역을 넓히기 위해서 〈그림 3〉과 같이 원과 원 사이의 남은 공간을 점령하게 된다. 공간을 가장 이상적으로 분할하는 경우는 공장을 중심으로 자기의 시장권이 육각형이 되는 경우이다. 만약에 농장 서로가 완전경쟁상태에 있다면 작은 육각형이 마치 벌집처럼 무수하게 이웃하게 된다. 이러한 완전경쟁 상태에서는 일반균형론의 해(解)가 요구되는데 여기에서부터 지리학자 크리스탈러의 중심지이론을 한 발 앞서게 된다. 크리스탈러는 육각형의 중심지가 지배하는 하위취락이 어디에 위치하느냐에 따라 k=3, k=4, k=7의 3개 기본형을 제시했다. 즉, 하위취락이 육각형의 모서리에 위치할 때를 '시장의 원리', 육각형의 각변 위에 위치할 때를 '교통의 원리', 그리고 육각형 안에 포섭될 때를 '행정의 원리'라고 하였다. 그러나 뢰쉬는 이들 3개 유형 이외에 하위 중심지가 차상위 중심지에 포섭되는 경우는 무한히 많고, 또 한 중심지에서 여러 가지 형태의 상품을, 서로 다른 거리에 걸쳐서, 여러 종류의 수요자들에게, 서로 다른 양을 공급해야

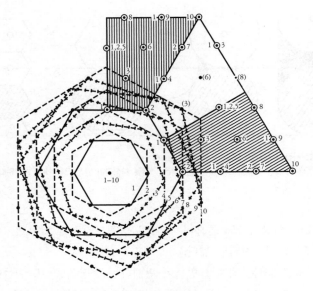

〈그림 4〉중심지를 공유하는 여러 시장권의 중합
10개의 크고 작은 시장권이 한 중심지를 공유하면서 중합된 상태
출처: 〈그림 1〉과 같음.

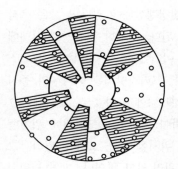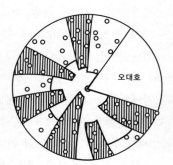

〈그림 5〉city-rich와 city-poor zone, 검증사례
왼쪽은 인디애나폴리스, 오른쪽은 토레도
출처: 〈그림 1〉과 같음.

하기 때문에 육각형 시장은 <그림 4>와 같이 공급되는 생산물의 수만큼 여러 개가 겹치게 된다. 이렇게 겹치게 되면 생산의 중심지를 많이 갖는 부분과 그렇지 않은 부분이 나뉘게 되는데 고차위 생산지를 중심으로 마치 부채꼴 모양의 city rich, city poor 지대가 성립된다. <그림 5>는 뢰쉬가 미국의 인디애나폴리스와 토레도를 사례로 검증한 결과이다.

뢰쉬와 크리스탈러

뢰쉬가 입지론을 상호의존에 주목한 것은 앞에서 지적한 울린과 팔란더의 영향이다. 그러나 생산자가 지배하는 시장지역의 모양·크기·계층·생산자간의 거리에 주목한 것은 크리스탈러와 매우 일치되는 부분이 많다. 크리스탈러의 저작이 1933년이고, 뢰쉬의 그것이 1940년(초판인쇄)이고 보면 필시 뢰쉬가 그 영향을 받은 것은 분명하다. 더구나 뢰쉬가 크리스탈러를 인용하거나 비판한 부분이 무려 13개소에 이르고, 시장구조 모델과 관련하여 뢰쉬는 "크리스탈러의 저서는 특수한 사례를 문제로 삼았으나 내가 아는 한에 있어서는 훌륭한 노작이요, 경제지리학적 연구의 주목할 만한 한 보기"라고 극찬을 아끼지 않았다. 그런데, 육각형 시장구조는 크리스탈러의 최초 창조물인가? 뢰쉬는 이에 대해서 구체적인 분석·설명은 없으나 최초의 발상은 독일의 입지론 학자 라운하르트(W. Launhardt)라고 지적하면서 크리스탈러의 노작은 육각형 시장구조를 논하고는 있지만 그 검증이 충분치 못하다고 언급하고 있다.

물론, 뢰쉬와 크리스탈러는 그 이론의 출발점부터 서로 다르다. 전자는 경제학을 공간이론으로 접근한 것이요, 후자는 지리학을 공간이론으로 발전시킨 것이다. 뢰쉬는 농장에서 맥주(공산품)를 생산하여 공급하는 것을 출발점으로 하여 수요자와 시장지역의 구조를 취급한 것이요, 크리스탈러는 공업을 배제하고 각종 서비스 공급중심지의 크기·계층·

분포 등을 취급한 것이다. 따라서 전자가 공업입지론이라면 후자는 서비스입지론이다. 전자가 작은 농장에서부터 점차 큰 중심지로 상향되는 구조를 취급했다면 후자는 큰 중심지에서 작은 중심지로의 하향구조를 주목하고 있다. 뢰쉬는 동일계층의 중심지라도 다양한 수와 종류의 상품이 제공되는 매우 유동성이 있는 이론이 전개되었지만 크리스탈러는 동일 계층의 중심지는 같은 수와 같은 종류의 서비스가 제공되는 매우 경직된 이론을 전개하고 있다.

뢰쉬 이론의 의의와 비판

뢰쉬는 이 방대한 저서를 완성하기 위해서 미국의 수리경제학자 레온티에프 교수, 하버드 대학의 입지론·경제학자 체임벌린(E. Chamberlin), 그리고 이밖에 많은 입지론·경제학자로서 호텔링, 에반스, 후버, 슘페터 교수, 지리학자 크리스탈러, 지역계획이나 노동통계국의 실무자들의 조언을 총망라하고 있다.

당대의 경제학이 주로 시간문제(경제발전문제)에 주력하고 있었음에 반해서 뢰쉬는 그것을 공간이론으로 승화시켜, 폰 튀넨 이후 세상의 관심을 갖게 된 입지론에 한 시대적 획을 그었다는 점에서 뢰쉬의 이론은 매우 역사적 의미를 갖는다. 그것이 바로 부분균형론을 일반균형론으로, 공급위주의 입지론에서 수요위주의 입지론으로 발전시킨 부분이다. 더구나 그는 미국 전토를 실험무대로 하여 그의 이론을 검증할 뿐아니라 보다 정밀한 실증을 위해 로잔느학파의 왈라스를 따라 각종 방정식을 활용한 점, 또한 높이 평가되고 있다.

뢰쉬의 이론이 현실상황을 훨씬 구체적으로 고려한 것은 그가 유토피아로 구상했던 '경제지역'의 규칙성이 지금까지 가정되지 않았던 제 요인에 의해서 왜곡된다는 점이다. 이것을 기업의 가격정책, 공간적 가격차별화, 자원이나 인구의 불규칙한 분포, 교통수단의 차이, 접근성의 지역차, 인간적 요인의 차이, 즉 국경이나 정치적 요인 등을 구체적으로 고려하고 있다. 그러나 이러한 교란요인들이 질서 있는 규칙성에 어떤 작용을 하느냐가 주제로서 어디까지나 공간경제에는 근본적으로 질서가 있다는 것이 그의 사상이다. 결국, 그는 각종 사례를 활용하면서 현실세계가 어느 정도까지 합리적인가를 알려는 데 노력하고 있다. 그의 이론은 현실이 어떤 것이냐를 설명하려는 것이 아니고, 오히려 합리적인 것을 구성하려는 하나의 시도였던 것이다.

이러한 노력에도 불구하고 다음과 같은 비판이 주어지고 있다.

첫째, 그가 선학자들의 공급일변도 입지론을 비판하면서 정작 자기는 수요일변도 입지론을 전개하고 있다.

둘째, 뢰쉬의 이론은 국가의 지도에 의해서만이 실현되는 이상적인 입지체계에 불과하다는 이유로 비판을 받고 있는데, 이는 경쟁적인 자유경제하에서의 입지론과 무관하다.

셋째, 뢰쉬이론에서 농업공간과 공업공간의 표현이 명확하지 않다. 농장이면서 맥주를 공급하는 결국 농업공간이면서 공업공간이다. 더구나 미국의 중서부 대농업지대는 지형이 평탄하여 경제지역의 규칙성이 현실적으로 잘 드러나는 곳이다.

넷째, 그 이론이 입각하고 있는 가설이 너무나 추상적이다. 그리고 특히 이른바 규모의 경제(scale economy)는 고려하지 않고 있다. 이 점은 뢰쉬의 철학적 배후가 무엇이냐에 따라 이해될 수 있는 문제이나 요즈음과 같은 반실증주의 풍토에서는 흔히 듣는 비판이다.

뢰쉬의 대저서 『경제의 공간적 질서』는 내용이 방대한 위에 내용에 수리모델이나 도형모델이 많고 독일어로 되어있기 때문에 대체로 그의 이론을 정확하고 상세하게, 그리고 쉽게 소개한 책자가 없다. 1954년 미시간 대학의 워글롬(W. H. Woglom)과 슈톨퍼(W. Stolper)가 영역(英譯)하여 많은 사람에게 읽히게 되었다. 가능하면, 이를 전공하는 초학자들은 원전을 접하거나 영역본을 성실하게 접해야 할 것이다.

참고문헌

Lösch, A. 1962, *Die räumliche Ordnung der Wirtschaft*, Stuttgart: Gustav Fisher Verlag.

_____. 1954, *The Economics of Location: A Pioneer Book in the Relations Between Economic Goods and Geography*, translated from the Second Revised(1944) Edition by William H. Woglom with the Assistance of Wolfgang F. Stolper, New Haven: Yale University Press.

_____. 1968, 『經濟立地論』(蓧原泰三 역), 東京: 大明堂.

江澤讓爾, 伊藤久秋. 1959, 『經濟立地論 槪說』, 時潮社.

江澤讓爾. 1965, 『經濟立地論』, 東京: 大明堂.

春日茂男. 1982, 『立地の理論』, 東京: 大明堂.

全田昌司. 1976, 『經濟立地と土地利用』, 東京: 新評論社.

Greenhut, M. L. 1956, *Plant Location*, Chapell Hill: The Univ. of North Carolina Press.

Isard, W. 1956, *Location and Space-Economy*, MIT Press.

Smith. D. M. 1971, *Industrial Location*, New York: John Wiley & Sons, Inc..

David M. Smith
스미스의 산업입지론과 공간사회정의론

남기범(서울시립대학교 도시사회학과 교수)

데이비드 스미스(David Marshall Smith) 교수는 1935년 영국에서 태어났다. 1950년대 말 노팅엄 대학교(Nottingham University)에서 에릭 로스턴(Eric Rawston) 교수를 통해 그 당시 영어권 학계에는 충분히 소개가 되지 않은 산업입지이론의 선구자, 알프레드 베버(Alfred Weber)와 오거스트 뢰쉬(Lösch)를 접하게 되고, 월터 아이자드(Walter Isard), 멜빈 그린헛(Melvin Greenhut) 등의 영향을 받아 입지론을 연구하고 경제지리학으로 박사학위를 취득했다. 이후 미국으로 건너가 맨체스터 대학교, 남 일리노이 대학교(Southern Illinois University), 플로리다 대학교의 지리학과 교수를 거쳐 1973년 영국으로 돌아와 런던 대학교(Queen Mary and Westfield College, University of London)의 지리학과 교수로 봉직하고 있다.

스미스의 공간이론은 산업입지이론과 공간사회정의론의 두 가지 측면으로 나누어볼 수 있다. 고전 입지이론을 신고전적 행태주의적 관점에서 수정 통합하여 새로운 틀을 제시한 그의 산업입지이론은 지금까지도 가장 완성도가 높은 이론적 체계로 인정받고 있다. 스미스는 입지이론의 체계화와 실증적 사례연구에 그치지 않고 개별입지의 총화인 산업활동과 산업발전, 계획과 연관시켜 궁극적으로 사회복지와 사회 정의의 공간이론화에 큰 기여를 하고 있다.

스미스의 산업입지론이 부각된 것은 1966년 「산업입지의 지리적 연구를 위한 이론적 틀(A Theoretical Framework for Geographical Studies of Industrial Location)」과 1970년 「베버이론의 재조명: 산업입지와 연계에 관한 연구(On Throwing Weber Out With The Bathwater: A Note on Industrial Location and Linkage)」를 발표하면서부터이다. 이때까지의 산업입지에 대한 연구는 베버 식의 비용최소화론과 뢰쉬 식의 수익최대화론, 그리고 이 두 가지 접근법을 통합한, '뢰쉬의 경제경관에 베버의 메커니즘'을 융합한 절충론이 지배적이었다. 스미스는 자신의 이론을 스스로 '신고전적 통합'이라고 규정하고 비용최소화론과 수익최대화론을 새로운 관점에서 수정·통합하였다. 그는 고전입지이론이 바탕을 두고 있는 '경제적 인간관' 즉 최대이윤을 보장하는 한 개의 최적입지지점을 추구하는 것과는 달리, 행태주의적 관점을 도입하여, 이윤을 줄 수 있는 공간한계 내에서는 어디든지 입지할 수 있다는 준최적입지론(sub-optimal location)을 강조하였다. 스미스의 통합이론은 1971년과 1982년 발행된 『산업입지론: 경제지리학적 분석』이라는 저서에서 종합적으로 완성된다.

행태주의적 관점의 도입과 준최적성

스미스 산업입지이론의 첫번째 특징은 행태주의적 관점을 그의 통합이론에 근본요건으로 강조하였다는 점이다. 사실상 이제까지의 산업입지이론은 효율적인 자원배분의 요건을 제시하는 것뿐이었다고 할 수 있다. 그러나 기업의 입장에서는 반드시 최적의 입지를 찾아야만 운영이 되는 것은 아니다. 기업이 완벽한 정보를 모두 구비하는 것도 현실적으로 불가능할 뿐만 아니라 시행착오를 거쳐 점차로 최적입지로 접근할 수도 있는 것이다. 무엇보다도 중요한 것은 의사결정을 하는 인간이 항

상 최대의 효율성을 추구하여 합리적 판단만을 하는 '경제적 인간'이
아니라는 점이다. 인간은 다양한 환경 아래서 준최적인 경제행태를 보
이게 되고, 이러한 의사결정이 개별기업의 입지와 산업의 공간구조를
결정하게 된다는 것이다.

스미스가 제시하는 준최적인 입지의사결정은 개인적인 친분관계, 신
뢰, 지역의존성 등에 의해 영향을 받는 개인적 요인(personal factors) 혹
은 심리적 소득(psychic income)과는 개념적으로 다르다. 준최적성(sub-
optimality, 準最適性)이란 입지의사결정의 준거가 '최소비용'이든 '최대
수요'든 '최적소득'이든 간에 항상 완벽하게 합리적으로는 이루어 질 수
없다는 것을 의미한다.

준최적인 입지란 비용과 수익, 정부의 정책, 입지의 관성 등을 종합한
총비용과 총수익을 비교했을 때, 최적입지뿐만 아니라 이윤이 발생하여
기업의 운영이 가능한 지역을 말한다. 즉, 이윤의 공간한계(spatial
margins to profitability) 내에서는 어디든지 입지할 수 있다는 것이다.

그림 (a)에서 보는 것처럼, 수요(총수익)가 공간적으로 동일하다고 가
정할 때 최적지점 O로부터 거리가 멀어짐에 따라 입지비용이 증가한다.
이러한 비용의 공간변화곡선을 공간비용곡선(space cost curve)이라고 한
다. 비용이 수요보다 큰 곳에서는 손실이 발생하고 수요가 비용보다 큰
곳에서는 이윤이 발생된다. 이 양자의 경계가 되는 곳(Ma, Mb)이 이윤
의 공간한계이다.

반대로 비용이 공간적으로 동일하고 수요가 최적지점 O로부터 멀어
짐에 따라 감소할 때에는 그림 (b)에서와 같이 이윤의 공간한계가 결정
되고 이때 수요의 공간변화를 나타내는 선을 공간수익곡선(space revenue
curve)이라고 한다. 비용과 수요가 함께 변화할 때는 그림 (c)처럼 '이윤
의 공간한계'의 경계가 이루어진다. 이때 A지점은 최소비용지점이며 B
지점은 최대수요지점으로서 모두 이윤의 공간한계 내에 있게 된다.

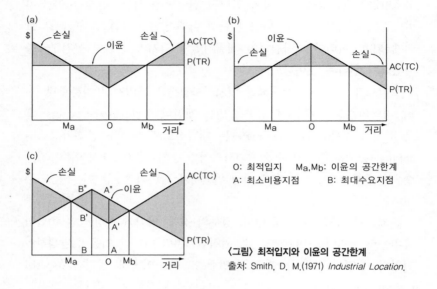

O: 최적입지   Ma,Mb: 이윤의 공간한계
A: 최소비용지점   B: 최대수요지점

〈그림〉 최적입지와 이윤의 공간한계
출처: Smith, D. M.(1971) *Industrial Location*.

신고전적 통합 산업입지론

스미스는 준최적성의 기본개념 아래 먼저 비용의 공간변화를 이론적
으로 고찰하였다. 우선적으로 지가와 마케팅비용을 공간적으로 동일한
것으로 가정하고, 원료구입비, 인건비, 시설운영비 등 총비용 최소지점
으로부터 거리증가에 따른 비용증가 양태를 산정하여 그 비용의 합에
의해 공간비용곡선을 작성하고 다음으로 각 비용증가의 비율에 변화가
주어졌을 때 공간비용곡선의 변화를 살펴보았다. 여기에 기업가 개인의
의사결정 능력, 정부의 지원, 외부경제, 대체효과, 규모의 경제 등의 현
실적 요인들을 부가하여 이윤의 공간한계가 변화하는 양상을 체계적으
로 분석한다.

다음 단계에서는 수요요인을 앞의 기본모형에 적용하여 생산비와 운
송비의 공간적인 변화에서 발생한 시장지역의 차이를 고려하여 공간수

익경향면(spatial revenue surface)과 총이윤경향면(total profit surface)을 설정하였다. 스미스는 여기에다 기업간의 경쟁, 입지비용과 상품가격의 시간적인 변이 등을 포괄하여 종합적이고 체계적인 적정입지 가능지역에 대한 분석의 틀을 제공하였다. 그는 마지막으로 개별입지의 합인 산업지역의 형성과 기업간 연계에 의한 공간적 계층화에 대한 행태지리학적인 분석을 추가하여 신고전적 통합 산업입지론을 완성시킨다.

스미스의 산업입지론은 기존 입지이론의 두 축인 베버의 비용측면과 뢰쉬의 수익측면을 통합한 신고전적 통합이기는 하나 다음의 이유로 인해 한계를 가진다.

첫째, 스미스의 신고전적 통합은 기본적으로 베버의 전통을 계승한 '비용'을 주축으로 한 입지이론으로서 정보기술의 발달로 인해 시공의 압축이 진행되고, 운송비의 중요성이 급격히 감소하고 있는 현대의 산업환경에는 적용의 한계가 있다.

둘째, 현대의 기업은 그 목표와 운영에 있어서 '이윤'에서 '성장'으로, '물리적 비용'에서 '거래비용'으로 주안점이 바뀌고 있어, 스미스식의 물리적 편익계산에 사회적, 공간적 특성이 반영되어야 한다.

셋째, 현대의 기업은 단일공장에서 하나의 재화만을 생산, 판매하는 게 아니라 다지역기업, 다국적기업, 초국적기업으로 발전하면서, 기업조직 전체적인 전략틀 안에서 비용과 이윤을 계산하게 된다. 따라서 기존의 틀로는 기업의 공간활동의 논리를 이해하고 분석할 수 없고, 분공장, 기업조직, 기업전략 등을 포괄하는 기업의 지리학으로 설명해야 한다.

공간사회정의론

스미스는 1971년 그의 통합 산업입지론에 대한 저서를 출판함과 동시에 『아메리카! 아메리카? 용광로를 보는 관점: 급진주의 지리학, 다음 혁명인가(America! America? Views on a Pot Melting: Radical Geography

-the next revolution?)」라는 논문을 통해, "북미의 지리학계는 상품의 생산과 자연자원의 착취에만 관심을 기울여왔다. 이제는 인류복지와 사회정의의 연구에 노력을 아끼지 않아야 한다"고 주장하면서 사회복지와 사회정의의 공간적 전개와 불평등에 대한 연구자의 관심을 촉구하였다. 여기에서부터 그의 학문세계에 새로운 방향이 나타난다.

1977년 『미국 사회복지의 지리학』이라는 저서에서 스미스는 "GNP나 국가소득자료는 넓은 의미에서의 삶의 질을 측정하는 자료가 되기에는 불충분하다"고 지적하면서 미국 사회지표운동의 새로운 맥락을 제시하였다. 이제까지 비공간적인 연구가 지배적이던 사회복지의 문제를 공간적인 측면에서 재해석하였다. '경쟁적이고 물질적이며 자본주의적인' 현대사회의 병폐가 가장 첨예하게 나타나는 부분이 바로 공간적 불평등이며, 이러한 공간적 역기능과 정의 상실을 직시하고, 실증적인 지식과 학술적이고도 정확한 현실평가, 그리고 문제해결을 위한 정책제안을 위한 공간분석이 필요하다고 하였다. 여기에 스미스의 차별성이 부각된다. 거대이론에 바탕을 둔 목소리 높은 슬로건과 대비되는 낮은 분석력, 취약한 실증적 연구틀과 사례연구의 빈곤이 기존의 정치경제학적 접근방법의 한계점임에 반하여, 스미스는 미국, 아프리카, 동유럽의 공간적 불평등의 연구에서, 주간(州間), 도시간, 도시 내 등 다양한 규모의 체계적이고 실증적인 다변량분석을 통하여 광범위하고 뿌리깊은 불평등의 문제를 적확한 현실평가와 자료로서 제시한다.

스미스의 공간사회정의론은 1994년의 저서 『지리학과 사회정의』에서 이론적 배경과 실증적 연구의 결합을 이루게 된다. 그는 존 롤스(John Rawls)의 "불평등이 약한 자의 이익이 되는 한 정당화될 수 있다"는 주장을 검토하면서 과연 이처럼 지속적이고 광범위한 불평등한 상황 아래서 '정의'란 개념이 어디까지 평등화과정을 수반할 수 있는가에 대해 그 가능성과 한계점을 찾고자 다양한 정치, 사회체제에서의 실증연구를 시행한다. 사회주의와 그 이후의 동유럽, 인종차별정책하와 만델라 시대의 남아프리카, 그리고 인종차별의 전통이 강하게 남아있는 미국 남부에 대한 약 20여 년간의 연구를 통하여, 시장기제에 경제의 바탕을 둔 지역에서는 사회적·공간적 불평등이 더욱 광범위하고 지속적으로 진행된다고 지적하면서 사회정의를 위해서 학자의 역할이 중요하다고 강조한다.

데이비드 스미스의 연구의 출발점은 고전적인 기업의 입지이론이었으나 산업지역의 형성과 기업간 연계에 의한 공간적 계층화에 대한 연구로 발전하고, 사회적 이슈에도 적극적으로 참여하여 사회복지와 사회정의의 공간이론화에 큰 기여를 하고 있음은 우리에게 시사하는 바가매우 크다.

그는 공간과학적 접근, 구조주의적 관점, 포스트모던 공간학 등의 여러 학풍을 지식인의 유행으로 여기고, 학문이 인류사회에 봉사하는 길은 더 나은 사회를 위하여 사회정의의 실현, 공간적 불평등의 해소 등윤리적인 문제에 적극적으로 참여함으로써 의의가 있다고 지적한다.

참고문헌

Smith, D. M. 1966, "A Theoretical Framework for Geographical Studies of Industrial Location," *Economic Geography*, Vol.42, pp.86-113.
_____. 1971, *Industrial Location*, London: Longman.
_____. 1994, *Geography and Social Justice*, Oxford: Blackwell
_____. 1979, "Modelling Industrial Location: Toward a Broader View of the Space Economy," in Hamilton, Ian, and G. J. R. Linge(eds.), *Spatial Analysis*, New York: Wiley, pp.37-55.
_____. 2000, *Moral Geographies: Ethics in a World of Difference*, Edinburgh: Edinburgh University Press.

박삼옥. 1983, 「공업입지 연구의 동향」, 『지리학연구의 과제와 접근방법』, 교학사, 160-182쪽.
박삼옥. 2000, 『현대경제지리학』, 아르케.
Harrington, J. W. and Warf, B. 1995, *Industrial Location*, London: Routledge.
Hayter, R. 1997, *The Dynamics of Industrial Location*, New York: Wiley.

Raymond Vernon

버논의 제품수명주기이론

남기범(서울시립대학교 도시사회학과 교수)

세계화의 사도 레이몽 버논

레이몽 버논(Raymond Vernon)은 하버드 대학교 케네디정책대학(Ke-nnedy School of Government)의 클레어런스 딜론 국제관계 명예석좌교수(Clarence Dillon Professor of International Affairs)로 봉직하다 1999년 8월 26일 암과의 투병 끝에 85세를 일기로 운명했다. 다국적기업론의 선구자인 학자로서 뿐만 아니라 Marshall Plan, IMF, GATT 등 국제경제기구의 핵심멤버인 정책가로도 활약이 컸던 버논은 하버드 대학교의 경영대학원에서 존슨 국제경영 석좌교수(Johnson Professor of International Business Management), 하버드국제문제연구소(Harvard Center for International Affairs)의 소장으로 연구의 중심에 서 있었다.

버논은 1913년 뉴욕에서 태어나 뉴욕시립대학교를 우등으로 졸업하고 1941년 콜롬비아 대학교에서 경제학박사학위를 취득했다. 이후 미국 증권위원회와 국무성에서 전후 일본과 유럽의 경제재건을 담당하면서 20여 년간 근무하였다. 버논은 일본과 소비에트 진영이 자유진영의 국제교역에 순조롭게 적응하도록 정책을 만들어 나갔으며, 유럽의 경제적 통합에도 상당한 기여를 하였다.

1956년에는 하버드 행정대학원장으로 임명돼 뉴욕시 지역연구(New York Metropolitan Region Study)를 총괄하여 3년 동안 뉴욕 중심업무지구(central business district)의 중요성 및 재활성화(gentrification)의 잠재력과 역동성을 연구하여 10여 권의 보고서를 작성하였다. 이러한 선구적인 연구는 이후 지리학자와 도시계획가에게 큰 영향을 주었다.

이후 1959년 하버드 경영대학교 교수로 임용된 후 1965년에는 다국적기업 프로젝트를 주관하였다. 그는 다국적기업을 단순한 대기업이 아닌 금융, 조직, 생산, 마케팅, 정책관계 등이 함께 어우러진 복합조직체로 이해하였다. 이 연구의 중요한 결실중의 하나가 제품수명주기이론이다. 이 프로젝트는 1976년 수만 개의 다국적기업 데이터베이스와 19권의 연구보고서, 28개의 박사학위논문, 184개의 연구논문을 탄생시켰다.

버논은 1981년에 하버드 대학교 케네디정책대학의 교수로 옮기면서 기업-정부연구소(Center for Business and Government)의 소장을 맡아 다국적기업, 국제무역체계, 민영화, 경제규제 등의 이슈들을 연구하였고 미국 국방부, 재무부, 세계은행 등의 방문교수로서 주요한 자문역할을 수행하였다.

버논은 20여 권이 넘는 저서를 남겼는데, 그중에서 많은 영향을 끼친 것은 『위기에 처한 국가주권(Sovereignty at Bay)』(1973), 『다국적기업의 위기(Storm over the Multinationals)』(1977), 『지구화를 넘어서: 미국 대외경제정책의 재편(Beyond Globalism: Remaking American Foreign Economic Policy)』(1989), 『허리케인의 눈 속으로: 다국적기업의 험난한 미래(In the Hurricane's Eye: The Troubled Prospects of Multinational Enterprises)』(1998) 등이 있다.

버논의 논지는 저서의 은유적인 표현에서도 보이듯이, 다국적기업이 세계산업생산과 교역의 절반 이상을 차지하고 있는 현상황에서, 국가의 주권은 위협당하고 있고 개방된 경제 하에서는 빈부의 격차가 심해질 수 있으며, 노동자의 권리도 약화될 수 있다는 경고를 하고 있다. 특히 효율성을 최고의 가치로 추구하는 다국적기업은 비용절감이 큰 국가와 지역으로 생산기지를 계속 이동하게 된다. 따라서 국가는 점차 경제의 주도권을 잃게되고, 나아가 유연하고 역동적인 다국적기업에 대응하기 위해서는 경직된 국영기업을 민영화해야 한다고 주장한다. 이 글에서는 버논의 학술적 기여중에서 공간연구와 관련성이 큰 제품수명주기이론에 초점을 맞추어 살펴보기로 한다.

버논의 제품수명주기이론

원래 버논이 제시한 투자의 제품수명주기이론(product cycle theory of investment)[1]은 기업의 조직변화를 이해하는 경영적 측면과 산업국(소위 선진국)과 산업화국(소위 저개발국) 간의 역할분담과 공간분업에 대한 이론적 기초를 마련하는 작업이었고, 신국제분업론(new international division of labor)[2]의 주요한 기반이 되었다.

제품수명주기의 개념에 의하면 공업생산은 일반적으로 새로운 상품의 개발, 성장단계, 성숙단계 등을 거치게 되며 제품수명주기의 각 단계는 기업의 조직 및 기술적 특성과 관련되어 있다. <그림 1>에 나타난 바와 같이 신상품을 개발하는 초기단계에서는 가격탄력성이 낮고, 원자재의 구득에 상당한 유연성이 있으며 공급자와 소비자 간의 원활한 커뮤니케이션이 가능하고 시장잠재력이 커서 높은 부가가치를 달성할 수 있다. 버논은 이러한 조건은 산업국가, 특히 미국의 대도시지역에서만 가능하다고 하였다.

상품성숙기에는 원자재 구득의 유연성이 낮아지고 대량생산이 가능해진다. 타상품과의 경쟁이 시작되면서 생산비용의 절감이 중요한 문제로 부각되기 시작한다. 또한 타산업국으로 상품의 수출이 활발해지면서 해외시장의 개척과 함께 해외생산(해외직접투자)이 이루어진다. 상품이 표준화되는 성숙기에 접어들면 가격경쟁이 치열해지고, 생산비용이 저

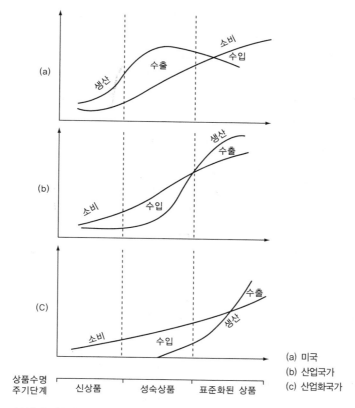

(a)

(b)

(C)

생산
수출
소비
수입

소비
수입
생산
수출

소비
수입
생산
수출

상품수명
주기단계

신상품　성숙상품　표준화된 상품

(a) 미국
(b) 산업국가
(c) 산업화국가

〈그림 1〉 버논의 제품수명주기모형
출처: Vernon, R.(1966)에서 수정 인용.

렴한 산업화국가에서의 생산을 고려하기 시작한다. 따라서 처음 상품혁
신이 있었던 산업국에서 역으로 그 상품을 수입하게 되는 것이다.

버논의 제품수명주기이론 비판

이러한 버논의 논리는 단순·명료하고 깔끔하지만 기술변화가 모든

투자결정을 좌우한다는 기술결정론(technological determinism)에 빠져 너무 단선적인 도식화의 우려가 있는 것도 사실이다. 또한 생산과 소비의 입지 설명에서 입지우위적인 요소(location-specific advantages)가 배제되고 다국적기업의 네트워크에 의해 새로운 상품혁신이 세계 곳곳에서 일어나는 현상을 설명할 수 없는, 착근성이 부족한(disembodied) 논리라는 지적을 받을 수 있다.[3]

먼저 기술결정론적인 단순성에 대해서 살펴보자. 첫번째로 상품이 성숙단계를 지나 표준화되면 생산원가를 절감하기 위하여 인건비가 싼 산업화국으로 이전하여 단순대량생산의 단계로 이행한다는 논리는 '대량생산은 노동집약적'이라는 것을 전제로 한다. 하지만 자동차산업이나 반도체산업처럼 자본집약적이거나 지식집약적인 산업에서도 충분히 대량생산이 가능하다. 따라서 대량생산을 위해 굳이 산업화국으로 이전할 필요가 없는 것이다.

두번째로 비용절감을 달성하는 방법이 대량생산을 통해서만 이루어지는 것은 아니다. 이미 유연성을 갖춘 많은 기업과 공장에서 보듯이, 경직화된 대량생산을 위한 라인(line)생산시스템보다는 수치제어기기나 컴퓨터로 운영하는 유연성 있는 기계를 이용하여 다양한 제품과 주문생산제품을 낮은 비용으로 생산할 수가 있다.

세번째로 모든 생산품들을 산업화국으로 이전하여 생산할 수 있는 것은 아니다. 제품의 가격탄력성이 높아서 소비자들이 가격변동에 민감한 상품이어야 하고, 생산지인 산업화국에서 소비지인 산업국으로의 운송비를 충분히 감당할 수 있는 가격대의 제품이어야 하며, 제품의 특성과 생산과정이 단순하여 기술수준이 낮은 산업화국에서도 품질과 생산관리가 용이하여야 한다. 이처럼 제품수명주기에 따른 공장 이전의 문제는 단순화해서 볼 수 있는 것만은 아니다.

나아가 공간적인 문제로서 이미 더닝(Dunning)이 지적한 것처럼,[4] 다국적기업의 해외투자가 산업국에서 산업화국으로만 이루어지는 것이 아니라, 산업화국에서 산업국으로도 상당부분 이루어지고 있으며, 산업화국에서 생산이 이루어지는 요인을 단지 인건비가 싼 생산원가의 절감에서만 찾을 수 있는 것이 아니라, 상당부분 입지우위적 요인(location-specific advantages)이 중요성을 차지하고 있다는 것이다. 예를 들어 원자재와 시장지역의 위치, 원자재의 가격과 품질, 운송과 통신비용, 정부의 정책, 수출·입에 대한 규제여부, 문화, 관습, 전통 등 심리적 거리(psychic distance) 등의 요소는 해당 국가의 지역적 특성에 기인하는 것으로 다국적기업의 생산결정에 무척 중요한 요소로 작용한다.

제품수명주기의 공간적 특성

제품수명주기의 각 단계는 기업의 조직 및 기술적 특성과 관련되어 있고 각 단계에 따라 공간적 특성이 달라지게 된다는 '공간'개념은 공간과학과 입지연구에 많은 자극을 주게 된다. 공간과학에서는 이를 수용하면서 내국적 산업공간의 변화에도 적용하였다. 즉, 주변지역이나 비도시지역의 공업성장 메커니즘과 외부소유의 문제, 지역발전의 주제에도 다양하게 적용되고 또한 비판되었다.[5] <그림 2>에 나타난 것처럼 초기단계인 신상품개발시기에는 과학 및 기술자 등의 고급인력이 제품개발에 매우 중요하기 때문에 핵심지역의 대도시가 산업의 입지에 가장 적합하게 된다. 두번째 단계인 성장기에서는 상품의 생산량이 급속히 증가하고 성장에 필요한 자본과 경영적 능력이 중요하게 되며 기술의 필요성은 점차 감소하게 된다. 따라서 핵심지역의 주변지역이나 선진해외지역의 입지를 고려하게 된다.

세번째 성숙단계에서는 상품이 표준화되고 기술은 안정되며 혁신, 외부경제, 대도시 하부구조 등의 필요성은 점차 낮아지는 반면, 대량생산을 위해 노동비가 저렴한 미숙련 노동력의 중요성이 높아진다. 따라서 주변지역이나 선진해외의 핵심지역주변이 중요하게 고려되기 시작한다.

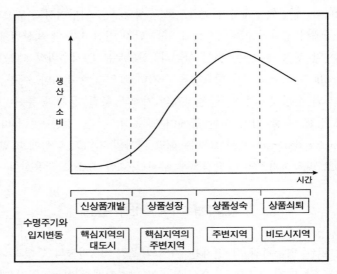

생산 / 소비				시간

수명주기와 입지변동	신상품개발	상품성장	상품성숙	상품쇠퇴
	핵심지역의 대도시	핵심지역의 주변지역	주변지역	비도시지역

〈그림 2〉 제품수명주기와 입지변화

　마지막으로 상품쇠퇴기에는 상품생산의 경쟁력이 낮아지고 비용절감과 단순재생산이 가장 중요한 이슈로 등장한다. 따라서 공장의 이전이나 분공장(branch plants)의 설립이 비도시지역(nonmetropolitan region)과 산업화국가에서 활발하게 이루어진다. 이처럼 하나의 제품이 주기를 거치면서 요구되는 입지조건이 달라지고, 이에 따라 비도시지역의 산업화가 이루어지는 양태는 결국 기업조직의 분공장전략을 통한 filtering-down 과정과 깊은 연관이 있다는 것이다.

　버논의 제품수명주기이론의 공간적 적용은 이뿐만 아니라 연구개발활동의 입지, 기업의 생성과 성장, 조직을 연구하는 기업지리학, 기술변화와 산업분산을 연구하는 소위 '산업재편(restructuring)연구' 등에 큰 영향을 미치게 된다. 즉, 연구개발활동의 입지에서 새로운 창조와 혁신이 이루어지고 이 입지는 신규산업의 입지에 영향을 주며, 이러한 인큐베이터의 입지는 북미의 지식연구집적지인 보스톤의 루트128(Route128),

실리콘 밸리, 영국의 실리콘 글렌, M4 회랑처럼 새로운 공간의 입지를 결정짓게 된다. 상품이 점차 성숙화될수록 생산에 필요한 요소와 요구 조건이 달라지면서 인건비가 싼 곳에 분공장이 설립된다는 것이다. 이 처럼 산업이 이전하면서 해당지역은 산업재편이 이루어지고 지역경제 의 특성이 변모하게 된다는 설명이 경제지리학계를 풍미하기도 했다.[6]

하지만 기본적으로 비교적 폐쇄적 체계인 국제적 산업변화/이전의 개 념을 완전한 개방체계인 지역간 산업변화/이전에 적용하게 되면서 연구 의 지평이 넓어지는 동시에 '공간적 물신주의(spatial fetishism)'의 함정 에 빠지게 되었다는 지적도 있다.[7]

더군다나 경제의 세계화가 급속히 진행되고 자본의 초이동성(hyper-mobility)이 활발해지면서 e-비즈니스의 확장으로 '시간과 공간의 압축' 이 이루어지고 있는 오늘날에는 버논이 중요시한 산업입지요인인 '생산 비', '규모의 경제', '수직적 통합(vertical integration)'보다는 '네트워크', '범위의 경제', '수직적 분리(vertical disintegration)' 등이 더욱 중요한 요소로 부각되고 있어 버논이 제시하는 논지의 유관적합성이 감소하였 다고 할 수 있다. 하지만 20세기 후반의 국제적인 산업공간의 변화와 비도시지역 공업화의 설명과 그 영향을 이해하는 데 커다란 공헌을 하 고 있음은 누구도 부정할 수 없을 것이다.

주)

1) Vernon, R. 1966, "International Investment and International Trade in the Product Cycle," *Quarterly Journal of Economics*, 80, pp.190-207; Vernon, R. 1979, "The Product Cycle Hhypothesis in a New International Environment," *Oxford Bulletin of Economics and Statistics*, 41, pp.255-267.

2) Fröbel, F., Heinrichs, J. and Kreye, O. 1980, *The New International Division of Labour*, Cambridge: Cambridge University Press; Markusen, A. 1985, *Profit Cycle, Oligopoly and Regional Development*, Cambridge: The MIT Press.

3) Ballance R. and Sinclair, S. 1983, World Industry Studies I. *Collapse and Survival:*

Industry Strategies in a Changing World, Herts: Allen & Unwin; Taylor, M. and Thrift, N. 1983, "Business Organization, Segmentation and Location," *Regional Studies*, 17, pp.445-465.

4) Dunning, J. H. 1988, *Explaining International Production*, London: Unwin Hyman.

5) Erickson, R. A. 1976, "The Filtering Down Process: Industrial Location in a Non-Metropolitan Area," Professional Geographer, 28, pp.254-260; Park, Sam Ock and Wheeler, J. O. 1983, "The Filtering Down Process in Georgia: the Third Stage in the Product Life Cycle," *Professional Geographer*, 35, pp.18-31; Rees, J., 1979, "Techno- logical Change and Regional Shift in American Manufacturing," *Professional Geographer*, 31, pp.45-54.

6) Hudson, R. 1983, "Regional Labour Reserves and Industrialisation in the EEC," *Area*, 15, pp.223-230; Norton, R. D. and Rees, J. 1979, "The Product Cycle and the Spatial Decentralization of American Manufacturing," *Regional Studies*, 13, pp.141-151.

7) Taylor, M. 1986, "The Product-Cycle Model: a Critic," *Environment and Planning A*, 18, pp.751-761.

Doreen B. Massey

매시의 노동의 공간분화

김덕현(경상대학교 사회교육학부 교수)

재구조화 접근과 노동의 공간분업

1970년대 이후 자본주의 경제발전의 지역적 변화를 보는 눈은 다양하다. '재구조화 접근(restructuring approach)'은 세계적 그리고 내국적 차원에서 전개되는 불균등 지역발전을 자본주의의 역사지리학으로 파악하며, 위기를 통해서만 새로운 형태와 질서로 전환될 수 있는 '위기담지적, 위기의존적' 자본주의 경제에 대한 분석이다.

재구조화 접근은 부문별 그리고 공간적 차원에서 생산조건의 동질화에 의한 이윤율 균등화 경향에 직면한 자본이 생산조건의 부분간 지역간 차별화를 조직함으로써 초과이윤을 추구하는 과정을 탐구한다. 개별 기업은 기술적 혁신을 통하여 다른 기업에 대한 자신의 경쟁력을 확보하여 초과이윤을 획득할 수 있을 것이다. 그러나 위기가 초래한 재구조화의 주요한 특성은 생산자본의 재구조화이다. 자본 재구조화의 주요 방식은 변화하는 경쟁조건에 적응하기 위한 자본의 집중과 지리적 재입지이다. 가장 잘 알려진 방식은 이윤율 저하의 위기 과정에서 취약한 자본을 보다 생산적 자본이 매입·흡수·집중시키는 생산의 집중과 집적, 곧 독점의 강화이다. 그러나 보다 공간적인 방법은 산업의 지리적 분산

과 재입지이다. 입지의 상대적 이점은 다양하게 추구된다. 장소 고정적
인 물리적·사회적 기반시설(infrastructure) 및 제도가 유리한 지역에 재
입지함으로써 높은 이윤을 누릴 수 있다.

지리적 재입지를 통하여 추구하는 다른 주요 목적은 '지리적으로 차
별화된 노동력의 활용'이다. 생산시설의 주변지역 분산은 농촌의 싸고
양순한 주변적 노동력을 활용할 수 있다. 노동도 자본과 마찬가지로 이
동적이지만, 경제적·공동체적 장애에 속박되어 상대적으로 지리적 이동
성이 낮다. 뿐만 아니라 노동은 사회계층·문화적·역사적·정치적 조건에
의하여 차별화 되어 있으며 차별화는 지리적으로 특화되는 경향을 나타
낸다. 이러한 노동의 지리적 차별성을 활용하여, 자본 특히 대기업은 생
산과정의 공간적 조직화 곧 '노동의 공간적 분화'를 조직함으로써 이윤
성을 제고한다. 차별화된 지역적 노동력을 활용하는 '노동의 공간분화
(spatial divisions of labour)'는 생산에서 상이한 과업을 특정 입지의 특
정 집단에 배치하는 방식을 말하는 것으로 다양한 재구조화 접근 가운
데 가장 친숙하면서 분석적 개념이다.

사회관계의 공간적 전개로서 공간구조와 노동의 공간분화

영국의 여성 지리학자 도린 매시(Doreen B. Massey, 1944~)는 1970
년대 후반 이래 '노동의 공간분화' 연구를 통하여, 지리학적 분석을 기
업의 생산입지 변화와 관련된 지역경제 이해와 결합시키는 시도를 계속
하였다.

1970년대 영국에서 지역경제의 급속한 침체, 빈곤의 심화, 사회적 동
요의 시작 등의 도시 내부 문제가 정치적 의제로 대두하자, 정치가들은
이를 지역 내부의 문제란 식으로 반응하였다. 도시지역의 실업 증가 원
인을 '문제 지역' 내부에서 구하는 방식은 기존의 지리이론이 이미 잘
확립하고 있었기 때문이다.

매시는 산업을 도산시킨 것은 도시 혹은 지역이 아니라, 반대로 영국의 산업이 도시를 몰락시킨 것이라는 점을 경험적 연구를 통하여 제시하고자 했다. 1960년대 말 대처의 보수당이 추구하는 신자유주의 자유시장경제는 윌슨의 노동당 정부의 사회민주주의를 대체한 정책으로 지역 불평등을 하나의 주요한 기반으로 하고 있었다. '실행으로부터 구상의 공간적 분리'로 표현될 수 있는 새로운 형태의 불균등 지역발전은 노동의 공간분화와 그 공간적 구조를 탄생시키는 개념이었다. 매시의 '공간구조와 노동의 공간분화' 개념은 1970년대 영국 국토공간에서 조직된 새로운 사회 관계의 의미를 경제적 영역에서 포착하는 수단이기도 하다.

매시는 영국의 개별 기업이 지역적으로 제시되는 다양성과 불평등의 여러 형태를 재구조화 전략에서 적극적으로 활용했다는 생각이다. 이것은 산업이 입지 요소에 반응한다는 것과는 매우 다른 문제 설정이며, 공간적 편성으로서 공간 형태와 차별성들을 경제발전에 능동적인 계기로 취급한다는 사고방식이다. 그는 공간적 형태와 지리적 입지가 지역의 특수한 사회적 성격을 형성한다고 주장한다. 즉 공간적 형태를 취하며 '공간에 펼쳐진 사회적 관계'라는 사실 자체가 사회관계와 불균등 발전 속에서 노동과 기능의 분화 본질에 영향을 준다. 그리하여 사회적 변화와 공간적 변화는 상호 통합된다. 이러한 관점에서 매시는 "지리학이 중요하다"고 선언하고, 기존 산업입지이론을 비판한다.

매시는 실증주의와 신고전파 경제학에 기초한 기존의 입지이론이 복합적인 역사적 프로세스의 산물인 산업입지 공간을 '추상적' 공간으로 가정하여 비역사적으로 구성함으로써 실제의 지리적 프로세스, 패턴, 그리고 사건을 설명할 수가 없었다고 비판하였다(Massey, 1973). 1970년대에 영국에서 진행되는 경제구조의 변화와 지역문제의 관련성을 검토한 논문들(Massey, 1978; 1979)은 지역격차의 성격 변화를 자본주의적 발전이 내재하고 있는 불균등 발전의 공간 재구조화 방식으로 새롭게 파악함으로써, 자본주의경제의 조직방식과 경제활동의 공간적 패턴화의 관련성 변화에 초점을 둔 '재구조화 접근'을 개막하였다. 이는 당시 지리학 내에서 성장하고 있던 정치경제학적 연구의 이론화에 결정적인 기여를 했으며, 동시에 사회경제적 구조변화를 설명하는 데 지역과 장소의 역사적 고유성을 강조하는 '지방성 연구(locality studies)' 등 새로운 연구 경향을 촉발시켰다.

노동의 공간분화론

전통적 입지이론 비판과 입지의 역사적 구체성 강조

공간패턴에 대한 이론적 설명의 주류를 이루는 1960년대 산업입지이론에 대한 비판(Massey, 1973)에서, 매시는 개별기업 단위의 독립적 입지선택, 제한된 수의 기업을 통한 입지의 상호관계 검토, 행태주의적·경험적 접근, 추상적 일반균형(완전경쟁)이라는 비현실적 가정 위에서 성립한 경제경관을 전통적 입지이론의 특성으로 들었다. 경험적 현상의 분석을 통하여 법칙적 예측을 추구하는 공간과정 기술(記述)의 비역사성, 이론적 가정과 실제의 불일치, 즉 완전경쟁과 독점, 공간적 균형과 집적 경제 그리고 정태적 추상이론과 동태적 현실간의 불일치를 지적하였다. 전통적 입지이론의 비역사적 성격과 균형 중심적 성격은 서로를 강화시킴으로써 더욱 실제 현상을 설명할 수 없게 되었다는 것이다. 나아가 보다 근본적으로 전통적 입지이론이 내포한 자본주의 이데올로기에 편향된 인식론적 문제점을 지적하였다. 즉 전통적 입지이론을 경제경관에 대한 공정한 과학이라기보다는 회사 경영자를 위한 입지정책 수단으로 비판한다.

대안적 접근으로 그가 제시하는 것은 개별 기업의 행동조차도 전반적 체제의 산물로서 설명되어야 한다는 구조적 접근이다. 그가 심중에 두는 체제에 대한 개념화는, 사회는 자본가와 노동계급으로 일차적으로 구분되며 이윤추구에 의하여 작동되는 자본주의사회에 기반한다. 하지만 전통적 입지이론의 추상성과 비역사성에 대한 그의 대안적 접근은 세계를 단지 일련의 법칙과 경향의 산물로 간주하는 정통 마르크스주의 불균등 발전론의 추상성을 동시에 극복하는 것이어야 했다. 신고전파 논리와 마찬가지로, 정통적 마르크스주의는 비역사적인 형식적 모델에서 도출된 예측을 역사적 분석에 대체하려는 문제점을 가지고 있기 때문이다(Massey, 1978). 따라서 그가 제안하는 구조적 설명은 중위 수준의 이론으로서 '노동의 공간분화'이다.

일반과 특수의 접합으로서 중범위이론

매시의 공간경제에 대한 독창적 기여인 '노동의 공간분화론'은 신고전파 경제학에 입각한 전통적 입지이론에 대한 대안으로서, 자본주의 사회의 발전을 분석하는 정치경제학적 지리학으로서, 그리고 거대 이론과 경험적 연구의 이중구조를 타파하는 설명적 분석 등 세 가지 측면에서 평가받는다. 노동의 공간분화는 경험적 연구를 통하여 구체적 현실에 대한 이해를 제공하는 특수성 분석이다. 그는 상이성이 어떤 변종으로 이해되어서는 안되며, 이론적으로 정통한 지리학이라 하여 특수성을 도외시해서는 안된다고 하였다. '일반적 과정'은 결코 순수 형태로 자신을 작동시키지 않는다. 그것은 항상 특수한 상황, 특별한 역사, 특정한 장소나 입지로 나타난다. 특수성을 지리학적 개념으로 설정하기 위하여 상이한 국지성 속에서 질적으로 상이한 결과를 산출하는 국지적인 것(특수)을 일반적인 것과 접합하는 일이 중요하다(Massey, D. and Allen, J.(eds.), 1984). 이런 의미에서 노동의 공간분화론은 추상적 불균등 발전론과 구체적 경험적 기술간의 '중범위이론(medium range theory)'을 제공하는 것이다.

매시는 영국의 전자산업과 전기엔지니어링산업의 지역별 고용변화에 대한 경험적 연구에서, 1960년대 후반의 경제위기 시기에 상이한 노동

집약적 산업들이 숙련도·노동조직 등 지역적 노동 특성과 정부의 재입지 유인정책을 고려하여 상이한 지리적 전환으로 대응한 것을 밝혔다(Massey, 1981). 격화되는 경쟁과 기술적 패러다임의 변화로 나타나는 경제위기는 기업에게 생산과정을 재구성하는 기회를 제공하며, 생산과정의 재조직화는 공간적 변화에 큰 영향을 미친다는 것이다. 자본주의의 거시적 법칙인 가치법칙, 경쟁법칙, 그리고 기술 패러다임이 하급 수준에서 작동하는 중범위 법칙은 경험적으로 분석 가능한 합리화(노동력 감축), 노동강화(노동과정의 가속화), 기술적 변화(생산과정의 자동화) 등의 재구조화이다(Massey, D. and Meegan, R., 1982). 이 중범위이론의 공간적 내용인 재구조화 접근은 지역적 차별성을 활용하여 구상과 실행 기능을 공간적으로 분리하는 노동의 공간분화가 핵심이다.

지역차별화 분석틀

매시는 지역문제를 변화하는 생산조건의 불균등한 분포에 따른 지역 격차에서 기인한 것으로 정의한다(Massey, 1979).

그는 불균등성(inequality)의 두 가지 의미, 즉 특정한 경제활동에 대한 적합성 정도와 사회복지 지표에서의 불평등은 대등한 것이 아니라고 주장한다. 전자가 원인이고 후자는 그 결과인 것이다. 따라서 지역차별화는 이윤적이고 경쟁력 있는 생산에 필요한 조건이 지리적으로 불균등하게 분포하는 문제이다. 지리적·공간적 불균등성은 항시 존재하였지만, 역사적으로 지역불균등 발전의 구조·유형·본질이 계속 변화해왔다. 불균등 발전의 구조가 역사적으로 상대적이란 것은 두 가지 과정의 상호작용의 결과이다. 그 하나는 지리적 표면(geographical surface)으로 자원과 노동력의 특성 및 상대적 거리 등 생산조건의 변화이다. 다른 하나는 산업의 수요(the demand of industry) 즉 생산과정이 요구하는 조건의 변화이다. 변화하는 산업의 기술적·조직적 생산과정의 요구와, 역시 변화하는 특징적인 지역적 생산조건이라는 지리적 표면의 상호작용에 의하여 공간적 불균등의 유형은 변화한다. 지리적 불균등에 대하여, 이윤극대화를 추구하는 자본주의 경제활동은 새로운 투자를 배분하는 방식으로 결합하거나 활용한다.

투자는 전통적 입지이론가들이 주장하는 것처럼 균질적 평면에서 일어나지 않는다. 그 대신 투자는 이미 존재하고 변화해온 공간적 노동분화 위에서 중층적으로 전개된다. 매시는 '투자의 층(layers of investment)' 개념을 통하여 자본투자가 노동의 공간분화를 주조해 가는 방식을 설명한다. 즉, 어떤 특정 기간에 경제활동의 새로운 투자는 주어진 공간차별화의 패턴에 대응하여 지리적으로 배분될 것이다. 자본이 지리적 다양성을 활용하는 방식을 설명하는 분석적 개념인 '노동의 공간분화'는 역사적 과정으로서 상이한 축적의 단계에 따른 새로운 노동의 공간분화는 순차적 '투자 라운드 혹은 투자의 층' 속에서 결정된다. 노동의 공간적 분업은 현존하는 공간적 격차(지리적 표면)와 주어진 시대의 지배적 생산 과정 요구(산업의 요구) 간의 상호작용에 의하여 창출되며, 이는 다시 새로운 노동의 공간적 분업이 일어나는 지리적 바탕이 된다. 노동의 새로운 공간적 분화는 계기적으로 창출되며, 이러한 신·구 라운드간의 혼합은 상이한 장소들에서 상이한 함축을 가지는 새로운 불균등 지역발전을 낳는다.

매시는 불균등 지역발전 분석의 중점을 생산관계 곧 사회적 계급관계의 공간적 조직화에 둔다(Massey, 1985). 1960년대 이후 영국사회의 공간적 조직에서 주요한 발전은 경제적 소유관계가 정말 공간적으로 전개된다는 것이다. 그것은 특정한 기능의 수행(복잡한 관리계층·구상과 실행기능·기술적 노동 등의 분화)과 관련하여 결정되는 장소들의 계층화로 나타났다. 특히 자본집중에 따른 독점 대기업의 경영계층 팽창은 도시계층을 활용한 기능분화 형태를 취함으로써, 사회적 분화와 공간적 분화가 상호 강화되는 결과를 가져왔다. 자본이 공간을 차별적으로 재조직하는 것은 결코 순수하게 경제적인 것만은 아니다. 그것은 계급간 힘의 균형을 변화시키는 중요한 정치적 무기가 된다는 점이 중요하다. 즉 제조업의 재입지는 노동운동이 활발한 대도시 지역에서 보다 유순한 노동을 찾아 분산되는 경향이며, 이는 정부의 지역정책에 의하여 강화된다(Massey, 1981).

공간재구조화 : 변화하는 노동의 공간분화

구식 노동의 공간분화(부문별 공간적 특화)

이러한 분석 틀에 기초하여 매시는 영국의 지역문제를 구성해온 시대별 공간적 분업 형태를 검토한다. 첫번째의 형태가 19세기 동안 영국의 공간분업을 규정한 부문별 공간적 특화(sectoral spatial specialization, concentration)였다. 이러한 공간적 분업 형태는 항만조건, 숙련노동력, 석탄에 대한 접근성 등 생산조건의 공간적 결합에 따른 부문별 공간적 특화이다. 이 시기의 지역불균등성에 대한 지표들은 실업률, 제조업 고용자수, 1인당 소득, 인구이동 등이었다. 그러나 이러한 지역격차는 영국에서 1960년대 이후 현저히 '평균수렴' 현상을 보이고 있다. 그러나 외부소유 정도·생산의 계층적 통제효과·고용유형 등 새로운 지표에서 지역격차가 현저해지고 있다.

새로운 노동의 공간분화(부문 내 지리적 분업)

신국제노동분업의 전개와 관련된 1960년대 중반 이후 영국의 도시 및 지역의 변화는 종래의 부문별 공간적 특화와는 완전히 다른 형태의 공간분업이다. 특히 이러한 공간분업에 내재된 불균등성은 공간조직 그 자체에 필수적인 것이 되고 있다. 이 분업형태의 발전은 산업의 내적 생산조직 형태 변화로부터 생겨나는 것이다. 새로운 노동의 공간분화를 위한 조건 성숙은 우선 생산과정 내의 변화와 관련된다. 즉 개별 기업의 규모 증가, 기술·통제·관리기능의 공간적 분리와 계층화, 기술적 분업의 사회적 분업으로의 전화, 그리고 표준화와 자동화에 의한 탈숙련화, 다른 한편으로 연구·개발기능의 강화가 그것이다. 생산과정의 변화가 지리적 격차를 활용하여 기능을 지리적으로 분리 입지시키는 것을 가능하도록 하였다.

그것은 첫째, 최하층에서 여성노동 및 반숙련·비조직 노동자를 고용하는 대량생산 조립공업의 입지이다. 이 지역의 고용은 매우 불완전하고 생산의 지역연계 효과가 낮다. 둘째 계층에서는 아직 자동화되지 않은 조립작업으로 표준화 제품을 생산한다. 이 기능은 주로 19세기 산업화 지역의 구식 숙련노동의 중심 지역에 전형적으로 입지한다. 이 계층의 핵심적 특징은 그 양적 중요성이 점차 감소한다는 점이다. 탈숙련화가 진전되면서 산업입지가 숙련노동과 조직노동의 제약에서 벗어나는 경향 때문이다. 계층의 최상층인 중심 거대도시(런던과 파리 같은 대도시)는 통제·연구·기획과 개발 기능으로 대표되고, 경영 및 기술노동 계층이 집적한다(Massey, 1979).

분산의 종언과 새로운 집중 : 1970년대 이후의 재구조화

1970년대 후반 이후에 일어난 공간구조 변화의 방향은 이미 진행되고 있는 노동의 공간분화 추세를 강화하는 것이었다. 관리전문직의 비율은 점차 증가하고 숙련노동력의 비율은 급격히 감소하였으며, 반숙련·미숙련노동력은 보다 천천히 감소하였다. 경영, 관리·전문직, 기술직 등은 계속 영국 남동부에 집중하고 있다. 이들 중 경영자들은 런던에 보다 집중되고 과학기술직은 상대적으로 분산된다. 이 시기에 가장 빠른 성장을 보인 집단은 사업이나 금융서비스와 관련된 전문직 종사자들이다. 이들 집단이 영국 남동부에 집중하는 것은 영국의 지역격차를 강화하는 데 기여한다. 그러나 1980년대의 특징은 포드주의 시대에 성행한 대기업의 수직적 통합에 의한 제조업 고용의 지리적 분산이 끝난 것이다. 일부 생산기능의 외부화와 유사통합(하청관계) 등 기업조직의 변화에 의하여 노동분업의 복합성은 증대하고 하도급 관계 및 임시고용이 중요해졌다. 서비스 고용은 지속적으로 증대하였지만 구산업지역의 침체는 가속되었다. 이 모든 산업구조의 변화는 지역간 노동의 차별성이 증대되고, 고성장 부문의 공간적 집중이 강화되는 것으로 나타났다 (Massey, 1988).

지역차별화에 대한 매시의 분석 틀은 '서울과 지방'의 문제로 구조화되고 있는 최근의 지역문제를 인식하는 데 도움을 준다.

특히 변화하는 '노동의 공간분화' 개념은 1960년대 이래 도·농간 격차에서, 공업지대와 비공업지대의 분화, 그리고 경제활동 입지의 공간적 위계화 및 최근의 수도권 집중으로 전개되는 한국의 불균등 지역발전 현상을 한국 자본주의의 공간적 과정과 관련시켜 이해할 수 있도록 한다.

참고문헌

Massey, D. 1973, "Towards a Critique of Industrial Location Theory," *Antipode*, Vol.5, pp.33-39.

_____. 1978, "Regionalism: a Survey of Some Current Issues," *Class and Capital*, Vol.6, pp.106-125.

_____. 1979, "In What Sense a Regional Problem?," *Regional Studies*, Vol.13. pp.233-243.

_____. 1981. "The UK. Electrical Engineering and Electronics Industries," Dear, M. and Scott, A.(eds), 1981, *Urbanization and Urban Planning in Capitalist Society*, London: Methuen.

_____. 1984, *Spatial Divisions of Labour: Social Structures and Geography of Production*, London: Macmillan.

_____. 1985, "New Directions in Space," Gregory, D. and Urry, J.(eds.), *Spatial Relations and Spatial Structures*, London: Macmillan, pp.9-19.

_____. 1991, "The Political Place of Locality Studies," *Environment and Planning A*,

Vol.23. pp.267-281.

_____. 1994, *Space, Place, and Gender*, University of Minnesota Press.

Massey, D. and Allen, J.(eds.), 1984, *Geography Matters*, Cambridge Univ.

_____.(eds) 1988, *Uneven Re-Development: Cities and Regions in Transition*, Hodder and Stoughton.

Massey, D. and Meegan, R. 1982, *The Anatomy of Job Loss: the How, Why and Where of Employment Decline*, London: Metheun.

_____(eds.) 1985, *Politics and Method: Contrasting Studies in Industrial Geography*, London: Metheun.

_____. 1989, "Spatial Divisions of Labour in Britain," Gregory, D., and Walford, R. (eds.), *Horizons in Human Geography*, London: Macmillan, pp.244-257.

Allen J. Scott
스콧의 신산업공간이론
변창흠(서울시정개발연구원 부연구위원)

1970년대 말부터 1980년대 초까지 서구 자본주의 사회는 그 어느 때보다도 산업조직이나 산업의 지리적 경관 측면에서 종전과 확연히 구분되는 특성이 전면에 부각된 시기였다. 그동안 선진공업국가에서 가장 지배적이었던 대량생산과 상이한 생산방식이 등장하였고, 지역발전 모습도 새로운 형태를 띠기 시작하였다. 세계경제의 이러한 재구조화를 어떻게 볼 것인가에 대해 1980년대 중반 이후 각 학문영역에서는 치열한 논쟁이 전개되어왔다. 일부 학자들은 이러한 산업생산체제와 공간입지 패턴의 변화를 기존 생산체제의 연속적인 조정과정으로 보는 반면, 다른 학자들은 새로운 생산체제와 공간의 등장으로 해석하고 있다.

알렌 스콧(Allen J. Scott)은 이 시기에 있었던 수많은 논쟁에서 가장 중요한 역할을 담당했던 공간분야 학자 중 하나다. 그는 그동안 수행해온 기업입지와 대도시 공간변화에 대한 이론적 토대와 수많은 실증연구를 바탕으로 1980년대 이후의 재구조화를 유연적 축적체계의 등장으로 해석함으로써 지리학 분야뿐만 아니라 사회과학계 전반에 커다란 반향을 불러왔다. 특히 그가 미국과 유럽의 새로운 집적지에 대한 경험연구에 기초하여 발표한 『대도시론(Metropolis: From the Division of Labor to Urban Form)』(1988), 『신산업공간(New Industrial Spaces: Flexible

Production Organization and Regional Development in North America and Western Europe』(1988), 「유연적 생산체제와 지역발전(Flexible Production System and Regional Development)」(1988) 등의 저작은 세이어(A. Sayer), 티켈과 펙(A. Tickell and J. A. Peck) 등 수많은 학자들과의 논쟁을 유발하였으며, 특히 그가 러버링(J. Lovering)과 벌인 논쟁[1]은 쇼엔버거(E. Shoenberger)와 거틀러(M. Gertler) 간의 논쟁[2]과 더불어 가장 대표적인 유연성 논쟁으로 꼽히고 있다.

이론연구와 경험연구의 조화

스콧의 연구는 지역과학(regional science)이나 실증주의 경제지리학 분야뿐만 아니라 조절이론가와 신제도주의 학파들이 모두 수용할 수 있는 특이한 학문 경향을 지니고 있다. 이것은 그의 연구방법론이 시기에 따라 변화하였기 때문이기도 하지만, 여러 이론을 수용하여 독특한 이론으로 발전시킨 덕분이라 할 수 있다. 이는 그의 장점으로 작용하기도 하였지만, 동시에 모두를 만족시키지 못하는 이론이란 비판의 계기가 되기도 하였다.

스콧의 연구가 거시적 이론과 경험연구를 동시에 추구하는 독특한 방법론을 띠게 된 데는 여러 가지 요소들이 결합하여 작용한 결과라 할 수 있다.

첫째, 스콧의 다양한 학문적 이력과 경력을 들 수 있다. 그는 영국과 캐나다, 미국, 프랑스, 제3세계 등 여러 국가에서 성장하고 연구를 해오면서 다양하고 자유로운 학문적 경향을 접했다. 1938년 영국의 리버풀(Liverpool)에서 태어났으며 1961년 옥스퍼드 대학 지리학과를 졸업한 후, 1962년 아프리카 지역연구로 미국의 노스웨스턴 대학의 지리학과 석사학위를 받았으며, 1965년에는 옥스퍼드 대학의 석사학위와 노스웨스턴 대학의 지리학 박사학위를 동시에 받았다. 그리고 펜실베이니아 대학 지역과학과 조교수, 런던 대학의 지역계획학과 교수, 토론토 대학 도시 및 지역계획학과와 지리학과 교수를 역임하였다.

이 시기 그의 연구는 비록 신고전경제학에 바탕을 둔 지역과학(regional science) 분야에 치중하였지만 영국과 캐나다, 미국을 거치면서 다양한 학문적 경향을 경험할 수 있는 계기가 되었다. 그의 박사학위 논문은 남아프리카의 경제분석을 경제균형모델로 검증한 것이었으며, 교수가 된 이후 발표한 논문들은 주로 프로그래밍, 계량입지이론, 지역과학 연구방법론, 토지이용계획, 교통 및 인구배분 등이었다. 이 시기에 다져진 계량지리학적 방법론은 이후 그의 연구에서 기초적인 이론적 틀을 형성하게 된다.

스콧의 주된 연구분야와 방법론은 1981년 UCLA 지리학과 교수로 임명되면서 변화하기 시작한다. 이때부터 그의 연구는 주로 대도시지역에서의 도시화, 산업활동과 입지에 관한 것이었으며, 이전의 계량지리학적 연구방법을 떠나 이론적 모형구축과 설문조사로 대표되는 경험연구를 주로 하였다. 또한 자유로운 학문적 분위기를 장점으로 하는 이 대학의 동료들과 어울리면서 조절이론이나 정치경제학적 연구에 관심을 가지게 되었다. 이 시기의 연구들은 디어(M. Dear)와 공동편집하고 한국어로도 출간된 바 있는 『자본주의 도시화와 도시계획(Urbanization and Urban Planning in Capitalist Society)』, 스토퍼(M. Storper)와 공동으로 편집한 *Production, Work, Territory: The Geographical Anatomy of Industrial Capitalism, Pathway to Industrialization and Regional Development*, 소자(E. Soja)와 공동 편집한 *The City: Los Angeles and Urban Theory at the End of the Twentieth Century*, 몰레(F. Moulaert)와 함께 편집한 *Cities, Enterprise and Society on the Eve of the 21th Century* 등 수많은 서적과 연구논문들이 있다.

스콧이 기존에 고수하였던 미시적인 분석방법론에 세계경제의 거시적인 변화를 설명하는 조절이론을 수용하게 된 것은 앞서 살펴본 UCLA

의 자유로운 학풍 외에도 조절이론의 본원지인 프랑스, 특히 파리에 머물면서 조절이론가들과 교류하게 된 것이 결정적인 계기가 되었다.[3] 그는 1974년부터 2000년까지 무려 여덟 차례에 걸쳐 파리 대학, 엑상프로방스(Aix-en-Provence) 대학, 정치연구소(Institut d'Etudes Politiques) 등의 방문교수나 연구교수를 지냈다. 특히 판테온-소르본(Panthéon-Sorbonne) 대학에 머문 1986~1987년 기간은 그가 조절이론을 수용하게 된 결정적인 시기였다. 1988년에 발표된 『대도시론』, 『신산업공간론』, 일련의 연구논문, 그후 발표된 『첨단도시론(Technopolis)』(1993)과 후속 논문들은 모두 조절이론의 시각을 수용하고 있다.

둘째로 캘리포니아 지역, 특히 LA는 스콧의 주된 연구대상지이자 세계경제의 변화를 감지할 수 있는 창으로 작용하였다. 영국에서 탄생하고 자라기는 했지만, 스콧의 연구에 가장 결정적인 영향을 미친 도시는 처음 대학교수로 임용된 캐나다의 토론토와 LA였다.[4] 이 중 토론토는 다소 제한적인 영향을 미쳤는데, 토론토 대학의 교수로 있으면서 저술한 『도시토지연계와 국가론(Urban Land nexus and the State)』을 보면 토론토의 토지문제와 국가 간의 연계가 나타나 있다.

반면, LA를 포함한 캘리포니아 지역은 스콧에게 특별한 의미를 지닌다. 그가 UCLA 교수가 된 이후 그의 연구는 대부분 이 지역을 사례지역으로 삼고 있다. 1980년대 초반에 발표된 산업조직과 대도시입지변화에 대한 그의 연구들은 캘리포니아 지역의 회로기판 인쇄업, 여성의류업, 실리콘밸리의 첨단산업, 우주항공산업, 전자산업 등에 대한 사례연구를 포함하고 있다.

캘리포니아 지역은 그에게 새로운 이론적 기반을 제공해주고, 또 그이론의 적실성을 확인해주는 장소로 역할해왔다고 할 수 있다. 연구논문이나 프로젝트를 통해 캘리포니아 지역의 개별산업 구조와 입지변화를 분석한 후, 그동안의 이론연구와 경험연구를 종합하여 저술한 것이 『대도시론』이었으며, 미국 전역뿐만 아니라 서유럽까지 사례지역을 확대하여 포드주의적 대량생산방식을 대체할 수 있는 유연적 생산방식을 확인한 것이 『신산업공간론』이었다. 최근 스콧이 관심을 갖고 있는 도시의 문화산업에 대한 분석도 LA지역을 사례로 하고 있다. 『도시의 문화경제론(The Cultural Economy of Cities: Essays on the Geography of Image-Producing Industries)』(2000)에서 그는 LA지역을 중심으로 그의 이론적 틀을 검증하고 그 결과를 다른 도시로까지 확대해내고 있다.

스콧의 연구를 비판하는 학자들은 그의 연구가 캘리포니아 지역에 한정됨에 따라 상이한 역사적, 사회경제적 상황을 가진 세계의 도시에 그의 이론을 적용하기가 어려울 수밖에 없다고 지적한다. 그러나 스콧은 이러한 연구지역의 편중이 하등 문제 될 것이 없다고 생각한다. 오히려 시카고가 1920년대의 공업대도시가 가진 패러다임의 변화를 감지할 수 있는 도시였듯이 LA와 그 인근지역은 후기 자본주의적 산업화와 도시화의 패러다임 전환을 보여주는 사례 중 하나임을 확신하고 있다. LA지역은 1970년대 중반 발생한 자본주의의 위기로 인해 새로운 축적체계와 사회적 조절양식이 나타난 새로운 유형의 산업화와 도시화를 극적으로 나타내주는 도시라는 것이다.

캘리포니아 지역은 스콧에게 최근까지도 새로운 변화의 가능성을 모색하고 산업입지의 원리를 확인함으로써 지역발전정책을 모색하는 장소로 기능하고 있다. 스콧은 현재 LA카운티 경제발전위원회 항공산업 특별연구팀(Aerospace Task Force)의 멤버로 일하고 있으며 전기자동차산업과 첨단육상교통산업 등을 통한 남부 캘리포니아 지역의 다양한 경제발전전략 형성에도 관여하고 있다.

스콧 이론의 원천

아마도 스콧이 경제지리학에 가장 크게 기여한 부분은 여타 사회과학 분야의 다양한 연구성과를 자신의 이론으로 재구성한 데서 찾아야 할 것이다. 그의 이론은 미시적 신고전경제이론에 바탕을 두면서도 거시적인 구조변화를 동시에 설명하고자 하였고, 이를 공간이론으로 적절히 변용하였다고 할 수 있다. 스콧의 이러한 능력 때문에 그의 이론은 여러 분야의 이론가들이나 정책결정자들에게 설득력 있게 다가섰다.

스콧 이론의 원천은 다양한 학문영역과 학파로부터 찾을 수 있다. 스콧의 1970년대 이론은 신리카도 경제학을 공간이론의 해석과 연결시킨 탁월한 업적으로 평가받고 있다. 신리카도 경제학파는 리카도(D. Ricardo)의 경제학에 바탕을 두고 있으며 신고전경제학과 마르크스경제학을 비판하고 대안을 제시한 케임브리지 대학의 경제학파로서 스라파(P. Srafa)에 이르러 체계적으로 정리된다. 신리카도 경제학은 노동가치론을 부정하고 순수하게 경제적인 관계의 외부에 놓여 있는 사회계급이나 제도들을 준거로 한다는 점에서 마르크스경제학과 구별되며, 이윤율과 자본의 희소성 간의 관계를 부정함으로써 한계생산성이론의 토대를 와해시켰다는 점에서 신고전경제학과도 구분된다.

스콧이 1976년에 *Regional Science and Urban Economics*지에 발표한 「토지이용과 상품생산(Land use and commodity production)」은 경제지리학 분야에서 신리카도주의자로 분류되는 스라파의 생산모형과 토지에 관한 튀넨모형을 연결시킨 최초의 연구로 분류된다. 그는 이후에도 스라파 생산모형을 활용하여 상품생산의 사회적·기술적 조건을 통해 자본주의적 도시의 공간적 성격과 역동성을 설명한 여러 연구결과를 발표하였다.

다음으로 스콧이 수용한 이론은 제도경제학파[5]의 거래비용이론이라고 할 수 있다. 거래비용이론은 1930년대에 코어스(Coase)에 의해 창안되고 윌리엄슨(Williamson)에 의해 체계화된 미시경제학적 기업조직론으로서, 시장과 기업조직 내부의 대체관계를 거래비용으로 설명하는 제도주의경제학의 이론분파이다. 이 거래비용이론은 1970년대 산업입지론과 지역경제학 분야에서 기업의 조직 및 입지특성이 가져오는 공간적 현상을 설명하기 위하여 '기업지리학'의 일부로 도입되기 시작하였다. 이러한 경영학적, 경제학적 개념인 거래비용이론을 공간이론에 도입하여 체계화한 대표적인 학자가 바로 스콧이다.

그가 1982년부터 *Annals of the Association of American Geographers*, *Annals of Regional Science*, *Economic Geography* 등을 통해 발표한 논문들은 기본적으로 거래비용이론을 공간에 접목시킨 연구들로, 대도시지역의 기업입지원리와 공간적 특성의 규명을 시도하였다. 그중 *Economic Geography*를 통해 1983년과 1984년에 발표한 세 편의 논문은 기업입지 연구 분야에서 독보적인 연구성과로 꼽히고 있다. 이 연구는 후에 출간된 그의 대표적인 저작 『대도시론』, 『신산업공간론』, 『첨단도시론』 등의 이론적 기초가 되었다.

스콧이 1980년대 이후의 공간현상을 설명하기 위하여 차용한 이론들은 좀더 다양하다. 그는 1992년에 스토퍼(M. Storper)와 공동으로 발표한 논문에서 자신들의 접근을 분명히 하고 있다. "(그들의 이론은) 크게 세 가지 이론적 요소들을 포함하고 있는데, 첫째는 자본주의가 정치적으로 조정되고 주기적으로 재구조화되는 생산체제라고 바라보는 조절이론적 관점이고, 둘째는 산업조직과 발전의 역동성을 지닌 생산체제 사이의 상호관련성에 대해 풍부한 통찰력을 갖고 있는 현대 제도학파와 진화주의적 경제학의 관점이며, 셋째는 노동분업의 논리에 입각하여 집적과 분산을 설명하는 후기 베버주의(post-Weberian) 경제지리학"이라고 말한다. 그는 앞서 살펴보았듯이 프랑스 조절이론가들과 교류하면서 조절이론을 수용하게 되었고, 제3이탈리아지역(The Third Italy) 소기업의 집적구조를 해명한 유연적 전문화론의 성과를 받아들였으며, 신고전경제학과 제도주의에 바탕을 둔 거래비용이론, 사회적 분업에 따른 재분배 문제를 설명하는 관리주의적 시각을 동시에 수용하여 나름대로의 독특한 이론적 방법론을 형성하였다고 할 수 있다.

신산업공간의 형성원리

스콧의 이론이 형성된 배경과 방법론적 특징, 이론적 원천을 간략하게 살펴보았다. 이제부터는 그의 주요 저작들에서 나타난 신산업공간의 형성원리와 신산업공간의 형태, 신산업공간에 집적하는 기업의 특성 등을 살펴보자.

스콧의 신산업공간이론은 대도시지역에 입지한 기업의 생산조직과 공간적 특성에 대한 분석에서부터 출발한다. 1980년대 초반 이후에 발표한 그의 연구에서는 이러한 분석에 주로 거래비용, 사회적 분업, 규모의 경제와 범위의 경제, 수직적 분산과 통합 등의 개념을 이용하여 대도시지역에서의 집적 원리를 규명하고자 하였다.

이때 스콧이 핵심적으로 사용한 개념은 기업 내외부간 거래비용(transactions cost)이었다. 교통통신수단의 발달에 따라 상품의 가격에서 거래비용의 비율이 상대적으로 감소하고 있는 현대에도 여전히 거래비용은 입지요소로서 중요성을 지니는가? 스콧은 이 해답을 코스와 윌리엄슨의 거래비용이론에서 찾는다.

전통적 입지이론에서는 단일 기업을 중심으로 기업간 거래비용을 파악하기 때문에 교통통신수단의 발달에 따라 기업간 거래비용은 상대적으로 그 비율이 감소할 수 있지만, 기업 내외부간 거래비용을 동시에 고려하면 거래비용은 여전히 중요한 고려요소가 된다는 것이다. 기업조직이 복잡해지면 기업내부 거래비용이 증가하게 되고, 시장이 불안정해지면 기업외부거래비용이 증가하게 된다. 기업은 내외부거래비용의 크기를 비교하여 외부거래비용이 크면 기업의 내부조직을 활용하고, 내부거래비용이 크면 시장을 통해 재화나 서비스를 조달하게 된다.

스콧은 이러한 원리가 기업의 입지에도 적용이 가능하다고 보고 있다. 기업간 거래비용이 공간상에서는 거리비용의 형태로 나타나게 된다는 것이다. 시장이나 기술조건의 변화에 따라 규모의 내부경제가 해체되면 수평적 분산(horizontal disintegration)이 이루어져 규모의 외부경제가 증가하는 반면, 특화된 상호의존적 생산업체가 양산되는 경우 수직적 분산(vertical disintegration)이 이루어지고 범위의 내부경제가 해체되어 범위의 외부경제가 촉진된다. 이러한 수직적 분산과 수평적 분산의 이면에는 기업 내외부간 거래비용이 작용하게 된다. 즉, 기업의 내부거래비용이 외부거래비용보다 높은 경우 공간적 통합이 이루어지는 반면, 반대의 경우에는 공간적 분산이 이루어지게 된다는 것이다.

스콧이 공간현상을 설명하는 데 중시하고 있는 또 하나의 개념은 사회적 분업이다. 그는 시카고학파와 신고전도시경제학파, 마르크스학파 등이 도시를 소비활동과 사회적 재생산의 장소로만 이해하여 생산체제의 역할과 역동성을 이해하는 데 실패하였다고 본다. 그는 『대도시론』을 통해 오늘날의 도시화 과정을 분석하기 위해서는 새로운 개념정립이 필요한데, 자본주의 사회의 기본적 생산형태에 대한 분석에서 출발해야 한다고 본다.

도시화 과정에 대한 분석을 위해 스콧이 수행한 절차는 다음과 같다. 우선 외부경제이론을 통해 자본주의의 산업조직과 사회적 분업을 분석하고, 다음으로 분업에 의해 발생한 외부경제가 대규모 도시화를 일으키는 방식을 연구하며, 마지막으로는 현대 대도시 내부의 생산, 노동, 공동체의 지리를 아주 구체적으로 다루는 것이다. 결국 스콧은 노동분업을 통해 산업화와 도시화과정을 연결함으로써 현대 대도시의 집적현상을 분석하고 있다.

유연적 생산체제가 공간적 집중을 초래한다면 이러한 집적은 어떠한 산업들에서 주로 나타나는가? 스콧에 따르면 대량생산체제와는 달리 유연적 축적체제의 등장에 따라 활성화된 산업은 공정 및 상품형태를 신속하게 변화시킬 수 있는 업체들로 구성되어 있다. 이 업체들은 유연한 외부연계망과 노동시장 관계를 형성하고 있기 때문에 생산과정을 외부화하기에 용이하며, 따라서 수직적 분산이 활발히 일어나는 특징이 있다. 그는 이러한 산업부문으로 다시 부활한 장인적·디자인집약적 산업, 다양한 종류의 첨단산업 및 이와 관련한 부품공급자와 하청업체, 사업서비스를 중심으로 한 서비스업 등을 들고 있다.

유연적 축적에 따라 새롭게 등장하는 집적지는 기존의 대도시와 어떠한 차이를 가지는가? 이에 대해 스콧은 새롭게 등장하는 산업들이 기존의 대량생산체제에 있어서 중심지가 되었던 곳과는 판이하게 다른 지역에 입지하게 된다고 본다. 유연적 생산방식하에서는 포드주의 중심지에서 핵심요소로 작용하였던 집적경제, 규모의 경제, 풍부한 노동자의 풀 등을 요구하기보다는 변화하는 환경에 신속히 적응하는 것이 더욱 중요하기 때문이다.

이에 따라 등장하게 되는 신산업공간은 크게 두 가지 유형을 띠게 된다. 첫째는 오래된 제조업지역의 내부고립지역(enclaves)이고, 둘째는 오래된 포드주의 산업화의 중심지역들과 인접한 주변부 혹은 반주변부 지역이다. 첫째 유형은 LA지역과 같은 대도시 도심지역에서 의류, 보석, 가죽, 영화산업 등의 집적지가 형성되는 경우와 보스턴의 루트128처럼 대도시지역의 교외확장지역에서 첨단기술산업단지 형태로 존재하는 경우가 있다. 반면, 둘째 유형은 전통적으로 농업이나 무역 등 소규모 산업에 기반하고 있으며 도시적 유형의 거주가 제한되었던 지역에서 발생하는 것으로서 미국의 선벨트 지역, 이탈리아의 제3이탈리아지역, 영국과 프랑스의 캠브리지, 그르노블, 몽펠리에, 소피아 앙티폴리 등이 대표적인 지역으로 꼽힌다.

스콧의 유형화에 따르면 두번째 유형에 해당하는 제3이탈리아지역은 디자인집약적이고 차별화된 상품을 생산하는 장인소기업들로 구성되어 있으며, 피오르와 세이블(Piore and Sabel, 1984)이 유연적 전문화 논의에서 핵심지역으로 지목한 지역과 일치한다. 그러나 스콧의 신산업공간은 유연적 전문화 논의에서와는 달리 장인적 생산뿐만 아니라 첨단기술산업, 서비스산업 등을 모두 포함하고 있다는 점에서 그 범위가 훨씬 넓음을 알 수 있다. 또한 그의 논의에 따르면 신산업공간은 각자 독특한 사회적, 정치적 형태를 띠고 있으며 지역 나름대로의 발전경로를 가지고 있다. 그러나 이들 지역은 이러한 상이성에도 불구하고 사회적 분업의 심화, 외부경제의 형성, 노동시장의 경직성 붕괴, 생산의 재집적 등과 관련되어 있다는 공통성을 지니고 있다.

신산업공간론에 대한 비판과 수정

앞서 지적하였듯이 스콧이 주장하는 신산업공간론은 유연적 축적체계론과 함께 그 형성원인과 특성, 지속적 발전가능성 등에 대해 활발한 찬반논쟁이 진행되어왔다. 스콧이 주장하고 있는 신산업공간론과 관련된 쟁점은 크게 네 가지다. 첫째, 신산업공간에는 주로 소규모 기업들만 집적하게 되는가? 둘째, 신산업공간이 포드주의 시대의 집적공간과 확연히 구분되는 특성을 지니는가? 셋째, 신산업공간은 내생적이고 자율적인 발전이 가능한가? 넷째, 스콧의 신산업공간 논의는 발전모델로 일반화할 수 있는가?

우선 첫번째 쟁점부터 살펴보자. 스콧에 대한 비판론자들은 신산업공간에서 소기업들의 역할도 중요하지만 초국적 대기업의 중심성은 여전히 강화되고 있다고 주장한다. 스콧은 이러한 비판에 대하여 자신이 주장하는 신산업공간에서는 대기업이 여전히 중요한 역할을 하고 있음을 간과한 적이 없다고 항변한다.

스콧은 이후의 연구에서 유연성을 확보한 대기업을 포함시켜 새로운 산업유형방식을 제안함으로써 기존의 비판을 수용하고자 하였다. 이를 위해 시스템하우스(system house)라는 개념을 도입하였는데 이것은 "대기업이 유연적 전문화 체제의 성격을 확보한 것으로 업체의 규모는 크지만 1회당 생산량(batch)이 적은 기술-조직형태를 의미한다"고 스콧은 밝혔다. 즉, 기술적 조직유형에 따라 생산단위를 유연적 전문화방식과 대량생산방식으로 이원화하는 것은 문제가 있다고 보고 시스템하우스라는 개념을 포함하여 삼원화한 것이다. 결국 스콧은 초기의 신산업공간론을 수정하여 대기업과 중소기업의 양자가 다양한 조합으로 구성될수 있으며 대규모 생산자도 집적을 유발하고 유지하는 데 아주 중요한수단이 된다고 주장하는 것이다.

둘째, 스콧은 신산업공간을 이념적인 모델로 제시하면서 이에 해당하는 업종과 집적지역을 열거하였다. 신산업공간은 대량생산지역과 구분되는 특성을 지니지만, 실제 개별집적지역에서는 양자의 속성이 혼재되어 있는 것이 사실이다. 이미 살펴보았듯이 스콧 스스로도 이후 대량생산지역과 대비되는 특성으로 대기업을 중심으로 하는 시스템하우스와다양한 유연적 집적지역의 유형을 제시하여 유연적 전문화론자와 자신을 구분지었다. 그러나 이념적인 집적지역으로서 신산업공간이 다양화되면서 각 유형의 형성 동인은 축적체제의 문제라기보다 기업조직적 특수성이나 거래비용과 같은 미시적인 문제에 한정될 우려가 있다.

셋째, 신산업공간의 자율적 발전가능성 문제다. 신산업지구(New Industrial District)를 주장하는 학자들이 소기업의 네트워크 생산에 의한 자족적인 지역경제를 강조하는 데 비해, 스콧은 "신산업공간은 결코자족적이지 않으며 더 광범위하고 확장된 지역적·국가적·국제적 노동분업 속에 자리잡고 있다"고 본다. 그는 신산업공간이 외부세계와 단절되어 있는 것이 아니라 오히려 세계경제 네트워크 속에 국지화된 거래의 네트워크로 이루어진 신산업공간들이 모자이크로 재구조화되어 있다고 본다.

이 문제는 스콧이 이후의 연구에서 보완한 부분으로 그는 단일한 성격의 신산업공간을 상정하기보다 다양한 유형을 제시하고 이들이 상이한 방식으로 세계경제와 연계되어 있다고 본다. 결국 스콧의 신산업공간은 유연성을 요구하는 거시적 시장변화와 신산업공간이 직면하고 있는 상이한 지역사회의 환경 등이 기업 내외부에서 작용하면서 다양한 형태로 세계경제에서 자리매김하게 된다는 것이다.

넷째, 신산업공간이 지역개발론에서 부각된 것은 지역발전의 새로운 대안으로 신산업공간이 활용될 가능성이 있는가의 문제 때문일 것이다. 그러나 최근 실리콘밸리의 침체가능성, 신산업공간 내에서의 양극화 문제 등 회의적인 시각이 제기되고 있는 데다가, 스콧 스스로도 신산업공간으로의 경향이 언제든지 역전될 수 있음을 부정하지 않는다. 결국 지역발전에서는 신산업공간 자체를 발전모델로 하는 성장방식을 선택할 것인가의 문제보다는 그 내부에서 어떠한 네트워크를 형성함으로써 지역혁신능력을 제고할 수 있는가의 문제가 더욱 중요하다는 것이다.

경험에 기반한 이론연구, 이론에 기반한 경험연구?

스콧은 신고전경제학에서 출발하였으나 거래비용이론, 유연적 전문화론, 조절이론 등의 성과를 폭넓게 수용하였으며, 세계경제의 변화과정을 설명하기 위해 이론모형을 구축하고 정교한 경험연구를 통해 자신의 이론을 검증하고자 하였다. 그의 성과를 한 마디로 표현하면 자신이 살고 있는 캘리포니아 지역의 산업구조와 공간의 변화를 누구보다도 시의적절하게 잘 설명해낸 것이라고 할 수 있다. 그는 이 캘리포니아 지역연구를 바탕으로 새로운 축적체계의 등장을 설명하고 있는 캘리포니아학파의 중심인물로서 1980년대 후반의 유연성논쟁을 주도하고 있는 대표적인 지리학자다. 그의 이론연구에 바탕을 둔 경험연구 방법론은 실증연구자들이나 정치경제학자들로부터 상당한 연구성과로 인정을 받았지만,[6] 다른 한편으로는 사회구조의 변화를 몇몇 사례연구로 섣불리 검증하고자 하였다는 점에서 많은 비판의 대상이 되기도 하였다. 스콧에 대한 평가가 이처럼 상반되는 것은 다음과 같은 세 가지 점에서 그 이유를 찾을 수 있을 것이다. 첫째, 그의 이론모형은 기존의 사회경제학 이론들을 주로 공간현상과 연계하여 제한적으로 수용하였다는 점이다.

스콧이 지리적 현상을 사회과학의 전반적인 이론틀과 연계하여 탁월하게 설명해낸 점은 지리학의 발전에 크게 기여했다고 평가할 수도 있지만 반면에 각 이론들이 갖는 본래의 의미가 변질되었다는 지적도 함께 받게 되는 것이다. 대표적인 조절이론가인 리피에(A. Lipietz)는 스콧과 프랑스에서 직접 교류하면서 조절이론을 수용하도록 결정적인 계기를 마련해주었지만 그가 조절이론을 이해하지 못하고 있다고 신랄하게 비판하고 있다. 그의 연구에서 핵심적인 역할을 차지하고 있는 거래비용이론에 대해서도 많은 비판이 제기되고 있다. 이 이론은 지역을 단순히 거리비용으로만 환산함으로써 기업과 기업이 포함된 지역의 특성, 제도, 문화 등과의 상호작용을 무시하고 있으며 거래비용과 산업의 공간적인 집중간의 직접적인 인과관계를 밝히는 데도 소홀하였다는 것이다.

둘째, 스콧의 연구는 주로 거시적인 산업구조변화로 인한 미시적인 입지변화를 설명하는 것으로 각 이론들이 설명하고자 하는 위계에서 차이가 나타날 수 있다는 점이다. 그의 연구는 주로 캘리포니아 지역이라는 특수한 사례에 치중하였지만 이를 통해 세계경제의 변화나 산업입지원리를 도출해내는 설득력을 지니고 있다. 그러나 러버링의 비판에서 볼 수 있듯이 미시적 이론을 구축하는 한편 조건불변이라는 가정을 설정하게 되어 그가 세계경제현상을 설명하기 위하여 수용한 조절이론과 같은 거시이론들과 충돌하게 되는 결과를 초래하였다. 이 때문에 스콧의 경험연구에서는 사회적 관계가 무시되었다든지 특수한 역사적 맥락이 무시되었다는 평가가 내려지게 되는 것이다.

셋째, 스콧의 연구는 사회경제적 변화와 자신의 이론에 대한 비판에 따라 지속적으로 변화하고 진화하는 모습을 띠게 된다는 점이다. 따라서 그의 초기이론이나 연구에 대한 비판은 그가 제시하는 새로운 이론이나 경험연구에 의해 빠르게 수정되어 버린다. 이 점은 스콧의 이론이 그만큼 가변성과 수용성을 지녔다는 장점으로 작용하기도 하지만, 축적

체계나 조절양식과 같은 거시적인 개념에서 볼 때는 그의 이론이 궁극적으로 추구하는 것이 무엇인지 혼란스러울 수밖에 없다.

스콧에 대한 상반된 평가에도 불구하고 그는 거래비용이론, 외부경제, 수직적 분산, 유연적 축적 체계 등의 개념을 통해 대도시와 첨단산업단지의 집적과 성장원리를 훌륭하게 설명하였으며, 다른 대도시와 집적지역을 설명하는 기준점으로서 역할을 해왔다고 할 수 있다. 그는 여전히 캘리포니아 지역에 살면서 이 지역을 관찰함으로써 세계 경제의 변화와 산업입지의 변화를 확인하고자 한다. 그런 만큼 캘리포니아 지역을 설명하는 데는 가장 적절하였던 그의 이론모형이 다른 지역을 설명하는 데 여전히 유효할 것인가의 문제가 스콧에 대한 최종적인 평가인 것이다.

LA와 샌프란시스코를 중심으로 하는 캘리포니아 지역은 그동안 전통적 장인산업, 컴퓨터산업, 군수산업, 금융산업, 사업서비스업이 중심이 되어 성장해왔다고 할 수 있다. 이 산업들은 그동안 선발이익이나 대도시라는 특수상황에서 손쉽게 성장해온 분야였다. 그러나 최근 들어 새로운 지역성장의 원천으로 등장하게 된 인터넷과 멀티미디어산업, 영화나 콘텐츠 같은 문화산업 등은 세계적인 경쟁력을 지닌 업체만 살아남는 분야들이다. 그런 만큼 이 지역을 통해 다른 지역의 산업과 성장을 설명하는 데는 한계가 있을 수밖에 없다.

스콧이 최근 도시의 문화경제, 지역성장과 세계경제 간의 관계, 지역정치나 제도에 새로운 관심을 두고 있는 것도 이러한 배경과 무관하지 않을 것이다. 이런 측면에서 볼 때 앞으로 스콧의 연구는 최근 경제학이나 사회학분야에서 발달된 네트워크 이론이나 지역 자체를 혁신의 단위로 파악하고 있는 지역혁신이론 등과 결합함으로써 지역의 혁신능력 향상을 위한 구체적인 방안을 연구하는 방향으로 나아가야 할 것이다. 아울러 다양한 지역의 사례연구를 통해 자신의 이론을 검증함으로써 이론의 보편성을 강화해야 할 것이다.

주)

1) 스콧과 러버링 간의 논쟁은 *IJURR*지를 통해 전개되었는데, 러버링이 스콧의 논문 "Flexible Production System and Regional Development: the Rise of New Industrial Space in the North America and Western Europe"(*IJURR*, vol.12, no.2.)에 대한 비판논문을 같은 잡지에 게재함으로써 시작되었다. 이에 대해 스콧이 다시 반박논문을 게재하고 러버링이 재반박, 스콧의 답변이라는 과정으로 진행되었다. 이 논쟁의 의의에 대해서는 「유연적 축적체제와 신산업공간의 등장」, 권오혁 엮음, 『신산업지구』(한울, 2000)을 참조

2) 이 논쟁은 쇼엔버거의 유연성 논의에 대해 거틀러가 *Transactions of the Institute of British Geographers*지에 비판논문을 발표함으로써 시작되었다. 논쟁은 Gertler, M. (1988), "The Limits to Flexibility," *Transactions of the Institute of British Geographers*, N.S.13. no.4.; Schoenberger, E.(1989), "Thinking about Flexibility: A Response to Gertler," *Transactions of the Institute of British Geographers*, N.S.14. no.1; Gertler, M.(1988), "Resurrecting Flexibility A Reply to Schoenberger," *Transactions of the Institute of British Geographers*, T, N.S.14. no.1.로 전개되었다.

3) 스콧은 이메일을 통해 필자에게 이 점을 확인해주었다.

4) 스콧은 자신의 이론형성과 연구에 가장 결정적인 영향을 미친 경험이나 경력을 소개해달라는 필자의 질문에 대해 프랑스 조절이론과의 연계와 자신이 거주하고 가르친 두 도시, 토론토와 LA를 지적했다.

5) 제도경제학파는 원래 각 지역의 관습, 규범 등에 관심을 갖고 이것들이 구체적으로 실현된 것을 제도로 간주하고 연구하는 광의의 '제도주의 패러다임'으로 신제도주의 경제학, 신경제사회학, 조절이론 등의 컨벤션경제학(Convention Economics)이 여기에 해당한다.

6) 스콧은 1987년 미국 지리학회에서 수상하는 영예의 상(Honors Award)를 수상하였고, 남부 캘리포니아 지역의 테크노폴리스를 연구하여 *Evironment & Planning A* 지로부터 '1990년에 발표된 가장 창의적인 논문상'을 수상한 바 있다.

참고문헌

Scott, A. J. 1971, *Combinatorial Programming, Spatial Analysis, and Planning*, London: Methuen Ltd..

_____. *The Urban Land Nexus and the State*, London: Pion.

_____. 1988, *Metropolis: From the Division of Labor to Urban Form, Berkeley and Los Angeles*, University of California Press.

_____. 1988, *New Industrial Spaces: Flexible Production Organization and Regional Development in North America and Western Europe*, London: Pion.

_____. 1993, *Technopolis: High-Technology Industry and Regional Development in Southern California, Berkeley and Los Angeles*, University of California Press.

_____. 1998, *Regions and the World Economy: The Coming Shape of Global*

Production, Competition and Political Order, Oxford: Oxford University Press.

_____. 2000, The Cultural Economy of Cities: Essays on the Geography of Image-Producing Industries, London: Sage.

_____. 1983, "Industrial Organization and the Logic of Intra-Metropolitan Location I: Theoretical Considerations," Economic Geography, 59, pp.233-250.

_____. 1983, "Industrial Organization and the Logic of Intra-Metropolitan Location II: A Case Study of the Printed Circuits Industry in the Greater Los Angeles Region," Economic Geography, 59, pp.343-367.

_____. 1984, "Industrial Organization and the Logic of Intra-Metropolitan Location III: A Case Study of the Women's Dress Industry in the Greater Los Angeles Region," Economic Geography, 60, pp.2-37.

_____. 1986, "Industrial Organization and Location: Division of Labor, the Firm and Spatial Process," Economic Geography, 62, pp.215-231.

_____. 1988, "Flexible Production Systems and Regional Development: The Rise of New Industrial Spaces in North America and Western Europe," International Journal of Urban and Regional Research, 12, pp.171-186.

_____. 1995, "The Electric Vehicle Industry and Local Economic Development: Prospects and Policies for Southern California," Environment and Planning A, 27, pp.863-875.

_____. 1997, "The Cultural Economy of Cities," International Journal of Urban and Regional Research, 21, pp.323-339.

_____. 2000, "Economic Geography: The Great Half-Century," Cambridge Journal of Economics, 24, pp.483-504.

강현수. 1995, 「유연성 이론의 비판적 검토와 서울 의류산업의 유연화에 대한 연구」, 서울대학교 환경대학원 박사학위 논문.

류승한. 1990, 「입지이론에 있어 거래비용이론과 수직통합에 관한 논의」, 동국지리학회, ≪동국지리≫, 제11호.

변창흠. 2000, 「유연적 축적체제와 신산업공간의 등장: 스콧과 러버링의 논쟁을 중심으로」, 권오혁 편, 『신산업지구: 지식, 벤처, 젊은 기업의 네트워크』, 한울, pp.37-55.

정성훈. 1991, 「제조업에 있어서 유연적 전문화에 관한 지리학적 서설」, 동국지리학회, ≪동국지리≫, 제12호.

Gertler, M. 1988, "Resurrecting Flexibility A Reply to Schoenberger," Transactions of the Institute of British Geographers, N.S., Vol.14, No.1.

_____. 1988, "The Limits to Flexibility," Transactions of the Institute of British Geographers, N.S., Vol.13, No.4.

Lovering, J. 1990, "Fordism's Unknown Sucessor: a Comment on Scott's Theory of Flexible Accumulation and the Re-emergence of Regional Economies," International

Journal of Urban and Regional Research, 14, no.1, pp.159-175.

Lovering, J. 1991, "Theorizing Postfordism: Why Contingency Matters(A Further Response to Scott)," *International Journal of Urban and Regional Research*, 15, no.2. pp.298-301.

Pollert, A. 1988, "Dismentling Flexibility," Capital and Class, no.34.

Schoenberger, E. 1989, "Thinking about Flexibility: A Response to Gertler," *Transactions of the Institute of British Geographers*, N.S., Vol.14, No.1.

Paul Krugman

크루그먼의 신교역론과 집적경제모델

권오혁(한국지방행정연구원 수석연구원)

이 시대 최고의 소장 경제학자

폴 크루그먼(Paul Krugman)만큼 젊은 나이에 전세계적으로 주목받은 경제학자도 흔하지 않을 것이다. 특히 요즘 크루그먼의 명성과 주가는 극에 달해 있다. 1994년 ≪포린 어페어스(Foreign Affairs)≫에 쓴 소론이 1997년의 아시아 외환위기를 예견하였다고 하여 일약 스타덤에 오른 것이다. 이후, 거의 모든 경제학자들이 이 사태를 전혀 예측조차 못했다는 이유로 머리를 긁적이는 신세가 되었을 때, 그는 세계경제 현상을 낱낱이 해부하고 해석하여 신문에 기고하거나 잡지에 싣고 있다. 심지어 그가 홈페이지에 올린 잡문들까지 주목을 받을 정도이다. 한번은 미국경제의 불투명한 장래를 전망하고, 다른 때는 일본경제의 침체에 대한 처방을 제시하며, 또 다음 기회에는 동아시아의 외환위기 당시 IMF가 취했던 잘못된 처방을 질타한다. 지금 크루그먼의 명성은 1970~1980년대에 폴 사무엘슨이 가졌던 것에 비견되거나 혹은 그 이상일지도 모른다.

그는 케인스 이래 가장 글을 잘 쓰는 경제학자로 꼽히기도 한다. 그가 집필한 많은 논문들은 복잡한 수식을 쓰지 않고 간명한 모델들을 활용하며 화려한 논쟁적 수사들로 메워져 있다. 그런 점에서 그는 몇몇 비현실적인 가정 위에서 수식풀이에 몰입하는 수량경제학에 매몰되지 않고, 신고전경제학과 국제경제학의 지평을 지속적으로 넓혀왔다. 지리학적 관점을 경제학 내로 끌어들여야 함을 간파하여 관련 논저들을 집필했으며, 제도학파·신제도학파 경제학의 아이디어들을 자신의 논리 속으로 흡수했다.

하지만 아이러니컬하게도 크루그먼은 1990년대 정통 신고전경제학과 경제이론의 수호자로서 경제학의 영역을 침범하고 있는 각종 사회과학자, 인문학자들의 도전에 성전(聖戰)을 벌여왔다. 경제학의 기초이론을 제대로 알지 못하는 경영학자들, 역사학자들, 경제산업 비평가들에 대해 경제학의 잔다르크는 반격과 힐난을 아끼지 않는다. 실제로 그는 1990년대를 풍미한 로버트 라이시, 폴 케네디, 마이클 포터, 레스터 서로, 클라이드 프레스토워츠, 제임스 팔로우즈 등을 팝인터내셔널리스트(대중 국제주의자)들이라고 혹평하고 이들과 다양한 전선을 구축해왔다. 젊은 경제학자로서 학계의 대가들을 상대로 여러 전투를 치르며 나름대로 화려한 전과를 올렸다. 그래서 그에게는 '위대한 폭로자(great debunker)'라는 별명이 붙었고, 1990년대 여타 학문의 위력적인 도전에 침묵하고 있던 경제학 분야에서 '젊은 싸움닭' 구실을 톡톡히 해냈다. 그는 『팝인터내셔널리즘(Pop Internationalism)』(1996)이라는 저서의 서문에서 자신의 투쟁이 "대중 국제주의가 전부는 아니라는 사실을 알도록 해주었다"고 자평하면서 "그 과정에서 경제학자들도 글을 쓸 수 있다는 것을 어느 정도 증명했다"고 토로했다.

경제학자로서 성장과정

폴 크루그먼은 전후 베이비붐이 최고조에 달했던 1953년 뉴욕에서 태어났다. 그는 뉴욕 교외에서 성장했고 존 F. 케네디 고등학교를 졸업하였다. 예일 대학에 진학하여 경제학을 전공하게 되었는데, 이유는 경제학이 이론적으로 정치한 데 감동하였기 때문이었다. 역사학에 큰 매력을 느꼈지만 역사학은 사실의 단순한 기술에 관심을 기울이는 데 비해 원인을 설명하는 데는 취약하였고 여타의 사회과학들도 경제학 모델의 위력에 대적할 수 없다고 보았다. 하지만 학부생활 동안 경제학 과목을 수강한 것은 졸업 최소 학점 정도였고, 오히려 다수의 역사학 강좌를 수강하였다.

크루그먼은 1974년 예일 대학 경제학과를 졸업한 후 MIT 경제학과 대학원에 진학하였다. 1970년대 중반 MIT는 합리적 기대가설의 발견 등으로 시끌벅적한 때였다. 그러나 MIT의 노교수들은 케인스의 거시경제학을 충실하게 강의해주었고 그 결과 그는 균형 있는 경제학 지식을 섭취할 수 있었다.

1976년, 크루그먼은 MIT 대학원생의 일원으로 포르투갈 중앙은행에 파견되어 첫번째 정책실습 기회를 가졌다. 당시 포르투갈은 혁명과 쿠데타 시도가 일어나 심각한 혼동상태였다. 이때 크루그먼은 현실세계를 이해하는 데 있어 거대 경제이론의 무용성을 깨닫는 동시에 매우 단순한 경제학적 아이디어들의 위력을 확인하였다. 경제이론들은 조작화된 상황설정이 필요하지만 그것은 현실세계에서 불가능하다는 것이다. 반면 상황에 의해 구성된 모델들은 정책가들이 특정한 이론을 선택하지 않고도 유용한 정책을 제공할 수 있게 한다.

그는 1977년에 MIT에서 경제학 박사를 받았고 예일 대학에서 강의를 시작했다. 그 해에 크루그먼은 국제금융의 합리적 기대가설모델을 구축하는 데 몇 년을 투자하려다가 중단하였다. 그는 이 일이 행운이었다고 술회한다. 대신에 이후 15년 이상을 천착하게 될 하나의 주제를 얻었는데 그것은 '수확체증과 교역에 있어서 불완전경쟁' 개념이었다.

그러나 그의 새로운 견해는 기존 학계에서 쉽게 수용되지 않았다. 그의 논문은 학회지 심사에서 탈락되었고 선배 교수들은 관심조차 보이지 않았다. 예일 대학교에서는 리서치펠로십을 주지 않기로 결정했다. 1979년 봄에 크루그먼은 자신의 아이디어를 보다 확장하여 독점경쟁과 비교우위를 통합하는 모델을 구상하였다. 미네아폴리스로 가기 위해 보스턴의 로간공항에서 기다리고 있을 때였다.

1982년 가을에 크루그먼은 백악관 경제자문위원회의 국제경제 수석위원이 되어 워싱턴에 갔다. 하지만 1년 만에 대통령에게 올리는 보고서의 집필을 중단하고 워싱턴을 떠났다. 레이건의 백악관에는 복지국가를 혐오하는 인사들로 가득 차 있었다. 복지국가를 옹호하는 자신의 생각과는 맞지 않았다. 정책결정과정을 들여다보는 좋은 기회를 가질 수 있었지만, 정책결정자들의 수준에 거듭 실망했다. 그는 정책결정 과정에서 소외되었는데, 본인의 주장에 의하면 정책가들이 경제분석가들보다는 아첨꾼들을 선호하였기 때문이었다.

워싱턴에서 물러난 후, 그는 산업정책 보고서들에 대한 몇몇 논평을 발표하였다. 이는 그에게 있어서 '부업'일 뿐이었지만 매우 공격적인 내용이었다. 특히 하버드 대학의 저명한 경영학 교수였던 로버트 라이시의 산업정책 제안들을 혹평함으로써 9년 후에 폭발할 시한폭탄을 심어놓았다.

1983년에 크루그먼은 산업 내 무역(intraindustry trade)에 관련된 새로운 국제무역이론을 발표하였다. 특히 규모의 경제, 불완전 경쟁에 기초한 새로운 국제무역 패턴에 중점을 둔 것으로 이것은 국제무역이론의 패러다임을 새롭게 형성한 것으로 평가받고 있다.

이후 1985년에는 스탠퍼드 대학 경제학과 교수로 부임하였으나 이듬해에 MIT의 경제학과로 자리를 옮겼다. 크루그먼은 이후 15년간 이 대학에서 교수생활을 지속하였고 세계적인 명성을 얻은 것도 여기서였다.

1987년 가을 학기에 크루그먼은 잠시 MIT를 떠나 국립경제연구소(National Bureau of Economic Research)에서 1년 동안 연구생활을 하면서 11명의 우수한 젊은 경제학자들과 어울렸다. 그곳 휴게실에서 벌어

진 경제학 관련 토론들은 엄청난 지적 자극을 주었다. 그는 1987년부터 1988년까지 서로 연계된 8편의 논문을 썼고, 15개의 컨퍼런스에서 발표를 했으며, 2개의 공저를 출간했다.

이후 크루그먼은 『축소된 기대의 시대(The Age of Diminished Expectations)』(1989)를 썼고 『국제무역의 재고찰(Rethinking International Trade)』(1990)을 단행본으로 출간하였으며 라디오 방송강의 시리즈를 묶어서 『지리와 교역(Geography and Trade)』(1991)을 내놓았다. 『지리와 교역』은 비록 방송강의 형식을 빌어 먼저 발표되었지만 그가 국제경제학의 새로운 지평을 발견한 야심작이었다. 이때의 연구업적으로, 크루그먼은 1991년 미국경제학회에서 수여하는 존 베이츠 클라크 메달을 수상하게 된다.

크루그먼의 시대

1992년 대통령 선거 당시 크루그먼은 클린턴 진영의 경제 참모로 활약하였다. 그는 점증하고 있는 계층간의 소득격차를 줄여야 한다고 판단하였다. 그러나 클린턴이 대통령에 당선되었을 때, 클린턴의 주위에는 그가 1983년에 신랄하게 비판하였던 로버트 라이시가 있었다. 라이시가 주도하는 국제경쟁력주의자들은 철옹성을 쌓았다. 크루그먼의 표현에 의하면 그들은 일류 경제학자들이 참여할 공간을 주지 않았다.

크루그먼은 1993년 이후 클린턴 행정부의 주요 이론가들에게 본격적으로 포문을 열었다. 논점은 '국가경쟁력' 개념의 허상이었고 그 대안은

'지역경쟁력' 개념이었다. 이 원고들은 ≪포린어페어스≫, ≪하버드비지니스리뷰≫ 등에 발표된 후 1996년 『팝인터내셔널리즘』으로 묶여서 출간되었다.

그러나 크루그먼을 전세계적으로 유명하게 만든 것은 무엇보다도 ≪포린어페어스≫ 1994년 11·12월호에 실린 「아시아 기적의 신화(The Myth of Asia's Miracle)」였다. 여기서 그는 경제성장의 두 동인으로서 요소투자확대와 생산성의 증가를 구분한 후, 요소투자확대 방식의 경제성장은 한계에 봉착한다는 논리를 전개하였다. 이런 논리에서 아시아의 급성장은 1950~1960년대 소련의 성장에 비유되었다. 1960년대까지 소련의 경제성장이 요소부문의 지속적인 투자확대를 통해 일어난 것처럼 아시아 국가의 경제성장도 비슷한 경로를 밟고 있다는 것이다. 결과적으로 소련이 1970년대 이후 경제성장의 둔화를 경험하고 종국에 성장이 멈춰버린 것처럼 아시아의 미래도 유사하리라는 예견이었다. 이 논문은 발표 당시에도 적지 않은 반향을 불러일으켰지만 1997년 아시아 국가들이 외환위기에 봉착하여 그 성장 신화의 허상이 노출된 후 더욱 주목을 받게 되었다. 하지만 스스로 고백한 바에 따르면 이 글은 자신의 독창적 견해가 아니라 동료나 후배들의 논문을 정리해서 대중지에 실은 것이었다. 크루그먼은 계속해서 아시아 경제위기에 대해 주목할 만한 비평들을 내놓았는데 그것을 종합하여 결실을 맺은 것이 1999년에 출간된 『불황경제학(The Return of Depression Economics)』이다. 크루그먼은 이 책에서 1997년에 아시아를 휩쓴 경제위기가 본질적으로 1920년대 말 미국의 경제공황과 메커니즘이 같다고 설명하면서, 지속적인 투자확대가 전개되던 경제가 갑자기 수요부족에 직면하게 되는 과정을 분석하였다. 그러나 그는 여기서 1994년의 논문과 상당히 상이한 관점을 취하였다. 외환위기의 요인이 아시아국가들의 과잉투자와 생산성의 한계라는 일반적인 관점을 약화시키고, 오히려 자본유통이 자유로워진 국제경제 하에서의 우연적 요소들과 아시아 국가들의 후진적 금융시스템을 외환위기의 주요인으로 지목하였던 것이다. 특히 이 과정에서 국제 금융의 역할이 확대된 점을 규명하려 하였다.[1]

1998년 이후 세계 경제상황의 요동은 많은 사람들을 경제에 대해 근심하게 만들었고 경제현상의 해석에 관심을 기울이게 하였다. 특히 상황을 제대로 설명해 줄 수 있는 신뢰할 만한 경제분석가를 찾게 했다. 크루그먼은 그 대표적인 경제분석가로 주목받게 되었다. 그가 저술한 일련의 논저들은 학계, 정책집단, 언론, 금융권의 관심을 집중시키고 있고, 소론들 역시 쓰여질 때마다 세계가 그의 메시지에 귀를 기울이게 되었다.

크루그먼은 2000년 가을 학기에 MIT 경제학과에서 프린스턴 대학 경제학과로 전직하였다. MIT에서는 15년간 교수생활을 지속하였고 이 대학에 있는 동안에는 MIT 예찬론자로서 만족감을 표시하였었다. 2001년 말 현재 크루그먼은 ≪뉴욕타임스≫의 정기기고가로 활약하고 있으며, 유력한 노벨경제학상 후보로 손꼽히고 있다.

신교역론

이제 크루그먼이 기여한 이론적 측면을 살펴보자. 크루그먼이 내놓은 두 가지 독창적 논의는 '신교역론'과 '지역 불균등 발전에 관한 경제지리모델'이다. 이 중에서도 국제무역이론가인 크루그먼이 먼저 천착한 것은 당연히 전자였다.

신교역론은 어떤 이론인가? 전통 교역이론은 리카도의 비교우위론에 기반하고 있다. 비교우위론은 서로 다른 자원을 가진 국가들이 서로 다른 상품을 생산하여 교환하는 체제를 설명하고 있다. 그러나 이 이론은 유사한 자원을 가지고 있는 국가들이 서로 교환하는 상품의 종류는 설명하지 못한다. OECD국가의 교역은 유사한 요소를 보유한 국가간의 교역이다. 그리고 실제로 상당히 유사한 상품을 교환하고 있다. 이러한 산업 내 무역은 최근 10년 동안 급속히 확대되고 있다. 신교역론은 이러한 형태의 교역을 설명하고자 하는 시도이다.

국가간의 차이를 교역의 한 요인으로 보는 신교역론은 네 가지 측면에서 기존의 전통적인 관점을 넘어선다. 첫째, 유사 국가간의 산업 내 교역은 국가요소 내의 내적 차이를 자본화했다기보다는 수확체증을 얻기 위한 전문화를 의미한다. 둘째, 전문화라는 것은 어느 정도 역사적인 사건이다. 특정한 첨단산업의 입지는 비결정적이고 역사 의존적이다. 그리고 일단 전문화의 패턴이 정해지면 패턴은 교역으로부터 누적된 소득으로 인하여 결정된다. 국가간의 교역과 전문화의 패턴은 경로에 의존하는 성향이 강하다. 셋째, 불완전 경쟁과 산업간 교역의 조건하에서 생산요소에 대한 보상과 수요의 패턴은 미시적 수준에서의 기술적인 조건에 의존하고 있다. 넷째, 불완전 경쟁과 수확체증의 존재가 수출부문에 대한 정책을 자극한다면 특정지역에 있어서 산업적 비교우위를 창출할 수 있다.

그의 이러한 모델은 산업에 있어서 수확체증(규모의 경제)현상과 불완전경쟁하의 교역을 복합적으로 설정하고 여기에다 리카도의 비교우위이론을 결합시킨 것이었다. 이 연구는 크루그먼의 핵심적 연구주제이고 이후 경제지리모델의 개발에 있어서도 토대가 되었다.

지리와 교역

1989년 크루그먼은 마이클 포터로부터 당시 출판을 준비하고 있던 『국가의 경쟁우위』를 읽어달라는 부탁을 받았다. 그것을 읽으면서 그는 새로운 영감을 얻게 된다. 포터는 이 저서에서 지역적 산업집적지의 역할을 강조하고 있었는데 크루그먼은 이 책을 통해 자신의 신교역론이 경제지리학적 아이디어를 바탕으로 한 것임을 깨닫게 된 것이다. 그는 순수이론 영역의 새로운 지평을 발견하고, 곧 경제지리학 모델의 개발에 몰두하기 시작하였다. 그는 이 모델의 개발을 위해 브리티시 콜럼비아 대학의 교수회관에서 잠 못 이루며 무수한 스크랩페이퍼들을 낭비하였고 하와이의 호텔방에서 수많은 산술모형들을 계산하였다고 회고한다.『지리와 교역』은 방송을 통해 강의되었고, 그 내용은 MIT대학 출판부를 통해 1991년에 책으로 발간되었다.

『지리와 교역』은 공간적인 집중현상과 집적현상을 다루고 있다. 산업은 왜 특정지역에 집중하며 지역간에는 왜 격차가 발생하는가. 그리고 특정한 산업분야에 기업들은 왜 어느 특정 지점에 집적하는 경향을 나타내는가.

그는 사고실험의 천재답게 상황을 요약한 모형의 개발을 통해 현상을 분석한다. 그의 경제지리모델은 교통비와 수요분포, 그리고 수확체증의 세 가지 요소로 구성된다. 교통비와 수확체증(수확체증은 규모의 내부경제와 외부경제로서 집적경제로 구분될 수 있다) 그리고 수요분포는 상호작용하면서 공간상의 중심과 주변을 형성한다.

생산 입지가 동과 서, 두 군데밖에 없는 하나의 국가모형을 상정해보자. 제품도 농산품과 공산품의 두 종류밖에 없다. 그런데 농산품은 입지특수적 요소인 토지를 사용해야 하기 때문에 농업인구는 양쪽의 토지량에 따라 분리된다(일단 50:50으로 가정한다). 그리고 공산품은 양 입지에서 동시에 생산될 수도 있고, 어느 한쪽에서 생산될 수도 있다. 한쪽에서 생산되면 운송비가 발생하고, 양쪽에서 생산되려면 추가 설비비가 필요하게 된다. 이때 공업인구는 각 입지에서의 제조업에 비례한다(즉, 어느 한쪽에서만 생산되면 100:0). 더하여 공산품의 수요는 각 입지의 인구(농업 인구 + 공업 인구)에 정확히 비례한다.

이를 기반으로 인구와 공산품 수요, 운송비, 고정비용에 대한 가정을 다음과 같이 해보자.

농업인구 : 국가 전체 노동력의 60%

동, 서에 50:50으로 분포

공산품 수요 : 총 수요가 10단위라고 하고, 모든 제조업이 어느 한쪽에 집중
되었다면, 그 쪽의 수요는 인구에 비례하여 7단위(농부 60%의
반인 30%이므로 3단위, 제조업은 농부 60%를 제외한 40% 전
부니까 4단위), 반대편은 3단위(농부 60%의 나머지 30%).

: 양 쪽에서 동일량을 생산한다면 수요는 5 : 5(농부 30%에 제
조업 40%의 반인 20%, 따라서 50%, 5단위).

공장 개업 고정비용 : 4

공산품 단위당 운송비 : 1

그러면 우리는 다음의 <표>을 얻을 수 있다. 즉 공업고용의 분포 차
이에 따라서 가장 낮은 총비용의 지점이 달라지며 기업입지는 상이하게
된다. 공업고용의 분포가 동쪽에만 있다면 기업은 동쪽에 대규모 공장
을 짓거나 또는 기업을 확장하거나 추가 입지하게 될 것이다. 이에 대
해 공업고용이 양쪽에 반분되어 있다면 기업은 두 곳에 중소규모의 공
장을 나누어 지으려 할 것이다. 기업입지가 어떤 균형점에 도달할지는

〈표〉 상황에 따른 일반 기업의 생산 비용

공업고용분포	구분	동쪽	양쪽	서쪽
동쪽에만	고정비용	4	8	4
	운송비용	3	0	7
	총 비용	7	8	11
50:50	고정비용	4	8	4
	운송비용	5	0	5
	총 비용	9	8	9
서쪽에만	고정비용	4	8	4
	운송비용	7	0	3
	총 비용	11	8	7

어디서 시작했는가에 따라 결정되며, 산업의 집적은 역사가 중요하다는 것을 의미한다. 즉 생산의 집중이 일단 발생하고 나면 순환적 누적이 발생한다는 것이다.

나아가 이 모델에서는 고정비용과 기업입지의 관계가 명확히 나타나게 되는데, 고정비용이 크다면(즉 규모의 경제가 있다면) 기업들은 어느 한곳에 입지하려 하게 된다. 그리고 운송비가 높다면 동서 양쪽에 분산 입지하는 편이 유리한 반면, 그것이 낮으면 한곳에 입지하는 것이 유리하다는 것을 알 수 있다. 이는 우리에게 흥미로운 결론을 가져다 준다. 즉, 규모의 경제 혹은 수확체증이 작용하고 거리비용이 낮아지면 기업의 입지는 더욱 집중되는 양상을 가지게 된다는 사실이다.

미국 제조업에서의 집적경제

크루그먼은 이러한 모델 연구를 진전시킨 후, 이에 대한 사례로서 미국의 제조업 입지변화를 역사적으로 설명한다. 미국의 경우 초기에 농업인구가 다수를 차지한 반면 제조업의 운송비는 높고 '규모의 경제'는 낮았기 때문에 제조업의 지리적 집중이 강하게 발생하지 않았다. 이후, 남부를 제외한 여타 지역에 공업지역이 늘어나면서 규모의 경제가 커지고, 운송비가 낮아졌으며, 북동부 제조업 벨트의 초기 이익이 형성되었고 계속 확대되었다는 것이다.

크루그먼은 이에 더하여 최근 미국 제조업체들의 분포에 대한 기초적인 통계분석 작업과 구체적인 사례연구를 시도하였다. 먼저 기초적인 통계작업을 통해 '미국의 산업은 어떻게 지방에 분포되어 있나'와 '어떤 종류의 산업이 고도로 지방화(지역적으로 전문화)되어 있나'를 분석하였다. 그 결과 다음의 사실이 확인되었다. 첫째, 미국의 많은 산업들은 지리적으로 집중되어 있다. 둘째, 첨단산업만이 고도로 집적되어 있는 것은 아니며 오히려 특정 섬유산업이 보다 집중화된 것으로 나타났다.

하지만 이는 이 테이블 자체의 문제를 포함한 것인데 보잉항공기 제작사, 코닥필름 등은 데이터가 누락되었고 주 단위의 지역통계에서 실리콘밸리, 루트128을 찾을 수 없었기 때문이다. 즉 이 통계는 하이테크가 집적되어 있지 않음을 보여주는 것이 아니라 저기술산업도 집적되어 있음을 보여주는 것이었다.

그리고 그는 몇몇 역사적 사례들을 통해 산업의 지역적 전문화 현상을 수확체증의 관점에서 설명한다. 그가 가장 매력적으로 생각하는 예는 피드몬트 지역의 카펫 산업이다. 오늘날 카펫 산업은 미국 내 모든 산업들 중에서 가장 지리적으로 집중되어 있는데, 이처럼 이 산업이 집중하게 된 과정은 매우 극적이다. 피드몬트의 카펫 산업은 19세기 말 이곳에 살던 한 소녀가 이웃들에게 카펫을 선물한 데서 비롯되었다. 선물을 받은 이웃들은 찬사를 보냈고 이에 감동한 소녀는 더욱 열심히 카펫을 만들어 상업화하기에 이르렀다. 그리고 이웃들도 이 산업활동을 모방하기 시작하여 어느덧 이 마을은 가내 수공업형 카펫공장이 다수 들어서게 되었다. 이에 따라 카펫 관련 산업활동(실, 염색, 디자인 등)이 이 지역에 정착하였고 그 명성이 점차 퍼져나갔다. 1920년대에 카펫 산업의 반자동화가 일어났고 제2차세계대전 후에 본격적으로 기계화가 진전되었는데, 이때 카펫기계 산업 또한 이곳에 뿌리를 내리게 되었고 카펫 제조업자들도 보다 손쉬운 기계화를 위해 이곳으로 이전해왔다. 이곳의 입지적 우위성은 이후에도 오랫동안 지속되었는데, 이는 카펫 업체들이 필요로 하는 복잡한 부품들과 지식(know-how)들이 이곳에 집적되어 있었기 때문이다.

크루그먼에 의하면 미국에는 이와 유사한 여러 사례들이 있다. 가죽 장갑은 글로버스빌의 뉴욕타운과 존스타운이 유명하고, 구두는 매사추세츠 북부의 몇몇 도시들에 집적되어 있으며, 견직물은 패터슨과 뉴저지가 대표적이다. 또 보석산업은 프로비던스와 로드아일랜드에, 농기계 산업은 시카고에 집적되어 있다. 그리고 실리콘밸리, 루트128, 리서치트

라이앵글 등 첨단산업단지들의 형성과정도 개인의 주도나 우연한 계기에 의해 이루어졌다.

이러한 과정을 살펴보면 우연한 사건이 특정지역에 산업의 정착과 집적을 가져왔음을 알 수 있다. 그는 여기서 중요한 두 가지 사실을 발견하는데 첫째는 이러한 집적과정이 보편적이고, 실리콘밸리에 한정된 것이 아니라는 사실이다. 그가 둘째로 강조하는 것은 마샬이 제기한 로컬리제이션의 요인들(노동력풀과 특정한 투입)은 기술적 외부성이 중요하지 않을 때조차도 중요한 역할을 수행해왔다는 것이다.

이러한 입지론에 기반하여 크루그먼은 특정한 산업지역이 국가보다 더 중요한 경제적 단위라고 파악한다. 그리고 일반적인 경제활동이나 특정한 산업은 공간상에 집중하는 경향이 있다고 설명한다. 나아가 경제의 형태는 경로의존성, 상황성, 역사와 사건으로 규정지어진 초기 조건이 결정한다고 주장한다. 수확체증을 통하여 비합리적이고 누적된 역사가 형성된다는 점에서 알 수 있듯이 최적의 해결을 위한 자동적인 경향은 존재하지 않는다. 그는 또한 역전과 변화의 가능성을 배제하지는 않는데, 오히려 지역의 산업변화는 급격하고 예측하기 어렵게 발생한다고 하였다.

『지리와 교역』 이후

크루그먼은 『지리와 교역』을 펴낸 후 경제지리학적 관점에 지속적인 관심을 표명해왔고 이는 곧, 자신이 추구할 양대 연구주제의 하나라고 강조한다. 그는 자평하기를, 경제지리학은 1980년대 후반 자신이 발굴하였던 주제들보다도 훨씬 더 풍부한 연구주제임이 판명되었다고 밝혔다. 그리고 이 책 이후 6편의 일련의 논문들을 창작하여 기고하였다. 특히 1995년에 쓴 「세계경제의 지역화(The Localization of the World Economy)」에서는 1894년의 시카고와 1994년의 로스앤젤레스를 비교하면서 그것들의 거대도시화가 본질적으로 집적경제에 의한 것이라는 점에서 동질적이라고 지적하였다.

1998년에 쓴 논문인 「공간: 마지막 프런티어(Space: the Final Frontier)」에서, 크루그먼은 근대 경제학이 잊어버린 미개척지로서 공간을 들고, 공간에 대한 무시가 경제학의 빈곤을 초래하였다고 주장하였다. 근저인 『발전, 지리, 그리고 경제이론(Development, Geography and Economic Theory)』에서는 주류 경제학자들이 공간적 관점을 회복하지 못함으로써 생산성의 한계에 빠져 있다고 지적한다. 그리고 발전이론이 어떻게 그것의 원래 영향력을 잃어버렸는지를 추적한다. 그는 발전이론이 주요한 통찰력의 많은 부분을 명료하게 모델화할 수 없게 된 것은 공간적 관점의 상실과 관계가 있다고 결론짓고 있다.

크루그먼은, 최근에 3인 공저로 발간한 『공간경제학(The Spatial Economy)』에서 그 서론을 맡았다. 여기에서도 그는 경제학자들이 지리적 관점을 회복해야 함을 역설하였다. 그는 "1990년대 이래 경제의 공간적 측면에 대한 이론적 경험적 작업의 르네상스가 있어왔다"면서 "특히 산업조직, 국제무역 그리고 경제성장을 분석하는 데 있어 모델링 기법(신경제지리학)이 비약적으로 발전했다"고 지적하였다.

개척자 혹은 추종자?

종합해볼 때 크루그먼의 경제지리적 업적은 신고전경제학자들에게 놀라운 신천지를 제공하는 일이다. 신고전경제학자들은 크루그먼을 통해서 공간경제의 중요성을 재발견하고 그것을 경제학적 도구로 접근할 수 있게 되었으며, 그간 스스로 소외되었던 지역산업정책에 다시 뛰어들 수 있게 되었다.

하지만 그의 경제지리적 연구가 경제지리학자들이나 지역경제학자들에게 있어서 신선하기는 하지만 획기적인 것은 아니다. 그가 설명하는 방식이 참신함과 독특함을 가지고 있다고 할 것이지만—크루그먼이 개발한 경제지리적 모형은 나름대로 독창적인 것이고 이전에 활용되어온 것들에 비해서는 다소 상황적 복잡성을 높인 것이다—, 그 내용에 있어서 새로운 것은 거의 없다고 해도 과언이 아니다. 크루그먼의 신산업지구 관련 주장은 신산업지구론을 체계적으로 분석한 스콧과 스토퍼에 의해 대부분 설명되었고 오히려 훨씬 더 깊이 있는 논의가 이루어졌었다.

크루그먼은 신고전경제학의 이론모델을 보다 적극적으로 활용하여 공간상의 불균등 발전과 신산업지구가 성립하는 원리를 증명하려 하였는데, 결과적으로 적지 않은 성과를 거두었다고 하더라도 다른 한편으로는 신고전경제학의 한계를 드러냈다고 할 수 있다. 신고전경제학의 방법으로는 공간불균등이 발생하는 메커니즘과 특정 분야의 (첨단)기업들이 집적하는 신산업지구현상을 제한적으로밖에 해명할 수 없음이 그의 논의를 통해 확인되는 것이다. 특히 제도학파 경제학자나 경영학자, 지역경제학자들이 신산업지구의 다양한 요소들에 대해 내놓은 해석에 비할 때 그의 논의는 현저히 단조로운 것이다.

이런 점에서 보면 크루그먼이 발견한 경제지리의 신천지는 '아직까지' 신고전경제학의 프런티어, 소위 정통경제학자들의 미개척지일 뿐이 아닐까 한다. 그러나 그의 사고실험적 방법과 이론적 역량에 비추어볼 때, 그가 새로운 접근방법과 모델에 의해 향후 공간경제학의 이론적 발전에 큰 공헌을 할 가능성은 상당히 높다고 생각된다.

주)

1) 아시아 경제위기에 대한 최근 크루그먼의 태도는 과잉투자론으로 다시 기울고 있는 것 같다. 그는 2001년 10월에 서울에서 개최된 세계지식포럼 특별강연에서 미국, 일본, 아시아의 경기 침체가 모두 장기간에 걸친 과잉투자에 기인하고 있다고 지적하였다. 덧붙여서 1997년 아시아 금융위기에는 모럴헤저드와 같은 관행적 문제가 간과되어서는 안된다고 자신의 입장을 수정하였다.

참고문헌

Krugman P. 1985, *Market Structure and Foreign Trade* (with Elhanan Helpman), Cambridge, MA: MIT Press.

_____. 1986, *Strategic Trade Policy and the New International Economics* (editor), Cambridge, MA: MIT Press.

_____. 1991, "History and Industrial Location: The Case of the Manufacturing Belt," *American Economic Review*, Papers and Proceedings, 81, PP.80-83.

_____. 1991, "History versus Expectations," *Quarterly Journal of Economics*, 106, PP.651-667.

_____. 1991, "Increasing Returns and Economic Geography," *Journal of Political Economy*, 99.

_____. 1991, *Geography and Trade*, Cambridge, MA: MIT Press.

_____. 1997, "The Localization of the World Economy," *Pop Internationalism*, Cambridge: MIT Press.

_____. 1998, "Space: The Final Frontier," *Journal of Economic Perspectives*, Spring 98, Vol. 12.

_____. 2000, INCIDENTS FROM MY CAREER(www.wws.princeton.edu/~pkrugaman).

폴 크루그먼. 1997, 『팝인터내셔널리즘』(김광전 역), 한국경제신문사.

폴 크루그먼. 1999, 『폴 크루그먼의 불황경제학』(주명건 역), 세종서적.

Hirsh, Michael. 1996, "The Great Debunker," *Newsweek*, 1996. 3. 4.

Martin R. & Peter Sunley. 1996, "Paul Krugman's Geographical Economics and Its Implication for Regional Development Theory: A Critical Assessment," *Economic Geography*, 72.

Michael E. Porter

포터의 국가경쟁력이론

이철우(경북대학교 지리학과 교수)

하버드 대학 비즈니스 스쿨의 경영관리학 교수인 마이클 포터(Michael E. Porter)는 1947년 미시간주 아나바에서 태어나 1969년 프린스턴 대학의 항공기계학과를 졸업하였으나 경영학으로 진로를 전환하여 하버드 비즈니스 스쿨에 진학하여 1971년 MBA, 1973년에는 기업경제학으로 박사학위를 취득하고, 하버드 대학의 조교수(산업경제학 담당)로 임용되었다. 그후 포터는 하버드 비즈니스 스쿨의 최연소 정년보장 기록을 세우며 1982년 35세의 나이에 정교수가 되었다.

국가경쟁력과 클러스터 모델의 탄생까지

그의 연구는 제2차세계대전 이후, 베인(Bain, J. S)과 그의 은사인 케이브스(Caves, R. E.)에 의하여 확립된 '시장구조(market structure)→시장행동(market conduct)→시장성과(market performance)'라는 인과관계에 기초한, 소위 SCP패러다임으로 불리는 하버드학파의 산업조직론에서 출발하였다.

그러나 포터는 '구조가 행동을 결정하고, 행동이 성과를 결정한다'는 하버드학파 산업조직론의 한계를 기업경영전략의 도입으로 극복하고자 하였다. 즉 '산업에 있어서 경쟁의 성격 및 경쟁전략의 원리'가 포터의 핵심 연구주제였고, 그의 연구성과는 『경쟁전략(Competitive Strategy)』 (1980)으로 구체화되어 학계의 주목을 받았다.

그는 『경쟁전략』에서 기업의 사업환경을 중심으로 특정기업이 특정 업계에서 높은 이익을 지속적으로 유지할 수 있는 방법에 대해 연구하였다. 포터는 기업의 사업환경을 신규참여의 위협, 기존 경쟁업자간 적대관계의 강도, 대체제품의 압력, 그리고 구매자 및 판매자의 교섭력 등 5개 경쟁요인으로 정리하고, 특정업계에서 유리한 입장을 구축하는 전략으로는 비용 리더십, 차별화 그리고 집중화를 제시하였다. 비용 리더십 전략은 비용면에서 가장 우위를 점한다는 기본 목표하에 일련의 실무정책을 실행하는 것이고, 차별화 전략은 제품과 전략을 차별화함으로서 업계에서도 무엇인가 특이한 것을 창조하는 것, 그리고 집중화 전략은 특정 구매자 그룹이나 제품 혹은 특정 시장 지역으로 자원을 집중하는 전략이다. 그리고 그는 특정기업의 경우 사업환경의 상황에 따라 세가지 전략 중 어느 하나를 선택하고 자기 기업의 실정에 맞춰 5개의 경쟁요인을 변화시키는 것이 높은 이익률을 확보하기 위한 조건이라고 주장한다. 이와 같이 초기에는 특정기업에 유리한 사업환경의 유지를 강조하여 정태적이라는 한계를 벗어나지 못하였다. 그러나 기본전략을 실천하는 방법에 초점을 맞춘 『경쟁의 우위(Competitive Advantage)』 (1985)에서, 경쟁우위의 기초인 비용의 행태 및 차별화와 현재 또는 잠재적 원천을 이해하기 위해서는 기업을 전략적으로 중요한 활동으로 분해하는 것이 중요하나, 이러한 가치를 형성하는 활동에 이익을 합한 전체가치를 '가치연쇄(value chain)'로 정의하고 이 '가치연쇄'와 '경쟁범위 (competitive scope)' 개념을 매개로 정체성을 극복하고자 하였다. 이 저서에서 그는 전략과 실행 간의 괴리문제를 해결하기 위하여 기업내부의 활동에 주목하고, 그 분석틀로서 '가치연쇄' 개념을 도입하였다. 기업의 가치연쇄는 원재료공급업자의 가치연쇄에서 유통채널의 가치연쇄를 거쳐 구매자의 가치연쇄로 이어지는 것으로서 그는 이를 '가치시스템 (value system)'으로 명명하고, 특정 기업이 '가치시스템'의 어디에, 그리고 어떻게 자리매김하느냐에 따라 경쟁우위를 확보하고 그 지속여부를 결정하게 된다고 지적하였다.

여기서 더 나아가 가치연쇄의 존재방식과 경제성은 생산하는 제품이나 고객의 타입(부분의 범위), 자회사 이외의 독립회사를 이용하는 정도 (통합의 범위), 판매활동 지역의 넓이(지리적 범위), 그리고 경쟁하는 관련산업그룹(업계의 범위)의 '경쟁범위'에 따라 차이가 있음을 밝혀내고 어떠한 경쟁범위를 선택해서, 어떻게 기업활동을 '가치시스템'에 결합할 것인가가 경쟁우위의 원천이라는 것을 인식하였다. 이로 인해 그의 논의는 새로운 국면을 맞게 된다.

이러한 인식체계는 『산업의 국제적 경쟁(Competition in Global Industries)』(1986)에서 더욱 구체화된다. 그는 글로벌기업이 경쟁우위를 확보하기 위해서는 '가치연쇄' 내의 각 활동을 글로벌 차원에서 어떻게 분산할 것인가, 집중할 것인가 하는 '활동 배치(configuration)'와 분산된 활동간에 노하우나 전문지식의 공유와 축적을 어떻게 도모할 것인가 하는 '활동 조정(coordination)' 문제가 중요한 의미를 가진다고 주장하였다. 즉, 글로벌기업의 경쟁우위를 이해하기 위해서는 기업내부 활동의 존재방식뿐만 아니라 기업외부 환경도 중대한 영향을 미치고 있다는 점을 직시할 필요가 있다는 것이다. 이처럼 외부 환경의 변화에 대응하기 위한 기업의 끊임없는 혁신 없이는 지속적인 경쟁우위를 유지할 수 없다는 인식을 확립함으로써, 종전의 정태적인 논의에서 동태적인 논의로 전환한다. 동시에 논의의 시각도 지금까지 산업과 기업으로 한정하였던 것에서 국가와 지역으로 확대하였다. 이러한 포터의 인식체계 변화와 연구지평 확대의 결정체가 바로 『국가의 경쟁우위(The Competitive Advantage of Nations)』(1990)라고 할 수 있으며, 이 저서를 통하여 포터는 세계적인 학자로 명성을 얻게 된다.

경쟁력과 클러스터 모델

『국가의 경쟁우위』는 레이건 대통령이 미국경제의 재생을 목표로 1983년에 설치한 '산업경쟁력에 관한 대통령자문위원회'에서 포터가 위원으로 활동할 당시, "경쟁력을 설명할 수 있는 일반적 이론은 없다"는 결론에 충격을 받아 스스로 국제비교 프로젝트를 조직하여 국가경쟁력에 관해 연구한 결과였다.

이 책은 기존의 국가경쟁력에 관한 비교우위론은 생산요소의 비교우위에 근거하여 각국의 비교우위산업을 특화함으로써 국가의 생활수준이 향상한다고 하였으나, 실제로는 생산요소의 부존 상태가 유사한 국가간의 경쟁력에는 큰 차이가 있으며, 다국적 기업의 활동으로 생산요소의 이동이 빈번해진 현실을 분석할 수 있는 이론적 틀로서의 한계성을 지적하고, 세계적 차원의 경쟁이라는 현실과 자원의 제약을 극복하고 발전한 개발도상국의 동태적 특화패턴을 동시에 담아내어 국가경쟁력에 관한 가장 체계적인 이론으로 평가받았다.

포터는 우선 체계적인 국가경쟁력이론 정립의 전제가 국가경쟁력의 명확한 내용규정임을 지적하였다. '국가 차원에서 유일하게 의미 있는 경쟁력 개념은 국가의 생산성(national productivity)'으로, 특정국가의 기업들이 특정산업에서 경쟁우위를 창출하고 유지할 수 있는 국가의 환경요인을 가리키는 개념이 바로 '국가의 경쟁우위(The Competitive Advantage of Nations)'이다. 중요한 것은 생활수준의 기초가 생산성의 수준과 증가율을 결정한다는 요인들을 밝히는 것이고, 이를 위해서는 "경제 전체가 아니라 특정산업과 전체 산업부문에 초점을 맞추어야 한다"고 하였다.

여기서 기업, 산업 그리고 국가차원 간의 관계를 보면 기업은 혁신을 통한 경쟁우위의 창출 주체이고, 기업의 경쟁우위는 그 산업의 국제경쟁력으로 나타나며, 산업의 생산성 제고는 국가차원의 생활수준 향상으

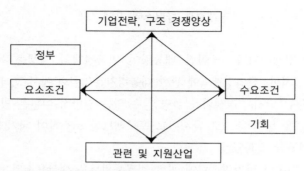

〈그림〉 포터의 다이아몬드 모델

로 나타난다는 결론이 정립된다.

이상의 국가경쟁력 내용규정에 기초하여 특정산업이 경쟁력을 창출 유지하는 데 영향을 미치는 국가적 요인으로는 요소조건(factor conditions), 수요조건(demand conditions), 관련 및 지원산업(related and supporting industries), 기업의 전략, 구조 및 경쟁양상(firm strategy, structure and rivalry)이 있으며, 그외 간접적 변수로는 정부(government)와 기회(chance) 를 규정하고 국가의 경쟁우위를 '다이아몬드 모델'로 설명하였다. 여기 서 정부와 기회를 요인이 아닌 변수로 규정한 것은 이들이 직접적으로 산업의 경쟁력을 결정하는 것이 아니라 요인에 미치는 효과를 통해서 산업경쟁력에 영향을 미친다고 보았기 때문이다.

다이아몬드 모델에서 중요한 것은 이것이 체계적으로 작용한다는 것 이다. 즉, 각 요소는 상호작용을 통하여 산업의 경쟁력에 전체적으로 영 향을 미치게 된다. 그러나 각각의 결정요인들을 하나의 체제로 통합하 는 것은 산업의 지리적 집중과 국내 경쟁이고, 국내 경쟁은 '다이아몬 드'의 각 구성요소가 가진 질을 높이며, 지리적 집중은 각 요소간의 상 호관계를 강화하는 데 기여하기 때문에 특히 중요하다고 보았다. 그러 므로 산업의 경쟁력은 다양한 산업에 걸쳐 광범위하게 나타나는 것이 아니라, 군집(clustering)현상을 띠면서 지리적으로 집중하는 특징이 있다. 국제적으로 성공한 산업에서 기업의 지리적인 집적은 국제경쟁력을 결정하는 개별적 결정요소의 영향과 결정요소간의 상호강화가 지리적 근접성에 의해 고양되기 때문이다. 특히 생산성이 높은 산업을 축으로 한 전후방 부문이나 관련산업의 다각화 과정을 통한 산업군집의 형성은 국가의 발전단계[1] 중에서 가장 생산성이 높은 혁신주도 단계의 두드러진 특징으로 강조하고 있다.

이것은 기술의 체제적 성격과 외부성의 개념으로 설명할 수도 있다. 이러한 네트워크의 외부성은 사용자와 생산자 간에 긴밀한 결합과 집중이 있을 때, 그 효율성이 크게 나타난다. 따라서 기술창출과 혁신에는 공간적인 차원이라는 것이 존재하며, 그것이 향후 기술혁신의 창출과 확산에 도움을 주게 된다.

그는 무엇보다도 지속적인 경쟁우위를 유지하기 위해서는 기본적으로 혁신이 발생하여야 하고, 이를 지속적으로 향상해야만 하기 때문에 그 원천을 개선하고 세계적 차원의 전략을 세워야 한다고 지적하였다. 결론적으로 국가의 경쟁우위를 현실적으로 지탱하는 것은 개별산업의 생산성이고, 생산성을 높이기 위해서는 끊임없는 혁신이 불가결하다는 것이다.

포터는 10개 국의 사례분석을 통해서 획득한 '산업클러스터'의 개념을 축으로 국가와 지역의 경쟁우위에 관한 논의를 전개했는데, 이것이 바로 지역적 요인이다. 이와 같이 포터는 기업의 '환경'이 장기적으로는 기업의 성공을 결정한다는 점을 중시하였다. 포터는 '국가의 우위성을 이해하는 데 있어서 분석의 기본단위는 산업이고, 산업클러스터'라는 시각을 확립하게 되었다. 그리고 오늘날 지구차원의 경제지도는 특정 지역을 중심으로 관련산업이 집적한 클러스터로 구성되어 있고, 세계화 시대에 있어서 지속적인 경쟁우위는 지식, 상호관련성 그리고 동기 등의 지역/지방적인 것에 대한 의존성이 점차 커지고 있다. 따라서 입지의 역할이 과거와는 크게 달라지기는 했으나 경쟁에 있어 여전히 핵심적 요소로 작용하고 있다고 주장함으로서 입지 특히 지리적 집적의 의의를 강조하였다.

또한 그는 『경쟁에 대하여(On Competition)』(1998)에서 클러스터를 "어느 특정분야에 있어서 관련 기업과 기관이 상호 관련성을 가지는 지리적 집중"으로 정의하였다. 이러한 기업과 기관은 공통성과 보완성으로 결합해 있다. 클러스터의 지리적 범위와 형태는 다양하지만 대개의 경우는 최종제품 또는 서비스를 창출하는 기업, 전문적인 투입자원 부품 기기 서비스의 공급업자, 금융기관 그리고 관련기업 등의 요소로 구성되어 있다. 이외에도 전용 하부구조의 제공자, 업계 단체나 민간 지원단체, 나아가서는 대학이나 정부 등의 기관이 포함된다. 따라서 클러스터의 지리적 범위는 경쟁에서 가장 중요한 산업(기업)과 제도(기관) 간의 연계와 보완성에 의하여 규정된다. 따라서 클러스터의 지리적 범위는 종종 단일 정치적 경계 내에 형성되지만 주 혹은 국가간에 걸쳐 존립할 수도 있다. 그가 주목하는 것은 지리적 범위 그 자체보다는 이러한 기업이나 기관의 상호작용에 의한 시너지 효과의 창출이었다. 이는 클러스터를 구성하는 기업이나 산업의 생산성을 향상하여 그 기업이나 산업의 혁신역량을 강화함으로써 생산성의 증대를 유지하고 동시에 혁신을 촉진하여 신규창업을 자극한다. 따라서 포터는 클러스터의 경쟁과 협력의 공존이라는 사회구조가 경쟁 우월성의 원천임을 강조한다.

클러스터는 국가 경쟁력 다이아몬드 모델의 한 구성요소에 지나지 않지만 클러스터만의 독특한 인간관계, 대면적 커뮤니케이션 그리고 개인이나 단체의 네트워크를 통한 상호작용으로 다이아몬드 시스템이 강화되는 것이다.

포터 이론의 공간과학적 의의

이상의 포터의 논의에 대해서는 많은 비판과 논의가 있다.[2] 그러나 이들의 비판에 대한 구체적 내용은 이 글의 직접적인 주제가 아니다. 따라서 여기서는 포터의 경쟁력과 클러스터 논의의 정책적 함의와 비판, 그리고 공간과학적 의의에 대하여 살펴보기로 한다.

먼저 국가경쟁력의 강화를 위한 정부정책에 대한 포터의 입장은 "국가는 절대 경쟁력 있는 산업을 만들 수 없다"는 명제로 집약된다. 그는 정부를 국가경쟁력의 결정요인(determinant)이 아니라 영향을 미치는 요인(influencer)으로 간주하여 국가의 경쟁우위에 미치는 정부의 역할은 제한적이므로 정부정책을 통해 산업의 경쟁력을 강화할 수는 있어도 경쟁력의 주요한 원천은 될 수 없다고 주장하였다. 경쟁력은 국내의 경쟁 환경으로 창출되고 국가경쟁력의 실체는 국가생산성이므로 정책을 평가하는 기준도 역시 생산성이다. 결국 그의 이론에서 산업정책의 올바른 방향은 기업의 혁신활동을 촉진하는 경쟁력 환경을 제공하여 생산성을 향상하는 것을 의미한다. 경쟁력 강화를 위한 산업정책은 특정산업을 육성하기 위한 선택적 개입이 아니라 인적자본과 하부구조에 대한 투자를 통해 국내의 경제환경을 개선하는 기능적 개입을 지향해야 한다는 것이다. 그리고 국가 지역혁신체제라는 개념을 사용하지는 않았지만 국가 지역경쟁력은 특정산업이 경쟁력을 창출 유지할 때 영향을 미치는 국가적 요인의 복합작용에 의존하였다는 것을 밝힘으로써 혁신과 경쟁에 있어서 각국의 제도가 가진 특성의 중요성을 인식하게 하였다. 그 결과 최근 지역발전이론 및 정책의 새로운 패러다임으로 각광받고 있는 지역혁신체제론(Regional Innovation System)의 발전에도 기여하였다.

포터의 산업클러스터에 대한 비판적 논의를 간략하게 살펴보면, 대표적 학자로는 클린턴 정권에서 노동성 장관을 역임한 라이시(Reich, R. B), 라이시와 함께 클린턴 정권에서 대통령경제자문위원회의 위원장을 역임한 타이슨(Tyson, L. D), 그리고 독일의 정치학자 히르쉬(Hirsch, J.)를 들 수 있다.

이들의 핵심적인 논점은 클러스터의 '지역적인 외부효과(타이슨)'와

'사회문화적 입지조건(히르쉬)'이 세계화의 진전에 따라 지역과 사회의 불평등을 심화하는 요인이 되는 것은 아닌가라는 비판이다. 이에 대해 타이슨은 산업정책의 필요성을 인정하고 있고, 히르쉬는 국민적 경쟁국가에 대한 비판의 논거를 찾고 있다.

앞에서 언급한 바와 같이 기업활동을 둘러싼 동태적 공간관계와 특정 공간 단위 속에서 기업의 역할에 대한 연구는 경제지리학 및 공간과학의 핵심과제다. 이러한 점에서 볼 때 포터의 국가경쟁력이론은 입지론이나 지역과학 등 사회경제현상의 공간적 메커니즘을 문제시해온 경제지리학자를 비롯한 공간과학자들에게는 결코 생소하거나 진기한 것이 아니다. 그럼에도 불구하고 그의 논의는 학계뿐만 아니라 정책관련분야에 있어서도 '혁신적'인 것으로 받아들여져 세계적으로 주목받고 있다. 이는 그동안 주류 경제학이나 경영학을 포함한 사회과학 일반이 근대화 담론에서 공간과 사회를 분리하고, 나아가서는 사회현상의 시간성은 중시하면서도 공간성을 소홀히 다루어온 학문적 전통에서도 원인을 찾을 수 있다. 바꾸어 말한다면, 전통적인 사회과학 일반의 사회결정론적 공간관에서 벗어나 '공간의 사회구성론'[3)]적 시각에서 산업 및 기업의 경영전략을 체계화 이론화함으로써 즉, '사회과학의 공간화'가 신선한 충격으로 받아들여졌다고도 볼 수 있다.

예를 들면 '클러스터'라는 표현도 공간과학에 있어서 관용적으로 사용하여 온 '집적'과 유사하며, 지리적 집적과 지역발전에 있어서 혁신의 중요성에 관해서도 이미 1950~1960년대 성장극이론과 같은 전통적 지역발전론에서 핵심적으로 다루던 주제였다. 그렇다고 여기서 포터의 업적을 과소평가하는 것은 결코 아니다. 오히려 그의 논의는 그동안 사회과학 일반의 주변에 머물렀던 공간과학 연구자에게 보다 심도 있는 자기성찰의 기회 및 자기주장의 필요성과 가능성을 동시에 제공하였다고 하겠다.

하여튼 포터는 경제지리학의 업적에 대해서 어느 정도 인정하면서도 산업의 지역적 집적을 통해 사회현상의 공간적 측면이 가진 중요성을 사회적으로 인지시킴으로써 사회과학 일반에 있어서 경제지리학과 공간과학의 자리매김에 공헌하였다는 점을 인정하여야 할 것이다. 그리고 경제지리학 및 공간과학에 있어서 지금까지 집적연구의 초점이 비용절감 효과에 맞춰져 있었다는 점이나 분업을 통한 효율성과 외부효과의 이점만으로는 지속적인 경쟁력을 확보할 수 없다는 점, 그리고 혁신에 대해서도 혁신창출의 메커니즘보다는 혁신의 확산과 효과에 치중하여 왔다는 점에서도 포터의 경쟁력과 클러스트 논의는 시사하는 바가 크다고 하겠다.

특히 그가 클러스터를 상호 관련된 기업이나 기관이 지리적으로 집중하여 '경쟁과 협력의 논리가 공존하는 실체'로 이해하고, 지역을 단순히 물리적 지리적 공간이 아닌 산업의 혁신과 경쟁력을 강화하는 사회제도적 환경으로서의 '지역'에 대한 인식의 방향성을 제시하였다는 점에서도 의의를 찾을 수 있다.

주)

1) 국가경쟁력과 경제발전단계에 관한 자세한 내용은 이근 외(1999: 98~99) 참조.
2) 대표적인 논자들로는 데이비스와 일리스(Davies, H. and Ellis, P.), 그란트(Grant, R.), 라이안(Ryan, R.), 러그만(Rugman,A.), 카트라이트(Cartwright, W.), 클라크 (Clark, T.), 그리고 스프링(Spring, D) 등을 들 수 있다. 이들 비판과 이에 대한 포터의 반론의 요지는 矢田俊文 松原宏(2000) 및 데이비스와 일리스(Davies, H. and Ellis, P., 2000) 참조.
3) 이 견해는 사회결정론적 공간관과 사회 공간변증법을 결합한 공간관이다. 즉, 공간구조를 사회결정론처럼 단순히 사회적 산물이나 사회적 부수현상으로 보지 않을 뿐만 아니라 사회 공간변증법의 전제가 되는 공간의 독자적 실체성도 인정하지 않으면서 공간구조는 자본축적과정의 필연적 산물인 동시에 다시 자본축적과정에 영향을 주는 것으로 이해하고 있다.

참고문헌

Porter, E. Michael. 1985, *The Competitive Advantage: Creating and Sustaining Superior Performance*, The Free Press, 조동성 역, 1991, 『경쟁우위』, 교보문고.

_____. 1986, *Competition in Global Industries*, The Free Press.

_____. 1990, *The Competitive Advantage of Nations*, The Free Press.

_____. 1998, *On competition*, Harvard Business School Press.

_____. 2000, "Location, Clusters and Company Strategy," in Clark, G., Gertler, M. and Feldman, M.(eds.), *The Oxford Handbook of Economic Geography*, Oxford: Oxford University Press, pp.253-273.

이근 외. 1997, 『한국산업의 기술능력과 경쟁력』, 경문사.

박경 외. 1998, 『세계화와 지역의 새로운 역할』, 목원대학교 사회과학연구소.

矢田俊文 松原宏 편저. 2000, 『現代經濟地理學－その潮流と地域構造論』, ミネルヴァ書房.

Cartwright, W. 1993, "Multiple Linked Diamonds and the International Competitiveness of Export-Dependent Industries: the New Zealand Experience," *Management International Review*, 2, pp.55-70.

Clark, T. 1991, "Review of the Competitive Advantage of Nations," by M. E. Porter, *Journal of Marketing*, October, pp.118-120.

Daly, D. J. 1993, "Porter's Diamond and Exchange Rates," *Management International Review*, 2, pp.119-134.

Grant, R. 1991, "Porter's Competitive Advantage of Nation: an Assessment," *Strategic Management Journal*, 12, pp.535-548.

Davies, H. and Ellis, P. 2000, "Porter's Competitive Advantage of Nations: Time for the Final Judgement?," *Journal of Management Studies*, 37 (8), pp.1189-1213.

Rugman, A. and D'Cruz, J. 1993, "The Double Diamond Model of International Competitiveness: the Canadian Experience," *Management International Review*, 2, pp.17-39.

Sagerbien, J. 1990, "The Competitive Advantage of Nations," by M. E. Porter, *Journal of Marketing*, Fall, pp.94-99.

Philip Cooke

쿠크의 지역혁신체계

문미성(경기개발연구원 초빙책임연구원)

머리말

유럽의 지역개발 정책이 변화하고 있다. 기존에는 지역발전 잠재력을 높이기 위해 주로 교통·통신, 산업단지, 연구공원 등 물리적 하부구조를 조성하거나 다국적 기업 유치 등과 같은 정책수단에 의존하고 있었다. 지역의 기술혁신에 대한 지원정책이 있기는 하였지만, 이 경우에도 연구공원(science park)과 같은 단지를 조성하는 것이 고작이었다고 할 수 있다. 예를 들어 1980년대 프랑스와 일본에서는 대학 또는 연구소의 지식능력을 지역발전에 활용하기 위해 소위 '테크노폴(technopoles)' 조성 사업에 막대한 자원을 투입하였었다. 그러나 그 결과는 만족스럽지 못했다고 한다(Cooke, 1997). 과학자 출신의 기업가들은 기업경영에 미숙했으며, 단지 내 기업가들을 지원하는 실질적 서비스는 드물었다. 입주한 대기업(또는 대기업연구소)들은 마치 고립된 섬처럼 활동했고, 기대했던 시너지(synergy)는 발전되지 못했다.

그러나 1990년대 중반 이후 유럽에서는 지역혁신에 있어서 물리적 하부구조뿐만 아니라 기업, 대학, 지방정부, 연구소 등 지역주체 사이의 협력 네트워크, 기술개발과 혁신을 촉진하는 사회문화적 제도·조직·규범 등이 중요하다는 인식이 확산되었다. 이러한 인식은 당시에 시행된 유럽연합(EU)의 각종 지역개발계획 및 기술혁신정책에 반영되었다. 예컨대, EU는 지역의 지식기반을 확대하기 위해 4개 지역의 지방정부와 함께 지역기술계획(Regional Technology Plan)을 기획하였다. 이러한 유럽의 기술지향적 지역개발정책의 실행에는 '지역혁신 시스템(Regional Innovation System, 이하 RIS)'과 관련된 다수의 연구들이 이론적 기초를 제공하였고, 그 연구그룹의 선두에 있는 학자가 바로 필립 쿠크(Philip Cooke)다. RIS와 관련된 쿠크의 연구활동을 살펴보면, 1995년 독일 슈트트가르트의 'the Center of Technology Assessment'에서 지역혁신체계(regional innovation systems)에 관한 국제학술회의를 공동으로 조직하였고, 여기에서 발표된 논문들을 편집·수정하여 *Regional Innovation Systems —The Role of Governances in a Globalized World*를 출간하였다. 또한 같은 해에 유럽의 11개 지역에 대한 연구프로젝트인 'Regional Innovation System: Designing for the Future'를 EU의 지원하에 수행하였고 그 연구결과로 *The Governance of Innovation in Europe*이 발간되었다.

웨일스 출신의 쿠크는 리버풀 대학에서 경제지리학을 공부하였고(1964~1967), 애스턴 대학(Aston University)에서 도시 및 지역계획을 전공하며 계획가로서 활동하였다(1968~1970, 그는 비틀즈가 리버풀에서 활동했던 해보다 1년 늦게 그 지역에 있었던 것을 애석해한다). 그는 1970년에 웨일스 대학의 'Institute of Science and Technology'에서 강사로, 1985년에 교수(reader)로 강의하였다. 1984년 ESRC의 지원하에 산업구조재편에 따른 영국 내 지역의 변화를 연구하기 위한 'The Changing Urban and Regional System in the UK'라는 연구프로그램을 기획·추진하였으며, 그 결과가 *Localities*라는 단행본으로 발간되었다. 1991년 44세의 나이에 그는 웨일스 대학 지역개발 학과의 교수가 되었으며, 1993년에는 현재 재직중인 Center for Advanced Studies의 소장이 되었다. 쿠크는 상아탑 속의 학자로만 만족하지 않고 각종 지역정책에 적극적으로 참여하는 지역계획가이기도 하다. 그의 RIS연구는 대부분 EU, 영국정부, 웨일스 지역정부, WDA(Wales Development Agency) 등의 연구지원 하에 이루어졌으며, 지역정책 수립에 직접적으로 관련되어 있었다. 특히 1994년부터 추진된 웨일스 지역기술정책(Regional Technology ploicy) 수립과정에서 쿠크는 웨일스 지역의 산업경제 및 혁신체제에 대한 SWOT분석을 제공한 바 있다. 이외에도 쿠크는 RIS와 관련된 다수의 연구프로젝트를 수행해왔으며 그의 이론은 풍부한 사례연구들로 뒷받침되고 있다. 이러한 연구성과가 인정되어 그는 최근 영국 과학기술부 장관(Minister of Science)이 주관하는 'Biotechnology Cluster' 연구의 특별연구팀으로 활동하였으며(1999년), 현재는 영국정부의 'Cluster Policy Study Group'의 자문관으로 활동하고 있다. 그는 지금 *Knowledge Economies: Cluster, Learning and Co-operative Advantage*를 집필하고 있으며, 내년에 출간할 예정이다.

쿠크의 왕성한 연구와 탁월한 이론적 기여에도 불구하고 그의 이론은 다른 연구사조들과의 관계 속에서 파악될 필요가 있다. 왜냐하면, 그도 다른 학자와 마찬가지로 당대의 학자들과 교류를 통해서 자신의 이론체계를 세워왔기 때문이다. 이 글에서는 쿠크의 지역혁신체계 연구에 영향을 준 두 가지 이론적 원천을 정리하고, RIS의 이론체계와 사례연구 등을 소개하기로 한다.

지역혁신체계 접근의 이론적 원천

1995년, 독일의 슈트트가르트에서는 지역혁신체계에 대한 학술회의가 개최되었다. 이 회의에서는 혁신이 체계적(systemic)인 특성을 가지는가 하는 의문은 물론 지역적 혁신이 존재하는지에 대한 의문이 강하게 제기되었다. 논쟁 결과, 국가혁신체계에서는 발견하기 어려운 혁신의 지역적 성격이 존재할 수 있으며, 오히려 지역차원을 초점으로 연구함으로써 혁신과정에서의 핵심적인 관계를 보다 용이하게 확인할 수 있을 것이라는 견해가 대두되었다. 이후 체계적이든, 아니든 혁신현상에 있어서 지금까지 감지되지 않았던 지역적 차원(regional level)이 개입할 수 있는지는 초미의 학문적 관심사가 되었다.

'지역혁신체계' 개념은 1992년 발표된 쿠크의 논문에서 처음 사용되었지만 그 이전에도 이와 비슷한 개념들이 유럽의 지역경제학자들 사이에서 광범위하게 채택되었다. 경제지리학에서도 특정지역 수준에서 작동하는 산업시스템의 경제적·기술적 역동성(dynamics)에 대한 다양한 이론적·경험적 연구가 지속적으로 이루어져왔다. 예를 들어 기술단지(technology district), 산업지구(industrial district), 혁신환경(innovative milieu), 산업 클러스터(industry cluster),[1] 혁신 네트워크(innovation network) 등에 관한 연구자들은 지역차원에서 진행되는 혁신적 상호작용과 이를 둘러싼 제도적 환경의 중요성을 암묵적 혹은 명시적으로 강조해왔다. 또한 이 연구들 중의 대부분은 실리콘밸리, 제3이탈리아, 바덴-뷔르템베르크 등처럼 혁신수행력이 뛰어난 지역을 대상으로 했으며, 1990년대 이후에는 그동안 독자적으로 진행되어왔던 각각의 개념 및 이론들을 통합한 연구들이 나오게 되었다. 쿠크는 이러한 연구공동체의 한 성원이었으며, 그 스스로도 지역학에서의 혁신연구들이 RIS 연구의 중요한 이론적 원천이었음을 인식하고 있다.

이러한 지역학 내에서의 연구들은 진화주의 경제학, 특히 신슘페터적 기술혁신이론과 깊은 관련을 가지고 있다. 1980년대 지역학 내에서의 혁신연구들은 알게 모르게 진화론적 혁신관의 영향을 받고 있었다고 할 수 있다.

진화론적 혁신접근은 무엇보다도 혁신이 기업가나 발명가 등의 개별적인 행위주체가 아니라 '혁신군집'이나 '기술체계' 등 보다 광범위한 제도적 틀 내에서 이루어지는 것으로 파악한다. 특히 국가혁신체계 이론의 선구자인 프리먼(Freeman)은 1988년의 한 연구에서 '기술경제 패러다임' 개념을 제시하며, 자본주의는 '기술-경제적', '사회-제도적' 하위체계로 구성되는 하나의 체계이며, 자본주의의 경기순환(장기파동의 상승과 하강)은 '기술경제 패러다임'과 '사회제도적 틀(socio-instituional framework)과의 정합(match)과 부정합(mismatch)에 의해 결정되는 것'이라는 이론을 제시하였다. 또한 그는 자본주의적 불황의 타개는 좁은 의미의 기술혁신만으로는 불가능하고, 이에 걸맞은 사회제도적인 혁신이 수반되어야 하며, 역으로 사회제도적 틀은 해당국가의 기술발전 경로(technological trafectory)를 결정하는 주요 요인임을 강조한 있다. 결국 그에게 있어서 혁신은 공동의 인지틀을 지닌 행위자간의 상호작용과 이를 통한 학습의 결과다. 요컨대 학습과정과 관련된 제도(learning institutions)야말로 혁신의 특성과 경로를 결정함에 있어 핵심적 역할을 한다고 본다.

그래서 프리먼은 (국가)혁신체계를 '새로운 기술의 창출·변경·확산을 유도하는 공적·사적제도들의 네트워크'로 정의한 바 있다.

그런데 혁신과정이 체계적 성격을 지닌다면 과연 혁신체계를 구성하는 사회·공간적 단위는 어느 수준에서 적절한 것인지, 나아가 가장 중요한 사회·공간적 단위는 무엇인가에 대한 해답이 요구된다. 실제로 진화론적 혁신접근 내에서 이 사회공간적 단위가 무엇인가에 따라 서로 다른 혁신체계 연구가 존재한다. 예를 들어, '소재·에너지, 공정 혹은 생산과정 등 각기 다른 기술요소의 체계적 결합체로서 특정 기술시스템'에 관한 연구, 기업조직 내에서 기술지식이 생성되고 축적되며 활용되는 과정에 대한 '기업수준의 기술혁신 시스템'에 관한 연구, 특정산업의 기술혁신 시스템에 관한 연구, 국가수준의 기술혁신 시스템에 관한 연구, 지역수준의 기술혁신 시스템에 관한 연구 등이 있다. 경제체제 수준에서의 혁신과정에 대한 연구를 해온 프리먼 등의 경제학자는 혁신체계의 사회공간적 단위를 '국민국가(nation state)'로 가정한다. 대부분의

NIS 연구자들이 사용하는 'national' 개념은 일정영역의 통치에 책임이 있는 주권체(sovereign body)를 의미한다. 룬트발(Lundvall, 1992)은 RIS가 존재할 수도 있지만, 지구화와 지방화 과정의 영향에도 불구하고 NIS는 혁신과정을 지원하는 데 중요한 사회공간적 단위라고 주장한다.

프리먼은 국가간 경제적 수행력의 격차를 이해하기 위한 사례연구(소련 연방과 일본, 동아시아나 남미의 신흥공업국가간 지역혁신체계 비교연구 등)를 통해서, 공공(公共)이 수행하는 혁신 및 혁신지원 프로그램, 교육투자, 지식이전제도, 기업의 연구개발투자, 수출시장 참여과정에서 획득한 신속한 학습 등 사회체제적 차원이 중요하며, 특히 금융체제와 상호작용적 문화가 성공적인 기술혁신시스템의 근본 특징을 이룬다는 것을 발견하였다. 특히 일본경제 성공(이에 대비한 유럽 국가의 침체)의 상당 부분이 효율적인 국가혁신체계로부터 비롯되었다고 주장한다. 이러한 연구흐름은 룬드발(Lundvall, 1992), 넬슨(Nelson, 1993) 등에 의해 계승·발전되어왔다. 무엇보다도 국가혁신체계 연구가 지니는 강점은 지역학내에서의 혁신연구가 경제적 조정(economic coordination)의 지역화된 형태들에 주된 관심을 가졌고 혁신과정 자체에 대한 연구는 상대적으로 미약했던 반면, NIS 접근에서는 혁신과정 자체에 대한 연구를 출발점으로 삼고 있다는 점이다. 또한 NIS의 이론가들은 대부분 국가혁신체계의 어떤 단일한 모델은 없다는 것을, 즉 NIS는 독자적이고 특수한 것(sui generis)이라는 것을 인정하고 있으며, 경험연구에서 개방적 자세를 견지하고 있다(Nelson, 1993).

지역혁신체계들: 유형론

지역은 네트워크 접근을 계획함에 있어서 가장 적절한 경제적 행정적 실체다. (Cooke)

국가혁신체계 개념은 그 하위의 공간단위인 지역혁신체계 개념으로 활용될 수 있다. 왜냐하면 혁신은 상호작용하고 누적되는 성격을 지니고 있어서 혁신체계가 형성되기 위해서는 어느 정도의 사회문화적/공간적 근접성을 요구하기 때문이다. 이러한 근접성의 공간스케일이 국민국가 단위에만 제한될 필연성은 없다. 또한 지식은 본성상 지역(공간)을 가로질러 이동하기 곤란한 암묵성(tacitness)을 지니고 있기 때문에 지역 단위를 벗어나서 암묵적 지식(tacit knowledge)을 획득하는 것은 높은 비용을 초래할 가능성이 있다. 쿠크는 규모가 큰 나라에서 특정한 국가혁신체계를 발견하기는 어려울 것이며, 소규모 국가에서나 어느 정도 가능할 것이라고 설명한다(Cooke, 1998). 그렇다면 혁신과정에 있어서 지역은 어느 정도로 중요한 역할을 하는 것일까?

쿠크는 데베(Devet)와 오마에(Ohmae)의 연구를 인용하며 국민국가 단위보다는 지역 단위의 혁신체계가 훨씬 의미있음을 주장한다. 쿠크는 데베(1993)의 연구에서 선진 7개국의 해외직접투자(FDI)가 단순히 국가 단위가 아니라 점점 지역 클러스터와 같은 지역 단위를 지향하고 있음을 발견하였다. 그는 이러한 경향이 나타나는 이유 중의 하나를 지방정부가 추진하는 기업지원 활동과 이에 따른 지역혁신체계의 발전이라고 진단한다. 오마에가 주장한 국민국가의 영향력 약화에 대한 연구 또한 쿠크의 연구에 기여하였다. 오마에(1995)의 연구에 따르면, 기업경쟁력이 조직되는 핵심적 경제규모는 실제적으로 국가차원이 아니라 지역차원이라고 결론내린 바 있다. 쿠크는 여기에 덧붙여서, 웨일스, 바덴-뷔르템베르크, 샌디에이고, 홍콩 등의 지역들은 국민국가 단위보다 훨씬 더 의미있는 경제 단위이며, 영국의 런던이 영국의 뉴캐슬 지역보다 뉴욕에 훨씬 더 경제적으로 연결되어 있음을 예로 들면서 경제가 글로벌화 됨에도 불구하고 핵심적인 지식창출이 점점 지역화되는 현실에서 RIS는 더욱 설득력을 얻을 수 있다고 주장한다.

그렇다면 지역혁신체계란 무엇인가? 쿠크는 지역혁신체계의 정의에 대해 "제품·공정·지식의 상업화를 촉진하는 기업과 제도들의 네트워크"라고 정의하고,[2) 그 구성요소를 크게 하부구조(infra-structure)와 상부구조(super-structure)로 구분한다. 여기서 하부구조란 도로, 공항, 통신망과 같은 물리적 하부구조와 대학, 연구소, 금융기관, 교육훈련기관, 지방정부 등과 같은 사회적 하부구조를 포함한다. 상부구조는 지역의 조직과 제도, 문화, 분위기, 규범 등을 의미한다. 요컨대, 지역혁신체계란 혁신과정에 관련된 자원, 조직, 기관뿐만 아니라 이들 사이의 상호관계를 규정하는 지역문화를 포괄한다. 쿠크는 혁신체계가 강한 지역의 특성으로 지방정부의 독립성, 지역밀착형 금융, 교육기관, 연구소, 직업훈련기관, 기업 내·기업간 협력, 협력적인 노사관계 등을 열거한다.

쿠크는 국가혁신체계에 대한 경험연구들과 마찬가지로 현실 속에 존재하는 다양한 지역혁신체계의 실체를 확인하고, 그 차이를 설명하기 위해 지역의 금융체제, 즉 금융부문과 은행, 지역예산, 인프라금융 등에 분석을 집중하고 있다. 금융과 관련된 제도적 규칙들은 국가마다 상이하며, 기업의 금융관행 또한 지역적으로 다양할 수 있다. 어떤 지역의 기업들은 국가적·지역적 차원에서의 공식적 금융제도에 용이하게 접근할 수 있는 반면, 또다른 지역의 기업들은 내부유보나 제2금융 등 비공식적 금융에 전적으로 의존하기도 한다. 또한 혁신에 필요한 자원을 동원하기 위한 지역산업의 역량은 해당 지역정부의 예산규모 및 능력과 관련될 수 있다.

쿠크는 지역금융제도의 다양성이 지역간 혁신체계의 차이를 설명하는 데 있어서 가장 중요한 요소 중의 하나라고 주장한다. 그 예로서 그는 지역의 예산편성에 있어서 자율적 예산지출(autonomous spending)이 가능한, 즉 지방정부가 자신의 예산지출정책을 직접 기획할 수 있는 역량을 지니고 있는 벨기에의 지역들을 설명하면서 이 지역에서 상대적으로 강한 지역혁신체계가 발전되어 있음을 확인하였다. 또한 자치지역이 된 이후 바스크 지역에서는 지역중심의 금융시스템이 형성되면서 지역

중소기업에 대한 기술지원, 극소전자 등 특정분야에 대한 연구지원, 기술지원센터 설립 등을 통해 성공적인 지역혁신 시스템이 정착할 수 있게 되었다고 쿠크는 설명한다.

지역유형구분

지역혁신체계는 순수한 추상적 개념의 구성물이자 다양한 공간적 변이를 지닌 현실 속의 존재다. 쿠크는 유럽지역의 혁신지원체계에 관한 다양한 연구결과를 종합하기 위해, 그리고 현실상의 지역혁신체계에 보다 이론적으로 접근하기 위해 지역유형을 구분한다. 물론 다양한 지역혁신체계를 몇 가지 기준에 따라 유형을 구분하기는 어려울 것이다. 쿠크는 다음 두 가지 차원에서 지역을 유형화한다. 첫째, 지역의 기업지원제도, 소프트인프라 등 지역기술이전 양식에 따라 미시지역적(grassroots)양식, 네트워크(network)양식, 그리고 통제적(dirigiste) 양식으로 지역혁신체계를 구분하였다(<표 1> 참조).

이를 구체적으로 살펴보면, 기술이전(technology transfer)의 초기과정이 어떻게 시작되는지(initiate), 금융조달(financing)이 국지적 혹은 국가적 차원에서 진행되는지, 그 과정의 조정(coordination)이 중앙정부 혹은 지방정부에 의해 이루어지는지를 분석하였다. ①통제적 지역혁신체계는 기술이전활동 자체가 외부로부터 시작되고 국가차원의 조정이 이루어진다. 프랑스가 대표적 사례다. ②미시지역적(Grassroots) 지역혁신 시스템에서는 기술이전의 초기과정이 도시(town)나 지구(district) 등과 같이 국지적으로 조직된다. 혁신을 위한 기금은 지방은행, 지방정부, 지방상공회의소 등의 자금, 보조금 등에 의해 지원된다. 연구개발의 핵심부문은 응용개발이나 상품화개발에 집중되며, 기술전문화의 수준은 낮고, 일반적인 문제해결에 집중한다. 지역을 넘어선 조정(coordination)의 정도는 낮다. 왜냐하면 초기과정 자체가 지역에서 출발하였기 때문이다.

〈표 1〉 지역혁신체계의 유형

구분		기업지원의 지배구조 또는 소프트 인프라		
		미시지역적 (grassroots)	네트워크 (network)	통제적 (dirigiste)
기업혁신 특성	국지적 (localist)	투스카니 (이탈리아)	탐페레 (덴마크)	도호쿠 (일본)
	상호작용적 (interactive)	캘리포니아 (미국)	바덴-뷔르템베르 크(독일)	퀘벡 (캐나다)
	세계적 (globalized)	온타리오, 캘리포니아, 브라반트	북부 라인-웨스트팔리아	남부-피레네, 싱가포르

출처: Cooke(1998), *Regional Innovation Systems*.

이러한 유형의 지역혁신체계 사례로는 일본의 한 지방정부에서 운영하는 중소기업 기술센터를 중심으로 형성된 Kohsetsushi system, 이탈리아의 북부 산업지구인 에밀리아로마냐와 투스카니 지역이 대표적이다. 실리콘밸리의 첨단산업단지들도 초기과정과 조정방식이 연방정부나 지방정부보다는 자체 지역 내에서 실행된다는 면에서 미시지역적 지역혁신시스템(Grassroots RIS)에 포함될 수 있다. ③또한 쿠크는 네트워크 지역혁신체계의 대표적 지역으로서 독일의 바덴-뷔르템베르크 지역을 확인하였으며, 이 지역에서의 기술이전 활동은 다차원(multi-level)에서 진행되고(그것의 범위는 지역, 국가, 국제적 수준을 가로지름), 자본조달에 있어서도 은행, 정부, 기업간의 협약이 중요한 역할을 하고 있으며, 혁신체계의 조정방식도 정부는 물론 협회, 포럼, 대학, 연구소 등의 기관간 상호협력에 의해서 이루어진다고 밝히고 있다.

둘째, 또다른 차원에서의 지역유형구분으로서 쿠크는 기업의 생산조직 측면에서 지역 기업간에 이루어지는 공간적 상호작용 방식의 특성에 따라 국지적(lcoalist), 상호작용적(interactive), 세계적(globalized) RIS를 구분한다. ①국지적 혁신체계에서는 대기업이 드물거나 지배정도가 낮고, 따라서 외부통제의 정도가 낮다. 기업의 혁신범위도 크지 않으며, 공공의 혁신자원이 부족하고, 상호작용의 대부분은 기업내부 또는 기업간에 이루어진다. ②반면 세계화된 지역혁신체계에서는 세계적 기업 (global firm)과 대기업 의존적인 중소기업들로 구성된 공급체계가 구성되어 있으며, 혁신과정이 기업내부에서 이루어지고, 따라서 공공부문의 역할이 상대적으로 미약하다. 중소기업을 지원하기 위한 혁신인프라도 존재하기는 하지만 부차적인 역할을 할 뿐이다. 미국 국적의 자동차 생산업체들이 입지한 캐나다 온타리오 지역, 필립스와 DAF가 입지한 네덜란드의 브라반트(Brabant) 지역 등이 대표적이다. ③상호작용적 지역혁신체계는 중소기업과 대기업, 공공부문과 사적부문이 조화를 이루고 있으며, 높은 수준의 협력문화가 존재한다. 독일의 바덴-뷔르템베르크, 카탈로니아, 퀘벡 등이 대표적 지역이다. 이러한 지역들에서는 지방과 지역산업 네트워크, 포럼과 클럽으로 표현되는 높은 수준의 협력주의 (associa- tionalism)가 존재한다. 그러나 위에서 열거한 규범적인 유형구분으로 확인할 수 있는 지역혁신체계 외에도 다양한 혁신체계가 존재할 수 있을 것이다(<표 2> 참조).

〈표 2〉 지역혁신체계와 제도적 조절 양식

	사례	조직 및 통제방식	지식·기술이전	금융	산업관계
지식·서비스기반산업	캘리포니아	기술 및 시장주도	시장주도/네트워크	지역적/전국적	자율적 조절 (self-reguation)
	싱가포르	산업정책	기업인, 정부정책	정부정책	정부조절
선진화된 산업클러스터 형성	브라반트	전제적	전제적	전제적	중앙집권적
	바덴-뷔르템베르크	집합적/전제적	산업군집 내 기업들간의 기술이전	지역적/전국적	국가적/지역적
구산업 및 일반제조업체 중심	웨일스	외부 다국적기업	기술이전을 위한 지역조직	국지적/국제적	기업지향적/비공식적
기술분화와 틈새생산	투스카니	집합적 질서	집합적 질서	집합적 질서	집합적 질서

출처: Cooke(1998), Regional Innovation Systems.

쿠크는 위에서 열거한 지역들 중 가장 발전된 지역혁신체계로서 독일
의 바덴-뷔르템베르크 지역을 꼽는다. 이 지역에서는 기업간 연계, 기술
이전 메커니즘, 노사관계 및 공공-민간의 협력 등이 통제적인(dirigiste)
방식으로서가 아닌 민주적인 방식으로 조정된다. 쿠크는 이러한 선진적
지역혁신체계 또는 그 전략을 덜 발전된 다른 지역으로 이전할 수 있는
지는 의문의 여지가 있으며 지역의 내부자원을 동원하여 효율적으로 활
용하는 것이 중요함을 강조한다. 다만 다른 지역으로 특정 지역혁신체계
의 경험을 적용함에 있어서 해당지역 제도의 신뢰성(the credibility of
host institutions), 정책조정의 정도, 정책지속성의 정도, 그리고 지역산업
의 수용능력 등을 충분히 고려해야 할 것이라고 쿠크는 충고하고 있다.

지역혁신체계 접근의 의의

쿠크의 지역혁신체계 연구의 가장 큰 장점은 그 출발부터 강력한 정
책적 함의를 내포하고 있다는 점이다. 그의 지역혁신체계 개념은 처음
에는 혁신과정에 접근하기 위한 발견의 도구로서 출발하였지만, 더 나
아가서 지역발전에 있어서 추구해야 할 지향점으로까지 개념이 확대되
어왔다. 또 다른 장점으로서 그의 연구는 낙후지역의 지역개발정책에도
활용될 수 있다는 점이다. 쿠크에 따르면, 학습지역론이나 혁신환경론
에서의 혁신과정 연구가 대부분 핵심지역이나 첨단산업집적지역에 대
해 과도하게 집중된 경향이 있었고 따라서 혁신수행력이 낮은 주변지역
의 자원과 잠재력을 충분히 고려하지 못했다. 쿠크의 지역혁신체계 연
구의 경우, 학습지역의 관점에서 보면 낙후지역(?)일 수 있는 웨일스를
RIS의 한 유형으로 간주하고, '낙후지역의 지역개발에 있어서 내부적인
(endogenous) 혁신 자원들을 활성화하고 보다 집약적으로 활용하는' 방
안을 연구해왔다.

지역혁신체계와 관련된 다양한 경험연구가 있었음에도 불구하고 지

역차원에서의 혁신과정 연구가 모두 RIS로 수렴되고 있는 것은 아니다. 특히 학습지역과 어떠한 차이가 있는지에 대해서는 상당한 개념적 혼란이 존재한다. 예를 들어, 아셰임(Asheim, 1998)은 '학습지역'을 산업지구의 한 대안적 형태(산업지구의 결점을 보완할 수 있는)로서, 지역혁신체계를 학습지역의 제도적 구성(instituional set-up)으로 정의하고 있으며, 학습지역을 지역혁신체계보다 더 광범위한 개념으로 보고 있다. 반면 쿠크와 모건(Cooke and Morgan, 1998)은 현실에서의 지역혁신체계는 학습지역보다 더 발전된 형태라고 판단한다.

이러한 개념적 불명확성 외에도 RIS연구는 지역 일반수준에서의 조직, 제도, 문화 등에 분석이 집중되어 같은 지역 내에서도 산업부문에 따라 상이한 혁신체제가 있을 수 있음을 간과하고 있다. 쿠크 스스로도 여러 사람들이 제기하고 있는 비판을 인정하고 있으며, 앞으로의 연구방향에 대한 필자의 질문에서 그는 산업부문별 지역혁신체계(Regional Sectoral Innovation System, 예를 들어 생명공학부문에 관한)에 초점을 맞출 것이라고 응답한 바 있다. 아직 지역혁신체계 연구는 학습지역 접근과 마찬가지로 완결된 이론적 구성을 가진 것은 아니며, 다른 연구들과의 지속적인 교류 속에서 발전해나갈 것이다.

주)

1) 쿠크는 혁신적 지역 클러스터(innovative regional cluster)를 경쟁과 협력이 가장 바람직하게 결합하는 모델로 인식한다. 그의 주 연구대상지역인 웨일스의 지역혁신체계 형성에 가장 큰 기여를 한 것은 자동차산업 클러스터와 전자산업 클러스터이며, 그가 RIS로 확인한 대부분의 지역에서는 산업 클러스터의 존재가 지역혁신시스템의 발전을 유도한 주요 동인이다.
2) 이 정의는 RIS 개념을 보다 구체적으로 정의해달라는 필자의 요청에 대한 쿠크의 대답이다.

참고문헌

Cooke, P. 1992, "Regional Innovation Systems: Competitive Regulation in the New Europe," *Geoforum*, 23.

_____. 1998, "Introduction: Origins of the Concepts," in Braczyk H. J, Cooke, P. and Heidenreich, M(ed.), 1998.

_____. 1998, "Regional Systems of Innovation: An Evolutionary Perspective," *Environment & Planning A*, 30.

Cooke, P. et al. 1997, "Regional Innovation Systems: Institutional and Orgnisational Dimensions," *Research Policy*, 26.

Cooke and Morgan. 1998, *The Associational Economy*, Oxford University Press.

강현수. 2000, 「유럽의 지역개발정책 어떻게 달라지고 있나?」, ≪지방자치≫, 5월호.

박삼옥. 1999, 『현대경제지리학』, 아르케.

Asheim, B. T. 1996, "Industrial Districts as 'Learning Regions': a Condition for Prosperity," *European Planning Studies*, 4(4).

Braczyk H. J, Cooke, P. and Heidenreich, M(ed.). 1998, *Regional Innovation Systems — The Role of Governances in a Globalized World*, UCL Press.

Lundvall. 1992, *National Systmes of Innovation: towards a Theory of Innovation and Interactive Learning*, London: Pinter.

Nelson, R(ed.). 1993, *National Innovation Systems: a Comparative Analysis*, Oxford Univ. Press.

지역발전이론

지역발전 분야의 대표적인 6명의 이론가들이 발전시킨 공간이론을 소개한다. 먼저 고전적 불균형 지역개발이론의 쌍벽을 이루는 미르달과 허쉬만의 지역발전이론을 소개하고 있다. 스웨덴 출신의 노벨 경제학상 수상자인 미르달은 분산효과와 역류효과로 요약되는 순환 및 누적적 인과법칙에 의한 불균형 발전이론을, 독일 출신의 미국 경제학자인 허쉬만은 누적효과와 성극효과의 상호작용에 의한 불균형 성장이론을 개발하였다. 일본의 미야모토는 지역의 자원과 잠재력을 기초로 자생적이고 주민자치에 입각한 지역개발 전략을 내발적 발전이론으로 체계화시킨 학자이다. 헤거스트란트는 지리적 현상의 변화과정을 설명하기 위해 시간적 요소를 포함시켜 공간과 시간을 하나의 틀에 넣어 분석하였다. 그의 공간확산이론은 공간 위주의 전통적인 이론에 시간요소를 추가하여 새로운 공간분석 패러다임으로 발전되었다. 영국의 정치학자인 스토커의 로컬거버넌스 이론은 복잡성과 불확실성으로 대변되는 현대사회에서 중앙정부 주도의 개발정책이 지방정부와 지역주민 위주로 전환되어가는 최근의 지역정책 패러다임을 설명하고 있다. 하버드 대학의 공공정책학 교수인 푸트남은 사회 및 공간현상을 설명하는 논리로서 산업화에 근거한 전통적인 자본이 지닌 한계를 극복하기 위해 사회적 자본이란 개념을 사용하였다.

Gunnar Myrdal

미르달의 지역개발론

서충원(서울시립대학교 도시과학연구원 연구위원)

구너 미르달(Gunnar Myrdal)은 노벨상을 수상한 경제학자로서 지역개발이론에 지대한 공헌을 한 사람이다. 그는 스웨덴 국내의 연구소, 대학, 정부, 의회뿐만 아니라 미국과 유럽의 대학과 연구기관, 그리고 유엔국제기구를 무대로 활동한 진정한 세계인이었다. 그의 학문적 연구와 정치 스타일은 진보적이었고, 여러 분야에서 고정관념을 변화시키는 데 큰 영향을 미쳤다. 이런 점에서 미르달은 시대를 앞선 선구적 사상가라고 할 수 있다.

미르달은 1898년 12월 6일 스웨덴 구스타프 지방에서 태어났다. 대학을 졸업하고 나서 이듬해인 1924년, 당시 대학생이던 앨버 라이머(Alva Reimer)와 결혼하였다. 그녀는 유엔과 유네스코 고위직을 역임한 바 있고, 인도 대사를 거쳐 군축 및 종교장관으로 임명되어 활동하기도 하였으며, 그 공로를 인정받아 1982년에는 노벨평화상을 받았다.

미르달 부부에게 특이한 점은 두 사람이 모두 노벨상 수상자라는 점이다. 남편이 노벨경제학상을 받고, 부인이 노벨평화상을 받은 경우는 좀처럼 보기 드문 일이다. 그렇지만 이들에게 보다 중요한 것은 61년을 함께 살아온 일이라고 이들 부부는 회고한 바 있다. "남편과 나는 항해 중인 두 척의 배와 같다. 그렇지만 우리는 함께 같은 방향으로 항해해

왔다." 독립성을 유지하면서 협력하여 함께 살아온 이들 부부의 관계를
잘 나타내주는 말이다.

미르달은 1987년 5월 18일 88세를 일기로 그의 화려한 인생을 마감
하였다. 그는 후세에 학자와 정치가라는 두 가지 이미지를 남겨놓았다.
명망 있는 정치경제학 교수로서, 진보주의 정치관료로서 성공적인 삶을
살았다고 볼 수 있다.

학자로서의 미르달

미르달은 1923년 스웨덴 스톡홀름 대학교 법학부를 졸업한 후 대학
에서의 연구 활동과 법실무 활동을 병행하였다. 5년 뒤인 1927년에는
경제학 분야에서 법학박사학위를 취득하고 나서 정치경제학 시간강사
로 교수생활을 시작했다. 1925년부터 1927년까지는 몇 번에 걸쳐 독일
과 영국에서 연구활동을 한 바 있다. 특히 1927년부터 1930년까지는
록펠러재단의 후원으로 미국에서 연구활동을 하였는데, 이때 미르달은
경제이론에서 정치적 요인이 개발에 어떠한 영향을 미치는지에 대해 연
구한 것으로 알려지고 있다. 다시 유럽으로 돌아와서는 스위스 제네바
에 있는 국제연구대학원 부교수로 1년 동안 재직하다가 1933년에 스톡
홀름 대학교의 정치경제 및 공공재정 담당교수로 임명되었다.

미르달이 학자로서 세간에 크게 알려진 것은 미국의 흑인문제와 아시
아빈곤문제를 연구하여 발표하면서부터이다. 미국의 카네기재단은 1938
년에 미르달을 연구책임자로 초청한 바 있는데 연구과제는 근대 민주주
의 과정에서 나타난 흑인문제에 관한 것이었다. 이 연구에서 미르달은
오스트리아 출신의 프레드릭 폰 하이에크(Fredrick von Hayek) 교수와
함께 흑인문제에 영향을 미치는 사회, 인구, 기타조건을 경제적으로 분
석하였다. 이 공로를 인정받아 1974년에는 경제학부문에서 노벨상을 수
상하는 영예를 얻었다. 또한 1957년부터는 21세기재단(The Twentieth

Century Fund)의 지원으로 아시아 국가의 빈곤문제를 중심으로 남아시아 국가에서의 경제추세와 정책에 관해 연구하기도 했다.

이 두 연구는 각각 『미국의 딜레마: 흑인문제와 근대민주주의(An American Dilemma: The Negro Problem and Modern Democracy)』와 『아시아 드라마: 세계빈곤의 도전과 빈곤국가 연구(Asian Drama: An Inquiry into the Poverty of Nations and The Challenge of World Poverty)』라는 책으로 출간되었는데, 학자로서 미르달의 가장 대표적인 저서로 꼽히고 있다. 흑인문제를 연구대상으로 한 『미국의 딜레마』는 당시로서는 매우 진보적인 것이었다. 이 책이 출판될 때만 하더라도 인종분리 문제를 직접적인 연구대상으로 삼는다는 것은 매우 파격적인 일로 여겨졌기 때문이다. 이 연구로 인해서 인종차별과 인종분리에 대한 미국인들의 생각과 현실에는 커다란 차이가 있음이 밝혀졌다. 또한 아시아의 경제개발문제를 다룬 『아시아 드라마』도 상당히 진보적인 연구로 평가되고 있다. 여기서 미르달은 서구 방식의 민주주의로 아시아의 문제를 해결하기란 불가능하다는 것을 지적하고 있다. 이것은 그 당시 보편적인 것으로 인식해오던 서구가치에 정면으로 도전하는 것이었다.

1961년부터 미르달은 스웨덴으로 다시 돌아와 스톡홀름 대학교의 국제경제학 교수로 임명되었다. 교수생활을 하면서도 그는 스톡홀름 대학교에 국제경제연구소를 설립하였고, 스톡홀름 국제평화연구소 이사장을 맡는 한편 스톡홀름에 있는 라틴아메리카연구소 이사장을 역임하기도 하였다. 1973~1974년에는 미국 캘리포니아 산타바바라에 있는 민주제도연구기관의 초빙연구위원으로 초청되어 연구활동을 하였다. 1974~1975년에는 뉴욕시립대학의 초빙석좌교수로 초빙받아 강의와 연구를 맡기도 했다.

이와 같이 미르달은 스웨덴 국내뿐만 아니라 유럽과 미국에서도 매우 활발한 연구활동을 하였다. 하버드 대학, 컬럼비아 대학 등 여러 주요 대학에서 30여 개에 달하는 명예박사학위를 받은 것으로만 보아도 그의 연구활동이 어떠했는지를 미루어 짐작할 수 있다. 이밖에도 영국학술원, 미국과학학술원, 스톡홀름 왕립학술원, 계량경제학회의 정회원으로 활동하였고 미국경제학회 명예회원으로 추대되기도 하였다.

정치가로서의 미르달

미르달의 경력 중에서 가장 특이한 것은 그의 정치활동이다. 학자로서의 미르달 못지않게 그는 관료와 정치가로서도 큰 역할을 하였다. 미르달이 정치에 입문한 시기는 스톡홀름 대학교에서 정치경제 및 공공재정 담당교수로 재직하던 1934년이다. 이때 미르달은 스웨덴 사회민주당(Social Democratic Party) 소속으로 상원의원에 출마하여 당선됨으로써 본격적인 정치무대에 뛰어들었다.

초선의원으로 4년간의 의정활동을 마치고 재선에 도전하여 실패하게 되자 1938년에 카네기재단 후원으로 미국으로 건너가 연구활동에 전념하였다. 그후 미국에서의 연구를 끝내고 나서 스웨덴으로 돌아와서는 상원의원에 출마하여 4년간의 정치공백을 딛고 재선에 성공했다. 이때부터는 의정활동과 함께 스웨덴은행 이사장, 전후 계획위원회(the Post-war Planning Commission) 위원장 등의 자리에 있으면서 경제전문가로서 정치활동의 전성기를 누렸다.

정치가 또는 관료로서 미르달이 크게 두각을 나타낸 시기는 1945년부터이다. 이때부터 그는 스웨덴 상무성 장관으로 임명되어 경제각료로서 활동하였다. 이 자리는 유럽을 대표하는 유엔경제위원회 집행위원장을 맡게 되면서 그만두었다. 이로써 미르달은 자신의 정치경제논리를 스웨덴 복지국가뿐 아니라 국제무대에 적용할 수 있는 좋은 기회를 가졌다.

미르달의 정치경제학

　미르달의 경력은 앞서 살펴보았듯이 교수 및 연구자로서의 활동과 경제관료 및 정치가로서의 활동이 중첩되어 있다. 미르달의 교수경력은 스톡홀름 대학교와 뉴욕 시립대학교 등에서 주로 정치경제학을 담당한 것으로 나타나 있다. 스톡홀름대학교에서 처음 시간강사로 시작해서 나중에는, 당시 정치경제학 대가로 명성이 나있던 구스타프 카셀(Gustav Cassel) 교수 후임으로 정치경제학 담당교수가 되는 행운을 잡기도 했다.

　정치경제학 교수로서 미르달은 학생들에게 과거의 이론적 쓰레기를 과감하게 떨쳐 버릴 것을 강조하였다고 전해진다. 또한 스웨덴 사회민주당 정부의 상무성 장관으로 재직하면서 많은 진보적인 정책을 추진한 바가 있다. 그의 동료들은 미르달을 다재다능한 지식인으로 평가한다. 특히 그의 지적인 유연성을 큰 장점으로 보는 사람들이 많다.

　미르달은 예기치 못한 아이디어로 상대방들을 당황하게 만든 적이 많았다고 전해진다. 이 같은 그의 태도는 국내에서나 국외에서나 마찬가지였다. 1947년부터 1957년까지 10년 동안 유럽대표 유엔경제위원회 위원장을 맡은 적이 있는데 이때 그는 10년 계획의 아시아 연구에 착수한 바 있다. 기존의 서구식 방법으로는 아시아가 당면한 빈곤문제를 해결할 수 없기 때문에 새로운 대안이 필요했고, 이것이 연구를 시작하게 된 동기였다고 미르달은 회고한 적이 있다.

　미르달의 정치경제학을 연구하여 미국의 대학강단에서 가르치고 있는 사람이 있다. 다름 아닌 아이다호 앨버슨 대학교의 앤그레사노(Angresano) 교수이다. 그는 "변혁문제의 제도적 기반"이라는 부제를 붙여 『미르달의 정치경제학(The Political Economy of Gunnar Myrdal: An Institutional Basis for the Transformation Problem)』이라는 제목의 책을 출간하였다. 그는 현재 이 대학 경제학과에서 '미르달의 정치경제학'이라는 교과목을 담당하고 있다.

이 책은, 거의 대부분이 미르달의 정치경제학 사상의 지적인 전개과 정을 설명하는 데 초점을 맞추고 있다. 또한 모두 세 단계로 나누어 미 르달의 정치경제학의 지적 전개과정을 설명하고 있다. 제1단계(1923～ 1933년)는 미르달이 'High Theory'를 정립한 단계이다. 대학졸업(1923 년), 박사학위취득(1927년), 독일과 영국에서의 연구(1925년～1927년), 그리고 제네바 국제대학원의 부교수로 재직하는 동안 미르달은 정치경 제학 이론을 정립해나갔다. 제2단계(1933～1938년)는 정치사회적 경제 학자로서 활동한 시기이다. 이때는 주로 스웨덴 스톡홀름 대학교 정치 경제 및 공공재정 담당교수로 활동한 시기에 해당한다. 그리고 제3단계 (1938～1987년)는 미르달이 제도경제학자로서 활동한 시기이다. 이때 는 정치가와 관료로서 공공부문에서 그의 정치경제사상을 현실에 적용 하던 시기였다.

그리고 책의 나머지 부분은 역사적 상황에서의 변혁문제에 대한 미르 달의 사상을 담고 있다. 특히 유럽에서의 정치사회적 문제와 변혁정책 에 관한 미르달의 시각을 심도 있게 다루고 있다. 경제학이 신고전주의 전통에서 정제되고 다듬어져왔다는 것은 분명하다. 그러나 발전과정에 있거나 전환기에 있는 경제상황에서는 정책작성과 분석에 적합한 대안 적 개념을 발전시킬 수 있다는 것을 강조하고 있다.

미르달과 지역개발론

지역개발이론은 자원배분방법, 개발사업의 입지배분, 도시지역과 농 촌지역 등에 관한 지식체계이다. 지역개발이론이 정교하게 다듬어지기 시작한 때는 지금으로부터 약 40년 전으로 거슬러 올라간다. 지역개발 이론의 전통은 1958년에 출간한 미르달의 『경제이론과 저개발지역』과 앨버트 허쉬만(Albert Hirschmann)의 『경제개발의 전략』이라는 책으로 부터 연유한다. 이후 존 프리드만(John Friedmann)과 윌리엄 알론소

(William Alonso)가 공동으로 출간한 『지역개발과 계획』이라는 책은 지역개발분야의 새로운 지식을 발전시키는 기초를 제공했고, 이로써 지역개발이라는 전문분야를 구축하는 직접적인 계기가 되었다.

지역개발이론은 지역학, 지역경제학, 그리고 이론지리학의 세 분야가 서로 중첩되어 발전해왔다. 따라서 지역개발이론의 총체적 개념을 이해하려면 이들 세 분야를 이해해야 한다. 그중에서도 지역학(Regional Science)은 지역개발이론과 밀접한 관계에 있다. 1954년에 새로운 분야로 출발한 이래 지역학회가 조직되고, 지역학술지(The Papers and Proceedings of the Regional Science Association)가 정기적으로 발간됨으로써 크게 발전하였다. 이 분야의 창시자인 월터 아이사드(Walter Isard)는 『입지와 공간경제(Location and Space Economy)』(1956)와 『지역분석방법론(Methods of Regional Analysis)』(1960) 등의 저서를 통해 지역개발이론의 기초개념을 제공해주었다.

균형이론과 불균형이론

지역개발이론은 크게 세 가지로 구분이 가능하다. 하나는 균형이론과 불균형이론이고, 다른 하나는 앞의 두 이론을 절충한 것이다. 균형이론의 핵심은 지역간에 나타나는 생산요소와 상품이동이 가격과 소득수준의 균형화를 가져온다는 것이다. 예컨대 저임금지역은 자본의 유입과 노동의 유출로 임금과 소득수준이 높아지게 된다. 반면에 고임금지역은 자본의 유출과 노동의 유입으로 임금과 소득수준이 낮아지게 된다. 결국 저임금지역과 고임금지역의 상호교류작용으로 두 지역이 균형상태에 도달한다는 것이다.

균형이론에서는 생산함수, 한계생산체감함수, 교통비가 제로가 되는 경우를 가정한다. 또한 생산요소와 상품이 자유롭게 이동하는 것을 전제조건으로 삼는다. 그러나 현실적으로는 생산요소의 선별적인 이동,

외부경제효과, 정부의 투자정책 등의 영향으로 그렇지 못하다. 이런 점에서 균형이론은 한계점을 가질 수밖에 없다.

이 같은 배경에서 미르달은 1957년에 균형이론과 상반되는 불균형이론을 발표하였다. 시장메커니즘은 지역간의 균형을 가져오기보다는 불균형을 확대시킨다는 것이 핵심내용이다. 즉, '분산효과(spread effect)'와 '역류효과(backwash effect)'에 따라 시장메커니즘이 누적적으로 상향 또는 하향운동을 반복시킴으로써 지역격차가 커진다는 것이다. 미르달은 이와 같은 일련의 과정을 '순환/누적적 인과법칙(the circular and cumulative causation principle)'이라고 불렀다.

한편, 올센(Erling Olsen)은 1967년에 균형이론과 불균형이론의 절충을 시도한 이론을 발표하였다. 지역격차에는 균형화 요인과 불균형화 요인이 동시에 작용한다는 것을 기본전제로 삼고 있다. 중요한 것은 어떤 상황에서 어느 요인이 강하게 작용하는 것이라고 보고 이를 계량적으로 분석하는 모형을 제시하였다. 또한 국가의 발전수준에 따라 균형화 또는 불균형화의 요인과 비중이 다르기 때문에 상대적으로 강하게 작용하는 요인에 따라 지역격차가 생겨난다는 점을 밝혀내려고 했다.

불균형개발전략

균형개발론에 대한 비판은 1950년대 말 구너 미르달, 앨버트 허쉬만, 프랑코 페루(Francois Ferroux), 존 프리드만의 연구에서 직접적인 영향을 받았다. 허쉬만은 기본적으로 분산형태보다 집중형태의 개발을 옹호한다. 생산성을 높이려면 핵심부문을 집중적으로 개발해야 한다는 논리다. 그 이유는 선도부문으로부터 후발부문으로, 한 산업에서 다른 산업으로, 한 기업에서 다른 기업으로 전달된 성장을 통해 개발이 일어난다고 보기 때문이다. 허쉬만은 『경제개발전략(The Strategy of Economic Development)』이라는 책에서 불균형전략을 계획적 개발의 가장 좋은 수단으로 제시하고 있다. 불균형전략은 대도시 중심지에 집중된 공업투자가 지역과 농촌지역의 개발을 유도한다는 것에 이론적 근거를 두고 있다.

이 점에서 허쉬만과 미르달의 접근방식은 서로 유사함에도 불구하고 강조하는 점이 다르다. 허쉬만은 저개발국가의 미래를 낙관하는 편이다. 저개발지역에 대해서도 마찬가지다. 불균형의 요인이 되는 분극화현상이 일정 기간동안 지속되다가 완료되면 전환점이 나타나게 된다는 것이다. 예컨대 초기의 경제발전단계에서는 분극효과에 의해 지역격차가 나타나지만 점차 지역간의 교류가 늘어나면서 지역격차가 좁혀진다는 것이다. 그 이유는 앞서 성장한 지역이 상대적으로 낙후되어 있는 지역에 대해 투자를 확대할 것이기 때문이다.

프랑스 경제학자인 프랑코 페루는 1955년 「성장극 이론에 관한 연구」를 발표하였다. 선도산업부문은 성장을 통해 다른 산업부문에 영향을 주는 전략적인 '성장극(poles de croissance)'으로 작용한다는 내용이다. 원래 성장극은 관련기업들의 집적을 말하는 것이었지만 배후지역의 성장을 유도하는 중심도시의 개념으로 발전하였다. 성장거점이론가들은 낙후지역에 성장거점을 만들어 분극화개발을 확대함으로써 지역불균형을 극복할 수 있다고 보았다. 성장거점이 낙후지역과 성장지역을 연계시켜 줄 것으로 보았기 때문이다.

성장거점이론에는 몇 가지 의문이 있다. 하나는 분극화개발의 특성에 관한 것이고, 다른 하나는 성장거점정책의 실효성에 관한 것이다. 성장거점정책이 과연 '지역간의 균형화를 가져올 것인가, 아니면 불균형을 오히려 심화시킬 것인가'에 대한 의문이다. 그렇지만 분극화개발은 중심지역이 주변지역을 지배하고 착취하는 정치적인 과정이라는 비판이 제기되었다. 그 이유는 중심지역이 정보와 정치적 힘을 독점했기 때문이다. 이것은 미르달이 처음부터 염려했던 것인데 그는 지역개발이 윤리적, 정치적 과정일 수 있으나 분극화개발의 이념은 위험한 계획일 수도 있다고 경고했다.

프리드만은 허쉬만의 누적효과와 분극효과, 미르달의 누적적 인과관계, 그리고 페루의 성장거점이론을 종합하였다. 「분극개발의 일반이론(the general theory of polarized development)」에서 프리드만은 경제발전단계에 따라 지역의 공간조직이 발전해가는 과정을 네 단계로 설명한다. 즉, 공업화 이전에는 여러 개의 자족적이고, 비계층적인 지방중심지가 공간을 지배한다. 공업화 초기단계에서는 힘있는 단일중심지가 생겨나 공간조직을 지배한다. 경제 변화기에는 주변지역에 중심지가 생겨나 단일중심지와 경쟁관계에 놓이게 되면서 종전의 강력한 단일 중심지의 지배력이 약화된다. 경제가 성숙단계에 접어들게 되면 기능적으로 상호의존하는 도시체계가 형성된다. 이 같은 과정을 거쳐 마침내는 국가의 지역경제가 통합되고, 지역균형화가 이루어진다는 것이다. 결국 프리드만은 '중심 - 주변 개발모델(centre-hinterland development model)'을 통해 경제발전 초기의 경제발전단계에서는 핵심지역이 지역개발정책의 초점이 되어야 한다는 이른바 불균형개발론의 일부인 핵심지역 활성화전략을 옹호하고 있다.

누적적 인과관계

미르달은 경제발전과 저발전을 결정짓는 요인을 시장과 자유방임에서 찾았다. 자유로운 시장메커니즘에는 지역불균형을 가져오는 요인이 존재하고, 빈곤국가일수록 불균형은 더욱 심화된다는 것이다. 사회체제 변화과정에서 균형화 개념은 부적절한 논리라고 미르달은 지적한다. 사회체제를 구성하고 있는 어떤 한 변수의 변화는 체제균형화의 방향으로 작용하는 것이 아니라 오히려 균형상태로부터 멀어지는 방향으로 작용한다는 것이다. 따라서 사회체제는 자체적으로 균형을 추구하는 것이 아니라 오히려 순환과 누적적인 인과관계에 따라 불균형을 가져온다는 것이다.

　누적적 인과관계는 원래 흑인집단의 사회경제적 지위를 분석하는 데 사용한 개념이었는데 나중에는 지역의 경제불균형을 설명하는 데 이용되었다. 누적적 인과관계를 가장 잘 설명한 사람은 바로 키블(Keeble)이다. 그는 특정지역에서의 공업확산사례를 토대로 누적적 인과관계의 개념을 설명한 바 있다. 특정중심지에서 개발이 시작되면 누적적 인과관계의 과정을 통해 중심지역의 성장은 더욱 강화되어간다. 그 이유는 개발된 중심지역에 새롭게 입지한 산업이 다른 지역의 산업을 끌어들이기 때문이다. 또한 성장을 가져오는 경제적 힘은 중심지역과 배후지역과의 상호작용을 통해 유지되고 강화된다. 그러나 상품교역과 생산요소의 이동은 균형화의 효과를 갖는 것이 아니라 오히려 불균형화의 효과를 나타내는데, 그 이유는 낙후지역의 자본과 노동이 성장지역으로 유출되기 때문이다. 그 결과 지역격차는 더욱 벌어지게 되는 것이다.

　낙후지역은 기업가들과 숙련된 노동력을 잃게 되고, 낙후지역의 투자자본은 성장지역으로 빠져나간다. 특히 생산요소의 이동은 낙후지역에 남아 있는 소규모의 전통적인 산업기반을 무너뜨리게 되어 성장지역과 낙후지역 간의 격차는 더욱 커지게 된다. 이 같은 측면에서 미르달은 한 지역의 계속적인 성장이야말로 다른 한 지역의 희생에 의한 결과라고 보았다. 희생되는 지역의 경제는 쇠퇴하거나 정체된다. 경제위축을 촉진시키는 누적적인 힘에 지배를 받기 때문이다.

　미르달의 누적적 인과관계의 개념은 지역개발이론을 세련되게 발전시킨 출발점으로 평가받고 있다. 또한 지금까지도 지역불균형을 분석하는 이론적인 틀로 이용되고 있다. 누적적 인과관계는 이후 프리드만의 지역개발이론의 기반이 되었다. 이 점에서 프리드만은 미르달의 기본적인 생각을 발전시킨 사람이라고 볼 수 있다.

파급효과와 역류효과

파급효과와 역류효과는 지역격차에 관한 미르달과 허쉬만의 연구에
서 나온 것이다. 미르달은 지역간에 나타나는 이동이 지역격차를 감소
시킨다는 균형이론을 비판하고 나섰다. 그후 얼마 안있어 허쉬만은 성
장의 지역간 전달에 관한 연구결과를 내놓았다. 이들의 연구는 비슷하
면서도 서로 다른 방향을 추구하고 있다.

파급효과는 누적효과와 같은 개념이라고 볼 수 있다. 미르달과 허쉬
만은 이 두 가지 개념에 기초해서 지역격차를 분석하였다. 균형화 이론
에서는 중심지역의 성장이 다른 지역에 분산되기 때문에 나중에 파급효
과와 역류효과는 서로 상쇄된다고 본다. 그렇지만 미르달은 이에 동의하
지 않는다. 왜냐하면 시장메커니즘은 어떤 변화에 대해 위 또는 아래로
누적적 운동을 하기 때문이다. 현실적으로는 파급효과와 역류효과가 상
쇄되어 나타나는 안정된 균형화가 불가능하다는 것이다.

중심지역과 주변지역, 고임금지역과 저임금지역, 성장지역과 낙후지
역과의 관계에서는 두 가지 효과가 동시에 나타난다. 하나는 긍정적 효
과이고 다른 하나는 부정적 효과이다. 긍정적 효과는 중심지역이 주변
지역에 주는 영향을 말하는 것으로 파급효과 또는 누적효과라고 한다.
반면에 부정적인 효과는 역류효과 또는 분극효과라고 한다. 중심지역과
주변지역과의 관계에서 파급효과(누적효과)가 역류효과(분극효과)보다
강하면 지역격차가 줄어들게 되고, 반대의 경우는 지역격차가 확대되어
주변지역은 정체되거나 쇠퇴하게 된다.

스퇴르(Stohr)는 파급효과와 역류효과, 그리고 누적효과와 분극효과의
개념을 명확하게 설명해주고 있다. 일반적으로 특정지역에서의 개발과
성장은 도시체계를 통해 다른 지역으로 전해진다. 이 과정에서 대도시
로부터 중소도시로 전달되는 것은 쇄신이고 힘인 반면에 중소도시로부
터 주요 대도시로 보내지는 것들은 노동, 자본, 자원이다. 이와 같은 흐

름을 파급효과와 역류효과라고 한다. 비슷한 흐름이 도시지역과 주변지역간에도 일어나기 때문에 지리적으로 개발과 성장패턴이 결정되게 된다. 즉 역류(분극)효과는 지역적으로 발전을 집중화(분극)시키는 원인으로 작용한다. 반면에 파급(누적)효과는 공간적으로 발전을 분산화(공평하게 파급)시키는 원인으로 작용한다. 따라서 지역격차는 파급효과와 역류효과의 상대적인 힘에 의해 생겨나는 것이다.

한편, 미르달은 역류효과와 분산효과의 강도는 나라별 발전정도에 따라 차이가 난다고 보았다. 발전된 나라에서는 빈곤국가에 비해 분산효과가 크다. 발달된 교통과 통신인프라, 높은 교육수준, 활발한 사회적 교류 등은 분산효과를 촉진시키기 때문이다. 때문에 빈곤국가에서의 자유로운 시장구조는 지역불균형을 조장하고 이미 존재하는 불균형을 더욱 확대시켜나가게 된다.

현실적으로도 시장 메커니즘은 수익성이 높은 경제활동을 특정한 지역에 집중시키는 경향이 있다. 생산요소가 집중되어 있는 지역, 접근성이 좋은 지역 등이 경제활동의 중심지를 형성한다. 이 같은 집중현상은 시간이 지날수록 더욱 확대된다. 경제활동 집중지의 이점에 비해 낙후지역의 생산이점이 크지 않기 때문이다. 문제는 성장지역이 낙후지역에 미치는 긍정적인 효과는 많지 않은 반면에 부정적인 효과는 수없이 많다는 것이다. 예컨대 노동과 자본이동이 대표적이다. 노동과 자본은 낙후지역에서 성장지역으로 유출되어 낙후지역에 커다란 손실을 가져다준다. 이른바 '역류효과'가 나타나기 때문이다. 따라서 성장지역은 균형화 과정에서 나타나는 것이 아니라 오히려 불균형화 과정의 산물이라고 보는 것이 미르달의 일관된 입장이다.

참고문헌

Gunnar Myrdal. 1956, *An International Economy, Problems and Prospects.*

_____. 1957, *Economic Theory and Under-developed Regions*.

_____. 1958, *Rich Lands and Poor: The Road to World Prosperity*.

_____. 1969, *Objectivity in Social Research*.

_____. 1970, *An Approach to the Asian Drama, Methodological and Theoretical*.

_____. 1972, *Asian Drama: An Inquiry into the Poverty of Nations*.

_____. 1978, *Increasing Interdependence between States but Cooperation*.

_____. 1978, *Political and Institutional Economics*.

_____. 1990, *The Political Element in the Development of Economic Theory*.

_____. 1993, *Beyond The Welfare State Monetary Equilibrium*.

_____. 1996, *An American Dilemma: The Negro Problem and Modern Democracy*(Black and African-American Studies).

스퇴르 W. B. 외. 『변증법적 지역개발론』(지역계획연구회 편역), 명보문화사.

찰스 고어. 1997, 『현대지역이론과 정책』(고영종 역), 한울.

황명찬. 1984, 『지역개발론』, 경영문화원.

Angresano, James. 1997, *Political Economy of Gunnar Myrdal: An Institutional Basis for the Transformation Problem*, Elgar.

The Nobel Foundation. 1997, *Biography of Gunnar Myrdal*, The Nobel Foundation.

Gore, Charles. 1984, *Regions in Question: Space, Development Theory and Regional Policy*, London and New York: Methuen

Stohr Walter B., Taylor D. R. Fraser. 1981, *Development from ABOVE or BELOW?: The Dialectics of Regional Planning in Developing Countries*, John Wiley & Sons Ltd.

Albert Hirschman

허쉬만의 불균형성장론

윤대식(영남대학교 지역개발학과 교수)

앨버트 허쉬만(Albert O. Hirschman)은 불균형성장론으로 널리 알려진 경제학자이다. 그는 소위 '빈곤의 악순환'이 저개발국의 경제발전을 가로막고 있는 근본적인 장애요인이라는 일반적 관점에서 탈피하여 불균형성장론을 전개하였다. 그는 경제학자이면서도 불균형성장론을 공간지리학적인 측면에서 조명하고 그 정책적 의미를 설명함으로써 경제학자뿐만 아니라 국토 및 지역계획을 다루는 계획가에게도 정신적인 지주가 되고 있다.

허쉬만은 그의 대표적 저서인 『경제개발의 전략(The Strategy of Economic Development)』(1958)에서 전통적인 균형성장론을 비판하고 새로운 개발전략으로 불균형성장론을 제안하였다. 나아가 그는 어떻게 경제성장이 한 지역으로부터 다른 지역으로 파급되는지에 대해 검토하였다.

아울러 한 국가의 경제가 보다 높은 소득수준에 이르려면 그 경제 자체 내에 한 개 혹은 몇 개의 경제력집중지역을 개발하여야 함을 강조하였다. 즉 경제발전과정에서 성장거점(growth poles)을 출현시켜야 하며, 따라서 지리적 의미에서 경제성장은 불균형성장일 수밖에 없다고 주장하였다.

허쉬만의 생애와 학문

허쉬만은 1915년 독일 베를린에서 태어났다. 프랑스의 명문 소르본 대학과 런던 스쿨 오프 이코노믹스(London School of Economics)에서 수학하고, 1938년 이탈리아의 트리에스테 대학(University of Trieste)에서 경제학 박사학위를 받았다. 그후 그는 유럽에서 반파시즘 운동에 참여하다가 1941년 초에 프랑스를 떠나 미국으로 건너왔다.

미국으로 건너온 허쉬만은 1945년 그의 첫번째 저서『국력과 무역구조(National Power and the Structure of Foreign Trade)』를 집필하였다. 그의 이 저서는 종속이론에 관한 내용을 소개하였다.

제2차세계대전 후 그는 미국 연방준비위원회(Federal Reserve Board)의 경제전문가로 1952년까지 근무하였다. 1952년부터 1956년 사이에 콜롬비아에서 경제고문으로 활약하다 미국으로 돌아와 예일 대학교, 컬럼비아 대학교, 하버드 대학교, 프린스턴 대학교의 교수를 역임하였다. 특히 그는 콜롬비아의 경제고문 역할을 담당하면서 저개발국의 현실문제에 대한 체험을 할 수 있었다. 당시의 경험이 경제발전과 성장에 관한 이론을 정립하는 데 큰 영향을 미쳤다. 이러한 사실은 그의 대표적 저서인『경제개발의 전략』의 서문에서도 밝히고 있다. 이 책의 서문에서 그는 그곳의 분위기를 이해하도록 도와준 많은 콜롬비아 국민들에 대한 감사의 표현을 빠뜨리지 않았다.

그는『경제개발의 전략』에서 전통적인 균형성장론의 대안으로 불균형성장론을 제안하였다. 그는 노년기인 1980년대까지 왕성한 저술활동을 하였는데, 예를 들면『시장사회의 경쟁적 관점과 기타 에세이(Rival Views of Market Society and Other Essays)』(1986) 등 다수의 저서와 논문을 발표하였다.

균형성장에 대한 비판

허쉬만은 『경제개발의 전략』의 서문에서 밝히고 있듯이 저개발국의 의사결정자가 경제개발계획상의 기본적 전략, 예컨대 부문별 또는 지역별 투자우선순위를 결정할 때 행동지침이 되는 기존이론이 특히 불충분한 것으로 인식하면서 이러한 문제에 대한 새로운 사고의 길잡이를 제시하고자 하였다.

로젠스타인-로단(P. N. Rosenstein-Rodan), 넉시(R. Nurkse), 루이스(W. A. Lewis), 시토브스키(T. Scitovsky) 등에 의해 주창된 균형성장론은 경제성장을 위해 각 경제부문간에 보조를 맞출 필요가 있음을 강조한다. 즉 균형성장론에 의하면, 공업이 발달하더라도 농업보다 지나치게 앞서지 말아야 하며, 교통·전력·상수도시설 등의 사회간접자본이 충분히 공급되어 공업성장을 지원하여야 한다는 것이다.

이러한 균형성장론자의 주장에 대해 허쉬만은, 균형성장론에 따르면 일정한 시점에서 '저개발의 균형상태'를 어떻게 돌파할 것인지 이해하기 힘들게 되기 때문에 그와 같은 경제유형의 변화는 가망이 없는 것으로 포기하게 된다는 것이다. 그는 균형성장론은 경제부문간의 불가피한 '차이'를 무시한 채 정체적이며 자족적인 전통적 경제부문 위에다 전혀 새롭고 자족적인 근대적 공업경제를 세워야 하는 것으로 결론을 내린다는 것이다.

이러한 균형성장론은 본질적으로 선진국이 불완전고용 상태를 타개하기 위하여 고안한 정책을 후진국의 경제성장에 원용한 것에 지나지 않는다고 주장하였다. 또한 그는 균형성장론은 모든 산업의 투자효과가 똑같은 경우에만 타당성을 갖는 것으로 보았다. 그는 균형성장이 경제부문간 동시 다각적 발전을 의미하는 한, 결국 균형성장은 불가능하다고 주장하였다.

불균형성장의 필요성

허쉬만에 의하면, 경제성장을 이룩한 많은 국가들의 경우 실제로 각 경제부문이 줄곧 일정한 증가율을 그대로 유지하면서 성장하였다고 볼 수 없다는 것이다. 특정 경제부문은 비용절감적 혁신의 도입, 신제품의 발명, 수입대체 등에 의해 다른 경제부문에 앞서서 '불균형적으로' 성장한다는 것이다.

이와 같이 특정 부문에서 '불균형적' 생산증가가 일어나면, 수요측면에서는 시장기구가 쉽게 이것을 흡수하게 되고, 이와 동시에 공급측면에서는 이것이 가격변동이나 국제수지 및 기타 부문의 일시적 불균형과 부족을 통하여 투입요소의 재배분을 일으킴으로써 특정 부문으로부터 공급증대의 '추진력(forward thrusts)'이 생겨서 다른 부문으로 파급된다는 것이다. 따라서 경제발전은 이와 같이 선도경제부문으로부터 후진경제부문으로, 그리고 한 기업에서 다른 기업으로 성장이 파급되어가면서 진행된다는 것이다.

허쉬만은 모든 경제활동이 서로 완전한 조화를 이루면서 성장하는 '균형성장'에 비하여, 이와 같이 앞서거니 뒤서거니 하는 과정에서 이루어지는 경제발전은 유발적 투자결정의 여지를 크게 하기 때문에 우리의 주요한 희소자원, 즉 진정한 의사결정능력을 절약한다는 점에서 우월하다고 보았다.

그는 균형일탈적인 연속과정으로 나타나는 경제발전이야말로 이상적인 발전유형으로 보았다. 왜냐하면 이러한 연속과정에서는 모든 발전이 이전의 불균형으로 말미암아 유발되고, 또 그 발전은 다시 새로운 불균형을 낳아 앞으로의 발전을 유발하기 때문이다.

사회간접자본 대 직접적 생산활동

허쉬만은 경제발전을 위해서는 행정, 교육, 보건, 교통, 전력, 농업, 공업, 도시개발 등 여러 분야에 걸쳐서 소득의 흐름에 유리한 영향을 미칠 수 있는 일련의 투자사업을 추진하여야 한다고 주장하였다.

그는 투자를 사회간접자본(SOC, Social Overhead Capital)에 대한 투자와 직접적 생산활동(DPA, Directly Productive Activity)에 대한 투자로 구분하면서, SOC에 대한 투자는 특정 사업의 성장을 목적으로 하지 않고 일반적 경제성장을 목적으로 하는 다변적 투자(diversified investment)라는 이유에서 DPA에 대한 투자에 비해 어느 정도 '안전한' 투자라고 보았다. 그리고 이러한 이유 때문에 SOC에 대한 투자규모가 과잉될 위험도 있다고 지적하였다.

그는 SOC와 DPA의 균형성장은 저개발국에 있어서는 실현 불가능한 것일 뿐만 아니라 설령 실현되더라도 바람직하지 않다고 주장하였다. 나아가 경제발전유형을 'SOC 초과능력형' 발전과 'SOC 부족형' 발전의 두 가지로 구분하면서, 저개발국 내에서도 특히 후진지역에서는 SOC 부족형 발전이 더욱 타당성을 가진다고 주장하였다. 왜냐하면 이러한 지역은 완고하리만큼 경제발전을 꺼리는 지역이므로 SOC 초과능력을 미리 갖추더라도 그것이 결코 DPA 투자를 효율적으로 유도하지는 못할 것이라는 주장이다.

한편 그는 개발도상에 있는 많은 저개발국들의 급속히 발전하는 신흥도시와 특혜지역에서는 대개 기업가들이 언제나 투자결정을 내릴 용의가 있기 때문에 SOC의 충분한 확충은 DPA에 대한 투자를 효율적으로 유도하는 역할을 할 것임을 강조하였다.

불균형성장과 성장거점

허쉬만은 어떻게 경제성장이 한 지역으로부터 다른 지역으로, 그리고 한 나라에서 다른 나라로 파급되는지 검토하였다. 그는 집적(agglomeration)의 이익은 기존의 모든 시설이 제공하는 입지적 이익을 포함하는 것이라고 보았다. 그밖에도 특히 혁신에 대한 감응도를 높여주는 '산업적 분위기(industrial atmosphere)'가 형성된 '성장중심지'에 근접함으로써 여러 가지 추가적인 이익을 얻을 수 있다고 주장하였다.

그는 한 국가의 경제가 보다 높은 소득을 얻기 위해서는 우선 그 경제 자체 내에 한 개 혹은 몇 개의 경제력집중지역을 개발해야 한다고 강조하였다. 그에 의하면, 경제발전과정에서 '성장거점(growth poles)'의 도입에 따른 경제성장의 지역적 불균등은 성장 그 자체에 불가피하게 수반되는 것이며, 또한 성장의 조건이라는 것이다. 따라서 지리적 차원에서 보면 경제성장은 반드시 불균형성장일 수밖에 없다는 것이다.

그는 성장거점이 동일한 특정 지역 내에 지리적으로 집중되어 있을 경우 경제성장을 한 지역에서 다른 지역으로, 그리고 한 인간집단에서 다른 인간집단으로 파급시키는 힘은 미약할 것으로 보았다. 또한 불균형성장의 결과로 한 나라 안이 성장지역과 낙후지역으로 양분될 것이며, 진보적 집단 및 경제활동과 전통적 집단 및 경제활동이 병존함으로써 진보와 전통이 공간적으로 밀착될 수 있음을 지적하였다. 그는 이러한 상태를 개발도상국에서 흔히 찾아볼 수 있는 '이중성(dualism)'이라 불렀다.

누적효과와 성극화효과

허쉬만은 불균형성장의 공간적 파급을 누적효과(trickling- down effect)와 성극화효과(polarization effect)로 설명하였다. 그는 경제발전의 초기에는 성장을 위하여 성장지역이 주변지역의 자원을 흡수하는 성극화현상이 일어나지만, 성장이 이루어지고 나면 산업의 연관을 통하여 성장의 효과가 낙후지역으로 확산되어나가는 소위 누적효과가 발생한다고 주장하였다. 그는 누적효과를 긍정적인 효과로, 그리고 성극화효과는 부정적인 효과로 간주하면서 궁극적으로는 누적효과가 성극화효과를 압도할 것으로 확신하였다.

그는 누적효과와 성극화효과를 통하여 나타나는 시장요인이 일시적으로 성극화효과의 승리를 가져오는 경우에는 이러한 상태를 시정하기 위한 경제정책이 발동될 것이며, 실제로 이러한 경제정책이 경제발전과정에 중요한 영향을 미칠 것이라고 주장하였다.

허쉬만은 누적효과와 성극화효과의 작용을 설명하면서도 어느 단계에 이르러야 성극화현상이 누적효과를 나타낼 수 있는지는 밝히지 않고 있다. 그럼에도 불구하고 그의 불균형성장론은 경제학자와 국토 및 지역계획 분야에 종사하는 많은 계획가의 관심을 받아왔으며, 대부분의 후진국이나 개발도상국에서 표준적인 개발모형으로 채택되어왔다.

공공투자의 지역적 배분

허쉬만은 지역경제성장에 영향을 미칠 수 있는 가장 확실한 정부의 정책수단은 공공투자의 지역적 배분이라고 강조하면서 공공투자의 지역적 배분 유형을 분산형, 성장지역 집중형, 낙후지역 발전촉진형의 세 가지로 구분하였다.

허쉬만에 의하면, 저개발국에서 가장 보편적으로 이루어지는 투자결정경향은 투자재원을 전국적으로 널리 산재된 많은 소규모 투자사업에 투자하는 소위 분산형이며, 이러한 결정이 이루어지는 가장 큰 이유는 공공투자에 관한 의사결정이 정부의 경제정책에 관한 의사결정 가운데 가장 정치적으로 이루어지기 때문이라는 것이다. 많은 저개발국 정부는 그 나라의 모든 지역으로부터 지지를 얻고 싶어하고, 또 그것을 필요로 하기 때문에 투자재원을 전 국토에 걸쳐 분산하려고 하는 경향이 강하게 나타난다는 것이다. 분산형의 공공투자가 지배하는 경우에는 공공투자사업은 많은 소규모의 투자사업으로 분할되며, 이 경우에는 투자계획 수립에 있어 전문적인 지식이나 식견이 요구되지 않는다고 지적한다. 반면에 대규모 투자사업의 경우에는 전문적인 판단과 확실한 사업계획이 필요하며, 대규모 투자사업의 성공에 대한 확신이 분명하지 않을 경우 정부는 분산형의 공공투자를 선택하게 된다는 것이다.

그러나 허쉬만은 국제개발자본(예: IBRD 차관)의 도입가능성은 공공투자의 유형을 분산형으로부터 몇 개의 주요 사업에 대한 집중형으로 전환시킬 수 있음을 지적하였다. 특히 급속하게 성장하는 개발도상국의 경우 그 성장유형이 공공투자의 지나친 분산경향을 억제하는 가장 중요한 요인이라는 점을 그는 지적하였다. 그는 경제발전이 한 국가 내 몇몇 지역이나 도시의 빠르고 자생적인 성장으로부터 시작되어 주택·교통·전력·상수도 등의 심각한 부족상태를 가져오며, 따라서 정부는 이러한 문제를 해결하기 위해 지역간 분배의 형평성 원칙에 어긋나더라도 어떤 지역이나 도시에 집중적인 공공투자를 해야 한다고 주장하였다.

한편 허쉬만은 정부가 분산형 공공투자로 되돌아가려는 부단한 욕망을 가지면서 다른 한편으로는 낙후지역의 경제발전을 이루라는 새로운 압력에 직면하게 될 것으로 보았다. 정부는 지역간 형평성과 국민적 단합을 고려하지 않을 수 없기 때문에 몇몇 지역이나 도시에 대한 공공투자의 집중은 장기적인 안목으로 볼 때 만족한 상태로 생각하지 않을 것이며, 그러한 이유 때문에 낙후지역 발전촉진형 공공투자가 이루어질 것으로 보았다. 그럼에도 불구하고 그는 자생적 경제성장에 의해 공공투자가 필요한 성장지역에 많은 공공투자를 하는 경우에 비하여 낙후지역에 대해 공공투자를 하는 경우에는 자칫하면 오도된 투자배분이 내포될 위험성이 더욱 크다고 지적하였다.

이처럼 허쉬만은 경제발전의 단계에 따라 정부는 각기 다른 유형의
공공투자의 지역적 배분책을 선택할 것으로 보았다. 그리고 그는 낙후
지역의 발전을 촉진시키기 위해서는 사회간접자본(SOC)에 대한 투자 외
에 낙후지역의 직접적 생산활동(DPA)이 자생적으로 발전할 수 있도록
정부가 정책수단을 동원해야 함을 강조하였다.

정부의 기능

허쉬만은 경제발전을 위해 정부가 해야 할 기능에 관해 영화배우 찰
리 채플린(Charlie Chaplin)이 등장하는 불멸의 명화를 예로 들어 설명한
다. 그는 유리장수로 분장한 찰리 채플린이 사람을 고용하여 거리의 상
점 유리창에 돌을 던지게 한 다음, 때마침 그곳을 지나감으로써 파손된
유리창을 갈아 끼우는 일거리를 맡곤 했던 영화의 장면을 상기시키면서
찰리 채플린의 역할이 정부의 기능이 되어야 함을 강조하였다.
허쉬만은 경제발전을 이루기 위한 정부의 기능으로서 균형파괴기능
(disequilibrating function)과 균형회복기능(equilibrating function)의 두 가
지 기능을 지적하였다. 균형파괴기능은 멈춰서 있는 경제를 시동(始動)
시키기 위해 불균형과 충격을 가하는 일이고, 균형회복기능은 이렇게
해서 경제가 시동하기 시작하면 불균형과 충격을 조정하고 완화시켜 주
는 일이라는 것이다. 그래서 챌리 채플린이 등장하는 명화에서는 균형
파괴활동이 건설적인 것이 아니고 파괴적인 것이라는 사실을 제외하고
는 그 영화야말로 경제발전과정에서 정부가 담당해야 할 두 가지 주요
기능을 명백히 보여주고 있다고 허쉬만은 설명한다.

불균형성장론에 대한 평가

로젠스타인-로단, 넉시, 루이스, 시토브스키 등에 의해 대표되는 균형

성장론자들의 주장과 허쉬만으로 대표되는 불균형성장론자들의 주장은 극히 상반되는 입장에 있는 것처럼 보이지만 사실은 꼭 그렇지만은 않다. 균형성장론이 수요쪽에 중점을 두고 불균형성장론이 투자의 효율성에 중점을 두고 있는 차이는 있으나 궁극적으로 각 산업부문과 지역이 균형을 이루도록 성장하여야 한다는 점에 대해서는 이들 두 이론이 일치한다고 볼 수 있다. 따라서 이들 두 이론의 견해차는 단기적인 전략상의 차이로 볼 수 있으며, 이러한 차이는 개발정책에 있어 정책적 조화(policy mix)로서 극복될 수 있다고 볼 수 있다. 이들 두 이론 가운데 전략상 어떤 이론을 선택할 것인가 하는 문제는 결국 어떤 국가가 처한 경제적 상황에 의존할 것으로 보인다.

허쉬만의 불균형성장론은 공간적으로 성장거점전략의 채택을 불가피하게 하는데, 성장거점전략은 제한된 자원의 효율적 이용과 투자의 효율성 제고 그리고 대도시 인구집중의 완화를 이룰 수 있고 궁극적으로는 누적효과를 통해 지역의 균형발전을 유도할 수 있다는 이론적 장점 때문에 많은 개발도상국에서 채택되어왔다.

많은 경제학자들이 경제성장과 경제발전에 대해 논의하였음에도 불구하고 경제성장의 공간적 파급과정이나 공공투자의 지역적 배분을 설명하는 데 관심을 기울이지 않았음을 상기한다면 허쉬만은 경제성장론에 공간이론을 접목시킨 개척자로 길이 남을 것이다.

참고문헌

박승. 1979, 『경제발전론』, 박영사.
박종화·윤대식·이종열. 2000, 『지역개발론』, 개정판, 박영사.
Hirschman, Albert O. 1958, *The Strategy of Economic Development*, Yale University Press.

宮本 憲一

미야모토의 주민자치와 내발적 발전

박 경(목원대학교 디지털경제학과 교수)

    1980년대 이후 세계적으로 종래의 하향식, 외생적 지역개발전략에서 상향식, 내생적 지역개발전략으로 전환하고 있다. 우리나라에서도 지방자치제의 실시 이후 각 지역이 나름대로 지역의 자립, 독자성, 개성을 바탕으로 내생적 발전을 꾀하려는 노력이 활발하다. 내생적 발전전략이란 지역이 가지고 있는 자원이나 잠재력을 기초로 하여 지연(地緣)기업 내지 산업을 중심으로 지역진흥을 꾀하는 전략이다. 물론 이상적으로는 지역환경과 문화를 보전하는 가운데 지역의 주도와 자립을 도모한다는 점에서 내생적 발전이 희구되는 바이지만, 내생적 발전은 쉬운 전략이 아닐 뿐더러 우리나라에서는 아직 이런 정책경험이 일천하다.

    그간 유럽의 내생적 발전경험과 관련 이론들은 우리나라에도 종종 소개된 적이 있으나 일본의 내발적 발전이론은 별로 소개된 적이 없다. 다만 농촌지역에서의 일촌일품운동이나 마치즈쿠리(まちづくり)운동과 같은 자생적 지역발전 사례가 개별적으로 소개된 적은 있다.

    그러나 일본에서도 내발적 발전전략[일본에서는 내생적 발전을 내발(內發)적 발전이라 한다]을 둘러싸고 1970년대와 1980년대에 지역경제학 내지 경제지리학계에서 활발한 논쟁이 있었고, 서구에 비해서는 다소 이론적 체계성이 미흡하지만 나름대로 학맥을 형성하고 있다. 미야모토 겐이치(宮本 憲一) 교수는 이런 일본 내 내발적 발전론의 대표적인 이론가이자 주민자치, 공해반대운동을 지원하고 선도해온 실천가이다.

미야모토 교수는 1930년생으로 나고야 대학 경제학부를 졸업하고 카나자와(金澤) 대학, 오사카(大阪) 시립대학을 거쳐 1993년부터 리츠메이칸(立命館) 대학의 정책과학부 교수로 재직하였다. 최근에는 정년 퇴임하고 오사카시립 대학 명예교수겸 일본 학술원 회원으로 있다. 그는 자치체문제연구소 이사장, 지방자치학회 이사장, 지방재정학회 이사장, ≪환경과 공해≫ 편집위원을 역임했고, 일본의 환경경제학, 지방재정학, 지방분권론, 공공경제학, 지역경제학 등에서 선구적인 리더십을 발휘하고 있다.

올해 71세가 되는 미야모토는 최근 들어 아시아의 환경문제와 지방분권에 관심을 넓히고 있으며 특히 중국의 환경문제에 많은 관심을 기울이고 있다. 그의 학문적 삶의 궤적은 전후 일본 공해 문제, 지방자치와 민주화 운동의 전개과정과 맥을 같이한다. 그는 비록 지방대학의 교수였고, 조그마한 키에 부드러운 인상을 가졌지만 주민자치, 그리고 환경문제에 대해서는 일본에서 가장 치열하게 학문적으로 분투해온 실천적인 연구가로 손꼽힌다.

일본의 고도성장기 거점개발전략이 가져온 폐해의 고발

미야모토에게 있어서 1960년대와 1970년대는 일본의 고도성장기 거점개발전략이 가져온 문제를 주민 입장에서 조사하고 그 폐해를 고발하면서 지역개발론 연구를 전개한 시기였다. 고도성장기에 각 지역에서 벌어진 중화학공업단지의 조성은 지역불균등, 지역격차의 해소를 위한 개발투자라는 이름하에 막심한 공해와 환경파괴를 가져왔고, 당시 전국 각지에서 이에 저항하는 주민운동이 분출하였다.

미야모토는 원래 재정학을 전공하였다. 1957년 우연한 기회에 일본

지방자치공무원노조(자치노)의 요청으로 지방재정 재건을 위한 방안 모색을 위한 제1회 지방자치연구 전국 집회를 주관하면서 지역개발과 환경파괴문제에 접하게 되었다. 이 지방자치연구 전국 집회는 1961년에 일본의 4대 공해사건 중 하나인 욧카이치시(四日市) 공해실태를 밝힘으로써 전국적으로 유명해졌다. 이 집회에서 미에현 자치체 공무원 노동조합은 당시 정부측에서 비밀로 붙였던 욧카이치시 공해실태 조사보고서를 용감하게 밝혔고, 이를 계기로 해서 일본 전역의 공해반대 주민운동이 일어났다. 욧카이치시는 일본 최초의 최신 석유화학 종합단지로서, 일본 전후 경제를 상징하는 전형적인 공단이었다. 미야모토는 공동조사단을 구성하여 현지를 조사하면서 주민과 함께 학습회를 통한 공해반대운동에 참여하게 된다. 이런 실천운동 과정에서 쇼오지 히카루(庄司光)와 『무서운 공해(恐るべき公害)』(1964)를 저술하는데, 이 책은 일본 최초의 환경문제를 다룬 책이 되었다.

이 시기 그의 이론적 기반이 되는 대표적인 저서는 『사회자본론(社會資本論)』(1967)이다. 미야모토는 이 책에서 빈곤을 저소득과 실업이라고 하는 고전적인 빈곤과 공해나 도시문제, 과소문제 등과 같은 현대적인 빈곤으로 나눈다. 그런데 현대적인 빈곤은 소득재분배나 중앙집권적인 복지국가 정책으로는 해결되지 않을 뿐더러 현대사회주의로도 해결될 수 없다는 것이 그의 주요 논지이다. 따라서 그는 대안으로 분권적 주민자치를 제창한다. 이 『사회자본론』은 당시 정치경제학에 경도되어 있던 일본 사회과학계에서 비판과 아울러 새로운 시도라는 주목을 함께 받는다.

미야모토는 이 시기 당시의 문제지역이었던 미나마타시(水保市), 오사카의 사카이센보쿠(堺·泉北) 콤비나트지역, 나고야(名古屋) 인근의 욧카이치시 콤비나트, 그리고 오키나와 등을 조사하고 전후 일본 지역개발의 종합적인 평가서를 만드는데(宮本憲一 編著, 1977), 이 연구조사는 당시 외래형 발전의 문제점을 체계적으로 밝혀내 큰 반향을 일으켰다.

미야모토는 이 연구에서 외래형 개발의 문제점을 첫째, 일부 유리한 입지조건을 가진 지역만이 콤비나트 유치에 성공하고 그외의 지역은 여전히 후진지역으로 남았으며 둘째, 콤비나트 유치에 성공한 지역의 경우도 이윤은 본사가 있는 대도시로 유출되고, 지역기업과의 연관성이 희박하며, 지역에 심각한 공해문제를 낳았고 셋째, 이 결과 주변 농촌지역은 인구가 빠져나가 과소지역이 되는 반면 도시는 과밀문제를 안게 되었다고 지적한다.

미야모토는 또 새로운 지역개발의 대안적 사례가 없는지도 탐색한다. 당시 오키나와의 오오기미촌(大宜味村), 홋카이도의 이케타정(池田町), 오이타현(大分縣)의 오오야마정(大山町), 유후잉정(湯布院町) 등 몇몇 농산촌 과소지역에서 외래형 개발을 거부하고 자생적 발전을 실시하여 성공사례가 나타나는데, 미야모토는 이런 사례에서 새로운 대안의 가능성을 발견한다. 한편 도시지역에서는 이런 사례가 드물지만 전통산업을 바탕으로 발전한 카나자와시(金擇市)도 주목한다. 그러나 이 시기의 연구는 주로 현실의 지역개발에 대한 정책 비판에 초점을 두었기 때문에 아직 내발적 발전론이란 개념을 체계적으로 제시하지는 않았다.

1980년대 내발적 발전론의 체계화

1980년대에 미야모토는 주민주체의 지역개발 즉, 내발적 발전론을 본격적으로 검토하기 시작한다. 미야모토는 『도시경제학』(1980)에서 내발적 발전을 언급한 이후 『환경경제학』(1989), 『지역경제학』(1990)에서 이 개념을 보다 발전시켜나간다.

그런데 내발적 발전이란 용어를 일본에서 처음으로 사용한 사람은 1970년대 후반에 후진국 발전론을 연구하던 사회학자인 쓰루미 카즈코(鶴見和子)였다. 그녀는 근대화론을 비판하면서 후진국 발전에 대한 '또 하나의 길'로서 내발적 발전이라는 개념을 사용했다. 미야모토는 이 개념이 선진국에서도 상대적으로 후진지역인 지방에 적용될 수 있다고 보고 지역발전 전략으로 제시하였다.

미야모토는 1989년에 그의 30년간에 걸친 환경문제 연구의 결산인 『환경경제학』을 펴내고 지속가능한 발전의 대안으로 내발적 발전론을 정식화한다. 여기서 내발적 발전론이란, '지역의 기업·조합 등 단체나 개인이 자발적 학습에 의해 계획을 세우고, 자주적인 기술개발을 기초로 지역환경을 보전하면서 자원을 합리적으로 이용하며, 그 지역의 문화에 뿌리박은 경제발전을 이루면서 지방자치제의 손으로 주민복지를 향상시켜 가는 지역개발'이라고 정의한다. 또 일본의 여러 성공지역(주로 농촌지역) 사례와 이탈리아 볼로냐 등 해외연구를 통하여 내발적 발전이 성공하기 위한 요건으로서 ①지역의 산업·문화를 토대로, 지역 내 시장을 주대상으로, 지역의 주민이 학습하고 계획·경영할 것 ②환경을 고려하는 개발하에 어메니티(amenity)·복지·문화의 향상을 중심 목적으로 하고 지역주민의 인권 확립을 꾀하는 종합성을 가질 것 ③지역 내 산업 연관을 중시하여 지역산업의 다각화와 부가가치의 지역내 귀속을 도모할 것 ④주민참가제도를 만들어 자치체가 자본이나 토지이용을 규제할 수 있도록 자치권을 확보할 것 등 5가지 요건을 제시하였다.

이와 같은 미야모토의 내발적 발전론은 쓰루미와 마찬가지로 자율, 자치, 환경과 문화의 보전, 인간발달 등 사회적, 이념적 측면에 바탕을 두면서도 내발적 발전이 성공하기 위한 조건들로서 복합 산업화와 종합적 지역개발계획과 같은 효과적인 지역산업 진흥전략의 수립도 아울러 중요하게 고려하고 있는 점에 특징이 있다. 이는 미야모토가 경제학자이기도 하지만 1960, 1970년대의 혁신자치제 시대의 반성에서 영향을 받은 때문이기도 하다.

일본은 전후 헌법에서 서구적 지방자치 제도가 도입되었으나, 1950년대까지만 하여도 풀뿌리 보수주의에 머물렀다. 1960년대에 공해문제를 비롯하여 주민생활상의 불만이 폭발하면서 혁신적 자치체 시대를 맞아 각종 주민복지 개선, 공해방지와 환경보전 등을 개선하는 데 성공하였으며 이런 혁신자치제 시절은 당시 진보적 지식인들에게 낙관적 희망을 주었다. 그러나 1978년 이후 전세계의 신보수주의 분위기와 아울러 자치체의 재정악화로 혁신자치체가 퇴조하게 되었다. 따라서 자생적 산업발전의 분명한 성공기법 없이 이념적인 내발적 발전과 주민자치를 추구해서는 실패할 수밖에 없다는 인식이 미야모토의 내발적 발전론의 배경이 되고 있다.

1990년에 발간된 『지역경제학(地域經濟學)』은 1970년대부터 현장조사를 같이하던 연구자들과 공동집필한 책으로서 내발적 발전론을 지역경제학의 체계적인 이론틀로 격을 높이려는 의도를 갖고 출간된 책이다. 이 책에서는 기존의 지역개발 이론들을 섭렵·비판하고 일본의 지역개발 현실을 분석함으로써 내발적 발전론을 새로운 지역경제학의 이론으로 체계화하고 있다.

미야모토의 내발적 발전론은 특히 시정촌이라는 기초자치단위에서의 주민자치를 강조한다는 점에서 자치체론 접근법이라고 불리기도 한다. 미야모토와 뜻을 같이 하는 연구자들은 지방자치학회, 지방재정학회, 지방자치체문제 연구소 등에서 활동하면서 소위 관서(關西) 재정학파라고 하는 교토, 오사카를 중심으로 하는 일군의 학자집단을 형성하고 이런 관점의 연구를 주도하고 있다.

지속가능한 사회의 대안, 내발적 발전론

일본에서도 지역의 자주와 독자성을 강조하는 지역주의론은 다른 여러 학자들에게서도 볼 수 있다. 1970년대 후반에서 1980년대에 걸쳐 일촌일품운동, 마치즈쿠리운동과 같은 지역진흥 내지 지방분권화 운동 과정에서 이런 지역주의 논의가 활발하게 전개되었다. 그러나 미야모토는 내발적 발전을 새로운 대안적 사회경제발전론으로 본다는 점에서 이들과 다르다. 그는 철저히 주민 참가에 의한 민주적 지역 공동체 형성을 핵심과제로 삼고 있다.

미야모토는 왜 분권적 자치공동체를 핵심적 과제로 삼고 있는가. 그는 현대의 중앙집권적 복지국가가 빈곤의 문제, 고용 해결을 과제로 하여 탄생하였지만 한편에서는 공공부문의 팽창, 관료주의의 병폐와 재정 위기라는 정부의 실패를 가져오게 되었다고 한다. 또한 정부실패의 대안으로 나온 '신자유주의 = 신보수주의'도 시장제도하에서 선택의 자유를 제창하지만 실제로는 거대기업과 정부의 유착을 가속화시켜 규제완화에 의한 환경 파괴를 진행시키고 있다고 비판한다. 한편 현대 사회주의 국가도 중앙집권적 관료주의의 병폐 때문에 환경파괴에 있어서는 오히려 자본주의보다 더 심하다고 본다. 그러므로 앞으로 21세기 사회는 지속가능한 사회, 즉 성장과 환경이 조화된 사회가 되어야 하나, 이는 현대 복지국가적 자본주의에서도, 사회주의에서도 성취가 곤란하다는 것이다.

그는 환경문제를 정치경제학에서처럼 체제문제로 환원하거나, 근대 경제학에서처럼 단순히 비용 편익 문제로 왜소화하여서는 해결될 수 없다고 본다. 새로운 분권과 참여라는, 민주적 지방자치를 토대로 한 '내발적 발전'의 길이야말로 지속가능한 사회의 대안적 사회체제가 되어야 한다는 것이다. 그의 이와 같은 관점, 즉 현대사회의 문제에 대한 대안을 분산적 산업·지역구조, 민주적 정치구조, 지방분권화, 주민자치제도 등 체제와 시장의 중간에 있는 시스템 개선에서 찾는다는 점에서 중간 시스템론이라고 불린다. 그는 정치행정의 분산화가 필요하지만 이것만으로는 안되며 반드시 주민의 참여가 필요하다고 보아 광역자치론(일본의 경우 기초자치 단체의 합병과 도주제)은 또 하나의 집권이라고 반대하면서 3만 내지 4만 명 이하의 주민 직접참여가 가능한 소규모 자치제를 주장하고 있다.

일본 내에서 미야모토류의 내발적 발전론에 대해 비판이 없는 것은 아니다. 대표적인 것으로 현재 일본의 경제지리학계를 주도하고 있는 지역구조론자들로부터의 비판(矢田俊文 編, 1990)을 들 수 있다. 이들은 내발적 발전에 의한 지역진흥의 예는 일부 농촌지역에만 국한되며, 내발형으로 제조업을 일으켜 지역을 활성화시킨 예는 현대적 공업부문의 경우 거의 없다고 비판한다. 더구나 국가의 범위를 넘어 행동하는 다국적 기업시대 내지 글로벌시대에 작은 단위의 자치체 중심 자립화가 사실상 가능하지 않을 것이라는 주장이다. 그러므로 내발적 발전보다는 대기업 내지 중추산업의 입지패턴을 조정하는 정책, 즉 국토정책 내지 광역단위의 정책이 필요하다고 말한다.

내발적 발전론을 둘러싸고 이런 비판과 반비판은 상당히 치열하게 전개되었다(박경, 1999). 내발적 발전론자들도 지역의 내발적 발전이 매우 어렵다는 것을 인정하고 있다. 그러나 광역정책이 필요하더라도 그것은 지역이 아래로부터 만드는 자율적 도시의 수평적 지역간 분업시스템이 되어야 한다고 주장한다. 더구나 최근 들어 기업유치의 한계, 정부의 재정적자 등으로 인해 더 이상 외래형 개발이 불가능하게 되었기 때문에 내발적 발전을 하지 않을 수 없다는 것이다. 또 외부기업 유치를 하더라도 지역이 통제력을 가지고 있어야 진정한 지역발전이 가능하다는 주장이다.

1990년대에 들어 내발적 발전론은 재야이론에서 주류이론으로 자리 잡아가고 있다. 그것은 1970년대 이후 일본 정부는 막대한 재정자금을 지역개발에 투자하였지만 아직도 국토면적의 반이 과소지역이고, 농촌문제는 해결되고 있지 않기 때문이다. 종전의 중앙주도식, 하향식 지역개발과 국토정책만으로는 지역발전에 한계가 있는 것이 일본의 실정이다. 따라서 아무리 많은 재정자금을 투입하더라도 지역 스스로의 노력 없이는 성공할 수 없으므로 내발적 발전으로 가야 한다는 것이 일본 정부나 학계의 공통인식이 되고 있다. 1999년에 일본에서는 「지방분권일괄법」을 제정하고 획기적인 지방분권 조치를 실시한 것도 이런 흐름을 반영한다. 그러나 분권의 내용을 둘러싸고 신자유주의적인 분권을 주장하는 행재정개혁론자와 민주 자치론을 주장하는 내발적 발전론자들 사이에 논쟁이 일고 있는 점은 주목할 만하다. 행재정개혁론자들은 국가의 국민최저한(national minimum)의 복지수준 보장 역할도 축소하고 완전한 지역간 경쟁에 맡기자는 것이고, 내발적 발전론자들은 민주 자치론에 서서 최저한의 복지수준은 보장하면서도 지역의 자율권을 확보하고 주민참여를 더욱 강화하자는 것이다(박경, 2001). 같은 분권이더라도 복지와 지역균형발전, 주민참여에 대해 어떻게 생각하는가에 따라 상당한 입장의 차이가 있는 것을 알 수 있다. 이 양자간의 논쟁은 향후 우리나라의 지방분권화 논의에도 많은 시사점을 주리라고 보여진다.

이상에서 미야모토의 내발적 발전론을 간단히 살펴보았다. 미야모토의 내발적 발전론이 가치가 있는 것은 현대의 지역문제를 단순히 소득향상뿐 아니라 환경문제·자원문제·자기 실현의 기회·지역문화·주민참가·지방자치 등 이른바 현대적 빈곤문제로 보고, 지역의 자립성, 내포적 순환성, 안전성, 성장 잠재력 등을 중시하여 전체적인 삶의 공간으로서 지역을 재생하자는 입장에 서 있다는 점이다. 단순히 효율의 관점에서 보면 분권보다는 집권이, 상향적 발전보다는 하향적 발전이 더 효과적일지 모른다. 그러나 지역을 삶의 장으로 보고 복지와 문화, 전통, 민주주의란 가치를 더 중시할 때 내발적 발전론은 진정한 의의를 가질 것이다.

이제 우리도 분권과 지역의 자생적 발전의 논의가 본격적으로 전개되는 시점에 와 있다. 아마 일본의 내발적 발전론이 벌인 분투와 논쟁을 우리도 반복해서 재현할 가능성이 상당히 농후하다. 수도권 집중 규제, 광역개발, 지역균형발전, 지방분권, 지방세·재정개혁 등과 같은 많은 문제들은 우리와 유사한 경험을 한 일본에서 이미 다양하게 검토되었으며 이 과정에서 내발적 발전론자들이 정리해둔 논점과 연구성과들은 우리에게도 많은 도움이 될 것이다. 어떻게 보면 우리의 경우 내발적 발전에 대한 연구는 아직 초보적인 수준에 와 있는 것으로 보인다. 아직 외래형 개발의 문제점, 즉 외부기업의 유치나 공업단지, 골프장·카지노 같은 리조트개발이 지역경제에 어떤 영향을 주는가에 대한 종합적 연구결과도 없는 실정이다. 이 점에서 학자들이 더 분투해야 하지 않는가 반성해 본다.

참고문헌

宮本憲一. 1967, 『社會資本論』, 有斐閣.
_____(編著). 1977, 「大都市とコンビナト·大阪」, ≪講座 地域開發と自治體≫ 第1券, 筑摩書房.
_____. 1980, 『都市經濟論』, 筑摩書房.
_____. 1989, 『環境經濟學』. 岩波書店; 동한역(1994), 『환경경제학』, 주민자치사.
宮本憲一·橫田茂·中村剛治郎 編. 1990, 『地域經濟學』. 有斐閣.
宮本憲一·遠藤廣一 編著. 1998, 『地域經營と 內發的發展』. 農文協.

박경. 1999, 「지역개발전략으로서의 내발적발전론: 일본의 연구동향과 과제」, ≪공간과 사회≫, 통권 제11호, 공간환경학회.
박경. 2001, 「지역균형발전과 지방분권의 과제」, 『지방분권화와 주민자치』, 민주공원 부설 민주주의사회연구소 제2회 학술심포지움 발표논문집(민주사회연구소, 한국지역사회학회, 부산참여자치시민연대 공동주최).
박진도·박경. 2000, 「일본의 내발적 지역개발에 대한 연구－농산촌지역의 내발적 발전 사례분석을 중심으로」, ≪사회경제평론≫ 14호, 한국사회경제학회.
基礎經濟科學硏究所編. 1993, 「公害と地域·自治體の經濟學」, 『戰後經濟學を語る－わが靑春の經濟學』, かもがわ出版.
保母武彦. 1996, 『內發的 發展論と日本の農産村』. 岩波書店.
矢田俊文 編. 1990, 『地域構造の理論』, ミネルウア書房.

T. Hägerstrand

헤거스트란트의 공간확산이론

이정록(전남대학교 지리학과 교수)

지표공간에서 사물과 현상의 위치·분포·변화과정을 설명하는 현대의 입지이론(location theory) 중에서 입지패턴의 공간적 변화과정을 가장 지리학적으로 설명한 학자가 스웨덴의 지리학자 토르스텐 헤거스트란트(Torsten Hägerstrand)이다. 현대의 대표적인 입지이론가 중에서 폰 튀넨(J. H. von Thunen), 알프레드 베버(Alfred Weber), 발터 크리스탈러(Walter Christaller), 월터 아이자드(Walter Isard) 등이 산업의 입지이론을 체계화시켰다면, 헤거스트란트는 인간활동의 입지패턴에 시간적 요소를 포함시켜 입지적 배열의 시·공간적 변화과정에 대한 기본적인 개념을 정립하고, 이를 공간확산(spatial diffusion)이론과 시간지리학(time geography)으로 발전시킨 지리학자이다.

헤거스트란트의 생애와 학문

스웨덴이 배출한 세계적인 지리학자, 스웨덴의 지역개발과 환경문제를 비롯하여 국가정책에 가장 많은 영향을 미친 공간이론가 헤거스트란트는 1916년 10월 11일 스웨덴 남부의 작은 마을 모헤다(Moheda)에서 초등학교 교사의 둘째 아들로 태어났다. 모헤다에서 초등학교와 고등학교를 졸업한 헤거스트란트는 군복무를 마치고 1937년 스웨덴의 룬트 대학교(University of Lund) 지리학과에 입학한다.

그는 대학시절에 지리학, 예술사, 자연과학에 심취하며, 지도교수인 넬슨(Nelson)의 권유로 지역연구에 관심을 갖게 되었고, 1947년부터 모교에서 교수로 재직하게 된다.

헤거스트란트는 1953년 지리학 분야에서 공간확산이론이라는 새로운 지평을 열게 된 「공간과정으로서 혁신확산(Innovations-förloppet ur Korologisk Synpunkt)」이라는 논문으로 모교에서 박사학위를 받는다. 그는 1957년 모교의 지리학과 학과장에 취임하고, 또한 1957년에는 영국의 에딘버러 대학교에서 객원교수로 활동하였다.

그리고 1959년에는 미국의 워싱턴 대학교 지리학과에서 교환교수로 생활하면서 당시 미국의 지리학계를 이끈 저명한 학자들과 학문적 교류를 갖게 된다. 1971년에는 룬트 대학교의 '사회과학연구위원회' 석좌교수가 되었고, 1981년 이후 룬트 대학교의 명예교수로서 현재까지 학문적인 활동을 계속하고 있다.

헤거스트란트의 주요 관심은 지표공간에서 인구이동과 혁신확산에 의해 나타나는 지역변화의 공간적 규칙성을 체계화하는 것으로, 그는 단위지역에서 인간활동의 결과로 나타난 입지패턴의 시·공간적 변화과정과 공간구조를 밝히려고 노력하였다.

그의 이러한 학문적 관심에 절대적인 영향을 미친 사람은 지도교수인 넬슨(Nelson)과 에스토니아 출신의 지리학자 에드가 칸트(Edgar Kant)였다. 넬슨은 그에게 소지역의 변화를 세밀하게 분석할 수 있는 지리학적 시각을, 칸트는 통계적 접근을 통해 지역변화를 연구하는 방법론을 확립하는 데 큰 영향을 미쳤다.

특히 그는 공간구조의 규명에서 입지패턴의 시간적인 요소와 동태적 측면을 강조하였다. 즉, 지표공간에서 행해지는 경제활동의 입지패턴은 시·공간적 변화를 통해 형성된 것이기 때문에 시간요소의 조작을 통하여 과거와 현재, 미래의 입지패턴과 그 변화과정을 파악할 수 있다는 견해이다.

그의 이러한 관점은 통계적인 분석방법을 이용한 인구이동에 대한 연구를 시작으로 공간확산이론, 시간지리학으로 확대되었으며, 공간현상과 공간구조를 계량적으로 설명하려는 1960년대 지리학자들의 공간이론 정립에 결정적인 영향을 미치게 된다.

공간확산이론: 공간구조의 새로운 패러다임

공간확산(spatial diffusion)이란 특정 현상이 한 지역이나 사회집단에서 시간이 경과함에 따라 특정 경로를 통해 다른 지역 또는 사회집단으로 전달되는 전파의 과정이다. 따라서 한 사회에서 경제성장, 지역발전, 인간생활의 변화는 모두 혁신(innovation)의 확산에 따른 인간 의사결정의 결과이며, 혁신확산은 특정 지역의 사회·경제적 경관을 변화시키는 중요한 요인 중의 하나이다.

인간의 모든 경제활동이 공간 위에서 행해지는 것과 같이 혁신의 발생과 확산 또한 공간상에서 이루어진다. 혁신확산과 지역의 경제발전간에는 밀접한 관련성이 있기 때문에 혁신이 공간적으로 어떻게 확산하느냐에 대한 논의는 지역의 경제성장과 발전을 이해하는 중요한 이론적 토대를 제공하고 있다.

그래서 확산연구는 인류학·사회학·경제학·지리학 등 사회과학의 여러 분야에서 행해졌다. 특히 지리학에서는 혁신의 공간적 확산과정에 영향을 미치는 거리를 비롯한 여러 메커니즘의 역할과 혁신확산에 따른 공간구조의 변화에 많은 관심이 집중되었고, 이러한 혁신확산의 공간적 특성을 이론적으로 체계화시킨 지리학자가 헤거스트란트이다.

헤거스트란트는 1952년 발표된 「혁신파의 전개과정(the propagation of innovation waves)」을 계기로 혁신의 확산패턴과 확산과정의 단계적 특징에 관한 연구를 시작하였다. 그리고 농업혁신의 공간확산을 연구한 그의 박사학위 논문이 완성되면서 혁신확산의 체계적인 공간이론 및 모델화가 시도되었다. 그는 스웨덴 외스테르예틀란드(Östergötland) 남부에 위치한 오스비(Asby) 지방의 농가를 대상으로 한 연구에서 초지조성 보조금, 소의 결핵예방접종, 농가별 토양도 등의 농업적 혁신과 우체국의 우편서비스, 자동차 보유, 전화기 보유 등의 일반적 혁신의 공간적 확산과정을 계량적으로 모델화하였고, 몬테 카를로 시뮬레이션(Monte Carlo Simulation)을 이용하여 확산과정의 공간구조를 예측하였다.

그리고 계속된 연구에서는 주로 기술혁신의 확산과정에 영향을 미치는 공간요소의 특성을 규명하였고, 혁신확산의 시·공간적 특성을 모델화하였다. 헤거스트란트는 전염확산, 계층확산, 로지스틱 곡선 형태의 확산단계설 등 공간적 규칙성의 규명과 몬테 카를로 시뮬레이션 방법을 이용한 확산과정의 조작적 모델화를 통해 공간구조의 연구에 새로운 접근방법을 제시하였고, 공간이론의 발전에 크게 공헌하였다.

확산과정의 인접효과와 계층효과

헤거스트란트는 혁신의 확산과 수용은 학습과정이나 커뮤니케이션의 결과에 의해서 형성된다는 가정하에서 혁신의 확산과정을 개념화시켰다. 혁신의 정보는 개인적 커뮤니케이션(personal communication)과 대중매체 커뮤니케이션(mass-media communication) 그리고 시범 및 전시효과에 의해 전달된다고 주장하면서 혁신확산의 공간적 특성을 인접효과에 의한 전염확산과 계층효과에 의한 계층확산이라는 새로운 개념으로 설명하였다(<그림 1> 참조).

공간상에서 혁신의 확산은 사회적 커뮤니케이션망 즉, 대중매체에 의한 정보의 유통보다도 개인적인 커뮤니케이션에 의해 확산된다는 확산과정의 인접효과(neighborhood effect)를 주장하였다.

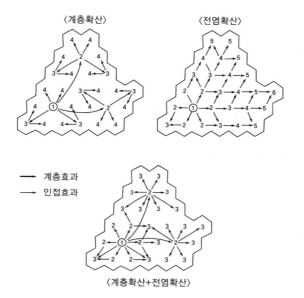

〈그림 1〉 중심지 계층의 공간확산 유형
출처: Haggett, P., Cliff, A. D. and Frey, A. E.(1977)

확산은 혁신의 발생원과 잠재적 수용자 간의 거리에 의해 영향을 받는데, 발생원과 거리가 가깝고, 대면접촉(person to person contact)이 많을수록 혁신의 확산은 빠르게 이루어진다는 전염확산의 유형을 제시하였다.

특히 그는 거리가 확산의 장애물로 작용하여 혁신의 수용과 확산은 거리조락(distance decay) 패턴이 나타난다고 주장하였다. 전염확산의 개념은 농촌지역에서 트랙터·신품종·가족계획 등 다양한 혁신확산에 관한 연구를 통하여 검증되었다.

혁신확산의 공간적 특성에서 또 다른 개념은 확산과정의 계층효과(hierarchical effect)이다. 확산의 계층효과란 도시 시스템에서 혁신의 확산과 수용은 도시규모가 클수록 빨리 발생한 반면, 도시규모가 작으면 상대적으로 늦게 이루어진다는 것이다. 따라서 혁신확산은 단순한 지리적 거리에 의해 영향을 받는 것이 아니라 도시의 계층구조와 계층성에 의해 영향을 받아 계층확산이 이루어진다.

이러한 그의 개념은 기술혁신의 확산, 근대화과정, 공업발달, 지역발전의 공간적 파급효과 등의 설명에 매우 유용하게 활용되었고, 경제발전의 공간적 측면을 이해하는 데 중요한 이론적 토대를 제공하게 되었다.

확산과정의 시간적 규칙성 : 로지스틱 곡선

헤거스트란트는 혁신확산에 관한 연구를 통해서 확산과정은 단순히 거리만의 영향을 받는 것이 아니라 시간의 영향을 받는다는 사실을 통해 확산과정의 시간적인 규칙성을 설명하였다. 혁신의 확산과 수용은 시간에 따라 채택률이 S자 형태를 그리는 로지스틱(logistic) 곡선을 나타낸다.

혁신확산은 수용집단의 시간적 특성에 따라 초기에 수용하는 혁신자(innovators), 전기다수(early majority), 후기다수(late majority), 그리고 마지막 단계에 수용하는 지각자(laggards)로 분류되며, 특정 지역에서 혁신확산이 포화상태가 될 때까지 혁신수용은 로지스틱 함수관계를 가진다 (<그림 2> 참조).

확산과정의 시·공간적 특성

헤거스트란트는 많은 사례연구를 통하여 확산과정에서 나타나는 공간적인 거리조락 현상과 시간적인 특성인 로지스틱 곡선을 종합하여 확산과정의 시·공간적 속성을 단계적인 모델로 설명하였다. 따라서 혁신확산의 수용은 세 가지의 확산단계에 따라 변화하는 시·공간적 거리조락으로 요약된다.

확산의 초기단계(primary stage)에서는 주로 혁신 발생원과 가까운 지

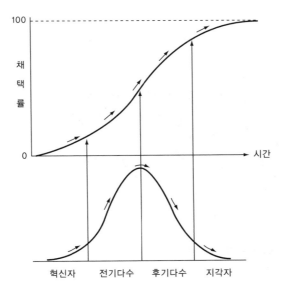

〈그림 2〉 확산과정의 시간적 특성과 로지스틱 곡선
출처: Hägerstrand(1952)

역에서 소규모로 확산이 이루어지기 때문에 혁신 수용률에 있어서 커다
란 공간적 차이를 나타낸다. 본격적으로 확산이 이루어지는 확산기
(diffusion stage)에는 초기의 수용지역에서 원거리의 지역까지 확산이 발
생한다. 그리고 마지막 단계인 심화 및 포화기(condensing or saturation
stage)에서는 최초 발생원과의 거리에 관계없이 전 지역에서 확산이 이
루어지고, 지역간의 격차는 발생하지 않게 된다. 그는 혁신의 확산범위
와 수용률은 시간과 거리라는 시·공간적 요인에 의해 결정된다고 주장
하였다(<그림 3> 참조).

확산과정의 새로운 모델: 시뮬레이션 방법

공간확산 연구에서 그의 가장 큰 공헌은 확산과정의 조작적 모델화이

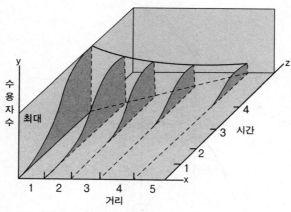

〈그림 3〉 확산과정의 시·공간적 특성
출처: Hägerstrand(1953)

다. 그는 1953년과 1965년에 발표한 연구논문에서 통계적인 확률분석인 몬테 카를로 시뮬레이션의 방법을 이용하여 혁신의 공간적 확산과정을 설명하였다.

그는 정보전달의 거리함수적 경향, 개개인의 저항수준, 그리고 지리적·사회적 장애물의 방해효과 등을 포함한 새로운 모델을 만들었고, 25개의 격자로 구성된 평균정보장(mean information field)을 만들어 시뮬레이션을 행하였다.

그의 시뮬레이션 모델은 공간확산의 진행과정과 시뮬레이션 결과와의 비교를 통해서 쇄신의 확산과정을 설명하고, 미래에 발생할 쇄신의 수용을 예측하는 데 매우 유용한 분석기법이 되었다. 그의 모델은 여러 학자들의 검증을 통하여 많은 문제점이 도출되었지만, 시뮬레이션 모델은 공간확산 연구의 새로운 연구방법을 제공하였다. 특히 시뮬레이션 방법은 혁신의 확산과정을 설명하는 중요한 모델이 되었으며, 컴퓨터 분석을 통한 확산과정의 모델화를 가능하게 하였다.

또한 시뮬레이션 기법은 인문지리학을 비롯한 지역개발 분야에 실험적·조작적 방법을 제시해주었다는 점에서 큰 의의를 가지고 있다.

공간확산이론의 공간적 의미

공간구조의 분석에 중심지이론을 비롯한 많은 입지이론이 적용되었지만, 공간구조의 변화를 밝히는 데에는 약간의 한계가 노정되었다. 이러한 상황에서 헤거스트란트의 이론은 혁신확산을 통해 도시 및 지역의 변화와 발전을 동태적으로 설명했다는 점에서 매우 의미있는 공간이론이다. 특히 헤거스트란트의 공간이론은 확산과정의 공간적 차이를 통해 지역변화의 공간구조를 분석하는 데 새로운 방법론을 제시하였다.

또한 공간확산이론은 지역의 발전과 변화에 대한 동태적 분석에 적용되어 공간경제의 이해에 크게 공헌하였다. 왜냐하면 혁신의 확산과 지역발전은 상호 인과관계를 가지고 있기 때문에 발전의 공간적 차이, 중심 - 주변의 관계, 도시시스템의 변화과정과 지역발전 등을 비롯한 지역개발의 정책수립에 중요한 이론적 토대를 제공하였다.

헤거스트란트의 공간이론은 근대화이론을 합리화시켜주는 시각이라는 점에서 종속론자들의 거센 비판을 받기도 하였다. 그러나 혁신의 확산은 공간상에서 이루어지고, 확산과정은 지역적 특성의 차이, 즉 공간의 특성에 따라 달라지기 때문에 공간구조의 속성을 이해하는 유용한 모델을 제공한 것이 공간확산이론이다. 공간확산이론은 당시에 발표된 공간입지이론 중에서 공간과정과 공간구조의 변화성을 파악할 수 있다는 장점 때문에 많은 학자들의 관심이 집중되었고, 특히 공간 경제이론과 접목되어 제3세계의 지역변화와 경제발전을 분석하는 연구에 많이 활용되었다.

우리나라에서도 헤거스트란트의 공간확산이론은 지리학·사회학·경제학·지역개발학·행정학 등에서 도시시스템의 변화과정, 근대화의 확산과정을 통한 공간구조의 변화, 혁신확산과 지역의 변화 발전 등의 연구에 원용되었고, 우리나라의 공간구조 분석에 큰 영향을 미쳤다.

우리나라를 비롯하여 구미의 여러 국가에서 혁신의 공간확산을 통한 공간구조의 변화성에 대한 최근의 연구성과는 그렇게 많지 않으며, 연구의 중요성 또한 1960~70년대에 비해 상대적으로 소홀해진 것이 사실이다. 그러나 헤거스트란트의 공간확산이론은 공간상에서 행해지는 경제활동의 입지적 패턴과 프로세스의 이해에 유용한 이론으로 평가받고 있다.

참고문헌

Hägerstrand, T. 1952, "The Propagation of Innovation Waves," *Lund Studies in Geography*, Series B-4, Lund.

_____. 1953, Innovations-förloppet ur Korologisk Synpunkt, Gleerup, Lund; translated by Pred, A., 1967, *Innovation Diffusion as a Spatial Process*, University of Chicago Press, Chicago.

_____. 1965, "A Monte Carlo Approach to Diffusion," *Archives Europeennes de Sociologie*, 6, pp.43-67.

_____. 1965, "Quantitative Techniques for Analysis of the Spread of Information and Technology," in Anderson, C. A. and Bowman, M. J.(eds.), *Education and Economic Development*, Aldine, Chicago, pp.224-280.

_____. 1967, "On the Monte Carlo Simulation of Diffusion," in Garrison, W. L. and Marble, D. F.(eds.), *Quantitative Geography*, Part I: Economic and Cultural Topics, Studies in Geography, Northwestern University Press, Evanston.

_____. 1970, "What about People in Regional Science?" *Papers in Regional Science Association*, 24, pp.7-21.

박찬석. 1981, *Diffusion of Rototillers in Rural Korea to 1977*, 대구: 이문사.

이정록. 1991, 혁신의 공간확산과 지역변화에 관한 연구, 전남대학교 대학원 박사학위논문.

이희연. 1984, 「도시체계를 통한 쇄신의 확산」, ≪지리학논총≫ 11, 21-38쪽.

Brown, L. A. 1981, *Innovation Diffusion: A New Perspectives*, London: Methuen.

Haggett, P., Cliff, A. D. and Frey, A. E. 1977, *Locational Analysis in Human Geography*, London, Arnold.

Lee, J. R. 1977, "Social Transformation, Farmers' Movement and Regional Charac-
teristics in South Korea: A Case Study on the Diffusion of Farmers' Protest,
1987-1989," *Papers in Regional Science*, 6-1, pp.69-89.

Gerry Stoker

스토커의 로컬거버넌스 이론

정병순(서울시정개발연구원 연구원)

새로운 패러다임으로서 거버넌스

1990년대 이후 사회시스템 전반에 걸쳐 거대한 변화의 물결이 쇄도하고 있다. 많은 사회과학자들이 이러한 변화의 중심에 이른바, '정부에서 거버넌스로의 이행'이 자리잡고 있다고 주장할 때, 그 속에는 시대상에 대한 깊은 성찰이 담겨 있는 듯하다. 그리고 이러한 이행의 중심에 '로컬거버넌스를 향한 지방사회의 도전'이 놓여 있다는 많은 학자들의 주장에도 역시 상당한 진실이 담겨 있는 것처럼 보인다.

이런 사회진화의 퇴적층에서 한 층을 차지하고 있는 로컬거버넌스에 관한 이론적 성찰은 그 비옥한 토양이었던 미국과 서유럽에서 1980년대 이후 대대적으로 전개되었던 정치사회의 전환을 반영하는 것이다. 다양한 주체들이 상호작용하는 지방사회에서 시민참여, 권한부여, 파트너십, 네트워크, 조정과 협상, 민영화, 규제완화와 같은 정치적 변화상이 바로 그것이다. 역설적이게도 이러한 전환이 정치사회의 거대한 흐름으로 자리잡아 지난날 정부개입을 피력하던 학자들조차 필요하고도 바람직한 것으로 주장하기에 이르렀다.

이에 따라 로컬거버넌스에 관한 많은 연구와 실험이 있었지만, 그 개념에 대한 적확한 이해는 말할 것도 없고, 그것이 내포하는 이론적·실천적 함의조차 여전히 모호하고 분분한 실정이다. 이러한 양상은 거버넌스에 내재하는 출현적 속성과 관련하여 현상들의 다양성, 새로움에서 비롯된 것이며, 역으로 이는 이론이 합의를 향해 나아가도록 하기보다는 구체적인 현상을 둘러싸고 다양한 중범위이론들이 경쟁하도록 만드는 요소로 작용하고 있다.

이러한 상황에서 광범위한 학술활동과 실천을 통해 로컬거버넌스 이론을 정립해가고 있는 게리 스토커(Gerry Stoker)의 이론적 궤적을 살펴보는 것은 현재 로컬거버넌스가 나타내는 현상의 다양성과 이론의 복잡성을 체계적으로 해명하는 데 시사하는 바가 크다.

스토커와 로컬거버넌스

잘 알려진 대로 현재 거버넌스 연구와 관련하여 국제적 명성을 얻고 있는 걸출한 학자들이 많이 있다. 실제 오스본과 게이블러(Osborne & Gaebler)와 같은 우파로부터 오스트롬(Ostrom), 쿠이만(Kooiman), 루소(Resenau), 로즈(Rhodes), 피터스(Peters)를 거쳐 허스트(Hirst), 제솝(Jessop)과 같은 좌파에 이르기까지 다양한 스펙트럼에 걸쳐 있는 학자들이 보여주는 거버넌스 연구의 지평은 가히 깊고도 넓은 것이었다.

그렇지만 이러한 사실에도 불구하고 사람들이 스토커를 거버넌스의 주요 이론가 가운데 중심 인물로 손꼽는 데 주저하지 않는 것은 그의 이론적 깊이에 근거한 것은 아니다. 오히려 거버넌스 이론에서 그가 차지하는 위치와 기여는 시종일관 지방에 뿌리를 두고 '거버넌스로의 이행'의 동학이 도시나 지역 수준에서 미시적이고, 정치사회적으로 표현되는 과정과 그 결과에 연구관심을 집중하였다는 사실에서 비롯한다. 이러한 연구관심을 통해 로컬거버넌스라는 우산 아래 많은 학자들을 집결시키고, 그 자신 많은 이론영역을 넘나들고 있다. 이로부터 그는 전통적인 규범지향적 지방민주주의론으로부터 1980, 1990년대 서구 사회를 풍미하던 조절이론, 도시체제이론, 그리고 최근의 사회적 자본이론에 이르기까지 많은 영역을 아우른다.

맨체스터 대학 정치학과에서 박사학위를 받은 스토커의 연구경력은 버밍엄 대학의 지방정부연구소(Inlogov), 레스터 폴리테크닉(Leicester Polytechnic)에서 연구하고 가르친 것으로부터 시작한다. 자신의 경력초기인 이 시기에 스토커는 자신이 지방정부의 운영, 구조의 미래에 집중하고 있는 현재와 달리 존 스튜어트(John Stewart) ─ 현재 버밍엄 대학의 명예교수 ─ 의 영향을 받아 지방민주주의론을 신봉하는 강한 규범적 지향성을 지녔다고 술회하고 있다. 이후 미국 디트로이트 웨인(Wayne) 주립대학에서 객원교수를 거치기도 한 그는 1991년부터 스트래스클라이드(Strathclyde) 대학에서 정치학과 교수로 줄곧 재직하다, 최근에 자신의 모교인 맨체스터 대학의 정치학과 교수로 자리를 옮겼다.

그는 학문활동과 더불어 1993년부터 1996년까지 지방민주주의 위원회(Commission for Local Democracy: 중앙과 지방관계를 검토하는 위원회)에 관여한 바 있고, 1997년 이래 현재까지 신지방정부네트워크(New Local Government Network) ─ 현재에는 토니 블레어 수상이 지원 ─ 의 설립자이자 회장을 역임하는 등 학문 외적 활동도 활발하였다. 이러한 활동에 대해 "정치가들이 처한 위치, 교묘한 책략, 결정의 성격에 대해 주의 깊게 듣는 것을 배움으로써 새로운 연구기회를 열어놓는다"고 말하는 개방적 사고의 소유자로서 그는 흔히 빠지기 쉬운 실천과의 간극을 메우고자 노력한 학자 가운데 한 사람이기도 했다. 아마도 이러한 다각적인 경험은 후일 그가 온전히 학자로 되돌아왔을 때 지금보다 더 풍부한 이론을 정립할 수 있는 계기가 될 것으로 보인다.

그러나 무엇보다도 스토커를 로컬거버넌스의 탁월한 연구자로서 지위를 부여하고, 국제적 활동가로서의 반열에 오르도록 하는 것은 1992년 이래 6년간 영국의 사회과학연구 지원조직인 '경제사회위원회(Economic & Social Research Council, 이하 ESRC)'[1]의 '로컬거버넌스 프로그램(Local Governance Program, 이하 LGP)'과 같은 국제적 연구집단을 조직화한 디렉터로서의 기여에 있다.

잘 알려진 대로 ESRC기금은 이미 1980년대부터 국가의 재구조화에 관해 두 개의 주요 프로젝트를 운영하고 있었는데, 하나는 정부간 관계(IGR)였고, 다른 하나는 정부와 산업 간 관계(GIR)에 관한 것이었다. 이 프로젝트는 이후 기존의 국가중심의 조합주의적 사고에서 벗어나 부문 정책네트워크와 지역사회로 정치학의 전환을 야기하였고, 그것이 1980년대 말과 1990년대 초반에 쿠크(Cooke)가 주도하여 매시(Massey)의 공간적 노동분업테제를 적용해본 유명한 CURS이니시어티브였다.

그러나 CURS연구이니시어티브가 이론의 부재로 비판받은 그 자리에서 비슷한 시기에 사회과학의 신주류를 형성하던 조절이론의 기여에 힘입어 새로운 연구의제가 설정되었는데, 그것이 바로 '지방국가'와 '민주적 결핍'을 쟁점으로 하여 스토커가 지휘를 맡은 LGP였던 것이다.[2] 이에 스토커는 1992년부터 1997년까지 5년간 4개의 주요 연구목표[3]를 가지고 27개의 연구프로젝트—1단계(6개의 테마)는 1993년에, 2단계(4개의 테마 외에 6개의 전략프로젝트)는 1994년부터 수행되어 1997년에 종결—를 조직화하였다.

중요한 점은 이러한 다년간에 걸친 이론적·실천적 경험, 특히 LGP의 조직화가 현재 복잡하게 분화, 발전하고 있는 로컬거버넌스의 연구들을 더욱 체계화하고, 연구의 성과와 성찰을 토대로 그 자신 '이론으로서의 로컬거버넌스'를 확립하는 데 결정적 계기로 작용하였다는 점이다.

이론으로서 로컬거버넌스

이미 지적한 대로 로컬거버넌스에는 패러다임의 전환을 일관되게 설명하는 하나의 완결된 이론이 존재하기보다는 다양한 중범위이론들이 경쟁하고 있는 실정이다. 이러한 사실로 인해 거버넌스 이론—접근방법 내지 관점이라 부르는 것이 더 적절한 것일지도 모른다—이 국가 및 지방정부(혹은 정치)에 갖는 기여는 인과적 분석이나 새로운 규범이론의 제공에 있는 것이 아니라, 변화하고 있는 지방의 통치과정과 통치패턴의 변화를 발견하고 해석할 수 있는 프레임을 제공하는 데 있다. '현재의 이론적 접근의 강점과 약점을 비교함으로써 다이론적 접근을 개발'하는 LGP의 연구목적도 현재의 로컬거버넌스의 상황과 그 이론적 특성에 근거하여 도출된 것이었다.

스토커가 '이론으로서 거버넌스'(1998)로 설정한 것도 바로 이러한 거버넌스 관점과 밀접한 것이었는데, 그는 이를 다섯 가지 명제로 집약하고 있다. 각각은 스토커의 전체 연구를 해부하는 데 좋은 길잡이가 될 뿐만 아니라, 거버넌스 논의가 지닌 복잡성을 체계적으로 이해하는 데도 도움을 줄 수 있다.

1) 거버넌스는 정부와 정부를 넘어 도출되는 일련의 제도 및 행위자들을 나타낸다.

이 명제는 이전과 구분되는 거버넌스로의 이행양상을 식별하기 위한 준거모델에 관한 것으로서, 사실상 로컬거버넌스 이론의 전개에서 출발점이 되고 있다. 즉 "거버넌스—혹은 로즈(Rhodes, 1997)의 표현으로 새로운 거버넌스(New Governance)—란 무엇인가"라는 거버넌스 실체에 관한 서술이라 할 만하다. 스토커는 이를 '웨스트민스터 및 화이트홀 정치체계 모델'에 대한 도전으로 표현하는데, 이 모델이 나타내는 지배적 이미지는 하나의 국가에 하나의 권력중심지와 같은 것이었다.

그러므로 거버넌스란 각 국가와 해당 지방의 차이에도 불구하고 이들 지배적 모델과 구별되는 새로운 정치시스템의 출현 및 행위주체의 부상과 관련된 것이다. 실제 지방, 지역, 국가, 전 지구를 무대로 하는 조직과 그들간 네트워크에서 비롯되는 권력의 다중심지가 이를 반영하는 것이며, 이러한 추세는 세계화 및 지방화를 매개하여 더욱 강화되고 있다. 최근 사회과학에서 새로운 현상으로 빈번하게 거론되는 각종 준공공기관 및 위원회의 설치, 직접서비스 조직, 계약에 의한 병원 및 학교운영, 현재 융성일로에 있는 공공과 민간, 시민사회의 자원단체간 파트너십 기구 및 제도들이 권력의 다중심지와 연계를 잘 적시하고 있다.

2) 거버넌스는 사회적, 경제적 쟁점들에 대한 경계와 책임의 희석을 나타낸다.

앞의 실체에 관한 인과적 설명을 내포하는 이 두번째 명제와 관련하여 조절이론은—'포드주의 축적체제 및 조절양식으로부터 포스트포드주의 축적체제와 조절양식으로 사회시스템의 이행'이라는 테제로 집약되는— 사고의 출발점으로 기여하였다. 스토커는 이러한 테제를 '포스트포드주의 지방국가(Post-fordist local state)'로 이어받고 있는데, 포스트포드주의 지방국가는 케인스주의적 국가의 보편주의적 복지체계로부터 기능과 권력의 수평적(시민사회로), 수직적(지방국가로) 이전 및 공유— 지금에 와서 로컬거버넌스의 이행과정으로 일컬어지는— 의 산물이었다 (Stoker, 1989, Stoker & Mossberger, 1995).

실제 경제의 안정적 성장으로 특징지어지던 포드주의 시기에 교육, 주택, 사회복지서비스 공급이 지방정부의 주요 역할이었다면, 지역경제의 침체/재정압박/소비자주의 확대에 의해 심화되는 지방정부 위기는 지방정치가 재구조화되는 주요 계기였다(Stoker, 1988). 이에 신보수주의 정부의 출현을 계기로 지방에 대한 중앙의 통제 강화는 지방에 상당한 영향을 주었고, 지방은 지방대로 자원과 역량을 동원하여 쇠퇴하는 지방경제를 되살리기 위한 지방정부의 혁신과 실험이 뒤따랐다. '사회적, 경제적 쟁점들에 대한 경계와 책임의 희석'은 이러한 역사적 맥락에서 형성된 것이었으며,[4] 가령 영국과 같은 나라에서 1980년대 이후 대처정부가 집권한 이래 전개되었던 다각적인 새로운 산업 및 도시정책이니시어티브—가령 엔터프라이즈존(EZ), 도시개발공사(UDCs), 기업훈련위원회(TECs), 지방기업공사(LEC), 지역개발청(RDA), 이외 주거행동협회(HATs), 그리고 도시도전기금(City Challenge)기금과 단일재생예산(SRB)―등은 그 제도적 표현이라 할 수 있다(Stoker & Young, 1993; Stoker & Mossberger, 1995).

3) 거버넌스는 집단행동에 관련된 제도들간 관계에 관련된 권력의존성(power dependence)을 나타낸다.
4) 거버넌스는 행위자들의 자율적인 자기통치네트워크(autonomous self-governing network)에 대한 것이다.

이들 두 명제는 로컬거버넌스가 운영되는 양식, 즉 일종의 작동논리를 규명하는 것과 관련된 테제처럼 보인다. 스토커의 로컬거버넌스 이론이 영국과 미국, 최근 유럽사회 전반에서 지배적인 경험주의 정치이론으로 부상한 도시체제이론(urban regime theory) 및 정책네트워크이론(policy network theory)과 긴밀하게 연계되는 것도 바로 이 명제와 관련되어 있다고 할 수 있다. 이미 1950, 1960년대에 정치사회학계를 풍미하였던 지역사회권력연구와 1970, 1980년대 성장연합이론의 연장선상에서 도출된 도시체제이론은 잘 알려진 대로 도시정치에서 공공과 민간, 준공공 영역을 둘러싼 광범위한 연합형성―즉 도시체제―에 구조적이고 체계적인 설명틀을 제공하였다(Stone, 1993).[5]

도시체제이론에 따르면 통치연합은 합목적적이며 일정 기간 상대적으로 안정적인 것으로서, 관련된 행위주체 및 시스템간 '구조적 의존성 내지 권력의존성'에 의해 형성된다. 다시 말해 정치체제상의 주체들은 목표를 달성하기 위해 상호 지지를 교환하고 공통의 목적을 협상해야 하는 것이다. 그렇지만 그 구체적 형태는 지역특정적 조건들에 의해, 그리고 게임의 규칙과 맥락에 의해 차별적이고 역사적으로 변화하는 실체라는 사실 또한 강조되고 있다. 그래서 스토커는 이 도시체제이론이 지방의 상황과 행위자들에게 민감한 도시의 정책결정과 권력관계의 역동성을, 궁극적으로 로컬거버넌스의 다양성을 설명해주는 잠재력이 있음을 지적하였는데(Stoker, 1995; 1998), 앞의 거버넌스 명제도 이러한 도시체제이론적 사고에 기초한 것이라 할 수 있다.

그렇지만 그는 여기에 머무르지 않는다. 국제비교연구를 지향해야 한다는 주장이 그것인데, 이미 하딩(Harding, 1994)과 같은 동료 학자가 강조하고 있듯이 북미의 정치적 풍토와 유럽의 사회민주적 정체가 상이하다 할 때 북미계열의 자민족중심주의에 매몰되지 않을 수 있는 국제적 수준의 로컬거버넌스(도시체제) 연구가 지니는 가치는 매우 높은 것이라 할 수 있다.[6] 그가 파트너들의 목적, 참여자들의 동기, 공동목적의식의 토대, 연합의 질, 지방적·비지방적 환경과의 관계 등의 차별적 체제구성 범주를 통해 구성하는 도시거버넌스 유형론은 이러한 사고를 구현하고자 하는 이론적 시도라 할 수 있다(Stoker & Mossberger, 1994; Stoker et al., 2000). 물론 이러한 제안이 보편적인 것으로 수용된 것은 아니지만, 이후 본격적으로 전개되었던 도시거버넌스의 국제비교연구에 상당한 영향을 주었던 점을 부정할 수 없다.

5) 거버넌스는 그 권위를 명령하거나 사용하는 데 정부권력에 의존하지 않는 행위수행역량을 인식한다.

거버넌스와 관련된 실천적 함의를 풍부하게 담고 있는 이 명제는 다른 네 가지 명제를 통해 규명된 로컬거버넌스로의 이행과 관련하여 지방정부와 시민사회 모두에 대해 새로운 의식과 태도, 행동 및 역할이 요구됨을 피력하고 있다.

실제 유럽 사회가 직면하고 있는 국가에 의한 사회의 조정(steering)-도시파트너십을 형성하고, 정치환경을 보호하며 기회를 촉진-과 같이 유럽 사회가 직면하는 문제도 이러한 맥락에서 도출된 것이며(Stoker, 2000), (지방)정부의 새로운 역할을 함축하는 권능부여자(enabler), 촉진자(animator), 촉매자(catalytic agent) 등과 같은 다양한 개념어는 이 명제가 가지는 현대적 의의를 잘 적시하고 있다(Kooiman & Van Vliet, 1993). 지방시민사회 역시 새로운 행동과 역할이 요구되는바, 역량의 결핍이나 집단간 경쟁과 갈등으로부터 빚어지는 일련의 '거버넌스 실패 (governance failure)'는 이러한 필요성이 가지는 현 시대의 긴박함을 반영하는 것이다.

이것이 이론으로서 거버넌스의 마지막 명제 속에 함축된 의미인 동시에, 최근 스토커가 사회적 자본(social capital)에 관한 논의에 선을 대고 있는 이유이기도 하다. 이미 푸트남(Putnam)에 의해 제기된 이 이론은 신뢰와 협력, 그리고 이를 촉진시키는 다양한 결사체와 경제사회 및 시민사회의 발전사이에 인과적 설명을 가하고 있다(Putnam, 1993). 이는 최근 ESRC가 지원하는 CITIES 프로그램의 하위 프로젝트 가운데 하나인 "시민참여, 사회적 자본과 도시들"로 설정되었는데, 이 프로젝트는 도시에서 자원협회, 지역사회집단, 그리고 기업조직의 성격과 활동, 그리고 지방정부와의 관계, 나아가 도시의 사회경제적 복지에 대한 영향을 연구하는 프로젝트이다.

이와 같이 LGP를 중심으로 그리고 많은 국제적 학술교류를 통해 스토커와 그의 동료들에 의해 수행되는 로컬거버넌스에 관한 이론적, 경험적 연구들은 최근에 발표된 많은 연구서들을 통해 이 이론들이 정립되고, 경험적 결과들이 축적되고 있다. 특히 『영국 로컬거버넌스의 신정치』(2000)와 같은 책은 그간의 연구성과를 집대성한 책 가운데 하나인데, 이 책은 서두에 지적한 바 있는 다양한 로컬거버넌스 중범위이론들을 경험적 현실에 적용해봄으로써 지방정치에서 거버넌스의 출현과 그 함의를 심층 해부한 것으로 널리 평가받고 있다.

로컬거버넌스의 함의

1990년대 이후 서구 사회에서 풍성하게 논의되었던 이들 로컬거버넌스 논의가 우리 사회에 갖는 함의는 무엇일까? 우리 사회에서 최근 출현하고 있는 새로운 현상들을 목도하게 될 때 로컬거버넌스에 관한 논의는 상호연관되어 있는 두 가지의 이론적·실천적 함의를 가져다준다. 현재 우리는 새삼스럽게 자율성을 회복하려는 지방, 성장을 위해 치열하게 경쟁하는 지방, 다양한 집단들의 이해관계가 충돌하고 지방이 복잡하게 뒤얽히고 중첩되어 있는 현실 사회의 변화를 목도하고 있다.

이에 로컬거버넌스의 논의는 '실천적인' 측면에서 사회변화의 복잡성, 다양성을 관리하기 위한 기제로서의 거버넌스가 갖는 제약과 잠재력을 보여준다. 실제 많은 실패 사례에도 불구하고 로컬거버넌스는 지역경제개발의 영역에서, 지역사회복지의 영역에서, 공유자산관리와 환경보존의 영역에서, 도시개발의 영역에서 갈등을 최소화하고, 합의와 자원을 동원하는 효과적인 원리이자 기제로 작용해왔던 것이 사실이다. 최근 효과적인 지역경제 전략으로서 지역혁신체계(RIS)에서, 그리고 도시의 경쟁과 무질서한 개발에 대한 대안으로서 성장관리(growth management)에서, 그리고 이외에 다른 많은 영역에서 지역개발의 실용적인 정책프레임으로 크게 기여하고 있는 것이다.

그렇지만 이러한 주장이 곧 로컬거버넌스로의 이행이 자동적이고 항상 성공적인 과정임을 의미하지는 않는다. 오히려 로컬거버넌스 연구가 보여준 귀중한 성찰은 각 국가 및 지방이 처한 특수한 맥락과 조건이 로컬거버넌스로의 이행을 제약하기도 하고, 촉진하기도 한다는 사실이다. 그러므로 로컬거버넌스 논의가 갖는 '이론적' 함의는 LGP에서 추구되었던 것처럼 관련된 집단과 이해관계 및 권력관계에 대해 광범위한 심층적 경험연구를 통해 로컬거버넌스로의 이행의 가능성과 제약조건을 규명하는데 있다. 이는 향후 우리 사회가 '효율적이고 책임성 있는' 지방정부ㅡ보통 신공공관리(NPM)으로 불리는ㅡ에 기초한 제한된 거버넌스 접근에서 벗어나 광범위한 국가-시민사회의 역할과 관계, 그리고 그 상호작용 등을 학제간 협력과 의사소통을 통해 진지하게 문제제기하고 규명해야 함을 의미한다.

주)

1) 이 조직은 영국의 선도적인 사회과학기금 기구이다. 이 기구는 정부에 의해 기금이 지원되는 독자적인 조직으로 크게 연구지원금, 연구센터 및 프로그램, 그리고 대학원생 교육 등으로 구분된다. 연구프로그램은 전략적이고 국가적 중요성을 지닌 과학적 주제나 정책관련 토픽을 다룰 수 있는 사회과학연구역량을 이용하고 강화하는 데 그 취지가 있다.

2) ESRC에서 운영되는 연구프로그램은 2001년 현재 모두 40개 — 이미 완결된 프로그램이 20개 — 정도로, 완결된 프로그램 가운데 하나가 LGP라 할 수 있다. 이 프로그램은 1997년 완결되었지만, 그 내용은 현재 다른 프로그램 가운데 하나인 Cities Programme하의 소규모 연구프로젝트들로 계승되고 있다.

3) 이 연구목표는 ① 지방정부가 공공, 민간, 자원부문조직에 의해 제휴가 이루어지는 로컬거버넌스 체계로의 발전을 검토함으로서 웨스트민스터와 화이트홀형 정부구조로부터 변형을 살펴보는 것 ② 로컬거버넌스 연구에 관련된 현행의 다양한 이론적 접근들의 강점과 약점을 비교하고 대비함으로서 로컬거버넌스에 관한 다이론적 접근을 발전시키는 것 ③ 국제적 맥락에서 영국의 변화하는 로컬거버넌스 체계를 설정하는 것 ④ 시민과 소비자로서의 공공에 의해 정부가 경험되는 방식의 이해 등이었다.

4) 그러나 이와 같은 스토커가 갖는 초기의 인식지평은 상당히 확장되어 거버넌스의 부상이 재정적 위기 외에, 복잡하고 다양해지는 정치적 환경이나 사회 속에 관철되고 있는 정치사상이나 이데올로기의 변화, 다양한 주체들에 의한 상이한 연합의 활성화와 같은 광범위한 힘들의 발현에서 찾고 있다는 사실이 지적될 필요가 있다(Stoker, 1998).

5) 비슷한 시기에 비록 국가정치를 대상으로 한 것이긴 하지만, 공공과 민간, 준공공영역간 권력 및 자원의존성에 관한 사고는 정책네트워크이론에서 발견된다. 이 이론에 따르면 거버넌스 관계에서 비록 한 조직이 특수한 교환과정을 지배할 수 있을지언정, 권위적 행동에 대한 열망과 다른 사람들의 순응과 행동에 대한 의존성으로 인해 어느 조직도 일련의 과정 전체를 완전히 장악하거나 명령할 수 없다고 주장한다(Rhodes, 1990; 1996). 말하자면 거버넌스 관점에서 통치는 항상 공공이나 민간의 어느 단일한 행위자도 문제와 씨름할 지식과 자원을 가지지 못하기 때문에 상호작용적인 과정이다(Kooiman, 1993).

6) 사실 초기의 도시체제연구들은 대개 한 국가 안의 맥락에서, 특히 북미를 중심으로 분권화되고 파편화되어 있으며, 시장지향적인 환경에 적용된 것이 일반적이다. 때문에 북미계열의 도시와는 역사적, 지리적 맥락이 다른 도시체제형성의 가능성과 그 구체적 형태에 맹목적이었던 것이 사실이다.

참고문헌

Stoker, G. 1988, *The Politics of Local Government*, Macmillan Press LTD.

_____. 1989, "Creating a Local Government for a Post-fordist Society: The Thatcherite Project?," Stewart. J & G. Stoker(eds.), *The Future of Local Government*, Macmallian.

_____. 1995, "Regime Theory and Urban Politics," in D. Judge et al(eds.), *Theories of Urban Politics*.

_____. 1996, "Introduction: Normative Theories of Local Government," in ed. by Desmond. K & G, Stoker., *Rethinking Local Democracy*, London: Macmillan Press LTD.

_____. 1998, "Governance as a Theory," *International Social Science Journal*.

_____. 1998, "Public-Private Partnership and Urban Governance," in Pierre. J(ed.), *Partnerships in Urban Governance*, Macmillan Press LTD.

_____. 2000a, "Urban Political Science and the Challenge of Urban Governance," in Pierre J(eds.), *Debating Governance*, Oxford Univ. Press.

_____.(ed.). 2000b, *The New Politics of British Local Governance*, Macmillan Press LTD.

Stoker, G & K. Mossberger. 1994, "Urban Regime theory in comparative perspective," *Environment and Planning C*, 12.

_____. 1995, "The Post-Fordist State: the Dynamic of its Development," in ed. by Stewart. J & G. Stoker, *Local Government in the 1990s*, Macmillan LTD.

Stoker & Young. 1993, *Cities in the 1990s*, Harlow: Longman.

Stoker, G. et al(eds.). 2000, *Models of Urban Governance*, Palgrave Publisher LTD.

Harding, A. 1994, "Urban Regime and Growth Machines: Toward a Cross-National Research Agenda," *Urban Affairs Quarterly*, Vol.20(3).

Jessop, B. 1995, "The Regulation Approach and Governance Theory: Alternative Perspective on Economic and Political Change," *Economic and Society*, 24(3).

Kooiman, J. 1993, *Modern Governance*, London: Sage.

Kooiman, J & M. Van Vliet. 1993, "Governance and Public Management," in Eliassen, K & J. Kooiman(eds.), *Managing Public Organisations*, London: Pinter.

Putnam, R. D. 1993, *Making Democracy Work*, Princeton: Princeton University Press.

Rhodes, R. A. W. 1990, "Policy Network; a British Experience," *Journal of Theoretical Politics*, 2.

_____. W. 1996, "New Governance: Governing without Government," *Political Science*, 44.

_____. W. 1997, *Understanding Governance: Policy Networks, Governance, Reflecivity and Accountability*, Open University Press.

Stone, C. N. 1989, *Regime Politics*, Lawrence University Press.

Robert D. Putnam

푸트남의 사회적 자본이론

소진광(경원대학교 도시행정학과 교수)

왜 사회적 자본인가?

산업화는 산업자본을 중심으로 거의 모든 사회현상을 설명하는 데 성공한 것처럼 보였다. 산업자본이 전통자본의 골간을 이루고 있음이 그 증거다. 따라서 인종, 문화, 그리고 언어가 달라도 산업화의 정도는 곧 인류문명의 발전현상을 형량할 수 있는 가장 기본적이고 대표적인 척도로 인식되게 되었다. 그러나 새로운 논리의 부각으로 산업화에 근거한 전통적인 자본만으로는 설명할 수 없는 사회현상이 출현하였고, 그 빈도가 점차 늘어나고 있다. 수평적, 개방적, 분산적 인식논리가 보편화되고 있음이 그 예이다. 그러한 새로운 논리는 사회조직화과정에 있어서 새로운 환경의 조성과 밀접하게 관련되어 있다.

요즘 활발하게 논의되고 있는 사회적 자본(social capital)은 이와 같이 새로운 환경조성과 관련하여 사회, 경제적 결과에 영향을 미치는 과정에 대한 인식논리의 성격을 띠고 있다. 특히 우리나라의 경우 새로운 인식논리의 근저에는 그간 괄목할 만한 경제성장과정에서 간과되어왔던 전통가치에 대한 재발견 혹은 재평가와, 지방자치 실시 그리고 다른 한편으로는 세계화를 향한 새로운 가치관의 대두가 큰 비중을 차지하고 있다. 사회적 자본의 개념이 아직도 학계에서 논의의 초점을 이루고 있는 이유는 새로운 인식논리가 정착하지 못했고, 그와 관련되어 있는 환경변화가 급속하게 일어나고 있기 때문이다.

사회적 자본(social capital)의 인식논리는 19세기 고전적 사회학에 그 뿌리를 두고 있지만, 현재와 같이 활발한 연구대상으로 부각된 계기는 부르디외(Pierre Bourdieu)와 콜맨(James Coleman)에 의해 마련되었다. 부르디외(1986)는 사회적 자본이란 용어를 1970년대 어떤 지역사회에서 회원제(membership)를 통해 주민들에게 발생하는 추가 이익과 기회창출의 의미로 사용하기 시작하였다. 콜맨(1988)은 사회적 자본을 정밀하게 정의하고 있지는 않지만 주민들의 사회적 연대(social ties)로부터 나타나는 개인적 자원이란 의미로 이 용어를 사용하고 있다. 콜맨에 있어 사회적 자본은 은행계정에서 확인할 수 있는 금융자본(financial capital)과 인간의 두뇌 안에 있는 인간자본(human capital)과는 달리 사람과 사람사이의 관계 의미를 포함하고 있다. 로버트 푸트남(Robert D. Putnam, 1993b)은 사회적 자본을 활동을 조정 혹은 용이하게 함으로써 사회의 효율성을 증대시킬 수 있는 신뢰, 규범, 연계망(networks)과 같은 사회조직의 특징과 연관시켜 정의하고 있다. 후쿠야마(Fukuyama, 1995) 또한 사회구성원간의 신뢰를 사회적 자본으로 보고 있다.

본래 자본이라는 용어는 생산력 있는 가치의 총계를 의미하는 것으로 다른 생산요소와의 결합비율, 결합방식에 따라 이윤 크기를 달리할 수 있을 뿐이다. 그러나 자본에 대한 이러한 기능주의적 견해는 (제한된 범위 내에서) 개별 구성요소의 합이 반드시 전체와 일치하지 않는 경우를 고려하기 시작한 구조주의 논리에 의해 도전받게 되었다. 즉, 자본이 기계라든가 원료와 같은 실존 형태를 띠고 있는 것은 아닐지라도 그러한 표현방식에 따라 기능이 다르고 또 자본이 작동하는 사회구조에 따라 이윤발생 정도를 달리한다. 뿐만 아니라 어떠한 유형의 자본도 동일한 여건이 반드시 동일한 결과로 이어지지 않는다는 일반적인 변화의 양태를 설명해주지 못한다.

개인적 생산력과 사회적 생산력은 각기 다른 원리에 의해 지배되고 있고 그러한 구분은 전통적인 자본의 규모에 따른 효과와는 별개의 것이다. 동일한 규모의 자본 투자에 의해서도 결과적인 이윤발생 정도가 모두 다르다. 이러한 차이는 자본을 누가, 무엇을 생산하는 데 사용하는지의 문제와도 별개의 것이다. 이는 개별 구성원을 전체 사회로 통합하는 과정에서 구성원간 상호작용에 영향을 미치는 중요한 요소를 간과하고 있기 때문이다. 즉 개인의 사회화 과정에는 개인의 지적능력(즉, 인간자본)이나 가치의 규모(즉, 금융자본) 외에 구성원간의 신뢰(trust)라든지 네트워크와 같은 또 다른 유형의 요소가 개입되어 있을 가능성이 있다. 즉, 개별 구성원을 단순히 합해놓았다고 해서 전체 사회를 이루는 게 아니라면 개인적 자본(personal capital)과는 별개의 매개변수가 사회 형성과정에서 작용하고 있는 것으로 이해된다. 학자들은 이를 전통적인 자본의 기능과 대비하여 사회적 자본(social capital)으로 부르고 있다.

푸트남의 사회적 자본이론 체계

푸트남은 현재 하버드 대학교의 정부학과(Department of Government)의 학과장, 케네디 스쿨의 학장과 국제관계 연구소 소장(Director of the Center for International Affairs)을 맡고 있다. 그는 10여 권의 책과 30여 편의 학술논문을 여러 나라의 언어로 발표한 바 있다. 푸트남은 스와스모어(Swarthmore) 대학, 발리올(Balliol) 대학, 옥스퍼드 대학 그리고 예일 대학에서 공부하였고 스와스모어 대학과 스톡홀름 대학에서 학위를 받았다.

푸트남이 사회적 자본을 연구하게 된 계기는 우연에 가깝다. 이탈리아 로마에서 다양한 이탈리아 정책을 연구하고 있던 당시 미시간 대학(University of Michigan) 교수였던 푸트남은 1970년 봄, 같은 연구를 하기 위해 로마에 와 있던 랑(Peter Lange), 그리고 와이츠(Peter Weitz)와의 대화를 통해 이탈리아의 다양한 지역성에 대해 연구하기로 마음먹게 된다. 예상밖으로 이탈리아 정부는 오랫동안 등한시해온 지방자치 조항을 이행하기로 합의한 때였다. 이러한 새로운 제도는 이탈리아의 다양한 지역에 있어서 무(無)로부터 시작하는 것이었기 때문에 "어떻게 제도가 발전하고 사회적 환경에 적응하는지"에 관한 장기적이고 체계적인 연구를 시작할 수 있는 보기 드문 기회를 제공해주었다.

푸트남은 1970년 가을, 미시간 대학의 연구비를 받아 이탈리아 반도에 흩어져 있는 몇 개 지역에서 새롭게 선출된 의회 의원들을 상대로 설문조사를 하고 다시 미시간 대학으로 돌아와 레오나르디(Robert Leonardi)와 나네티(Raffaella Nanetti)의 도움을 받아 이러한 조사자료를 분석하기 시작하였다. 1975년 이탈리아에서 새로운 지방의회 의원들이 선출되었을 때, 푸트남은 이제 런던 스쿨 오프 이코노믹스(London School of Economics)에서 유럽연합의 정치에 관한 강의를 맡아 하고 있는 레오나르디와 시카고 일리노이 대학의 도시계획 및 정책분석학 교수가 된 나네티와 공동으로 1970년도 보다 더 밀도 있는 연구를 시작하게 되었다. 이들의 연구대상은 이탈리아 전역에서 선정된 지방정부였다. 이들의 연구는 이후 단계별로 다양한 기관의 재정지원으로 거의 20년에 걸쳐 진행되었고, 이들의 연구결과는 '사회적 자본' 개념을 빌어 공간과 시간을 접목시키는 위대한 업적으로 남게되었다. 이탈리아 지방정부에 대한 푸트남 일행의 연구는 미시간 대학뿐만 아니라 미국의 국립과학재단(the National Science Foundation), 하버드 대학교, the John Simon Guggenheim Memorial Foundation, l'Istituto Carlo Cattaneo, 이탈리아 정부와 여러 지방정부, 그리고 유럽연합에 의해 지원되었다.

새롭게 출범한 이탈리아 지방정부의 공간적 차이에 관한 푸트남의 관심은 다음과 같았다. 즉, 공식적인 제도가 정치현실이나 정부작용에 어떻게 영향을 미치는가? 제도를 개혁했을 때 반드시 (예상한 대로) 실천이 뒤따르는가? 제도의 수행은 그의 사회적, 경제적, 및 문화적 저변에 따라 다른가? 민주주의 제도를 도입했을 때, 그러한 제도는 이전의 환경에서와 같이 발전할 수 있는가? 모든 주민이 그들 수준에 맞는 정부를 가질 수 있도록 민주주의 질은 주민의 질에 달려있는가?

이러한 연구관심은 자연스럽게 각 지역마다 다른 중세로부터의 역사적 맥락과 접목되었고, 푸트남 일행은 시민사회의 특성과 집단행동의 논리에 깊이 빠져들게 되었다. 그러나 그들의 핵심적인 논제는 이탈리아 지방정부의 작용이 현격한 차이를 보여주고 있는 남·북 지역차와 어떻게 관련되어 있는가에 관한 것이었다. 이는 '제도와 그 성과를 연결하는 설명변수를 탐색하는 과정'으로 요약될 수 있을 것이다. 그만큼 당시 이탈리아의 지방자치실시는 푸트남 일행에게 제도발전의 동태성과 생태를 비교·연구하기에 좋은 계기를 마련해주었다.

푸트남의 '사회적 자본'이론은 효과적인 정부의 기원을 탐색하는 과정에서 탄생하였다. 그는 이탈리아의 다양한 지방정부에서 그들 법률이 얼마나 혁신적이며, 보건, 주택, 농업, 그리고 산업발전 등 영역에서 그러한 법률이 정책을 효과적으로 이행하고 있는지, 또한 얼마나 즉각적이고 효과적으로 그들 시민기대를 만족시키고 있는지, 어떠한 제도가 성공하고, 어떠한 제도가 그렇지 못하는지를 면밀히 조사하였다. 이러한 조사자료에 근거하여 푸트남은 제도성과수행에서의 공간적 차이를 설명하고 있는 것이다. 그는 이어 그러한 공간적 차이가 오랜 시간을 두고 형성되어온 지역의 사회적 맥락과 무관하지 않음을 발견하고 시간함수를 보조설명변수로 도입하고 있는 것이다. 여기서 그가 얻은 결론은 제도의 수행과 시민공동체(the civic community)라 할 수 있는 시민생활(civic life)의 특성이 연계되어 있다는 것이다. 시민공동체는 능동적이고, 공공심이 충만한 서민에 의해, 평등주의에 입각한 정치관계에 의해, 그리고 신뢰와 협동에 의한 사회조직에 의해 표현될 수 있다.

푸트남은 연구결과 이탈리아의 어느 지역은 활발한 연계망과 시민참여의 규범이 잘 마련되어 있고, 다른 지역은 수직적 정치구조, 분절되고 고립된 사회생활, 그리고 불신의 문화로 저주받고 있음을 발견하였다. 그는 이러한 발견으로 시민생활에서의 차이가 제도의 성공을 설명하는 데 있어서 중요한 역할을 수행하는 것으로 결론짓고 있다. 제도의 수행과 시민공동체가 강하게 연계되어 있다는 사실은 왜 어느 지역은 보다 시민위주이고, 다른 지역은 그렇지 못한가에 대한 의문을 제기하게 된다. 푸트남은 이에 대해 이탈리아 남부 지역은 강력한 군주제의 전통이, 그리고 이탈리아의 중심부와 북부는 공화제의 전통이 내려오고 있음을 상기시키며 지역성을 역사와 접목시키고 있다. 그는 19세기 이탈리아 반도의 통일 이전, 중세로부터 내려오던 시민참여와 사회결속 패턴의 지역차이를 추적하고 이를 지역마다 차이를 보이고 있는 제도의 성패나 지방정부의 성과 수행력에서의 차이와 연계하였다. 즉 이러한 전통에서의 차이가 오늘날 이탈리아 지역에서 나타나고 있는 공공적이든 개인적이든 '삶의 질'에 대하여 결정적인 영향을 미치고 있다는 것이다.

마지막으로 푸트남은 왜 시민참여의 규범과 연계가, 효과적이고 시민수요에 즉각적인 정부의 번영에 강력하게 영향을 미치고, 또 이러한 시민사회의 전통이 오랫동안 안정적인가라는 질문에 답하고 있다. 그는 '사회적 자본' 개념을 도입하여 그러한 과정을 설명하려 하였고, 이러한 논리가 비단 조사대상이었던 이탈리아뿐만 아니라 제도수행과 공공생활에 대한 이해를 증진시키는 방식으로 역사적이고 합리적인 선택관점을 연계시킬 수 있는 다른 많은 경우와 관련되어 있다고 보았다. 그에 의하면 사회적 자본은 활동의 상호조정을 쉽게 함으로써 사회의 효율성을 증진시킬 수 있는 신뢰, 규범, 그리고 연계망과 같은 사회조직 양상으로 정의된다. 결국 푸트남의 사회적 자본은 전통적인 산업자본의 보완적 기능에 초점을 두고 있다. 즉, 사회적 자본은 개인의 생산성을 증대시키는 도구인 물리적 자본(physical capital) 및 훈련을 통해 축적되는 인간자본(human capital)과 유사하게 상호 이익을 도모하기 위한 조정과 행동을 쉽게 해주는 네트워크, 규범 및 사회적 신뢰와 같은 사회조직의 특징과 관련되어 있다.

그루타트(Grootaert, 1998)는 다양한 사회적 자본의 개념을 세 가지 방향에서 정리한 바 있다. 첫째는 가장 협의의 개념으로 푸트남을 예로 들고 있는데, 푸트남(1993b)은 사회적 자본을 사람들 사이의 "수평적 결합(horizontal association)"으로 보고 있다. 여기서 사회적 자본은 지역사회 생산성에 영향을 미치는 사회적 연결조직(즉, 시민참여의 네트워크)과 관련 규범으로 구성되어 있다.

두번째는 사회적 자본에 대한 보다 광의의 개념으로 콜맨을 예로 들고 있다. 콜맨(1988: 598)은 사회적 자본을 "두 가지 요소를 공통으로 가지고 있는 다양한 실체(entities)"로 보고 있고, 그러한 실체들은 "사회구조적 양상을 하고 있으며 그것들은 모두 개별적이든 집합적이든 그러한 구조 내에서 행위자의 어떤 행동들을 쉽게 만드는 속성을 지니고 있다." 사회적 자본에 대한 콜맨의 개념은 사실상 개인간 행태를 지배하는 규범의 전체적인 조화뿐만 아니라 개괄적인 사회구조를 포함하고 있다.

세번째 입장은 가장 포괄적인 것으로 사회적 자본에 규범으로 하여금 사회구조를 발전시키고 형성하게 하는 사회·정치적 환경을 포함시키고 있다. 주로 비공식적이고 지방적이며, 수평적 혹은 계층적 관계를 다룬 첫번째와 두번째 입장에 더하여 세번째 입장은 정부, 정치제도, 법의 지배, 재판체계 그리고 시민 및 정치자유와 같은 가장 공식적이고 제도적인 관계와 구조까지도 포함하고 있다. 이러한 견해는 그러한 제도가 경제성장과정 및 경제발전 유형에 중요한 영향을 미친다고 보고 있다.

푸트남(1993, 1995, 2000)의 사회적 자본은 마치 산업자본이 경제활동의 변동을 설명해주었듯이, 시민사회 변화를 이해하는 데 중요한 척도로 인식되었다. 특히 푸트남(2000)은 최근 사회과학자들이 "사회적 자본"의 관점에서 변화하고 있는 미국사회의 특성에 대한 관심을 표명하고 있다고 전제하고, 사회적 자본 이론의 핵심은 사회적 연계망(social networks)이 가치를 지니고 있다는 사실이라고 하였다. 즉, 나사돌리개 (screwdriver) 같은 물리적 자본, 혹은 대학교육과 같은 인간자본이 개별적이든 집단적이든 생산성을 증대시킬 수 있는 것과 마찬가지로, 사회적 접촉(social contacts)도 개인적이든 집단적이든 생산성에 영향을 미친다고 보았다. 물리적 자본이 물리적 대상과, 그리고 인간자본이 개인의 재산과 관련되어 인식되는 반면, 사회적 자본은 개인간 연결—즉 그러한 연결로부터 발생하는 사회적 연계망, 호혜성(reciprocity)의 규범, 그리고 신뢰할 가치가 있는 것들과 관련하여 인식될 수 있다는 것이다. 그런 의미에서 푸트남의 사회적 자본은 소위 "시민덕목(civic virtue)"과 밀접하게 관련되어 있다. 차이가 있다면 사회적 자본은 시민덕목이 호혜적 사회관계에서의 밀도 있는 연계망으로 구체화될 때 가장 강력하다는 사실에 그 초점을 두고 있다는 사실이다. 많은 덕목을 갖추었으나 개별적으로 고립된 사회가 반드시 사회적 자본의 관점에서 풍요하다 할 수 없는 것이다.

푸트남(2000)에게 있어서 사회적 자본은 개별적 측면과 집단적 측면—즉 사적인 얼굴과 공적인 얼굴을 동시에 가지고 있다. 그는 사회적 자본이 사유재일 수도 있고, 공공재일 수도 있다고 보았다. 또한 푸트남은 사회적 자본이 다른 유형의 자본과 마찬가지로 사악하고, 반사회적으로 유도될 수 있음을 지적한 바 있다. 푸트남은 사회적 자본이 형성되는 과정이 다양하다고 전제하고, 가장 중요한 것은 내부 결속(bonding, or exclusive)과 외부 포섭(bridging, or inclusive)을 구분하는 일이라고 하였다. 그에 따르면 어떤 유형의 사회적 자본은, 선택이든 필요성에 의하든, 내부지향적이라서 배타적 정체성, 혹은 동질적인 집단을 강화하는 성향이 있고, 외부 포섭적인 사회적 자본은 다양한 사회계층에 걸쳐 사람들을 망라하는 성향이 있다. 푸트남(2000: 22)은 내부 결속에 의한 사회적 자본의 예로 인종별 친목단체, 교회 내에서의 여성독서모임, 그리고 상류사회의 컨트리클럽 등을, 포섭적인 사회적 자본의 예로 시민권

운동, 청소년봉사단체, 그리고 보편적인 종교조직 등을 들고 있다. 많은 조직들은 동시에 어느 정도는 내부결속에 의해 형성되고 또 어느 정도는 외부 포섭에 의해 강화되는 속성이 있다.

푸트남의 사회적 자본과 공간

푸트남(1993b)은 성공적으로 발전하는 제도에 있어서 시민사회의 중요성을 입증할 수 있는 경험적 증거를 제시하려 하였다. 그러한 경험적 증거는 "왜 어떤 민주 정부는 성공하고, 또 어떤 민주 정부는 그렇지 못한가?"라는 질문에 답하는 과정에서 제시된 것들이었다. 즉 공간현상에 대한 공간원인이 각자 다를 수 있음을 사회적 맥락에서 증명해 보이려고 한 것이다. 그런 점에서 푸트남(1993a, 1993b, 1995, 2000)의 저술들은 우리나라 조선시대 실학파인 이중환의 『택리지(擇里志)』 접근방식을 따르고 있는 셈이다. 다만 『택리지』가 환경결정론에 좀 더 가깝고, 푸트남의 접근방식이 환경가능론에 좀 더 가깝다는 차이가 있을 뿐이다. 따라서 이중환에게 있어서 공간은 선택의 대상이었지만, 푸트남에게 공간은 사회적 맥락을 조작함으로써, 비록 시간은 많이 걸리겠지만 어느 정도는 개조 가능한 것으로 비쳐지고 있다. 그러나 두 사람 모두 역사와 장소는 현재의 공간을 잉태한 가장 중요한 원인이며, 일정한 맥락을 형성하고 있고, 이것은 시간과 공간이라는 두 가지 척도로 비교될 수 있다는 데에는 의견을 같이하고 있는 것으로 보인다.

푸트남의 공간인식은 1970년대부터 이탈리아의 다양한 지방정부를 조사할 때와 2000년, 이제까지 사회적 자본에 관한 그의 연구를 집대성한 *Bowling Alone*을 발행할 때를 비교하면 약간 변화하고 있음을 느낄 수 있다. 이는 이탈리아와 미국이라는 조사대상의 차이에서 나타나는 당연한 귀결인지도 모른다. 1993년 *Making Democracy Work: Civic Traditions in Modern Italy*에서 푸트남은 이탈리아의 다양한 지방정부는 각각 고유한 장소(place)적 입장에서 이해되고 있으나, *Bowling Alone*에서는 기능면에서 어떤 동일한 척도로 비교가 가능한 공간(space)적 의미가 더 강하게 부상하고 있다.

푸트남(2000: 204~215)은 특히 사람의 장소적 이동이 잦으면 식물을 옮겨 심는 경우처럼 삶의 뿌리가 바뀌게 되고, 이 과정에서 지역사회에 대한 연대의식이 약화된다고 보았다. 즉 최근에 어떤 지역사회로 이주해온 사람들은 투표에 참여할 확률도 작고, 친구나 이웃과 관계를 맺기도 어려우며, 주민단체에 가담할 가능성도 작다는 것이다. 그뿐만 아니라 향후 5년 이내에 이주가 예상되는 사람들은 계속 머물려고 생각하는 사람들보다 교회나 어떤 단체모임에 참여하려는 의사도 약하고, 자원봉사 혹은 지역사회 일에 관여하기를 꺼려 한다는 것이다. 이와 같이 자주 옮겨 다니는 사람이 지역사회와의 유대가 약한 것처럼, 인구이동률이 높은 지역사회 또한 결속이 약하다. 그런 맥락에서 인구이동이 잦은 지역사회에서는 범죄발생률이 높고, 학교행사가 적다. 그런 지역사회에서는 비록 그곳에서 오랫동안 살아오는 주민들조차도 그들 이웃과의 유대가 약하다고 푸트남은 주장하고 있다. 이와 같이 인구의 이동 성향은 시민참여와 지역사회에 근거한 사회적 자본을 훼손하고 있는 것이다.

푸트남(2000: 206~207)은 미국의 경우 도시인구규모와 주민활동참여율, 교회에 나가 예배에 참여하는 횟수와의 상관관계를 분석하고 이들간의 뚜렷한 성향을 도출한 바 있다. 즉, 대도시일수록 주민들의 지역사회행사 참여율과 교회예배 참가율이 감소하고 있었다. 또한 푸트남은 미국에 있어서 교외화는 직주분리와 종족 및 계층간 분리현상을 더욱 확대하고 있다고 전제하고, 그 성격을 제2차세계대전을 기점으로 비교하고 있다. 전통적으로 미국의 도시주변지역은 동질적인 지역사회특징을 보여주었지만, 전후 점차 이질화되어 가고 있고, 민족, 계층, 교육수준, 생애단계 등에 따라 '생활방식에 의한 고립지역(lifestyle enclaves)'화되는 현상이 현저하게 나타나고 있다는 것이다. 이와 같이 1980년대 번 창한 '동호인 개발(common interest developments)'과 하나의 출입구를 두고 울타리를 친 지역사회(gated communities)의 출현은 각각의 집단거 주지가 이웃 지역사회와 눈에 보이지는 않지만 격리되는 결과를 낳았 다. 1983년 캘리포니아의 오렌지카운티에서 있었던 주택단지 개발사업 의 15%가 담을 친 주거단지였는데, 5년 후 이러한 비율은 두 배로 증 가하였다고 한다.

교외화는 주민들의 자동차에 대한 투자를 증대시켰고, 시간소비와 관 련하여 주민들의 행태도 변화시켜오고 있다. 이러한 변화는 사람들의 일상생활에서 공간인식을 바꾸고 있다. 이와 같이 혼자 차안에서 보내 는 시간이 늘어가고 있기 때문에 많은 사람들이 차를 운전하는 시간을 "혼자 생각하고 즐길 수 있는 기회"로 여기게 되었다. 그러나 푸트남에 게 있어서 혼자 자동차를 타고 오랜 시간 통근하는 것은 지역사회생활 에 악영향으로 비쳐졌다. 그는 매일 통근에 10분을 더 할당하게 되면 지역사회 일에 참여하는 비율이 10% 정도 낮아진다고 보았다.

푸트남(2000: 214)은 미국에 있어서 지난 한 3, 40년간 대도시주변의 교외화 현상이 사회적 자본을 잠식해오고 있다고 결론짓고, 그 이유를 다음과 같이 들고 있다. 첫째는 교외화가 자동차를 운전하며 혼자 있는 시간을 증대시켜, 주민들의 지역사회참여를 줄인다는 것이고, 둘째는 교외화가 사회적 분리추세와 연관되면서 단지별 동질성이 참여로 인한 특혜인식을 저감하였고, 계층과 종족을 초월한 사회적 연계구축의 기회 를 감소시키고 있다는 것이며, 마지막으로 교외화는 지역사회의 구역인 식(boundedness)을 약화시키고 있다는 것이다. 교외화는 직장, 거주, 쇼 핑 등을 공간적으로 분리해오고 있고, 이는 누구도 한 지역사회의 일에 몰두할 수 없도록 하고 있는 것이다.

푸트남 이론의 비판과 응용

20년에 걸친 이탈리아의 다양한 지방정부에 대한 실험적 연구를 통해 푸트남(1993b)은 시민이 관여하는 규범과 네트워크는 대의정체(representative government)의 행위에 강력한 영향을 미친다고 결론지은 바 있다.

여기서 푸트남(1993b)은 투표참여, 신문구독, 합창단과 축구단의 회원제 등 시민 네트워크 구성요소를 지역사회 성공의 보증서라고 믿었다. 그는 북부 이탈리아에서 정치적 및 경제적 발전을 가져오는 소규모 단체를 결성하는 전통 깊은 주민성향을 발견하였다. 이어 그는 시민기반이 취약하면 가장 크고 가장 근대화된 지역사회도 제대로 기능할 수 없다고 주장하고 있다.

미국을 대상으로 한 또 다른 푸트남의 연구(1995)는 미국의 사회적 자본이 감소하고 있음을 보여주고 있다. 푸트남은 1980년과 1993년 사이 볼링 단체는 약 40% 줄어든 데 반해 전체 볼링인구는 약 10% 정도 증가한 데 관심을 갖고 연구를 시작하였다. 이와 함께 미국의 사회적 자본을 측정하기 위해 조사한 항목은 투표참여자 수, 교회신자 수, 노동조합 가입자 수, 자원봉사단체(Boy Scouts, Lions, Elks, Shriners, Jaycees, Masons, Red Cross 등) 회원 수였다.

이러한 푸트남의 사회적 자본 구성요소에 대한 비판도 없지 않았다. 비판의 요지는 대체로 사회적 자본의 구성요소가 시대변천과 맞물려야 하는데 푸트남(1995)은 그렇지 못했다는 데 있었다. 즉 미국에서 지난 몇십 년간 시민활동 및 시민참여의 유형이 바뀌고 있다는 것이다. 기존 자원봉사단체의 참여율이 낮아진 반면 새롭게 다른 자원봉사단체가 탄생하여 새로운 시민참여 형태가 나타나고 있고, 시민 네트워크의 유형도 달라지고 있다는 것이다. 예를 들어 푸트남(1995)은 미국 청소년 축구회원이 20년 전 12만 7천 명에서, 10년 전 120만 명, 1995년 현재

240만에 이르고, 토요일 자녀 스포츠 행사에 참여하는 학부모 수와 몇 몇 가족이 함께 볼링경기를 즐기는 경우를 연구에 포함시키지 못하고 있다는 것이다.

특히 정보·통신기술이 발달하면서 간접접촉을 통한 새로운 유형의 시민 네트워크 형성은 기존의 전통적인 시민 네트워크 방식을 대체할 수 있다. 이들 '네티즌 사회(netizen society)'에서는 새로운 유형의 접촉이 빈번해 지면서 공동의 이익을 실현하기 위한 새로운 방법이 등장하고 있는데, 한국축구 대표단을 응원하기 위해 결성되고 실제 행동을 보여준 '붉은 악마단'은 좋은 예이다. 이들은 한국의 사회적 자본을 증대시켜준 실증적 사례로 기록될 것이다.

이와 같이 사회적 자본의 요소는 이를 접근하는 입장과 또 지역사회 특성 및 사회변천과정과 맞물려 있어서 연구대상에 따라 달리 구성되어야 하고 또 항목별 가중치 또한 달라져야 한다. 특히 지역사회의 위기관리 능력은 평소 지표화할 수 없는 특성을 지니고 있기 때문에 사회적 자본 평가에 반영되기 어렵다. 그럼에도 불구하고 사회적 자본의 생산력은 위기시에 더욱 큰 힘을 발휘한다. 1995년 일본의 고베시에서 발생한 화산폭발은 지역사회에 근거한 사회적 자본이 얼마나 큰 힘을 발휘할 수 있는지를 잘 보여주고 있다(Peter Calthorpe; William Fulton, 2001: 31). 주민들은 평소 긴밀한 연계를 유지하고 있었기 때문에 화산이 폭발했을 때, 어떻게 대피해야 하고 노약자나 장애자를 어떻게 도와주어야 하는지를 잘 알고 있었고, 사후 수습에 있어서도 이웃을 잘 알고 있었기 때문에 누가 실종되고, 누가 출타중인지를 쉽게 파악할 수 있었다.

뿐만 아니라 동일한 형태의 네트워크가 반드시 사회적 자본을 형성하는 것도 아니다. 자동차 함께 타기(car pool system)의 경우 서울에서는 사회적 자본축적에 기여한 바 크지만, 사회적 환경이 다른 싱가포르의 경우 도심진입시 지불하는 혼잡비용을 절약하기 위해 돈을 받고 편승해

주는 직업이 나타나서 사회적 생산력을 저하시킨 예도 있다.

한편 인구이동성향과 사회적 자본, 그리고 교외화와 사회적 자본과의 관계를 분석한 또 다른 푸트남(2000)의 연구 결과는 공간관리 측면에서 시사하는 바가 크다. 즉 정주의식을 높일 수 있는 공간정책을 정의하는 일, 도시별 자족성을 어느 정도로 확보하여 지역사회 내 결속을 도모하고, 다른 한편으로 주변 지역사회와의 역할 분담을 통한 연계를 확보할 것인지에 관한 논리의 개발, 그리고 신도시를 건설할 때 기존 주변 대도시와의 거리, 그들 기존 도시와의 상호작용을 어떻게 정의할지 등은 전통적인 물리적 자본에 의해서만 논의될 일이 아니다. 이러한 공간개발이 궁극적으로 추구하고 있는 것은 그 안에서 사는 사람들의 삶의 질을 제고하는 것일진대 삶의 질이라는 것이 전통적인 자본만을 척도로 접근될 수 없기 때문이다.

한국공간이론 연구에 있어서 푸트남 이론의 함의

공간은 사람의 활동을 통해 느껴지는 것이지 물리적인 시설 등으로 보여지는 것이 아니다. 무엇이 어디에 어떻게 있는가보다는, 그 안에서 사람이 무엇을 할 수 있고, 무엇을 느낄 수 있는가가 더 중요하다. 인간의 삶의 질은 장소의 선택과 관련되어 있고, 이러한 선택은 소극적인 이동뿐만 아니라 적극적인 적응과정을 포함하고 있다. 삶의 질이 전통적인 자본만으로 측정될 수 없음은 인간에 내재되어 있는 이러한 적응과정을 전통적인 자본이 설명할 수 없기 때문이다.

물리적인 시설이나 전통적인 자본으로 마련된 '틀'이 본래 의도대로 활용되지 않고 예상치 못한 문제점을 표출하고 있는 경우를 흔히 본다. 구조와 기능이 단선적으로 연계되어 있지 않음을 간과한 때문이다. 사회적 자본의 개념 자체가 구조와 기능을 이어주는 역할은 하지 않지만 최소한 이 양자간의 관계를 설명할 수 있는 도구적 가치는 충분하다.

푸트남(1993a, 1993b, 1995, 2000)은 지역적 특성이 어떻게 인간활동을 조율하는가를 연구하는 가운데, 공간현상의 원인이 사람들의 활동임을 깨닫고, 이러한 인간활동과 관련되어 있는 연계, 규범, 신뢰를 사회적 자본으로 정의하고 있다. 전통적인 자본의 흐름만으로 설명되지 않던 공간현상이 사회적 자본의 개념을 도입함으로써 더욱 선명하게 이해된 것이다.

공간개발에 이용되는 지식이 제한되어 있고, 지식을 활용할 수 있는 능력에도 한계가 있을 수밖에 없는 현실에서 책임을 회피하고 싶은 지식인들은 '제한된 합리성(bounded rationality)'이라는 편리한 도피처를 즐겨왔다. 이는 공간을 설명하고 계획하는 사람들의 오만함을 여실히 나타내 주는 증거다. 사람의 활동을 보지 않고, 자기 방식의 '틀', 즉 물리적 공간을 만든 다음, 그 안에 획일적인 사람의 일을 담아 내도록 강요하지 않았던가? 1억 원을 투입하여 도시시설을 마련하였다면 1억 원만큼, 그 두 배를 투입하면 그만큼 용량은 증대될지 모르지만 그로부터 얻는 만족감은 같은 비율로 증대되지 않음은 자명한 사실이다. 그러면서 우리는 '삶의 질'이라는 궁극적인 가치를 실현하기 위해 자원을 투입하여 공간을 관리하고 있지 않은가?

푸트남의 사회적 자본에 관한 이론체계는 그 측정지표와 방법 등에 있어서 문제점이 없는 것은 아니지만 공간관리나 개발의 최종 가치와 수단을 연계할 수 있는 새로운 척도를 도입하고 있다는 점에서 높이 평가할 만하다. 도시시설을 정비하고, 신도시를 건설하며 도심을 재개발하려 할 때 그곳에 근거를 두고 살아왔던 사람들의 뿌리를 생각해야 한다.

참고문헌

Putnam, Robert D. 1993a, "The Prosperous Community: Social Capital and Public Life," *American Prospect* 13 pp.35-42.

_____. 1993b, *Making Democracy Work: Civic Traditions in Modern Italy*, Princeton: Princeton University Press.

_____. 1995, "Bowling Alone: America's Declining Social Capital," *Journal of Democracy* 6(1), pp.65-78.

_____. 2000, *Bowling Alone*, SIMON & SCHUSTER.

소진광. 2000, 「지방자치와 사회적 자본」, 《한국지방자치학회보》, 12(4), 93~122 쪽.

_____. 1999a, 「사회적 자본형성을 위한 지역사회개발논리」, 《지역사회개발연구》 제24집 1호, 29~47쪽.

_____. 1999b, 「지방자치시대 지역발전척도로서의 사회적 자본」, 《자치공론》 제5 권 12호, 60~69쪽.

_____. 1998, 「'삶의 질' 개념과 도시정책적 함의」, 《지역사회개발연구》 제23집 1 호, 65~84쪽.

이재열. 2000, 「민주주의, 사회적 신뢰, 사회적 자본」 (http://plaza.snu.ac.kr/~jyyee/trust.html).

Bourdieu, P. 1986, "The Forms of Capital," in J. Richardson(ed.), *Handbook of Theory and Research for the Sociology of Education*, Westport, CT: Greenwood Press.

Calthorpe, Peter and Fulton, William. 2001, *The Regional City*, Island Press.

Coleman, James S. 1988, "Social Capital in the Creation of Human Capital," *American Journal of Sociology*(Supplement) 94: s95-s120.

Dasgupta, Partha and Serageldin, Ismail(eds.). 2000, *Social Capital; A Multifaceted Perspective*, The World Bank.

Foster-Fishman, Pennie and Frank, Ken. 2000, "The Value of a Social Capital Framework for Understanding Coalition Formation and Sustainability," (unpublished) Draft(April, 5, 2000).

Friedmann, J. and Weaver, Clyde. 1979, *Territory and Function: The Evolution of Regional Planning*, Berkeley & Los Angeles: University of California Press.

Fukuyama, Francis, 1995, *Trust: the Social Virtues and the Creation of Prosperity*, New York: Free Press.

_____. 1999, "The Great Disruption: Human Nature and the Reconstruction of Social Order," *The Atlantic Monthly*, May 1999, pp.55-80.

_____. 2001, "Social Capital and Development: The Coming Aenda," Speech prepared for the conference "Social Capital and Poverty Reduction in Latin America and the Caribbean: Toward a New Paradigm," Santiago, Chile, September 24-26, 2001.

Grootaert, Chris. 1998, "What is Social Capital?," The World Bank Resource Paper.

Haq, Mahbub ul. 1995, *Reflections on Human Development*, Oxford: Oxford University Press.

Robison, Lindon J., Schmid, A. Allan and Siles, Marcelo E. 2000, "Is Social Capital Really Capital?" Manuscript accepted by the Review of Social Economy(October,

2000).

Robison, Lindon J. and Siles, Marcelo E. 2000, "Social Capital: Sympathy, Intangible Goods, and Institutions," A Resource Paper from the Social Capital Initiative (SCI) at Michigan State University.

Rubin, Isaac Ilyich. 1989, *A History of Economic Thought*, PLUTO PRESS.

SCIG. 1998, Abstracts: Social Capital Conference (April 20-22, 1998), Kellogg Center, Michigan State University.

Schmid, A. Allan. 2000, "Institutions and Social Capital," (Unpublished) Journal File presented at the SCI (Sept. 15, 2000) sponsored by the World Bank and MSU.

Serageldin, Ismail and Grootaert, Christiaan. 2000, "Defining Social Capital: An Integrating View," in Dasgupta and Serageldin (eds), pp.40~58.

So, Jin-Kwang. 2000, "Social Capital and Regional Development Paradigm," *Journal of The Korean Regional Development Association*, 12(3), pp.1-16.

Solow, Robert M. 2000, "Notes on Social Capital and Economic Performance," in Dasgupta and Serageldin (eds), pp.6~10.

공간인식과 계획이론

이 장에서는 인간과 공간 간의 관계에 대한 인식과 연구방법론을 다루는 9편의 글을 싣고 있다. 블라쉬는 프랑스 인문지리학의 거두로서뿐만 아니라 자연지리학과 인문지리학을 통합시킨 대표적인 지리학자다. 반면 보벡은 지역지리학 중심이었던 독일 지리학계에 사회지리학을 도입한 대표적인 학자라 할 수 있다. 레오폴드는 『모래 군의 열두 달』에 수록한 「토지 윤리」라는 수필을 통해 인류가 토지에 미쳐온 해악으로부터 살아남기 위해서는 토지윤리가 필요하다고 역설한 생태주의자다. 투안은 현상학적 관점을 도입하여 인간의 주관성과 현실인식을 강조하는 문화적, 인간주의적 공간이론을 주창하고 있다. 공간문제에 대한 해석에서 자본주의의 역할을 체계화하기 시작한 것은 앙리 르페브르부터라 할 수 있다. 그는 공간생산의 변증법을 통해 근대화 이후 자본주의 사회의 일상생활을 둘러싼 공간의 성격을 설명해내고 있다. 하비는 실증주의 지리학에서 출발하여 정치경제학적 공간이론을 가장 체계화한 학자이다. 하비의 영향을 받은 갓디너는 사회구조적 접근법을 수용하여 현대 도시의 공간문제를 해석하고 있다. 프리드만은 교환거래계획, 급진계획과 같은 새로운 계획개념을 발굴해낸 계획이론가이다. 미첼은 정보통신기술의 발달로 인해 초래된 현재와 미래의 도시의 성격을 의사소통과 참석의 경제 개념을 통해 해석해낸 정보통신 공간이론의 대표적 학자라 할 수 있다.

Vidal de la Blache

비달의 환경가능론

이희연(건국대학교 지리학과 교수)

프랑스의 인문지리학 발달에 가장 큰 공헌을 한 이는 단연코 폴 비달 드 라 블라슈(Paul Vidal de la Blache)이다. 그는 프랑스 신지리학의 발달을 주도했으나 유럽의 사회학 발달에 지대한 공헌을 하였던 베버(Weber)나 뒤르켐(Durkheim)만큼 많이 알려지지는 못하였다. 그러나 그의 지리적 사상은 많은 제자를 통해 프랑스 전역에 퍼지게 되었다. 프랑스 지리학은 다른 유럽국가들과는 달리 주로 비달의 견해와 방법론을 토대로 하여 발전·계승되어 나갔기 때문에 비달리안 전통파(la tradition vidalienne)라고 일컬어지고 있다.

비달의 생애(1845-1918)와 저서

비달은 파리고등사범학교에서 역사학과 지리학을 전공하였으며, 탁월한 능력을 인정받아 졸업 후 1867년 고전 연구와 고고학으로 매우 유명한 아테네에 있는 프랑스 학교에서 교육받을 수 있게 되었다. 여기서 3년간 공부하는 동안 그는 지중해 연안을 답사다니면서 자신의 박사학위논문을 준비하였다. 1870년 다시 프랑스로 돌아온 후에 그의 관심사는 고고학과 고대 역사학에서 지리학으로 옮아갔다. 특히 1872년 박사학위를 받은 후 5년간 낭시 대학의 지리학 교수로 머물면서 프랑스 동부 지방에 대한 지역연구를 시작하게 되었다. 1877년 파리고등사범학교에 재직하게 된 이후 약 20여 년간 지리학을 강의하면서 그의 지리적 사상을 발전시킬 수 있었다. 1898년 소르본 대학의 교수로 임명된 비달은 1914년까지 이 대학에서 지리학 연구에 몰두하면서 많은 제자들을 양성하였다.

지리학에 대한 비달의 사고는 주로 논문으로 발표되었는데, 그의 대표적인 논문으로는 「사회적 사실에 대한 지리적 조건」(1902년), 「인문지리에서의 생활양식」(1911년), 그리고 「지리학의 독특한 특성」(1913년)이 있다. 비달의 논문들은 그가 세상을 떠난 후에 제자이면서 사위였던 마르톤(E. de Martonne)에 의해 『인문지리학 원리(Principles de Geographie Humaine)』란 제목으로 1922년에 출간되었다. 비달의 또 다른 저서로는 1903년에 출간된 고전적인 지지서인 『프랑스 지리서(Tableau de la Geographie de la France)』와 1917년에 출간된 그의 마지막 저작 『프랑스 동부지역(La France de l'Est)』이 있다.

한편 프랑스의 대표적인 지지서라고 볼 수 있는 『세계지지(Geographie Universelle)』는 비달이 제자들과 함께 저술하기 시작한 것이었으나, 1918년 그가 급작스럽게 세상을 떠나게 되자 제자였던 갈루아(Gallois)가 중심이 되어 작업을 계승한 결과다. 세계 여러 지역과 주민들에 대한 이 지지서는 1928년부터 1948년에 이르기까지 총 15권으로 출판되었다. 이러한 거작의 저술로 인해 오늘날에도 프랑스에서는 지역을 기술하는 지리학으로서의 비달리안 전통이 지리학의 주축이 되고 있다.

비달의 지리적 사상과 인문지리 이론의 구축

비달은 지리학 분야를 독립된 학문으로 발달시키고 인문지리학 연구의 기틀을 마련한 학자다. 그는 도보로 야외조사가 가능하고 직접적으로 잘 알고 있으며 통계나 기록자료들을 수집할 수 있는 작은 지역을 연구단위로 하여 그 지역 내에서 사람과 자연을 서로 결합시키는 접근 방식을 마련함으로써 역사학과 지질학 사이에서 지리학을 발전시킬 수 있었다. 그는 동질성을 갖는 소단위지역을 대상으로 연구함으로써 인간과 인간을 둘러싸고 있는 주변환경과의 밀접한 관계를 파악할 수 있게 된다고 보았다.

그는 근대 지리학의 창시자라고 불리는 훔볼트(Humboldt)와 리터(Ritter)의 핵심적인 사상인 '지구 통일체(L'unite terrestre)'의 개념을 도입하였다. 즉 부분은 전체와 기능적으로 연관되어 있으며, 각 부분들은 전체의 각 다른 부분들과 상호 의존되어 있을 때 비로소 그 가치를 갖게 된다는 견해를 피력하였다. 그는 지리학이 다른 학문들과 교류하며 다른 학문들로부터 다양한 개념을 도입하고 있지만 지리학이 학문적 독자성을 지니고 있는 까닭은 지구전체 환경이든지 혹은 국지적인 환경이든지 간에 총제적인 자연을 부분으로 분해시키지 않고 사물이나 현상들 간에 연관성과 상관관계를 이해할 수 있는 기틀을 제공하기 때문이라고 주장하였다.

인문지리학에 대한 그의 사고는 『인문지리학의 원리』에 나타난 각 장의 제목과 소제목을 보면 어느 정도 파악할 수 있다. 이 책은 서론과 3개의 장으로 되어 있는데, 서론에서는 지리적 통일성의 원리, 환경요소와 그 안에서 인간활동의 의미 등에 대해 논하였으며, 제1장에서는 주로 세계인구의 분포, 밀도, 이동 등을 다루었다. 제2장에서는 인간이 그의 환경을 개발해온 방식과 다양한 문명에 관해 분석하였으며, 제3장에서는 지표상의 지역적 기틀을 이해하는 데 매우 중요한 교통과 통신을 포함하는 '순환(circulation)'의 개념을 다루었다.

비달은 당시 인간과 자연과의 관계에 대한 지배적인 사조였던 라첼(Ratzel)의 환경결정론을 반박하면서 기능론적 사고를 전개하였다. 그는 자연이란 인간거주의 한계를 결정짓지만 또한 가능성도 제공하고 있으며, 인간이 주어진 환경에 반응하거나 적응하는 방식은 그 자신의 전통적인 생활방식에 달려 있다고 보았다. 바꾸어 말하면 자연환경이 인간의 삶의 방식을 제시한다기보다는 많은 가능성의 범위를 제공해주며, 인간이 단지 그의 욕구와 능력에 따라 이를 선택하여 사용하게 된다는 것이다.

그는 신칸트 철학의 관점에서 자연세계의 메커니즘에 의해 제한된 환경 속에서 인간생활의 자유를 인식하고 있었으며, 사회와 자연은 이원화되어 있는 상태이며 인간은 유기체의 한 부분으로서 자연 속에서 활동하는 가장 능동적인 협력자라고 보았다. 이러한 논리는 그의 가장 핵심적인 개념인 생활양식으로 표출되었다. 비달의 생활양식(genre de vie) 개념은 인류학자들이 흔히 사용해온 문화라는 용어와 유사한 것이다. 이 개념은 제도, 전통, 목적, 사람들의 기술 등등 복잡한 구성요소를 함축하고 있다. 비달은 같은 자연환경도 사람들의 각기 다른 생활양식에 따라 다른 의미를 갖게 된다고 보았다.

비달은 생활양식이란 문명화의 산물로서, 이는 특정한 장소와 주변환경과 인간의 관계를 둘러싸고 있는 자연적, 역사적, 그리고 사회적 영향력이 통합되어 나타난 결과라고 보았다. 특히 그는 자연환경(natural milieu)의 개념을 언급할 때는 농촌사회를 바탕으로 하여 인간 삶의 생물적 하부구조와 비유기체들의 통합된 관계에 역점을 두었다. 또한 생활양식과 자연환경의 개념을 연결시켜 환경양식(milieux de vie), 즉 서로 다른 사람들에 의해 주어진 환경의 자원을 선택하는 방식이라는 새로운 개념을 주조하였다.

그는 어떻게 이 환경양식이 다양하고 차별적인 생활양식으로 진전되어 가는가를 조사함으로써 지구상의 인구분포패턴을 설명할 수 있다고 제안하였다. 또한 그는 같거나 유사한 환경에서 그룹간의 차이를 설명하는 데에 자연환경뿐만 아니라 그 사회 구성원의 태도, 가치, 습관 등을 비교하였다. 그의 주장에 따르면 태도, 가치, 습관의 변화는 인간사회

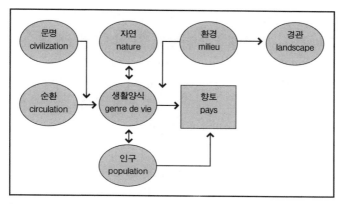

〈그림〉 비달의 핵심적인 지리적 사고의 틀

비달의 가장 핵심적인 개념은 '생활양식'이다. 이 개념은 제도, 전통, 태도, 목적, 사람들의 기술 등 복잡한 구성요소를 함축하고 있다. 자연환경도 생활양식에 따라 각기 다른 의미를 갖게 된다고 보았다. 또한 서로 의존적인 요소들로 구성되어 있는 지역을 총체적으로 연구해야 한다는 관점에서 순환의 개념을 중시하였다.

의 수많은 변화를 만들어냈다는 것이다. 비달의 생활양식 개념은 사회적 행위에 대한 역사적 배경과 또한 자연환경과 관련되어 있는 메커니즘으로서의 사회적 습관의 힘을 강조하고 있다. 이와 같은 그의 견해는 환경결정론의 핵심인 '비유기체의 통제 - 유기체의 반응' 개념과는 대조적으로 많은 가능성 가운데서 인간의 선택을 강조하고 있다. 그는 인간의 가능성에 관한 연구에서도 전체론적 접근방법을 옹호하였다. 즉 지리학자는 지역 전체를 연구해야 하며 각 지역은 상호간에 서로 의존적인 부분으로 구성되어 있다고 보았다. 이러한 사고에서 그는 주변환경(milieu), 생활양식개념 이외에도 순환의 개념을 중시하였다(<그림> 참조).

이상에서 살펴본 바와 같이 비달은 인간을 지리적 요인으로서 능동적인 역할과 수동적인 역할을 수행한다고 보았으며, 인간의 행동은 지구상의 비유기체와 유기체 모두를 변화시키고 있다고 전제하고 인간이 비유기체를 이용하는 사례들을 제시하였다. 이러한 그의 가능론적 사고는 유럽과 미국으로 확산되었으며, 더 나아가 역사학자인 루시엥 페브르 (Lucien Febvre)가 그의 사상을 보다 확대·발전시켜 『역사에 대한 지리적 입문(Geographical Introduction to History)』이란 저서에서 가능론이란 용어를 처음 사용하면서 가능론(possibilism)의 원리를 피력하게 되었다.

비달의 지역연구

비달은 프랑스 지리학의 특성을 지역연구의 전통으로 확립하는 데 결정적인 역할을 하였다. 그는 인간과 자연과의 관계에 대한 환경결정론적인 견해의 약점을 분명하게 인식하고 있었으며, 자연현상과 인문현상들은 서로 통합되어 있기 때문에 자연경관과 문화경관을 각기 분리하여 연구하는 것은 불가능하다고 보았다. 각각의 지역사회는 주어진 자연상황에 대해 그들 자신들의 고유한 방법에 따라 적응하면서 살고 있으며, 그 결과를 역사적 흐름에 따른 발전으로 인식하였다. 따라서 아무리 작은 지역사회라 하더라도 다른 장소에서는 찾아볼 수 없는 특성을 지니고 있으며, 심지어는 같은 자연환경을 지닌 지역이라도 각기 다른 특성을 갖게 된다고 보았다. 비달은 인간과 자연과의 밀접한 관계가 수세기 동안 발달되어온 곳을 지역이라고 지칭하였으며, 각기 고유한 특성을 지니고 있는 지역에 대해 연구하는 것이 지리학자들의 과업이라고 주장하였다.

이와 같은 그의 지역연구에 대한 견해는 1903년에 출간된 『프랑스 지리서』에 잘 나타나고 있다. 그는 이 책에서 인문현상과 자연현상은 서로 조화를 이루면서 하나의 통일체를 형성하게 된다고 보고 이를 향토(pays)라고 정의하였다. 이 책은 프랑스 전국을 인식할 수 있도록 지역 단위로 구분한 후 각각의 지역이 독특한 농업방식을 지니고 있음을 강조하면서 독특성이 나타나는 이유를 토양과 물 공급량, 그리고 그 지역주민의 수요에 따라 이루어진 경제활동의 전문화 때문이라고 풀이하였다. 더 나아가 전문화에 따른 지역간의 교역은 농업의 전문화를 가속화시키게 되므로 오히려 향토의 개별성이 더 두드러지게 나타나게 되었음을 밝혔다. 따라서 지역의 특성은 부여받은 자연적 기틀 위에서 이루어진 인간의 활동을 반영하는 것이며, 프랑스의 농업이 그동안 상당히 바뀌어왔음에도 불구하고 처음에 이루어진 지역의 고유성은 거의 그대로 지니고 있다는 것이다.

비달이 의미하는 향토란 우리가 경험하는 현상이나 사건들이 총체적으로 나타나는 영역적인 지역으로서 각 지역은 그 자체의 현상들간의 질서와 특성을 갖고 있다. 그러나 명확하게 각 지역의 특성이 전적으로 분별되는 것은 아니며, 우리가 경험을 통해서 인식할 수 있는 사실은 지역간에 서로 다르게 나타나는 현상들이 아니라 현상들의 빈도와 배열이 서로 다르게 나타난다는 점이다.

그가 피력하고 있는 지역연구에 대한 방법론은 먼저 잘 알고 있는 특정지역에 관해 자세히 연구한 후 그 경험을 토대로 하여 자연과 인간과의 관계를 귀납적인 방법으로 일반화하여야 한다는 것이다. 그는 대규모의 넓은 지역을 지리적으로 이해하기 위해서는 먼저 소규모의 좁은 지역에 관한 상세한 지식이 축적되어야 하며, 순차적으로 상호관계와 연관성을 고려해야 된다고 주장하였다. 단계적인 방법론으로 첫째, 다양한 사실들간의 관계를 분석하기에 가장 적합한 한정된 영역을 설정하고, 둘째, 지리학자들은 넓은 지역을 여행하기보다는 주변의 지역을 대상으로 하여 그의 이론을 전개해나갈 수 있도록 문제를 진술하고 자료를 수집한 후, 셋째로 지리적 연구에서 가장 중요한 야외답사를 하는 것이다.

그러나 비달이 의미하는 지역의 개념은 지역기술의 기틀로서 공간상에 경계되어진 지역을 의미하는 것은 아니었다. 주어진 지역 내에서 공간상에 나타나는 현상들간의 상호의존도를 밝히기 위한 것이 목적이었으므로 편의상 지역의 단위를 유사성 또는 고유성의 토대 위에서 지역을 구분하여 연구대상으로 삼은 것이다. 각각의 지역은 토양, 대기, 식생, 인간 등의 현상에서 고유한 특성을 지니고 있으며, 모든 지리적 연구의 목적은 이들 현상들을 분석하는 데 있다. 특히 지지의 목적은 지역의 유형을 분류하면서 상호결속되어 있는 모든 현상을 종합화하는 것이라고 보았다. 이와 같은 지역을 기술하는 지리학은 비달리안 전통의 주축이 되었으며, 프랑스의 지리학의 주류를 이루게 되었다.

전반적으로 비달의 방법론은 귀납적이고 역사적이었기 때문에 농어촌적인 생활방식이 지배적이며 다소 고립된 소단위 지역(국지적인 규모)을 연구하는 데는 상당히 적합하였다. 즉 농업을 위주로 하며 가옥양식이 국지적인 전통을 지켜오고 있고 자연과 매우 긴밀한 관계를 맺으면서 자급자족하는 지역사회의 고유성을 찾아내는 데는 적합하였다. 또한 그는 그 지역의 고유한 특성이 발달해온 과정을 알기 위해서는 과거로부터 사용되어 온 농기구들을 조사하고 민속박물관을 방문하여 그들 조상들의 과거의 생활모습도 살펴보아야 한다는 점도 지적하였다. 이러한 그의 견해는 당시 그의 제자들에게 상당한 영향을 주었으며, 그 결과 많은 지지서가 출간되었다.

실제로 비달은 1910년 행정적인 면에서 볼 때 프랑스 전 지역을 17개의 지역 단위로 구분해야 된다고 제시하였는데, 이러한 지역구분은 프랑스가 지역계획을 수립하기 위해 1950년에 설정하였던 22개의 경제지역 구분과 거의 일치하는 패턴을 보이고 있다.

그러나 그의 방법론은 19세기의 산업혁명을 겪었던 지역들을 연구하는 데는 적합하지 못하였다. 그 자신도 이러한 문제점을 인식하여 1917년에 저술한 『프랑스 동부지역』에서는 산업혁명이 일어나면서 운하와 철도의 개설로 인한 값싸고 빠른 교통수단의 혁신과 대량생산방식이 그 지역을 어떻게 재구조화시키고 있는지 고찰하였다. 그는 도시와 그 주변지역 간의 경제적인 상호 작용과 교통결절지의 역할이 지리적 패턴을 결정하며, 지역단위의 규모도 확대되어야 함을 인식하였다.

이상에서 살펴본 바와 같이 비달은 지리학의 목적이 인간과 인간활동에 의해 표출된 경관의 현상을 그룹화하고 그 특징을 기술하는 것이라는 견해를 피력하면서 지리학을 독특한 분야로 독립시키기 위해 끊임없이 노력한 프랑스의 대표적인 지리학자였다. 비달의 지역연구에 대한 방법론은 지리학을 자연지리와 인문지리의 이원화 경향을 통합시키는 데 크게 공헌하였으며, 특히 점점 동질화되어가는 세계화 시대 속에서 독특한 특성을 지닌 지역적 특성이 강조되고 있는 오늘날 공간적 관점에서 지역을 연구하는 지리학자들에게 지방화에 초점을 두고 각 지역이 지닌 특성을 부각시키는 연구를 수행하는 데 기반을 제공해준다고 평가할 수 있다.

참고문헌

Vidal de la Blache, Paul. 1904, "Rapports de la Sociologies avec la Geographie," *Revue Internationale de Sociologie*, 12, pp.309-313.

_____. 1911, "Les genres de Vie Dans la Geographie Humaine," *Annales de la Geographie*, 20, pp.193-212; pp.289-304.

_____. 1913, "Les Caracteres Distinctifs de la Geographie," *Annales de la Geographie*, 22, pp.289-299.

_____. 1926, *Principles of Human Geography*, translated by Bingham, Millicent Todd, London: Constable and Company.

Andrews, H. F. 1986, "The Early Life of Paul Vidal de la Blache and the Makings of Modern Geography, *Transactions of the Institute of British Geographers*, n.s. 11, pp.174-182.

Buttimer, A. 1971, *Society and Milieu in the French Geographic Tradition*, Chicago: Rand McNally.

Buttimer, A. 1978, Charism and Context: The Challenge of La Geograhie Humaine, in Ley, D. and Samuels, M. (eds.), *Humanistic Geography: Prospects and Problems*, London: Croom Helm, pp.58-76.

Dicken, R. E. 1969, *The Makers of Modern Geography*, New York: Frederick A.Praeger, Pub.

Harrison, R. J. 1951, "The French School of Geography," in Taylor, G. (ed.), *Geography in the Twentieth Century*, London: Croom Helm, pp.70-90.

Hans Bobek

보벡의 사회공간론

안영진(전남대학교 지리학과 교수)

공간과 사회의 변증법

우리의 삶의 터전인 생활공간의 실체는 무엇이며, 우리는 그 발전양상을 어떻게 이해할 수 있는가? 이는 공간에 관한 학술적 연구자와 응용적 계획가에게 공히 던져진 중요한 논제 중 하나이다. 우리는 공간을 물상적 구조나 경제적 포장자원으로 파악하는 데 익숙해 있다. 공간은 물적 기체의 가시적 영조물로 시간과 더불어 인간 삶의 전개에 있어 절대적인 범주임에 틀림없다. 하지만 이러한 공간인식에서는 공간이 즉자적 실체로서 파악되고 있을 뿐이다. 과거 지리학에서는 공간을 인간이 수동적으로 대응하는 절대적 소여(Gegebenheit)로 여겼다. 특히 공간을 자연환경과 그 생태적 조건을 관련시켜 개념화하였다. 물론 공간은 자연의 소여적 특질을 지니고 있지만, 이러한 관점만으로 오늘날 우리가 경험하고 있는 공간의 다양한 동태적 본질을 타당하게 밝힐 수 없다. 공간은 항상 변한다. 공간의 절대적 위치나 크기는 불변의 것일지라도, 그 내부구조나 자연 및 인문환경의 짜임새와 질은 변하게 마련이다. 또한 타 지역이나 세계와 고립되어 있지 않는 한, 유동적인 대외관계 속에서 어떻게든 그 의미와 위상은 계속하여 바뀔 수밖에 없다. 인간이 공간에 의존하고 그 여건을 받아들이면서 살아가는 한, 공간은 변화를 수반한다. 공간은 인간생활의 전개와 결부된 변수인 것이다.

그렇다고 해서 공간이 인간생활의 종속변수에 그치지 않는다. 공간과 사회의 관계를 파악할 때, 보통 공간은 사회가 투영된 결과라는 일방통행식으로 고찰한다. 공간을 사회발전의 수동적 기록판이거나 역사가 연출되는 무대 정도로 생각하는 것이다. 공간은 사회적 관계의 종속변수이며, 공간의 변동은 사회변동을 반영하는 것이라는 관점이다. 이는 환경결정론을 극복하고 그 대안으로서 사회의 공간적 이용구조와 질서체계를 논증하고자 하는 진일보한 관점인 것만은 틀림없다. 그러나 공간이 사회를 뒷받침하고 가능케 한다는 또 다른 논리는 쉽게 수용되지 않고 있다. 공간은 나름의 고유한 속성과 발전 메커니즘—예컨대 지리적 관성(geographical inertia)—을 지닌 것으로서, 한편으로 사회변동을 좇아가지만 또 한편으로 사회변동을 유발하기도 한다. 특히 사회에 대한 공간의 작용성을 세 가지 측면에서 간략히 정리할 수 있는데, 그것은 공간이 사회를 구성(constitution)하고, 제약(constraint)하며, 매개(mediation)한다는 것이다. 공간은 그 위에서 삶을 영위하고 있는 인간집단의 주체적 활동에 의해 형상화되고 변해가는 동시에 인간집단의 삶의 방식과 모습에 영향을 미치는 속성을 띠고 있다. 그 속성은 자원일 수도, 규제일 수도, 그리고 효용일 수도 있다. 다시 말해 지리(geography)는 인간 삶의 전개와 면모에 심대하게 작용하는 독립변수이기도 하다.

결국 사회와 공간은 상호 작용하여 영향을 주고받는 교호적 인과관계, 즉 변증법적 관계를 맺으며 끊임없이 발전해간다. 사회와 공간은 하나의 상호작용체계 속에서 분리될 수 없는 전체를 형성하며, 그 안에서 사회는 공간을 창출하면서 스스로를 조형해간다. 이러한 논리를 수용한다면, 우리는 공간을 새롭게 조망할 수 있을 뿐만 아니라 그에 대한 접근방식도 다르게 할 수 있다. 공간이 무엇인가를 규정하는 것은 공간을 이해하는 효율적인 방식이 아닌 것이다. 공간은 과연 무엇인가 라고 질문하기보다는 공간은 도대체 어떻게 (재)생산되느냐 하고 질문을 던지는 것이다.

보벡의 사회지리학

사회는 공간적으로 어떻게 조직되어 있는가? 공간은 사회의 형성과 발달에 어떤 기능을 수행하고 있는가? 이것은 지리학 내의 비교적 새로운 분야인 사회지리학의 중심 논제이다. 전자가 공간상의 사회현상과 문제, 즉 사회의 지리적 측면을 탐색하는 것이라면, 후자는 사회발전에 대한 공간구조와 발전과정의 조건성을 분석하는 것이다. 그렇다면 이러한 공간과 사회의 관계를 구체적으로 어떻게 풀어 낼 수 있으며, 그 프로세스와 메커니즘을 어떻게 파악할 것인가? 독일어권의 사회지리학은 지난 반세기 동안 이러한 문제제기에 대하여 독특한 이론적 체계를 세워왔다.

오랜 역사적 전통을 지닌 독일의 지리학은 1950년대까지만 해도 지역지리학을 중심으로 하여 독자의 정체성을 확립해왔으나, 그후 도시화와 산업화에 따른 사회경제적 여건변화에 능동적으로 대처하는 데 한계를 느끼게 되었다. 따라서 새로운 접근방법론과 과제영역을 모색하는 과정에서 이론지리학과 아울러 사회지리학이 등장하였다. 이론지리학이 영미와 스웨덴의 계량적 연구성과를 도입하고 독일 사회과학계의 비판 합리론을 접목하여 독일어권에 공간분석 지리학을 정착시키는 데 기여하였다면, 사회지리학은 보다 내생적 기반 위에 경관연구의 전통으로부터 쇄신의 길을 찾아 정립된 것이었다.

이러한 사회지리학적 흐름을 주도한 선구적 학자 중 한 사람은 오스트리아 출신 한스 보벡(Hans Bobek, 1903~1990)이었다. 1903년 클라겐부르크에서 태어난 보벡은 1928년 인스브루크 대학에서 도시지리학으로 박사학위를, 1935년 베를린 대학에서 빙하지형연구로 교수자격을 취득하였다. 제2차세계대전 후 프라이부르크 대학에 잠시 재직한 뒤 1949년부터 비엔나 대학 지리학 교수로 취임하였다. 이를 계기로 보벡은 중심지체계, 토지이용 및 지역계획에 관한 도시지리학적, 응용지리학적 연구와 함께 사회지리학 연구에 전념하게 되었다. 특히 그는 사회지리학적 방법론의 탐색에서 우선 지리학의 지역분석에 있어 이해가 부족한 사회적 요소에 관심을 돌렸다. 이에 보벡은 전통적 경관론의 세 가지 분석방법, 즉 유형학적·형상론적, 기능론적, 발생론적 분석방법 중 기능론적 방법을 원용하여, 인간사회와 경관(공간)의 관계를 체계적으로 밝힐 것을 주장하였다.

사회공간구조론 : 생활형태집단론

보벡은 전통적 경관론적 고찰방법이 문화경관을 중시함으로써 인간활동을 소홀히 다루고 있음을 인식하고, 인간과 경관(공간)의 관계를 자연을 매개로 한 도식적인 인과관계로 설명하는 데서 벗어나 사회발전과 더불어 새로운 공간의 조형자로 부각된 인간을 면밀히 관찰할 것을 주장하였다. 그 결과 그는 인간과 경관체계 속에서 사회를 매개로 한 분석의 틀을 제안하였다. 우선 보벡은 사회현상을 어떻게 받아들일 것인가를 논의하면서, 사회현상 중 경관(공간)의 형성과 발달에 중요한 기능요소를 선택하지 않으면 안된다고 하였다. 특히 인간활동은 삶을 위한 욕구 내지 과제로 보고, 이를 '기능'이라는 개념을 통해 파악하였다. 보벡은 이러한 기능이 사회적 힘의 장(場)을 형성하는데, 기능은 사회체계 속에서 의미를 부여받는 인간존재의 표현으로서 이해할 수 있다고 했다. 그는 지리학과 인접 사회과학의 연구결과를 수용하여 사회적 기능을 생물사회적 기능(종의 보존을 위한 세대충원과 양육), 경제사회적 기능(경제적 욕구의 충족과 부의 축적), 정치적 기능(자기 가치의 주장과 관철), 장소사회적 기능(인간의 거주 및 이용 토지의 정주취락적 질서),

이동사회적 기능(인구이동과 입지변동), 문화기능(경관학적, 지지학적으로 중요한 한도 내에서) 등 여섯 가지 범주로 나누었다.

그러므로 문화경관이란 위에서 언급한 기능들이 어떻게, 그리고 누구에 의해 구현되었는가의 표상이라고 한다. 보벡은 이때 '어떻게'는 생활양식으로, '누구에 의해서'는 생활양식집단과 연결시켜 설명하고 있다. 우선 한 사회의 구성원은 그들의 생활양식, 즉 생활형태에 의해 구별된다고 한다. 보벡은 생활양식을 위에서 언급한 제 기능 또는 재생산행동, 경제, 정치적 태도, 정주취락양식, 이주행동 및 종교나 관습과 같은 문화요소가 실현되어 표출된 것으로서 파악하였다. 따라서 서로 다른 문화경관은 다양한 생활양식의 공간적 표상인 것이다. 나아가 보벡은 지리학이 생활 그 자체나 활동의 결과보다는 활동의 수행자인, 동일한 생활양식을 가진 인간집단에 주목해야 한다고 했다. '누구에 의해서'라는 논점은 이미 언급한 것처럼 기능의 수행자인 인간과 결부된 것으로, 앞서 언급한 기능을 일정 시점에 특정 지역에서 동일한 방식으로 행하는 인간들을 사회지리학적 집단으로 포착하고 있다.

보벡은 경관의 형성자이자 사회적 제 기능의 수행자인 집단을 중요하게 부각시키고 있다. 구체적인 집단으로서는 생활형태집단(Lebensform-gruppe)을 제시하고 있다. 이는 공통된 삶의 양식을 통해 군집화를 보여주는 집단이다. 생활형태의 의미는 그것이 경관에서나 사회에서나 뚜렷이 부각된다는 점에 있다고 한다. 즉, 생활형태에 따른 집단은 경관적, 사회적 힘에 의해 동시에 각인된 모습으로 드러나며, 아울러 자연적 공간(경관)과 사회적 공간(사회)에 작용한다는 것이다. 보벡은 이러한 집단의 사례로 유목민, 어부, 광부, 농부 등을 들고 있다. 이들 집단은 그들의 경제활동과 직업생활을 통해 하나의 집단으로 통합될 뿐만 아니라, 그들 나름의 특징적인 생활양식과 지향성을 지님으로써 타 집단과 구별된다고 한다. 문화경관, 즉 생활공간은 다양한 생활형태의 표출이며, 이는 사회집단과 연관시켜 설명되어야 한다는 것이다. 한 사회는 이러한 생활형태집단으로 구성되며, 따라서 한 사회를 이러한 생활형태집단으로 구분하는 것과 더불어 사회집단에 대한 비교 연구를 행하는 것이 사회지리학의 과제라고 한다. 생활형태집단은 인간사회와 환경과의 상호작용 속에서 형성되며, 이러한 관계는 지역과 시대에 따라 다르다고 한다. 경관에서 출발하여 지역과 국가, 그리고 최종적으로 국가간 비교분석을 통해 사회가 경관에 미치는 작용 속에 숨어있는 규칙성을 규명해야 한다는 것이다.

사회공간발전론 : 임대자본주의론

보벡은 자연히 사회지리학의 관심사가 경관(공간)을 일방적으로 지향하는 것이 아닌, 사회집단의 공간적 영향, 공간과 결합된 행동방식, 이에 따른 공간형성과정에 맞추어진다고 했다. 구체적으로 이를 분석하고 이해하기 위해 정주취락이건 지역이건, 또는 국가이건 간에 모든 사회지리학적 복합체에서 우선 먼저 공간적 사회구조를 해명해야 한다고 주장하고 있다. 공간에 작용하는 집단들을 구분하고 이들이 지역적으로 어떻게 분포하고 있는가를 연구하는 것으로서, 보벡은 이 단계를 '지리학적 사회구조'의 규명으로 표현하고 있다. 둘째, 이들 집단이 보여주는 기능과 과정의 공간체계를 밝혀야 하는데, 보벡은 이를 '지리학적 사회체계'로 부르고 있다. 셋째, 그 결과로 나타나는 공간구조를 파악하는 것이다. 보벡은 공간구조를 지칭해 인간생활의 공간적 실천을 가능케 하는 '기능의 장'이라고 했는데, 이는 사회집단이 수행하는 사회적 기능이 전개되는 장소를 일컫는 것이다.

보벡은 이것에 그치지 않고 생활형태의 분화에 의거한 사회의 발전단계를 논의하였다. 이것은 생활형태를 거시적 공간에 적용시킨 예로서, 인간생활의 모든 측면을 포괄하는 사회발전단계를 통해 현대 세계의 발전 특성뿐만 아니라, 그 발생적 연관성도 이해할 수 있다는 구상에서 출발한 것이었다. 그는 발전단계의 유형화를 위해 네 가지 지표를 사용하고 있는데, 기존의 생활형태, 생활형태집단의 사회적 활동과 사회계층상의 중요성, 그리고 사회총생산에서 차지하는 비중, 사회의 인구밀도와 세대충원의 인구학적 특성, 그리고 끝으로 한 사회 또는 문화의 공간적, 정주취락적 유형화와 경관상의 표현양상 등을 들고 있다. 이들 지표를 참조하고 민속학과 경제학의 연구결과를 보완하여 보벡은 야만적 약탈 단계, 전문화된 채집자·수렵자·어획자 단계, 유목사회의 분파를 지닌 씨족농민사회 단계, 지배권력에 의해 조직화된 농경사회 단계, 고대 도시사회 및 임대자본주의 단계, 그리고 생산적 자본주의·산업사회·근대도시사회의 단계 등으로 구분하였다.

　사회지리학적으로 큰 관심을 모은 것은 특히 임대자본주의(Renten-kapitalismus) 단계와 이와 결부된 사회의 권력형성과 도시의 발전메커니즘인데, 이는 오늘날 중동지방의 사회공간적 발전상황을 설명하는 데 귀중한 실마리를 제공해준다고 한다. 이 체제는 농업과 수공업에 종사하는 하층계급에 대한 지배권력의 임대료 청구권이 상업화되면서 성립하였다고 한다. 임대료 청구권의 본질은 그 청구권을 상품으로서 자유롭게 거래·처분할 수 있는 권리를 지배권력에 귀속시키는 데 기초하고 있었다. 따라서 농민의 생산경제는 각종 생산요소(토지, 용수, 종자, 역축, 노동력 등)로 분할·임대되며, 각각의 임대료가 조수익에서 일정 가치로 차감되는 것이다. 농부의 노동 자체도 쟁기질, 수확일, 김매기 등으로 세분화될 수 있고, 결국 농업경영은 일련의 소유권 내지 임대료 청구권(임대료 지불의무)으로 말미암아 해체된다고 했다. 이로 인하여 수공업을 포함한 농업의 생산활동은 대부분 영세한 경영구조로 남게 되고, 따라서 농부나 수공업자에게는 생계를 겨우 이어갈 정도의 수익만 할당된다는 것이었다. 전통적으로 지배계층은 생산에 전혀 관심이 없고, 또한 영리추구라는 면에서도 하나의 큰 경영체를 운영하는 것보다는 다수의 작은 기업으로부터 임대료를 징수하는 것이 훨씬 큰 이익이 되고 사업상의 위험도 줄일 수 있었다. 반면 농부나 수공업자들은 최저생계 수준에서 생활할 수밖에 없기 때문에 재투자를 기대할 수 없었을 뿐만 아니라, 오히려 토지의 과도한 이용 내지 생산기술의 정체로 이어진다는 것이었다.

이러한 점에서 임대자본주의는 끝없이 영리를 추구하고 동시에 유기적 구성도의 제고를 바탕으로 한 높은 합리성과 계산성을 지녔다는 점에서 자본주의라고 할 수 있으나, 역동적 생산에 직접 관련되어 있지 않기 때문에 서구의 생산자본주의와는 판이하다. 오늘날 중동지역의 도시에서는 전후 서방국가들로부터 이식된 산업을 제외하고는, 경제활동이 주로 부재지주나 고리대금업자, 도시 부동산소유자와 같은 기생적 사회집단에 의해 운용되고 있다. 이란에 관한 현지연구를 통하여 정립한 이러한 논점은 과거 찬란한 문명을 이룩하였던 중동제국이 왜 지난 수백 년 동안 정체와 낙후로부터 벗어나지 못하고 있는가를 잘 설명해 준다고 할 수 있다.

맺음말

한스 보벡의 사회공간론은 기본적으로 인간이 지리학의 연구대상인 경관(공간)의 형성자라는 관점에서 출발하고 있다. 문화경관은 인간활동의 산물이며, 문화경관을 설명하기 위해서는 인간행동을 이해해야 한다는 것이었다. 단, 인간은 개별적으로 행동하는 것이 아닌 그가 소속되어 있는 집단의 성원으로서 행동하기 때문에 사회집단으로서 연구되어야 한다고 지적하였다. 그는 이를 생활형태집단으로 정형화하고, 미시적 공간차원에서뿐만 아니라 거시적 공간척도에도 적용하여 사회공간의 구조와 발전동태를 규명하고자 했다.

이미 보벡도 지적하였듯이, 오늘날 공간을 생활형태로 살펴보는 데에는 적잖은 한계가 있다. 그 이유는 무개성적인 도시적 생활양식의 확산에 있다고 할 수 있다. 도시생활에서 전통과의 연결고리가 끊어져 익명성이 강화되고 있으며, 직업도 다양하고 소비 지향적이며 지리적 이동성도 강해 인간생활의 지향성에 있어 가시적인 대조가 감소하고 있으며, 공간현상도 엇비슷해지고 있기 때문이다. 경관적 측면을 생활양식의 핵심준거로 볼 경우 현대 도시의 연구에서는 보통사람의 생활양식이 아닌, 특수한 인구집단(예컨대 소수민족집단, 피난민, 외국인노동자)의 생활양식밖에 밝혀 낼 수 없을 것이다. 또한 보벡의 사회공간론은 프로세스보다는 기능·구조적 분석에 치중했다는 평가를 받고 있다. 이는 보벡이 비교적 안정된 공간이었던 오스트리아 비엔나를 주로 연구지역으로 삼았기 때문이었다. 하지만 이는 사회지리학의 또 다른 창안자인 볼프강 하르트케(W. Hartke)의 현재주의적 과정분석과 함께 지역 및 도시계획에 매우 유용한 기초연구로 입증되었다. 특히 생활형태론의 거시공간적 이해에 입각하여 전개한 그의 사회발전 단계론은 공간과학에서 찾아보기 힘든 귀중한 연구업적으로 이해되고 있다.

한스 보벡은 전후 알프스 지형에 관한 연구를 비롯하여 도시의 구조와 중심지 체계에 관한 연구 등으로 독일어권뿐만 아니라 세계적으로도 역량 있고 큰 영향력을 지닌 학자로 인정받았으며, 또한 오스트리아의 도시 및 지역계획 분야와 장기간에 걸친 국가지도집 작성을 주도한 인물이기도 했다. 하지만 그는 무엇보다도 인간사회와 그 활동을 공간과 결부시켜 사회지리학의 토대를 마련하고 그 방법론을 체계화하였다는 점에서 오늘날까지 높이 평가받고 있는 지리학자이다.

참고문헌

Bobek, H.(ed.) 1960~1980, *Atlas der Republik Oesterreich* (Teile 1-4), Wien.

_____. 1948, "Die Stellung und Bedeutung der Sozialgeographie," *Erdkunde* 2, pp.118-125.

_____. 1950a, "Aufriss einer vergleichenden Sozialgeographie," *Mitteilungen der Oester-*

reichischen Geographischen Gesellschaft 92, pp.34-45.

_____. 1950b, "Soziale Raumbildungen am Beispiel der Vorderen Orient," in Armt fuer Landeskunde(ed.), *Deutscher Geographentag Muenchen 1948* (Band 10, Heft 10), pp.193-206.

_____. 1957, "Gedanken ueber das logische System der Geographie," *Mitteilungen der Geographischen Gesellschaft Wien* 99, pp.122-145.

_____. 1959, "Die Hauptstufen der Gesellschafts und Wirtschaftsentfaltung in geographischer Sicht," *Die Erde* 90(3), pp.257-297.

_____. 1962, "Ueber den Einbau der sozialgeographischen Betrachtungsweise in die Kulturgeographie," in Hartke, W. and F. Wilhelm(eds.), *Deutscher Geographentag Koeln 1961: Tagungsberichte und wisenschaftliche Abhandlungen*, Wiesbaden, pp.148-165.

_____. 1976, "Entstehung und Verbreitung der Hauptflursysteme Irans: Grundzuege einer sozialgeographischen Theorie," *Mitteilungen der Geographischen Gesellschaft Wien* 118(1), pp.274-309.

권용우·안영진. 2001, 『지리학사』, 서울: 한울.
김부성. 1993, 「보벡의 사회지리학」, 한국지리연구회(편), 『현대지리학의 이론가들』, 서울: 민음사.
마이어 J. 1998, 『사회지리학—사회공간이론과 지역계획의 기초』(박영한·안영진 역), 서울: 법문사.
森川 洋. 1995, 「ハソス·ボベック」, ≪地理≫ 40(2), pp.82-89.
Buttimer, A. 1983, *The Practice of Geography*, London: Longman, pp.167-185.
Ehlers, E. 1978, "Rentenkapitalismus und Stadtentwicklung im islamischen Orient," *Erdkund* 32, pp.124-142.
Fliedner, D. 1993, Sozialgeographie, Berlin: de Gruyter.
Heinritz, G. & I. Helbrecht(eds.). 1998, *Sozialgeographie und Soziologie: Dialog der Disziplinen*(= Muenchner Geographische Hefte 78), Muenchen.
Maier, et al. 1977, *Sozialgeographie*, Braunschweig: Westermann.
Storkebaum, W.(ed.) 1969, *Sozialgeographie*, Darmstadt, Wissenschaftliche Buchgesellschaft.
Werlen, B. 1987, *Gesellschaft, Handlung und Raum: Grundlagen handlungstheoretischer Sozialgeographie*(= Erdkundliches Wissen 89), Stuttgart: Verlag Steiner.
Werlen, B. 2000, *Sozialgeographie —Eine Einfuehrung*, Bern: Verlag Paul Haupt.
Wirth, E. 1979, *Theoretische Geographie*, Stuttgart: Teubner.

Aldo Leopold

레오폴드의 토지 윤리

송명규(단국대학교 사회과학부 교수)

　알도 레오폴드(Aldo Leopold, 1887~1948)는 '근대 환경 윤리의 아버지'이자 전체로서의 토지를 대상으로 하는 새로운 윤리 체계를 제시한 석학으로서, 인간의 윤리가 궁극적으로 토지 윤리를 향해 진화할 것으로 예언한 '예언자'로서, 또 1960년대와 1970년대 '신보전 운동의 모세'로서 추앙받고 있다. 그가 이 같은 평가를 받게 된 까닭은 그의 토지 윤리가 후세에 미친 영향이 그만큼 지대하기 때문이다.

　토지 윤리는 모두 3편으로 되어 있는 레오폴드의 불후의 명저, 『모래 군의 열두 달』 마지막 편, 「귀결」의 마지막 장을 장식하고 있다. 이런 까닭에 대표적인 레오폴드 전기 작가인 커트 마이네(Curt Meine)는 '토지 윤리'를 '귀결의 귀결'이라고 말한 바 있다. 이 책만 가지고 본다면, 이 장은 책 전체를 통해 명시적 혹은 묵시적으로 여기저기에서 제기해온 각종 보전 문제들의 종합이자 결론일 뿐이다. 그러나 "역사의 기록이 시작된 이래 그 어느 때보다도 더 많은 토지가 파괴되고 손상되어왔음"을 자칭 '현장 보전론자'로서 몸소 겪은 레오폴드 자신의 일생을 가지고 본다면, 사망 약 1년 전부터 마지막 손질이 된 이 수필은 "토지 남용이라는 괴물을 저지하지 못하는 보전(운동)의 무능력에 대한 슬픔과 분노와 당혹감과 착잡함으로 점철된" 자신의 "인생 여정의 귀결"이라는 고백[1]에서 보듯이 현장과 강단, 이론과 실천 양면에서 보전을 위해 헌신해온 한 인생의 최후 결론이다.

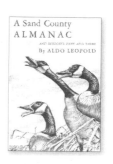

『모래 군의 열두 달』은 여러 편의 수필로 구성되어 있는데 그중 '토지 윤리'는 가장 널리 알려진 수필이다. 현대 환경 윤리의 효시로 평가되고 있는 이 수필의 논지, 책 출판 이후 지금까지 토지 윤리를 둘러싼 학자들간의 논쟁, 그리고 토지 윤리가 현대 환경 및 생태 철학에 미친 영향 등을 아주 간략히 정리하여 소개하면 대체로 다음과 같다.

알도 레오폴드의 유작
『모래 군의 열두 달』

보편적 토지관과 '생명 공동체'로서의 토지

레오폴드가 『모래 군의 열두 달』과 '토지 윤리'를 통해 문제삼고 있는 당시의―오늘날도 마찬가지지만― 보편적 토지관은 '정복자로서의 인간'이 '경제적 자원'으로 이용하기 위해 '소유한 상품'으로서의 토지다. 그의 생각에 토지가 남용되는 까닭은 바로 우리가 토지를 상품으로 보기 때문이다. 그러나 토지를 다른 동식물, 토양, 물 등과 함께 살아가는 '생명 공동체'로 바라보고, 우리 인간은 장구한 진화의 과정에서 동료 생물들과 평등한, 그 공동체의 '평범한 시민' 혹은 구성원임을 자각한다면, 우리는 토지를 사랑과 존중으로써 대하게 될 것이다.

보전이란 인류에게 정복자의 역할이 맡겨지고 토지는 그 노예나 하인의 역할을 담당하는 한 하나의 몽상일 뿐이다. 보전은 인간이 토양과 물, 식물과 동물들과 함께 동료 구성원이 되며, 각 구성원은 서로를 의지하고, 각 구성원에게 자신의 몫을 차지할 자격이 부여되는 하나의 공동체에서 시민의 역할을 담당하게 될 때 비로소 가능해진다. (1947년, 서문에서)

이렇듯 레오폴드가 '토지 윤리'에서 전달하고자 하는 메시지는 '토지는 하나의 공동체'라는 것이다. 레오폴드의 생각은 일단 토지가, 생태학에서처럼 일반 대중 사이에서도 '생명 공동체'로서 받아들여진다면 이에 조응하는 토지 윤리가 사회적 의식 속에 저절로 싹트리라는 것이다.

윤리의 진화

레오폴드가 탄생하기 22년 전인 1865년에 노예제도가 폐지되었고 레오폴드 생존 기간 동안 여성참정권과 인디언, 노동자, 흑인 인권운동이 이어졌다. 이 같은 윤리확장 과정을 몸소 겪었고 또한 이로부터 깊은 영감을 받은 레오폴드는 궁극적으로 윤리는 자연 그 자체를 대상으로 하는 영역까지 확장될 수밖에 없을 것이며, 또 그래야만 한다고 믿게 되었다.

레오폴드는 찰스 다윈의 생명 진화론과 윤리 진화론에 지대한 영향을 받았다. 레오폴드는 윤리의 기원을 인간의 공동체적 본능으로, 그 발전을 생태학적 진화로 규정하고 있다. 진화론적 자연사의 견지에서 볼 때, 우리가 흔히 수용하는 '윤리의 기원은 이성'이라는 설명은 사실의 본말을 전도하는 것이다. 이성은 추상적 사유 능력이며, 복합적 언어를 전제로 한다. 또 의사소통 수단으로서의 언어는 사회를 전제로 한다. 그런데 사회는 레오폴드의 표현을 빌리면, '생존 경쟁에서 행동의 자유를 제한'하지 않고서는 즉, 윤리가 전제되지 않고서는 형성될 수 없다. 따라서 레오폴드의 생각에 윤리는 이성에 앞서는 것이며, 그 진화는 생태학적 진화를 벗어나지 않는다.

'진화론적 가능성'이자 '생태학적 필연성'으로서의 토지 윤리

어떻든 레오폴드의 말대로 지금까지의 윤리 확장 과정이 공동체적 본능의 생태학적 진화 과정이었다면 앞으로의 윤리 발전 혹은 진화 방향은 무엇일까? 그에 따르면, 자연사적 윤리 진화론의 시각에서 볼 때 개인과 개인 간의 관계를 규정했던 최초의 윤리가 개인과 사회와의 관계를 규정하는 다음 단계로 발전해왔으며, 앞으로는 '인간과 토지, 그리고 그 토지 위에서 살아가는 동식물과의 관계를 다루는' 세번째 영역 혹은 단계로 진화될 가능성이 대단히 높다. 따라서 토지 윤리는 진화론적 가능성이다. 그러므로 토지 윤리가 설사 레오폴드에 의해 주창되지 않았었다고 하더라도 언젠가는 누군가에 의해서 선도될 것이며, 결국 마치 오늘날의 인권 윤리가 그러하듯, 인류 전체가 토지 윤리를 보편적으로 수용하게 될 날도 올 것이다.

한편 토지 윤리는 레오폴드에게 '생태학적 필연성'이기도 했다. 생태학은 인간과 나머지 자연 간의 사회적 통합감 혹은 공동체 의식을 제공한다. 생태학에 따를 때, 인간과 동식물, 토양, 물 등은 "모두 협동과 경쟁으로 흥청거리는 하나의 공동체, 하나의 생물상으로 서로 얽혀 있다." 그러므로 우리는 우리의 사회적 본능과 동정심을 비록 외모나 습성은 다르더라도 생명 공동체의 나머지 모든 구성원에게까지 확장하여야 한다. 그러나 오늘날 인간은 자연 혹은 생태계의 통합성, 다양성, 안정성 그리고 아름다움을 삽시간에 파괴할 수 있는 가공스러운 힘을 지니게 되었다. 따라서 이의 보전을 위해 토지 윤리는 없어서는 안되는 것, 즉 생태학적 필연성인 것이다.

전일주의로서의 토지 윤리

토지 윤리의 가장 큰 특징은 단순히 생명 공동체의 동료 구성원(인간이 아닌 나머지 존재들)뿐만 아니라 생명 공동체 그 자체가 존중의 대상이 된다는 것이다. 이런 점에서 토지 윤리는 개체주의적 입장 즉, 개별 동료 구성원에 대한 존중과 전일주의적 입장, 다시 말하면 공동체 그 자체에 대한 존중을 동시에 촉구하고 있다. 그러나 사실 이 두 입장은 서로 화해하기 어려운 대립적 입장이다. 왜냐하면 생명 공동체 전체의 이익을 위해서는 어떤 개별 구성원의 복지 희생이 불가피할 수 있기 때문이며, 또한 개별 구성원의 복지 증진은 전체 공동체의 이익과 충돌할 수 있기 때문이다. 가령 우리나라 하천 생태계 보전을 위해서라면 배스나 블루길 등은 잡아죽여야 할지도 모른다.

이처럼 두 입장이 상반될 때, 레오폴드의 궁극적인 입장은 전일주의적이다. 레오폴드는 '토지 윤리'의 마지막 절 '전망'에서 토지 윤리의 '결론적 도덕률'로서 이렇게 선언하고 있다.

생명 공동체의 통합성과 안정성 그리고 아름다움의 보전에 이바지한다면, 그것은 옳다. 그렇지 않다면 그르다.

이 말에서 분명하듯, 토지 윤리는 생명 공동체 그 자체에 대한 존중을 촉구할 뿐만 아니라 그 공동체의 개별 구성원에 대한 존중을 공동체 전체의 통합성, 안정성 및 아름다움의 보전에 종속시키고 있다. 그러므로 만약 개별 생명체의 존속 및 번영이라는 가치가 공동체 전체의 통합성, 안정성 및 아름다움의 보전과 상충되면 후자가 전자에 앞서는 것이다.

토지 윤리의 역설

생명 공동체를 중시하는 토지 윤리에도 여러 가지 역설이 대두되고 있으며, 이 역시 논란이 되고 있다. 우리는 다른 동식물들과 동등한, 생명 공동체의 평범한 구성원이자 시민―즉, 평범한 자연적 존재―이거나, 아니면 다른 동식물보다 우월한 존재이거나 둘 중 하나일 것이다. 만약 생명 공동체의 평범한 구성원이자 시민이라면 우리는 다른 동료 동식물 혹은 공동체 그 자체에 대해 아무런 도덕적 의무도 지니지 않는다. 왜냐하면 현대 과학의 시각에서 볼 때, 자연 및 자연 현상은 도덕과 무관하기 때문이다. 가령 우리는 수달이 물고기를 포식하는 것을 도덕적으로 비난할 수 없다. 그 물고기가 천연기념물이라고 해도 그렇다. 그 행위는 자연적 행위이며 따라서 도덕과는 무관하다. 그러므로 만약 인간이 자연적 존재라면 인간의 행동 역시―비록 그것이 아무리 파괴적인 것일지라도―자연적 행위이며 따라서 도덕적으로 비난할 수 없다.

그러나 만약 우리가 생명 공동체의 평범한 구성원이자 시민이 아니라고 하더라도 우리는 다른 동식물 혹은 자연 그 자체에 대해 아무런 도덕적 의무도 지니지 않는다. 흔히 우리는 인간은 자연적 존재 이상이라고 생각한다. 인간에게는 윤리와 도덕과 문화가 있다는 것이다. 인간은 자신을 자연과 분리하고 있다. 우리는 자신을 '자연을 초월한 존재'라고는 말할 수 없어도 '자연 이상의 존재'라고는 말할 수 있다는 것이다. 그렇다면 우리의 도덕 공동체는 오직 이 같은 우월성을 공유한 존재들의 공동체 즉, 인간 사회에만 국한된다. 그러므로 우리는 인간 사회 밖의 존재들에 대해서는 도덕적 의무를 지니지 않는다. 요컨대 어떤 입장을 취하더라도 토지 윤리는 설자리가 없다는 것이다.

이 역설의 논점은 두 가지다. 첫째는 자연이 도덕적으로 중립적인가 하는 것이고, 둘째는 인간이 '자연 이상의 존재'인가 하는 것이다. 첫번째 물음에 대해 미국 환경철학자 켈리콧(J. Baird Callicott)은 생물사회학적으로 볼 때, 지능적 도덕 행위(intelligent moral behavior)는 자연적 행위(natural behavior)라고 한다. 따라서 도덕적 존재로서의 우리는 자연과 대치하는 존재가 아니고 자연과 부합하는 존재라는 것이다. 다만 가령 늑대나 코끼리 등 사회적 본능을 지닌 다른 동물들은 원초적 형태의 도덕적 감정을 지니고 있을 뿐이며, 그들의 공동체 인식은 우리처럼 문화나 추상적 정보에 의해 창조되고 수용되는 정도가 매우 약하기 때문에 비록 우리가 그들을 윤리적 존재로 인정한다고 하더라도 그들은 우리처럼 어떤 보편적 생명 공동체 개념을 형성할 수 없으며, 따라서 생태계 전체를 포용하는 전일주의적 토지 윤리를 상정(想定)할 수 없는 것이다. 우리가 우리 자신에게 요구하고 있는 토지 윤리를 그들에게도 똑같이 요구할 수 없는 까닭은 여기에 있다.

두번째 물음은 결국 우리 인간이 스스로를 나머지 자연에 비해 우월하다고 주장할 수 있는 근거가 무엇인가 하는 것이다. 지금껏 대부분의 서양 도덕 철학자들은 인간은 이성이나 복합적 언어 능력을 지니고 있기 때문에 나머지 자연에 비해 우월하다고 주장해왔다. 그러나 근래의 진보적 환경 윤리학자들은 이른바 '인류 중심주의', 혹은 '인류 우월주의'는 인간 중심적 편견에 지나지 않는다는 데 의견을 모으고 있다.

토지 윤리와 생태학적 파시즘

자연 생태계에서 먹이와 포식자의 관계는 일방적이다. 즉, 자연의 먹이 사슬은 지극히 불공평하다. 토지 윤리는 전일주의적 입장으로서, 이 같은 자연의 불공평성을 당연한 것으로 수용하며 또 그 보존을 위해 노력한다. '개개' 구성원의 생존권이 생명 공동체의 보전과 충돌할 때 토지 윤리에서 중요한 것은 공동체 자체 혹은 전체의 건강이다.

이런 까닭에 레오폴드의 토지 윤리를 진지하게 검토해본 대부분의 도덕 철학자들은 토지 윤리를 '생태학적' 혹은 '환경 파시즘'이라고 맹공하고 있다. 토지 윤리는 공동체 전체의 선을 위해 개개 구성원의 복지 희생을 당연시하고 있는데, 토지 공동체의 나머지 구성원들이 공동체의 통합성, 안정성 그리고 아름다움을 위해 종속되어야 한다면 그 구성원의 하나인 우리 인간도 마찬가지다. 그러므로 만약 이 공동체의 일부 구성원이 공동체 전체의 선을 위해서는 포식되거나, 도태되거나, 인위적으로라도 제거되어야 하며, 이것이 도덕적으로 정당할 뿐만 아니라 도덕적으로 요청되는 일이라고 한다면 어떻게 우리는 그 대상에서 자신을 논리적으로 일관성 있게 제외시킬 수 있는가 하는 문제가 제기된다.

레오폴드가 말하고 있듯이 우리 인간도 토지 공동체의 '평범한 시민'에 불과하다면 말이다.

그러나 토지 윤리는 결코 비인간적이지도, 또한 비인간적 결론을 초래하지도 않는다. 생물사회학적 윤리 진화론의 입장에 있는 토지 윤리는 지금까지 사회에 축적되어온 윤리 규범들을 다른 것으로 대체하지도 무시하지도 않으며, 오히려 지금까지의 사회 구조 및 조직 진화에 조응하는 것으로써 수용한다.

어떤 사람이 어떤 나라의 국민이라고 해서 그 사람이 더 작은 공동체, 가령 도시나 마을이나 가족 등의 구성원이 아니며, 따라서 더 이상 시민이나 이웃이나 식구로서의 도덕적 의무로부터 해방된다는 것을 의미하지는 않는다. 마찬가지로 우리가 생명 공동체의 구성원이라고 해서 우리가 더 이상 인류 공동체의 구성원이 아니며, 따라서 인류 공동체에 조응하는 인권 존중 등의 도덕적 의무로부터 해방되는 것이 아니다.

우리는 마치 나무의 나이테처럼 수많은 공동체에 속해 있다. 가장 중심의 나이테는 가족이다. 이 각각의 나이테들이 가진 이해가 서로 상충할 때, 우리는 일반적으로 안쪽 나이테, 즉 우리가 생물학적으로 또는 정서적으로 보다 깊이 뿌리 박고 있는 공동체에 대한 도덕적 의무를 우선시 한다. 그러므로 가족 구성원으로서의 의무가 국민으로서의 의무를 앞서며, 국민으로서의 의무가 인간이라는 종으로서의 의무를 앞서며, 인간이라는 종으로서의 의무가 환경에 대한 의무를 앞선다. 그러므로 토지 윤리는 결코 공포의 대상도 생태학적 파시즘도 아니며, 인류에 대한 우리의 도덕을 기각하는 것도 아니다.

그러나 다른 새로운 윤리와 마찬가지로 토지 윤리는 행동의 취사선택에서 새로운 기준을 요구하며, 이 요구는 다시 보다 안쪽에 있는 나이테의 요망(demands)에 영향을 주게 된다. 즉, 토지 윤리는 '인권'과 같은 인간 사회의 인도주의적 요구를 기각하는 것은 아니지만 그렇다고 해서 인간 사회의 도덕에 간섭하지 않는 것도 아니다. 토지 윤리에 따르면 토지 공동체의 나머지 동료 구성원들은 '인권'을 가지고 있지 않다. 그들은 인류 공동체의 구성원이 아니기 때문이다. 그러나 그들은 토지 공동체의 동료 구성원으로서 존중될 자격이 있다.

토지 윤리는 심려(深慮)적인가 의무적인가?

우리가 토지를 생명 공동체로 바라보고 사랑과 존중으로써 대해야 하는 까닭이 있다면 우리 인간을 보다 풍요롭게 하거나, 적어도 '인류'라는 종이 지구상에 존속할 수 있게 하기 때문인가, 아니면 우리 인간의 이익과 관계없이 우리는 그래야만 하는 의무가 있기 때문인가? 다시 말하면 토지 윤리는 인류의 사려 깊은 '집합적 자기 이익'에 바탕을 두고 있는가, 아니면 비인류 자연 실체들과 전체로서의 자연을 '진정한' 도덕적 배려의 대상으로 받아들이는 것인가? 또 달리 표현한다면, 토지 윤리는 현대 환경 및 생태 철학의 대립적 두 입장 중 어느 것, 즉 인류 중심적 입장인가 생태 중심적 입장인가?

레오폴드의 토지 윤리는 분명히 의무적이다. 왜냐하면 레오폴드는 '토지 윤리'의 여러 곳에서 전적으로 경제적인 동기와 '자기 이익'에 입각한 토지 보전을 신랄하게 비판하고 있기 때문이다. 또한 레오폴드는 여러 차례 토지 윤리는 진정한 애정, 존중, 충성심, 의무와 양식을 요구한다고 선언하고 있는데, 이런 것들이 심사숙고한 '자기 이익'을 바탕으로 한다면 그것은 위선일 뿐이다.

그러나 어떻든 토지 윤리는 결국 '인류' 문명의 산물이기 때문에 현대에 이르러 토지 윤리가 '궁극적으로' 심려적인가, 의무적인가 하는 질문에 대해서는 논란이 많다. 이 논점에 대한 켈리콧의 결론은 토지 윤리는 심려적인 동시에 의무적이라는 것이다. 그에 따르면 공동체 내부적 시각 즉, 공동체 구성원으로서의 우리 인간의 살아 있고 체험되는 관점에서 보는 토지 윤리는 의무적이다. 이때의 토지 윤리는 진정한 애정, 존중, 자기희생, 양식, 의무 그리고 본래적 가치와 '생명적 권리' 등을 요구한다. 그러나 공동체의 외부적 시각 즉, 객관적이고 분석적인 과학적 시각에서 보는 토지 윤리는 심려적이다. 즉, 생태학의 관점에서 볼 때 인류가 토지에 미쳐온 각종 해악으로부터 살아 남으려면 어쩔 수 없이 토지 윤리가 '필요'하다는 것이다.

토지 윤리가 현대 환경 및 생태 사상에 미친 영향

레오폴드가 『모래 군의 열두 달』을 통해 토지 윤리를 처음 제시했을 때 그의 사상은 거의 세인들의 관심을 끌지 못했다. 그것은 그 급진성 때문이었다. 그의 사상은 미국인들의 전통적인 가치관, 행태, 진보 개념 등을 완전히 해체하고 재구성하도록 요구했다. 오늘날 세계적 강국으로 부상한 미국의 발전은 자연의 정복과 착취의 연속인 지난 300년간의 개척을 바탕으로 하고 있다. 토지 윤리는 바로 이 과정에 대해 전례 없는 비판과 제약을 가했다. 토지 윤리는 당시까지 미국인들이 자연을 다루어온 방식에 종지부를 찍도록 요구하는 혁명적인 주장이었다.

그러나 그의 주장은 1960년대 말, 환경 및 생태계 파괴가 범사회적 관심사로 대두되면서 현대 환경 운동의 철학적 기초로서 재평가되기 시작했다. 레오폴드가 『모래 군의 열두 달』과 그 마지막 장 '토지 윤리'를 통해 제시하고 정립한 새로운 의미의 자연, 그리고 새로운 관계의 인간과 자연은 현대의 생태 중심적, 전일주의적 환경 철학 및 운동의 사상적 바탕이 되고 있다.

주)

1) 『모래 군의 열두 달』의 출간을 위해 알도 레오폴드가 1947년에 쓴 서문에서 인용.

참고문헌

Leopold, Aldo. 1923, "Some Fundamentals of Conservation in the Southwest," reprinted in Susan L. Flader, and J. Baird Callicott(eds.), 1991, ,*The River of the Mother of God: And Other Essays by Aldo Leopold*, Madison: The University of Wisconsin Press, pp.86-97.

_____. 1933, "The Conservation Ethic," reprinted in Susan L. Flader, and J. Baird Callicott(eds.), 1991, *The River of the Mother of God: And Other Essays by Aldo Leopold*, Madison: The University of Wisconsin Press, pp.181-195.

_____. 1939, "A Biotic View of Land," reprinted in Susan L. Flader, and J. Baird Callicott(eds.), 1991, *The River of the Mother of God: And Other Essays by Aldo Leopold*, Madison: The University of Wisconsin Press, pp.266-273.

_____. 1947a, "The Ecological Conscience," reprinted in Susan L. Flader, and J. Baird Callicott(eds.), 1991, *The River of the Mother of God: And Other Essays by Aldo Leopold*, Madison: The University of Wisconsin Press, pp.338-348.

_____. 1947b, "Foreword," printed in J. Baird Callicott(ed.), 1987, *Companion to A Sand County Almanac*, Madison: University of Wisconsin Press, pp.281-288.

_____. 1949, *A Sand County Almanac: And Sketches Here and There*, Oxford and N.Y.: Oxford Uinv. Press; 송명규 역, 2000, 『모래 군(郡)의 열두 달, 그리고 이곳 저곳의 스케치』, 도서출판 따님; 윤여창·이상원 공역, 1999, 『모래땅의 사계: 어느 자연주의자가 들려주는 자연과 인간의 경이로운 대화』, 푸른숲.

_____. 1953, *Round River*, N.Y.: Oxford Univ. Press.

송인주. 2000, 「알도 레오폴드의 자연사랑」, ≪都市問題≫ 2000년 5월호, 109-116쪽.

Callicott, J. Baird. 1987a, "Introduction," in J. Baird Callicott(ed.), *Companion to A Sand County Almanac*, Madison: University of Wisconsin Press, pp.3-13.

_____. 1987b, "The Conceptual Foundations of the Land Ethic," in J. Baird Callicott(ed.), *Companion to A Sand County Almanac*, Madison: University of Wisconsin Press, pp.186-217

Flader, Susan. 1987, "Aldo Leopold's Sand County," in J. Baird Callicott(ed.), *Companion to A Sand County Almanac*, Madison: University of Wisconsin Press, pp.40-62.

Fleming, Donald. 1972, "Roots of the New Conservation Movement," *Perspectives in American History* 6.

Goodpaster, Kenneth E. 1978, "On Being Morally Considerable," *The Journal of Philosophy*, LXXV, 6, pp.308-325; reprinted in M. E. Zimmerman, etc.(eds.), 1993, *Environmental Philosophy: From Animal Rights to Radical Ecology*, Englewood Cliffs: Prentice Hall, pp.49-65.

Meine, Curt. 1983, "Building 'The Land Ethic'," reprinted in J. Baird Callicott,(ed.) 1987, *Companion to A Sand County Almanac*, Madison: University of Wisconsin Press. pp.172-185.

_____. 1988, *Aldo Leopold: His Life and Work*, Madison: University of Wisconsin Press.

Regan, Tom. 1980, "Animal Rights, Human Wrongs," in *Environmental Ethics*, 2(2). pp. 99-120; reprinted in M. E. Zimmerman, etc.(eds.), 1993, *Environmental Philosophy: From Animal Rights to Radical Ecology*, Englewood Cliffs: Prentice Hall, pp.33-48.

_____. 1983, *The Case for Animal Rights*, Berkely: Univ. of California Press.

Singer, Peter. 1973, "Animal Liberation," in The New York Review of Books; reprinted in M. E. Zimmerman, etc.(eds.), 1993, *Environmental Philosophy: From Animal Rights to Radical Ecology*, Englewood Cliffs: Prentice Hall, pp.22-32.

_____. 1976, "All Animals Are Equal," in Tom Regan and Peter Singer(eds.), *Animal Rights and Human Obligations*, Englewood Cliffs, N.J.: Prentice Hall.

Taylor, Paul W. 1981, "The Ethics of Respect for Nature," in Environmental Ethics, 3(3), pp.197-218; reprinted in M. E. Zimmerman, etc.(eds.), 1993, *Environmental Philosophy: From Animal Rights to Radical Ecology*. Englewood Cliffs: Prentice Hall, pp.66-83.

Yi-Fu Tuan

투안의 문화적 공간론

먼저 밝히고 싶은 점은, 여기에서 조명할 이-푸 투안(Yi-Fu Tuan) 교수가 내후년이면 고희(古稀)를 맞게 되는 연세임에도 연구·저작활동을 계속 왕성하게 하고 있다는 사실이다. 또 한 가지는 그에 관한 양보경 박사의 글이 『현대지리학의 이론가들』에 실려서 좋은 참고자료가 되고 있다는 점이다. 따라서 필자는 가급적 중복을 피하도록 하면서 몇 자 적으려고 한다. 아무런 기초 지식도 없이 지리학에 뛰어들었을 적에 많은 것을 일깨워 주신 옛 스승님에 대한 글을 쓰게 되어 초봄에 개나리를 대하는 기분이다.

체질화된 휴머니스트

현재 위스콘신 대학 지리학과의 John K. Wright Vilas 석좌교수인 투안 선생님을 처음 뵙게 된 것은 지금부터 약 28년 전이었다. 미네소타 대학 재학시 미국학을 하던 중 우연한 호기심에서 수강한 과목이 지리학과의 '환경, 환경결정론, 삶의 질(Environment, Environmentalism and Quality of Life)'이었다. 제목이 썩 이색적인 데 끌려서 선택을 한 건데 "소경이 문걸쇠 바로 잡는다"는 옛말처럼 학점을 잘 받게 되었다. 당시

안내서에 담당교수가 투안이라고 적혀 있긴 했어도 실제로 그가 누구이며 어떤 학자인지 알게 된 것은 기초과목을 몇 개 더 들은 다음, 전공을 아예 지리학으로 바꾸고 난 뒤였다.

캠퍼스에서 만나는 그의 인상은 가르치는 학문처럼 매우 차분하고 인간적이었다. 동양인으로서도 비교적 작은 체구의 투안 교수는 제자들이 알기로는 허름한 옷이 세 벌뿐이고, 실제로 이용하는 차는 딱정벌레형 폭스바겐. 가끔 점심 때 하층 자판기에서 꺼내 가는 식사는 65전짜리 핫도그. 그나마 커피는 연구실에서 손수 끓여 드시니까 의·식·주 중에 먹는 일을 아주 기능적인 일로만 여기시는 듯했다. 언젠가 한번은 당신 세미나의 수강생들을 모두 고급식당으로(기말이면 늘 종강파티처럼) 불러 함께 식사를 하는데, 우리들은 게눈 감추듯 먹어치우는 휠레미뇽을 1/5 가량만 들고 나머지는 포크로 괜히 뒤적거리며 대화에만 관심을 보일 따름이었다.

아마 항상 시간이 부족해서인지 사교·사회적인 모임에는 안가면서도 학생들은 자택으로도 곧잘 초대해주시곤 했다. 자택이라야 독신으로 혼자 쓰는 미네아폴리스 시내의 원베드룸(그의 표현으로는 my little pad)인데, 창가를 제외한 세 벽은 천정까지 모두 책으로 초만원이요, 스테레오에서 흘러나오는 음악은 다 바흐의 작품이었다. 연구실도 그랬으니 정말 책과 학생지도와 연구·집필이 생활의 전부인 선비라 경외심을 느끼지 않을 수 없었다. 온 나라가 쉬는 성탄절 저녁이나 연말 연시에도 미네소타 대학(1969~1983년 재임) 사회과학관 4층의 투안 교수실만은 언제나 불이 켜져 있었다. 그래서 하늘 아래 출간된 서적은 모두 읽었을 거라는 제자들 사이의 말은 신화가 아니고 사실일 것 같은 인상을 받았다.

단편적 이미지이긴 해도, 이렇게 개인 차원에서조차 체질화된 휴머니즘이 투안 교수의 학문적 상징인 것은 여기서 새삼 강조할 필요가 없을 줄로 안다. 그러면 여기서 그의 출신 및 학문적 배경을 잠시 살펴보자.

문화적 공간론의 전개

　지금은 미국 시민권 소지자인 투안 교수는 1930년 중국 텐진에서 외교관의 둘째(Yi-Fu의 첫 자가 그런 뜻)아들로 태어나 일찍부터 서구교육을 받게 되었다. 호주와 필리핀 등지에서 초등교육을 받고, 학부 및 석사까지의 시기는 영국 옥스퍼드 대학에서, 그후 북미의 문화지리학이 사우어(Carl Sauer)에 의해서 주도되고 있을 무렵 미국 캘리포니아 버클리 대학으로 건너가 지형학으로 박사학위(1957년)를 받는다. 이러한 성장기간을 통하여 흡수한 모국어와 문화, 그리고 서양문명에 대한 이해는 차후(특히 1959~65년 뉴 멕시코대학 재임 이후) 그의 숱한 논문과 저서에서 자유롭게 두 세계를 비교·대조하며 인용할 수 있는 기틀이 되고, 인디애나 대학 재직(1956~58년) 때 발표한 「지리적 묘사에 있어서 직유와 은유의 사용(Use of Simile and Metaphor in Geographic Descriptions)」(*Professional Geographer*, Sept. 1957)에 이미 드러나듯이 문화적·인간주의적 방향으로의 전환을 예고해준다. 예컨대 공간론을 전개하는 아래 인용문에서 중국과 미국의 문화적(또는 의식의) 차이가 어떻게 대조되는가를 짚어보자.

　　미국인들에게는 공간개념은 있어도 장소라는 느낌은 없다. 예컨대 준교외 거주지역에 있는 미국가정을 방문했을 때 거의 예외없이 먼저 하는 일이 바깥을 향한 창문으로 가는 것이다. 손님으로 찾아가서 주인한테 우선 바깥경치가 아름답다는 인사말을 한다는 게 얼마나 흥미로운가! 주인은 그런 말에 기분이 좋아진다. 저만큼 보이는 수평선은 하늘과 땅을 가르는 경계선일 뿐만 아니라 미래를 가리키는 상징이기도 하다. 미국인은 자기 집(장소)이 아무리 아름다워도 거기에 뿌리를 두고 있지 않다. 그의 눈길이 가 닿는 곳은 수평선 어느 지점으로 뻗어나가는 공간, 즉 자기의 미래이다.

　　대조적으로 중국인의 전통가옥은 장식 없는 벽으로 에워싸여 있다. 제벽

(祭壁) 뒤를 돌아가면 안마당이 나오는데, 그 한구석에는 소형 정원이 있다. 일단 이렇게 내부로 들어서면 건물과 포도(鋪道), 그리고 돌과 관상용 식물이 잘 정돈되어 있는 조용하고 아름다운 질서의 세계를 만나게 된다. 그러나 원경(遠景)은 없다. 아무리 둘러봐도 앞으로 트인 공간이 없다. 고작해야 위로 하늘이 보일 뿐이고, 이런 데서 맛보는 자연은 기후밖에 없다. 이처럼 중국인은 자기의 집(장소)에 뿌리를 박고 있는 것이다. 중국인이 이러한 본거지를 떠날 적에는 그 행선지가 저 지평선 어디에 있는 약속된 나라가 아니라, 마음으로 상상하는, 종교적 의미의 수직적인 축(軸)을 따라서 전개되는 전혀 다른 세계이다. (Tuan in Webb 1987, "American Space, Chinese Place").

위에서 중국의 경우는 우리 문화에도 적용될 수 있는 여지가 많다고 생각되지만, 이것은 별 문제로 하고, 이 주장을 실증주의(내지는 과학만능주의)적 관점에서는 어떤 평가를 할 것인지 하는 생각이 언뜻 스친다. 그 흔한 설문조사나 아니면 사회과학적인 통계자료도 없이 미국인들은 이렇고 중국인들은 저렇다고 말하는 식의 일반론에 설득력이 담겨 있는가? 중국의 인구가 10억 이상이고 미국도 2억 수천만이나 되거늘 어찌 기본적인 퍼센티지도 없는 저자의 말을 객관적으로 받아들일 수 있느냐는 얘기다. 그러나 인간주의적 방향을 선호하는 지리학자에게 의미있는 것은 객관성과 아울러 주관성을 긍정적으로 인정하는 시각이다. 이 문제를 두고 벌써 오래 전에 미네소타 대학의 루커만(Fred Lukermann)은 이렇게 역설한 바 있다.

인간 행동의 기초가 되는 것은 우리가 진실이라고 생각하는 데 있으며, 역사적으로 볼 때 확실히 인간의 모든 행위가 여태까지 과학적 지식을 따라서 이루어져 왔다고 주장할 수는 없다. 그러므로 지리학도는 지표면상의 여러 가지 일들이 어디서 발생하고 또 지역적으로 어떤 형태를 표출하는가를 객관적으로 가늠할 필요가 있을 뿐만 아니라 인간이 자기가 처한 환경에 대해서 느끼고 체험한 바를 알아야 한다. 왜냐하면 이러한 느낌과 체험만이 수많은 인간행위의 근본이 되는 것이며 또한 그 같은 행위 행동으로 인하여 장소 (place)는 어떤 특징을 지니게 되기 때문이다. 사물을 보고 생각하는 문화적 프리즘을 통해서 환경을 관조할 적에 사람은 역사적인 존재로서 행동을 하게 되는 것이며, 인간의 의식 속에 담겨있는 하나의 사상(事象)이라는 의미를 갖 는 장소는 무엇보다도 문화적 개념이 되는 것이다. (Lukermann, 1965)

주관성과 현실경험의 중시

이야기가 이론적으로 흘러 다소 진부할까 염려되지만 학문추구에는 객관성 못지 않게 경험과 소신 및 문화적 가치관 같은 주관적 요소도 필요하다는 루커만의 힘찬 주장은 사실 주로 통계자료에 입각한 모델형 성이나 이론개발에 급급한 실증주의자들을 겨냥한 화살이었다. "이론이 란 그 근저가 되는 가설을 설명하는 것이지 현실을 설명하는 것은 아니 다"라는 그의 직선적인 표현(Lukermann, 1960)이 잘 대변해주듯이 "객 관화된 예술은 창백하다"며 본질적으로 같은 생각을 피력한 필립 와그 너(Philip Wagner, 1972)의 말을 연상시킨다.

이 같은 휴머니스트의 목소리는 "의지(intent)가 세계의 특성을 변화 시킨다"면서 실존주의적인 견해를 표명한 로웬달(David Lowenthal, 1967)의 인지론에서, 지리학의 본질을 규명하는 중에 "우리가 어떤 대 상에 대해서 관심을 가진다 함은 기본적으로 우리가 그것을 체험한다는 차원에서다"라고 한 하트숀(Richard Hartshorne, 1969)의 책에서, '의도 된 실재(the intended reality)'라는 말로 현상학적 입장을 시사한 미술비 평가 곰브리지(E. H. Gombrich)의 『예술과 환상(Art and Illusion)』에서, 또 하트숀처럼 지리학의 성격을 인간주의적 차원에서 정리하는 가운데 "인간으로 인해 생기는 모든 현상은 인간의 마음과 목적의식과 관련된 다"면서 동감을 나타낸 영국의 두 지리학자 울드리지(Wooldridge)와 이스트(East, 1967)의 주장에서 잘 반영된다.

투안 교수가 약 3년간(1966~69년) 재임했던 토론토 대학에서 그와 학문적 공통 분모를 많이 나눈 바 있는 렐프(Edward Relph, 1976)도 후설(Husserl) 이후의 현상학을 설명하면서 '살아있는 세계 경험'의 중요성을 지적했는데 이 같은 철학적 맥락이 위로는 『경관의 형태학(The Morphology of Landscape)』(1925)을 발표하여 지리학에 문화적 색채를 짙게 물들인 칼 사우어(Carl Sauer) 및 문학·예술적 상상력을 지리학에 불어넣어 신선한 바람을 일으킨 『익명의 공간(Terrae Incognitae)』의 필자 존 라이트(John K. Wright, 1947)로 이어지고, 밑으로는 호주의 머서(Mercer)와 파우웰(Powell, 1972), 싸스카치완의 리즈(Ronald Rees 1972), 그리고 아일랜드 부티머(Anne Buttimer, 1974)와 같은 인간주의적 성향이 농후한 지리학자들로 수렴된다. 투안이 비교적 장기간 재직했던 미네소타 대학에서도 앞서 언급한 루커만 이외에 매터(Cotton Mather), 포터(Phil Porter) 등 여러 교수들이 이러한 흐름을 적극 포용·전파하는 일에 협력하였다.

이같이 동료들과의 호흡이 원활한 분위기 속에서 투안은 본격적으로 과학 만능주의 쪽으로 나아가는 지리학에 제동을 걸면서 이른바 인간주의 지리학(humanistic geography)을 정립하기 시작했다. 제동을 거는 것이 그의 주목적은 아니었으리라. 다만 1970년대를 전후하여 산불처럼 퍼져 나가는 행동과학이 지나치게 자연과학의 피상적인 설득력에 끌려 수치와 공식과 모델추출 쪽으로 기울어지는 모습이 매우 안쓰럽게 보였고, 그래서 "여러분, 지리를 꼭 그렇게만 볼 게 아니잖소. 내 말 좀 들어봐요"라고 타이를 필요성을 느꼈다고 생각한다. 투안의 경우 이러한 생각의 효시가 상기한 '직유와 은유의 사용'에서 분명하게 보인다.

생생한 언어표현 탐구

그의 요지는 이러하다. 전 세기(19세기)에 활약한 지질·지리학자들은 평범한 언어만을 가지고서도 좋은 연구를 해내지 않았느냐. 예컨대 미국 서부의 콜로라도 강을 답사하고 나서 그 일대의 아름다운 경관을 직유법으로 생생하게 묘사한 파웰(J. W. Powell)의 책(*Exploration of the Colorado River and Its Tributaries*, 1825)을 읽어보라. 아울러 그랜드캐니언의 웅장한 자연미를 같은 방식으로 기술한 듀턴(C. E. Dutton)의 지질학 논문(1882)과 네바다로부터 애리조나주에 이르는 넓은 산야의 지형을 조명한 길버트(G. K. Gilbert)의 연구서(1875)를, 그리고 페루 남부지역의 안데스 산맥과 아타카마(Atacama) 사막지대의 특성을 부각시킨 보우만(Isaiah Bowman)의 문체를 보라. 이들의 생생한 기록을 보노라면 콜로라도의 강물과 안데스 산의 산천초목이 직유적·은유적 표현에 힘입어 그 영상들이 마치 사진처럼 살아서 독자에게 다가온다는 것이다. "저 남쪽으로는 우인타 산맥이 길게 뻗어나가고 드높은 봉우리들은 하늘을 찌른다. 그 위를 덮고 있는 눈은 용해된 은(銀)물이 호수를 이룬 것 같다"(파웰 표현). 그랜드캐니언을 바라보는 듀턴은 다음과 같이 인상을 적었다. "시야의 반경이 50~100마일 되는 고지에 오르면 희한한 광경이 전개된다. 가장 현저한 물체는 색깔이 찬란한 높은 절벽들이다. 사방으로 구불구불 뻗어나가면서도 어떤 체계가 있는 듯하다. 이만큼에서는 힘찬 모습으로 커다란 곶(岬)을, 또 저만큼에서는 주춤하는 모습이 되어 깊숙한 만(灣)을 이루며 계속 전진하다가 급기야는 수평선 밑으로 빠져버리거나 보다 드높은 땅덩이 뒤로 휙 돌아간다. 아니면 저 먼 곳으로 안개처럼 아롱아롱 사라져버린다"라고.

오래 전 먼 곳의 풍경이 묘사된 예문을 인용하는 투안의 논문에서 우리는 그의 학문적 성향(특히 그의 공간개념)과 연구방법을 간접적으로 읽을 수 있다. 즉 모든 연구는 현지답사이든 통계학적인 것이든 상관없이 결국 언어매체를 통하여 독자에게 묘사·전달되어야 한다는 관점이다. 그리고 보면 저 유명한 $E=mc^2$ 으로 표기되는 등식도 그것이 질량과 에너지의 관계를 나타내는 공식이라는 설명이 따를 때 그 의미를 알수 있거니와 이런 것이 결여되어 있는 1957년 당시 북미지리학계가 투안에게는 큰 걱정이었다. "이러한 전통 있는 생생한 묘사법이 미국(지리학계)에서는 사라져버린 듯싶다. 현대지리학자가 선호하는 유행은 기술적인 용어로서, 이 같은 경향이 심해질 경우 경관(landscape)은 무미건조한 통계수치로 처리되고 만다. 물론 정확한 기술용어가 필요하다. 그러나 못지 않게 필요한 것이 회화적 영상이기도 하다. 그리고 취사선택된 말, 이런 묘사적 표현을 이용함으로써 우리는 지리학의 특별한 관심사인 경관을 십분 음미·이해할 수 있다."

그러므로 투안의 연구에는 $y' = 5.49 + 3.8x$ 같은 경제지리학적 공식이라든가 CBD의 특성을 집약하는 추상적인 지도 또는 정교한 도표 따위는 드물다. 대신 엄선된 어휘와 문필가들이 부러워할 표현으로 정리된, 그러면서 굵은 테마를 중심으로 진행되는 깊고 품위 있는 수필 같은 내용이 주류를 이룬다. 아닌 게 아니라 투안은 『도덕과 상상력(Morality and Imagination)』(1989) 서론에서 자신의 연구 모델이 '이상적인 대화'라고 피력하고 있다. 그는 예의 겸손한 자세로 덧붙여 말하기를, "이러한 대화를 놓고 말하는 사람은 한두 가지 예를 들어서 어떤 테마, 즉 하나의 관점을 제시·설명하고 듣는 사람은 나름대로 반응을 보이면서 화자의 입장을 이해했다거나 혹은 그의 주제는 좀더 설명이 필요하다고 의견을 내놓는다."

철학·문학·예술·인류학 등을 아우른 '지(地)관념론'체계

말이 한두 가지 예지 일단 제시한 테마를 설명하는 데 동원되는 보기와 입증자료의 출처가 언제나 놀랍도록 많고 다양하다. 멀게는 그리스

신화와 중국의 고전문학, 가깝게는 영국 호반 시인들의 작품 그리고 셰익스피어의 드라마를 포함하는 영미문학과 프랑스 문학, 신학과 철학, 미학과 미술, 심리학과 인류학, 음악, 역사, 자연과학의 제 분야 등등. 이 중에서 자신이 특별히 달가워하는 학문분야가 인류지리학(Anthropo-geography)과 실존주의 현상학이라고 투안은 말한다. 이는 그의 대표작 『장소애(Topophilia)』(1974)나 『공간과 장소(Space and Place)』(1977), 그리고 비교적 최근에 나온 『낯설음과 놀라움을 넘어서(Passing Strange and Wonderful)』(1993) 등을 보면 곧 이해되는 사실이다. 철학적 요소가 많다고 해서 혹자는 투안의 지리학을 일명 지관념론(Geosophy)이라고도 일컫는다. 어쨌든 그렇듯 많은 분야를 수용하며 엄청난 독서와 체계적인 연구를 계속하고 있는 지리학자 투안에게 소위 공간은 텅 비어 있거나 아니면 통계수치와 컴퓨터로 처리된 매끄러운 지도 몇 장으로 다루어질 문제가 아니다. 왜냐하면 그것은, 투안이나 그와 공감대를 형성하고 있는 지리학도들에게 있어서, 태고부터 지금까지 의지와 목적의식을 가진 인간들이 존재해온 삶의 터전이며 또 그들의 경험·가치관·세계관·우주관에 따라 펼쳐지는 무수한 인간 드라마의 무대, 곧 우리의 생활권(lebensraum)이기 때문이다. 사실 이런 공간은 우리가 아침에 일어나 커피를 끓여 마시는 부엌으로부터 문화·경제활동을 영위하는 사회와 아득한 광년(光年)의 세계에 이르기까지 그 폭이 무한하다. 왜인고 하니, 비록 우리의 발은 인력에 매여 땅을 짚고 있어도 의식만큼은 상상의 날개를 타고 저 창공 뒤의 갤럭시 그리고 퀘이자까지 다가가기 때문이다. 이런 공간을 언제 한번 투안과 함께 산책해보자고 제안하고 싶은 사람은 없는가? 수줍어 말고 부탁을 드려보라. 반드시 긍정적인 대답을 받게 될 것이다.

맺음말

　인생에서 아낌없는 사랑을 주는 부모를 만남이 큰 복이듯이, 학생의 입장에서도 학문 및 인간적으로 잘 이끌어주므로 존경할 수 있는 스승을 만나는 것도 커다란 행운이라고 생각된다. 이 글은 스케치 정도의 소개문이지만, 내가 만난 투안 교수는 평생을 독신으로 학문에만 전념하는 살아있는 선비이다. 지질학에서 철학, 심미학에 이르는 드넓은 학문의 세계를 항해하는 큰 학자이면서도 한번도 그 어느 자리에서나 얼굴을 붉히는 일 없고 언제나 제자들을 조용히 그러나 능력의 한계까지 노력하도록 지도해주시는 선생님의 휴머니즘은, 사적인 차원에서는 더없이 따뜻한 격려가 되고 학문적으로는 자칫 과학만능주의로 기울기 쉬운 학계에 균형감각을 넣어줌으로써 배움과 삶을 시공적으로 보다 높고 넓고 성숙한 위치에서 관조케 하는 지침이 된다.

　현재 우리는 냉전 후 강대국의 가치관과 세계관이 주도하는 이른바 글로벌 체제 속에서 싫으나 좋으나 숨가쁜 적자생존식 경제 및 과학기술을 위주로 하는, 따라서 선택의 여지가 별로 없는 생활을 하고 있다. 어린이들에게 마저 삶은 곧 경쟁으로 보아야 하는 실정이며, 여기에 가중되는 인구 증가, 환경 및 생태계 오염과 파손, 엄청난 테러문제 등은 실로 휴머니즘의 종말을 예고하는 듯도 하다. 그러나 이런 때일수록 우리는 마음의 여유를 찾는 노력이 필요하지 않을까. 경제발전과 hi-tech 개발에 총력을 기울인 결과는 생태계가 비명을 정도로 심각한 부산물을 우리에게 안겨주고 있다. 이러한 맥락에서 투안 교수(그외에 다른 많은 훌륭한 생각 깊은 사람들)와 같은 인본주의적 안목은 학문적으로나 실용적으로나 우리에게 시사하는 바가 많다고 하겠다.

참고문헌

Yi-Fu Tuan. 1959, *Pediments in Southeastern Arizona*, University of California Publications in Geography, Vol.13.

_____. 1968, *The Hydrologic Cycle and the Wisdom of God*, University of Toronto Department of Geography Research Publication No. 1.

_____. 1971, *Man and Nature*, AAG Commission on College Georaphy Resource Paper No. 10.

_____. 1974, *Topophilia: A Study of Environmental Perception, Attitudes and Values*, Englewood Cliffs, New Jersey: Prentice-Hall, Inc.

_____. 1977, *Space and Place: The Perspectives of Experience*, University of Minnesota Press.

_____. 1979, *Landscapes of Fear*, New York: Pantheon Books.

_____. 1984, *Dominance and Affection: The Making of Pets*, Yale University Press.

_____. 1986, *The Good Life*, The University of Wisconsin Press.

_____. 1989, *Morality and Imagination: Paradoxes of Progress*, The University of Wisconsin Press.

_____. 1993, *Passing Strange and Wonderful: Aesthetics, Nature and Culture*, New York: Island Press.

_____. 1998, *Escapism*, The Johns Hopkins University Press.

Buttimer, Anne. 1974, "Values in Geography," AAG Commission on College Geography, *Resource Paper* no.24.

Hartshorne, Richard. 1969, *Perspectives on the Nature of Geography*, Chicago: Rand McNally & Co.

Idem, 1960, "On Explanation, Model and Description," *Professional Geographer*, vol.12, no.1.

Lukermann, Fred. 1965, "Role of Theory in Geographical Inquiry," *Professional Geographer*, vol.13, no.2.

Mercer, D. C. and J. M. Powell. 1972, *Phenomenology and Related Non-Positivistic Viewpoints*, Australia: Monash Publications in Geography, no.1.

Rees, Ronald. 1976, "Image of the Prairie," *Canadian Geographer*, vol.20, no.3(Fall).

Relph, Edward. 1976, *The Place and Placelessness*, London: Pion.

Wagner, Philip. 1972, *Environments and Peoples*, Englewood Cliffs: Prentice-Hall.

Webb, Susanne S.(ed.) 1987, *The Resourceful Writer*, San Diego: Hartcourt Brace Jovanovich.

Wooldridge, S. W. and W. G. East. 1967, *The Spirit and Purpose of Geography*, New York: Carpricon Books.

Wright, John K. 1947, "Terrae Incognitae: The Place of Imagination in Geography," *Annals of the Association of American Geographers*, vol.37, no.1.

Mark Gottdiener

갓디너의 사회공간적 접근

이왕건(국토연구원 책임연구원)

머리말

도시분야의 많은 학자들은 도시의 변화와 성장요인들을 설명하기 위해 많은 공간이론들을 정립하고 발전시켜왔다. 이러한 요인들을 가장 먼저 체계적으로 정립한 사람들이 소위 '시카고학파'로 불리는 시카고 대학의 도시사회학자들이었다. 이들은 생태학에서 도입한 이론을 근거로 하여 도시에서 발생하고 있는 공간적 변화과정을 최초로 정립하였다는 점에서 큰 의미를 가지고 있다. 그러나 1930년대 이후 미국의 도시들도 변모하였고 성장의 요인들도 달라졌다. 특히 1950년대 이후 미국 내에서는 지속적으로 남부의 선벨트(Sunbelt) 도시들과 교외로 인구가 이동하고 있는데 이를 설명할 수 있는 새로운 이론의 정립 필요성이 제기되었다.

미국남부에 있는 선벨트의 대도시들, 특히 라스베이거스는 1990년대에 미국에서 가장 인구성장률이 높은 대도시권이며, 이러한 추세는 2010년까지 지속될 것으로 예상되고 있다. 이러한 도시들의 성장요인을 체계적으로 설명하고자 하는 이론적 근거는 르페브르(Lefebvre)의 이론을 토대로 마크 갓디너(Mark Gottdiener)가 발전시킨 사회공간적 접근법(Socio-spatial approach)이다. 그의 접근법은 기존 이론의 한계를 극복하고자 하는 새로운 시도로서 상당한 설득력을 가지고 있다.

마크 갓너는 1965년 뉴욕 시립대학의 수학과를 졸업하고 1968년 미네소타 대학에서 경제학 석사를 취득한 후 뉴욕에 있는 퀸스버러 커뮤니티 칼리지(Queensborough Community College)(1969~1971)에서 강의를 시작하였다. 1973년 뉴욕의 SUNY 대학에서 사회학 박사를 취득한 후 1978년까지 뉴욕의 브루클린 칼리지(Brooklyn College)에서 조교수로 활동하다가 1979년부터 1994년까지 캘리포니아 대학 리버사이드 캠퍼스의 사회학과에서 조교수와 부교수를 거쳐 교수 및 학과장 등을 역임하였다. 1994년에는 뉴욕 주립대학 버팔로 캠퍼스의 사회학과 교수 및 학과장으로 임명되어 현재까지 활동중이며, 동 대학의 도시계획학과에서도 강의하고 있다.

그는 학자로서 왕성한 대외활동을 지속하여 왔다. 풀브라이트가 선정한 연구학자로 임명되어 그리스에서 활동(1985~1986)하기도 하였고, 연방정부의 도시지배체제(Urban Governance)를 위한 태스크포스의 책임자(1989~1990)를 맡기도 하였다. 관련학회의 주요저널인 *American Journal of Sociology*와 *Comparative Urban and Community Research*의 편집위원, *Issues in Contemporary Social Theory*의 편집위원장을 역임하였고, 현재에도 *Philosophy and Geography*, *Consumption, Culture and Markets*, *Social Thought and Research*의 편집위원을 맡고 있으며 *Urban Studies*의 북미 편집위원장이기도 하다. 또한 도시 및 사회학과 관련된 총 24개의 전문학술지 및 출판사의 연구제안 및 원고심사위원으로도 활동하고 있다.

갓너는 30년이 넘는 연구활동을 통해 총 12권의 저서를 발간하고, 30여 편의 논문을 전문학술지에 게재하였으며, 국내외 각종 학술대회에서 46편의 연구결과를 발표하기도 하였다. 그의 저서들 중에는 『미국의 테마공간 개발: 꿈과 비전 그리고 상업적 공간(The Theming of America: Dreams, Visions and Commercial Spaces)』, 『라스베이거스: 미국 도시의 사회적 생산(Las Vegas: The Social Production of an All-American City)』, 『포스트모던 기호학: 물리적 문화와 포스트모던 일상의 형태 (Postmodern Semiotics: Material Culture and The Forms of Postmodern Life)』, 『도시공간의 사회적 생산(The Social Production of Urban Space)』 등이 대표적이고, 학술용 논문으로서는 *Urban Affairs Quarterly*에 게재된 「도시사회학의 조류 변화(The Paradigm Shift in Urban Sociology)」(1988) 와 *The Sociological Quarterly*에 게재된 「사회이론에서 이데올로기와 포스트모더니즘 논쟁(Ideology and the Postmodern Debate in Social Theory)」 (1993) 등을 들 수 있다.

그의 주된 관심분야는 주로 현대의 도시사회이론과 카지노, 디즈니랜드, 쇼핑몰과 같은 테마가 있는 상업공간의 개발(themed commerical developments)에 대한 사회 문화적 의미의 해석이다.

현대도시의 공간이론들

갓디너는 현대도시의 형태와 패턴에 대한 이론적인 접근법을 7가지 유형으로 분류하였다. 이 중 도시생태학(urban ecology), 도시지리학, 도시경제학에 근거한 접근법들이 미국에서 학문적 주류를 형성하였으며, 다수의 도시분석학자들이 이에 근거하여 연구를 진행하여왔다. 그러나 이러한 주류 접근법들이 현대의 도시현상을 설명하는 데 한계를 보임에 따라 과거 수십 년간 진행된 집중적 지적활동의 결과로서 새로운 접근법들이 개발되었다는 것이 그의 주장이다.

마르크스주의에 근거한 구조주의(Marxian structuralism), 도시의 정치경제학(urban political economy), 막스 베버의 사회경제 이론에 근거한 신베버주의(neoweberianism), 그리고 르페브르의 공간적 관점의 산물(the production of space perspective)이 새로운 성과물들이다. 주로 유럽에서 형성된 이러한 새로운 접근법들은 현대의 도시개발과정을 설명하려는 과정에서 나타난 주류이론들의 한계를 극복하기 위한 대안들로서 제시된 것이다. 갓디너는 르페브르가 주장한 '공간이 사회적 산물(the social production of space)'이라는 이론에 근거하여 기존 이론들을 비판하고 있으며, 미국의 교외화와 선벨트 도시들의 성장요인을 해석하고 있다. 그의 이론에 따르면, 경제활동과 정부, 특히 중앙정부의 역할이 도시를 변화시키는 데 있어 주된 역할을 한다는 것이다.

기존 이론들에 대한 비판

'생태학적 접근법(Ecological approach)'은 도시성장을 자본의 흐름에 영향을 미치는 강력한 행위자의 산물로서가 아니라 개인의 이윤획득이나 가족부양과 같은 다양한 목표를 추구하는 많은 사람들의 개별적인 결정들이 종합된 것으로 본다. 따라서 자본의 흐름을 변화시키는 정부의 역할, 즉 중요한 토지이용결정이나 자본의 흐름에 영향을 미치는 기업가집단의 활동, 만족할만한 삶의 질을 추구하기 위해 투쟁하는 시민들과 지역의 기업가집단 및 정부의 상충되는 이해관계에서 발생하는 갈등문제들을 다루지 않고 있다고 그는 비판한다.

존 로간과 하비 몰로치의 『성장기계론(Growth Machine)』 또한 미국의 대도시권지역들을 설명하는 데 한계가 있다는 것이 그의 지적이다. 우선 미국에서 부동산투자에만 전적으로 전념하는 독자적인 토지개발자가 하나의 개별집단으로 존재하지 않는다는 것이다. 즉, 부동산부문에 존재하는 자유시장에는 다양한 배경을 가진 많은 사람들과 기업들이 다양한 방식으로 소득을 얻기 위해 부동산에 투자한다는 것이다. 예를 들어 다수의 주택소유자들은 주택을 매입하는 방편으로 부동산에 투자하지만 특정계층에는 속하지 않는다. 또한 주택소유자들은 무계획적 성장이 단기적으로는 그들의 자산가치를 증대시킬지라도 장기적으로는 삶의 질을 위협하기 때문에 종종 이러한 성장에는 반대한다. 주민들은 성장의 문제에 대해 의견이 갈라지며, 개발을 맹목적으로 지지하는 정치가들의 행태를 비판하기도 한다.

둘째, 지역의 신문사나 상인들과 같은 일부 기업가들의 경우 이윤획득을 위해 인구성장을 추구하지만, 다른 공장소유자들이나 다국적 기업가들과 같은 강력한 자본가그룹들은 지역 경제에 의존하지 않으며, 성장기계 엘리트들이 추구하는 지역의 성장계획에 동조하지 않는다는 것이다. 이러한 강력한 경제주체들의 행위는 지역의 운명을 결정한다. 이것은 다국적 기업들이 필요에 따라서 미국과 같은 선진국의 경제적 상황을 변화시켜온 1980~1990년의 경우 더욱 그러하다. 또한 엘리트집단들은 의사결정과정에서 이해가 일치하기도 하지만 종종 공개적으로 경쟁하기도 하고 성장계획들에 대해서 마찰을 빚기도 한다.

개발과 삶의 질은 성장의 초기단계에서는 상호 밀접한 연관성을 가지나 인구가 증가함에 따라 교통혼잡, 공해, 오픈스페이스의 감소와 같은 부정적 환경비용들을 증가시키고 삶의 질이 저하되기 때문에 의견이 나누어진다. 지방정부의 경우 성장은 지지하나 삶의 질을 보호하기 위하여 성장을 관리하고자 한다. 결론적으로 말해 기업가집단과 공공은 개발결정들에 대해 종종 의견을 달리하며 많은 부문에서 논쟁을 벌인다. 특정사안에 대해 정치적 제휴가 일어나는가 하면 첨예하게 대립하기도 하며 필요에 따라 새로운 형태로 조직을 재구성하기도 하는 등 상당히 유동적이다.

갓디너는 '세계화접근법(Globalization approach)'에서도 자본주의의 역사와 정치경제학이 무시되고 있다고 주장한다. 선진국의 많은 도시들에서는 1970년대 이후 전통적 제조업들이 축소되어왔는데, 이러한 이유들은 매우 복잡하며 다국적 기업들에 기인하기보다는 후기 자본주의 사회의 위기상황과 더욱 관련이 있다는 것이다. 많은 대도시의 지역경제가 점차 금융 및 생산자서비스 업무와 연계되고 있지만 이러한 추세 자체만으로는 제2차세계대전 이후 진행된 도시재편의 주된 요인들을 설명

할 수 없다는 것이다. 미국에서 가장 중요한 추세는 국지적으로는 인구
와 산업이 중심도시(Central city)에서 교외지역으로, 전체적으로는 스노
벨트(Snowbelt) 지역에서 선벨트 지역으로 이동하였다는 점인데, 세계화
접근법은 이러한 추세변화들을 설명하지 못한다는 것이 주요 요지다.

사회공간적 접근법

사회공간적 접근법은 미국의 도시지역들이 대기업가들에 의해 지배
받고 있다는 현실은 인정하지만 이들이 단일연합체로 이루어져 있기보
다는 다양하고 종종 경쟁관계에 있는 성장지향적 네트워크(Growth Net-
work)로 구성되어 있다고 주장한다. 사업가들과 정치가들은 지역의 성장
을 촉진시키는 것에는 동의하나 다른 관심사를 가지고 있다는 것이다.
사업가들은 기업의 입지를 선정하고 자본과 인력을 유치함으로서 기
업의 토대를 강화하기 위해 노력해왔다. 당시 가장 성공적인 대사업가
들로 구성된 엘리트 집단들이 도시를 경영해왔으나 그들의 주된 관심사
는 개별 부동산 개발업자들의 특정한 요구와 반드시 일치하지는 않는
다. 시간의 흐름 속에서 지배적인 엘리트들의 연합체가 바뀌는 것처럼
투자기회도 바뀌게 된다. 따라서 개발의 과정에서 도시들은 다양한 엘
리트집단들의 리더십을 경험하게 되는데, 전형적인 호황과 불황(Boom
and Bust)의 경기변화과정에서 특정 집단에 의해 주도된 성장은 불황에
직면하게 될 경우 도시의 경영은 새로운 비전을 가진 다른 경쟁집단에
의해 대체된다는 것이다.
부동산 개발업자들이 지역의 성장에 중심적 역할을 하기도 하지만 더
욱 일반적인 도시개발의 사례는 건조환경에 대한 다양한 행위자들의 투
자활동과 르페브르가 이야기한 '자본의 이차 순환(Second circuit of capi-
tal)' 즉, 구조적 유통과정(conduit)을 개념화함으로써 가장 잘 설명될 수
있다는 것이다.

부동산은 토지개발업자들에 의해 독점적으로 지배되는 것이 아니라 은행을 포함한 다양한 금융기관들과 대기업가, 부동산 중개업자, 건조환경에 투자하는 자가소유자, 공공 및 민간투자자들을 포함한 다양한 집단들에 의해 지배된다. 따라서 경제상황의 변동에도 불구하고 토지에 대한 투자는 항상 자본주의체제하에서 부를 얻는 하나의 방식으로 존재하여 왔으며, 다양한 이해관계자들이 필요에 따라 경쟁하기도 하고 협력하기도 하는 상황에 있다는 것이다.

자본의 이러한 흐름은 성장기계론적 접근방식에서 주장하는 엘리트 집단의 음모론적인 활동에 의한 것이 아니고, 자본이 전적으로 다국적 기업들에 의해 통제되지도 않으며, 세계화 접근법에 의해 강조된 투자패턴도 아니라는 것이다. 오히려 투자의 유동성(the Ebb and Flow)은 다양한 공간적 스케일 즉, 지역적·국가적·세계적 차원에서 종종 경쟁관계에 있는 다양한 성장지향적 네크워크와 관련이 있다는 것이다. 생태학적 접근법이나 성장기계론적 접근법, 그리고 세계화 접근법보다 이론적으로 세련된 사회공간적 접근법은 자본을 집적하고 삶의 질을 보호하기 위해 노력하는 다양한 이해관계자들의 대립관계를 설명하는 데 유용하다.

그는 도시의 성장을 이해하기 위해서는 부동산시장의 역학관계, 지역 내 경제주체들간의 경쟁, 지방정부와 지역에서 이해관계자(Community group)들의 역할, 지역과 국가 및 세계적인 차원의 정치경제학적인 역학관계에 대한 심층적 이해가 필요하다고 주장한다.

또한 미국 대도시권지역의 개발이 개별기업가들의 활동 이외에도 다양한 차원의 정부정책에 의해 만들어진 인센티브에 매우 의존적이라는 사실도 제시하고 있다. 기업가들과 공무원들은 종종 도시의 성장을 촉진하기 위하여 상호 밀착하여 업무를 추진하고 있다. 결론적으로 말해 도시개발행위는 토지에 투자하는 자본가집단들의 활동과 중앙 및 지방정부가 시장에 개입(Government intervention)한 합작품이다.

자본의 이차적 순환과정

사회공간적 접근의 중요한 개념 중 하나는 국가의 주요산업에 대한 자본의 투자가 부동산부문으로 선회하는 '자본의 이차적 순환과정'이다. 역사적으로 부동산은 토지를 통해 부를 얻는 방법이었다. 르페브르에 의하면, 자본의 일차적 순환과 이차적 순환과정은 다른 주기(cycles)를 따르지만, 기본적으로 자본투자에 있어서 확대와 축소의 과정을 겪는다는 것이다.

즉, 산업부문에 대한 투자를 통해 이윤획득의 기회가 매력적일 때 자본은 은행을 포함한 금융기관을 통해 산업부문에 집중되며 부동산에 대한 투자는 상대적으로 부진해진다. 반대로 산업부문이 침체되어 투자를 통해 이윤을 얻을 수 있는 기회가 약화되면 자본은 돈을 벌 수 있는 부동산부문으로 이동하게 된다는 것이다. 그 결과 주택, 호텔, 리조트, 쇼핑몰, 레크리에이션 부문으로 새로운 자본이 급속히 유입되어 이러한 시설을 유치하는 지역이 급속히 성장하게 된다는 것이다.

예를 들어, 라스베이거스에서는 1950년대와 1988년 이후 카지노산업에 대한 대규모 건설 및 투자가 이루어진 바 있다. 이러한 대규모 투자는 산업의 일차적 투자활동이 침체된 결과로 나타난 것이다. 미국은 제2차세계대전 동안 전쟁특수로 인해 산업부문의 생산이 정점에 달하였으나 종전 후 경기가 침체되면서 1950년대에 라스베이거스 지역의 카지노건설 붐을 일으켰다. 1980년대 말의 심각한 경기침체 역시 라스베이거스의 대규모 시설투자를 유발하였다.

정부의 투자정책

미국의 선벨트 도시들은 연방정부의 투자정책에 의해 성장하였다. 정부에서 시행한 군비지출과 각종 개발프로그램, 연방정부의 고속도로건설, 주택공급을 촉진시키기 위한 금융정책(mortgage)과 같은 공급측면의 요인들이 선벨트 도시들의 성장요인이었다.

1950년대부터 시작된 연방정부의 주간 고속도로 건설사업은 오늘날 미국전역을 연결하는 엄청난 규모의 고속도로망을 완성하는 데 큰 역할을 하였다. 정부는 또한 중산층을 위한 저금리의 주택융자정책을 실시하였다. 정부의 이러한 정책은 토지개발업자들에게 교외주택의 대규모 건설을 위한 투자여건을 제공하였다. 그 결과 인구와 산업들이 교외지역과 미국의 남서부지역으로 이동하게 되었다. 선벨트의 도시들을 성장시킨 또 다른 공급측면의 요인은 군비지출이었다. 제2차세계대전 이후 연방정부는 군비지출을 늘리고 남서부의 선벨트 도시로 군사기지를 이전하거나 신설하였다. 그의 이론은 한국의 수도권과 동남지역의 공업도시들의 급속한 성장요인들을 분석하는데 이용될 수 있다.

역사적으로 도시사회학자들은 도시의 성장추세를 설명하기 위해 생태학적 패러다임을 이용해왔다. 이들은 '수요측면(Demand-side)'의 요인들, 예를 들어 주민과 사업가들은 기후조건이 양호하고 오픈스페이스가 많으며, 세율이 낮은 지역에 주택을 건설하고 기업을 입지 시키려는 성향을 강조해왔다. 그러나 이러한 접근법은 수요측면의 관점과 공급측면의 관점을 균형을 맞추고자 하는 새로운 패러다임인 '사회공간적 접근'에 의해 대체되어야 한다는 것이 그의 주장이다.

참고문헌

Gottdiener, M. 1994, *The Social Production of Urban Space*, Second edition, Austin: University of Texas Press.

_____. 1997. *The Theming of America: Dreams, Visions, and Commercial Spaces*, Westview Press.

Gottdiener, M. Claudia C. Collins, and David R. Dickens. 1999, *Las Vegas: The Social Production of an All-American City*, Massachusetts: Blackwell Publishers.

Henri Lefebvre

르페브르의 공간변증법

박영민(런던 대학교 박사과정, 계획학)·김남주(런던 대학교 박사과정, 건축학)

글을 시작하며

어느 누구든 한 인물의 일생을 한마디로 꼭집어 말하기란 쉬운 일이 아니다. 하물며 70여 권 가까운 책을 써내고, 그 저작들이 온갖 나라말로 번역되어 그야말로 세계적인 독자층을 지닌 프랑스 지식인이라면 숫제 주눅마저 들 지경이다. 그래서 그런가? 앙리 르페브르(Henri Lefebvre) 사후 작금의 르페브르 읽기는 공간이론, 일상성의 사회학, 마르크스주의 철학, 여성학 등 각 진영별로 천차만별이다. 그만큼 수많은 르페브르가 있는 거나 마찬가지라는 말이다. 그 수많은 르페브르를 또다시 취사선택해 여기에 발췌 요약하는 것은 이 글의 범위를 한참 벗어난다.[1] 대신 여기서는 근대 프랑스 사회에 대한 한 젊은 철학도의 관심사가 어떻게 '사회학적' 도시공간 연구로 귀결되었는지를, 그가 관통해온 시대적 맥락과 이벤트들에 비추어 역사적으로 살피면서, 주요 이론적 기여와 그에 대한 촌평을 덧붙임으로써 르페브르의 공간변증법을 소개하기로 한다.

르페브르의 생애와 학문적 전기[2]

〈그림 1〉 앙리 르페브르
실즈(1999)의 책표지

항간에 르페브르를 두고 해괴망측한 난문만 구사하는 사변론자라고 보는 견해가 있나 보다 (서우석, 1999). 실은 그 반대라면? 대륙 사변철학의 전통에 비춰보든, 마르크스주의 연구 전통에 비춰보든, 르페브르의 연구는 아주 구체적이고 현실적인 주제들에 생기를 불어넣는 데서 가장 돋보인다. 또 그런 방법론에 충실하기 위해 '잡종'이라는 평가를 받을 만큼 다양한 부문의 성과와 상상력들을 주저없이 끌어다 쓴다. 틀에 박힌 이론을 거부하고 현실의 이벤트 속에서 부단히 자기 이론을 재조명하려고 애쓰기로는 르페브르를 따를 이가 없다. 르페브르의 파란만장하고 다채로운 학문 여정의 수수께끼를 풀기 위해 그의 학문인생에서 몇 가지 주요한 계기들을 살펴보자.

몇몇 영국계 이민 사업가에 의해 이식되어 느리게 진행되던 프랑스의 초창기 산업화가 급물살을 타게 된 때는 제1차세계대전 전후였다. 바로 소르본의 철학도로서 르페브르의 청년기였다. 르페브르의 소르본 시절은 그의 인생을 통틀어 거듭 출현하는 큰 문화적 충격을 남긴다. 브레통을 비롯한 초현실주의자들 및 다다이즘과의 교감이 그것이다. 계급혁명이 아닌 예술혁명을 외친 열정의 소유자들과 교분을 쌓으며 철학적 고민을 키워간 경험이, 훗날 상황주의자들과의 합작이나 근대 일상성 극복의 대안 모색 따위에서 볼 수 있듯이, 끊임없이 샘솟는 '아방가르드 정신'을 길러낸 것이다. 한 가지 경계해야 할 점은, 이런 그의 문화론적 경향을 두고서 들뢰즈 식의 리비도 경제, 욕망의 탈주와 근사한 포스트모더니즘의 원조로 보아서는 곤란하다는 사실이다. 그런 질책에 대해 스스로를 옹호할 때의 르페브르는 오히려 지적 엄숙주의의 원조처럼 보인다는 점만 지적해두자.

또 하나의 큰 전기는 마르크스주의와의 만남이다. 1928년 프랑스 공산당(PCF) 가입과 뒤이은 마르크스주의 연구는『변증법적 유물론』(1939), 『마르크스주의 사상』(1948) 등의 널리 읽힌 철학서 집필로 이어진다. 이런 일련의 마르크스주의 연구서들은 세계독자들의 호응과 맞물려 그를 견결한 '변증법의 대부'로 여겨지게 했다. 하지만 공산당 내 이념논쟁에서는 스탈린주의와 알튀세주의가 득세하는 가운데, 그는 소외와 일상성 문제에 주목하는 비주류에 머물렀다. 제2차세계대전중에는 생활고와 건강문제에 시달리면서도 남부지역의 레지스탕스 운동에 가담하였고,『흐루시초프 보고서』 논란 끝에 1957년 당을 떠나[3] 재야지식인으로서 나래를 펼 때까지 투철한 공산주의자로 당활동을 펼쳤다. 르페브르에게 마르크스주의는 자본주의 정치경제가 초래하는 비참한 소외현상을 파헤칠 탁월한 방법이었지 결코 구조주의적 도그마가 아니었다. 소수 전위 중심의 엘리트주의적 당 노선과 함께할 수 없었던 그였지만, 마르크스주의 방법론은 그의 전 생애에 걸쳐 소외, 일상, 도시, 예술 등의 연구주제들에 일관되게 적용되었다.

세번째 계기는 제2차세계대전중 피레네 산맥의 외가에 피신했을 때 수행한 사회학적 현장조사 경험이다. 이미 근대사회의 진부한 일상성을 비판하겠다는 프로젝트를 구상하던 그에게 파리의 사변적 분위기와 절연된 채 수행한 외딴 피레네 산골마을에서의 현장조사는 소외와 일상성 문제에 대한 그의 (철학적) 관심에 사회학적 상상력을 불어넣는 효과를 낳았다. "일상의 진부함과 단순반복, 무의미함에다 새로운 이론적 관심을 환기시켰다는 점에서 역사학자 브로델 및 아날학파의 작업에 견줄 만하다"는 롭 실즈의 평가(Shields, 1999: 69)는 그런 점에서 더욱 수긍이 간다.

네번째 계기가 바로 공간문제에 대한 관심사이다. 1960년대 초 상황주의자들과 공동으로 작업한 파리코뮌 연구로 거슬러 올라가는 르페브르의 공간문제에 대한 관심은 "일상이 축제가 되게 하라"는 전략(『현대 세계의 일상성』), "새로운 사회, 새로운 삶은 새로운 공간의 생산으로 뒷받침되지 않으면 사상누각이다"는 전략(『공간의 생산』)으로 펼쳐진다.

공간의 삼각변증법

공간은 어떻게 생산되는가? 르페브르는 인류사 전체를 되돌아보며 '공간적 실천, 공간의 재현, 재현의 공간'이라는 세 가지 계기(moments)의 변증법적 작용이라고 답한다. 이 계기들이 서로 흡수하고 제한하거나 대립하는 상호작용 속에서 공간은 생산, 재생산된다. 공간생산의 삼각변증법은 이렇게 열린 개념으로 묘사된 세 가지 계기들의 고차방정식에 다름 아니다. 르페브르 특유의 대화식 문체로 거듭 강조하고 있다시피, 이 계기들은 고정된 독자적 '요소'가 아니라 서로 교섭해 변화하는 벡터임에 주목해야 한다.

공간적 실천: 근대 일상의 공간성에 주목하라

우리의 일상이 어떤 공간을 만들어내며, 그 공간이 다시 우리의 일상을 어떻게 조직하고 재생산하는가라는 질문에 대한 대답을 이 개념에서 찾을 수 있다. 즉, 서로 다른 공간적 실천이 독특한 공간을 만들어내며, 이렇게 만들어진 공간은 세대를 거쳐 사회적으로 (또는 한 개인의 일대기 속에서) 지각[4]되어, 새로운 공간적 실천 양태를 낳게끔 되먹임된다. 자본주의 고유의 일터와 집, 여가공간의 분리는 이전 시대와는 다른 시공간 경로를 조직한다. 이것이 일상의 공간적 실천의 범위와 형태를 조정하고, 일상을 통해 반복되는 이 실천을 통해 자본주의적 공간이 끝없이 재생산된다.

무릇 이 공간적 실천은 과거 이용자의 사용가치 위주로 편성되는 게 순리였다. 그러나 이제는 시장 교환가치로 값이 매겨진 공간들 사이사이로 복잡한 자본의 네트워크가 뚫리고, 그 사이사이를 자본의 시간표에 맞추어 바쁘게 오가는 쳇바퀴 인생들만 차고 넘치게 되었다.

하지만 공간적 실천이 이처럼 지배 질서의 재생산에만 기여하는 것은 아니다. 공간의 재현은 기존의 공간적 실천에 부분적으로 바탕할 수밖에 없고[5], 자본주의적 공간 재편과 갈등을 일으키는 이전 시대의 공간적 실천들이 저항적 실천의 씨앗으로 작용하면서 다른 계기들에 적극적 영향을 미친다.

공간의 재현: 일상의 공간틀과 권력

공간의 재현이라는 계기는 실제 물리적 공간틀을 만들어내고 거기에 특정 권력의 이데올로기와 담론을 덧붙이게끔 기능한다. 계획가나 사회공학자는 일상인과 다른 시각으로 근대 공간을 주무른다. 이들이 구사하는 현란하면서도 막강한 과학적 개념 및 이론들이 곧 다양한 공간의 재현 형태들을 이룬다. 이처럼 개념화, 성문화된 지적 고안물로서의 자본주의 추상공간 규범이 실제 생활에서 지배적 공간을 이룬다는 점이 르페브르가 바라본 근대적 공간생산의 모순이자 비극이었다. 여기서 그는 유기적이었던 삶을 진부한 일상으로 내모는 경제주의 모델과 숫자의 폭력, 과학적 개념의 횡포를 목격했다.

권력의 측면에서 보아 이런 공간의 재현 모델들은 권력집단의 주문, 특히 (자본주의든 사회주의든) 국가와 자본의 주문에 봉사한다. 하지만 권력은 더 이상 노골적인 폭력의 모습이 아니라, 정교하고 세련된 지식 구조에 의해 여과된 형태로 나타난다.[6]

그렇지만 "개라는 개념이 짖는 게 아니듯, 공간이라는 개념이 공간을 이루는 건 아니다"(Lefebvre, 1991b: 299). 공간생산과 사후 활용과정이 늘 의도된 대로, 연출된 대로 굴러가는 것도 아니다(Donald, 1999). 오스망이 심혈을 기울여 뚫어놓은 대로 위에도 어김없이 파리코뮌(1870)의 바리케이드가 솟았고, 파리의 라-데팡스 지구나 다국적 금융자본의 사령탑인 런던 시티의 오피스 타워 앞도 제 시간만 되면 스케이트보더들의 미니 해방구로 구실한다. 이와 같이, 공간을 둘러싼 공급자와 소비자 사이의 역동성이야말로 르페브르가 이 삼각변증법에서 포착해내고자 한 요점일 터이다.

재현의 공간 : 대항 공간은 가능한가?

공간생산과정은 아무 저항 없는 순탄일로가 아니다. 오히려 모순과 갈등으로 가득 찬 과정이기 일쑤이다. 진부한 일상의 반복에 맞서, 더 중요하게는 성문화·규범화된 지배 코드에 맞서, 흔히 비언어적인 상징의 형태를 띠는 갖가지 대항 공간 실험들이 솟아난다. 이를 르페브르는 '재현의 공간들'이라 부르는데, 위로부터 부과된 규범과 규칙에 반항하며 '살아있는 공간'을 도모하고 만들려는 온갖 시도들을 일컫는다.

주어진 코드를 거부함으로써 비워지는 가능성의 자리에는 두 가지 종류의 상상력으로 재충전된다. 새로운 가능성의 공간은 머리 속의 상상력에서도 나오지만(반체제예술이나 문학 따위) 몸으로 부딪쳐 체득되는 상상력의 비중도 크다(<그림 2>). 르페브르가 예로 드는 메트로폴리탄 불량촌을 비롯해 불법이민자, 스케이트보더 등의 반규범적 대안공간 장악은 이론적으로 주도면밀진 않지만 그렇다고 해서 결코 허술하지도 않다. 오히려 몸에 체화된 상징의 힘으로써 탄탄한 시스템을 갖추고서 순수하면서도 강렬한 대안의 이미지를 남긴다. 그래서 이런 '살아 있는 공간'에서는 단편적이고 일회적인 모멘트 추구뿐만 아니라 지속적이고 장기적인 프로젝트도 가능하다. 메트로폴리탄 불량촌의 경우, 생활공간과 작업공간, 즉 생산과 재생산, 삶터와 일터가 결합되어 있어서 더 질기고 더 근본적인 대안이 되는 그런 이치이다.

르페브르가 역동적으로 포개지는 세 계기들의 삼각변증법을 제출한 것은 자본주의 사회에서 공간생산의 모순과 갈등이 어느 지점에서 발생하는지를 보여주기 위해서이다. 자본주의 사회에서 완전히 분리되어 서

〈그림 2〉 스케이트보더와 오피스 건물

'런던의 라―데팡스'라고 할 만한 시티의 리버풀 스트리트 오피스 블록의 길가를 '장악'한 ('지배'한 게 아
니다!) 채 연습에 열중하고 있는 스케이트보더 토비. 스케이트보더가 몸으로 느끼는 이 공간의 사용가치
와 이 오피스의 시장 교환가치는 늘 충돌하고, 스케이트보더는 또 다른 데로 밀려갈 것이다. 이안 보든
은 이를 두고 르페브르가 말한 "여기선 안돼"라고 못박힌 'no'의 공간을 "안될 거 뭐 있어"라고 살아 있는
몸으로 확인하는 'yes'의 공간으로 바꿔놓는 일(Lefebvre, 1991b, p.201)을 떠올린다.

출처: Borden, 1998, p.49, Andy Horsten의 사진.

로 마찰하는 이들 사이의 변증법적 역동성 속에서 새로운 가능성을 발
견할 때, 자본주의의 수많은 소외형태로부터의 탈출구가 모색될 수 있
다. 물론 그 중심에는 마치 '해방의 심장'(Lefebvre, 1961, p.18)과도 같
은 소외계층의 실천이 자리잡는다.

르페브르 이후

영미권에 르페브르 공간철학에 대한 본격적인 관심을 불러일으킨 것
은, 그가 1980년대 초를 전후해서 접촉하게 된 캘리포니아 마르크스주

의자들인 프레데릭 제임슨(Jameson, 1984; 1986)과 에드워드 소자(Soja, 1986; 1996), 그리고 데이비드 하비(Harvey, 1989)에 의해서였다. 후기 자본주의의 경제, 문화의 변동을 해석하는 데 있어 '공간'이 으뜸 화두로 떠오르면서 르페브르의『공간의 생산』도 1991년 영역되기에 이른다.

르페브르의 '공간생산론'이 방법론적 도구로 어떻게 적용되고 있는지를 살피는 데는 크리스틴 로스(Ross, 1988), 롭 실즈(Shields, 1989; 1990), 알렌과 프라이크(Allen and Pryke, 1994), 이안 보든(Borden, 2001)의 현실분석 사례들이 돋보인다. 이들이 그 이전 연구물들에 비해 가장 두드러지는 대목은, 푸코류의 '권력의 공간'이 아니라 '무권력의 공간'이, 그리고 '지배적 공간'이 아니라 '변방의 공간'이 어떻게 생산되는 지에 관심을 기울이고 있다는 점이다.

롭 실즈는 영국과 캐나다의 다양한 사례를 통해서 역사적으로 축적된 공간적 실천이 신화되면서 어떻게 지배적 '공간의 재현'으로 둔갑하는지, 또한 역으로 일상적 공간실천이 지배적 공간에서 어떻게 저항의 코드로 재현되는지를 분석한다. 예컨대 재래시장의 공간실천이 현대의 거대한 쇼핑몰이라는 소비권력의 공간으로 추상화되어 전통적으로 가능했던 행위들(이를테면 정치적 군중집회 따위)을 제약하지만, 다른 한편으로는 전통적 공간실천이 새로운 공간코드에 대립되면서 여전히 전복을 위한 가능성으로 잔존함에도 주목한다.

로스는 파리코뮌 당시 일상생활 공간이 어떻게 생산되었는지를 랭보의 시편으로 읽어내며, 공간을 정치적 실천의 영역으로 사고하는 전략을 강조한다. 알렌과 프라이크의 서비스공간 생산 사례는 금융공간이라는 지배적 공간재현의 틈새에서 서비스업 종사자들의 일상적 업무가 만들어내는 '다른 공간'들을 보여준다. 이안 보든은 도시공간과 건축적 장치들의 처방적 사용코드를 단숨에 가로질러버리는 스케이트보딩을 통해서 살아있는 몸의 경험이 지배적 공간을 색다르게 전유해내는 방식을 적극적으로 평가한다.

요컨대, 롭 실즈의 연구는 르페브르의 세 계기들이 어떻게 변증법적으로 어울려 특정 공간을 생산하는지를 탁월하게 보여주고, 다른 사례들은 공간생산과정에서 전복적 계기로 작용하는 '재현의 공간'을 보다 실증적이고 구체적으로 살펴본다. 이런 실증적 연구들의 축적으로 공간생산론에 대한 이해가 넓어지고 있음은 반가운 일이다. 다만 아쉬운 것은 『공간생산론』이 바탕하고 있는 '정치적으로 원대한 기획'인 새로운 사회와 '차이의 공간'에 대한 논의가 전무한 것이다. 우리 주변에서 다양한 방식으로 지금 이 순간에도 만들어지고 있는 대항공간들의 다의적이고 모호한 경향들을 찾아내기 위해서는 실천의 전망에 대한 눈을 가져야하지 않나 하는 아쉬움이 남을 수밖에 없다.

민주적 공간생산을 위하여

르페브르는 그의 평생 작업을 통해 영원한 일상생활의 철학자이자 도시사회학자로 남을 것이다. 20세기 자본주의 근대화 및 지구화와 함께한 그의 인생 및 연구 역정 전체를 꿰뚫는 핵심은 무엇일까? 그 골간이 '민주주의'라면 너무 싱거운가?

르페브르만큼 박제화된 이론에 대해 생리적인 혐오를 보이는 이도 드물다. 공산당 주류의 혁명이론 '과학화'에 반기를 들었던 것도 그 때문이고, 일상을 식민화해 들어오는 자본주의 상품화의 노도를 비판할 때도 그 외피가 '과학'과 '합리'임을 놓치지 않았고, 자본주의 국가장치에 대해서도 일관되게 '관료화', '관료조작의 소비사회' 비판 쪽으로 초점을 맞춘 것도 마찬가지이다(Lefebvre, 1968a; 1971; 1991b). 이런 입장에서, 그 어떤 인위적 기구에도 양도불가능한 인격의 소유자로서 인간 존재를 파악하고, 이 인간주체의 소외 지점이자 공동체 생활의 와해 과정으로서 도시화를 비판하기에 이른 것이다. 인간주의 마르크스주의와 풀뿌리 민주주의(Shields, 1999: 7)가 만나는 점에서 근대적 인간 소외로부터의 해방을 꿈꾼 민주주의자, 그가 바로 르페브르이다.

   그런데 민주주의의 형태와 과정은 그 사회가 처한 역사적·지리적 조건에 따라 다양하게 나타난다. 따라서 르페브르를 읽으면서 르페브르의 공간변증법을 교조로 떠받들 이유도 없고 그래서는 안된다. 그 흔한 지적 탐미주의의 함정으로 르페브르를 끌고 들어가서는 안된다. 그러므로, '위로부터의' 계획에 익숙한 한국 도시계획 진영에 르페브르 읽기가 조금이라도 흔적을 남기려면, 우리 나름의 민주주의 토양 위에서 민주적 공간생산을 위한 '아래로부터의' 지혜를 모으는 일부터 선행되어야겠다. 도시 내 공동체들이 각각의 '도시 내 도시들'에서 새로운 공간질서를 꾀하는 일, 도시공간의 집중성에 조응하는 민주집중제와 공간 민주주의의 도모, 구속보다는 가능성에 초점을 맞춤으로써 법적 소유권의 굴레를 벗어나 '더 많은 것'을 도시공간에서 얻어내기 위한 새로운 공간 전유 방법의 탐색, 민주적 공간생산은 그런 길을 가야할 것이다.

주)

1) 이를 위해서는 롭 실즈의 근간(Shields, 1999)을 참고하고, 우리말로 된 간략한 소개로는 Shields(2000), 김남주(2000), 박영민(1997)을 보라.

2) 르페브르의 학문적 일대기로는 최근에 발간된 롭 실즈의 역작(Shields, 1999)이 단연 빼어나다. 이 절의 내용은 그 책의 설명에 크게 의존한다. 그 책 말미에 덧붙인 르페브르 저작 목록은 그의 이론세계에 대한 좋은 길잡이가 된다. 짧은 글로는 『공간의 생산』 영역본(Lefebvre, 1991b)에 덧붙인 데이비드 하비의 후기를 보라.

3) 자발적으로 떠났다기보다는 '출당'되었다고 보아야 할 것이다. 실제 PCF 내부 인사들은 르페브르를 당에 대한 기여도가 거의 없는 '관찰자' 정도로 폄하하기도 한다.

4) 그래서 이 공간을 르페브르는 '지각된 공간'(perceived space)라고 하며, 상식적 행위로써 짜여진 공간으로 묘사한다. 이를 뒤에 나오는 '공간의 재현'과 연관된 전문가적 개념과 이론, 규범으로 구성되는 '고안된 공간'(conceived space)과 대비해보면 그 차이가 더욱 분명해진다. 마지막으로 '살아있는 공간'(lived space)은 '재현의 공간'(spaces of representation, or representational spaces)과 짝을 이루는데, 살아있는 육체의 자유로운 상상과 행위로써 구성되는 대안과 가능성의 공간이 그것이다.

5) 공간적 실천이 역사적으로 규정되듯, 공간의 재현도 역사적으로 규정되는 것이다. 역사적 관성을 무시한 조급한 급진성의 장렬한 좌절 사례로서, "공간을 바꾸면 생활이 바뀐다"고 외쳤던 러시아 구성주의자들을 상기해보라. 좀 덜 극적일지라도, 르 코르뷔제의 근대적 인간기계(man-machine)들을 위한 주거기계론(machine for living in)도 좋은 우파적 실패 사례로 언급된다(Lefebvre, 1991b, p.303 참고).

6) 공간의 재현을 통한 지배구조의 공고화는 헤게모니적 동의에 바탕한 지배의 정당화의 주요 척도이고, 그것이 원활하지 못할 경우 곧바로 자본주의 경제 일반의 위기로 번져나가기 십상이다. 오늘날 구미 주택 소유의 기본 수단이라 할 주택금융제도나 부동산경기 등락에 따른 실물경제의 교란 등이 그 단적인 징후이다. 메트로폴리스의 도심부라는 특정 공간이 거대기업의 마천루와 특정 고소득층에게만 열려있는 (물론 시장구매력이라는 매개장치를 거쳐 순화된 형태로) 배타적 권력경관으로 독차지되는 것도 필지별 사적소유권의 보장이라는 막강한 '법률적' 공간의 재현에 바탕한다.

참고문헌

Lefebvre, H. 1961, "Forword to the fifth edition," *Dialectical materialism*, London: Cape (프랑스어 원본은 1940년 출간).

_____. 1968a, *The sociology of Marx*, Harmonsworth: Penguin(프랑스어 원본은 1966년 출간).

_____. 1968b, *Dialectical materialism*, London: Cape.

_____. 1969, *The Explosion: From Nanterre to the Summit,* Paris: Monthly Review Press(프랑스어 원본은 1968년 출간).

_____. 1970, *La Révolution Urbaine*, Paris: Gallimard(영역본은 Lefebvre, 1996에 포함).

_____. 1971, *Everyday Life in Modern World*, Harmonsworth: Penguin(프랑스어 원본은 1968년 출간).

_____. 1973, *Espace et politique*, Paris: Anthropos(영역본은 Lefebvre, 1996에 포함).

_____. 1974, *The Survival of Capitalism: Reproduction of the Relations of Production*, London: Allison & Busby(프랑스어 원본은 1973년 출간).

_____. 1991a, *Critique of Everyday Life*, London: Verso(불어 원본은 1947년 출간).

_____. 1991b, *The Production of Space*, Oxford: Blackwell(불어 원본은 1974년 출간).

_____. 1996, *Writings on Cities*, E. Kofman and E. Lebas(trans. and eds.), Oxford: Blackwell.

김남주. 2000, 「차이의 공간을 꿈꾸며: '공간의 생산'과 실천」, ≪공간과 사회≫ 통권 제14호.

노대명. 2000, 「앙리 르페브르의 '공간생산이론'에 대한 고찰」, ≪공간과 사회≫ 통권 제14호.

박영민. 1997, 「르페브르의 실천전략과 사회공간」, ≪공간과 사회≫ 통권 제9호.

서우석. 1999, 「앙리 르페브르가 바라본 공간」, ≪월간 국토≫ 12월호.

쉴즈 R. 2000, 「앙리 르페브르: 일상생활의 철학」(조명래 번역), ≪공간과 사회≫ 통권 제14호.

Allen, J. and M. Pryke. 1994, "The Production of Service Space," *Environment and Planning D: Society and Space* vol.12, pp.453-475.

Borden, I. 1998, "An Affirmation of Urban Life: Sketeboarding and Socio-Spatial Censorship in the Late Twentieth Century City," *Archis* 1998/5(special issue on the Great Britain), pp.46-51.

Borden, I. 2001, *Skateboarding, Space and the City: Architecture, the Body, and Performative Critique*, Oxford and New York: Berg.

Donald, J. 1999, *Imagining the Modern City*, London: The Athlone Press.

Goodman, D. and C. Chant(eds.). 1999, *European Cities and Technology: Industrial to Post-industrial City*, London and New York: Routledge in association with The Open University.

Harvey, D. 1989, *The Condition of Postmodernity*, Oxford: Basil Blackwell.

Jameson, F. 1984, "Postmodernism, or the Cultural Logic of Late Capitalism," *New Left Review* no.146, pp.53-92.

_____. 1986, "Architecture and the Critique of Ideology," in Joan Ockman(ed.), *Architecture, Criticism, Ideology*, Princeton, NJ.: Princeton Architectural Press.

Kostof, S. 1992, *The City Assembled: The Elements of Urban Form through History*, London: Thames and Hudson.

Ross, K. 1988, *The Emergence of Social Space: Rimbaud and the Paris Commune*, Basingstoke: Macmillan.

Shields, R. 1989, "Social Spatialization and the Built Environment: The West Edmonton Mall," *Environment and Planning D: Society and Space* vol.7, pp.147-164.

_____. 1990, *Places on the Margin: Alternative Geographies of Modernity*, London and New York: Routledge.

_____. 1999, *Lefebvre, Love and Struggle: Spatial Dialectics*, London and New York: Routledge.

Soja, E. 1986, *Postmodern Geographies: The Reassertion of Space in Critical Social Theory*, London: Verso.

_____. 1996, *Thirdspace: Journeys to Los Angeles and Other Real-and-Imagined Places*, Oxford: Blackwell.

David Harvey

하비의 정치경제학적 공간이론

최병두(대구대학교 사회교육학부 교수)

현대 공간이론에서 데이비드 하비(David Harvey)만큼 독보적인 학자는 아마 없을 것이다. 그의 학문 세계는 1950년대 이후 지속적으로 변해온 사회-학문적 조건들과 자신의 치열한 의지, 쉼 없는 노력간의 변증법적 상호관계를 통해 형성, 성숙, 전환되어왔다. 이 과정에서 현대 공간이론의 패러다임적 변화 과정을 주도해온 그의 업적은 공간이론의 영역을 넘어서 사회이론 일반에도 커다란 영향력을 미치고 있다(최병두, 1993; 1996; 2001).

그는 1935년 영국에서 태어나, 1950년대 후반 케임브리지 대학교 존스 칼리지(John's College) 지리학과에서 공부를 하고 1961년 「1800~1900년 켄트 지방의 농업 및 농촌 변화의 제측면들」에 관한 연구로 박사학위를 받았다. 학위를 받은 후, 그는 영국 브리스틀 대학교에서 강의를 했으며, 1969년 미국 볼티모어에 있는 존스홉킨스 대학교로 자리를 옮겨 부교수, 교수로 재직했다. 1987년 영국으로 돌아가 옥스퍼드 대학교 지리학과의 핼포드 맥킨더(Halford Mackinder) 석좌교수가 되었지만, 1993년 다시 미국 존스홉킨스 대학교로 돌아와서 재직했으며, 2001년 다시 뉴욕시립대학으로 자리를 옮겨 현재 교수(distinguished professor)로 봉직하고 있다.

실증주의적 공간이론의 집대성

하비 교수의 주요 관심과 학문세계의 발달 과정은 몇 가지 단계로 구분될 수 있다. 우선 그의 학위과정 기간 및 그 이후 1960년대의 연구는 실증주의적 방법론이 지리학뿐만 아니라 사회과학 전반을 강타하면서, 이른바 계량혁명이라는 급격한 학문적 전환을 초래했던 와중에 이루어졌다.

이 시기에 그의 연구는 공간적 현상의 유형과 과정에 관한 관심, 실증주의 지리학에서 도입되었던 주요 계량적 기법들에 관한 고찰, 그리고 나아가 실증주의적 공간이론의 철학적 배경을 총괄한 그의 첫번째 역작 『지리학에 있어 설명(Explanation in Geography)』으로 일단 완결되었다.

『지리학에 있어 설명』은 당시 공간이론뿐만 아니라 일반 사회이론에서 광범위하게 영향을 미치고 있던 논리실증주의 철학과 방법론 전반에 대한 연구의 성과였다. 그는 이 책에서 '계량화에 함의된 과학적 방법의 철학'을 탐구하고, '지리학적 설명'에 있어서 중요한 역할을 수행하는 이론, 법칙, 모형을 개념화하고자 했다. 또한 그는 지리학적 설명을 위한 모형 언어들, 예로 수학, 기하학, 확률론의 의의를 서술하고, 모형 구축에 포함되는 관찰, 측정, 분류, 자료수집과 재현 등에 관해 논의했으며, 끝으로 지리학적 설명을 위한 여러 가지 모형이나 양식들을 소개했다.

이러한 연구에서, 그는 "실증주의적 과학은 우리에게 매우 예리한 도구를 제공"할 수 있음을 인정했지만, 또한 동시에 "이것이 잘못 응용되었을 때 커다란 위험을 줄 수 있다"고 경고했다.

정치경제학적 공간이론의 구축

실증주의적 방법론에 관한 연구를 일단락짓고, 하비는 이러한 방법론에 내재된 문제점과 이로 인해 노정되는 지리학적 및 사회공간적 위기를 극복하기 위하여 새로운 방법론을 모색하였다.

이 과정에서 그는 1960년대 말 서구의 사회과학 및 철학에서 새롭게 조명을 받았던 마르크스주의 전통에 관심을 가지게 되었고, 이를 통해 얻어진 여러 정치경제학적 개념들로 공간이론을 재구성하고자 노력했다. 1973년에 출판된 『사회정의와 도시(Social Justice and the City)』는 지리학 및 관련 공간이론 분야에서 처음으로 롤즈(Rawls)의 정의론, 쿤(Kuhn)의 패러다임론 등과 더불어 정치경제학적 개념들을 도입하여 도시의 공간적 현상을 분석한 시도였다.

『사회정의와 도시』는 공간이론에 관한 자유주의적 정형화와 사회주의적 정형화, 그리고 이들의 종합으로 구성되어 있다. 이 책의 앞부분, 즉 자유주의적 정형화에서 하비는 '사회적 과정과 공간적 형태' 간의 관계를 구명하고, '지리학적 상상력'을 강조했으며, 보다 구체적으로는 사회적 과정과 더불어 도시의 공간적 형태(예: 접근성)의 변화가 도시인의 실질소득에 어떤 영향을 미치는지를 고찰했다.

이 책의 후반부, 즉 사회주의적 정형화에서는 사용가치와 교환가치, 생산양식의 개념과 마르크스의 지대론 등 정치경제학적 개념과 이론들을 도입하면서, 자본주의 사회의 도시화 과정을 분석했다. 마지막으로 종합적 결론에서 하비는 공간이론의 철학적 기반으로서 존재론과 인식론을 논의하는 한편, 자신의 견해와 프랑스의 탁월한 철학자이며 공간이론가인 르페브르(Lefebvre)의 이론상의 관련성과 차이점을 명시했다.

하비에게 있어, 1970년대와 1980년대 전반부는 이러한 정치경제학적 입장에서 공간이론을 재구성하고, 나아가 기존의 정치경제학적 이론틀을 공간이론적 관점에서 재구성하고자 노력했던 시기였다. 이 기간 동안 정치경제학적 입장에서 쓰여진 많은 논문들은 1985년 두 권의 책, 즉 『자본의 도시화(The Urbanization of Capital)』와 『의식과 도시 경험(Consciousness and the Urban Experience)』으로 편집·출판되었으며, 1989

년 축약·수정되어 『도시 경험(The Urban Experience)』으로 재편집·출판되었다.

공간이론적 관점에서 정치경제학적 이론틀을 재구성하고자 했던 그의 열정적 노력은 1982년 출판된 『자본의 한계(The Limits to Capital)』로 결실을 거두었다. 이 책은 하비의 학문적 완숙을 보여주는 거작으로, 공간이론뿐만 아니라 경제학, 사회학 등 사회이론 전반에 영향을 미쳤다(조원희, 1991).

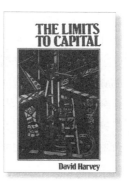

마르크스의 『자본론』의 한계를 극복하기 위해 1982년 출판된 『자본의 한계』는 하비의 학문적 완숙을 보여주는 거작으로 공간이론뿐만 아니라 경제학, 사회학 등 사회이론 전반에 영향을 미쳤다.

『자본의 한계』는 하비 자신이 성격지운 바와 같이 '건조환경에서의 자본순환, 신용체계 그리고 공간적 편성들의 생산에 주목하면서 논술된 마르크스적 일반 이론에 관한 저서'라고 할 수 있다.

제한된 지면에서 이 책의 이론적 구성을 소개하기란 쉽지 않지만, 그 윤곽만을 묘사하면 다음과 같다. 즉 자본은 일차적으로 상품 생산과정을 통해 순환하지만, 궁극적으로 자본주의를 위기의 대파국(즉 공황)으로 몰고가는 모순을 안고 있으며, 하비는 이 모순을 '위기의 제1차 국면'으로 이론화했다. 그러나 자본은 이러한 위기를 회피 또는 극복하기 위해 고정자본과 소비기금의 형성으로 나아가고, 잉여자본은 현재 사용보다 미래사용 지향적인 새로운 순환형태들의 창출을 통해 흡수된다. 그러나 이 과정 역시 신용체계의 발달과 금융자본의 지나친 확대로 인해 금융공황과 인플레이션을 포함한 '위기의 제2차 국면'으로 나아가게 된다.

공간 영역에서의 건조환경의 재편성, 즉 하비가 명명한 '공간적 조정(spatial fix)'은 이와 같은 금융자본의 확대로 초래될 위기를 일시적으로 해소해주는 역할을 한다. 예로, 미래지대를 전유하기 위해 '이자 낳는 자본'이 토지시장에 투입되며, 지리적 불균등발전은 자본과 노동의 지리적 이동성과 자본순환을 위한 물적 토대의 재편성을 가져온다. 그러나 이러한 공간적 조정은 공간재편과정에서 물적 토대의 '감가(devalua-tion)'를 초래하는 '위기의 제3차 국면'을 형성하게 된다. 지리적 불균등발전의 전세계적 확대는 종국적으로 이러한 공간적 조정에 의한 자본주의의 내적 모순의 심화가 세계적 무대에서 제국주의적 팽창과 제국들간의 전쟁으로 종결되도록 한다. 마르크스의 『자본론』의 한계를 극복하기위해 씌어진 『자본의 한계』는 이와 같이 '자본'의 한계에 관한 논의로종결된다.

포스트모던 공간이론의 유의성과 한계

이와 같이 정치경제학의 공간이론적 재구성을 시도한 이후 1980년대 후반에 접어들면서, 하비는 선진 자본주의 사회에서 일어나는 경제적 토대 및 사회문화적 영역에서의 새로운 변화들에 관심을 가지게 되었다. 사실 이러한 변화들은 학문 세계에서 '조절이론', '유연적 축적론' 또는 포스트모더니즘에 의해 포착되었던 현상들이지만, 하비는 이러한 이론들이 현실의 변화를 올바르게 규명하지 못하고 있는 것으로 인식하였다.

따라서 하비는 이들에 대한 비판과 더불어 현실 변화에 대한 공간이론적 고찰을 시도했다. 그 결과로 출판된 저서가 『포스트모더니티의 조건(The Condition of Postmodernity)』이다. 하비는 이 책이 몇 달 만에 쓰여진 책이라고 자평하면서 그렇게 만족해하지는 않았지만, 출판 이후 이 책은 공간이론, 나아가 일반 사회이론, 특히 문화이론에서 큰 반향을 불러일으켰다(김덕현, 1995).

『포스트모더니티의 조건』에서 하비는 우선 포스트모더니즘의 등장과 관련된 역사적 조건을 고찰한다. 이러한 고찰에서 포스트모더니즘은 매우 다양한 논제들에 따라 상이한 내용들을 갖지만, 상이성, 의사소통의 난해성, 문화 및 장소 등의 복잡성과 민감성 등에 대해서는 공통적인 관심을 갖는 것으로 보고 있다. 특히 도시건축 및 설계에 있어, 대규모적, 거대 도시적, 기술합리적, 효율적 도시계획에 초점을 둔 모던 건축양식과는 달리, 포스트모던 건축양식은 파편적이며, 상호 중첩된 과거 형태들과의 절충 또는 교직으로 이루어진다.

1980년대 후반에 접어들면서, 하비는 선진자본주의 사회에서 일어나는 경제적 토대 및 사회문화적 영역의 새로운 변화들에 관심을 가지게 되었다. 그 결과물이 『포스트모더니티의 조건』이다. 이 책은 국내에서 번역된 그의 저서 중 하나이다.

이러한 건축분야에서의 사례에서처럼, 포스트모더니즘은 흔히 모더니즘에 대한 대항운동으로 부각되고 있다. 그러나 하비의 관점에 의하면, 모더니즘과 포스트모더니즘의 역사간에는 차별성보다는 연속성이 더 두드러지며, 또한 포스트모더니즘은 정치경제적 현실과의 직면을 회피하고자 한다는 점에서 위험한 것으로 평가된다.

하비는 이러한 포스트모더니즘이 재현하고자 하는 포스트모더니티의 조건으로서 20세기 후반 자본주의의 정치경제적 전환 및 시·공간적 변화를 강조한다. 그는 1970년대 이후 서구 사회의 정치·경제적 변화를 이론화하기 위해 조절이론에서 개발된 여러 개념들(예: 축적체제, 조절양식 등)의 유의성을 인정하지만, 다른 한편으로 이 이론은 자본주의의 본질을 제대로 고찰하지 못하고 있다고 비판한다. 하비 자신은 이러한 정치경제적 전환을 특히 시간과 공간에 대한 경험의 급격한 변화와 관련시켜 설명한다.

그는 모더니즘의 등장을 위한 조건으로서 '시·공간의 압축' 과정 및 이의 재현을 분석하고, 이러한 시·공간압축의 연속적 파동의 역사로서 포스트모더니티의 조건들[예: 적기(just-in-time)생산체계]을 분석한다. 종합적으로, 포스트모더니티의 조건은 점차 균열되어가는 조짐을 보이며, 다른 것으로의 자기해체 과정에 있다고 하비는 주장한다.

공간환경적 정의(正義)와 유토피아를 위하여

1990년대에 들어서면서 하비는 공간이론에서 나아가 보다 명시적으로 생태, 환경이론, 특히 환경정의와 유토피아와 같은 규범적 개념들에 관심을 가지게 되었다(최병두, 2000). 이러한 관심은 그가 최근까지 몸담고 있었던 학과가 존스홉킨스 대학교의 공대에 속해 있는 '지리학 및 환경공학과'이기 때문이기도 하겠지만, 보다 중요하게는 이 시기 미국에서 환경문제에 대한 관심이 고조되었고 특히 '환경정의운동'이 사회적 관심을 끌고 있었기 때문이라고 할 수 있다.

이러한 그의 관심과 노력의 성과를 집대성한 것이 1996년에 출판된 『정의, 자연, 차이의 지리학(Justice, Nature and the Geography of Difference)』이다. 이 책에서 하비는 그 이전의 저작 『포스트모더니티의 조건』에서 논의된 결과의 연장선상에서 그의 초기 저작들 특히 『사회정의와 도시』에서 예시된 여러 개념들(예: 공간, 정의의 개념 등)을 돌이켜보고자 했다(임서환, 1995).

『정의, 자연, 차이의 지리학』에서 하비는 우선 공간의 개념을 변증법적 관점에서 재구성하고자 한다. 그에 의하면, 공간(장소나 환경을 포함하여)은 단순히 그 자체로서 주어지는 것이 아니라, 인간의 실천을 통해 생산되고 재현된다. 이러한 점에서, 인간과 분리된 자연 또는 환경은 그 자체로서 가치를 가지지 않으며, 항상 인간생활과의 관계에 의해서만 가치화되고 재생산되며, '자연의 지배'라는 논제의 의미가 규범적으로 이해된다.

또한 하비는 포스트모더니즘의 영향하에서 최근 강조되고 있는 장소의 정체성과 '차이'의 중요성을 인정하지만, 동시에 정치경제학적 관점에서의 공간의 구성에 대한 거시적 연구와 결합할 때만 그 의미를 가진다고 강조한다. 그에 의하면, 이러한 당면한 공간·환경문제의 해결을 위한 사회정의와 차이의 정치는 도시세계의 새로운 전망을 열게 된다.

이러한 전망은 그의 가장 최근 저서, 『희망의 공간(Spaces of Hope)』에서 완전히 이상화된다. 이 책의 전반부는 대체로 현실문제들, 즉 공간적으로 가장 거시적인 '세계화'의 문제에서 가장 미시적인 '신체'의 문제를 상호관련적으로 이해하고자 한다. 특히 그는 이러한 이해의 바탕으로 "마르크스의 『자본론』이 오늘날과 같이 그 유의성을 가지는 시기는 없었다"고 주장한다.

『희망의 공간』 후반부에서 하비는 유토피아적 공간에 관한 연구의 철학적 의미와 역사적 발전과정에 관해 고찰한다. 그에 의하면, 상상의 자유로운 유희, 즉 '공간적 유희로서 유토피아'는 사회적 관계, 도덕적 질서, 정치경제체제 등에 관하여 흥미로운 사고를 탐구하고 표현하기 위한 창의적 수단이 된다. 그는 "대안이 없다"고 주장하는 신자유주의적 사고를 넘어서, '공간적 형태'로서의 유토피아와 '사회적 과정'으로서의 유토피아를 변증법적으로 통합함으로써, 그 실현가능성을 기대한다.

이상과 같이, 1960년대 이후 현대 지리학 및 공간이론의 성립·발전 과정에서, 하비는 다양한 시기에 걸쳐 다양한 학문 내적 및 외적 조건들에 대응하면서 그 과정의 흐름을 주도해왔다. 물론 이러한 노력에서 그는 항상 지리학 및 공간이론의 기초로서 정치경제학적 방법론, 또는 그가 '역사-지리 유물론'이라고 명명한 것을 강조한다.

물론 그의 이론들이 어떤 문제점도 가지고 있지 않다는 것은 결코 아니며, 특히 그의 이론들은 높은 추상의 수준에서 논의되고 있어 이해하기가 쉽지 않고, 또한 현실 문제의 분석에 어떻게 적용될 수 있는가에 대해 다소 모호하다고 할 수 있다. 그러나 그가 출판한 저작들은 모두 시기마다 학문의 발전을 선도하고 또한 집대성하면서 관련 분야의 연구자들에게 커다란 영향을 미쳤음은 부인할 수 없다.

또한 그의 저작 가운데 『사회정의와 도시』, 『자본의 한계』, 『포스트 모더니티의 조건』, 『도시의 정치경제학』, 그리고 『희망의 공간』 등이 국내에서 번역되었을 정도로 국내 독자들에게도 큰 반응을 얻고 있다. 특히 그는 2000년 한국을 방문하여 '세계지리학대회' 및 '국제비판지리 학대회'에 각각 참가했으며, 그의 특별강연에 대해 어떤 이념이나 견해 의 차이를 넘어서 내·외국인 청중들 모두 열렬한 호응을 보였음을 목격 할 수 있었다. 물론 그의 이론들이 한국의 사회공간적 상황에 어떻게 응용되며, 또 한국적 공간이론의 구축에 얼마나 유의한가는 국내 학자 들이 해결해야 할 과제로 남아 있다고 하겠다(한국공간환경학회, 2000 참조).

참고문헌

Harvey, D. 1969, *Explanation in Geography*, London.

_____. 1973, *Social Justice and the City*, London.

_____. 1975, "The Geography of Capitalist Accumulation: a Reconstruction of the Maxian Theory," *Antipode*, vol.7.no.2. pp.9-21.

_____. 1977, "Labor, Capital and Class Struggle around the Built Environment in Advanced Capitalist Societies," *Politics and Society*, vol.6. pp.265-95.

_____. 1978, "Urbanism under Capitalism: a Framework for Analysis," *International Journal of Urban and Regional Research*, vol.2. pp.101-31.

_____. 1985, *The Urbanization of Capital: Studies in the History and Theory of Capitalist Urbanization*, Baltimore: The Johns Hopkins Univ. Press.

_____. 1989, *The Condition of Postmodernity: An Enquiry into the Origins of Cultural Change*, Oxford: Basil Blackwell.

_____. 1996, *Justice, Nature and the Geography of Difference*, Cambridge, Mass.: Blackwell Publishers.

_____. 1999, *The Limits to Capital,* London; New York: Verso.

_____. 2000, *Spaces of hope*, Edinburgh: Edinburgh Univ. Press.

김덕현. 1995, 「'포스트모더니티의 조건'−포스트모던 논쟁의 하방운동」, ≪공간과 사회≫, 5, 277-281쪽.

임서환. 1995, 「데이비드 하비: 포스트모던 담론과 계급정치학의 수사」, ≪공간과 사회≫, 5, 72-94쪽.

조원희. 1991, 「자본의 변증법과 공간의 정치경제학」, ≪공간과 사회≫, 창간호.

최병두. 1993, 「하비의 정치경제학적 지리학」, 한국지리연구회 편, 『현대지리학의 이론가들』, 민음사.

_____. 1996, 「데이비드 하비의 역사지리유물론: 공간의 정치경제학과 포스트모더니티」, ≪경제와 사회≫, 31, 204-239쪽.

_____. 2000, 「데이비드 하비의 환경정의론과 『희망의 공간』」, ≪공간과 사회≫, 14, 243-269쪽.

_____. 2001, 「데이비드 하비: 공간의 정치경제학과 포스트모더니티」, 김호기 편, 『현대 비판사회이론의 흐름』, 한울, 150-214쪽.

한국공간환경학회 편. 2000, 『공간의 정치경제학』, 아카넷.

John Friedmann

프리드만의 급진계획

서충원(서울시립대학교 도시과학연구원 연구위원)

　존 프리드만(John Friedmann)은 몇 명 되지 않는 탁월한 계획이론가 중의 한 사람이다. 비엔나에서 태어나 시카고 대학에서 석사 및 박사학위를 받았고, 1971년부터 1996년까지 25년 동안 줄곧 UCLA의 건축 및 도시대학원 교수로 재직해왔다. 프리드만이 담당했던 과목은 계획이론, 제3세계에서의 도시화와 농촌개발, 그리고 대안적 개발(Alternative Development)이었다. 주된 연구분야인 계획이론 외에도 그가 관심을 갖고 연구한 것은 도시와 농촌개발이었고, 특히 라틴 아메리카와 이집트를 비롯해서 제3세계인 모잠비크와 나이지리아 지역의 개발문제에 관심을 쏟았다.

　프리드만이 주목을 받게 된 것은 1979년 MIT에서 출판한『좋은 사회(The Good Society)』와 1973년에 처음 발행한 이후 1981년에 다시 발행한『다시 추적해 보는 미국－교환거래 계획이론(Retracking America: Theory of Transactive Planning)』, 그리고 1987년의『공공분야에서의 계획－지식에서 행동까지(Planning in The Public Domain: from Knowledge to Action)』등의 연구성과가 결정적인 역할을 했다.

　이들 세 권의 책은 프리드만의 대표적인 연구결과로서 그의 계획철학과 사상을 가장 잘 나타내주고 있다. 특히『다시 추적해 보는 미국』에서는 교환거래계획(transactive planning)이 소개되었고, 『공공분야에서의 계획』에서는 급진계획(radical planning)이라는 다소 생소한 계획형태가 제시되었다. 프리드만의 교환거래계획과 급진계획은 다소 논쟁의 여지는 있지만 합리적 계획이론에 갇혀있던 계획이론 분야의 수준을 한 단계 끌어올리는 데 공헌하였다.

프리드만의 계획관 계획의 기본개념

오랫동안 계획은 의사결정 과정상의 기법, 다시 말해서 정책문제에 대한 의사결정을 합리적으로 결정하는 기술로 이해되어왔다. 목표를 명확하게 구체화시키고 가능한 한 모든 대안을 찾아낸 후 각 대안의 결과를 분석하여 최선의 대안을 선택하는 것을 말하는 것이다. 이를 순수 합리성 계획모형이라고 하기도 하고 총괄적 계획(synoptic planning)이라고 부르기도 한다. 찰스 린드블럼(Charles Lindblom)은 의사결정의 한 대안으로서 부분적 점진주의(incrementalism)라는 개념을 제시하였는데 그것은 상호 부분적 조정과 만족화(mutual partisan adjustment and satisficing)를 통한 의사결정 방법이었다. 그후 에치오니(Amitai Etzioni)가 이 둘의 개념을 혼합한 혼합주사(mixed-scanning)모형을 개발했는데 이 세 가지 모형은 지난 수십 년 동안 계획과정에 대한 정설로 여겨져왔다.

그러나 프리드만은 이들 합리적 계획모형이 '사회문제를 해결하는 데는 별 도움이 되지 못했으며 계획이론의 가장 궁색한 형태'라고 평가하고 있다. 그의 말대로 합리적 의사결정모형은 거의 20여 년간이나 답보상태에 빠져 있었다. 사이몬, 밴필드, 린드블럼, 에치오니와 같은 초기 이론가들의 기여 이후 새로운 것이 추가되지 못했던 것이다. 물론 에드워드 미샨(Edward T. Mishan, 1976)이 거둔 후생경제학 분야에서의 업적은 예외라고 볼 수도 있다. 미샨의 이론은 계획이론가들에게는 주목을 받지는 못했지만 환경계획가들에게는 진지하게 받아들여졌다.

프리드만이 정의하는 계획은 과학적이고 기술적인 지식을 행동에 연결시키는 개념으로서 사회지도(social guidance)와 사회변혁(social transformation)을 위한 활동이라고 할 수 있다. 사회지도과정이라는 것은 위로부터의 조절을 통해 체제변화를 유도하는 것으로서 정부의 간섭에 의한 배분과 혁신의 계획형태를 통합한 의미이다. 반면에 사회변혁과정이라는 것은 아래로부터의 체제변형을 위한 정치적 실천에 초점을 두는 것으로 본래 무정부주의, 마르크스주의, 이상적 사회주의에서 유래한 개념이다. 따라서 프리드만이 말하는 계획은 사회지도와 사회변혁을 목적으로 지식을 공공활동에 연결시켜주는 모든 행위를 의미하는 것으로 이해할 수 있다.

공공분야에서의 계획에 대한 기본개념을 설명하기 위해 프리드만이 기본적으로 내놓는 질문이 있다. 지역의 사회관계체제와 정치의 질서체제 내에서 계획은 어디에 위치하는가? 계획이 담당해야 할 과제는 무엇인가? 어떻게 계획이 사회체제의 다른 요소와 조화될 수 있을까? 프리드만은 옆의 <그림>을 통해 이러한 질문에 답하고 있다. <그림>은 위에서 아래로 보는 것이 이해하기가 쉽다. 수평 막대는 각 개념의 위치를 나타낸 것인데 수직적으로 겹쳐지는 부분은 그 활동이나 기능의 범위가 부분적으로 중복되는 것을 나타낸다. 예컨대 계획이라는 개념에는 배분계획, 혁신계획, 그리고 급진계획과 실천이 서로 겹쳐져서 포함되어 있음을 알 수 있다.

계획이론의 범위

프리드만은 계획이론의 범위를 설명하면서 두 가지 기본적인 전제를 들고 있다. 하나는 계획분야를 모두 포함할 수 있도록 일반적이어야 하고, 다른 하나는 여러 관계되는 의문에 대해 구체적으로 설명할 수 있

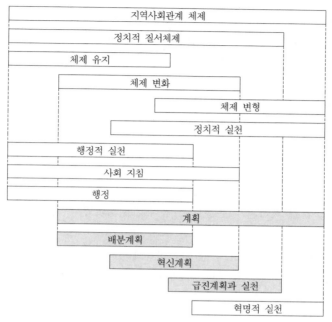

┌───┐
│   지역사회관계 체제   │
├───┤
│   정치적 질서체제   │
├─────────────────────────┐   │
│   체제 유지   │   │
├───────────┴─────────────────────────┐   │
│   체제 변화   │   │
├─────────────────────────────────────┴───────────────┤
│   체제 변형   │
├───┐   │
│   정치적 실천   │   │
├─────────────────────────┐   │   │
│   행정적 실천   │   │   │
├─────────────────────────┴──────────────────┤   │
│   사회 지침   │   │
├─────────────────────────┐   │   │
│   행정   │   │   │
└─────────────────────────┴──────────────────┘   │

〈그림〉 공공분야에서의 계획 개념

출처: Friedmann, J.(1987)

어야 한다는 것이다. 예컨대 사회, 경제, 도시 및 지역, 국가안보 등과 같이 전문분야를 필요로 하는 이론도 있지만 분야와는 관계없이 모든 계획형태에 적용되는 일반이론이 필요하다는 것이다. 예측, 시민참여, 그리고 대안선택 모형 등이 여기에 포함된다. 다시 말해서 전문분야에 관계없이 모든 계획활동은 과학적이고 기술적인 지식을 공공행동에 효과적으로 접목시키는 공통의 문제를 갖고 있다는 것이다. 이러한 문제를 해결하지 못하면 계획가는 독백하는 것에 불과하고 결국에는 사회와 대중으로부터 불필요한 존재가 되고 말기 때문에 계획이론은 이러한 공통의 문제를 해결하는 데 도움이 될 수 있어야 한다는 것이다.

이러한 프리드만의 생각은 계획이론을 실체이론과 절차이론으로 구분해서 설명하는 팔루디(Andreas Faludi)의 생각과 같은 맥락을 이루는 것이다. 즉 실체이론(theory in planning)은 계획대상에 따라 각기 필요로 하는 전문지식이나 내용에 관한 이론을 지칭하는 것으로 보고, 이에 비해서 절차이론(theory of planning)은 계획대상에 관계없이 계획활동 자체에서 추구하는 이념이나 목표, 그리고 지식과 행동(실천)에 관한 이론을 지칭하는 것이다.

세 가지 계획형태

프리드만은 계획의 기본개념과 영역을 설명하면서 계획형태를 크게 배분계획, 혁신계획, 그리고 급진계획 등의 세 가지로 구분하고 있다. 배분계획은 중앙에서 상호 경쟁적 상태에 있는 재원, 토지, 노동 등의 제한된 자원을 배분하는 것으로 예산계획, 토지이용계획, 경제발전계획 등을 대표적으로 꼽을 수 있다. 혁신계획은 사회지도체제의 제도적 변화를 겨냥하는 것으로서 미국의 새로운 조직으로 등장했던 1960년대의 경제기획국, 1970년대의 환경보호국, 그리고 1980년대의 애팔래치안 지역위원회 등을 꼽을 수 있다. 급진계획은 사회변형을 목표로 계획된 일을 추진하기 위해서 조직화된 집단의 힘을 이끌어내는 것인데 시민운동과도 깊은 관계가 있다.

이들 세 가지 계획형태는 독립적인 특성을 갖고 있기도 하지만 서로 중복되기도 한다. 배분계획은 새로운 사업을 위해 재원을 확보하고자 할 때 혁신계획과 많은 부분이 중복되고, 혁신계획은 급진계획과 실천에 대한 반작용으로 나타나기도 한다. 배분계획과 급진계획은 거의 중복되는 경우가 없는데 예외의 경우로는 급진적 사업계획에 필요한 재원을 중앙정부로부터 얻어낼 때이다. 예를 들어 급진적 시민단체를 대상으로 정부가 지원하는 경우를 들 수 있다. 급진계획과 중복되어 나타나는 혁명적 실천은 기존의 정치질서 체제에 침투하여 활동하는 경우도 있지만 혁명적 실천에서는 궁극적으로 기존의 체제와 질서의 붕괴와 해체를 시도하기 때문에 엄밀하게 말해서 혁명적 실천은 공공분야의 영역 밖에 있는 것이다.

교환거래계획

교환거래이론은 오랜 동안 정설로 여겨온 합리적 계획모형과는 상반되는 개념을 갖고 있다. 종전의 합리적 계획모형으로는 현대 사회의 아무런 문제도 해결할 수 없다는 것이 프리드만의 생각이었기 때문이다. 즉 다원화된 현대 사회를 소수 엘리트들의 과학적 방식에 의해 계획하기에는 적절치 못하고, 오히려 계획가와 주민들이 상호 학습(mutual learning)하는 거래관계를 통해 문제를 해결해 가는 방식이 보다 적합하다는 것이다. 무엇보다도 다원화된 사회에서는 계획가와 이해관계에 따라 움직이는 주민들과의 유대관계가 중요하기 때문이다.

교환거래계획(transactive planning)이론에서는 무엇보다도 대화를 강조한다. 대화(dialogue)는 우선 상대방의 존재를 인정하기 때문에 의사전달을 할 수 있는 기반이 형성되고 이해당사자간의 사고, 도덕적 판단, 감정, 갈등, 호혜정신이 상호 이해과정 내에서 조정될 수가 있기 때문이다. 다시 말해서 제한된 자원의 효율적 배분이라는 합리적 기준보다는 계획가와 이해당사자 간의 상호이해와 조정을 통한 정책결정이 중요하다는 것이다.

또한 프리드만은 상부로부터의 통제와 조절수단으로써 중앙집권적 명령계획을 비능률적이라고 보고 있다. 오히려 현대 사회에서는 기술관료들이 주도하는 간접적 통제중심의 정책계획(policy planning), 이익집단 대표들의 협상에 의한 조직계획(corporate planning), 그리고 참여계획(participant planning) 등을 새로운 대안으로 보고 있다. 이 중에서도 계획가와 주민이 상호 거래하는 형태의 참여계획을 특히 강조한다.

급진계획

프리드만은 18세기부터 약 200년 동안의 사회사상을 몇 개의 묶음, 즉 '전통(traditions)'이라는 줄기로 분류하여 계획의 지적(知的) 역사를 사회개혁(social reform), 정책분석(policy analysis), 사회학습(social learn-ing), 사회동원(social mobilization) 등 네 가지로 구분하였다. 이들 네 가지 계획전통은 모두가 지식과 행동의 연결문제에 관련된 것으로 사회의 전반적인 사상을 모두 포함하는 것이다.

시기적으로 보면 사회개혁과 사회동원은 19세기 초반에 생겨난 것이고, 정책분석과 사회학습은 제2차세계대전과 대공황을 배경으로 생겨난 것이다.

첫째, 사회개혁은 사회지도의 한 유형으로서 정부의 역할에 초점을 둔다. 다시 말해서 계획실천을 제도화하고 정부가 계획을 좀더 효율적으로 집행하는 방법을 모색하는 데 관심을 둔다. 사회개혁 전통에서는 계획을 일종의 '과학적 시도(scientific endeavor)'로 보기 때문에 계획영역이 정치가와 시민집단의 압력으로부터 벗어나야 하며, 이를 위해 정부의 강력한 역할로서 조정과 권위의 기능을 옹호하는 것이 특징이다.

둘째, 정책분석은 1945년에 출판된 사이몬(Herbert Simon)의 『행정행태(Administrative Behavior)』에서 커다란 영향을 받았다. 사이몬의 연구는 합리적 의사결정을 위한 조직의 행태에 초점이 맞춰져 있다. 정책분석은 그 용어에서도 알 수 있듯이 신고전주의 경제학, 통계학, 수학 등을 바탕으로 체계분석, 정책학, OR, 미래학 등과 같은 전문분야로 발전하였다. 최근 들어서는 세련된 모형과 컴퓨터에 힘입어 현대적 의미의 정책분석이 발전하였고 이들은 정책자문기능으로 제도화되는 단계로까지 발전하였다.

셋째, 사회학습은 이론과 실제, 지식과 행동사이에서 발생하는 모순을 극복하는 데 초점을 두는 전통을 말한다. 이 이론은 두 가지 사상적 흐름에서 유래하는데 하나는 존 듀이(John Dewey)의 실용주의, 즉 "행함으로써 배운다(learning by doing)"라는 과학적 인식론과, 다른 하나는 마르크스주의와 혁명적 이론, 그리고 실천을 실질적으로 통합시키려는 노력에서 나온 것이다.

넷째, 사회동원은 밑으로부터의 집단적이고 직접적인 행동을 강조하는 전통이다. 사회동원이라는 용어는 마르크스주의자와 무정부주의자를 추종하는 급진적 혁신파(左派)의 오랜 전통에서 유래한다. 사회동원 사상은 자본주의와 유산계급에 바탕을 둔 정부제도 내에서 인간의 소외와 압제를 거부하고, 새로운 삶의 방식으로써 '선택적 공동사회'를 위한 정치적 해방운동과 새로운 질서를 창안해내고 기존의 권력관계를 개혁시키는 데 필요한 정치적 투쟁과 깊은 관련이 있다.

위 네 가지 계획전통 중에서 프리드만은 사회동원 사상을 급진계획(radical planning)의 이론적 토대로 삼고 있다. 원래 급진계획이라는 용어는 그라보와 에스킨(Grabow and Heskin)이 '관변(官邊)계획(establishment planning)'에 상대되는 용어로서 최초로 사용한 개념이다(Grabow Stephen and Heskin Allen, 1973). 이들이 주장하는 급진계획의 목표는 이상주의적이고 무정부주의적인 사상에 뿌리를 두는 새로운 사회질서를 구축하는 것이었다. 국가에서 독립하여 법인격을 갖고 자립생활을 할 수 있는 소규모의 자발적인 공동체를 만들어가자는 제안으로 많은 논란과 오해를 불러왔다.

그렇지만 그라보와 에스킨의 논문은 이른바 옹호계획(advocacy planning)이 생겨나는 데 큰 영향을 미쳤다. 옹호계획은 공익적 차원에서 계획을 신화적으로 폭발시켰던 운동이었고 계획가들로 하여금 국가기관에 대하여 빈민들의 요구를 대변하도록 압박을 가했다. 대변자로서 계획가들은 도시빈민의 '공적 보호자(public defender)'의 역할을 하면서 계획활동에 대한 보수는 국가에서 받았다.

프리드만이 제시하는 급진계획은 그라보와 에스킨의 급진계획과는 차이가 있다. 사회동원 사상의 역사와 전통을 이해하는 것이 쉽지 않듯이 프리드만의 급진계획(radical planning)도 난해한 측면이 있다. 다만 필자가 이해하고 있는 범위 내에서 몇 가지 개념을 정리하면서 급진계획의 윤곽을 짚어 보기로 한다. 다만 분명한 사실은 급진계획을 반(反)계획(anti-planning)적인 것으로 이해하거나 단순히 좌파적 사상으로 몰아 붙이는 잘못은 피해야 한다는 점이다.

첫째, 급진계획에서의 중심적인 과업은 사회변혁과정에서의 이론과 실천의 조정에 있다. 이론과 실천의 통합은 사회동원 전통이기도 하다. 오늘날의 계획위기 상황은 지식과 행동, 이론과 실천이 괴리되었기 때문이라는 지적도 있다.

따라서 급진계획에서 필요로 하는 것은 실증주의에 물든 지식이 아니라 행동과 실천을 통해 밑으로부터 나오는 상황결정적(contextual)인 지식이어야 한다. 상황결정적 지식이란 행동을 지시하고, 전략을 짜내고, 사회를 비판적으로 이해할 수 있고, 특수한 사회적 가치와 행동에 의해 계발되는 것이다.

둘째, 지금까지 공공분야의 계획은 대부분 정부의 지배를 받아 왔다. 사회개혁 전통에서의 계획개념은 상부로부터의 통제와 조절의 수단이었기 때문에 계획이 시민사회를 관리하고 통제하거나 정치적 강화정책의 수단이 되어 버렸다. 그러나 급진계획은 국가와 기업으로부터의 구속과 압제에서 벗어나 밑으로부터의 사회변혁을 추구하는 것이다.

셋째, 급진계획은 사회개혁 전통이 추구하는 사회구조적 변화에 관심을 가지면서도 목적과 목표로부터 출발하기보다는 사회비판에서 출발한다. 이 비판은 규범적인 것만이 아니라 사회현상의 해석, 이해, 설명을 가능하게 하는 모든 분석적 요소를 포함한다.

넷째, 급진계획가(radical planner)는 가치 중립적인 태도를 취하는 것이 아니라 패권을 가진 권력(정부, 기업)의 반대편에서 가계, 지역, 세계 공동체의 진정한 회복을 위해 활동한다. 또한 급진계획가는 행동과 실

천으로부터 떨어져 있으면 곤란하다. 지식과 행동, 이론과 실천의 연결
은 결국 급진계획가를 통해 수행되어야 한다.

다섯째, 급진계획의 활동무대는 가계에서 세계공동체까지 확대될 수
있고, 이들은 서로 생태적으로, 경제적으로, 정치적으로 상호 의존상태
에 놓여 있다. 따라서 급진계획이 성공을 거두기 위해서는 이들의 정치
공동체가 회복되어야 하고 이들 상호간의 연계망, 연합형성, 대화, 상호
학습, 상호거래체제가 구축되어야 한다.

급진계획은 그 자체가 근본적으로 안고 있는 딜레마와 논리적 모호함
등의 이유로 아직도 세련되게 다듬어야 할 부분들이 많이 남아 있다.
그러나 지난 수십 년 동안 합리적 계획모형에 갇혀 있는 계획이론분야
에 큰 도전이 되고 있다.

또한 급진계획은 반(反)계획 운동이 펼쳐질 만큼 심각해진 계획위기
상황에서 새로운 대안적 계획을 모색해야 한다는 메시지도 함께 던져
주고 있다.

참고문헌

John Friedmann. 1973a, *The Good Society*, MIT Press.

_____. 1973b, "A Conceptual Model for the Analysis of Planning Behavior," in Edited
by Andreas Faludi, *A Readers in Planning Theory*, Pergamon Press.

_____. 1978, "Innovation, Flexible Response and Social Learning," in Edited by Robert
W. Burchell and George, *Planning Theory in the 1980s*, The Center for Urban Policy
research, Rutgers University.

_____. 1981, *Retracking America: Theory of Transactive Planning*.

_____. 1987, *Planning in the Public Domain —From Knowledge To Action*, The Princeton
Press, 서충원·원제무 역, 1998, 『계획이론』, 보성각.

_____. 1996, "Rethinking Poverty: Empowerment and Citizen Rights," *International
Social Science Journal*, vol.48. 1996.

Grabow Stephen and Heskin Allen. 1973, "Foundations for a Radical Concept of
Planning," *Journal of the American Institute of Planners*, 39, No 2(March, 1973).

William J. Mitchell

미첼의 사이버도시론

강현수(중부대학교 도시공학과 교수)

미래의 도시는 인터넷에 세워질 것이다. 아득한 옛날 조상들이 메데레스 강 옆의 한 협소한 반도 위에 밀레토스를 세웠던 것처럼 우리는 21세기의 수도로 자리잡을 비트의 도시를 설계하고 건설해야 한다. (Michell, W. *City of Bits* 중에서)

정보화 시대의 담론들

20세기 중반 이후 컴퓨터나 통신매체 등 정보통신기술의 급속한 발전을 목격하면서 이른바 '정보화 사회론'이 대두된 지도 꽤 시간이 지났다. 1973년 다니엘 벨(Daniel Bell)의 『탈산업사회(Post-Industrial Society)』를 필두로, 이후 이 뒤를 이은 앨빈 토플러(Alvin Toffler)의 『제3의 물결(The Third Wave)』(1980) 등, 세계적 석학이나 미래학자들은 향후 세계 변화를 이끌 가장 중요한 원동력으로 정보화를 꼽는 데 주저치 않았다. 이러한 예측은 크게 빗나가지 않았고, 21세기의 문턱을 지나고 있는 지금 우리는 실제로 정보화 사회 속에서 살고 있다. 정보화 사회가 먼 훗날의 미래학적 개념이 아니라 현재 우리들의 실생활 속에 구체화된 현실이 되어버린 것이다. PC, 인터넷, 휴대전화의 놀라운 발전 및 보급 속도는 우리 일상생활 속에서 정보화 사회를 손쉽게 체험할 수 있는 대표적 사례라 할 것이다. 하지만 역설적이게도 '정보화 사회'라는 개념 자체는 어느새 구식이 되어버렸다. 대신 '디지털 세계', '사이버 세계', '네트워크 사회'라는 새로운 개념이 미래 사회를 대변하는 용어로 자리잡고 있다.

그 용어가 어떻든 간에 무어의 법칙[1]이 상징하듯이, 정보통신기술의 발전속도는 날이 갈수록 점점 더 빨라지고 있고, 이로 인한 영향으로 우리의 경제, 정치, 문화 등 각 부문에서 변화가 촉발되고 있다. 정보통신기술의 눈부신 발전에 기인한 변화의 폭과 깊이는 엄청나서 혁명이라는 수식어를 붙여도 과히 손색이 없어 보인다. 어쩌면 지금 막 시작단계라 할 수 있는 이 정보통신혁명은 18세기 산업혁명에 버금가는, 아니 산업혁명을 능가하여 인류 문명의 역사에서 가장 큰 변혁을 이끌게 될 것으로 여겨지기도 한다.

이러한 시대적 흐름에 발맞추어 정보화로 인해 나타나는 변화의 구체적 내용과 함의를 밝히고자 하는 연구들이 경제, 사회, 문화, 정치, 교육 등 각 영역별로 축적되고 있다. 공간 분야도 예외는 아니다.

최근 10여 년 동안 공간 연구 분야에서 이와 관련된 괄목할 만한 연구 성과로는 마크 헵워스(Mark Hepworth)의 『정보경제의 지리학(Geography of the Information Economy)』(1989), 마뉴엘 카스텔(Manuel Castells)의 『정보 도시(Informational City)』(1989) 및 네트워크 사회 3부작 시리즈(*The Rise of the Network Society*, 1996; *The Power and Identity*, 1997; *The End of Millennium*, 1998), 스테판 그라함(Stephen Graham)과 사이먼 마빈(Simon Marvin)이 공동 저술한 『정보통신과 도시(Telecommunications and the City)』(1996) 및 『분열된 도시성(Splintering Urbanism)』(2001) 등의 저작들을 대표적으로 들 수 있다.

또한 그라함과 마빈 교수가 주도하는 영국 뉴캐슬 대학의 CUT(The Centre for Urban Technology), 마이클 베티(Michael Batty)와 폴 롱리

(Paul Longley) 교수가 주도하는 런던 대학의 CASA(The Centre for Advanced Spatial Analysis), 마이클 모스(Mitchell Moss)와 앤서니 타운센드(Anthony Townsend)가 주도하는 미국 뉴욕 대학교의 타웁연구소(The Taub Urban Research Center) 등이 정보통신의 발달로 인한 도시 및 지역 변화에 관한 심층적인 연구들을 주도하고 있다.

이러한 학자나 연구소들이 주로 사회과학적 측면에서 정보화의 영향이나 함의를 이론적, 경험적으로 연구하고 있는 데 비해서, 미국 UCLA 대학교의 건축 및 설계학부나 MIT의 건축 및 계획학부는 공학적이고 실용적인 측면에서 인터넷이나 CAD, GIS 등 각종 정보화 매체를 활용한 새로운 건축 및 도시계획 기법에 대한 선도적 연구들을 수행하고 있다.

정보매체를 활용한 건축 및 계획의 전도사 윌리엄 미첼 : 주요 업적 및 저작

현재 미국에서 자기 분야의 확실한 전문성을 지니고 있으면서 한 걸음 더 나아가 대중적인 저서나 강연을 통하여 디지털 문화, 혹은 사이버 세계의 전도사로 손꼽히고 있는 학자들이 몇 명 있다. 앨빈 토플러가 제1세대 전도사였다고 한다면, 『가상 현실(Virtual reality)』(1991), 『가상 공동체(The Virtual Community)』(1993) 등의 저작으로 유명해진 자유기고가 하워드 라인골드(Howard Rheingold), 『디지털이다(Being digital)』(1995)의 저자로 유명한 니콜라스 네그로폰테(Nicholas Negroponte) 교수 등은 제2세대 전도사라고 할 수 있다. 이 중 건축과 도시계획 분야에서 정보화와 관련된 구체적이고 실용적인 연구를 수행하고 있으면서 이를 대중적으로 널리 알리는 왕성한 저작과 강연 활동을 펴고 있는 학자가 윌리엄 미첼(William J. Mitchell) 교수이다.

윌리엄 미첼 교수는 현재 MIT의 건축과 교수이자 건축 및 계획학부 학장으로 재직중이다. 또한 동시에 MIT 미디어 예술 및 과학과(Media

Arts and Sciences) 교수를 겸하고 있다. 그는 정보통신의 발달과 인터넷의 보급이 건축과 디자인, 그리고 도시의 기능 및 역할에 미치는 영향에 관해 깊은 관심을 가지고 연구하고 있으며, 이와 관련된 주제에 대해 서술한 일련의 저작들을 통해 세계적인 명성을 얻고 있다.

미첼의 책 『비트의 도시』

미첼 교수는 1944년 호주 멜버른에서 태어났다. 멜버른 대학에서 학부를 마친 후에는 미국으로 건너가 예일 대학교에서 석사 학위를 받고, 1970년부터 UCLA에서 교수 생활을 시작하였다. 1970년대 중반 잠시 영국으로 건너가 케임브리지 대학교에서 강의를 하기도 하였으며 1980년 다시 미국에 돌아와서 UCLA의 교수이자 건축 및 설계학부의 학장으로 재직했으며 1986년부터는 하버드 대학으로 자리를 옮겼다. 1992년에 다시 MIT로 자리를 옮겨서 건축과와 미디어 예술 및 과학과의 교수를 겸직하고 있고, 건축 및 계획학부 학장을 1992년부터 지금까지 역임하고 있다. 현재 그는 MIT 학생들에게 컴퓨터를 활용한 건축과 도시설계를 주로 가르치고 있으며, 각종 디자인 응용 소프트웨어나 디지털 공동체 등과 관련된 연구를 주도하고 있다. 또한 MIT 미디어 연구소의 현 소장인 네그로폰테 교수와는 30여 년간 교분을 닦아온 오랜 친구 사이로서 이 세계적으로 유명한 연구소를 함께 설립하였을 뿐만 아니라, 도시 및 건축 분야와 미디어 분야를 디지털 기술이라는 매개를 통하여 한데 묶어보려는 작업을 공동으로 수행하고 있다. 그외에도 미국 '정보기술 및 창조성에 관한 국립학술위원회'의 의장직을 맡는 등 각종 사회적 역할을 담당하고 있다.

미첼 교수가 교수로서 막 활동을 시작한 1970년대는 지금과 비교하면 컴퓨터의 발달 단계가 아주 초창기 수준이었다. 하지만 그는 그 당시부터 건축 설계에서 컴퓨터를 활용할 수 있는 방법론에 몰두하여, 건축

CAD 분야의 개척자 역할을 수행하였다. 1977년 그의 저서 『컴퓨터 응용 건축 설계(Computer-Aided Architectural Design)』는 이 당시 그의 작업을 대변하는 책인데, 이 책 속에는 과거의 디자이너가 종이와 연필을 다루듯이 앞으로의 디자이너는 컴퓨터를 잘 다루어야만 시대에 부응할 수 있다는 그의 메시지가 담겨져 있다.

국내에 번역 소개된 미첼의
책 중 『e-토피아』

이후 1980년대와 90년대 그는 엄청난 발전을 거듭하는 컴퓨터 하드웨어와 소프트웨어를 건축 디자인, 나아가 건축에 국한되지 않고 디자인 분야 전반에 응용할 수 있는 방안에 몰두한다. 그의 이 당시 화두는 갈수록 발전하는 컴퓨터 기술을 디자인 작업과 어떻게 결합시킬까 하는 것이었다.

1990년대 들어와 그의 시야와 관심은 더욱 확대되어서 도시 분야로까지 나아가게 된다. 세계적 베스트셀러가 된 『비트의 도시(City of Bits)』(1995)와 『e-토피아(e-topia)』(1999)에서 그는 디지털 시대 도시의 새로운 형태와 기능을 예측하고, 도시계획과 설계의 새로운 방향을 제시하였다. 정보통신의 발달이 21세기 도시환경과 일상생활에 미칠 영향을 아주 쉽고 재미있게 설파하고 있는 이 두 권의 책을 통해 미첼 교수는 그의 명성을 전 세계에 드높이면서 건축과 도시 분야를 대표하는 디지털 시대의 전도사로 자리매김하게 되었다.

미첼 교수는 우리나라에도 잘 알려진 인사이다. 그의 저서 중 상당수가 이미 국내에 번역 소개된 바 있으며, 2000년 서울에서 개최된 세계 건설환경디자인대회 특별 연사로 한국을 방문하기도 하였다. 그는 일본이나 중국에서도 매우 유명하다. 그의 책의 대부분이 일본어와 중국어로 번역되었으며, 1997년 일본 건축협회로부터 정보화 시대 건축설계 이론 및 CAD 활용 교육을 촉진한 공로로 특별상을 수상하기도 하였다.

디지털 시대 건축과 도시의 변화

1970년대 디자인에 컴퓨터를 활용하는 연구에 몰두해온 미첼 교수는 1990년대에는 연구의 초점을 정보통신 혁명으로 인해 변화하게 될 미래의 건축과 도시를 예측하고 이에 대비하는 작업으로 확대해나가고 있다. 그는 인터넷과 같은 정보통신망의 발달에 따라 탄생된 새로운 개념의 가상 공간인 사이버 공간의 등장으로 인하여, 기존의 건축과 도시의 개념, 존재 형태, 구성요소 등이 완전히 새롭게 변화하고 있다고 주장한다. 즉 우리의 일상생활이 물리적 공간뿐만 아니라 사이버 공간 속에서도 이루어지게 됨에 따라, 그리고 사이버 공간의 활동이 점차 물리적 공간의 활동을 대체하게 됨에 따라 우리에게 낯익던 기존의 건축이나 도시의 형태와 구성요소가 서서히 사라지고, 그 대신 새로운 것이 이를 대체하게 된다는 것이다. 도서관의 예를 들어보자. 기존의 도서관 건물은 거대한 석조 건물로 그 안에는 엄청난 분량의 책이 역시 엄청난 규모의 서가에 꼽혀 있다. 책을 보려는 이는 도서관에 가서 도서목록을 뒤져 서가에서 책을 찾아서 읽게 된다. 하지만 미래의 도서관 형태는 이러한 거대한 건물 형태가 아니다. 책 속에 들어 있는 정보는 이제 더 이상 종이 같은 물질 속에 갇혀 있는 것이 아니라, 비트로 저장되어 전 세계 어디나 네트워크를 통해 전송될 수가 있다. 따라서 책 속의 정보를 보려는 이는 이제 도서관에 가는 것이 아니라, 네트워크로 연결된 컴퓨터 앞에 앉아서 검색엔진을 통해 정보를 검색하고 컴퓨터 화면을 통해 이를 열람하고 필요한 부분을 저장하거나 출력하면 된다. 따라서 책을 저장하는 방대한 서가나 웅장한 도서관을 데이터베이스와 컴퓨터 네트워크가 대체하게 되는 것이다. 이처럼 사이버 공간이 물리적 공간을 압도하게 되면서 기존 건축물의 필요성은 점점 줄어들게 된다. 서점, 백화점, 미술관, 학교, 심지어 병원이나 감옥조차도 앞으로 점차 사이버 공간 상의 대체물에 의해 대체될 운명에 놓여 있는 것이다.

〈표 1〉 디지털 시대 건축과 도시의 변화

건축의 변화	
기존의 건축	미래의 건축
건물의 정면 (Facade)	인터페이스 (Interface)
서점	비트 가게 (Bitstores)
서가	서버 (Servers)
미술관	가상박물관
극장	오락 인프라
학교	가상 캠퍼스
병원	원격 진료
감옥	전자 감시 프로그램
은행 점포	현금 자동입출금기
증권거래소	전자 거래 시스템
백화점	전자 쇼핑몰
사무실 업무	네트에서의 업무 (Net-Work)
가정에서 (At Home)	네트의 가정에서 (@Home)
해체 (Decomposition)	재조합 (Recombination)
도시의 변화	
기존의 도시	미래의 도시
부동산	사이버스페이스(Cyberspace)
서부개척지	전자 프론티어
인간의 법	소프트웨어 조건문
대면접촉	인터페이스 (Interface)
현장 속에서(On the Spot)	네트 속에서 (On the Net)
도로망	월드와이드웹
이웃	머드 (MUDs)
사유화	암호화
공공 공간	공공 접근
존재 (Being There)	접속 (Getting Connected)
사회 관습	네트워크 규범

출처: Michell, J. W.(1995) *City of Bits*의 주요내용을 필자가 가공.

도시 역시 마찬가지이다. 시민들의 경제, 사회, 문화, 정치 행위의 상당 부분이 사이버 공간 속으로 이동하게 되며, 컴퓨터 네트워크가 도로망과 같이 미래 도시 생활의 핵심 요소로 자리잡게 된다. 그 결과 우리에게 낯익은 도시 구조는 근본적으로 재편성되게 된다.

그렇다고 해서 미첼 교수는 기존의 건축 요소와 도시 구조가 앞으로 완전히 해체되어 사라져버릴 것이라고 여기지는 않는다. 물리적 공간의 모든 활동들이 사이버 공간 속의 활동으로 대체될 수는 없기 때문이다. 하지만 살아남기 위해서는 지금까지의 역할과 기능을 새롭게 전환시킬 것으로 예상된다. 예컨대, 인터넷 서점에 의해 위협받고 있는 동네 서점들은 애서가들이 편안하게 앉아서 이 책 저 책을 직접 만져보면서 이리저리 넘겨볼 수 있도록 안락한 공간과 따뜻한 커피 한 잔을 제공하면서 반격을 꾀할 수 있을 것이고, 동네 빵집은 빵 굽는 냄새나 시식 코너를 통해 후각과 미각을 자극하면서 인터넷 빵 주문 사이트와 경쟁할 것이다. 즉 모든 기존의 건축과 도시의 요소들이 완전히 사이버 대체물로 대체될 수는 없다는 것이 미첼 교수의 요지이다.

이러한 논리의 연장선상에서 미첼 교수는 향후 정보통신이 고도로 발전하게 되면 도시 역시 해체 혹은 소멸될 것이라는 일부 성급한 도시학자들의 주장을 거부한다. 앞으로는 전 세계 어디서나, 예컨대 산꼭대기에서도 범세계 통신망과 연결만 된다면 업무활동이 가능할 수가 있다. 그렇지만 누가 일부러 산꼭대기에서 일하거나 살기를 원하겠는가? 자유입지의 가능성 확대가 가져올 결과는 보통 사람들 다수가 선호하는 쾌적한 기후, 멋진 경치, 높은 문화 수준을 갖춘 그런 장소의 입지적 매력을 더욱 강화시킬 것이며, 이러한 의미에서 도시는 결코 해체되지 않을 것이다. 하지만 미첼 교수는 앞으로 사이버 공간의 역할 증대로 인한 가정과 직장의 기능과 역할이 변모하게 될 것이며, 시민들의 생활, 소비, 문화 양식 역시 변화하게 되어 도시의 모습이나 형태는 과거와는 전혀 다르게 탈바꿈될 것으로 예측한다.

대면 접촉과 전자 접속

스웨덴의 지리학자 헤거스트란트(Hägerstrand, T.)가 제시한 시공간지리학의 전제는 인간은 '동시'에 다른 두 공간을 점유하지 못하는 본질적

	같은 시간(동시적)	다른 시간(비동시적)
같은 장소	(예) 서로 만남 (대면 접촉)	(예) 책상 위 메모, 게시판 자동판매기, 자동예금인출기
	교통 필요, 시간 약속 필요	교통 필요, 시간 약속 필요 없음
	집약적, 양질의 상호작용 대신 매우 높은 비용	시간을 자유롭게 활용함으로써 비용을 줄임
다른 장소	(예) 전화 통화. TV 생중계 영상 회의, 인터넷 채팅(chatting)	(예) 우편, 팩시밀리, 신문 전화 자동응답기 전자우편(e-mail) 인터넷 게시판
	교통 필요 없음, 시간 약속 필요	교통 필요 없음, 시간 약속 필요 없음
	교통 시간과 교통 비용을 줄임	매우 낮은 비용

출처: Michell, J. W.(1999) *E-topia*, pp.135-138 내용을 필자가 재가공 및 내용 첨가.

한계 때문에 특정한 시간대에는 특정한 한 곳의 장소에만 자신의 신체를 둘 수가 있다는 것이다. 이 전제하에서 우리가 누구를 만나거나 누구와 함께 어떤 일을 수행하기 위해서는 어떤 장소로 가야만 했다. 그런데 정보통신기술의 발전은 '신체적 접촉'이 아닌 '전자적 접속'을 통하여, 동시간대에 다른 장소에 있는 타인과 교류할 수 있는 기회를 열어주었다. 인터넷이 바로 대표적인 예이다. 따라서 기존의 시공간지리학의 전제는 허물어지고, 대신 새로운 시공간지리학이 가능해진다(<그림> 참조).

미첼 교수의 중요한 공헌 중의 하나는 정보통신 기술의 발전으로 인해 대면 접촉에서 전자 접속으로 사람들간의 교류 양식이 변화하고 있다는 점을 포착하고, 이를 '동시적'과 '비동시적' 의사소통의 구분, 참석의 경제(economy of presence)라는 개념 등을 통하여 도시의 역사적 발전 과정과 앞으로의 변화 과정을 논리적으로 설명하고 있다는 점이다. 미첼 교수는 사람들의 교류 관계에 대해 위의 표와 같은 네 가지 조합

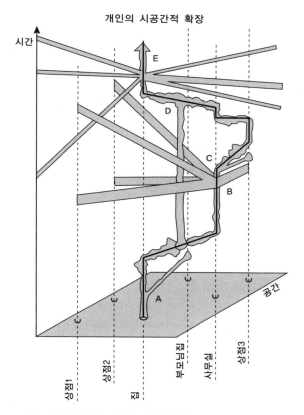

개인의 시공간적 확장

시간

E
D
C
B
A

공간

상점1　상점2　집　놀이공원　사무실　상점3

〈그림〉 정보통신 시대의 새로운 시공간지리학
출처: Adams(1995)

들('같은 시간 - 같은 장소', '같은 시간 - 다른 장소', '다른 시간 - 같은 장소', '다른 시간 - 다른 장소')을 제시하고 있다. 대면 접촉이 좌상의 '같은 시간 - 같은 장소'의 교류 양식이라면, 이메일 교류는 우하의 '다른 시간 - 다른 장소'의 교류양식이라고 할 수 있다. 그런데 정보통신기술의 발전으로 인하여 도시에서 이루어지고 있는 사람들간의 여러 교류들이 '다른 시간 - 다른 장소' 양식 쪽으로, 즉 <표 2>의 우하 방향으로 그 무게 중심이 이동하고 있다. 미첼 교수는 이러한 비동시적 의사소통의 확대 과정이 바로 미래 도시 생활을 규정하는 가장 대표적인 원동력으로 보고 있다.

의의와 평가 : 계획가의 새로운 목표와 역할을 제기

미첼 교수의 저작들은 시공간을 넘나드는 풍부한 사례와 번뜩이는 유머 감각 때문에 무척 재미가 있고 따라서 대중적이다. 하지만 그의 글 속에는 데이비드 하비의 '시공간 압축(time-space compression)', 카스텔의 '네트워크 사회' 및 '흐름의 공간(space of flows)'과 같은 심오한 통찰력은 없다. 또한 그라함과 마빈의 일련의 저술에서 볼 수 있는 것과 같은 정보 사회의 공간 변화에 대한 방대한 포괄적 연구를 수행하지도 못했다. 특히 그에게서 느낄 수 있는 미래에 대한 낙관주의적 경향 때문에, 정보사회가 가져올 여러 부작용과 모순들을 간과하고 있다는, 즉 정보사회에 대한 비판의식이 없다는 비판이 제기될 수 있다.

하지만 그의 출신 배경 자체가 건축학 출신으로 실용주의를 추구하는 공학자이지, 비판 의식으로 무장한 철학자나 사회과학자가 아니라는 점을 인정한다면, 그의 약점을 어느 정도 이해할 수 있을 것이다. 반면, 그의 가장 큰 장점 중의 하나는 사회과학자들이 흔히 범하기 쉬운 과도한 일반화의 오류에 빠지지 않는다는 점이다. 그는 거창한 패러다임의 변화를 논하지 않는다. 또한 새로운 추상적 개념도 많이 만들지 않는다. 대신 미첼 교수는 여러 객관적 사실의 치밀한 분석에 입각하여 매우 현실적이고 구체적이며 실용적인 입장을 취하고 있다.

또한 그를 미래에 대한 지나친 낙관론자로 폄하하기도 어렵다. 기술 발전이 가져올 장밋빛 미래를 낙관하는 유토피아적 단선적 기술결정론을 거부한다고 그 스스로 표방하기 때문이다. 물론 그는 미래의 암울함만을 부각하는 디스토피아적 관점 역시 거부하고 있다. 그의 입장에서 보면 정보통신 기술은 인류의 목적에 이롭게 활용될 수 있는 훌륭한 수단이다. 중요한 것은 이 엄청나게 강력하고 효율적인 수단, 그렇지만 양면의 칼날을 지닌 정보통신 기술을 인류가 과연 어떠한 방향으로 활용할 것인지에 대한 것이다.

미첼 교수가 바람직하게 그리는 미래 도시의 모습이 바로 'e-토피아'이다. 여기에 대한 그의 설명을 간단히 요약한다면, e-토피아는 비록 유토피아는 아니지만, 우리의 생활에 필요한 많은 것들이 전자적으로 공급되며(물질적이 아니라), 우리가 원하면 언제라도, 전세계 어느 곳이라도 손쉽게 접속할 수 있는 그런 곳이다. 또한 e-토피아는 지금 현재 우리가 살고 있는 도시보다 더욱 부드럽고 지능적으로 운영될 것이며, 더욱 효율적이고 환경친화적인 도시라고 요약할 수 있다. 아울러 e-토피아는 현 세대의 필요를 충족시켜주면서도 미래 세대에 피해를 전가시키지 않는 '지속가능한' 도시이기도 하다. 그런데 이러한 e-토피아가 결코 저절로 만들어지는 것은 아니기 때문에 건축가나 도시계획가가 해야 할 과제가 있다.

> 우리는 필요한 디지털 정보통신 하부구조를 구축해야 하고, 전통적인 건축 구성요소들에 전자 하드웨어를 결합한 혁신적인 스마트 장소를 창조해야 하고, 이런 스마트 장소들을 우리에게 유용하게끔 운용할 소프트웨어를 개발해야 한다. 마지막으로 서로 전자적으로 접속되고 축소되는 세계에서 지속가능하면서도, 또한 경제·사회·문화적인 의미가 사려 깊게 고려된 건축, 마을, 도시, 지역의 공간적 형태를 고안해야만 한다. (Michell, W. *E-topia*, p.8)

미첼 교수는 이를 효과적으로 수행하기 위해 건축 및 도시계획, 도시설계의 대상을 물리적 공간 뿐 아니라 사이버 공간까지 확대해야 함을 주장한다. 그리고 그 이유에 대해서도 다음과 같이 설명하고 있다.

> 이러한 목표들을 좀 더 효과적으로 수행하기 위해서는 건축과 도시설계의

정의를 더 넓게 확대하여서 물리적인 장소뿐 아니라 가상의 장소도, 하드웨
어뿐 아니라 소프트웨어도, 물리적 근접과 교통 체계를 통한 교류뿐만 아니
라 정보통신 연계 수단을 통한 교류도 함께 포괄해서 고려해야만 한다.
(Mitchell, W. *E-topia*, p.8)

왜 우리는 새로운 형태의 건축과 도시설계의 문제－즉 사이버 공간의 설
계－에 대해 관심을 가져야만 하는가? 그 이유는 디지털 시대에 새롭게 출현
할 도시구조와 공간배치가 바로 우리의 경제적 기회와 공공서비스에 대한 접
근, 공공 담론의 특성과 내용, 문화 활동의 형태, 권력의 행사, 그리고 우리의
일상생활의 경험들에 아주 심대한 영향을 미칠 것이기 때문이다. (Mitchell,
W. *City of Bits*, p.5)

주)

1) 반도체의 집적도나 정보처리속도가 약 1년 6개월 정도를 주기로 하여 거의 두 배
   씩 증가한다는 법칙을 말한다.

참고문헌

Mitchell, William J. 1977, *Computer-Aided Architectural Design*, New York: Van Nostrand
  Reinhold.
_____. 1990, *The Logic of Architecture: Design, Computation, and Cognition*, Cambridge:
  The MIT Press.
_____. 1992, *The Reconfigured Eye: Visual Truth in the Post-Photographic Era*, Cambridge:
  The MIT Press.
_____. 1995, *City of Bits: Space, Place, and the Infobahn*, Cambridge: The MIT Press;
  http://www-mitpress.mit.edu/City_of_Bits; 이희재 역, 1999, 『비트의 도시』, 김영사.
_____. 1999, *e-topia: Urban Life, Jim, But Not as We Know It*, Cambridge: The MIT
  Press; 강현수 역, 2001, 『e-토피아』, 한울.
Mitchell, William J. and Malcolm McCullough. 1997, *Digital Design Media: A Handbook
  for Architects and Design Professionals*, second edition, New York: Van Nostrand
  Reinhold(Originally published in 1991).

Mitchell, William J., Robin S. Liggett, and Thomas Kvan. 1987, *The Art of Computer Graphics Programming: A Structured Introduction for Architects and Designers*, New York: Van Nostrand Reinhold.

강현수. 1998, 「정보 · 사이버 도시론」, 한국공간환경학회 편, 『현대 도시이론의 전환』, 한울.

Duarte, Jose Pinto, Joao Bento and William J. Mitchell(eds.). 2000, The Lisbon Charrette, Remote Collaborative, Lisbon: IST Press, 2000.

Castells, M. 1989, *Informational City*, Blackwell; 최병두 역. 2001, 『정보도시』, 한울.

_____. 1996, *The Rise of the Network Society*, Blackwell.

Graham, S. and Marvin. S. 1996, *Telecommunications and the City: Electronic Spaces, Urban Places*, Routledge.

_____. 2001, *Splintering Urbanism: Networked Infrastructures, Technological Mobilities and the Urban Condition*, Routledge.

Hepworth, Mark. 1989, *Geography of tahe Information Economy*, The Guilford Press.

McCullough, Malcolm, William J. Mitchell and Patrick Purcell(eds.). *The Electronic Design Studio: Architectural Knowledge and Media in the Computer Era*, Cambridge: The MIT Press.

Moore, Charles W., William J. Mitchell, and William Turnbull Jr. 1988, *The Poetics of Gardens*, Cambridge: The MIT Press; 『건축환경 설계와 인지차원』, 기문당.

Rheingold, Howard. 1993, *The Virtual Community: Homesteading on the Electronic Frontier*, Addison-Wesley Publishing Company.

Schon, Donald, Bish Sanyal, and William J. Mitchell. 1999, *Information Technology and Low-Income Communities*, Cambridge: The MIT Press.

한국의 전통 공간이론

풍수론을 비롯해 한국의 전통 공간이론을 소개한다. 도선은 국토를 인체와 같은 유기체적인 구조로 보았으며, 그의 국토사상 및 공간이론은 비보설로 요약된다. 『택리지』를 쓴 이중환의 복거론은 촌락의 입지이론이라 할 수 있으며 생활과 밀착된 그의 국토관을 읽을 수 있다. 조선시대의 자연, 지리의 중요성을 학문적으로 정리하고 체계화하고자 하는 노력은 조선 후기 신경준으로 대표되는 실학파 지리학자들이 주도하였다. 정상기와 김정호는 탁월한 지도제작자로서 각기 《동국지도》와 《대동여지도》라는 역작을 남겼다. 이들의 지도를 재조명하는 작업은 굴절된 조선지도사를 바로잡는 과정이기도 하며, 더 나아가 선조들의 국토에 대한 관심과 애착의 한 편린을 읽는 작업이기도 한다. 다산 정약용의 지리관은 방위의 상대성 사상, 백산대간에 대한 장용관, 지국 관계관, 지농 관계관, 반풍수사상, 그리고 반지역차별사상 등으로 분류되며, 이는 서구에서 일어난 근대지리학 이후의 지리연구에서 만들어진 지리적인 관계관, 개념 또는 관념, 그리고 견해 내지 사상들과도 잘 들어맞는다고 할 수 있다. 최남선은 일본의 식민지배라는 시대적 상황을 극복하기 위한 계몽운동의 맥락에서, 근대적 세계관의 토대를 형성하는 것이 지문학적 지식이며, 이에 기초하여 세계지리에 관한 사실적 지식을 논리적으로 이해할 수 있다고 생각했던 인물이다.

道詵

도선의 지리비보론

최원석(성신여자대학교 지리학과 강사)

비보(裨補)란 무엇인가

서울 광화문 앞에 있는 해태는 경복궁에서 마주 보이는 관악산의 화기(火氣)를 수신(水神)의 힘으로 막고자 세운 조형물로 알려져 있다. 풍수적인 동기로 조성된 비보의 사례이다. 경북 청도에는 속칭 떡절[德寺]이라는 옛 사찰이 있는데, 고을 앞에 있는 주구산(走狗山)이 이름대로 개가 달아나는 형국으로서 고을의 지기(地氣)가 빠지는 형세이기에 개의 입에 해당되는 위치에 절을 짓고 기운을 눌렀으니, 이는 개가 떡을 먹느라고 달아나지 못하게 하려는 뜻이었다. 이렇게 지리적인 동기와 기능을 목적으로 창건된 절을 비보사찰이라고 한다. 경남 함안의 동촌리 서촌이라는 자연마을에는 마을 앞까지 이르지 못하고 뚝 끊긴 좌청룡 산세의 자락에 연이어 숲이 조성되어 있는데, 이는 숲으로 산세를 이어 마을을 감싸게 하고 찬 북서풍을 막고자 조성한 인공림이다. 이러한 마을숲을 특히 비보림이라고 한다. 이상과 같은 비보적 지리관과 그에 의해 조성된 경관들은 명당 형국을 이루기 위해 지형지세의 풍수지리적인 결점을 인위적으로 보완한 사례로서, 신라말 도선의 비보사탑설을 원류로 하여 발전한 한국의 독특한 국토공간적 조영원리인 것이다.[1]

관악산을 노려보고 있는 광화문 앞 해태. 관악산의 화기(火氣)를 제압하기 위해 세운 수신(水神)으로서 한양의 비보적 조형물이다.

도선(道詵; 827~898)은 신라말의 사회적 전환기에 활동한 선승이자 한국의 전통적 공간이론인 풍수지리설의 시조로서 알려져 있다. 그의 국토사상 및 공간이론은 비보설(裨補說)로 요약되는데, 특히 그는 사탑이라는 불교적인 수단을 통해 지리적인 비보를 꾀하는 소위 비보사탑설(裨補寺塔說)을 창안해낸 인물이었다. 이 비보설은 고려조 오백여년을 걸쳐 풍미하였을 뿐만 아니라 조선조에까지 지리적 경관의 입지 및 배치 원리로서 큰 영향력을 미쳤다.

먼저 비보란 무엇이고 옛 문헌에서는 어떻게 말하고 있는지, 그리고 도선의 비보사탑설은 역사적으로 어떻게 기능하였는지 살펴보기로 하자. 『고려국사도선전』이라는 고려말의 문헌에서는 비보의 개념에 대해 다음과 같이 설명하고 있다.

사람이 만약 병이 들어 위급할 경우 곧장 혈맥을 찾아 침을 놓거나 뜸을 뜨면 곧 병이 낫는 것과 마찬가지로, 산천의 병도 역시 그러하니 절을 짓거나 불상을 세우거나 탑을 세우거나 부도를 세우면, 이것은 사람이 침을 놓거나 뜸을 뜨는 것과 같은지라, 이름하여 말하기를 비보(裨補)라고 한다.

위 인용문에서 우리는 우선 당시의 국토관(國土觀)을 추출할 수 있으니, 바로 국토를 인체와 같은 유기체적인 구조로 보고 있다는 사실이다. 그리고 비보론은 유기체로서의 국토의 병을 치유하고 건강을 유지하는 방편으로서의 의지법(醫地法)이기도 하였다. 이러한 사상은 오늘날 환경문제를 안고 있는 국토의 상황에 비추어 보아서도 매우 시사적이다. 홍

미롭게도 시·공간적인 배경은 다르지만 가이아(Gaia) 가설로 유명한 영국의 대기과학자인 제임스 러브록(James Lovelock)도 지의학이라는 유사한 발상을 하고 있다. 『가이아의 시대(The Ages of GAIA—A Biography of Our Living Earth)』라는 저서의 서문에서, 지구의 건강성에 관심을 두는 새로운 학문 분과로서 '지구의학(planetary medicine)'이 필요한데, 자기의 이론은 지의학의 기초가 되는 '지구 생리학(geophysiology)'이라는 것이다.[2]

그러면 위에서 말하는 산천의 병이란 무엇을 말하는 것인가? '산천의 병'을 달리 표현하자면 산천의 기운이 조화롭지 못함을 말한다. 그래서 비보한다는 것은 조화와 균형의 상태로 조정하는 것이다. 『백운산 내원산 사적』(1706)에는 '산천의 병'을 구체적으로 다음과 같이 말하고 있다.

> 뭇 산들이 서로 경쟁하듯이 험하고, 여러 하천들은 다투는 듯 콸콸거리고 흐르며, 마치 용과 호랑이가 서로 싸우는 것 같은 형세도 있고, 혹은 날짐승이 날아가고 길짐승이 달아나는 형세도 있으며, 혹은 (산의 맥이) 멀리 지나가 버려서 제어하기 어려운 것도 있는 반면에, 짤막짤막 끊어져서 이르지 못하는 것도 있다. 동쪽의 고을에 이로운 것 같으면 서쪽에 있는 마을에는 해가되고, 남쪽에 있는 고을에 길할 것 같으면 북쪽에 있는 마을에는 흉하니 비유컨대 질병이 많은 사람과 같다고 할 수 있다.

위와 같은 산천의 부조화와 그에 의해 생겨나는 인사(人事)의 난조(亂調)를 해결하기 위해 도선이 제시한 방법론이자 처방전이 산천의 혈맥에 절, 탑, 불상, 부도 등 불교적인 수단을 세워 치유하는 이른바 비보사탑설(寺塔裨補法)이었다. 요컨대 비보란 풍수적인 산천인식에 기초하여 파악된 문제점에 대한 인문적인 대응방식이었던 것이다.

도선의 비보사탑설

도선이 생존하던 신라 말기인 9세기 무렵의 사회는 정권의 말기적 현상으로 심각한 혼란에 빠져들고 있었다. 정권쟁탈로 인해 지배층은 반목·이반하였고, 백성들은 기근과 도탄에 빠져 전국 각지에서 민란이 일어나고 있었다. 지방호족들은 중앙귀족의 간섭과 통제를 벗어나 독자적인 기반을 가질 수 있는 변혁사상을 요청하였다. 도선은 변혁의 주체세력을 지원하여 귀족의 왕도중심주의를 극복할 수 있는 공간사상적 대안을 마련하는 것이 급선무였다. 여기서 그는 당면한 사회적 혼란과 분열, 백성들의 기근과 자연재해의 발생원인이 국토가 병들어 있기 때문이라고 주장했다. 그리고 이러한 산천의 병을 치유할 수 있는 방법은 지방 각지의 적절한 지점에 사탑을 설치하여야 한다는 것이었다. 당시의 지방 사찰들이 각 지방 호족이 중앙 귀족의 영향을 벗어나는 재정적이고 정치적인 기반이 되었음은 말할 나위도 없다.

아래의 인용문은 전남 화순의 운주사의 창건과 관련한 연기설인데, 화순이라는 주변부 지방에 천불과 천탑을 세우자는 논리는 당시의 경주 및 경주 외곽에 배치되었던 창사(創寺) 관행으로 비추어 획기적인 주장이라 할 수 있으니, 이러한 논리의 숨은 뜻은 위의 맥락에서 이해될 수 있는 것이다.

우리나라의 지형은 배가 가는 형상과 같다. 태백산과 금강산이 그 뱃머리이고, 월출산과 영주산이 배의 꼬리이며, 부안의 변산이 키이고, 영남의 지리산이 배의 노이며, 능주의 운주산이 배의 배(腹)이다. 배가 물에 뜨는 것은 물건이 있어 배의 머리와 꼬리, 그리고 등과 배를 눌러주기 때문이며, 키와 노가 있어서 가는 것을 통제하여야 표류하거나 가라앉는 것을 면하고 회항할 수가 있는 것이다. 이에 절과 탑을 세워 진정시키고 불상을 세워 눌러야 한다. 특히 운주산 아래 구불거리며 가다가 일어나는 곳은 천불 천탑을 따로 세

도선의 비보사탑설에 의거해 설치된 화순 운주사 비보탑

워 그 등과 배를 실하게 하여야 한다.

　이상과 같이 비보사탑설은 국토균형발전의 논리를 담고 있었기에 호
족세력에 의해 수용되어 전환기의 사회변혁사상으로 기능할 수 있었던
것이다. 이윽고 지방호족들에 의해 비보사찰이 각 고을에 들어서고 있
으니, 안동의 법흥사, 법림사, 임하사 등과 남원의 선원사, 대복사, 순천
의 향림사, 도선암, 화순의 운주사와 삼암사(광양 운암사·승주 선암사·
진주 용암사) 등은 대표적인 고을의 비보사찰이라고 할 수 있다. 이윽고
도선의 비보사탑설은 송악의 호족인 왕건에게 수용되어 고려라는 나라
와 시대를 여는 논리로 뒷받침되었고, 고려 태조 왕건은 그것을 국토재
계획안으로 채택하여 국토운영의 원리로 실천되기에 이르렀으니 수도
인 개경에는 물론이고 지방사찰들의 전국적인 재편을 이루어나갔던 것
이다.

비보론의 확산·발전

　이러한 도선의 비보사탑설은 불교의 탄압과 함께 조선조에 들어서 쇠미하게 되나 그의 비보사상은 오히려 더욱 확산되고 다양한 양식으로 발전하였다. 수도 한양뿐만 아니라 고을과 마을 곳곳에서 각 조건에 알맞은 비보법이 시행되고 있는 것이다. 비보형태의 사적(史的) 전개과정을 살펴본다면, 고려조의 산천과 국도비보를 위한 사탑 및 장생표의 설치에서 비롯하여 신종(神宗) 원년(1197)에 산천비보도감(山川裨補都監)이라는 국책지리기관의 설치에 따른 조산(造山) 비보, 축돈(築墩) 비보 등이 시행되며, 조선조에 이르면 고을과 마을에서도 광범위하게 비보가 이루어지게 되어 비보형태도 숲비보, 못비보, 장승비보 등이 더해지게 된다. 특히 조선시기에는 마을의 민속신앙과 비보설이 결합하는데, 그 과정에서 장승·솟대, 성석, 숲, 당목, 돌탑 등이 비보풍수설과 복합하여 마을비보의 기능을 담당하게 되는 것이다.

　비보론을 유형별로 분류하자면 대상지별로는 산천(國域)비보, 왕도(國都)비보, 고을비보, 마을비보 등으로 나눌 수 있고, 비보물의 형태별로는 사탑비보, 숲비보, 조산비보, 장승비보, 못비보 등으로 구분할 수 있다. 특히 조산비보는 한국의 대표적인 비보형태라 할 만한데 그것은 지세가 공허할 경우 이를 보완하기 위해 흙둔덕이나 돌무지 혹은 숲 등으로 산세의 역할을 대신하게 하는 방법으로, 오늘날에도 많은 고을과 마을에서 숱하게 발견되고 있다. 그밖에도 기능별로는 수구막이, 보허(補虛), 화재방어, 수해방어, 흉상압승(凶像壓勝) 등으로 세분할 수 있다.

　조선조 한양에도 여러 비보적인 방책을 시행하였다. 궁궐 주위의 산에 지기와 지맥을 보전하고 북돋기 위해서 소나무를 심어 가꾸는 한편 금산(禁山)정책을 취했으니 비보기능의 그린벨트라고 할 만하며, 삼각산으로부터 백악에 이르는 지맥의 중요한 지점인 현 북악터널에 보토소(補土所)를 두고 총융청이라는 담당 관청에서 국가적으로 관리하였으며,

도읍의 지기(地氣)가 빠져나가는 곳인 청계천 수구(水口) 부위에는 양쪽으로는 가산(假山)을 조성함으로써 기를 모으고자 의도하였다. 또한 관악산의 화기를 다스리기 위해서 해태뿐만 아니라 남대문 앞에 남지라는 못을 파기도 하였다.

비보론의 형식과 원리로는 오행적 상생상극론, 풍수적 형국론과 수구론 등을 들 수 있다. 오행론으로서는, 예컨대 마을 앞에 화기(火氣)를 띤 산이 있을 경우 마을 앞에 못을 조성하였으니 이는 오행의 수극화(水克火) 원리로 설명될 수 있다. 형국비보의 사례로는 경북 선산을 들 수 있겠는데, 선산의 경우 고을의 진산이 비봉산(飛鳳山)으로서 봉황은 알을 품는 형세가 되어야 명당 형국을 이룰 수 있다 하여 인위적으로 다섯 개의 봉황알을 상징하는 흙무지를 조성하였던 것이다. 그리고 수구비보가 있으니, 수구란 마을 가장자리로 둘러 흐르는 물이 마을 어귀에 합수되는 지점으로서 수구부위는 잠기어야 마을의 지기가 빠져나가지 못하는데 이런 지형조건을 갖추지 못한 마을의 경우 숲이나 돌탑 혹은 장승 등의 신앙물을 통하여 수구막이를 하였다.

한편 중국의 경우도 비보 원리나 기능 및 방법에 있어 우리와 대동소이하다. 촌락에서 이상적이지 못한 터를 보완하는 방법으로서 물을 끌어들인다거나(引水), 나무를 심어서 배후(背後)에 있는 산을 보(補)하고 있는 것이다.[3] 다만 중국은 물을 끌어들이는 데 치중하는 반면, 한국은 조산비보와 같이 산에 강조점을 두고 있는 점, 그리고 형국비보가 다수 이루어지고 있다는 점이 다르다.

'찾는' 명당론에서 '가꾸는' 비보론으로

이상과 같이 도선의 지리비보론을 개략적으로 살폈지만 그것의 사상적 본질은 '자연가치와 인문가치의 상생적(相生的)인 결합'으로 요약할 수 있겠다. 이제 도선비보론 전후의 지리사상의 발전과정을 통해 비보론의 위상과 의의를 살펴보기로 하자. 기왕의 지리론은 명당이 어딘지를 정하는 논리로서 이는 자연가치를 인간사에 적극 도입하고자 한 택지론이었다. 그런데 도선은 기존의 자연가치에 인문가치를 더함으로써 자연과의 상생관계를 맺는 한 단계 고양된 차원으로 발전시켰다.

이렇듯 거주최적지를 '찾는' 명당론은 주거최적지로 '가꾸는' 비보론으로 발전되었다. 더불어 국(局)의 중심지를 선정하였던 기왕의 입지론은 국(局) 전체의 산천지리적 균형과 조화를 꾀하는 구조적 배치론으로 발전하였다. 지인관계(地人關係)에 있어서도 기존의 자연가치에 의존하여 지덕(地德)을 입고자 한 자연의존적인 경향은 비보론에 와서 인문가치의 중시와 공간 조영주체로서의 인간에 강조점을 둔 논리로 발전되었다.

도선의 비보론은, 주어진 지리적 조건의 문제점을 능동적으로 보정·보완할 수 있는 주체로서의 인간과 그의 인문적 능력에 중점을 두었으니 이는 분명 한국 전통지리사상의 새로운 패러다임이었던 것이다.

주)

1) 도선의 비보론에 관해서는 拙稿 「도선풍수의 본질에 관한 몇 가지 논구」(≪응용지리≫, 1994)와 「나말려초의 비보사탑 연구」(≪구산논집≫, 1998) 참고.
2) 제임스 러브록 지음·홍욱희 옮김. 1992, 『가이아의 시대』, 범양사 출판부, 25-26쪽.
3) 何 曉昕 著, 宮崎順子 譯. 1995, 『風水探源－中國風水の歷史と實際』, 人文書院, pp.121-133.

清潭 李重煥

이중환의 택리지

권정화(경북대학교 지리교육과 교수)

구약성서에 보면 아담과 하와가 선악과를 따먹는 이야기가 나온다. 죄를 지은 두 사람은 숲에 몸을 숨기는데, 이를 알고 신은 이렇게 부른다. 아담아, 어디 있느냐? 이 질문은 바로 어떤 짓을 하였느냐는 의미가 된다. 이 이야기는 어디에 사느냐가 어떻게 살아갈 것인지와 밀접히 관련되어 있음을 보여주는 대목이다. 여기서 삶의 의미가 사회적 성격을 지니게 된다면, 장소에 대한 관심은 보다 더 구체적이 될 수밖에 없다. 그래서 사회와 지리는 인류 문명의 시작과 더불어 불가분의 관계를 맺어왔다. 그러나 이에 대한 논의가 체계화된 것은 비교적 최근의 일이며, 따라서 고전 문헌에서 이를 찾아보기란 쉽지 않다. 우리가 21세기를 목전에 둔 지금 이중환(李重煥)을 다시 보고자 하는 것은 사회와 지리의 관계에 대한 논의를 주체적으로 설정하기 위한 시도이며, 단지 과거의 전통적 국토관을 이해하기 위해서만은 아니다.

좌절의 생애 끝에 저술된 역작 『택리지』

청담 이중환(淸潭 李重煥)은 1690년(숙종 16년) 당대의 명문인 여주 이씨 집안에서 출생하였다. 5대조가 병조판서를 역임한 이래 고조부, 조부 모두 관직에 진출하였고, 아버지 이진휴도 도승지, 예조참판 등을 역임한 가문이었다. 처가 역시 장인 목임일(睦林一)을 비롯하여 직계 4대가 모두 문과에 급제한 명문이었다. 또한 성호 이익과는 가까운 친척간(재종손)이면서, 연령 차이도 그다지 많지 않아 성호의 학풍에 상당한 영향을 받았을 것으로 짐작된다. 이처럼 이중환은 당시 사회에서 누릴 수 있는 최상의 여건 속에서 성장하여, 24세 되던 해(1713년)에 증광시의 병과에 급제하면서 공직에 진출하였고, 이후 비교적 순탄한 관직 생활을 하였다. 그러나 이중환이 34세 되던 해에 엄청난 시련이 닥쳐왔으며, 이후 그의 인생 행로는 완전히 바뀌게 된다. 병조 정랑으로 있던 1723년(경종 3년), 그는 목호룡 사건, 즉 신임사화의 주범이라는 혐의를 받고 체포되었다. 그는 혐의를 완강히 부인하였고, 노론측에서도 결정적인 증거를 제시하지 못하여, 결국 사형은 면하게 되고 1726년 12월 외딴 섬으로 귀양가게 되었다. 1727년(영조 3년) 소론이 다시 집권하면서 10월 유배지에서 풀려나지만, 그해 12월 사헌부의 탄핵을 받아 다시 먼 지역으로 유배되는 신세가 되고, 자신의 사건에 연루된 처남은 결국 사형을 당하고 말았다. 그의 나이 38세 되던 해였다. 이상이 그에 관한 공식 기록의 전부이다.

그후 1756년 타계할 때까지의 삶에 대해서는 상세히 알려진 바 없다. 비교적 좋은 환경에서 순탄하게 성장하였던 이중환은 30대의 꿈많은 시절에 크나큰 좌절과 고통을 당하면서 엄청난 분노를 느꼈을 것이다. 이중환의 생애를 생각함에 있어 우리는 그에게 가해졌던 고통과 좌절의 깊이를 고려해야만 그 생애 마지막 순간에 저술된 『택리지(擇里志)』를 올바르게 이해할 수 있을 것이다.

그가 남긴 유일한 저작 『택리지』는 1751년(62세) 첫여름 상순에 탈고되었으니, 사망하기 다섯 해 전쯤 된다. 이 글 속에 담긴 이중환의 해박한 지리적 지식은 그의 성장과정, 관직 경력, 유배 생활, 그후의 방랑 생활을 통하여 축적된 것이다. 따라서 이 책이 그에게는 자서전과도 같다고 하겠다. 그의 고향인 공주(장기면)는 삼남대로상의 교통의 요지로서 한양, 내포, 전주, 청주 방면의 육로와 금강수로가 만나는 결절지로서, 충청감영이 입지하여 있던 도회였다. 그는 이곳에서의 성장 과정에서 서남부 지방의 지리적 정보에 접할 수 있었을 것이다. 일찍이 소년 시절 부친을 따라 강릉까지 여행하면서 여러 지방의 견문을 넓힐 수 있었다. 문과 급제 후에는 경상 우도와 충청도 동남부 지역의 교통로가 수렴되는 교통, 상업의 요지였던 김천역의 김천도 찰방을 지냈는데, 여기서 인근 지역의 주요한 정보를 접했던 것으로 보인다. 유배 생활과 그 후의 방랑 생활을 통하여 전국 각지의 산천과 풍물에 접할 수 있었기에 그의 지리적 안목은 경험을 통하여 축적된 귀중한 지식이었다. 그러나 전라도와 평안도는 가 보지 못하여 간접적으로 정보에 접하였다고 한다. 그가 『택리지』를 탈고한 팔괘정이 강경 부근에 있다는 점을 생각해 본다면, 공주시 장기면에서 그다지 멀지 않은 곳이어서 아마도 배 타고 금강을 따라 내려와 강경에서 머물렀던 것으로 보인다. 당시 강경은 상업, 교통의 요지로서 충청도와 전라도의 접경지역이었으므로 전라도에 관한 정보는 바로 이곳 장터와 객주집에서 접하였을 것이다.

사대부가 살 만한 곳을 찾아서

그렇다면 이중환은 무엇 때문에 30년 세월을 방랑하였던가? '택리지'라는 책제목이 말하듯이 사대부가 진정 살 만한 곳(可居地)을 찾아 헤매었던 것이다. 즉 몰락한 사대부로서 유토피아를 찾고자 한 것이다. 지금까지 『택리지』는 조선시대 최고의 인문 지리서로서 높은 평가를 받아왔다. 단순한 항목 나열의 재래식 지지 기술을 넘어선 체계적인 입지론으로서 격찬을 받아왔다. 그러나 실학파 지리학자들의 관심이 왜 입지론이란 형식으로 나타난 것일까? 서구에서의 입지론이 공업을 중심으로 이론 체계가 정립된 반면에, 택리지는 촌락의 입지 이론이다. 이를 이해하기 위해서는 조선시대 사대부의 의식 구조를 이해해야 하며, 특히 몰락한 사대부들의 이데올로기로서 『택리지』가 차지한 위상을 읽어야 한다. 권력에서 소외된 남인이라 할지라도 영남의 사대부들은 동족 촌락과 주위 토지를 기반으로 사회 경제적으로 독자적인 세력권을 형성하고 있었다. 이에 비해 같은 남인이면서도 대부분의 실학자들은 서울 인근 출신들로서, 이들은 토지를 배경으로 하여 자신들의 근거지를 확보할수 없었다. 따라서 이들은 낙향하여 자신들의 영역을 형성할 수 있는 동족 촌락의 입지에 관심을 기울이게 되었다. 『택리지』의 사실상 본론은 후반부인 복거 총론으로서, 복거란 사대부들이 자신들의 거주관에 적합한 곳을 찾아 새로운 집을 꾸리는 것이다.

문화생태학적 국토인식에서 출발

이중환의 복거관을 논의하기에 앞서 먼저 그의 국토 인식부터 고찰하는 것이 순서일 것이며, 『택리지』의 전반부 역시 팔도총론으로 구성되어 있다. 서구 유토피아 사상의 경우, 서양의 지리관을 반영하여 이상향을 기하학적 도형 위에 설계된 평면 공간으로 인식하는 경향이 강하다. 이에 비해, 이중환의 가거지는 우리 국토를 지형의 기복이 있고 기후가 다른 자연 지역 위에 존재하는 역사적 공간으로 보고 있다. 이중환은 각 지방이 지닌 개성과 질을 중요시하였으므로 결코 모든 지방을 하나의 획일적인 틀에 맞추려 하지 않았다. 그는 팔도총론에서 평안도부터 시작하여 함경도, 황해도, 강원도, 경상도, 전라도, 충청도, 경기도 등 순으로 국토를 고찰하고 있어, 이 역시 그의 안목을 보여주고 있다. 크게는 도별 행정 구역을 따르고 있으나, 도내에서는 풍속이 같을 경우 여러 개의 군현을 합쳐서 서술하는 등, 기존의 행정구역 중심 사고에서 탈피하여 생활권 중심의 등질 지역 개념을 제시하고 있다.

국토를 생활권 단위로서 지역 구분할 때 가장 중요한 지표로서 생각

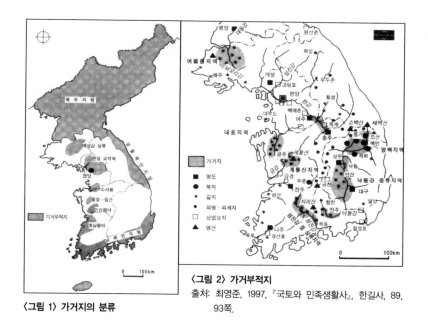

〈그림 1〉 가거지의 분류

〈그림 2〉 가거부적지

출처: 최영준, 1997, 『국토와 민족생활사』, 한길사, 89, 93쪽.

한 것이 바로 산줄기였다. 각 지역들은 하천을 통해 동일한 생활권으로 연결되지만 분수령이 되는 산줄기들은 이 하천 유역권을 구분짓는 경계 선이 되기 때문이다. 이중환은 백두대간이라는 용어를 사용하지는 않았 지만, 산줄기를 중심으로 우리 국토를 체계적으로 파악하였다. 이미 고 려 말의 문헌에서부터 우리 국토의 산줄기들을 백두산에서 기원하는 것 으로서 인식하고 있었지만, 국토 전체의 산줄기들의 배열을 체계적으로 파악한 것은 이중환에 이르러서부터일 것이다. 그후의 저작들과는 다소 차이가 나지만, 그는 『산경표(山經表)』와 유사한 산지 분류 체계를 제시 하였다. 그는 산들을 일일이 열거하거나 산줄기들의 이름을 붙이지는 않았지만, 산경표의 임진북예성남 정맥을 제외한 1대간 1정간 12정맥을 분명히 제시하였다. 그런데 이러한 산줄기들을 문화권 단위의 지역 경 계로 인정할 때 논란이 되는 부분들이 있다. 해서정맥의 경우 산경표에서는 장산곶에서 끝나는 것으로 제시되어 있는데, 이는 대동강과 재령 강 중심의 수계를 구분짓는 선으로서나, 실제 산지 배열을 표현하는 선으로서도 부적절하다. 그런데 이중환은 바로 이 해서정맥을 구월산으로 연결시켜 파악하고 있다. 그는 산경표의 낙남 정맥을 희미하게 암시만 할 뿐인 데 비하여, 호남 정맥은 기맥을 상세히 설명하여, 산경표에서는 제외시킨 무등산 - 월출산 구간을 포함시켜 광양의 백운산으로 연결하여 제시하고 있다. 금북정맥의 경우도 태안과 서산으로 이어지는 선뿐만 아니라, 임천과 한산으로 이어지는 부분을 언급하여 금강 유역권을 뚜 렷하게 부각시키고 있다. 산줄기들을 이처럼 인식한 바탕 위에서 그는 지역의 경제활동, 역사와 문화를 고찰하였다. 예컨대 민속이 거의 같은 내포 동쪽의 7읍들의 경우 금북정맥 이북에 해당하며, 풍속이 대체로 같다고 한 재령강 유역의 8읍들은 바로 해서정맥 이북으로서, 생활양식 이 동일한 등질 지역을 구분짓는 선이 바로 산줄기임을 보여주는 대표 적인 사례이다.

이중환이 산줄기나 하천을 중심으로 국토를 파악한 것은 전통 사회의 생활양식이란 바로 자연과의 조화 속에서 형성된 것으로, 자연 지역과 문화 지역이 서로 깊은 관련성을 지닐 때가 많기 때문이었다. 여기에 주목한다면 이중환이 국토 편력을 통하여 여러 지방의 경관 변화를 관 찰하면서 우리 고전에서는 보기 힘든 문화생태학적 사고를 보여주었다 는 점이 결코 우연이라고 할 수는 없을 것이다. 이중환 역시 풍수적 사 고에서 자유로운 것은 아니었으나, 이에서 나아가 인위적인 환경 파괴 와 이로 인한 지형 변화 과정에 대한 관찰을 통하여 자연 재해의 원인 을 분석, 파악하였다. 그는 전국적인 인구 증가에 따른 경지 확장과 이 로 인한 산지의 황폐화를 주목하여, 임상의 파괴로 인하여 발생하는 토 양 침식이 하천에 미치는 영향을 관찰하였다. 황폐된 임야에서는 토양 침식이 왕성하게 일어나고, 이 토양은 강을 타고 하류로 운반되어 하상 에 퇴적되기 때문에 강의 수심이 얕아지게 된다고 추론하였다. 이로 인하여 한강 하구로부터 마포, 용산에 이르는 수로가 토사로 매몰되어 수심이 얕아지고 결국은 조수가 미치지 못하므로 선박의 통행에 막대한 지장을 초래하고 있음을 지적하였다. 여행과 답사의 차이가 어디 있을까? 아마도 한 지역에 대한 주관적 인상과 객관적 관찰의 차이일 것이다. 이 점에서 이중환은 다른 문헌에서는 보기 힘든 생태학적 관찰을 기록으로 남겼으며, 우리는 대지에 뿌리내린 그의 국토 인식을 신뢰하게 된다.

이러한 국토 인식의 바탕 위에서 그는 이상적인 가거지의 요건으로 지리(地理), 생리(生利), 인심(人心), 산수(山水)를 들었다. 여기서 지리란 풍수에서 말하는 양택(陽宅)으로서, 그는 수구(水口), 야세(野勢), 산형(山形), 토색(土色), 수리(水理), 조산조수(朝山朝水)의 조건을 제시한다. 생리와 인심은 경제적, 사회적 입지 조건을 뜻한다. 그는 자연적 조건인 산수를 논의하면서, 사회가 혼란할 때 사대부가 숨어 살 만한 곳을 피세지(避世地), 난을 피할 수 있는 곳을 피병지(避兵地), 평시나 전란시에 다같이 살 만한 곳을 복지(福地), 길지(吉地) 또는 덕지(德地)로 구분하여 제시하였다. 그렇지만 가거지 가운데 가장 좋은 곳을 계거(溪居)라 하고 강거(江居)를 그 다음으로 보았으며, 해거(海居)는 가장 환경이 열악한 곳으로 평가하였다. 이중환이 이렇게 계거를 사대부들의 거주지로서 가장 적합하다고 본 것은 자족적 농업 사회의 성격을 반영한 것일 뿐 아니라, 유교 문화의 자연관을 표현한 것이다. 시냇가에 주거를 마련한다면 우선, 사대부들이 유교문화에서 요구하는 예의(관혼상제)를 유지할 수 있는 적당한 규모의 경지, 즉 경제적 기반을 지닌 중소지주가 될 수 있기 때문이다. 또한 시냇물이 흐르는 깊은 골짜기의 조용하고 아름다운 자연환경은 자연과 일체되어 스스로를 완성하려는 사대부들에게 학문과 수양의 장소가 될 수 있었다. 그러나 계거는 지형적으로 범위가 넓지 않기 때문에 촌락의 입지로는 적당하나 도회가 발달할 만한 곳은 아니었다. 반면에 강거는 들이 넓게 열리고 하천을 이용한 수운이 편리하며 많은 도로들이 결절하므로 교역이 발달하게 된다. 그러므로 강거는 각종 물산이 집산하는 도회를 이루는 경우가 많다. 평양, 충주 등의 명도(明都)는 대부분 강을 끼고 발달하였으며, 강경, 송파 등 주요 상업 취락들 역시 강변에 입지하였다. 이중환의 관심이 전통적인 사대부들의 가거지를 추구하는 것이었다면, 강거에 대해서 더 이상 고려할 필요가 없었으리라.

'이상향 찾기'에서 '이상향 만들기'로

그러나 그가 이상으로 삼았던 사대부 사회가 도저히 구제불능일 정도로 타락하여 있다는 사실을 알게 되면서, 전국 어디를 돌아보아도 살 만한 곳이 없다는 사실을 깨닫게 되었다. 복거총론의 인심조는 조선 시대의 당쟁의 역사를 구체적으로 정리한 소중한 사료로서, 이조전랑(吏曹銓郎)의 자천제(自薦制)를 당쟁의 핵심으로 파악한 그의 탁견은 지금도 역사가들에게 높이 평가받고 있다. 살 만한 곳을 찾아 오랜 세월을 헤맨 결과 살 만한 곳이 없다는 결론에 도달하였다면 절망적인 상황이었을 것이다. 이러한 상황에서 서구인들은 조상들이 건설하였던 고향을 포기하고, 다시 새로운 유토피아를 찾아 나선다. 우리는 그러한 예를 모세와 유대인의 엑소더스, 게르만족의 대이동, 아메리카 이주와 식민지 개척 등 역사상 대사건에서 많이 보아왔으며, 그러한 서양인들의 유랑벽은 지금도 계속되고 있다. 그러나 이제 그에게는 또 다른 세계의 모습이 보이기 시작하였다. 그것은 사대부가 아닌 다른 삶, 살아 움직이는 장터나 비린내나는 포구 등의 풍경과 서민들의 모습이었다. 다음 구절은 이러한 의식의 변화를 잘 보여주고 있다.

오히려 사대부가 살지 않는 곳을 가려서 두문불출하며, 홀로 그 몸을 닦아 착하게 살면 비록 농부가 되거나 공장(工匠)이 되거나 장사꾼이 되더라도 즐

거움이 그 안에 있을 것이니, 인심이 좋으냐 나쁘냐를 논할 필요도 없다.
(『택리지』 복거총론 인심조).

그러기에 『택리지』는 사민총론으로부터 시작한다. 지리서의 서두가
사회집단에 대한 논의라는 것이 다소 의외라는 생각을 품을 수도 있을
것이다. 네덜란드 사회지리학자 반 파센에 따르면, 인간에 관한 학문은
실존적 문제에서 기원한다. 인간 존재의 질서가 더 이상 자명하지 않게
되면서부터, 인간은 고민하고 회의하기 시작하며, 그 질서에 대항하여
변화시키고자 시도하게 된다. 즉, 자신의 삶에 대한 회의로부터 타인의
삶에 대한 관심으로 전환하면서 자기와는 다른 지역 사람들이나 다른
시대 사람들의 삶에 대해 탐구하게 되고, 여기서 지리와 역사가 시작된
다. 반 파센은 고대 그리스 문명을 연구하면서 헤로도토스로의 저작으
로부터 이러한 관점을 포착해내었다. 이러한 시각에서 이중환의 저술
의도를 이해할 수 있지 않을까?
　이제 이중환은 사농공상(士農工商)의 구분이란 단지 직업상의 차이일
뿐이라고 하면서, 사민평등의 사상을 제시한다. 서양의 유토피아 사상
역시 만인이 평등한 사회라는 점에서는 유사하다. 그렇지만 이중환은
사대부로서의 삶이 아닌 농민과 상공인들의 삶에도 관심을 갖게 되면서
강거와 해거 등 다양한 성격의 가거지도 고찰하게 되었다. 이러한 배경
에서 그는 복거의 조건 가운데에서도 생리를 강조하여 토지 비옥도의
지역적 차이와 더불어 상업·교통 중심지에 대해서도 관심을 기울이게
되었다. 이제 이중환은, 이상향의 절대적 조건만을 좇기보다는, 다양한
삶의 방식에 따라 다양한 가거지가 존재할 수 있다는 인식에 도달한 것
이다. 그렇다면 이상향의 조건에 꼭 부합되는 장소가 존재하지 않는다
할지라도 그 조건들 가운데 일부가 갖춰진 곳을 선정하여 인간 스스로
노력하면 살기 좋은 곳이 될 수 있다는 낙관론도 도출될 수 있을 것이
며, 이러한 점에서 이중환의 이상향 추구는 결코 현실 도피가 아니라,

오히려 강한 현실 개혁의 의지라고 할 수 있다. 만약 우리 삶에 진리가 존재한다면 그것은 오직 역설의 진리가 아닐까? 이 책에 대한 서문과 발문들의 상반된 견해들, 그리고 글 곳곳에서 나타는 모순된 구절들은 이렇게 결론지을 수 있을 듯하다.

　이제 마지막 역설을 덧붙이자. 구한말 일본은 이 책을 통하여 한국 지리를 파악하였으니, 1881년에 일본에서 번역 출판되었고, 그 3년 후 이 일역본을 청나라에서 한문으로 중역 출판하였다. 당시 우리는 무엇을 하고 있었던가? 새삼 《대동여지도》의 운명이 뇌리에 스친다.

참고문헌

金德鉉. 1991, 「유교적 촌락 경관의 이해」, 한국문화역사지리학회 편, 『한국의 전통 지리사상』, 민음사.
盧道陽. 1963, 「팔역지 가거지 해설」, ≪지리학≫ 제1호.
李翼成 譯. 1971, 『택리지』, 을유문화사.
李燦. 1982, 「택리지에 대한 지리학적 고찰」, ≪애산학보≫ 제3호.
鄭杜熙. 1988, 「이중환」, ≪한국사 시민강좌≫, 제3집.
崔永俊. 1990, 「택리지: 한국적 인문지리서」, ≪진단학보≫ 69.

農圃子 鄭尙驥

정상기의 동국지도

오상학(규장각 특별연구원)

때는 바야흐로 1757년, 영조가 즉위한 지 33년이 되던 해였다. 궁중의 전적(典籍)을 관리하던 기관인 홍문관의 수찬(修撰) 홍양한은 임금 앞에 나아가 말하기를, "정항령(정상기의 아들)의 집에 동국지도가 있는데, 신이 빌려다 보니 산천과 도로가 섬세하게 다 갖추어져 있었습니다. 또 백리척(百里尺)으로 재어 보니 틀림없이 착착 맞았습니다" 하니, 임금이 승지에게 명해 가져오게 하여 손수 펴 보고 칭찬하기를, "내 칠십의 나이에 백리척은 처음 보았다" 하고, 홍문관에 한 본을 모사(模寫)해 들이라고 명하였다.

정상기(鄭尙驥)가 제작한 《동국지도(東國地圖)》가 조정에 알려지게 되는 순간을 조선왕조실록에서는 위와 같이 기술하고 있다. 조선 후기 현군이었던 영조마저 감탄해버린 《동국지도》. 그러나 지금은 김정호가 제작한 《대동여지도》의 그늘에 가려 우리의 뇌리에 희미하다. 김정호의 인생역정과 《대동여지도》얽힌 비장한 사연은 100여 년 앞서 존재했던 탁월한 지도제작자 정상기와 그의 역작 《동국지도》를 무색하게 했던 것이다. 그럼에도 《동국지도》가 조선 후기 지도제작에 미친 영향은 《대동여지도》를 능가할지 모른다. 어쩌면 《대동여지도》는 《동국지도》가 없었다면 태어나지도 못했을 것이다. 21세기를 앞둔 지금, 정상기와 그의 지도를 재조명하는 작업은 굴절된 조선지도사를 바로잡는 과정이기도 하며 더 나아가 선조들의 국토에 대한 관심과 애착의 한 편린을 읽는 작업이기도 하다.

정상기의 생애와 학문

조선 후기의 실학자인 정상기는 1678년(숙종 4)에 출생하여 1752년(영조 28)에 75세의 나이로 생을 마감했다. 자는 여일(汝逸)이고 호는 농포자(農圃子)이다. 그의 9세조는 조선전기 유명한 학자로 영의정까지 지냈던 하동부원군 정인지(鄭麟趾)라고 하니 소위 뼈대있는 양반가문 출신이다. 그러나 어려서 아버지를 여읜 탓에 가세가 기울어 경제적으로는 그다지 넉넉한 편이 아니었다. 성장해서는 여러 번 과거에 응시했으나 실패하였고, 또한 몸이 병약하여 일찍 벼슬을 포기하고 가업을 계승하면서 학문에 전념했다.

정상기의 부인은 여흥 이씨 함경도 도사(都事) 이만휴(李萬休)의 딸로서 남편보다 18년 앞서 세상을 떴다. 이만휴의 부친인 현감 이식(李湜)은 성호(星湖) 이익(李瀷)의 종조부이기 때문에 정상기와 이익은 인척간이 되어 교분을 맺게 된다. 이익은 근기(近畿) 남인 계열의 대학자로서 경세치용(經世致用)을 강조하는 실학파의 태두인 점을 감안할 때 정상기의 학문도 이익과의 교류를 통해 성숙될 수 있었음은 쉽게 짐작해볼 수 있다. 특히 이익은 정상기뿐만 아니라 정상기 부친의 묘지명(墓地銘)까지 써줄 정도로 인간적으로도 교분이 두터웠다.

정상기는 슬하에 희천(希天), 태령(泰齡), 항령(恒齡), 태령(台齡) 등 4명의 아들을 두었는데, 이 중 희천은 어려서 죽었고 태령도 35세의 나이로 요절했다. 항령(1710~1770)은 영조 11년(1735) 진사 장원을 한 후 벼슬길에 오르게 된다. 정상기는 아들 항령으로 인해 말년에 중추부첨지(中樞府僉知)의 벼슬을 제수받기도 하였다. 항령의 아들 원림(1731~

1800)은 통정대부 돈녕부도정(敦寧府都正)이란 벼슬을 역임했는데, 정조 때 추천되어 여지승람 편찬을 담당하였다. 원림(元霖)의 조카 수영(遂榮)은 어려서부터 시문과 서화에 뛰어나 많은 그림을 남기기도 했던 인물이다. 이들 항령, 원림, 수영의 세 후손은 정상기의 《동국지도》를 수정, 교보하는 데 중요한 역할을 담당하였다. 그리하여 조선시대에는 드물게 대를 이어 지도제작에 전념했던 명가(名家)로 역사에 이름을 남기게 된 것이다.

정상기의 학문은 반드시 옛 사람으로부터 시작하였으며 많은 서적들을 두루 섭렵하여 다방면으로 풍부한 지식을 쌓았다. 그리고 중년 이후로는 두문불출 저술에만 몰두하여 『농포문답(農圃問答)』, 『인자비감(人子備鑑)』, 『심의설(深衣說)』, 『도검편(韜鈐篇)』, 『향거요람(鄕居要覽)』, 『치군요람(治郡要覽)』 등의 많은 저작을 남겼으나 『농포문답』을 제외하고는 현전하지 않는다. 그는 항상 말하기를, "선비가 비록 궁박하게 집에 있어도 뜻은 항상 나라를 구제하는 데 있어야 한다. 무릇 치민(治民), 치병(治兵), 산천(山川), 관방(關防), 재부(財賦), 성곽(城郭), 거갑(車甲), 기계(器械), 행진(行陣), 의약(醫藥), 잠적(蠶績), 경농(耕農), 일용의 도구들은 진실로 사람들에게 보탬이 되는 것이니 깊이 헤아려야 한다"고 하였는데, 스스로 농포자(農圃子)라는 호까지 지어 시골에 거주하면서 농사를 짓기도 했다.

이처럼 그의 학문은 공리공론의 형이상학을 추구하는 주자성리학에 경도되지 않고 경세치용의 실용적인 성격을 띠고 있었다. 과거를 통해 중앙 관직으로 진출하기보다는 향촌에 거주하면서 실지 체험을 통해 현실문제를 진단하고 이를 해결하는 방책을 모색했던 것이다. 특히 그는 국방을 중시하여 『도검편』과 같은 군사관계의 전문서적을 저술하기도 했는데 『농포문답』에서도 국방관련 항목이 상당 부분을 차지하고 있다. 당시의 국방은 지형지세를 활용하여 성곽을 축성하고 고갯길을 방비하는 것이기 때문에 산천지리를 파악하는 것이 기초가 되었다. 이러한 현실적 필요는 그를 지도제작에 몰두하게 했고, 결국 《동국지도》라는 역작으로 결실을 보게 된 것이다.

동국지도의 제작 배경

이전 시대의 지도들이 많은 결함들을 갖고 있어서 지도로서의 역할을 제대로 못하는 것을 안타깝게 여긴 정상기는 이를 극복한 보다 정확한 지도를 만들려는 의도를 지니고 지도제작에 임하게 된다. 당시 사회에서 통용되던 지도들은 대부분 지면(紙面)의 모양에 따라서 만들어졌기 때문에 거리나 방위들이 정확하지 못했다.

이들 지도의 대표적인 것이 『동국여지승람(東國輿地勝覽)』에 삽입된 일명 〈동람도(東覽圖)〉라는 지도인데, 이 지도는 조선전기 활발했던 관찬지도제작의 성과가 반영된 것이다. 그러나 『동국여지승람』 판본의 가로와 세로의 비율에 맞도록 지도의 형태를 조정했기 때문에 팔도총도(八道總圖)의 모습은 남북으로 압축된 형태로 나타나고 있고, 각 도별도(道別圖) 역시 판본의 규격에 맞도록 지도의 형태를 조정하고 있어서 축척도 일정하지 못한 결점을 지니고 있었다. 또한 〈동람도〉가 행정·군사적 용도에서보다는 『동국여지승람』의 부도(附圖)로서 만들어졌기 때문에 지도에 담고 있는 내용도 매우 소략하다.

정상기는 말년에 《동국지도》의 제작에 몰두하였는데, 구체적인 제작경위는 기록이 없어서 파악하기가 어렵다. 그러나 지도제작은 회화와 같은 예술작품과는 달리 개인의 독창성에 의해 이루어지지 않고 역사적·사회적으로 축적된 이전의 성과들을 기초로 할 수밖에 없는 점을 고려한다면 지도제작 당시의 사회적 배경을 통해 실마리를 찾을 수 있을 것이다. 왜곡된 윤곽을 지니고 있는 〈동람도〉 유형의 지도에서 국토의 모습을 실제에 가깝게 묘사한 정상기의 《동국지도》를 바로 연결시키기에는 중간의 공백이 너무 크기 때문이다.

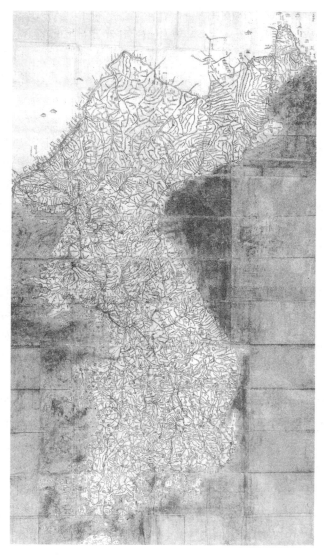

〈그림 1〉 정상기의 동국대전도
사본으로 규격은 가로 140㎝, 세로 253㎝. 개인 소장.

사실, 임진왜란·병자호란 이후 17세기경 국가적 사업으로서의 지도 제작에 관한 기록은 별로 없고, 현존하는 당시 지도도 많지 않다. 따라서 이 시기를 지도제작의 정체기로 볼 수도 있는데, 그렇게 되면 정상기의 《동국지도》가 탄생된 것을 설명할 수 없다. 이와는 반대로 정상기의 지도가 제작되었던 시기는 오히려 왜란과 호란을 겪으면서 군사적·행정적 차원에서의 지도제작이 더욱 요구되는 상황이라고 볼 수 있다. 사회·경제적으로도 전쟁 후의 복구사업에 총력을 기울여 양안(量案)의 정리와 호적(戶籍)의 정비가 국가적 차원에서 행해졌고, 농업생산력의 회복을 위해 농지의 개간과 농법의 개량이 폭넓게 진행되고 있던 때였다. 이러한 농업에서의 생산력의 증대는 수공업, 광업으로까지 확대되면서 상품교환경제의 발달을 자극하였고, 이로 인해 지역간의 상호작용이 활발하게 이루어지고 있었다.

또한 학문적으로도 실학이 태동하여 일군의 학자들에 의해 우리나라의 역사지리에 대한 연구가 진전되고 있었는데, 이러한 모든 여건들은 당시 지도제작에 유리한 환경을 조성하고 있었다. 특히 이 시기에 이르러서는 민간에서의 지도 소유를 금지했던 조선전기와는 달리 사대부를 중심으로 어느 정도의 지도를 소유할 수 있었고, 이를 바탕으로 민간에서의 지도제작이 비교적 활발하게 이루어질 수 있었다. 실제로 김정호의 《청구도(靑邱圖)》 범례에서 뛰어난 지도제작가로 언급하고 있는 윤영(尹鍈, 17세기 인물로 추정), 황엽(黃曄, 1666~1736)과 같은 이도 이 시기에 활약하고 있었다. 또한 17세기를 거쳐 18세기에 접어들면서는 청나라와의 국경분쟁을 계기로 변방에 대한 관심이 증대되었던 시기였고, 국가적 차원에서도 관방지도(關防地圖)가 제작되기도 했다. 중국으로부터 지도 및 지리지를 적극 수입하고 이를 바탕으로 변경지역의 지도를 제작하여 국방에 이용했던 것이다.

정상기의 지도는 바로 이러한 사회적 배경 속에서 나올 수 있었는데, 당대까지 축적된 지도제작의 성과와 지리 지식을 활용했던 것으로 보인다. 현존하는 유일한 저작인 『농포문답』에서도 지적하고 있듯이 그는 병약하여 한 고을 밖을 제대로 벗어나본 적이 없었다. 따라서 전 국토를 답사하고 측량하여 《동국지도》를 제작한 것은 아니다. 오히려 조선 전기의 대학자이며 고위 관직에 있었던 정인지의 직계 후손으로서 집안에 소장된 지도와 각종의 지리 관련 서적 등을 쉽게 이용할 수 있었고, 당대 최고의 실학자였던 성호 이익을 비롯한 여러 학자들과의 교류를 통해 새로운 자료를 수집할 수 있었다. 이러한 모든 자료를 폭넓게 활용하면서 백리척을 사용한 독특한 방법으로 당대 최고의 《동국지도》를 제작할 수 있었던 것이다.

동국지도의 체제와 내용

정상기의 《동국지도》는 대전도(大全圖)와 이를 팔도로 나누어 첩으로 만든 팔도분도(八道分圖)로 이루어져 있다. 《동국지도》는 정상기의 원도에서 계속 전사되어 후대에 이어졌는데, 현재 국내의 도서관 박물관 등지에 다수가 보존되어 있다. 대전도의 경우는 현존 사본이 팔도분도에 비해 매우 적은 편인데, 이들의 규격은 대략 가로 130~140cm, 세로 240~260cm 정도이다. 조선 전기의 대표적인 지도인 양성지(梁誠之), 정척(鄭陟)의 전도 유형에 속하는 《조선방역지도(朝鮮方域之圖)》의 규격이 가로 61cm, 세로 132cm인 것을 보더라도 정상기의 지도는 이전 시기의 전도와는 달리 대축척의 지도이다. 그러나 이러한 대축척의 전도는 여러 장의 종이를 이어 붙여서 그려야 하는 전사(傳寫)상의 불편함과 열람, 휴대상의 문제 때문에 후대까지 활발하게 전사되지는 못하였고 대신에 팔도분도의 형식이 정상기 지도 사본의 주류를 이루게 되었다.

정상기의 팔도분도는 이전의 팔도분도와는 다른 양식으로 되어 있다. 즉, 동국여지승람과 같은 지리지에 실리는 팔도분도는 각 도별 지역의

넓고 좁음에 관계없이 한 지면에 무조건 한 도를 배정하여 그렸기 때문에 축척이 서로 달라 산천의 표현과 도리(道里)가 모두 부정확한 것이 특징이었다. 정상기의 팔도분도는 이러한 문제점이 해결되도록 고안되었는데, 경기도와 충청도는 면적이 다른 도에 비해 그리 넓지 않기 때문에 한 장의 지도에다 합쳤고, 함경도는 넓은 면적으로 인해 남도와 북도로 분리하여 두 장의 지도로 만든 것이다. 따라서 각 분도의 규격도 다소의 차이는 있지만 대략 가로 60cm, 세로 100cm 내외이다.

내용면에서 농포자 지도는 조선 전기의 지도들과 비교했을 때 무엇보다 한반도의 윤곽

〈그림 2〉 정상기의 팔도분도 중 함경북도 부분
여백에 지도제작의 경위와 범례를 수록하고 있으며 백리척이 선명하게 그려져 있다. 채색필사본, 개인 소장.

에서 커다란 차이를 보이고 있다. 이러한 차이는 특히 압록강, 두만강 유역을 중심으로 하는 한반도의 북부지방에서 현저하게 나타나고 있다. 조선 전기 양성지, 정척의 동국지도를 계승한 대부분의 지도들은 북부지방이 중·남부 지방에 비해 면적이 작게 표현되어 있다. 또한 압록강과 두만강의 유로가 부정확한데, 압록강과 두만강의 하구가 위도상 상당한 차이가 나는데도 거의 같은 위도상에 있는 것으로 그려져 있다. 농포자 지도에서는 이러한 지도의 결점을 거의 극복하여 현대 지도의 한반도 윤곽과 비교해보아도 그다지 차이가 나지 않을 정도로 정확하다.

둘째로 지적할 수 있는 것은 산천으로 대표되는 자연적 요소이다. 김정호가 지적한 것처럼 산맥과 물줄기는 지표면의 근골(筋骨)과 혈맥(血脈)이 되기 때문에 과거의 지도제작자들은 다른 것들보다 우선적으로 산천의 표현에 관심을 두었다. 정상기의 《동국지도》에서 산천의 표현과 관련하여 가장 두드러진 특징은 산계(山系)와 수계(水系)가 이전 지도와는 비교가 안될 정도로 매우 상세해졌다는 점이다. 이전의 지도들은 소축척 지도이기 때문에 산계와 수계를 자세히 표현할 수 없는 측면이 있기도 하지만 기본적으로 산천으로 대표되는 공간에 대한 인식이 후대에 비해 상당히 제약되어 있었다. 그러나 정상기의 《동국지도》에 이르러서는 대축척의 지도로 제작되어 산계와 수계가 보다 자세히 표현될 수 있는 여지가 마련되었고, 이전까지 축척된 공간인식을 바탕으로 후대의 김정호의 지도와 비교해도 손색이 없을 정도의 산천체계를 표현해내고 있다.

셋째는 인문적 요소인데 이 가운데서 가장 두드러지는 것은 교통로이다. 서울로부터 지방으로 뻗어가는 대로는 물론 각 군현을 잇는 연결도로까지 자세히 그렸고, 서해안에서 남해안에 이르는 해로도 표시하였다. 또한 산지상의 영로(嶺路)인 고개도 상세히 그려져 있다. 교통로와 더불어 역보(驛堡), 산성(山城), 봉수(烽燧)와 같은 군사적인 내용이 자세하게 수록되어 있는 점도 특징적이다. 정상기는 국방에 대해 남다른 관심이 있었기 때문에 자신의 지도에서도 이를 중시하여 표현했던 것이다. 역의 경우는 찰방역(察訪驛)만을 그렸지만 진보(鎭堡)의 경우는 연해와 북방의 것이 거의 망라되어 있다. 이밖에도 유명한 포구와 마을, 사찰, 고읍, 저수지, 나루터 등도 그려져 있다.

동국지도의 가치와 의의

정상기는 《동국지도》를 제작하면서 이전 시기의 지도에서는 전혀 볼 수 없었던 독특한 축척인 백리척을 사용했다. 백리척은 대략 9.4~ 9.8cm의 긴 막대모양으로 그려져 있는데, 이 길이가 100리에 해당한다. 전통시대의 지도제작에서는 거리와 방위를 고르게 하면서 축척의 기능도 수행하는 격자형의 방격(方格)이 사용되고 있었으나 오히려 지도가 번잡해지는 결점을 낳기도 했다. 따라서 정상기는 이러한 방격 대신에 백리척을 고안하여 두 지점간의 실제 거리를 쉽게 계산할 수 있도록 하였다. 이러한 사례는 동양 문화권의 중국이나 일본에서도 보기 힘든 것이기도 하다.

또한 《동국지도》는 현대 지도의 축척으로 환산했을 때 대략 1:50만 정도로 당시로서는 대축척 지도에 해당한다. 그리하여 지도에 이전 시기 지도에는 거의 불가능했던 다양한 정보를 담을 수 있었고, 이후 대축척 지도의 효시가 되기도 했다. 무엇보다 《동국지도》는 우리나라 국토의 원형을 사실에 가깝게 그려냈다는 점에서 큰 의의를 지닌다. 《동국지도》에서 확립된 국토의 모습은 약간의 수정은 가해지지만 일제에 의한 근대적 측량지도가 나오기 이전까지 계속 이어지게 된다.

1757년 조정에 알려지게 된 정상기의 《동국지도》는 이후 관청에서 적극 활용하게 되는데, 이는 정상기의 지도가 행정·군사적 용도로는 최적의 요건을 갖추고 있었기 때문으로 보인다. 이의 대표적인 사례는 1770년 신경준(申景濬 1712~1781)의 《여지도(輿地圖)》 제작사업이다. 그는 영조의 명을 받아 『동국문헌비고(東國文獻備考)』와 짝할 수 있는 지도를 만들었는데, 이때 기본도로 사용된 것이 정상기의 《동국지도》였다. 이를 토대로 도별도(道別圖), 군현지도(郡縣地圖) 등을 제작하였던 것이다. 이렇게 제작된 지도는 이후에도 관에서 계속 모사되면서 널리 이용되었다.

민간에서도 정상기의 《동국지도》는 많은 사람들에 의해 지도제작에 이용되었다. 특히 해주 정씨 가문의 정철조(鄭喆祚 1730~1781), 정후조(鄭厚祚 1758~1793) 형제는 정상기의 지도를 바탕으로 수정, 편집하여 더 뛰어난 해주본(海州本)을 제작하기도 했다. 또한 이후에 제작되는 많은 전도들은 정상기의 대전도를 바탕으로 축소한 것들인데, 도리도표(道里圖表)에 수록된 전도(全圖), 19세기 전반에 제작된 목판본《해좌전도(海左全圖)》등이 대표적이다.

이처럼 정상기의《동국지도》는 그의 후손과 다른 지도제작자들에 의해 수정, 보완되면서 조선후기 지도사의 큰 흐름으로 자리잡게 되었다. 1834년 제작된 김정호의《청구도》도 바로 정상기의《동국지도》를 바탕으로 수정, 보완되었던 전도였다고 볼 수 있다. 또한 조선시대 지도학의 금자탑이라 할 수 있는 1861년 김정호의《대동여지도(大東輿地圖)》는 그의《청구도》를 바탕으로 보완·발전시킨 것인데 이 역시 그 뿌리를 거슬러올라가면 정상기의《동국지도》로 이어지게 되는 것이다. 구한말 일본을 통해 근대식 지도제작의 기법이 서서히 도입될 때에도 정상기의 지도는 여전히 정부에 의해 제작되는 각종 전도의 기본도로 사용되고 있었음을 감안할 때,《동국지도》가 조선후기 지도사에 미친 영향은 지대했다고 볼 수 있다.

근대적 지도제작기술이 도입되기 이전에 제작된《동국지도》와 같은 전통시대의 지도들은 현대의 지도와는 제작기술이나 표현방식 등에서 많은 차이가 있다. 단순히 정확도의 관점에서 전통시대의 지도를 평가한다면 여전히 미숙한 지도에 불과할 것이다. 정상기의《동국지도》도 이로부터 자유롭지는 않을 것이다. 그러나 과거 하나의 지도가 탄생하기까지에는 뛰어난 지도 제작자의 독창적인 노력도 있었지만 역사적으로 축적된 많은 경험과 당시 사회에서 공유되고 있던 지식과 관념들이 뒷받침되어 있다. 그만큼 지도는 회화와 같은 예술작품과는 다른 강한 사회성을 지니고 있는 것이다.《동국지도》는 비록 정상기 일 개인의 역작이라 할 지라도 그 속에는 조선시대에 면면히 이어져 내려오던 지도제작의 문화적 역량이 담겨져 있으며 우리의 국토에 대한 애착과 자부심을 표현하려 했던 선조들의 땀이 배어 있는 것이다.

참고문헌

정상기. 1973, 『농포문답』(이익성 역), 을유문화사.

양보경. 1995, 「대동여지도를 만들기까지」, ≪한국사시민강좌≫ 제16집, 일조각.
오상학. 1993, 「정상기의 동국지도에 관한 연구―제작과정과 사본들의 계보를 중심으로」, ≪지리학논총≫ 제24호.
이병도. 1960, 「정상기와 동국지도」, ≪서지(書誌)≫ 제1권 제1호.
이 찬. 1991, 『한국의 고지도』, 범우사.
전상운. 1988, 『한국과학기술사』 제2판, 정음사.
Gari Ledyard. 1994, "Cartography in Korea," in Harley, J. B., and David Woodward (eds.), *The History of Cartography* Vol.2, Book.2.
Thrower, N. J. and Kim, Y. I. "Dong-Kook-Yu-Ji-Do: A Recently Discovered Manuscript of a Map of Korea," *Imago Mundi*, vol. 21.

旅庵 申景濬

신경준의 지리사상

양보경(성신여자대학교 지리학과 교수)

18세기의 지리학과 신경준

학문의 내용과 수준은 그 시대의 생활양식의 구조와 지식의 축적 속에서 형성된다. 조선시대의 자연과 공간, 지리에 대한 인식체계의 변화는 조선 사회의 생활양식의 변화와 지식의 축적을 반영하는 것이라 할 수 있다. 조선시대에 자연, 지리의 중요성을 학문적으로 정리하고 체계화하고자 하는 노력은 조선 후기에 들어 본격적으로 진행되었다. 조선 후기 사회의 역동적인 변화가 지역 내지 국토의 공간구조 변화와 밀접한 관련을 맺고 있음을 인식한 실학적 지리학자들이 이를 주도하였다. 이러한 작업은 지리학의 다양화, 분화, 계통지리학적인 전문화의 추구가 이루어지고 있었음을 보여주는 것이기도 하다.

특히 18세기는 조선 후기 문화의 꽃이 활짝 피었던 시기이며, 지리학에서도 지리지·지도·실학적 지리학이 이 시기에 절정을 이루었으니, 이를 간략히 정리해보면 다음과 같다.

조선 전기에는 전국지리지의 편찬이 주를 이루었으나, 16세기 이후에는 지방 단위로 읍지들이 개별, 분산적으로 편찬되어 조선시대 지리학의 특징을 형성하였다. 이 읍지 편찬의 성과를 국가가 집대성하여 18세기 중엽에 전국 읍지인 『여지도서(輿地圖書)』, 18세기 말에는 『해동읍지(海東邑誌)』를 편찬하였다. 이 시기의 전국 읍지들은 공시적(共時的)인 지리지로서 전국 각 지역의 사정을 일목요연하게 파악하는 중요한 수단이었다. 또한 『추관지(秋官志)』, 『탁지지(度支志)』 등의 관서지(官署志), 『호구총수(戶口總數)』, 『도로고(道路考)』, 『산수고(山水考)』 등 다양한 주제별 지리서가 활발하게 편찬되었던 것도 동일한 배경으로 이해할 수 있다.

18세기는 조선의 지도 발달사에서도 획기적인 전환기였다. 지도의 정확성과 내용의 풍부함이 증가하는 등 지도 제작 기술의 발달, 양적인 증가가 전국 지도, 도별도, 군현지도, 관방도와 같은 특수도 등 다양한 유형의 지도에서 이루어졌다. 정상기 가문의 4대에 걸친 전국지도와 도별지도의 제작은 이 시기 지도 발달사에서 가장 대표적인 성과였다. 또 18세기에는 이수광, 한백겸, 유형원에서 싹튼 실학적 지리학이 체계화되고 발달하고 성숙하게 되었다. 대부분의 실학자들이 사회변화와 함께 국토·지역의 구조가 변화함을 인식하고, 지리학의 중요성과 실용성을 주목하여 지리에 관한 저술들을 남겼다.

그러나 여암(旅庵) 신경준(申景濬, 1712~1781)처럼 방대한 지리학 저술을 남기고, 자신의 지리적 지식을 인정받아 국가적인 편찬사업으로 연결시켰던 경우는 매우 드물다. 많은 실학자들이 재야에서 활동하였음에 반하여 그는 국가적인 사업에 재능과 학식을 발휘하여 조선 후기에 광범위한 영향을 미친 실천적 지리학자라는 점에서 다른 실학파 지리학자들과 구별된다.

묻혀진 지리학자, 신경준

신경준은 전라도 순창에서 태어났다. 고령 신씨가 순창에 거주한 것은 세조가 단종으로부터 왕위를 찬탈하자 신숙주의 동생인 신말주(申末

舟)가 관직을 버리고 이곳에 은거한 15세기 부터였다. 신경준은 서울, 강화 등에서 수학하였으며, 한때 소사, 직산 등에 옮겨 살았으나 1744년에 다시 순창의 옛집으로 돌아왔다. 그가 관직에 나아간 것은 43세 때인 1754년(영조 30)에 실시된 증광향시에 급제하면서부터였다. 늦은 나이로 관계에 진출한 그는 승문원 기주관, 성균관 전적, 사간원 정언, 사헌부 장령, 서산군수, 장연현감, 사간원 헌납, 종부시정 등을 거쳤으나 관직생활은 그리 순탄한 편은 아니어서 15년만인 1769년(영조 45)에 고향인 순창으로 낙향하였다.

그러나 이 해에 영의정 홍봉한(洪鳳漢)이 울릉도의 영유권에 관한 외교관계의 문건으로 삼을 수 있는 책을 편찬할 것을 국왕 영조에게 청하여, 홍봉한의 천거로 비변사의 낭청(郎廳)으로 다시 관직에 나아가게 되었다. 영조는 신경준이 편찬한 『강역지(疆域誌)』를 보고 그로 하여금 『여지편람(輿地便覽)』을 감수하여 편찬하게 하였다. 『여지편람』을 본 영조는 그 범례가 중국의 『문헌통고(文獻通考)』와 비슷하다 하여 『동국문헌비고』로 이름을 바꾸어 새로 편찬하게 하였다. 1770년(영조 46)에 찬집청을 설치하여 문학지사(文學之士) 8인을 선발하고 『동국문헌비고』를 편찬하도록 함에 따라, 신경준은 이 책의 「여지고(輿地考)」 편찬을 관장하였다. 역대국계(歷代國界), 군현연혁(郡縣沿革), 산천(山川), 도리(道里), 관방(關防)·성곽(城郭)·해방(海防)·해로(海路)로 구성된 목차에서 볼 수 있듯이 『동국문헌비고』의 「여지고」는 그의 해박한 지리 지식을 종합하여 편찬한 것이었다.

신경준은 당대에는 왕을 비롯한 많은 사람들이 인정하였던 뛰어난 지리학자였으나,[1] 20세기의 지리학계에서는 주목받지 못한 인물이었다. 그는 지리학자보다도 국어학자로 일찍부터 평가를 받았으나[2] 그의 주요 저작은 지리학에 관한 것이었다. 그의 저서 중에 시문, 성리학적인 글들과 『훈민정음운해』 외에 대작(大作)은 『산수고(山水考)』, 『강계고(疆界考)』, 『사연고(四沿考)』, 『도로고(道路考)』, 『군현지제(郡縣之制)』,

『가람고(伽藍考)』「차제책(車制策)」,『동국문헌비고』「여지도」 등 대개 지리학적인 것으로서, 여암만큼 다방면에 걸친 지리학 저술을 남긴 사람은 없다.

여암이 저술한 지리에 관한 장편의 글들은 그가 세상을 뜬 뒤 홍량호의 서문을 붙여 편찬한 『여암집(旅庵集)』(규장각 소장, 8권 4책, 필사본)과 1910년에 후손들이 목판으로 간행한 『여암유고(旅庵遺稿)』(13권 5책)에는 수록되어 있지 않다. 이 문집에는 그가 남긴 시문(詩文)만 묶여져 있다. 신경준의 업적과 그의 중요성을 알고 있던 위당 정인보 선생이 1939년부터 『여암전서(旅庵全書)』를 간행하였는데,[3] 이 책에도 원래 계획했던 신경준의 저작을 다 싣지는 못하였으나 『도로고』를 제외한 지리에 관한 글들이 대부분 실리게 되었다. 1976년에는 기존에 출간되었으나 구하기 어려운 『여암유고』와 『여암전서』, 그리고 여암전서에 수록하지 못했던 『도로고(道路考)』와 『훈민정음운해(訓民正音韻海)』, 연보, 후손댁에 전하는 『강화도전도』, 『팔도지도』 등을 합해서 다시 『여암전서(旅庵全書)』(경인문화사 간)라는 이름으로 간행함으로써 비로소 여암의 저술을 대부분 망라하게 되었다.

조선 역사지리학의 체계화

1756년에 편찬한 『강계고(疆界考)』는 신경준의 저작 중 가장 빠른 시기의 것으로 알려져 있으며, 그가 『동국문헌비고』 편찬에 참여하는 계기를 마련하기도 한 저술이다. 이 책은 우리나라 역대의 영역과 국경, 지명 등을 고찰한 역사지리서로서, 일본, 대만, 유구국(琉球國; 오키나와), 섬라국(暹羅國; 태국) 등 조선과 관련이 깊은 나라들도 별도 항목으로 설정되어 있다. 역사지리학은 당시에는 지명의 고증, 영토·국경·수도와 도시의 위치 및 그 변화 등을 고찰하는 학문을 지칭하였으니, 오늘날 지리학에서 통용되는 역사지리학의 개념과는 상이하다.

조선의 역사지리학을 체계화하였다고 평가받은 『강계고』의 서술체재는 대체로 국가적 단위를 중심으로 각국의 국도(國都)와 강계(疆界)를 정리하는 것으로 구성되어 있다. "국도와 강계 항목에서는 각 조항마다 관련이 있는 지명이나 산천, 국가들을 덧붙였다. 서술방식 및 자료이용과 관련된 특징을 보면, 문헌실증적인 입장이 관철되고, 내용적으로는 주로 강역에 대한 비정과 지명고증이 특징이다. 특히 언어학이나 금석학 지식을 역사연구에 적극 응용하였으며, 역사지리고증에 방언을 활용하거나 음사(音似)·이찰(吏札) 등의 자료를 적극 활용한 점도 발전적인 면모이다. 또한 많은 다양한 자료, 기존의 문헌자료 외에도 금석문이나 사찰자료 등을 이용하여 자신의 논리를 입증하였다. 문헌자료에서도 사료의 인용범위를 넓혀, 야사자료, 그리고 만주일대를 조선과 삼한의 지역으로 비정하였던 『요사』, 『성경지』와 같은 자료도 요동과 요서지역에서의 열국들의 변화과정을 추적하는 데 적극적으로 활용하여 인용하였다. 『강계고』에 나타난 강역인식은 주로 기자조선 및 한사군, 고구려 등 국가들의 초기 중심지를 요동일원으로 비정함으로써 확대된 영역관을 보여주고 있다. 비록 동시기의 이익(李瀷)이나 이종휘(李鍾徽)의 영역관보다는 상대적으로 좁으나, 조선 전기의 영역관에 비해서는 구체적이고 확대된 모습을 보이고 있다. 『강계고』는 당시까지 개인적인 차원에서 이룩한 우리나라 역사지리에 관한 가장 종합적이고도 체계적인 연구서 중의 하나였다."[4]

옛 국가, 영토, 지명의 변천 등을 주요 연구 대상으로 하였던 역사지리학의 탐구는 주체로서의 국토의 중요성과 자국(自國)의 역사성에 대한 자각과 더불어 이루어졌으며, 신경준 이후 한진서(韓鎭書), 정약용(丁若鏞) 등 실학자에게 이어졌다.

사회와 공간의 변화 인식 : 유통과 유통로의 파악

신경준은 유통과 유통로에 관한 저술로 『도로고(道路考)』와 『사연고(四沿考)』를 남겼다. 『도로고』(4권 4책)는 국왕의 행차 도로인 어로(御路)와 서울부터 전국에 이르는 육대로(六大路), 팔도 각읍에서 사계(四界)에 이르는 거리, 그리고 사연로(四沿路), 대중소(大中小)의 역로(驛路), 파발로(擺撥路), 보발로(步撥路), 봉로(烽路), 해로(海路), 외국과의 해로, 조석(潮汐), 전국 장시의 개시일(開市日) 등 각종 도로 즉 육로와 해로, 그리고 당시의 중요한 상업 현상이었던 향시(鄕市) 즉 정기시장(定期市場)에 관한 내용이 망라된 글이다.

1770년에 쓴 『도로고』 서문에 나타나 있는 신경준의 사상을 정리하면 다음과 같다. "도로의 공익적(公益的) 성격을 뚜렷이 부각시켰으며, 도로의 중요성을 인식하고, 도로를 최초로 본격적으로 그리고 체계적으로 인식하여 도로고를 저술하였다. 사회와 경제가 발전함에 따라 그 중요성이 가장 먼저 점증되는 분야가 도로임을 간취하였으며, 환경지각(environmental perception)의 개념을 알고 있었다. 중국 고제(古制)를 바탕으로 현실문제를 개혁하고자 하였고, 실천성을 강조하였다. 정밀한 이론의 추구를 기했으며, 도로 이정(里程)에서도 정확한 측정을 요구하였다. 또한 도로의 중요성을 잘 인식하고, 치정(治政)의 기본으로 치도(治道)를 내세웠다."[5]

『도로고』는 유통경제, 시장경제, 화폐경제가 활성화되고, 육로와 수로 등 도로의 중요성이 증대되고 있던 18세기 조선의 사회상을 가장 잘 정리하여 반영하고 있는 책이다. 특히 사회·경제적인 변화와 공간적인 변화의 상호작용, 그리고 양자의 관계의 중요성을 파악하였다는 점에서 높이 평가된다. 18세기 후반 이후 『도로표(道路表)』, 『정리표(程里表)』, 『도리표(道里表)』 등의 책자들이 많이 제작되고, 도리표를 함께 그린 지도들이 출현하는 것도 이 책의 영향을 반영한다.

『사연고(四沿考)』는 압록강(鴨綠江), 두만강(豆滿江)과 팔도해연로(八 道海沿路), 그리고 중국과 일본으로의 해로(海路), 조석간만 등 바다를 낀 연안지역을 정리한 글이다. 자원이나 도로의 측면에서 바다와 해안· 도서가 지니는 경제적인 효용성, 연해 지역에 대한 국가·민간의 관심의 증대, 바다가 지니는 국방상의 중요성 등을 깊이 인식한 데서 출발한 글이라는 점에서 신경준의 사회와 지역에 대한 통찰력과 체계적 정리를 보여주는 저술이다.

지도 제작에 공헌

우리나라 지도 발달의 전환기였던 18세기 중엽에 신경준은 지도 제 작에도 많은 노력을 기울였다. 「동국여지도발(東國輿地圖跋)」, 「동국팔 로도소지(東國八路圖小識)」, 「어제여지도소서(御製輿地圖小序)」 등의 글 을 보면 그가 지도 제작에 일가견을 가지고 담당하였음을 알 수 있다. 조선 후기 지도 발달에 중요한 전기를 마련하였던 농포자 정상기(鄭尙 驥, 1678~1752)와 아들 정항령(鄭恒齡, 1710~1770), 손자 정원림(鄭 元霖, 1731~1800), 종손 정수영(鄭遂榮, 1743~1831)까지 4대에 이어 졌던 정상기 가문의 지도 제작의 기법을 정항령과 친교가 있었던 신경 준도 나누어 가졌음을 지도에 관한 그의 글에서 살필 수 있다.[6] 1769년 국왕 영조가 『강역지』 편찬에 관해 물었을 때, 신경준은 360주의 각읍 지도를 따로 만들 것을 건의하였으며, 『동국문헌비고』 편찬을 진행하면 서 영조의 명에 따라 『동국여지도(東國輿地圖)』를 제작하기도 하였다.

『여암유고』 권5, 「발(跋)」 「동국여지도발(東國輿地圖跋)」에 의하면 신경준은 정항령(鄭恒齡)과 친분이 매우 두터웠음을 알 수 있다. 영조가 「문헌비고(文獻備考)」를 편찬하게 하고, 신경준에게 별도로 《동국지도 (東國地圖)》를 만들 것을 명하자, 신경준은 공부(公府)에 있는 지도 10 여 건을 검토하고, 여러 집을 방문하여 소장된 지도들을 살펴보았으나 정항령이 그린 지도 만한 것이 없어 정항령의 지도를 사용하였다고 기록하였다. 이 지도에 약간의 교정을 가하여 6월 초6일에 시작하여 8월 14일에 지도 편찬 작업을 완료하였다. 그리하여 열읍도(列邑圖) 8권, 팔도도(八道圖) 1권, 전국도(全國圖) 족자 1축을 임금께 올렸다. 이 지도는 주척(周尺) 2촌(寸)을 하나의 선으로 하여 세로선 76, 가로선 131개의 좌표 방안 위에 그렸던 방안지도(方眼地圖)였다.

방안지도[또는 경위선표식(經緯線表式)지도 등으로도 부름]는 같은 축척으로 지도를 그림으로써 지도들 사이의 분합(分合)을 가능하게 한 지도이다. 축척이 유사하면, 전국의 각 군현지도를 연결시켜 지역별, 도별, 나아가 전국지도로 합해 볼 수 있고, 나누어 볼 수도 있다. 동일한 축척을 가진 이러한 군현지도들은 《대동여지도》와 같은 대축척 전국지도를 만들 수 있는 바탕이 되었으며, 일정한 축척을 적용함으로써 정확한 지도를 제작하려 했던 노력을 엿볼 수 있다. 지도 안에 1리, 혹은 10리, 20리 방안을 그리고 그 위에 지도를 그리게 되면, 지역과 지역 간의 거리 파악이나 방위, 위치 등이 더욱 정확하고 정교하게 된다. 축척의 적용, 대축척지도, 전국을 포괄하는 공간적 범위 등 여러 가지 면에서, 18세기 중후반에 여러 종 제작된 방안지도는 귀중한 의의를 지닌다. 신경준은 회화식지도의 전통과는 다른 방안지도를 국가적 차원에서 제작함으로써, 정확하고 과학적인 지도의 발달에도 중요한 역할을 하였다.

자연인식의 체계화

조선 후기의 실학자들은 산천(山川)을 체계적으로 정리하기 시작하였으니, 여암 신경준이 지은 『산수고(山水考)』가 그 선구였다. 『산수고』는 우리나라의 산과 하천을 각각 12개의 분(分)·합(合) 체계로 파악하여 종합적으로 정리한 책이다. 이 책은 산수(山水)를 중심으로 국토의 자연을 정리하였으나, 그 속에는 인간 생활과 통합된 자연의 모습이 드러나 있다. 『산수고』는 국토의 뼈대와 핏줄을 이루고 있는 산과 강을 체계적으로 정리한 최초의 지리서이며, 한국적인 산천 인식 방식을 전해준다.[7] 『산수고』는 다음과 같은 글로 시작된다.

하나의 근본에서 만 갈래로 나누어지는 것은 산(山)이요, 만 가지 다른 것이 모여서 하나로 합하는 것은 물(水)이다. (우리나라) 산수(山水)는 열둘로 나타낼 수 있으니, (산은) 백두산으로부터 12산으로 나누어지며, 12산은 나뉘어 팔로(八路)가 된다. 팔로의 여러 물은 합하여 12수(水)가 되고, 12수(水)는 합하여 바다가 된다. 흐름과 솟음의 형세와 나누어지고 합함의 묘함을 여기에서 가히 볼 수 있다.

위와 같이 『산수고』를 쓰게 된 동기와 산수의 원리에 대하여 설명하였다.

이 서문에는 나라의 근간이 되는 산과 강을 분합의 원리로 파악하여 대칭적이면서도 조화를 이루는 음양의 구조로 이해하였던 저자의 생각이 분명하게 표현되어 있다. 조선의 주요 산과 하천을 각각 12개로 파악한 점도 매우 주목할 만하다. 이것은 당시 사람들이 지니고 있던 자연관과 우주관을 반영한 것이라 볼 수 있다. 자연의 운행을 보면 1년은 열두 달로 완결되며, 우주 만물은 양과 음으로 구성되어 있다. 우리나라의 산천도 일반 자연법칙과 동일한 구조로 되어 있어 12개의 산줄기와 물줄기가 있으며, 산수의 흩어짐과 합함, 우뚝 솟아 서 있음과 아래로 흘러내림이 음양의 조화를 이루고 있었던 것으로 생각한 것이다. 이러한 사고는 자신이 살고 있는 국토를 소우주로 이해하여 완결적인 존재로 파악하던 당시 사람들의 전통적인 자연관을 대표하고 있는 것이라 볼 수 있다.

산 중에는 삼각산을, 물은 한강을 으뜸으로 쳤으니, 이는 수도(京都)를 높이기 위한 것이라 하였다. 이 책의 서문에서는 백두산에서 조선의 산들이 시작하는 것으로 기록하였으면서도 실제 산의 분포를 서술할 때는 한양의 삼각산에서 시작함으로써, 그가 백두산 중심의 사고와 수도 중심의 사고를 동시에 가지고 있었음을 보여준다.

『산수고』는 조선의 산천을 「산경(山經)」과 「산위(山緯)」, 「수경(水經)」과 「수위(水緯)」로 나누어 파악한 책이다. 이는 국토의 산줄기와 강줄기의 전체적인 구조를 날줄(經)로, 각 지역별 산천의 상세하고 개별적인 내용을 씨줄(緯)로 엮어 우리 국토의 지형적인 환경과 그에 의해서 형성된 단위 지역을 정리한 것이다. 『산수고』는 이와 같이 우리나라 전국의 산과 강을 거시적인 안목에서 조망하여 전체적인 체계를 파악하고, 촌락과 도시가 위치한 지역을 산과 강의 측면에서 파악한 책이다.

신경준의 우리나라 산천에 대한 이러한 체계적인 파악은 전통적 지형학 또는 자연지리학의 체계화로 평가할 수 있으리라 생각된다. 자연현상을 주제로 하여 전문적으로 접근하였던 『산수고』에서 우리는 지리학의 다양화와 계통지리학적인 요소, 나아가 근대지리학적인 측면을 발견할 수 있다.[8]

지리학의 종합화와 공유화

신경준은 왕명에 의해 백과전서라 할 수 있는 『동국문헌비고』의 편찬에 참여함으로써 당시 조선의 문물과 제도를 정리하는 데 기여하였다. 이 책 중 그는 지리 관련 내용을 총정리한 「여지고」 부문을 담당하여, 그의 지리에 관한 지식을 「여지고」에 종합하였다(<표> 참조).

『동국문헌비고』는 「상위(象緯)」, 「여지(輿地)」, 「예(禮)」, 「악(樂)」, 「병(兵)」, 「형(刑)」, 「전부(田賦)」, 「재용(財用)」, 「호구(戶口)」, 「시적(市糴)」, 「선거(選擧)」, 「학교(學校)」, 「직관(職官)」 등 13고 100권으로 구성되었으며, 이 가운데에서 「여지고」는 17권으로 양적으로나 질적으로 핵심적인 위치를 구성하였다(<표> 참조).

「여지고」		지리관계 저술
권수	목차	
1, 2	歷代國界 上 下	疆界考
3, 4, 5, 6	郡縣沿革 一 勝國以上	
	郡縣沿革 二 京畿道 忠淸道 江原道 黃海道	
	郡縣沿革 三 全羅道 慶尙道	
	郡縣沿革 四 咸鏡道 平安道 附設	
7, 8, 9, 10	山川 一 總說	山水考
	山川 二 漢城府 京畿 忠淸道	
	山川 三 江原道 黃海道 全羅道 慶尙道	
	山川 四 咸鏡道 平安道	
	道里	道路考 권1 八道六大路
11, 12	關防 一 城郭 上 古都城 漢城府 京都　　忠淸道 江原道 黃海道 全羅道	
	關防 二 城郭 下 慶尙道 咸鏡道 平安道	
13, 14, 15, 16	關防 三 海防 一 東海	道路考 권3 八道治海路 및 四治考 권1 八道治海
	關防 四 海防 二 南海	
	關防 五 海防 三 西海之南	
	關防 六 海防 四 西海之北	
17	關防 七 海路	道路考 권4 海路 및 四治考 권2
附錄		

주) 朴仁鎬, 1996, 『朝鮮後期 歷史地理學 硏究』, 이회, 149쪽을 바탕으로 재작성.

『동국문헌비고』「여지고」는 신경준의 역사와 지리에 관련된 여러 저술들을 종합 정리하는 차원에서 편찬된 것으로, 고려와 조선 전기의 자료와 연구성과뿐만 아니라 17세기 이후 전문적으로 역사지리를 연구하였던 한백겸(韓百謙), 유형원(柳馨遠), 홍만종(洪萬宗), 임상덕(林象德) 등 관련 학자들의 연구성과를 종합 정리하였다. 따라서 『동국문헌비고』「여지고」는 한백겸 이후 일련의 역사지리 연구를 집대성한 것이라고 할 수 있다. 문헌비고 「여지고」는 전장·제도를 역사적인 관점에서 정리한 백과전서학적 연구에, 개인들이 발전시켜온 역사지리학의 연구성과를 정부적인 차원에서 최대한 결집시키면서 이룬, 조선 후기 역사지리학 발전의 중요한 결과물이자 발전의 지표라고 평가할 수 있다.[9]

그러나 『동국문헌비고』「여지고」는 현대지리학적인 입장에서 보면, 역사지리학뿐만 아니라 교통, 시장, 군사, 방어, 산천 등 경제지리학, 국방지리학, 자연지리학, 문화지리학 등이 종합된 책으로, 신경준의 사상이 결집된 책이다.

또한 『동국문헌비고』「여지고」는 개인적인 수준의 학문 연구를 사회적인 차원으로 승화시킨 저술이며, 사회적인 검증을 거친 실천적 지리서라 할 수 있다. 이는 신경준이 지식의 사적 소유를 넘어 이를 공유화하려는 노력에서 이루어진 것으로 평가된다. 특히 지리적·공간적 지식의 공유화는 개인과 사회의 공간 인식의 범위를 확대시키고, 사회·경제변화를 촉진한다는 점에서 신경준의 저술들은 더욱 빛을 발한다.

주)

1) 『承政院日記』 1,308책, 영조 46년 8월 3일
  "上日 申景濬地圖 承旨曾前見之乎 浩修日 未見而聞之 則別樣爲之云矣 本來以地理學有名稱 而承此下敎 渠竭力爲之矣"
  또한 당대의 실학자 洪良浩는 신경준의 학문에 대하여 백 가지 학문을 모으되 자신이 도로 절충하여 일가의 학문을 이루었다고 다음과 같이 평가하였다.
  "여암 신공은 큰 재주와 넓은 식견을 지녔으면서도 넓고 깊이 찾는 노력을 더하여……심오한 도리를 끄집어내지 않은 것이 없었으며, 백 가지의 학문을 모으되 자신의 도에 절충을 하였다. 말로 드러낼 때에는 넓어서 다함이 없고 선명하여 꼭 들어맞으며, 글로 나타낼 때는 이전 사람들의 말을 답습하지 않고 자신의 가슴 속에 있는 것을 드러냈다. 규칙에 구차히 속박되지 않으면서도 저절로 원칙에 벗어나지 않아 탁연히 일가로서의 학문을 이루었으니, 유가 드문 꿩재이며 희세의 통유이다."(『耳溪先生集』 권11, 「旅菴集序」;『耳溪洪良浩全書』) 또한 그가 여러 학문에 박학하면서 특히 우리나라의 산천과 도리에 더욱 밝았음을 강조하였다.
  "於本國山川道里 尤瞭然 如在目中"(『耳溪先生集』 권33, 「左承旨旅庵申公景濬墓碣銘幷序」;『耳溪洪良浩全書』)
2) 정인보. 1937, 「훈민정음운해 해제」, 《한글》 5권 4호(통권 44호).
  강신항. 1959, 「신경준의 기본적 국어학 연구태도」, 《국어국문학》 통권 20호.
  _____. 1965, 「신경준의 학문과 생애」, 《성대문학》 11집.
  _____. 1969, 「훈민정음운해」, 『한국의 고전 백선』, 동아일보사.
3) 여암의 5세손인 申宰休가 편찬하고, 정인보와 김춘동이 교열하여 新朝鮮社에서

간행하였다.

4) 朴仁鎬. 1996, 『朝鮮後期 歷史地理學 研究』, 이회, 88-99쪽.
   『강계고』의 내용은 이 글을 참조하였음.
5) 崔昌祚. 1986, 「旅菴 申景濬의 地理學解釋」, ≪茶山學報≫ 第8輯, 茶山學研究
   院, 44-46쪽.
6) 『旅庵集』 제4책, 雜著, 卷七, 「東國輿地圖跋」「東國八路圖小識」.
7) 신경준과 『山水考』, 『山經表』에 대한 자세한 내용은 拙稿 「조선시대의 자연인식
   체계」(≪韓國史市民講座≫ 제14집, 一潮閣, 1994, 70-97쪽)를 참조.
8) 백두대간 등의 명칭으로 조선의 산줄기를 정리하여 유명한 책 『산경표』는 『산수
   고』와는 체제, 내용, 양식이 전혀 다른 책이다. 많은 사람들이 『산경표』를 신경준
   의 작으로 단정하고 있으나, 『산경표』는 신경준이 지은 책은 아니라는 것이 필자
   의 생각이다. 이의 근거로 일본 靜嘉堂文庫에 전하고 있는 같은 제목의 『輿地便
   覽』과 한국정신문화연구원 장서각에 소장된 『여지편람』이 영조가 동국문헌비고
   편찬의 과정에서 언급한 『여지편람』과 내용이 일치하지 않는 점, 현전하는 『山經
   表』에는 19세기 초에 변화된 지명 등이 기재된 점, 『산경표』에 『문헌비고』의 오
   류를 지적하고 있는 점 등을 고려해볼 때 저자를 신경준으로 단정하기 어렵다. 그
   러나 『산경표』가 신경준이 편찬한 『산수고』와 『문헌비고』의 「여지고」를 바탕으
   로 하여 작성된 것임은 분명하다.
9) 朴仁鎬. 위의 책, 17쪽, 274쪽.

茶山 丁若鏞

정약용의 6대 지리사상

임덕순(충북대학교 지리교육과 교수)

땅을 중시한 지리학자

한국지리학 시발 50여 년이 지난 오늘날쯤은 늦은 감이 없지 않지만, 지리학 쪽에서도 고전(古典)들을 활발히 분석하고 거기서 무엇인가를 찾아내어 정리하는 작업에 본격적으로 들어가야 한다고 본다. 이러한 뜻에서 필자는 조선시대 후기 실학을 집대성한 다산(茶山) 정약용(丁若鏞)의 지리논저(地理論著)들을 읽고 거기서 그의 지리사상을 찾아보려고 한 것이다.

필자가 분석해 보니까 다산은 「지리책(地理策)」, 「풍수론」 등 '지리적'인 것이라고 볼 수 있는 20개의 논저를 세상에 내놓았다. 그는 김정호, 이중환 등과 함께 조선시대의 대표적 지리학자라고 힘주어 말할 수 있다. 그의 논저 제목들을 보면 확실하다. 이렇게 많은 데에 놀란 바 있거니와, 그가 이처럼 다수의 저술·논의를 내놓은 것은 세 가지 이유에서였다고 필자는 생각하고 있다.

첫째는 다산이 개인적으로 지리에 대한 고증에 심취했기 때문이다. 그는 일찍이 지리고증을 열심히 한 『동국지리지』의 저자 한백겸의 업적을 높이 평가하면서 존중하였고, 자신도 고증적 방법을 통해 그간 견해

차이가 있어온 옛 위치, 옛 영토범위 등 과거지리(過去地理)에 대한 역사적 고증에 심취하였다. 그의 이러한 성향은 「지리책」에 일부나마 나타나 있다. 둘째는 그가 지리 자체와 그 학문인 지리학을 중요시했기 때문이라고 본다. 헛된 논리, 즉 공리를 배격하는 가운데 실용성을 확보하는 쪽을 중시하였으며, 땅의 올바른 인식, 즉 지리의 온당한 인식을 통해서 공리를 배격하는 일을 가치있게 보았다. 그리고 후생증대를 꾀하는 데 있어서 지리가 차지하는 중요성을 포착하였다. 그리하여 그는 「지리책」에서 "왕의 정책은 땅을 말함에서 시작되고, 땅이 갖고 있는 이익으로써 끝난다"고 말했던 것이다. 셋째는 당시 사회가 농업중심의 사회였다는 데서 찾을 수 있다. 농업사회에서 땅 자체나 지리는 국민경제상으로나 국부상 대단히 중요한 것이다. 그리하여 다산은 바로 그 '구체적인 땅'을 중시하고 거기에 입각해서 생산성 향상을 꾀하고, 실용과 국부를 논하는 일을 가치있는 것으로 보았던 것이다. 이러한 그의 입장은 농업에 대해 자신의 생각을 편 글인 「농책」 가운데 지질, 지리, 토지생산성 등을 논한 부분에 역력히 나타나 있다.

정약용 전집인 『여유당전서』에 실려 있는 「지리책」 「풍수론 1」 「대동수경 1」 등 20개의 논저 내용을 근거로 필자는 그의 지리사상을 찾아보았는데, 여기서 '지리사상'이라는 것을 아래와 같이 규정하기로 하였다.

지리사상이란 사유(생각하기)를 통해 형성된 지리, 토지 또는 지역에 관련된 견해 내지 관점이다.

정약용의 6대 지리사상

위처럼 규정한 뒤 내용을 면밀히 다시 읽고 분석해 본 결과, 다산의 지리사상으로 1987년과 1991년에 피력한 5개의 사상(임덕순, 1987; 1991)보다 하나가 더 늘어난 6개의 지리사상을 제시할 수 있게 되었다.

이들을 정약용의 6대 지리사상이라고 불러둔다.

방위의 상대성 사상

다산의 지리사상 중 가장 주목할 만한 것이 방위의 상대성 사상이다. 이 사상은 그의 「갑을론 1」, 「송한교리사연서」 그리고 「문동서남북」에 잘 담겨 있다. 그리고 이 사상을 역시 그의 「지구도설」이 이론적으로 뒷받침하고 있다고 볼 수 있다.

「갑을론 1」에서 방위란 둘레와 중심을 분별하는 기준이라고 규정하고 방위의 성격은 고정불변이 아니라고 주장했다. 그리고 나서 말하기를, '동쪽 집의 서쪽은 서쪽 집의 동쪽이 되고, 남쪽 궁의 북쪽은 북쪽 궁의 남쪽이 되는 것'과 마찬가지로 어떤 지점이나 장소의 방위는 보기나 기준에 따라 다른 것, 즉 상대적인 것이라고 했다. 그는 또 4개의 방위 중 고정적인 것은 북극성을 근거로 한 북쪽뿐이고, 동·서쪽은 지역에 따라 방위가 바뀐다고 했다. 가령 일본이 반드시 동쪽에 자리잡고 있다고 할 수 없으며, 동로마제국이 반드시 서쪽에 있는 것이라고 말할 수 없다고 했다. 주작 방위, 즉 남쪽 방위도 그것이 상징하는 바는 불이나 '불붙음으로 인한 더운 것'이지만, 남쪽으로 계속 가면 남극이 되어서 추운 극한지가 되는 것이라고 했다. 「송한교리사연서」에도 이 사상이 힘차게 피력되어 있다. 그는 말하기를, 중국이 무조건 '가운데'에 있는 나라가 될 수 없고, 자기가 서 있는 곳이 동과 서의 가운데이고, 남과 북의 가운데이면 어느 곳이든지 '가운데'가 될 수 있으며, 또한 '중국'도 될 수 있는 것이라고 주장하였다. 다산은 연나라가 '중국'이 된 것은 요, 순, 우, 탕 등의 왕들이 좋은 정치를 폈고, 공자와 맹자 등이 훌륭한 학문적 업적을 이룩한 덕분에 그렇게 된 것이므로, 어떤 나라라도 정치·문화적으로 선진을 이룩하면 '중국'이 될 수 있는 것으로 보았다. 위치-지리적 중국관을 부정하고 정치-문화적 중국관을 내세웠던 것이다. 그는 한국도 '중국'이 될 수 있다고 보았다.

「문동서남북」에서도 방위 설정의 기초를 북극과 남극에 두면서 북과 남은 고정적이지만 기타는 그런 것이 아니라고 했다.

이상과 같은 방위의 상대성 사상은 그의 지체구형관(地體球形觀)에 근거한 것이라고 볼 수 있다. 그는 「지구도설」에서 땅덩어리는 구형(球形)이라는 것을 들어 보였다. 그는 지표면과 북극성 사이에 이루어지는 각도가 남쪽으로 갈수록 작아진다는 점과 지구 표면의 지점들 간에 남중(南中)의 시차가 있다는 점을 들어 땅덩어리가 구형이라는 것을 증명해 보였던 것이다. 지체가 구형이면 평면인 경우와는 달리 어떤 특정지역이 '가운데'에 위치한다고 말할 수 없게 되는 것이다. 이른바 중국이라는 나라도 '가운데 나라'가 될 수 없는 것이다. 다산의 방위상대성 사상은 세계를 바라보는 시각의 중대한 변화로만 끝나는 것이 아니라, 특히 조선시대에 교리나 사상적으로 중국에 편향되어 있었던 당시 지식인들의 의식을 주체적인 쪽으로 바꾸어보려는 데까지 작용하였다고 본다. 이 점이 특히 중요한 것이다. 이것 때문에 다산의 이 사상이 새삼스레 돋보이는 것이다.

백산대간에 대한 장용관(長龍觀)

다산은 그의 「대동수경 1」 녹수(1) 부분에서 백두산을 동방의 곤륜산(天柱, 天梯, 세계축axis mundi) 내지 조종산(太祖山)으로 보았는 바 이 관점은 약 1천년 전부터의 '한국 지형＝水根木幹 지형'으로 본 사람들의 관점과 같은 것이다. 그리고 백두산 - 圓山(고두산) 연결의 산맥을 백산(백두산)대간으로 간주하고 그 대간을 풍수지리설에서 말하는 대간용(龍)(큰 용맥)으로 인지하였다. 다산이 그리 길지 않은 용맥(백두산 - 원산)을 큰 줄기산맥(대간산맥)으로 본 점이 일반적으로 알려진 바 있는 대간(대간용)관들과는 다르다. 길이가 지리산까지는 아니지만 다산이 백두대간(백산대간)을 한국 지형상 중시한 것은 그 전 사람들(도선, 우필홍, 어숙권, 이중환, 이익, 신경준)의 경우와 같다. 그 산경관(山經觀)은 그의 열렬한 후계자 장지연에게 대부분 이어졌는데, 장지연은 백산대간을 연장하여 지리산까지로 보고 그것을 백두산-지리산 연맥이라고 그의 『대한신지지(건·곤)』에서 말했다. 결국 다산은 한국 산맥의 큰 틀을 수근식(水根式), 좀더 크게 보면 수근목간식으로 보았는데 수근목간적 관점은 그만큼 널리 인지되어 온 지리관인 것이다.

지국(地國) 관계관

이 견해 중에는 ①위치·지형과 국가존속과의 관계 ②수도(首都) 위치와 국가지속과의 관계 ③국방과 지형과의 관계 ④국가의 강력함과 기후·토질과의 관계 등의 관점이나 견해들이 포함된다. 방위의 상대성 사상 다음으로 다산의 중요한 지리사상이 바로 지국관계관이다. 「고구려론」에서 다산은 압록강 북쪽 차가운 기후와 적에게 둘러싸인 위치가 고구려로 하여금 오랫동안 거기에 존속하도록 작용했다고 주장했다. 그곳의 추운 기후 때문에 사람들은 웅걸하고 강성했으며 게다가 사방으로부터 적의 침략을 받을 수 있는 위치에 자리잡고 있어서 정부와 국민이 국방에 힘써, 그 결과 거기서 오랫동안 나라가 지속됐다는 것이다. 위와 같은 관점은 「백제론」에도 유사하게 나타나 있다. 백제가 중국으로부터의 침략에 가려진 위치에 있었고, 그리하여 병력은 약하고 허술하게 유지되었으며, 국난을 당했을 때 결국 망하고 만 것이라고 그는 주장했다. 이런 견해는 고대 그리스의 철학자 아리스토텔레스의 견해와 일부 상통한다. 그는 자신의 명저 『정치학』에서 너무 더운 곳은 정신이 약하고 따라서 남의 나라에 예속되기 쉽다고 보았던 것이다. 그리고 근대의 토인비의 역사발전관(도전-응전관)과도 상통한다.

수도 위치와 국가 존속과의 관계관을 보기로 하자. 다산은 그의 「고구려론」에서 말하기를, 환도성으로부터 남쪽으로 옮겨온 수도 평양은 방어선이 될 만한 두 개의 하천(압록강과 청천강을 말하는 듯함)의 남쪽에 자리잡고 있어서, 평양은 북으로부터의 침략시 두 개의 중요한 하천

방어선을 그 북쪽에 두고 있는 셈이 되어 그로 인해 위정자들이 안이한 마음을 가지게 된데다가 평양 일대의 주민이 압록강 북쪽 주민과는 달리 약하고 순해서, 평양을 근거로 한 고구려는 압록강 북쪽 일대를 근거로 한 그전의 고구려보다 오래 지속하지 못하였다고 하였다. 이런 견해는 「백제론」에도 나타나 있는데, 그는 "국운이 장구하게 되는 것은 수도를 정하는 일에 크게 연유한다. 반드시 수도는 지형상의 요충지를 차지해야 한다"고 주장하면서, 백제가 한강을 끼고 있는 수도 위례성을 버리고 평야의 가운데에 있는 부여를 수도로 택한 것은 잘못한 일이라고 지적하였다. 부여는 100리 안쪽에 의지할 만한, 또는 가릴 만한 울타리 구실의 지형이 없다고 했다. 이런 생각은 한 나라의 수도는 실제상으로나 감정상으로나 국가 존속에 있어서 중요한 초점이 되고 있다는 점에 비추어볼 때 설득력 있는 견해이다.

국방과 지형과는 관계가 깊다고 한 다산의 견해는 「지리책」에서 발견할 수 있다. 그는 한국이 3면이 바다인 점과 주위에 적이 많다는 점을 들어 조령, 죽령, 추풍령, 남한산성, 강화도, 그리고 울릉도가 국방상의 요충지라고 보았다. 이들 대부분이 오늘날에도 요충지 구실을 하고 있음은 물론인데, 특히 울릉도를 국방요충지로 든 것은 흥미있는 일이다. 아마도 그때 이미 다산은 일본을 의식해서 동해상의 고도인 울릉도의 기능을 주의깊게 생각해두었던 것 같다.

국가의 강성과 기후·토질과의 관계관은 「강역고」의 삼한총고에서 찾을 수 있다. 정약용은 옛 삼한 중에서 마한이 최강국이었는데, 이는 한강 이남의 땅이 기후가 좋고 토질이 비옥한 데에 연유한다고 보았다. 농업사회 단계에 있어서 국부의 바탕은 농업이고, 높은 생산성은 기후 및 토질과 직접 관계되어 있다는 점을 고려하면, 이러한 사상의 전개 역시 크게 합당한 것으로 볼 수 있다.

지농(地農) 관계관

토지 또는 자연환경과 농업과는 깊은 관계가 있다고 보는 다산의 견해는 그의 「농책」과 「응지론농정소」에 잘 담겨 있다. 당시의 경제사회를 생각해보면, 정약용과 같은 실용주의 및 후생지향의 학자가 기후·기상의 좋은 때(天時)와 땅이 갖고 있는 이점(地利)을 최대한으로 얻어내는 것을 궁리하고 이들을 농사에 활용해서 국부를 이루고 국민의 생활도 향상시키려는 방향으로 자기의 사상을 펴 간 것은 지극히 자연스러운 일일지도 모른다.

「농책」에서 그는 힘써야 할 3대 역점을 제시했거니와, 그것은 첫째 햇빛과 기온 등의 적절한 이용을 위해서 기후·기상이 좋은 때, 즉 천시를 살피는 것이요, 둘째는 토지 비옥성과 토질 등 땅의 이점, 즉 지리를 끌어다 잘 쓰는 것이요, 셋째는 인력을 잘 운영하는 것이다. 그중 천시와 지리는 자연환경 내지 지리에 해당되고, 인력은 사람 그 자체를 말하는 것이다. 다산은 사람 내지 그 힘을 잘 관리하는 일을 중요시함과 동시에 그 '사람'이 농업활동을 하는 데 있어서 자연적 기반이 되는 천시와 지리를 잘 살펴 이용하는 것을 대단히 소중한 것으로 보았다. 그리고 그는 예를 들어 베트남과 같은 곳은 기후가 더운 곳이어서 다기작(多期作) 또는 다모작이 가능하다고 하면서 수리(水利)와 지리를 잘 결합하면 농업생산이 증대된다고 주장하였다. 이처럼 농업생산의 구체적 측면이나 중요한 요인들을 깊이 고려하면서 그의 견해를 폈던 것이다. 다산의 위와 같은 견해는 「응지론농정소」에도 마찬가지로 나타나 있다. 지형을 살피고 수리를 증대하고 풍향과 밀·썰물을 살펴서 농업을 잘 운영해야 한다고 하였다.

다산 정약용은 결국 지리를 잘 분석해서 그에 맞게 농업경영을 하도록 힘써야 한다고 본 것이다. 기술이 발달된 오늘날에도 농업이 기후, 지형, 그리고 토질에 크게 의존하고 있는 점을 고려할 때, 다산의 위와 같은 관점은 아직도 타당한 것이다. 정약용은 땅이 갖고 있는 이점을 농업생산에만 관련짓는 데 그치지 않고 부모에 대한 효도 및 형제간의 우애를 향상시키는 일, 나아가 국가·사회의 안정에까지 연장시켜서 보았다. 자연환경과 농업을 실용적인 나라 다스림(경세치용)의 차원으로까지 끌어올려서 보았던 것이다.

반(反)풍수사상

풍수설이나 풍수기법은 옳은 것이 아니므로 받아들여서는 안되고 오히려 그를 배척해야 한다는 요지의 반풍수사상은 「갑을론 1」과 「풍수론 1, 2, 3, 5」에 잘 나타나 있다. 다산은 풍수사상이나 풍수법칙을 철저히 배격하였다. 풍수기법을 도참잡술(도참설을 바탕으로 한 잡된 기술) 특히 운명예견 잡술, 허망한 속임수, 또는 요사스럽고 못된 술법이라고 보고, 따라서 그것을 믿고 따르는 자를 어리석고 미혹하며 깨우치지 못한 자라고 비난하였다. 이제 여기서 그의 반풍수적인 구체적 진술 몇 개를 보도록 하자.

부모를 장사지내는 자들은 대개 지사(지관 또는 풍수쟁이)로 하여금 길지를 찾아내게 해서 묘를 쓰는데, 이는 부모를 땅에 묻어서 복을 얻으려는 것이므로 예의도 아니고 효도도 아니다. (「풍수론 1」)

지사가 큰 보배를 구했으면 왜 자기가 차지하지 않고 높은 벼슬을 지닌 사람들의 집에 가서 그것을 바치겠는가? (「풍수론 2」)

서남북이니 북서, 남서, 북동, 남동이니 하는 여덟 방향을 들먹이며 적부를 살피는 자들은 미신술법이나 길흉 점치기 따위의 요사스럽고 못된 술법을 배워서 방위를 잡고 귀신과 교접하기를 구하는 자들이다. (「풍수론 3」)

곽박(중국 진나라의 풍수지리학 대가), 도선(통일신라 말기 풍수지리학 대가로 고려가 개성을 수도로 정하는 데 영향을 끼친 사람), 무학대사, 이의신, 그리고 담종 등 풍수사들은 하나같이 죽음을 당하거나, 자손을 두지 못하거나, 자손들이 출세하지 못한 박복한 일생을 지냈다. 왜 길지를 택할 줄 아는 자들이 그러한 인생을 살아야 했는가? (「풍수론 5」)

이상과 같이 신랄하게, 보기에 따라서는 감정이 격해서 풍수설을 비난했거니와 다산의 이 같은 반풍수사상은 필자가 보기에는 그가 지닌 음양의 생성불능관, 즉 음과 양은 이 세상 만물을 만들어 이룩해놓는 능력이 없다는 관점에 기초한 것 같다. 그는 풍수설이 기초를 두고 있는 음양이 실재하는 것이 아니며 또한 생성능력도 갖고 있지 않다고 보았고, 따라서 음양은 생성의 원리가 될 수 없다고 믿었던 사람이다. 이 믿음은 그가 천주교 신자였고, 그리하여 일원(一元)의 천주를 근거로 한 『천주실의』의 영향을 많이 받은 결과라고도 볼 수 있다. 음양설은 천주교를 포함한 기독교에서의 '천주일원'론과는 달리 음과 양의 두 개로 이루어져 이것들이 만물을 만들어낸다는 '음양이원'론이기 때문이다. 하여간 음양을 부정하는 분위기에서는 풍수설이나 그 기법이 자리를 잡을 수 없는 것이다.

다산의 반풍수사상은 또한 풍수설을 도참설로 간주한 데서 온 것 같다. 도참설은 거의 신비주의적인 미신술법이기 때문이다. 꽤나 합리적인 풍수설과 미신적 성향이 아주 짙은 도참설을 변별해서 생각해보았더라면 앞에 소개된 내용과 같은 대단히 신랄한 비난은 나오지 않았을 것으로 본다.

또 한 가지 이유는 『주례(周禮)』의 영향인 듯하다. 『주례』는 고대로부터 내려온 중국의 각종 제도를 기록해 행정의 길잡이로 쓰도록 한 책, 즉 제도집이거니와 다산은 이 『주례』 내용들을 존중하여, 이들을 한국의 각 제도 개선·구비의 훌륭한 모범으로 삼았다. 그 『주례』에도 풍수를 따져서 부모 장사를 지내는 것을 좋지 않은 것으로 가르치는 내용이 담겨 있다.

반(反)지역차별 사상

지역간에 차별을 두고 그에 따라 대우하는 것에 반대 입장을 보인 다산은 「통색의」라는 글을 내놓았다. 통색이라는 말은 막힌 것 또는 경색된 것을 뚫는다는 말이다. 다시 말해서 특정 지역 출신 인물들의 등용길이 막힌 것을 뚫어 그들도 봉사의 길에 들어서게 한다는 뜻이다.

다산은 주장하기를, 작은 나라 모든 곳에서 인재를 발굴해서 써도 부족할 것인데 하물며 여러 지방 출신 인재들을 기피하는 것은 옳은 일이 아니라고 했다. 그러면서 그는 서관(西關), 북관(北關), 해서(海西), 송경, 심도(강화도), 관동, 그리고 호남 사람들을 등용하지 않는 것에 대해서 특히 유의하고 개탄해 마지않았다. 사실 위 지역들을 빼고 나면 남는 지역은 서울, 경기도(일부 제외), 충청도, 경상도뿐이다. 이들 네 지역 사람만을 등용했다는 계산이 나오는데, 이것은 심히 잘못된 일이라고 지적한 것이다. 그는 "어찌 천지와 산천이 어떤 특정한 인간들에게만 혜택을 베푸는 것이라고 인정할 수 있겠는가?"라고 외쳤다. 그의 이 사상은 가문이든 출신지방이든 태어난 처지에 근거해서 사람을 차별대우하는 일은 옳은 일이 아니라는 철학에 근거한 것이다. 차별적으로 사람 쓰는 일을 버려야 사람들이 한맺힌 비가(悲歌)를 부르면서 술이나 마시며 방탕하게 지내는 일을 버리게 될 것이라고 「통색의」에 썼다. 그러면서 나라발전의 좋은 방법은 동서남북에 구애없이, 그리고 멀고 가까움과 귀천도 가리지 말고 똑똑한 사람이면 등용하는 일이라고 주장하였다.

사실 당시까지 진행되어온 지역간 차별대우를 들어보면, 고려조정이 차령산맥 남쪽 사람들을 등용하지 않았고, 조선의 초기조정이 개성 지식인을 배척했으며, 조선 중기 이후에는 전라도 사람들이 등용상의 푸대접을 크게 받았다. 그 당시까지 계속해서 조정이 지역간 차별을 해왔다는 것은 다산이 볼 때 크나큰 잘못이요 국가적 손실이요 국가 발전상

후퇴였던 것이다. 더군다나 명분론자이기보다는 실용주의자요 또한 국가의 강성이나 국가발전을 깊이 생각해온 다산 정약용으로서는 지역간 차별을 용인할 수가 없었던 것이다. 지역간 평등대우 사상은 동서고금을 막론하고 국가의 존속·발전에 필수적이라고 널리 인정되어온 국민의 사회적 통합을 확보하는 일과 직결되는 사상이어서 다산의 위와 같은 사상은 정치지리학을 공부하고 있는 필자의 눈에는 더욱 빛나 보이는 것이다. 거기다가 오늘날 한국이 지역간 갈등 내지 불통합 문제를 안고 있다는 사실을 고려하면, 정다산의 반지역차별 사상은 재삼 음미해볼 만한 충분한 가치를 지니고 있다고 할 것이다.

이 문제는 워낙 오랜 동안의 것이라(부침은 있었지만), 다산정신 이상의 굳은 각오로 대처해야 할 것으로 느껴진다. 김대중 대통령이 말하기를(1998. 8. 26) 국내의 지역주의(지역차별주의)는 마치 '악마의 주술'같이 국민을 분열시키고 있어서 임기 내에 반드시 그 지역차별주의를 종식시키겠다고 하였는바(망월동 묘역 참배시), 그 실천을 크게 기대한다.

근대지리학 이후의 지리사상에 가까워

정양용의 전집인 『여유당전서』에서 20개의 지리적 논저를 찾아내고 이들을 근거로 해서 얻어낸 그의 6대 지리사상은 방위의 상대성 사상, 백산대간에 대한 장용관, 지국 관계관, 지농 관계관, 반풍수사상, 그리고 반지역차별사상이다.

이들 사상은 특히 「갑을론 1」, 「송한교리사연서」, 「문동서남북」, 「지구도설」, 「대동수경 1」(그중 녹수 1), 「고구려론」, 「백제론」, 「지리책」, 「강역고」(그중 삼한총고), 「농책」, 「응지론농정소」, 「풍수론 1 2 3 5」 등에 잘 나타나 있다.

위 6개 사상 중 백산대간에 대한 장용관과 반풍수사상을 제외하면 나머지는 모두 서구를 중심으로 일어난 근대지리학 이후의 지리연구에서

만들어진 지리적인 관계관, 개념 또는 관념, 그리고 견해 내지 사상들과
도 잘 들어맞는다고 할 수 있다. 필자가 보기에는 다산의 반풍수사상에
는 지나치게 감성적 비판이 그 속에 들어 있고, 또한 반박을 하였으되
묘지에 대한 풍수설 위주로 짜여져 있어서 다수의 지리학도들에게 다소
간에 의문을 던져주리라고 생각된다. 풍수설의 일부인 묘지풍수설 위주
로 풍수설 전체를 비난했기 때문이다.

참고문헌

정약용. 1982. 『여유당전서』(영인), 경인문화사.

이원순. 1976, 「조선후기 실학자의 서학의식」, 《한국학보》, 3, 일지사.
이을호. 1976, 「한국실학사상 개설」, 『한국의 실학사상』, 삼성출판사.
임덕순. 1987, 「다산 정약용의 지리론 연구」, 《지리학논총》, 14, 서울대 지리학과.
____. 1991, 「다산 정약용의 지리사상」, 『한국의 전통지리사상』, 민음사.
____. 1997, 「한국지리론 시각에서의 백두대간식 산맥표기에 대한 논의」, 『백두대
　　간의 개념정립과 실태조사 연구』, 산림청.
장지연(보편). 1905, 『대한강역고』(상·하), 박문사.
____. 1907, 『대한 신지지』(건·곤), 휘문관.
전상운. 1976, 「조선학자들의 地轉說에 대하여」, 《한국학보》, 2, 일지사.
채무송. 1987, 「한유 정다산의 反주자학설 연구」, 《한국학보》, 11, 일지사.
한영우. 1983, 「다산 정약용의 사론과 대외관」, 『김철준 박사 화갑기념 사학논총』,
　　지식산업사.

古山子 金正浩

김정호의 실학적 지리학

양보경(성신여자대학교 지리학과 교수)

김정호의 생애와 업적

고산자(古山子) 김정호(金正浩)는 우리나라의 가장 대표적인 지리학
자로 누구나 손꼽는 인물이다. 그가 만든 《대동여지도》 또한 우리나라
의 고지도 중 최고의 작품으로 평가받고 있다. 그러나 김정호 자신이나
그가 지도나 지지를 제작한 과정 등은 잘 밝혀져 있지 않다. 고산자의
출생지는 오랫동안 황해도 봉산(鳳山)이라고 알려져 왔는데, 1980년대
후반에는 황해도 토산(兎山)이라는 설이 제기되었다. 어쨌든 고산자는
황해도에서 출생하여 서울로 옮겨 와 활동한 것으로 보인다.

김정호의 출생과 사망시기도 분명하지 않다. 숭실대 기독교박물관장
을 역임하고, 고지도 연구에 업적을 남긴 김양선(金良善) 목사는 김정호
가 1804년에 태어나 1866년에 사망했다고 기록하였다. 근거를 명시하
지 않았으나 이 지적은 현재까지 가장 타당한 설로 인정받고 있다. 김
정호의 마지막 저작으로 추정되고 있는 『대동지지(大東地志)』에 민비
(閔妃)를 고종의 왕비로 기록한 것으로 볼 때 1866년까지는 생존했음을
알 수 있기 때문이다.

김정호와 그의 업적에 관한 기록으로 현재까지 알려진 것은 4종 정도

이며, 그나마도 매우 간략하다. 오주 이규경(五洲 李圭景)이 지은 『오주연문장전산고(五洲衍文長箋散稿)』 중의 「지지변증설(地志辨證說)」과 「만국경위지구도변증설(萬國經緯地球圖辨證說)」, 조선시대 하층계급 출신으로 각 방면에 뛰어난 인물들의 행적을 모은 겸산 유재건(兼山 劉在建)의 『이향견문록(里鄉見聞錄)』 중 「김고산정호(金古山正浩)」, 혜강 최한기(惠崗 崔漢綺)가 쓴 《청구도(靑邱圖)》 제문(題文), 고종대에 총융사·병조판서 등을 역임하고, 1876년(고종 13)에 판중추부사로서 일본과 강화도조약을 체결할 때 우리측 대표였던 신헌(申櫶)의 문집 『금당초고(禁堂初稿)』에 실린 「대동방여도서(大東方輿圖序)」 등에서 김정호와 그의 작업에 대한 부분적인 모습을 접할 수 있을 뿐이다.

김정호는 서울지도인 《수선전도(首善全圖)》(1840년대), 그리고 전국지도인 《청구도》(1834), 《대동여지도(大東輿地圖)》(1861, 1864)를 제작하였으며, 전국지리지인 『동여도지(東輿圖志)』(1834~1844), 『여도비지(輿圖備志)』(1853~1856), 『대동지지(大東地志)』(1861~1866)를 편찬하였다. 그가 제작하였다고 추정되고 있는 《동여도(東輿圖)》에 대해서는 김정호의 작인가에 대하여 이견이 있으며, 제작연대도 1857년설과 1872년설이 있어 '1857년에 제작된 《대동여지도》의 시방서'라는 설이 확정적인 것은 아니다.

《수선전도》를 제외하면 그의 업적은 대부분 전국지도와 전국지리지에 집중되어 있다. 그가 국내의 지도·지지 제작 특히 전국을 대상으로 한 지도·지지 제작에 특별한 관심과 의지를 지녔음을 알 수 있다. 이는 고산자 김정호의 친우이며, 19세기의 뛰어난 실학자인 혜강 최한기가 세계지도와 세계지지의 제작에 힘을 기울였던 것과 대비된다.

김정호의 지도와 지리사상

《청구도》(1834)와 《대동여지도》(1861, 1864) 등 김정호가 만든 지도들은 전도(全圖)이다. 전도는 우리나라 전체를 그린 지도이므로, 다른 어느 유형의 지도보다도 우리나라를 대표하고 상징하는 지도로서 의의를 지닌다. 우리나라 전체의 모습을 확인할 수 있고, 우리 국토를 어떻게 표현하였는지 확인할 수 있는 지도가 바로 전도 즉 전국지도이기 때문이다. 전국지도는 여러 유형의 지도를 바탕으로 하여 제작된다. 그러므로 각 유형의 지도의 종합이며, 제작 당시 지도학의 수준을 대변하는 것이기도 하다.

김정호는 조선 후기에 발달했던 군현지도, 방안지도(경위선표식 지도), 목판지도, 절첩식지도, 휴대용지도 등의 성과를 발전적으로 종합하고, 각각의 장점을 취하여 전국지도들을 만들었다. 김정호가 만든 지도들의 뛰어난 점은 조선 후기에 발달했던 대축척지도의 두 계열, 즉 18세기 중엽 정상기의 《동국지도(東國地圖)》이후 민간에서 활발하게 전사되었던 전국지도·도별지도와 국가와 관아가 중심이 되어 제작했던 상세한 군현지도를 결합하여 군현지도 수준의 상세한 내용을 겸비한 일목요연한 대축척 전국지도를 만든 데에 있다.

김정호가 만든 전국지도들은 현존하는 전국지도 중 가장 크다. 책자나 절첩식 형태로 고안되었기 때문에 접힌 크기는 세로 30㎝ 가로 20㎝ 정도이지만, 지도 전체를 펼쳐 이으면 세로 6.6m 가로 4.2m의 대형지도가 된다. 이 지도들은 지도에 축척을 명시한 축척지도(縮尺地圖)이며, 경위선표식(經緯線表式) 지도이다. 경위선표식 지도란 비교적 일정한 크기의 방안(方眼)을 바탕에 그림으로써 축척을 적용하여 그린 지도로서 선표도, 방안좌표지도(線表圖, 方眼座標地圖) 등으로 불러왔다. 《대동여지도》는 세로 30㎝ 가로 20㎝의 지도 한 면을 남북 120리 동서 80리가 되도록 구획함으로써 축척을 나타내고 지도 위에서 쉽게 거리를 짐작할 수 있게 고안되었다. 축척은 지도 내용 속에도 표시되었다. 즉 도로에 10리마다 점을 찍어 거리를 나타냈다. 특히 도로상의 10리점은 그 간격이 일정하지 않아 도로의 지형적인 조건을 부분적으로 반영하고 있다.

세계의 지도 발달사를 집대성한 『지도학사(The History of Cartography)』 시리즈의 한국편을 집필한 레드야드(Gari Ledyard)는 《대동여지도》를 한국의 지도 중에서 지도학적으로 가장 우수한 지도라고 평했다. 그것은 오랫동안 지속되어온 동양 지도의 지지(地誌, text)적인 전통에서 벗어났다는 뜻이기도 하다. 즉 우리나라의 지도에는 여러 가지 설명을 지도의 여백이나 지도 안에 기록하여 많은 정보를 담았던 전통이 강했다.

김정호가 앞서 만들었던 전국지도인 《청구도》에도 이러한 전통이 강하게 반영되어, 군현명 옆에 인구, 전답, 군정(軍丁), 곡식, 별칭, 군현품계, 서울까지의 거리 등을 써 넣어 지도가 복잡하게 보였다. 그러나 《대동여지도》는 글씨를 가능한 한 줄이고, 표현 내용과 정보를 기호화하는 방식을 확립하여 현대 지도와 같은 세련된 형식을 보여주었다.

《대동여지도》의 내용과 표현상 가장 큰 특징은 산과 물의 특징적인 표현과 분별성이다. 《대동여지도》를 보면 산이 가장 강하게 눈에 들어온다. 그 이유는 산을 독립된 하나의 봉우리로 표현하지 않고, 이어진 산줄기(산맥)로 나타냈기 때문이다. 더욱이 산줄기를 가늘고 굵게 표현함으로써 산의 크기와 높이를 알 수 있도록 하였다. 사람의 삶의 터전으로서의 지형을 이해하는 데 가장 중요한 요소인 분수계(分水界)와 산줄기가 이를 통해 명료하게 드러난다. 빗방울은 산 능선 위에서 갈라져 서로 다른 방향의 산 사면으로 떨어져 모여 강줄기를 이룬다. 산이 물을 나누는 분수계라는 점은 산이 인간생활에 큰 영향을 미치는 측면인 것이다. 연속된 산의 맥인 산줄기 가운데 백두산에서 이어지는 대간(大幹)을 가장 굵게, 다음으로는 대간에서 갈라져 나가 큰 강을 나누는 정맥(正脈)을 굵게 그리고, 정맥에서 갈라져 나간 줄기를 그 다음으로 굵게 표현하는 등 산줄기의 위계에 따라 그 굵기를 달리하였다. 이는 조선시대 사람들이 지녔던 산천에 대한 인식체계를 지도화한 것으로, 지도가 사상(思想)의 투영임을 보여주는 것이다. 김정호는 《청구도》 범례에서 "산마루와 물줄기가 지면의 근골과 혈맥"이라는 표현을 썼다. 땅에 대한 이러한 생각은 당대인들의 국토관, 자연관이라 할 수 있으며, 김정호는 당대인들의 자연관을 지도에 가시적이고 적확하게 반영하였던 것이다.

김정호가 만든 지도에서 많은 사람들이 주목하는 또다른 측면은 도로, 군현의 경계 표시, 봉수, 역원, 1,100여 개에 달하는 섬(島嶼), 목장, 그리고 역사지리적으로 중요한 옛 지명들이다. 그 가운데에서도 도로 표현이 독특하여 많은 관심을 받아왔다. 《대동여지도》에 도로는 직선으로 표시되었는데, 이는 이전의 지도에서는 보기 드문 방식이었다. 이는 《대동여지도》가 목판본이기 때문에 흑백으로 인쇄될 수밖에 없었고 곡선으로 표현되는 하천과의 중복을 피하기 위함이었다. 그것이 오히려 도로를 더욱 명확하게 인식시켜주는 역할을 하고 있다. 또한 하천과 도로를 더욱 명확히 구별하기 위해 10리마다 도로에 점을 찍었는데, 도로 위에 표시된 10리 간격의 점은 축척과 함께 길의 거리를 알려주어 이용자에게 매우 편리한 거리 표현 방식이다.

《대동여지도》의 가장 큰 장점 중의 하나이자 김정호가 앞서 만든 지도에 비해 개선된 점이 목판본 지도 즉 인쇄본 지도라는 점이다. 목판 지도는 지도의 보급과 대중화에 큰 역할을 한다. 《대동여지도》가 유명해진 것은 목판본 지도이므로 여러 본을 찍을 수 있고 많은 사람에게 보급할 수 있었기 때문이다. 그러므로 상세하고 내용이 풍부한 지도를 접하기 어려웠던 대다수의 국민들에게 《대동여지도》는 획기적인 지도로 인식되었을 것이다.

여기에서 지도가 소수의 정치가, 관리, 학자들에게만 필요한 것이 아니라고 생각했던 김정호의 생각을 읽을 수 있다. 김정호는 국민들도 국토의 각 지역에 대한 정보를 가져야 하며, 국토의 모습을 담은 지도가 많은 사람들에게 보급되고 전달되어 국민의 교양으로 뿌리내려야 함은 물론, 국가가 어지러울 때일수록 지도와 지지가 필요하다고 생각했음을 엿볼 수 있다. 김정호가 만든 서울지도로서 서울을 그린 목판지도의 백미로 꼽히는 《수선전도》를 목판본으로 만든 것도 같은 맥락일 것이다.

《대동여지도》는 목판본 지도 중에서도 가장 정교하면서도 품격을 갖춘 지도이다. 《대동여지도》는 형태와 윤곽의 정확함, 내용상의 풍부함 위에 목판으로서의 아름다움과 선명함을 지니고 있다. 정밀한 도로와 하천, 정돈된 글씨와 기호들, 살아 움직이는 듯한 힘있는 산줄기의 조화와 명료함은 다른 어느 지도도 따를 수 없는 판화로서의 뛰어남을 지니고 있다. 이런 점에서 고산자 김정호는 위대한 지도학자이면서 훌륭한 전각가였으며, 지도의 예술적 가치를 실현한 예술가이기도 하다. 즉 지도의 미적 품격을 추구했던 모습을 통해 지도를 예술로 인식, 승화하려 했던 김정호의 사상을 읽을 수 있다.

《대동여지도》는 현전하는 조선 지도 중 가장 큰 전국지도(全圖)이면서도 보기 쉽고 가지고 다니기 쉽게 만든 지도이다. 김정호는 이를 위해 《대동여지도》를 분첩절첩식(分帖折疊式) 형태로 만들었다. 이 점은 김정호가 《대동여지도》에 앞서 1834년(순조 34년)에 완성했던 전국지도인 《청구도》가 책의 형태로 묶여져 있는 것과 비교할 때 가장 다른 점이기도 하다.

분첩절첩식 지도는 책자 형태의 지도에 비해 간략하고, 간직하거나 보거나 가지고 다니기에 매우 편리하다. 또한 절첩식 지도의 장점은 부분으로 자세히 볼 수 있고, 서로 이어 볼 수 있어 분합(分合)이 자유롭다는 것이다. 《대동여지도》는 우리나라를 남북으로 120리 간격, 22층으로 구분하여 하나의 층을 1첩으로 만들고 총 22첩의 지도를 상하로 연결하여 전국지도가 되도록 고안하였다. 1층(첩)의 지도는 동서로 80리 간격으로 구분하여 1절(折 또는 1版)로 하고 1절을 병풍 또는 어코디언처럼 접고 펼 수 있는 절첩식 지도를 만들었다. 22첩(帖)을 연결하면 전체가 되며, 하나의 첩은 다시 접혀져 병풍처럼 접고 펼 수 있는 형태이다. 그러므로 부분만 필요할 경우 일부분만 뽑아서 휴대하며 참고할 수 있다. 예를 들어 서울에서 강릉까지 여행을 할 경우 지도 전체를 가지고 갈 필요 없이 서울에서 강릉까지 수록된 제13층 지도만 지니고 가면 된다. 김정호가 지도를 실제 지역을 돌아다니면서 살피는 데 유용한 자료로 생각하고 있었음을 보여주는 것이다.

《대동여지도》가 많은 사람에게 애호를 받았던 가장 큰 이유는 목판본 지도이기 때문에 일반에게 널리 보급될 수 있었으며, 개인적으로 소장·휴대·열람하기에 편리한 데에 있었다. 중앙이나 지방 관청에는 상세하고 정확한 지도들이 소장되어 있었다. 그러나 그 지도는 일반인들은 볼 수도, 이용할 수도 없었다. 김정호는 정밀한 지도의 보급이라는 사회적 욕구와 변화를 인식하고 그것을 실현하였던 측면에서 더욱 빛을 발한다. 그러나 흔히 생각하듯이 아무런 기반 없이 독자적인 힘으로 《대동여지도》와 같은 훌륭한 지도를 만들었던 것은 아니다. 비변사와 규장각 등에 소장된 앞선 시기의 많은 지도들, 정상기와 같은 민간의 많은 지도 제작자들의 지도 제작술과 그 성과를 검토하고 종합한 결과인 것이다.

김정호의 지리지와 지리사상

김정호는 서울지도·전국지도 외에 전국지리지인 『동여도지(東輿圖志)』, 『여도비지(輿圖備志)』, 『대동지지(大東地志)』를 편찬하였다. 『동여도지』(20책 중 17책 영남대 도서관 , 2책 서울대학교 규장각 소장)는 김정호가 편찬한 최초의 전국지리지로서, 1834년~1844년 사이에 편찬되고, 1861년경까지 계속 수정·보완된 지리지이다. 『여도비지』(20책, 국립중앙도서관 소장)는 최성환(崔瑆(王+星)煥)과 김정호가 함께 편찬한 지지이며, 『대동지지』(15책, 고려대 도서관 소장)는 김정호의 마지막 저작이다.

『동여도지』는 『신증동국여지승람』의 체제와 내용을 기본으로 한 후 김정호가 섭렵한 많은 문헌들을 광범위하게 비교·인용함으로써 자료 수

집에 노력한 고산자 지지의 초기 형태이다. 『동여도지』는 지역별 지지 외에 「역대주현(歷代州縣)」, 「역대강역(歷代疆域)」, 「역대풍속(歷代風俗)」, 「역대관제(歷代官制)」, 「정리고(程里考)」가 수록되어 역사지리적인 내용과 도로에 관련된 내용이 첨가되었다.

『여도비지』는 내용의 압축과 간략한 서술을 특징으로 한다. 이 지지에서 주목되는 것은 각 도의 첫머리에 정리되어 있는 「호구(戶口)」, 「전부(田賦)」, 「강역표(疆域表)」, 「극고표(極高表)」, 「방위표(方位表)」, 「군전적표(軍田籍表)」 등의 군현별 통계표이다. 특히 그의 지도 제작에 참고가 되었다고 보이는 극고표와 방위표는 다른 지지나 지도에서 찾아보기 힘든 기록으로 주목된다. 『여도비지』는 각 도별로 군현 단위의 지지만을 수록하여 김정호가 단독으로 편찬한 나머지 두 지지와 상이한 체제로 구성되어 있다.

『대동지지』는 김정호의 일생의 집념과 노력이 결집된 지지이다. 『대동지지』에는 성숙된 지리학자로서의 그의 자세와 의식이 투영되어 있다. 『대동지지』는 각 도별 군현 지지를 앞에 두고, 후반부에 「산수고(山水考)」, 「변방고(邊防考)」, 「정리고(程里考)」, 「방여총지(方輿總志, 歷代志)」 등을 수록하였다. 『대동지지』의 체제는 『동여도지』의 것을 한층 발전시킨 형태로서 『동여도지』의 내용에 산맥과 하천, 국방 문제 등을 강화한 것인데, 이 두 부분은 전하지 않는다.

『동여도지』와 『대동지지』의 체제는 이전의 전국지리지나 읍지에서 예를 찾기 어려운 독특한 구성 방식이다. 즉 각 지역 단위로 지역의 성격을 기술하는 지역별 지지와, 강역·도로·국방·산천 등 주제별 지리학을 결합시킨 형태로서 주목된다. 이는 조선 전기의 전국지리지 편찬과 조선 후기의 읍지 편찬의 맥을 계승한 후 조선 후기에 새로 꽃피운 실학적 지리학의 연구 성과를 지리지라는 틀에 종합하여 집대성하려는 시도였다고 보인다.

현대지리학적인 입장에서 해석한다면, 지역지리학의 연구방법과 계통지리학적인 연구 방법을 결합하여 완벽한 지지를 만듦으로써 국토를 보다 정확하고 체계적으로 설명하는 틀을 『대동지지』에서 정립하려 하였다고 할 수 있다. 이 책에는 김정호의 독자적인 견해가 정리되어 있는데, 연혁, 지명, 산천, 도로 등에서 드러난다. 또한 철저한 사실성에 기초하여 분명하지 않은 내용은 과감하게 삭제하고, 항목을 조정하였다. 또한 실학적 지리학의 대두와 발전은 상업·유통 경제의 발달 등 국내의 사회·경제적 여건의 변화와 그와 관련된 국토 공간 구조의 변화에 바탕한 것이기 때문에, 실학적 지리학을 지리지에 접합시키려는 그의 노력은 변모되고 있던 사회, 경제, 공간 구조를 반영하려는 시도였다는 점에서 더욱 의의가 크다.

내용상으로 보면, 김정호의 지지들은 이전의 전국지리지나 읍지들과 비교할 때 다음과 같은 중요한 차이점들이 있다.

첫째, 인물(人物), 성씨(姓氏), 시문(詩文)에 관련된 항목들과 내용이 제외되었다. 『신증동국여지승람』은 세종대에 편찬된 지리지에 비하여 인물, 시문, 예속 관련 내용이 강화되고, 경제·사회·군사적인 측면이 약화되었다. 『신증동국여지승람』을 저본으로 하여 새로운 지지 편찬을 구상하였다고 명시하였지만, 그의 지지들은 『신증동국여지승람』과는 기본 성격이 달랐다고 하겠다.

둘째, 군사적인 측면이 강조된 지지라는 특징을 지닌다. 「동여도지」에는 무비(武備) 편을 두고 「성지(城池)」·「전략(戰略)」 조를 항목으로 설정하였으며, 「전고(典故)」조를 독립 항목으로 설정하여 외국의 침략과 그 지역에서 일어났던 역대 전투를 상세하게 기록하고 있는 점이 이를 말해준다. 뿐만 아니라 각 항목의 수록범위와 이유 등을 설명하여 놓은 『대동지지』「문목(門目)」조에 「산수(山水)」, 「성지(城池)」, 「영아(營衙)」, 「진보(鎭堡)」, 「봉수(烽燧)」, 「창고(倉庫)」, 「진도(津渡)」, 「목장(牧場)」 등의 조항도 국가의 방어와 관련된 것으로 설명하였다.

셋째, 내용의 철저한 사실성과 고증을 기초로 한 지지 편찬의 과학적 자세, 계속적인 보완을 통해 지역의 변화상을 반영하고자 하는 노력이 작용한 지지라는 점이다. 다른 어느 문헌에서도 찾아볼 수 없는 역사 지명과 사실들을 간략하면서도 풍부하게 수록하였으니, 『대동지지』 해제에서 이병도 박사는 고대사 연구 중 삼한(三韓)의 여러 소국(小國)의 위치 비정에 어려움을 겪다가 이 책에 힘입어 마한의 지침국(支侵國)의 위치를 대흥으로, 비미국(卑彌國)의 위치를 비인으로, 감해비리국(監奚 卑離國)의 위치를 홍성으로 비정할 수 있었던 기쁨을 언급한 적이 있다.

김정호가 편찬한 3종의 전국지리지는 조선 전기에 국가적인 사업으로 시행하였던 전국지리지 편찬 이후, 그리고 17세기 후반 반계 유형원이 편찬한 《동국여지지》 이후에 제작된 가장 훌륭한 사찬 전국지리지이다. 그는 전통적 지역지리학인 지지학과 계통지리학에 가까운 실학파 지리학의 양대 맥락을 결합하여 새로운 지지학을 정립하고자 하였다.

김정호 사상의 진보성

김정호는 지리학자였다. 그러나 그가 남긴 업적과 그의 영향은 우리 국토와 역사를 대상으로 하는 모든 학문, 모든 분야에서 빛을 발하고 있다. 이는 당대의 지리학을 종합하려 했던 그의 선진적인 자세와, 그의 저작들이 지니는 사실성에 기인한다.

고산자 김정호는 국가의 경영에서 지도와 지지를 제작하고 활용할 것을 강조하였다. "천하의 경륜은 모두 지지도에 있다"(「추측록(推測錄)」 권6 「추물측사(推物測事)」 '지지학')고 한 최한기의 지적은 김정호의 견해이기도 하다. 김정호는 지지와 지도를 상호보완적인 존재로 인식하였으며, 지도의 미진한 곳을 지지로 밝혀야 한다고 생각하였다.

이를 위하여 개인의 힘으로 지도와 지지를 집대성하고, 지도와 지지의 결합을 성공적으로 수행하였다. 결국 그가 이룩한 지도와 지지의 제작, 편찬은 19세기 조선의 국토 정보를 집대성하여 구축하고, 체계화한 것이었다. 이러한 점에서 그는 국토 정보화의 중요성을 제시하고, 실천한 선각자라 할 수 있다.

그가 만든 지도와 지지들은 전통적인 동양식 지도와 지지의 마지막 금자탑이다. 그의 작품들은 조선시대 사람들의 국토관과 지역에 대한 인식을 분명하게 투영하고 있는 점에서 시대성을 발휘하며, 이는 지도와 지지가 성취해야 할 본질에 성공적으로 도달하였음을 의미한다고 하겠다.

고산자 김정호는 지도와 지지를 제작, 편찬한 데서 나아가 이들 자료를 간행하였다. 어려운 여건 속에서도 지도 간행을 달성한 것은 국토에 대한 정보를 국가와 지배층이 독점하는 것에 대한 비판의식에서 출발한 것이며, 국토 정보를 일반에게 보급하여 국민들이 공유할 대상으로 인식했음을 보여준 것이다. 국토 정보의 구축과 체계화는 물론, 정보를 보급하고 대중화하려 하였던 그의 사상이 급변하고 있던 당시의 정치·사회적인 현실 속에서 더 돋보인다.

또한 《대동여지도》에서 볼 수 있는 휴대용 형태의 지도 제작은 상세하고 풍부한 국토 정보를 이동하면서 이용할 수 있도록 기획하였다는 점에서 선진적이다. 이용자와 수요자를 고려한 것이며, 역시 지역 정보의 실제적인 활용을 추구한 것이다.

한미한 계급 출신이었던 김정호가 광범위한 국토 정보를 구축할 수 있었다는 사실은 오늘날의 관점에서 보면, 학문을 주도하였던 사회계층의 변화를 반영하는 것으로서도 의미가 크다. 즉 조선 전기에는 국가 주도의 지도·지리지 편찬이 이루어졌고, 조선 후기에는 국가와 양반층이 중심이 되어 지도와 지리지를 만들었다. 19세기에 이르러 일반 평민층에서도 고급 국토 정보에 접근하여 그것을 한층 발전시켜 새로운 국토 정보 체계로 구축할 수 있었다는 것은 김정호 사상의 진보성을 보여주며, 다른 한편으로는 그러한 개인을 탄생시켰던 조선 사회와 국토의 변모를 반영하는 것이기도 하다.

참고문헌

『靑邱圖』 影印本.

京城帝國大學 法文學部 編. 1936, 『影印 大東輿地圖』, 奎章閣叢書 第二.

京城帝國大學 法文學部 編. 1936, 『大東輿地圖索引』, 奎章閣叢書 第二別册.

慶熙大學校附設 傳統文化研究所. 1980, 『大東輿地圖』 影印本, 太學社.

金斗日. 1994, 「大東輿地圖의 圖法에 관한 研究」, ≪地理學≫ 제29권 제1호, 大韓地理學會, 39-45쪽.

_____. 1994, 「大東輿地圖의 空間的 正確性」, ≪文化歷史地理≫ 6호, 韓國文化歷史地理學會, 31-43쪽.

_____. 1994, 「輿圖備志의 經緯度 자료에 의한 大東輿地圖의 縮尺」, 『地域과 文化의 空間的 展開』, 牧山 張保雄博士 華甲紀念論叢刊行委員會, 57-67쪽.

金良善. 1972, 『梅山國學散稿』, 숭실대학교 출판부.

朴泰和·洪慶姬. 1981, 「大東輿地圖에 나타난 驛站의 分布와 立地」, ≪教育研究誌≫ 제23집, 경북대학교 사범대학, 67-84쪽.

成南海. 1985, 「靑邱圖와 大東輿地圖의 縮尺과 자(尺)의 考察」, ≪測量≫ 12월호, 大韓測量協會, 45-46쪽.

楊普景. 1991, 「古山子 地志의 現代的 評價」, ≪地理學≫ 26권 2호, 대한지리학회, 164-170쪽.

_____. 1992, 「18세기 備邊司地圖의 고찰-奎章閣 소장 道別 郡縣地圖集을 중심으로」, ≪奎章閣≫ 제15호, 서울大學校 奎章閣, 93-123쪽.

_____. 1995, 「'大東輿地圖'를 만들기까지」, ≪韓國史市民講座≫ 제16집, 一潮閣, 84-121쪽.

_____. 1996, 「崔漢綺의 地理思想」, ≪震檀學報≫ 第81號, 震檀學會, 275-298쪽.

_____. 1998, 「대동여지도」, ≪한국사 시민강좌≫ 제23집, 일조각, 45-59쪽.

元慶烈. 1991, 「大東輿地圖: 現代 地圖學的인 考察」, ≪地理學≫ 26권 2호, 대한지리학회, 151-158쪽.

_____. 1991, 『大東輿地圖의 研究』, 成地文化社.

六堂學人. 1928, 「古山子와 大東輿地圖」, ≪開闢≫ 5월호, 특집 조선의 자랑.

윤홍기. 1991, 「대동여지도의 지도족보론적 연구」, ≪문화역사지리≫ 제3호, 한국문화역사지리학회, 97-107쪽.

李丙燾. 1966, 「地圖·地誌의 集大成者로서의 古山子 金正浩」, 『내가 본 어제와 오늘』, 新光文化社.

李相泰. 1988, 「金正浩의 三大地志 研究」, 『孫寶基博士停年紀念 韓國史學論叢』, 知識産業社, 517-550쪽.

_____. 1989, 「古山子 金正浩의 生涯와 身分研究」, ≪國史館論叢≫ 8호, 국사편찬위원회, 183-214쪽.

_____. 1991,「古山子 金正浩의 生涯와 思想」, ≪地理學≫ 26권 2호, 대한지리학회, 139-144쪽.

_____. 1987,「里程考」, ≪測量≫ 6월호, 大韓測量協會, 61-67쪽.

李祐炯. 1990,『大東輿地圖의 讀圖』, 匡祐堂.

李 燦. 1991,『韓國의 古地圖』, 汎友社.

_____.1995,「韓國 古地圖의 發達」,『海東地圖－解說·索引』, 서울大學校 奎章閣, 3-18쪽.

全相運. 1994(3판),『韓國科學技術史』, 정음사.

韓國人文科學院. 1991,『輿圖備志』(3冊) 影印本.

漢陽大學校附設 國學研究所. 1976,『大東地志』影印本, 亞細亞文化社.

J. B. Harley and David Woodward. 1994, *The History of Cartography*, volume two, book two, Unvi. of Chicago Press.

六堂 崔南善

최남선의 국토학

권정화(경북대학교 지리교육과 교수)

현실에 좌절하여 국토순례에 나서다

유홍준 신드롬은 이제 1990년대를 풍미하였던 현상으로 기록될 듯하다. 그는 「나의 문화 유산 답사기」를 연재하면서, 첫머리에서 답사나 기행이 유행처럼 퍼져 나갈 것을 예측하였다. 그 원인으로 자가용의 보급과 더불어 구소련의 공중분해를 지적하였던 것은 이제 와 돌이켜 보아도 탁견이 아닐 수 없다. 사회진보에 대한 방향 설정에서 나침반을 상실하면서 학생운동과 노동현장의 일꾼들이 역사와 전통에서 대안을 찾거나 숨을 돌리게 될 것이라는 예측이었다. 우리 근대사에서도 현실에 좌절하여 그 대안으로 국토순례에 나선 인물을 볼 수 있다. 최남선(崔南善)! 우리는 오늘 그의 생애와 사상 속에서 지리적 관심과 국토 인식의 의미를 짚어보고자 한다. 최남선이 과연 오늘의 국토 인식에 무슨 관련이 있겠는가? 이렇게 묻는 분들은 <그림 1>의 그림지도를 한번 보라. 우리 국토의 상징으로서 이보다도 진취적 기상을 드러내는 작품이 달리 있을 것 같지 않다. 이 그림의 출처는 ≪소년≫ 창간호에 게재된 '봉길이 지리공부'란으로서, 바로 육당(六堂) 스스로의 작품이다. 아래 그림은 일본 지질학자 고토 분지로(小藤文次郎)가 한반도를 토끼에 비유한

〈그림 1〉 최남선이 호랑이에 비유한 한국지도(좌)와 고토 분지로가 토끼로 비유한 한국지도(우)

그림이다. 일반에 널리 알려진 국토의 이미지들이 100여 년 전에 최남선과 관련되었다는 점을 염두에 두고, 이제 최남선의 초기 생애에서 지리가 차지한 의미를 더듬어보자.

잡지 ≪소년≫을 창간하다

육당 최남선은 1890년(고종 27) 서울 수하동 부근에서 최헌규의 육남매 중 둘째 아들로 태어났다. 최헌규는 최영 장군의 후손이라고 하지만, 대대로 서울에서 살아온 중인 가문 출신으로 관상감의 참사관으로 근무하는 한편, 한약방을 경영하여 상당한 재산을 모았다. 세간에서는 그의 집이 조선 왕실보다 더 많은 현금을 굴릴 수 있다는 말까지 나돌 정도였다. 이러한 경제적 여유 외에도 육당의 어릴 때 놀이터가 선교사 애비슨이 경영하는 제중원(후일의 세브란스 병원) 옆이었기 때문에, 거기서 서양책을 쉽게 접할 수 있었으며 ≪한성순보≫나 ≪독립신문≫ 등도 늘 접할 수 있었다. 개화사상의 한복판에서 성장하였던 그는 열두 살 때

관례에 따라 결혼을 하였으며, 이 무렵 이미 문장가로서 신문에 논설을 투고하기 시작하였다. 1902년 열세 살 되던 해에는 서당 공부를 중단하고 일본인이 서울에 세운 일어학교 경성학당에 입학하였다. 약 3개월쯤 일어와 산술을 배운 후 당시 서울에 지국을 낸 ≪오사카 아사히≫ 신문을 정기구독하기 시작하였다. 그는 열세 살 때 이미 ≪황성신문≫, ≪제국신문≫ 등에 논설을 투고하여 활자화할 만큼 조숙한 소년이었다. 1904년 열다섯 살 때 20대 청년들 틈에 끼여 국비 유학생 선발시험에 합격함으로써 일본으로 건너가 11월 동경부립 제일중학교 특설반에 입학하였다. 그렇지만 최연소 학생으로서 나이든 유학 동창생들과의 불화 및 일인들에 대한 감정적 반발로 인하여 한 달 만에 퇴교하고 이듬해 귀국하고야 말았다. 이 짧은 기간에 무엇을 배웠다고는 생각할 수 없고 다만 근대화를 향해 질주하는 일본의 모습을 구경한 정도일 터이나, 육당에게는 큰 자극이었을 것이다.

1906년 4월, 열일곱 살 때 이번에는 사비로 일본 유학을 떠나 와세다 대학에 입학하였으나 여기에서도 오래 있지는 못하였다. 학생 모의국회에서 민족적인 모욕을 당하자 그는 유학생의 선두에 서서 학장의 공개사과를 요구하는 투쟁을 벌여 결국 3개월 만에 스스로 학교를 박차고 나와버렸다. 짧은 학창시절이었지만 이 두번째 유학이 육당에게는 큰 계기를 마련해준 결과가 되었다. 이때 벽초 홍명희와 춘원 이광수도 알게 되었고, 대한유학생회 학보의 편집도 맡아보게 되어 유학생 사회에서 이름이 알려지게 되었다.

육당이 두 차례 일본 유학에서 가장 큰 충격을 받은 것은 당시 개화를 수용하는 수단으로서 잡지 발행이 활발했다는 사실이었다. 최남선은 일본 유학 전에 이미 상해에서 나온 잡지나 일본의 유명한 잡지 ≪태양≫까지 구독한 바 있고, 신문에 기고한 논설로 한 달간 투옥된 일조차 있었기에 잡지에는 유달리 관심이 컸으므로 일본 잡지계의 활기찬 모습은 큰 충격이었다. 그 해 가을에 남은 학비로 인쇄기구와 활자와 많은 참고서적을 구입해 가지고 귀국하였다. 이리하여 신문관을 발족시킨 것은 1907년 열여덟살 때의 일이었다. 신문관을 발족하여 단행본을 내는 한편 1908년 11월 ≪소년≫을 창간하였다. 이는 우리나라 초창기 종합교양잡지로서, 큰형 창선이 신문관의 실질적인 경영자였지만, 최남선 혼자서 집필, 편집, 경영 전반을 도맡아하였다.

지문학에 대한 관심

대중계몽을 지향하였던 ≪소년≫지에서 특히 지리 관련 내용은 창간호부터 상당한 비중을 차지하였다. 일곱 번에 걸쳐 연재되었던 '봉길이 지리공부'란이라든지, 우치무라 간조(內村鑑三)의 글을 번역한 지리학 연구의 목적은 특히 전통지리가 아닌 근대적 지리 지식을 추구하는 내용이었다. 특히 소년지 제3년 제4권은 전권 특집으로 '초등 대한지리고본'이라는 국토지리 교과서로 편집되어 있다. 이처럼 최남선이 지리학에 남다른 관심을 보였던 계기는 무엇이었을까? 앞서 언급하였듯이, 그가 일본에 유학하여 취학한 기간은 반년이 안되었다. 그러나 와세다 대학에서 고등사범부에 입학하여 전공으로 역사지리과를 택했다는 점은 그의 생애에서 중요한 의의를 지닌다. 이때의 관심이 그의 생애의 지향을 결정한 계기가 되었기 때문이다. 그의 지리적 관심은 대한유학생회보에 실린 글에서 이미 잘 나타난다. 그는 지구의 기원이나 인종과 문명, 혜성 등에 관한 글을 통하여 당시 일본의 지문학(地文學) 위주의 지리학을 소개하였다. 서구 근대 지리학의 형성과정에서 영국의 경우 진화론을 사상적 배경으로 경험적 관찰과 향토 학습을 강조하여 헉슬리가 제창한 새로운 지식 분야가 'physiography'로서, 일본에서는 메이지(明治) 후반기에 지문학이라는 이름으로 도입됨으로써 근대 지리학의 태동을 이끌게 되었다.

최남선이 역사의 무대에 등장할 무렵에는 봉건적 사회질서가 와해되는 한편, 한반도를 장악하려는 제국주의 열강들의 손길이 더욱 숨가쁘게 움직이고 있었다. 새로운 사회질서를 수립하려는 일각의 시도는 아직 전반적인 공감대를 형성하지 못하였다. 대부분의 민중들은 봉건적 세계관을 탈피하지 못하였기 때문에 개화파의 사상에 호응할 수 없었던 것이다. 이에 교육을 통하여 근대적 세계관을 보급시키고, 애국심을 고취시키며, 민족의식을 각성하도록 촉구하여 근대 시민사회로의 전환을 성취하려는 일련의 사회·문화 운동이 나타났다. 이 같은 개화기의 계몽운동의 맥락에서 최남선은 세계정세를 정확히 파악하여 국난을 타개해 나가기 위해서는 '세계적 지식'이 필요함을 인식하였다. 이 세계적 지식을 얻기 위한 학문 분야가 바로 지리라고 생각하였다. 즉 근대적(서구적) 세계관의 토대를 형성하는 것이 지문학적 지식이며, 이에 기초하여 세계 지리에 관한 사실적 지식을 논리적으로 이해할 수 있다고 생각하였다. 바로 이 점에서 당시 일본의 명치 지문학이 드리운 그림자가 드러나게 된다. 최남선은 바로 이 지문학이야말로 애국계몽운동의 토대가 된다고 생각하였으며, 소년지뿐만 아니라 후일의 여러 잡지에서도 지문학적 지식을 적극적으로 소개하였다.

최남선에게는 문학작품 역시 계몽운동을 위한 수단이었으므로, 이러한 지문학적 관심은 그의 여러 시와 기행 등 저술에도 그대로 이어졌다. 그에게 있어 바다는 새로운 세계로 열려 있는 가슴, 시원한 공간으로 개화된 문명의 바람이 불어오는 곳이었다. 새로운 희망의 세대인 소년들의 소망과 동경을 달래주고 흔들어주는 가슴이며, 신선한 의지의 지향을 가리켜 주는 지도자의 목소리이며 손짓이었다. 삼면이 바다로 둘러싸인 나라라는 국토의 자연환경에 대한 각성을 위해 바다가 강조된 것은 바로 육당의 국가 의식과 지리적 교양의 소산이기도 하였다. 그리하여 최초의 신체시라고 하는 '해(海)에게서 소년에게'를 필두로 한 바다의 노래가 양산된 것이다. 소년 창간호에서부터 바다에 관한 글이 빠짐없이 실리고 있는데, 특히 소년에 연재하였던 '해상 대한사'는 우리 국토의 반도적 성격을 적극적으로 활용하여 해양개척이라는 비전을 제시하려는 야심작이었으나, 완성되지 못하고 말았다.

최남선은 1910년 8월 15일 발행된 소년 제3년 제8권에서 역사·지리 연구라는 잡지를 발행하겠다고 예고하였다. 이는 8월 29일 경술국치를 앞두고 나온 것으로, 원고 검열과 발간 통제는 통감부 설치 이후 이미 실시하고 있던 터이므로, ≪소년≫도 창간호부터 제약 속에서 발간하여 왔으나 급박한 정세의 추이에 따라 더욱 숨막히는 고비에 다다랐던 무렵이다. 역사지리 연구서로서의 성격을 천명하고 발행 예고까지 하였으나, 이 8권이 발간되자마자 압수 및 발행 정지를 당하였다. 발행을 정지당한 지 4개월 만에 겨우 해제되어 그 해 12월 15일 제3년 제9권이 발행되지만, 역사·지리 연구지의 발행 신청은 기각되었다. 1911년 2월 발행 예정이었던 제4년 제1권은 원고 검열에 통과되지 않아 간행되지 못하였고, 동년 제2권이 5월에 출간되었으나 이를 마지막으로 발행정지 처분을 받아 ≪소년≫은 국운과 함께 소멸하고 말았다.

역사 속에서 국토의 의미 추구

경술국치 이후 지문학에 근거하여 세계정세를 파악하고, 이를 토대로 민족의식의 각성을 통해서 근대사회로 이행한다는 것은 이제 불가능하게 되었다. 육당은 이와 같은 한계를 넘어서려고 하기보다는 전통을 보전하고 민족의식을 고취시키려는 시도로 나아갔으며, 역사 연구에 치중하게 되고 지리에 대한 관심 역시 그 테두리 안에서 머물러버리고 말았다.

이후 육당이 역사에 대한 관심 안에서 지리를 바라보는 관점은 당시 광문회에서 발간하기 시작하였던 지리 분야 저술을 살펴봄으로써 파악할 수 있다. 1910년 12월 초에 설립된 광문회의 첫 사업이 『택리지』 발간이었다는 것은 큰 의미를 지닌다.

당시 조선광문회의 설립 취지는 우리 민족의 전통 문화재를 보호·발굴·연구하는 일이었다. 이러한 의도는 그후 이루어진 일련의 사업을 통하여 착실히 추진되었다. 특히 『택리지』를 활자화하여 발간하면서 우리나라 인문지리학의 시초로서 찬사를 보냈다. 그외 고산자 김정호와 《대동여지도》를 소개하였는데, 여기에는 실학파의 저술뿐 아니라 기행류도 포함되어 있지만, 가장 중요한 작업 가운데 하나가 『산경표』 발간이었다. 모처럼 개방된 문을 통하여 진정한 새로움이 들어오기도 전에 급격히 밀어닥친 민족의 위기에 직면해서 육당의 민족의식은 조선정신으로 적극화되었으며, 이제 바다의 광활성보다는 산의 폐쇄성을 택하게 되었다. 육당의 지리적 관심이 바다를 통해 나타났듯이 그의 역사적 관심은 산에 집중되었다. 조선정신은 육당으로 하여금 바다를 떠나 산으로 들어오게 하였고, 이로부터 국토와 풍물과 문화의 찬미로 발전하게 되었다.

국토예찬으로 국토애 고취

그가 역사 속에서 국토의 의미를 추구하였다고는 하지만, 문화유적뿐 아니라 지형이나 식생에 대한 관심, 그리고 자연환경과 조화를 이루어 왔던 우리 민족의 생활양식에 대한 관찰 등은 후기 저술에서도 여전히 지속되고 있었다. 육당이 『백두산 근참기』에서 북청 일대의 민가를 묘사한 글은 지금 보아도 민가에 대한 문화지리학적 연구로서 손색이 없다.

집의 내부는 대개 일자로 넓적하게 짓고, 부엌을 중심으로 하여 간사리를 차렸으되, 부엌 바닥을 바당이라 하고 부뚜막을 벅게라 하며, 부뚜막이 널따랗게 그대로 살림방, 안방이 되어서, 세간과 금침을 그 위에 놓고, 주부의 음식 장만과 잠자리가 다 여기서 행해지는데, 여기를 정주라 하고, 정주에 연접한 방을 고방이라 하며, 또 그 다음을 웃방이라 하고, 부엌 건너에는 흔히 마소의 외양간이 있으며, 만일 거기에 방을 만들었을 때에는 외양간은 그 방에서 직각으로 꺾어서 베풀되, 물론 부엌의 한쪽에 대어 짓는 것이었다. 마소와 마주보면서 밥도 먹고, 간(間)을 한가지하여 잠도 자서, 미상불 가축을 완전히 가족화한 것이 일종의 정다움을 느끼게 함이 있다.

금강산의 일청대에서 신계사에 이르는 길 주변에서는 식물상에 대해서 이렇게 묘사하였다.

　　이 골은 풍경미뿐 아니라 식물의 경관으로도 금강산에서 특수한 지위를 차지합니다. 소나무·잣나무·굴참나무·서나무·박달나무·물푸레나무 등이 무더기 무더기로 한 번 다시 필 적마다 천하의 봄빛을 혼자 차지한 듯 대성관을 이룹니다. 이밖에도 조선산 백합의 진품으로 애완되는 송엽백합과 호미목필·수선국 등의 붉은 빛, 자줏빛이 엇갈려 어울린 숲의 모습은 미상불 어느 데보다도 잘 금강산 원시림의 상황을 나타낸 것이며, 더욱 800m 이상 되는 데 퍼다 부은 듯한 일종의 산철쭉·양치 등 새로운 종류에 속하는 식물은 다 이 골에서만 나는 것입니다.

『심춘 순례』에서 변산반도의 곰소 부근을 지나면서는 "줄포항과 같은 조수의 차가 심한 곳에는 밀물에는 섬이 되었다가 썰물에는 뭍에 이어지는 언덕을 시방 교체도라고 불러"보기도 하였다.

　　육당은 그 바쁜 중에도 틈을 내어 자주 국토순례에 나섰으며, 『백두산 근참기』, 『금강 예찬』, 『심춘 순례』 등의 저술을 통해 국토를 예찬함으로써 민족의 국토애를 고취하였다. 그의 후기 저술에서도 지리와 국토에 대한 관심은 지속적으로 드러나지만, 그 가운데에서도 위 세 편의 기행문은 우리 민족의 국토인식에 큰 영향을 미쳤다.

　　그 유명한 『심춘 순례』의 첫 문장, "조선의 국토는 산하 그대로 조선의 역사이며 철학이며 시며 정신"이라는 구절은 얼마나 감동적인가! 이 책에 나타난 국토철학이야말로 이제는 우리 문화유산으로 기록할 만하다고 볼 수 있다.

이 모든 글에는 우리의 역사적 터전을 순례하는 역사 지리의 답사이면서도 현재 삶의 현장에 대한 관심도 곁들여 있다. 그의 기행문은 오로지 민족의 터전을 살피고 그것의 주인임을 독자들에게 알려주려는 사명감에서 쓰여졌음을 알 수 있다.

일제 후반에 이르러 그의 변절은 우리의 슬픈 역사로서 기억될 것이나, 한 사람에게 너무 많은 짐을 떠맡기지는 말자. 그 역시 그의 시대가 낳은 산물이니.

風水地理

생태적 적지분석론과 전통적 풍수지리론

이명우(전북대학교 조경학과 교수)

풍수지리론의 문화생태학적 의미

우리나라의 도시들은 1960년 초기부터 경제개발계획을 수행하면서 지금에 이르기까지 성장거점도시 공간이론을 받아들여 도시개발을 진행해왔다. 이 성장거점도시이론은 도시의 불균형성장이론으로서 1950년대 말 앨버트 허쉬만에 의해서 주창되었던 이론이다. 이 이론에서는 도시성장에는 경제부문간, 도시간의 불가피한 불균형이 원동력이 된다고 보았다. 이 원동력이란 경제부문에 있어서의 집적화(agglomeration)의 이익이 공간적으로 누적효과(trickling-down effect)를 통해서 경제적 성장이 낙후된 지역까지 파급된다는 이론이다. 이 이론은 개발도상국에서 표준적인 개발모형으로 채택되어 적용되어왔으며 경제성장을 공간적인 파급효과와 관련시켰다는 데 큰 의미를 두고 있다.

그러나 이 이론에서는 쾌적한 삶의 공간으로의 균형적인 개발이라는 측면은 전혀 고려되지 못하였다. 따라서 우리나라의 경우도 이러한 도시공간과 경제성장이론이 적용되면서 대도시에서는 인구가 폭발적으로 증가하게 되고 도시개발이 가속화되어 도시환경의 위기를 맞게 되었다고 판단된다. 지금에 이르러서야 지속가능성이라는 새로운 패러다임으로 도시 속의 생물서식공간조성을 중심 테마로 한 생태도시계획, 생태조경, 생태건축이라는 연구가 활발하게 이루어지고 있다. 그럼에도 불구하고 이미 인구가 100만 이상을 넘는 대도시의 경우에는 그 치유가 불가능할 정도라고 진단하기도 한다. 다만 부분적으로 생태하천이나 생태공원 등을 계획하고 조성하기는 하지만 오히려 이미 환경이 파괴되어 생태적 인프라가 빈곤한 상태에서 이의 복원과 유지관리에 엄청난 에너지가 소모가 되기 때문에 오히려 반생태적이기까지 한 경우가 생기는 것이다. 따라서 지금의 시점에서 보면 생태적 인프라를 갖추고 있는 지역을 진단하고 균형적 개발을 도모할 수 있는 방법론을 다시 한번 돌아볼 필요가 있는 것이다. 지금 이 글에서 소개하고자 하는 이안 맥하그(Ian McHarg)의 생태적 적지분석론은 1960년대 말 미국에서 개발된 실천적 공간분석이론으로 전형적인 환경친화적 토지이용계획이론이라고 판단된다.

그러나 필자는 오랫동안 이 방법론을 우리나라에 적용시켜오면서 근본적으로 심각한 한계를 발견할 수 있었다. 그중 가장 중요한 것은 먼저 생태정보가 매우 빈곤하고 부정확하다는 문제이다. 그것은 우리나라가 미국과는 달리 국지적 산악지형이 발달함으로써 그 다양한 생태자료를 조사하고 정형화하기가 매우 어렵다는 측면이다. 따라서 이 기법을 적용하는 데 요구되는 실질적인 생태적 정보를 취득하기 위해서 앞으로도 상당히 오랜 기간 동안의 정보조사 분석이 요구되는 것이다. 두번째로는 우리 도시 및 자연이 가지고 있는 문화생태적 측면에 관한 가치판단이 어렵다는 측면이다. 우리나라의 모든 땅은 오랜 역사를 통해서 전국토 어떤 오지에도 취락지가 조성되어 있고 문화적 유적이 있으며, 모든 자연이 우리 선조들의 가치관에 따라 해석되고 조성되어왔던 것이다. 한 예로 우리나라의 자연공원에는 어디에나 사찰과 사찰림이 존재하고 있고, 어떤 도시나 역사적 유래가 없는 곳이 없다. 적지분석의 이론을 따르자면 이러한 역사적 경관과 그 주변지역은 당연히 보존되어야 하는데, 그렇다고 치면 모든 국토가 보전되어야 한다는 결론에 이르게 되는 것이다.

따라서 이제 우리가 환경친화적 공간개발의 필요성을 절실히 느끼고 있는 이 시점에서 우리 땅에 대한 지속적인 생태조사 연구사업과 함께 한국적 상황에 맞는 적지분석론에 눈을 돌려야 할 때라고 본다. 이러한 차원에서 이 글에서는 우리의 전통적인 풍수지리론의 문화생태학적 의미와 방법론적 특징을 검토하여 현대적 적지분석과의 접합가능성을 살펴보고자 한다.

생태적 적지분석론

생태적 적지분석론(ecological land suitability analysis)은 미국의 조경가 이안 맥하그에 의해서 주창되어 세계의 조경 및 도시계획분야에서 금과옥조처럼 활용되는 이론이다. 이 이론은 *Design with Nature*(1969)라는 저서를 통해서 생태학적 접근방법(ecological approach)과 지도중첩기법(map overlay method)으로 알려져 있다. 현대 생태학의 거두인 오덤(E. P. Odum)조차도 그의 접근방법이 생태학을 토지이용계획에서 실천적으로 구현할 수 있는 중요한 적용기법이라고 소개하고 있을 정도다. 이러한 생태적 토지이용방법론은 땅이 가지고 있는 상대적인 생태적 수용능력(ecological carrying capacity)을 분석하는 방법론이기도 하다. 그리고 이 기법은 현대 지리정보체계(geographic information system)를 응용한 적지분석 및 환경평가의 이론적 틀이기도 하다.

적지분석과정의 일곱 단계

이 적지분석과정이란 간단히 요약하면 토지이용에 대한 생태환경요소의 잠재적 기회요인과 상충적 제약요인을 분석·종합하여 최적지를 제안하는 과정이다. 이 과정을 좀더 구체적으로 보면 다음의 일곱 단계를 거치게 된다.

첫째, 개발하고자 하는 토지이용의 유형과 각각의 토지이용에서 요구되는 자연 생태적인 요구조건과 인문 생태적 요구조건을 확인한다. 이 때 토지이용은 유형별로 세분화될 수 있다(주거지역인 경우는 도시적 주거지, 교외 주거지, 농촌 주거지). 그리고 자연 생태적 요구조건에는 가용 지표수 및 지하수 양 등, 인문사회적 요구조건에는 도로율 등이 포함된다.

둘째, 이러한 요구조건들(land-use needs)과 관련된 생태적 요소들(ecological factors)과의 상관성을 파악한다. 이 생태적 요소에는 지질, 지형, 토양, 수문, 기후, 식생, 야생동식물 및 토지이용 등이 포함될 수 있다.

셋째, 이러한 각각의 생태적 요소들 중에 도면화될 수 있고 분석지표가 되는 요인들을 추출하여 토지이용 요구조건과의 상관성을 분석한다. 이 분석지표가 되는 요인에는 경사도, 토양도, 배수도, 홍수범람지 분석도 등이 포함된다. 이때 상관성 분석은 세분화된 토지이용별로 수행하게 된다. 그리고 그 상관성은 단순화시켜 상관 '있음'과 '없음'의 이분법으로 분석할 수 있으며 각각의 요인에 따른 가중치를 부여할 수도 있다.

넷째, 각각의 생태적 환경요소에 대해 상보적인 관계(complementary relationship)를 갖는 요소를 도면으로 분석한다. 그리고 이 분석된 도면 정보들을 조합하여 그 개발적지의 순위를 설정하는 모형을 설정한다. 이 분석도 각각의 세분화된 토지이용별로 수행하게 된다. 이 최종안은 개발하고자 하는 토지이용의 기회요소(land-use opportunity)를 표현하게 된다. 아울러 이 적지안은 순위로 표현되는 상대적인 적지를 나타내게 된다.

다섯째, 따라서 개발해서는 안되는 절대성의 정도에 대한 분석을 수행하게 된다. 즉 개발하고자 하는 토지이용과 상충적 관계(constraint relationship)를 갖는 보존적 가치가 높은 자연환경요소의 제약성 정도를 분석하여 도면화할 수 있다. 우리나라 경우를 예를 들면 천연기념물 보호구역 등이 포함될 수 있다.

여섯째, 이 기회요소정보와 제약요소정보를 중첩하여 내재적인 적지(intrinsic suitability)의 순위를 결정하는 모형을 설정하게 된다. 즉 잠재력 적지분석의 순위와 제약요인 적지분석의 순위가 일치하지 않기 때문에 이 상호관련성에 대한 분석을 수행하게 되는 것이다. 이러한 방법은 다른 토지이용에도 동일한 과정으로 적용하게 된다.

일곱째, 최종적으로 조합된 최적입지를 제안하게 된다. 여기서 각각의 세분화된 토지이용별 최적지가 상호 겹쳐지는 경우에 대한 방법론을 설정해야 한다.

이러한 방법은 그 내용이 시설물입지나 도로의 노선을 설정하는 목적으로도 활용될 수 있다.

적지분석론의 특징과 한계

이러한 맥하그 교수의 접근방법이 갖는 가장 큰 특징은 땅과 자연이 가지고 있는 본질적인 생태적 수용력(ecological carrying capacity)이 바로 그 토지의 용도를 결정할 수 있다는 관점에 있다. 이는 생태학이 가지고 있는 환경결정론(environmental determinism)적 환경인식이 바탕에 깔려 있는 것이다.

두번째의 특징은 이때 고려되어야 하는 생태적 요소에는 자연환경과 인문사회환경을 망라하며, 기존에 과학적으로 조사되고 분석되어 알 수 있는 모든 정보를 활용한다는 측면이다. 따라서 그 결과물은 어느 누가 보더라도 객관적으로 그 정당성을 인정할 수 있는 논거를 제시하게 된다. 이는 종합적 합리주의(comprehensive rationality)적 성격을 가지고 있다.

셋째로는 적지분석이 가지고 있는 위계성과 상대성이다. 즉 어떤 부지에서나 개발의 적합성에 위계가 있으며, 그 적지에서는 개발에 따른 환경에의 영향을 최소화할 수 있는 토지이용계획 및 조경설계안이 제안될 수 있다는 것이다. 즉 토지 및 공간이용의 밀도, 규모, 입지 및 구체적인 설계의 행위(형태, 규모, 색채 및 공간구성)에 있어서 자연이 가지고 있는 생산력 및 자정능력을 유지할 수 있는 상대적 최적 대안이 있을 수 있다는 것이다. 이러한 관점은 근래의 환경친화적 개발이나 지속가능한 개발과 그 궤를 같이한다고 볼 수 있다.

그러나 이 방법이 갖는 가장 큰 한계성은 첫째는 조사된 자료의 한계이다. 부지가 갖는 수많은 생태적 자료와 정보들은 실제 그 조사된 시기, 방법, 정도(accuracy)에 있어서 수많은 한계를 가지고 있어 그 결과물이 피상적일 수 있다는 점이다. 요즈음에는 원격탐사자료 등을 이용할 수 있다고 하나 이러한 자료들도 그 생태적 정확도나 해독방법에 있어서 많은 한계를 가지고 있다(식물생태계분석에서 기껏 할 수 있는 것이 식물활력도 분석을 위한 NDVI 분석 정도이다). 둘째는 이러한 최적설계안을 결정하는 개념 모형의 요소선정과 서열화를 위한 가치 판단 및 가중치 부여시에 역시 전문가의 경험적 판단에 의존한다는 측면이다. 따라서 전문가의 주관성과 그 경향성이 강하게 반영될 수 있다는 점이다. 이는 계획가가 가지고 있는 적지 패러다임의 방향성에 따라 큰 차이점을 갖게 된다.

이러한 한계성 때문에 실천적으로 토지이용계획을 수립하기 위해서는 최적지로 선정된 지역에 대해서도 그 장소를 직접 방문하여 현장을 확인한 후에 그 최적지의 성격과 모형의 정당성을 검증해야 하는 절차를 겪게 된다.

전통적 풍수지리론

풍수지리론은 과거 우리 선인들의 자연에 대한 인식이 체계화된 이론으로서 자연지세의 맥, 맥을 따라 흐르는 기, 기가 모이는 결절점 혹은 기를 접할 수 있는 장소인 혈을 논리체계의 기본요소로 하고 있다. 이러한 인식체계의 바탕은 자연에 대한 물활론(animism)적 사고와 환원주의(reductionism)적 사고에 기반을 두게 된다. 즉 우리 주변의 땅과 물과 바람과 바위와 같은 무생물의 자연을 우리 사람과 똑같은 유기체적 생물로 인식했다. 이러한 사고는 한 걸음 더 나아가서 그 입지특성에 따라 지기감응(地氣感應)이라는 기작을 통해 인간의 삶과 사회의 발전에 영향을 준다는 환경결정론(environmental determinism)적 사고를 발달시켰다. 이 눈에 보이지 않는 생기(生氣)를 인정하여 땅을 살피는 풍수(風水)와 가시적인 땅의 형태에 관심을 둔 지리(地理)라는 관점이 풍수지리라는 개념을 낳게 한 것이다.

풍수지리의 이론적 기본형

풍수지리에서는 입지의 핵심을 혈(穴)로 보고, 이 혈을 명당터라고 한다. 이 명당터의 공간적 특성은 배산임수(背山臨水)라는 말로 표현되는 구조이다. 명당터를 찾는 비법에는 장풍법, 득수법과 좌향론이 있다. 장풍법은 좌청룡, 우백호, 남주작, 북현무를 가리어 밝히는 법이며, 득수법은 물흐름의 시작과 끝을 보는 법이며, 좌향론은 향방을 판단하는 법이다.

이렇게 해서 찾아지는 명당의 형태는 각 지역마다의 독특한 형국으로 표현된다. 그 예를 들어보면 갈마음수형(渴馬飮水形), 작약미발형(芍藥未發形), 선인독서형(仙人讀書形), 금계포란형(金鷄抱卵形), 옥녀탄금형(玉女彈琴形), 오동계월형(梧桐桂月形), 장군대좌형(將軍大坐形), 적선행주형(積船行走形) 등이 있다. 그러나 이 명당터의 기본형을 보면 이 또한 인간의 출생의 장소인 여성 음부의 형상에서 그 모습이 유추되었음을 알 수 있다. 이러한 환원주의적 발상은 가히 창조적이라고 할 만하다(<그림> 참조).

풍수지리론의 전개과정

이러한 풍수지리의 이론적 기본형이 다양한 형태의 산악을 가지고 있

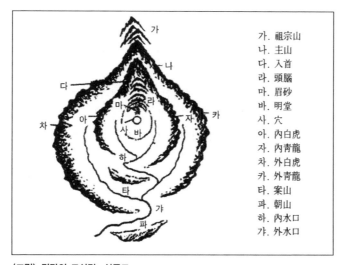

〈그림〉 명당의 모식적 산국도

가. 祖宗山
나. 主山
다. 入首
라. 頭腦
마. 眉砂
바. 明堂
사. 穴
아. 內白虎
자. 內靑龍
차. 外白虎
카. 外靑龍
타. 案山
파. 朝山
하. 內水口
갸. 外水口

조종산에서 뻗어나온 것이 주산이고, 여기에서 좌청룡, 우백호가 분기하고 있다. 내외의 청룡, 백호 사이로 물줄기가 흘러 내외의 수구가 되고 개방된 안산 방향으로 흐르고 있다.

는 우리나라에 적용되면서 그 형세가 갖고 있는 약점을 보완하기 위한 비보(裨補)와 압승(壓勝)이라는 독특한 이론으로 발전되었다. 이 비보론은 통일신라 말 승려 도선에 의해 체계화된 것으로서 사탑비보론(寺塔裨補論)이라고도 한다. 이 이론에서는 완벽하지 않은 땅을 병든 사람이나 결함이 있는 사람으로 인식하여 마치 침뜸을 맞듯이 그 형국이 부족한 곳에 절과 탑을 세워 건강한 땅을 만든다는 것이다. 즉 산천의 기운이 달아나는 곳은 탑을 세워 멈추게 하고, 배역의 산천 기운은 당간을 세워 순기를 불러들인다는 것이다. 이러한 비보적 풍수론은 다음과 같은 예에서도 보여진다. 즉 명당의 사방에는 일정하게 갖추어야 할 것이 있는데, 동쪽으로는 흐르는 물이, 남쪽에는 연못이 서쪽에는 큰길이 그리고 북쪽에는 높은 산이 있어야 명당이 된다. 그런데 만약 동쪽에 흐르는 물이 없으면 버드나무 아홉 그루를 심고, 남쪽에 연못이 없으면 오동나무 일곱 그루를 심는다. 그러면 봉황이 와서 살게 되므로 재난이 없고 행복이 온다.

이러한 도선의 사탑비보론은 고려시대와 조선시대 후기에 이르기까지 개경과 서울 등의 도읍풍수는 물론 건축물의 입지와 정원조성에 이르기까지 지대한 영향을 미쳤다. 이러한 것을 양택 또는 양기풍수라고 하는데, 여기에는 집터, 정자, 사찰, 서원, 마을 등의 입지도 포함이 된다. 고려시대에는 산천비보도감(山川裨補都監)이라는 관청에서 별도로 지리적으로 결함이 있는 곳에 조산이나 숲, 제방 따위를 축조하고, 지맥을 손상시킨 건축물 등을 헐어내기도 했다고 한다. 이러한 비보풍수에는 서낭당, 조산, 비보수, 남근석, 여근석, 장승, 현판, 지명작명 등도 포함된다. 이러한 비보풍수를 최장조선생은 우리의 자생풍수로 정의하고 있으며, 그 특징에 대해서 "명당은 찾는 것이 아니라 만들어 가는 것"이라고 주장하고 있다. 그리고 본래부터 좋은 땅과 나쁜 땅은 없으며 단지 맞는 땅과 맞지 않은 땅이 있을 뿐이라고 주장한다.

이러한 풍수지리론은 조선시대에는 동기감응(同氣感應)이라는 개념의 묘지풍수가 풍미하게 된다. 이 묘지풍수를 음택풍수라고 하는데, 이는 태실, 부도 등의 입지와도 관련이 된다. 조선 후기에 들어서는 여암 신경준, 고산자 김정호와 같은 실학자들도 산척수맥(山脊水脈)을 지면의 근골혈맥(筋骨血脈)이라고 표현하며, 우리 한반도 전체를 하나의 살아 있는 유기체로 보면서 영험한 백두산에서 시작된 기운이 백두대간을 통해 한라산에 이르기까지 우리의 국토 전역에 미친다는 생각을 하였다.

풍수지리론의 의미

이러한 오랜 역사를 가지고 있는 우리의 풍수지리론이 가지고 있는 의미를 몇 가지로 정리해보자.

첫째, 이 풍수지리사상에서 견지하고 있는 점은 자연에서 인간을 포함한 모든 생물은 지기와의 조화 속에서만 생명을 유지할 수 있다는 것이다. 이러한 생명사상은 현대의 어마어마한 환경과 생태계의 위기를 극복할 수 있는 중요한 사상으로서 제안될 수 있을 것이다. 풍수가 오늘의 우리에게 보내는 메시지는 우리 인간이 살기 위해서는 자연과 조화를 이루고 자연에 순응해야 하기 때문에 자연을 변화시키는 일에 모든 주의를 기울여 계획되고 실행되어야 한다는 것이다. 이는 현대의 생태학이 제안하고 있는 생태적 수용력이론과 구명선 윤리와 같은 생태학적 이론의 환경결정론적 사고와 결코 다르지 않다고 본다.

따라서 근본적으로 현대적 생태분석이론의 기반이 되는 자연생태정보—인간의 생존을 위한 정보—에 대해 진지한 조사분석을 수행해야 하는 당위성을 얻을 수 있다.

둘째, 풍수지리론은 자연과 인간과의 관계에 관한 이론이 체계화되어 있지 않고 기본적으로 땅이 가지고 있는 형세 및 형국과 명당의 기운을 체험적으로 읽고 느낄 수 있어야 한다는 한계를 가지고 있다. 소위 말해서 산수의 형세를 상식적으로 보는 범안으로는 풍수의 핵심을 볼 수가 없고, 한 단계 더 나아가 풍수이론에 정통하여 그 핵심을 뚫어볼 수 있는 법안과 도안의 경지에 이르러야 된다는 것이다. 이러한 측면이 풍수지리가 일반화되기 어려운 부분이기도 한다. 그러나 현대적 적지분석에서도 가중치 부여 등에 관한 한 전문가적 판단이 주가 된다는 측면을 두고 볼 때는 이것이 그렇게 큰 문제는 아니라고 본다.

이러한 풍수지리적 전문가의 판단 자체는 일반화시키기 어려워도 우리의 땅에 오랫동안 살면서 마을마다 또는 지방마다 그 풍토에 맞게 축적된 지리적 경험과 지혜를 기반으로 한다. 즉 우리의 자연이 가지고 있는 기본적인 형세와 인간에 미치는 영향에 관한 경험적 정보와 이론이 집대성이 된다. 따라서 과정의 설명은 일반화되기 어려워도 결과적으로 나타나는 풍수지리적 공간형태는 현대적 적지분석기법에서 보여주는 분석적 자료의 중첩결과보다 더 환경적응적 공간이라고 판단되는 것이다. 실제 우리가 주변에 있는 전통공간을 보면 장풍득수나 좌향론이라는 풍수이론에 따른 공간환경적인 모습이 바로 친환경적이며 지속가능한 형태를 보이고 있음을 알 수 있다. 이제 우리나라에서 한국적

적지분석공간이론을 완성하기 위해서는 이러한 풍수지리가 가지고 있는 경험적인 문화생태학적 가치체계를 반영할 수 있는 방법론이 보다 구체적으로 연구되어야 할 것으로 판단한다.

셋째는 비보풍수를 통해 명당을 만들어간다는 측면이다. 즉 이는 환경적으로 불리한 터에 대해 인간이 이를 완성시켜 이용해야 한다는 개념이다. 특히 최창조 선생과 같은 경우에는 명당을 찾는 술법풍수를 경계하며 '만들어지는 명당'의 중요성을 강조하고 있다. 이 '만들어지는 명당'의 개념은 현대적 적지분석론에서 대단히 중요한 의미를 갖는다. 즉 적지분석을 통해서 생태적으로 보존적 가치가 없는 지역이 선정되어 개발을 할 때 이 지역조차도 환경적으로 부족한 부분을 보완하도록 개발계획이 수립되어야 한다는 것이다. 이렇게 환경적으로 보완된 개발지역은 또 하나의 명당이 되는 것이니, 이것이 지속가능한 개발이 아니고 무엇이겠는가? 이러한 개념은 현대의 생태적 적지분석론이 가지고 있지 못한 부적지에 대한 개발의 방향을 잡아주는 중요한 개념이라고 판단이 되는 것이다.

어쨌든 풍수지리론은 우리의 국토에 거의 절대적인 영향을 끼쳐왔던 사고의 패러다임으로서 크게는 도읍지를 비롯한 마을의 입지와 공간구성부터 작게는 정원의 시설물 입지에 이르기까지 인간이 손을 대는 거의 모든 부분에 그 영향력을 행사한 논리이다. 이 풍수지리론이 현대적 의미의 생태적 적지분석론과 함께 환경친화적 공간이론으로서 보다 구체적으로 연구되기를 바란다.

참고문헌

김봉렬. 1999, 『시대를 담는 그릇』, 이상건축.
이명우. 1999, 「조경설계의 생태적 언어」, 『조경설계론』, 기문당.
최창조. 1997, 『한국의 자생풍수』, 민음사.
McHarg. 1969, *Design with Nature*, Natural History.
Steiner, F. 1991, *The Living Landscape*, McGraw-Hill.

필자 소개(가나다순)

강현수	중부대학교 도시공학과 교수	윤대식	영남대학교 지역개발학과 교수
권오혁	한국지방행정연구원 수석연구원	은민균	우석대학교 건축공학과 교수
권용우	성신여자대학교 지리학과 교수	이명우	전북대학교 조경학과 교수
권정화	경북대학교 지리교육과 교수	이왕건	국토연구원 책임연구원
김남주	영국 런던대학교 건축학 박사과정	이재하	경북대학교 지리학과 교수
김덕현	경상대학교 사회교육학부 교수	이정록	전남대학교 지리학과 교수
김만재	강릉대학교 지역개발학과 교수	이종열	경일대학교 행정학과 교수
김선범	울산대학교 건축학부 교수	이철우	경북대학교 지리학과 교수
남기범	서울시립대학교 도시사회학과 교수	이희연	건국대학교 지리학과 교수
류중석	중앙대학교 도시공학과 교수	임덕순	충남대학교 지리교육과 교수
문미성	경기개발연구원 초빙책임연구원	임석회	대구대학교 사회교육학부 교수
박 경	목원대학교 디지털경제학과 교수	장세훈	국회도서관 입법정보연구관
박영민	영국 런던대학교 계획학 박사과정	장원호	서울시립대학교 도시사회학과 교수
백영기	전북대학교 사회교육학부 교수	정병순	서울시정개발연구원 연구원
변창흠	서울시정개발연구원 부연구위원	정일훈	안양대학교 도시정보공학과 교수
서충원	서울시립대 도시과학연구원 연구위원	정환영	공주대학교 지리학과 교수
소진광	경원대학교 도시행정학과 교수	조명래	단국대학교 사회과학부 교수
송명규	단국대학교 사회과학부 교수	천현숙	국토연구원 책임연구원
신명섭	한국외국어대학교 영어학부 교수	최병두	대구대학교 사회교육학부 교수
안영진	전남대학교 지리학과 교수	최원석	성신여자대학교 지리학과 강사
양보경	성신여자대학교 지리학과 교수	형기주	동국대학교 지리교육과 명예교수
오상학	규장각 특별연구원	황희연	충북대학교 도시공학과 교수
유환종	명지전문대학 지적정보과 교수		

편집위원장   김용웅 (국토연구원 부원장)
편 집 위 원   남기범 (서울시립대학교 도시사회학과 교수)
            변창흠 (서울시정개발연구원 부연구위원)
            사공호상 (국토연구원 연구위원)
            이원섭 (국토연구원 연구위원)
            주성재 (경희대학교 지리학과 교수)

공간이론의 사상가들

엮 은 이 • 국토연구원
펴 낸 이 • 김종수
펴 낸 곳 • 도서출판 한울

초판 1쇄 인쇄 • 2001년 12월 31일
초판 3쇄 발행 • 2009년 4월 30일

주소(본사) • 413-832 파주시 교하읍 문발리 507-2
주소(서울사무소) • 121-801 서울시 마포구 공덕동 105-90 서울빌딩 3층
전   화 • 영업 02-326-0095, 편집 02-336-6183
팩   스 • 02-333-7543
홈페이지 • www.hanulbooks.co.kr
등   록 • 1980년 3월 13일, 제406-2003-051호

Printed in Korea.
ISBN 978-89-460-4061-8 94330

* 책값은 겉표지에 표시되어 있습니다.